황금의 샘
1

THE PRIZE

석유가 탄생시킨 부와 권력
그리고 분쟁의 세계사

황금의 샘

1

대니얼 예긴 지음 | 김태유·허은녕 옮김

라의눈

대니얼 예긴은 역사학자이며 지질학자인 동시에,
석유가 모든 사람들의 감성 깊은 곳,
부와 권력이란 욕구 아래 존재한다는 사실을 아는 심리학자다.

로버트 E. 마브로 *Robert E. Mabro* | 옥스퍼드에너지연구소 설립자

20세기와 21세기를 관통하는
석유를 중심으로 한 세계 정치 · 경제사

『황금의 샘』은 석유에 관한 책이 아니다.

에너지와 인간이, 에너지와 산업이, 그리고 에너지와 현대사회가 어떻게 관계를 맺어 왔는지 그 역사를 이야기 하고 있기 때문이다. 18세기 영국의 산업혁명이, 20세기 정보혁명이, 그리고 다가오는 이른바 4차 산업혁명이 모두 에너지의 문제와 떼려고 해도 뗄 수 없는 불가분의 관계라는 사실을 이 책은 분명히 알려주고 있다. 그래서 석유의 역사에 관한 책이지만 동시에 미래 인간 문명이 어떻게 발전해갈지를 알려주는 나침반 같은 책이다.

이 책의 원제는 'The Prize'로 '보상補償' 또는 '대가對價'라는 의미를 갖고 있다. 석유의 발견과 이용의 역사는 인간의 의지와 인내의 한계를 시험하는 과정이었던 동시에, 산업혁명의 해설서이자 문명의 발달에 관한 흥미로운 이야기이다. 그러나 무엇보다도 인류의 창의력과 기업의 생산력이 무한하다는 사실을 입증하는 무대이기도 하다. 성공한 개인은 엄청난 부를 축적했고, 석유를 지배한 국가는 승리와 번영이란 선물, The Prize를 받았다. 그러나 현대 물질문명의 초석인 석유는 야누스의 얼굴과도 같은 극단적인 양면성을 보여주었다. 석유는 인류가 처음으로 의식주의 부족과 노예와도 같은 노동에서 벗어나게 해준 반면, 환경 파괴와 지구 온난화라는 엄청난 대가를 지불하게 만들고 있다. 빛이 있으면 그림자가 생기게 마련이었던 것이다.

『황금의 샘』은 에너지에 관한 책이 아니다.

자본주의 사회의 필요악이라 일컬어지는 부의 집중과 이를 둘러싼 비즈니스 세계의 실상을 보여주고 있기 때문이다. 록펠러의 스탠더드오일Standard Oil 설립, 기업 확장, 독점회사의 횡포, 반독점법에 따른 기업 분해에 이르기까지, 세계 메이저 에너지 기업의 흥망사를 낱낱이 보여주면서 국가 경제와 기업 경영에 관해 다시 한 번 생각하게 해준다.

또한 『황금의 샘』은 근대 국제사회가 겪은 전쟁과 평화, 권모술수와 약육강식의 냉엄한 현실을 적나라하게 펼쳐놓는다. 1911년 제1차 세계대전 발발 직전의 상황에서 시작하여 엄청난 인명을 앗아간 1, 2차 세계대전과 1990년 걸프전의 발발 원인과 전개 과정, 승패의 분수령, 승패에 따른 세계 구도의 재편 과정은 영미가 주도하는 냉전체제와 중동지역의 분쟁으로 점철되어 온 근대 국제 정치사를 한눈에 보여주고 있다.

이 책은 광복과 한국전쟁, 경제개발계획과 석유 위기, 저유가低油價와 경제 도약 등 극심한 기복을 겪었던 우리나라 경제 발전사의 배경을 이해하는 데도 도움이 되는 국제정치와 경제에 관한 지표이기도 하다. 또한 전후 한강의 기적을 이루고 세계 10위권의 제조업과 정보통신산업 등 막강 산업군을 이끌고 있는 우리나라가 아직까지도 제대로 육성하지 못한 유일한 산업군인 에너지 산업이 어떻게 100년이 넘게 세계 경제의 선도 산업 역할을 해왔는지를 알려주는 산업 정책의 지침서이기도 하다.

그뿐만이 아니다. 『황금의 샘』은 기후변화로 대표되는 다양한 환경 문제들에 대해서도 원인과 발생 과정에 대한 폭넓은 이해를 제공함으로써, 이들의 해결 방안에 올바르게 접근할 수 있는 균형 잡힌 관점을 제공한다. 기후변화협약은 21세기 초반을 이끌어갈 주요 어젠다이다. 20세기 에너지와 관련된 정책의 중심에 '에너지의 안정적 공급'이라는 단 하나의 어젠다가 있었다면, 21세기에는 이와 맞먹는 중요도를 가진 '기후변화협약 대응'이라는 어젠다가 등장했다. 그러나 이 역시 눈을 들어 국제 정치와 경제라는 역사적 관점에서 바라보면, 이 또한 다른 형태의 '안정적 공급'을 의미한다는 사실을 간파할 수 있다.

미국의 에너지 정책이 바로 그 대표적인 사례이다. 21세기 들어 우리가 경험하고 있는 오바마 정부의 정책과 트럼프 정부의 에너지 정책의 차이는, 민주당과 공화당이라는 전통적으로 상이한 정책관에 기반하고 있기도 하지만, 에너지를 수입에 의존할 수밖에 없었던 나라가 확실하고 안정적인 공급원을 확보한 이후에 벌이는 국가 발전 방안의 거대한 축을 구성하는 두 가지 성분의 차이라고 인식하여야 한다. 오바마와 트럼프의 정책 모두 에너지의 '안정적 공급'이라는 목표를 달성한 나라의 지도자만이 내어놓을 수 있는 국가 발전 방안이기 때문이다. 이 모두가 미국의 셰일가스와 셰일오일 개발의 성공 때문이었다.

21세기에 들어서자마자 미국, 일본, EU 등은 장기 에너지 정책을 내어놓으며 에너지의 안정적인 확보 문제를 해결하기 위한 준비에 돌입하였다. 미국이 2001년, 영국과 러시아가 2002년, 일본은 2003년 등 대부분의 선진국들이 2001~2003년 사이에 국가 에너지 기본계획을 발표하였다. 신기한 것은 그때 국제 원유 가격이 배럴당 20달러 수준이었다는 것이다. 선진국들은 국제 유가 상승을 미리 예측하고 다가올 기후변화협약에 대비하여 중장기 에너지 대책을 수립했던 것이다. 그리고 십여 년이 지난 지금, 선진국들은 그때 세운 목표들을 대부분 달성하였다.

이러한 선진국 사례에서 눈여겨보아야 할 것은 정책의 목표가 단순히 에너지 안보 확보에만 국한되지 않고, 기후변화협약에 대한 대응이라는 문제도 해결하고자 하였다는 것이다. 즉, 국내에서 사용하는 에너지의 안정적인 확보 문제와 기후변화협상에 대응하기 위한 온실가스의 감축 문제를 '동시에' 해결하는 방안들을 선택하고 있다는 것이다. 또한 계획들은 기본적으로 자국이 보유한 자원을 적극 활용한다는 데 바탕을 두고 기술 개발과 산업 육성을 추구하고 있다. 에너지 자원의 안보 문제를 해결하는 기본 원칙에 충실한 것이다.

유럽은 이미 확보하고 있던 북해 유전과 프랑스의 원자력을 적극 활용하고, 여기에 에너지 절약과 풍력으로 대표되는 재생에너지라는 두 가지 새로운 축으로 OPEC에서의 석유 수입을 줄여 에너지 안보와 기후변화협약 대응 문제를 동시에 해결하고자 하였다. 대표적인 사례로 벨기에는 '50% 천연가스 +50% 풍력으로 자립하겠다'라는 정책을 발표하였는데, 이는 북해 유전의 가스와 프랑스의 원자력에 더하여 자국에 풍부한 바람 wind 자원을 활용하자는 것이다. 독일의 경우 LEEN 등 에너지 절약 프로그램을 중심으로 기술 개발과 산업계 지원 정책을 진행하고 있다.

한편 미국은 2001년 9.11사태 직전에 세운 국가 에너지 정책의 기조에 따라 중동 진출, 해외 자원 개발, 원전 재개 등 공급 일변도의 정책을 추진하고 에너지 기술 개발을 지원해왔다. 결국 미국의 에너지 기업이 미국 내에 부존된 셰일가스와 셰일오일을 값싸게, 그리고 대량으로 생산할 수 있는 기술을 개발하는 바람에 역시 에너지의 안정적인 공급 문제와 기후변화협약 대응이라는 두 가지 문제를 동시에 해결하였다. 오바마 대통령은 곧바로 미국이 에너지 수입국에서 수출국으로 전환할 것을 선언하였고, 그때까지 100달러 선에서 꿈쩍도 않던 국제 유가는 곧바로 40달러 선으로 미끄러졌다.

『Physics for the Future President』(한국어판 제목은 '대통령을 위한 물리학')의 저자로 유명한 리처드 뮬러 미국 버클리대 물리학과 교수는 그의 에너지 분야 저서인 『Energy for the Future President』(한국어판 제목은 '대통령을 위한 에너지 강의')에서 미국의 셰일가스와 셰일오일 개발의 성공을 하늘에서 떨어진 축복 windfall benefit 이라 부르고 있다. 바로 이러한 축복이 가져온 여유를 바탕으로 오바마 대통령은 기후변화협약을 조인하면서 에너지 신기술에서 미국의 발전을 도모하였다면, 이제 트럼프 대통령은 그보다 더욱 전통적인, 바로 이 책『황금의 샘』에서 찾을 수 있는 방법들로 미국의 경제 발전을 도모하고 있다. 미국은 이러한 에너지 안보의 여유와 기술 개발의 우월성을 바탕으로 자국의 셰일가스를 한국 등이 수입하도록 요구하거나 자국이 개발한 청정 에너지 기술의 도입을 부추기고 있다. 온실가스를 발생시키는 대표적 사례로 꼽히는 냉매로 사용하는 물질 중 하나로서 한국, 중국, 대만, 일본 등 전자 산업이 발달한 아시아 국가들이 즐겨 사용하고 있는 NF3(삼불화질소) 대신, 미국은 다국적 기업 듀퐁이 개발한 HFO(수소불화올레핀)를 내어놓고는 국제 협상에서 이를 사용하도록 압박하고 있다. 기술에서, 산업에서, 기후변화협상에서, 겉으로는 대의명분을 내세우되 속으로는 국가적 이익을 우선하는 새로운 대결이 벌어지고 있는 것이다.

중국, 일본, 한국 등 동북아 3국은 많은 인구, 즉 높은 에너지 수요에 비하여 자국 내 에너지 공급원이 적어 원자력 발전 확대 정책으로 두 문제를 해결하고자 하였으나 일본의 후쿠시마 사태로 이도저도 못하게 되었다. 중국은 그나마 Sinopec China, Petro China 등 에너지 자원 개발 공기업을 세계 10위권 수준으로 육성하는 데 성공하였으며, 태양광 등 재생에너지 산업 역시 세계 최고 수준으로 성장시켰다. 안타깝게도 우리나라는 21세기 초반 선진국과 거의 동시에 해외 자원 개발과 신재생에너지 등의 정책을 수립하였으나 성과를 거두지 못하고 있다. 또한 2009년에 발표된 자발적 온실가스 감축 목표조차 제대로 이행하지 못하면서 지난 10년 동안 에너지 안보나 온실가스 감축 문제에 대하여 앞으로 나아가지 못하였다는 평가를 듣고 있었다. 김대중 정부의 '지속 가능한 발전', 이명박 정부의 '녹색 성장', 박근혜 정부의 '에너지 신산업'에 이르기까지 꾸준히 에너지 분야의 정책을 발표하고 있지만 국제사회의 평가는 매우 박하다.

세계에너지위원회WEC는 2016년 보고서에서 한국의 순위를 회원국 125개국 중 에너지 안보 72위, 환경 지속성 88위로 발표하였다. 그 이유는 불을 보듯 뻔하다. 에너지 분야가 산업으로 인식되기보다 공공재로 인식되고 있기 때문이다. 아직도 '전기세'라고 칭하는 사람이 많은 것이 그 증거이다. 또한 우리나라에 부존된 무연탄을 바탕으로 석탄 산업이 한때 대형 산업 중 하나였음을 기억하지 못하는 사람이 대다수란 사실도 그 증거이다.

석유 자원이 없는 우리나라는 1980년대 초반까지만 해도 무연탄으로 에너지 자립도 40% 이상을 유지했으나 1990년대 석탄 산업 합리화 이후 지금까지 5%를 넘지 못하고 있다. 게다가 석유 수입 세계 7위, 천연가스 수입 세계 2위라는 구매력purchasing power을 갖고 있지만, 국제적인 규모와 경쟁력을 갖춘 에너지 기업이 없어서 국제무대에서 정당한 목소리를 내지 못하고 있는 것이 현실이다. 우리나라처럼 부존자원이 없는 네덜란드는 로열더치 쉘이라는 세계 최대 에너지 기업을 보유하고 있고, 우리와 비슷한 처지인 중국과 일본이 국제적 경쟁력을 갖춘 대형 기업을 보유하고 있는 것과 크게 대비된다.

다가오는 4차 산업혁명도 에너지 문제를 먼저 해결하지 못하고서는 성공을 기대할 수 없다. 현재 예측되는 수준으로 인공지능과 빅데이터, 사물인터넷 등과 같은 4차 산업혁명의 주요 요소들의 사용이 확산된다면 2040년에는 현재 수준의 일백만 배에 달하는 정보량을 사용하게 될 것이라고 예측되고 있다. 문제는 이들 정보를 처리하려면 에너지가 필요하다는 것이다. 전문가들은 현재의 반도체로 이러한 정보량을 처리하기 위해서는 약 1027Joules의 에너지가 필요하다고 예측하고 있다(Jeong, et, al, (2016) 「Memristors for Energy-Efficient New Computing Paradigms」, Advanced Electronic Materials, DOI: 10.1002/aelm.201600090, Wiley-VCH). 이는 인류가 2040년에 공급이 가능할 것으로 예측되는 양의 백배가 넘는 양으로, 화력발전소 수억 개가 만들어내는 전력량과 맞먹는다. 한마디로 공급이 불가능한 규모인 것이다. 과연 인류는 4차 산업혁명을 맞이할 수 있을까? 알파고보다 뛰어난 인공지능 로봇을,

엄청난 전기요금을 지불하지 않고도 집집마다 둘 수 있는 시대가 올 수 있을까?

1차 산업혁명은 석탄이 없었다면 시작되지 못하였을 것이다. 또한 증기기관 덕분에 대량생산이 가능해진 석탄은 전 세계 어디에서나 구할 수 있는 인류 최초의 에너지원이 되었다. 석유는 곧바로 그 바통을 이어받았으며, 에디슨과 테슬러에서 시작한 전기는 20세기 들어와 아인슈타인이 시작한 원자력과 만나면서 주력 에너지원으로 등장하여 정보통신 혁명의 주요 에너지원이 되었다. 4차 산업혁명은 또 다른 새로운 에너지원의 개발을 요구하고, 또 다른 에너지 산업을 일으킬지도 모른다. 전 세계의 반도체 업계들은 이러한 문제를 맞이하여 에너지 절약형 반도체를 개발하는 데 노력을 경주하고 있다. 그러나 에너지 절약만으로는 궁극적 해결책이 되지 못한다는 것을 이미 모두가 알고 있다. 결국 더 많은 에너지가 공급되어야 하는 것이다. 그것도 온실가스의 추가적인 배출이 없이 말이다.

기후변화협약 대응의 핵심 역시, 기술 개발과 기업 경쟁력이다. 미국, 일본, 유럽의 선진국들은 이미 기술 개발과 산업 경쟁력 강화 정책에서 저만치 앞서나가고 있다. 반면 우리나라 에너지 분야 민간기업의 연구개발비 지출은 정부 연구개발비의 절반도 되지 못하는 실정이다. 집중적인 기술 개발과 해외 진출을 통해 에너지 산업의 국제 경쟁력을 확보하지 못한다면, 국내 시장의 경쟁 공정성과 효율성을 아무리 높인다 해도 경제 성장은 한계에 부딪힐 것임을 일깨워주고 있다.

국제 정세 역시 크게 요동치고 있다. 미국과 러시아의 관계가 변하고 있으며, 중국 역시 새로운 외교 질서의 구축에 들어갔다. 일대일로—帯—路, one belt one road로 대표되는 중국의 전략에 대비하여 한국과 일본은 북극항로北極航路, North Pole Route를 내걸고 있다. 북극해를 지나는 북극항로는 수에즈 운하를 경유하는 남방항로(중국이 제시한 —帯—路 중 —路)보다 거리가 짧아 항해 일수와 물류비를 크게 단축할 수 있다는 장점이 있다. 특히 우리나라 부산에서 북유럽까지 물류 운항 시간을 약 30% 단축할 수 있다. 지구 온난화로 인하여 2030년이면 북극항로를 사용할 수 있는 기간이 6개월 정도로 늘어나고 쇄빙선의 개발과 천연가스 추진 선박 등 북극 항해를 위한 기술 개발이 꾸준히 이루어지고 있으며, 무엇보다도 세계 각국에서 적극적으로 개발에 나서고 있다. 우리나라도 2010년부터 해양수산부를 중심으로 장기적 계획을 추진 중이다. 여기에 러시아에서부터의 천연가스 파이프라인 건설, 몽골에서부터의 전력망 구축 등을 통한 동북아 지역의 에너지 네트워크는 동북아 국가들의 안정적 에너지 공급 수준을 높여줌은 물론 지역의 평화지수를 높여줄 수 있는 사업으로 인식되고 있다.

중동의 정세 역시 매일 변하고 있다. IS 위기가 어느 정도 통제되자 다시 시아파와 수니파 간의 갈등 문제가, 즉 2차 석유 위기의 원인이었던 바로 그 문제가 다시금 수면 위로 올라오고 있다. 사우디와 이란 등 산유국이 행동을 개시하고 국제 원유 가격이 언제 다시 꿈틀거릴지 모르는 지금, 선진 각국이 첨단기술을 통해 비화석 에너지원의 개발에 매진하고 있는 지금, 『황금의 샘』은 앞으로 우리가 나아갈 방향을 정하는 데 최고의 지침서가 될 것이다.

이렇듯 이 책은 21세기 인류 사회가 맞닥뜨릴 미래의 문제들도 함께 다루고 있다. 다만 이러한 경제, 경영, 국제 정치, 사회, 환경 등의 모든 사건과 이슈들이 특히 20세기에 새롭게 등장한 석유로 인해, 그리고 석유를 중심으로 일어났기 때문에 이 책의 제목이 유전油田을 의미하는 『황금의 샘』이 된 것이다.

이번 증보판에서는 초판에서는 볼 수 없었던 1990년대 이후의 사건들에 대한 분석이 실려 있어 매우 흥미롭다. 걸프전의 영향 분석을 비롯해 21세기 초반의 신新고유가 시대, 미국의 군사력 우위에 바탕을 둔 외교 정책 및 중동의 정세 악화, 러시아와 중국의 대두, 지구 온난화에서 비롯한 기후변화협약 등에 대한 내용이 추가된 것이다.

이 책의 방대한 스케일, 역사적 자료와 사실의 정확성, 그리고 간명한 내용 전달 등은 역자를 매료시키기에 충분하였다. 석유를 주제로 정치, 경제, 사회, 문화 등 다방면에서 인류의 미래를 통찰할 수 있는 역사서이자 교양서라 할 수 있다. 책 속엔 광범위하고 다양한 정보와 디테일한 사건, 흥미로운 인물들이 끝없이 등장한다. 일반 독자도 흥미롭게 읽을 수 있도록 다양한 사례와 자료가 수록되어 한 번 책을 잡으면 손에서 놓지 못할 정도이다. 많은 활동으로 바쁜 와중에도, 이 책에 대한 애정을 담아 증보판을 발간한 저자 대니얼 예긴 씨에게 경의를 표한다.

자원경제학과 기술경제학 분야 연구와 교육에 몸담아온 역자들은 국내 독자들에게 『황금의 샘』 증보판을 꼭 소개해주고 싶다는 일념으로 이십여 년 만에 다시금 번역에 임했음을 밝혀둔다. 지나간 세월을 보여주는 문장들을 가급적 새로운 시대에 맞는 표현으로 바꾸려 노력하였으나 많은 부분이 여전히 미흡한 채로 남아 있다. 번역에 오류가 있다면 이는 오롯이 역자들의 책임이다.

이 책의 제작 과정에 큰 도움을 준 서울대학교 대학원생 및 관련 기관에 종사하고 있는 젊은 엘리트 박사들에게 고마움을 표한다. 또한 증보판이 발간되기까지 애써준 라의눈 편집부 여러분의 노고에도 감사드린다.

2017년 6월 관악에서

김태유, 허은녕

차례

인류 문명의 과거, 현재, 미래를
밝히는 '빛'을 찾아서

윈스턴 처칠은 하룻밤 만에 자신의 입장을 바꾸기로 결심했다. 당시는 영국과 독일 간의 해군력 증강 경쟁으로 적대감이 점차 높아지고 있었다. 영국 내각 내에는 해군력의 우위를 차지하기 위해 군사비 지출을 늘리자고 주장하는 '국방 제일주의자들'과 그에 반대하는 '경제 제일주의자들'이 대립하고 있었다. 영국의 내무장관이던 젊은 처칠은 1911년 여름까지만 해도, 경제 제일주의자들을 이끌고 있었다. 처칠은 독일과의 전쟁이 불가피하지 않고, 독일이 그렇게 호전적이지도 않다고 강력하게 주장했다. 전함의 구입 등에 예산을 쓰기보다는 국내 사회문제의 해결에 써야 한다는 것이 그의 지론이었다.

1911년 7월 1일, 독일의 빌헬름 황제는 군함 팬더 호를 대서양 연안에 있는 모로코의 아가디르 항에 파견했다. 아프리카에서 프랑스의 영향력을 견제하고 독일의 위치를 확고히 하겠다는 의미였다. 팬더 호는 단지 포함砲艦 한 척일 뿐이고, 아가디르 항은 모로코 제2의 작은 항구에 불과했지만, 팬더 호의 입항은 세계적 위기를 촉발하는 도화선이 되었다. 수년 전부터 유럽 각국은 독일군의 전력 증강을 지켜보며 불안에 떨고 있었다. 군사력에 '절대 우위'를 차지하고자 하는 독일의 행동은 프랑스와 영국에 직접적인 위협으로 작용했다. 수주 동안 전쟁의 공포가 감돌던 유럽은 7월 말 '전쟁의 위협은 점차 줄어들고 있다'는 처칠의 선언과 함께 긴장이 다소 완화되었다. 그런데 아프리카에서 발생한 이 위기를 계기로 처칠의 시각은 완전히 바뀌었다. 이전의 생각과는 달리, 독일이 군사력 증강을 통해 주도권을 장악할 의도를 갖고 있음을 확신한 것이다. 그날 밤, 처칠은 전쟁이 불가피하며 단지 언제 발발할 것인지만 문제라는 결론에 이르렀다.

아가디르 사건 이후 곧바로 해군장관에 임명된 처칠은 전쟁에 대비해 군비 강화에 전력을 다하기로 결심했다. 그는 대영제국의 힘을 상징하는 영국 해군을 강력하게 유지해 공해公海 상에서 독일의 도전에 대비하는 것이 자신에게 부과된 임무라 생각했다. 그가 해군장관에 임명된 후 처음으로 해결해야 할 문제 중 하나는 전적으로 기술적인 것이었으나, 실제로는 20세기 전반에 걸쳐 광범위한 영향을 미치는 중요한 의미를 가진 것이었다. 바로 영국 해군 함정의 연료를 '석탄에서 석유로 전환할 것인지'를 결정하는 일이었다.

그 시절, 영국 군함은 자국에서 생산되는 석탄을 사용하고 있었으며 대다수의 사람들이 석유로의 전환은 어리석은 짓이라 생각했다. 안정적으로 공급받을 수 있는 웨일즈산 석탄 대신, 거리가 멀 뿐만 아니라 정치적으로도 불안정한 페르시아산 석유에 의존해야 되기 때문이다. 처칠은 "해군 함정의 연료를 석유에만 의존한다는 것은 풍랑이 심한 바다에 무기를 맡겨놓는 것과 같다"라고 말한 바 있다. 그러나 연료를 석유로 바꾸면 함정의 속력을 높이고 인력을 효율적으로 활용할 수 있다는 전략적 이점이 크다는 점은 명확했다. 결국 처칠은 함정의 연료를 석유로 전환해야 한다고 결론 내리고, 이 목표를 달성하기 위해 매진했다.

다른 대안은 없었다. 처칠은 그의 회고록에 '지배력이란 모험을 무릅쓴 데 대한 상賞, prize이다'라고 썼다.[1]

제1차 세계대전이 발발하기 직전이던 그때 처칠이 깨달은 진리는, 그 전쟁뿐 아니라 그 후 수십 년 동안 인류 사회에 적용되었다. 석유는 여러 가지 의미에서 20세기를 지배했고, 이 책은 바로 석유의 지배가 일어나게 된 실상을 파헤치고 있다.

처칠이 맨 처음 석유에 승부를 걸었던 때로부터 거의 80여 년이 지난 1990년대 초반, 세계는 두 차례의 큰 전쟁 이후, 긴 냉전의 시대가 막을 내리고 새로운 평화의 시대가 올 것을 기대하고 있었다. 그러나 석유는 다시 한 번 세계적 분쟁의 주인공으로 등장했다. 1990년 8월 2일, 20세기의 악명 높은 독재자 중 하나인 이라크의 사담 후세인이 인접한 쿠웨이트를 침공했다. 그의 목표는 주권 국가인 쿠웨이트를 정복하는 것뿐 아니라 그들이 가지고 있는 막대한 부富까지도 빼앗는 것이었다. 만약 이 전쟁에서 승리했다면 이라크는 세계 제일의 석유 대국이 되고, 세계 석유 매장량의 대부분을 보유한 페르시아 만을 지배하게 됨으로써 아랍 세계의 맹주로 군림하게 될 것이었다. 세계는 이라크가 가진 권력과 부, 석유에 대한 지배력 앞에, 또한 사담 후세인의 야망 앞에 무릎을 꿇었을 것이다. 쿠웨이트의 풍부한 자원을 가진 이라크는 가공할 핵무기를 보유할 수 있게 되었을 것이고, 초강대국으로 부상했을 것이다. 만약 그랬다면 국제적인 힘의 균형 역시 극적인 전환을 보였을 것이다. 즉 사담 후세인은, 처칠이 말한 바와 같이 모험에 대한 상賞으로서 세계를 지배할 권력을 갖게 되었을 것이다.

신기한 것은, 이라크의 침공이 있기 전 수년 동안, 석유는 더 이상 '중요한'

역할을 하지 못한다는 견해가 마치 유행처럼 퍼져 있었다는 것이다. 실제로 침공 몇 달 전인 1990년 봄, 미 전략기동군단의 핵심인 중앙군사령부의 고위 지휘관들은 '석유는 이제 전략적 중요성을 상실했다'는 사실을 인정하는 분위기였다. 그러나 이라크의 쿠웨이트 침공은 이러한 생각이 환상이었음을 분명하게 보여주었다. 21세기에 들어서도, 석유는 여전히 국가 안보와 번영, 문명을 유지하는 중심 역할을 했다. 19세기 후반에 시작된 현대 석유산업의 역사는, 20세기에 들어 다양한 석유제품으로 말 그대로 세상을 바꾸어놓았다. 석유의 안정적 공급은 21세기 세계화의 물결 속에서도 가장 중요한 화두가 아닐 수 없다.

지금 우리가 석유의 역사에 대해 알려고 한다면 특히 다음의 세 가지 주제를 탐색하지 않을 수 없다. 첫 번째 주제는, 석유가 자본주의와 현대 산업의 등장과 발전에 중심 역할을 했다는 사실이다. 석유산업은 19세기 말엽에 본격적으로 시작되어, 21세기에 이르기까지 세계에서 가장 규모가 클 뿐 아니라 여러 산업에 가장 큰 영향을 미치는 산업으로 발전했다. 19세기 말 미국의 석유산업을 완전히 지배하던 스탠더드오일Standard Oil은 세계 최초이자 최대 규모의 다국적 기업이었다. 20세기에 들어 석유산업은 확장과 발전을 거듭했다. 미개척지의 유전 개발자와 언변이 좋은 사업가와 투자자, 오만한 기업가, 최첨단 기술자와 공학자, 그리고 초대형 기업 및 국영기업까지를 망라할 정도로 확대된 것이다. 이러한 변화는 기업의 경영 전략, 기술 변화, 시장 개발 등 모든 부문에서 커다란 혁신과 발전을 요구했고, 석유산업과 석유의 문제는 국내 경제뿐 아니라 국제 경제의 전 분야에서 지배적인 위치를 차지하게 되었다. 지난 역사를 살펴보면 개인 간, 기업 간 또는 국가 간에 이루어진 석유와 관련된 중요한 거래나 결정은 신중한 계산을 거쳐 이루어지기도 했지만, 때로는 아주 우연하게 이루어지기도 했다. 석유 사업은 다른 사업에 비해 위험성이 매우 높은 반면, 매우 큰 이익을 약속해주었다. 즉 위험과 그 모험에 대한 상賞으로 대변되는 사업으로, 기회와 운명의 손길이 미치는 영향이 지대하다 하겠다.

21세기에는 컴퓨터 칩이 석유와 맞먹을 정도의 지배력을 발휘하게 될 것으로 보이지만, 석유는 여전히 막대한 영향력을 행사할 것이다. 2008년 「포춘」지가 선정한 500대 글로벌 기업 순위를 살펴보면, 세계 10대 기업 중 6개가 석유 및 가스 개발 회사이다(미국 「포브스」지가 발행한 2015년 통계에서도 매출액 순위 세계 10대 회사 중 6개가 석유 및 가스 기업이다). 충분한 공급량을 갖춘 다른 에너지원이 개발될 때까지 석유는 세계 경제에 계속 강력한 영향력을 발휘할 것이다. 국제 유가의 움직임은 경제의 성장과 침체, 인플레이션을 모두 유발할 능력을 가지고 있다. 오늘날 석유는 시장 동향과 논의가 신문의 경제면뿐 아니라 1면 기사로 실리는 유일한 상품이다. 또한 석유는 과거와 마찬가지로 현재에도 개인이나 기업, 또는 국가 전체의 부를 창출하는 거대한 원천이다. 어느 석유업계 거물의 말대로 '석유는 거의 돈이나 마찬가지'다.[2]

두 번째 주제는, 석유가 국가 전략과 세계 정치 및 권력과 밀접한 관련을 갖고 있다는 것이다. 제1차 세계대전에서 석유를 사용하는 내연기관은 말이나 석탄 증기기관차의 자리를 대체했다. 석유가 국력의 중요한 요소 중 하나라는 사실이 입증된 것이다. 제2차 세계대전에서도 석유는 극동 및 유럽 지역에서 전쟁의 승패를 가르는 중요한 역할을 했다. 동인도제도(현재의 인도네시아를 구성하고 있는 섬들)의 석유 자원을 장악한 일본은 이를 지키기 위해 진주만 공격을 감행했다. 히틀러가 소련을 침공한 가장 중요한 목적 중 하나도 코카서스(흑해와 카스피 해 사이에 있는 지방으로 아제르바이잔, 그루지아, 아르메니아 공화국 등이 있음) 지방의 유전을 점령하기 위한 것이었다. 하지만 미국의 석유 지배력이 훨씬 강력했기 때문에, 전쟁이 끝날 무렵 독일과 일본의 연료 탱크는 텅텅 비어 있었다. 이후 냉전시대에는 국제 석유 기업과 산유국들이 석유의 지배권을 놓고 치열한 암투를 계속해왔으며, 이는 식민지 해방 운동과 민족주의라는 형태로 나타났다. 1956년의 수에즈 위기는 구舊유럽 제국주의의 종말을 가져왔는데, 이 역시 석유가 큰 역할을 했다. 1970년대에 들어 석유는 매우 큰 위력을 발휘해 국제 정치에 영향력을 행사하게 되었고, 석유에 기초해 경제 성장을 지속하던 선진 공업국들은 큰 위기에 봉착했다. 냉전시대가 종식된 후 최초의 위기라 할 수 있는, 이라크의 쿠웨이트 침공도 석유가 중요한 원인이었다. 2004~2008년 국제 유가의 급등을 통해, 세계 경제에서 중국과 인도가 차지하는 비중이 커졌다는 사실도 알 수 있다.

그러나 석유의 위력에 지나치게 의존한 나머지, 불행한 결과를 가져 온 사례들도 많다. 이란 국왕은 석유를 통해 부를 얻으려고 애썼으나 오히려 그로 인해 파멸하고 말았다. 석유 덕에 경제 발전을 이룬 멕시코의 경제는 오늘날 수렁에 빠져 있다. 세계 제2의 석유 수출국이었던 소련은 1970년대와 80년대에 걸쳐 막대한 석유 수출 대금을 군사력 증강에 쏟아 부었으나 모두 무용지물이 되고 현재는 비참한 처지가 되었다. 한때는 세계 최대의 산유국이었고 여전히 최대 소비국인 미국은 석유 소비량의 절반 이상을 수입에 의존하고 있다. 그 결과 미국의 전략적 지위는 낮아졌고 무역 적자는 심화되었으며, 강대국으로서의 위치도 불안한 지경에 이르렀다(미국은 21세기에 들어 셰일오일과 셰일가스의 생산에 성공, 자국의 소비 충당은 물론 다시 석유 수출국의 위치를 넘보고 있다－옮긴이 주).

20세기를 지배했던 냉전시대가 종식됨에 따라 세계 질서가 새롭게 재편되고 있다. 이데올로기의 대결을 대신해, 경제 분야에서의 경쟁, 지역 대립, 민족 분쟁이 국내·국제 분쟁의 초점이 되었고, 현대적 병기가 확산됨에 따라

이러한 분쟁은 더욱 치열해졌다. 그러나 새로운 국제 질서가 형성되더라도 전략 상품으로서 석유의 위치는 흔들리지 않을 것이고, 국가 전략이나 국제 정치에서도 계속 중요한 역할을 할 것이다.

　세 번째 주제는, 인류 사회가 어떻게 '탄화수소 사회Hydro-carbon Society'로 변했으며 인류학자들이 말한 바와 같이 인류는 어떻게 '탄화수소 인간Hydro-carbon man'이 되었는지를 설명하는 것이다(석유는 백악기, 쥐라기 등 중생대에 해양의 유기물 등 생명체의 사체가 묻혀 만들어진 것이기에, 인간의 몸과 같이 생명의 원소인 탄소를 주성분으로 하고 있다—옮긴이 주). 석유산업이 본격적으로 시작된 후 수십 년 동안 '케로신kerosene'이라는 석유제품만이 생산되고 공급되었다. '새로운 불빛'이라고 알려진 케로신(처음에는 상표명이었으나, 후에 등유를 나타내는 일반명사가 되었음)은 인류를 밤의 암흑으로부터 벗어나게 해주었고 노동시간을 연장해주었다. 19세기 말 록펠러는 등유를 판매해 미국에서 제일가는 갑부가 되었다. 당시 부산물로 생산된 휘발유는 거의 쓸모가 없어 갤런당 2센트에 팔렸고, 팔리지 않는 휘발유는 밤에 몰래 강에 버려지기도 하였다. 19세기에 백열전구가 발명되어 등유를 중심으로 한 석유산업이 한때 위축되었으나, 휘발유를 연료로 사용하는 내연기관 역시 19세기에 개발됨으로써 새로운 시대가 열렸다. 휘발유를 중심으로 한 새로운 석유 시장이 형성되었고 이로 인해 새로운 문명이 탄생했다.

　20세기 들어 석유와 천연가스가 본격적으로 개발되고 이용되자, 그때까지 황제처럼 군림하던 석탄의 위치는 흔들리게 되었고 석유가 산업계의 주 연료로 자리 잡았다. 석유는 제2차 세계대전 이후 각국의 도시화를 촉진시켰는데, 이로 인해 당시의 풍경이나 인류의 생활양식이 크게 변모되었다. 오늘날의 인간은 석유에 크게 의존하고, 석유는 인간 생활의 구석구석까지 영향을 미치고 있다. 석유가 없는 생활은 결코 상상할 수도 없다. 예를 들어 우리가 어디에 살고, 어떻게 살고, 어떻게 통근하며, 어떻게 여행할 것인지는 석유에 의해 결정되고, 심지어는 어디에서 사랑을 고백할 것인지도 석유에 의해 결정된다. 석유는 우리의 생활에 있어 동맥과 같은 역할을 한다. 석유(천연가스 포함)는 농업에 필요한 화학비료의 주성분이고, 식량의 자급자족이 불가능한 대도시 지역에 식료품을 수송해주고, 현대 문명의 토대가 되는 플라스틱이나 화학제품들을 만들어준다. 따라서 어느 날 갑자기 전 세계의 유전이 고갈되어 버린다면 세계 문명은 붕괴되고 말 것이다.

20세기에는 석유를 대량으로 사용한다는 것이 인류의 진보를 상징했으나, 21세기에는 더 이상 그렇지 않다. 환경보호 운동이 확산됨에 따라 산업사회의 기초를 이루고 있던 여러 측면들이 도전받고 있는 것이다. 그중에서도 석유산업은 분석과 비판, 반대의 대상들 중에서도 가장 정점에 있다. 전 세계적으로 석유, 석탄, 천연가스 등 화석연료의 사용을 줄이기 위한 노력이 이루어지고 있다. 화석연료가 스모그, 대기오염, 산성비, 오존층 파괴를 일으키며 무엇보다 기후 변화의 주범이기 때문이다. 기후 변화 문제는 거의 모든 나라와 국제적 활동의 중심 주제가 되었다. 지금까지 석유는 기술 개발과 경제 성장에 가장 중심적인 역할을 해왔으나 이제는 환경 파괴의 주범으로 규탄 받고 있다. 또한 현재와 미래의 세대들에게 위협을 주는 존재로 비난받고 있다.

그러나 '탄화수소 인간'들은 그들의 생활에 있어서 필수적인 자동차나 도시 생활을 쉽게 포기하려 하지 않는다. 개발도상국 국민들도 환경 문제가 어떻든 간에, 석유에 의존해 경제를 발전시키려 하고 있다. 만약 세계 인구가 증가하게 되면, 석유 소비 삭감 계획은 당장에 영향을 받게 될 것이다. 세계 인구의 대부분은 석유를 소비하며 즐길 '권리'를 주장하고 있다. 1990년 석유 소비량은 하루 6천 7백만 배럴이었으나 2008년에는 8천 6백만 배럴로 증가했다(2015년 전 세계 석유 소비량은 하루 9천 1백 7십만 배럴로 늘었으며 지금도 꾸준히 증가하고 있다-옮긴이 주). 또한 인도는 2배, 중국은 3배 이상 석유 수요가 증가하였다. 이제 경제 성장과 국민 복지를 위한 공급 안정이란 이슈와, 환경 보호와 이산화탄소 감축을 위한 환경 규제라는 이슈 간에 팽팽한 대결이 시작되었다. 이런 대결 양상은 20세기 초에 끝난 줄 알았던 내연기관 자동차와 전기 자동차 간의 경쟁을 다시 등장시키고 있다.

이상의 세 가지가 바로 이 책의 내용을 구성하고 있는 주제들이다. 이 책은 전 세계를 대상으로 우리의 생활에 영향을 미친 역사적 사실들을 기록한 서사시라 할 수 있다. 석유산업과 관련된 경제적, 기술적 측면뿐 아니라 기업가나 정치가들의 전략과 간교한 책략을 엿볼 수 있다. 책 속엔 록펠러, 헨리 디터딩, 칼루스트 굴벤키안, J. 폴 게티, 아먼드 해머, T. 분 피켄스와 같은 석유업계의 거물들과 기업가들이 등장한다. 또한 처칠, 히틀러, 스탈린, 이븐 사우드, 모하메드 모사데그, 아이젠하워, 앤서니 이든, 헨리 키신저, 조지 부시, 사담 후세인 같은 정치가들도 등장한다.

20세기는 바야흐로 '석유의 세기The Century of Oil'였으며, 21세기도 그럴 것이다. 수많은 혼란과 투쟁으로 점철된 석유의 역사 속에서도 이를 관통하는 그 무엇인가가 있다. 기나긴 역사 속에서 벌어졌던 그 일이 오늘날에도 그대로 적용될 수 있고, 오늘의 결정 역시 과거의 역사에 크게 영향 받게 된다는 말이다. 이 책은 부와 권력을 추구했던 개인들의 이야기인 동시에 전 세계에서 벌어진 경제 발전, 기술 혁신, 정치 투쟁, 국제 분쟁에 대한 이야기이기도 하다. 인류가 석유에 의존함으로써 경제, 사회, 정치, 전략적 측면에서 어떤 결과가 초래되었는지 살펴본다는 것은 큰 의미가 있다. 이 책이 과거를 조명하고, 현재를 보다 잘 이해하며, 무엇보다 미래를 앞서가는 데 도움이 되기를 간절히 바란다.

Chapter 01

석유의
창세기

**THE
PRIZE**

01

석유에
홀린 사람들

사라진 526달러 8센트의 행방

1850년대에 미국 교수들의 봉급은 후한 편이 아니었다. 미국의 위대한 화학자의 아들이자 당시 예일 대학의 저명한 화학 교수였던 벤저민 실리만 2세도 부수입을 얻기 위해, 사업가와 프로모터로 구성된 투자 그룹으로부터 총 526달러 8센트를 받기로 하고 연구 프로젝트를 맡았다. 그런데 프로젝트를 완료한 후에도 약속된 금액이 지불되지 않자 그는 화가 치밀어 돈의 행방을 추적하기 시작했다. 그는 투자 그룹의 주도 세력들, 특히 뉴욕 변호사인 조지 비셀과 뉴헤이븐의 은행장인 제임스 타운센드에 대해 크게 분개했다. 타운센드는 투기적인 사업에 관여하고 있다는 사실이 은행 고객들에게 알려지는 것을 두려워해서, 모습을 잘 드러내지 않으려 했다.

비셀과 타운센드, 그리고 투자 그룹의 다른 멤버들은 석유石油, rock oil 라고 알려진 물질의 앞날에 대해 지나친 기대를 갖고 자만에 빠져 있었다. 당시에는 이 물질을 식물성 기름이나 동물성 유지油脂와 구분하기 위해 석유라고 불렀다. 석유는 펜실베이니아 주 서북부 구릉지대에 있는 오일 크리크Oil Creek

일대의 샘에서 분출되어 주위에 있는 염정鹽井(소금 채취를 위해 파놓은 우물)으로 스며들어 간다고 알려져 있었다. 그곳에서는 이런 검고 냄새나는 물질이 원시적인 방법, 즉 샘이나 수로의 표면에 떠 있는 기름을 걷어내거나, 기름이 섞여 있는 물에 천이나 모포를 담갔다가 짜내는 방법으로 소량씩 채취되었는데, 이렇게 채취된 기름 대부분은 약품 제조에 사용되었다.

그 투자 그룹은 석유를 대량으로 생산할 수 있고, 액체 상태로 정제해 램프의 광원으로 사용할 수 있을 것이라 생각했다. 이 새로운 광원이 1850년대에 주로 사용되던 석탄유coal-oils(석탄에서 추출한 등유)보다 높은 시장 경쟁력을 가질 것으로 확신한 것이다. 즉 석유를 대량으로 채취할 수만 있다면, 19세기 중반에 인류가 절실하게 필요로 하던 값싸고 질 좋은 광원을, 북미 지역과 유럽의 모든 도시와 농장에 공급할 수 있을 것이라 굳게 믿었다. 또한 도입기에 있던 기계문명 시대의 윤활제로도 사용될 수 있을 것이라 생각했다. 늘 자신의 꿈에 확신을 갖고 있는 기업가들과 마찬가지로, 그들은 이 모든 일을 통해 막대한 부를 쌓을 수 있을 것이라 믿었다. 많은 사람이 그들을 비웃었으나, 그들은 포기하지 않고 새로운 석유 시대의 초석을 놓는 데 성공한 것이다.

조지 비셀과 세네카 오일

본격적인 석유 비즈니스의 기원은 석유산업 탄생에 누구보다도 큰 역할을 했던 조지 비셀이라는 사람의 우연한 결단에서 비롯되었다. 긴 얼굴, 넓은 이마에 지적인 인상을 풍기는 비셀은 사업에서도 탁월한 능력을 발휘했는데 이는 그의 경험에 바탕을 두고 있었다. 열두 살 때부터 자립해야 했던 비셀은 학생들을 가르치고 여기저기에 글을 기고해 학비를 벌며 어렵게 다트머스 대학을 졸업했다. 졸업 후 한동안은 라틴어와 그리스어 교수로 지냈고, 워싱턴에 가서는 저널리스트로 활동했다. 그는 뉴올리언스에서 말년을 보냈는데, 그곳에서는 고등학교 교장과 교육감으로 활동했다. 남는 시간에는 변호사 자격시험 공부를 했고, 여러 언어를 독학해 프랑스어, 스페인어 및 포르투갈어를 유창하게 구사했으며, 히브리어, 범어梵語, 고대·현대 그리스어, 라틴어 및 독일어는 읽고 쓸 수 있는 정도였다. 그는 1853년 건강이 악화되어 고향인 북부 지방으로 돌아가게 되었다. 서부 펜실베이니아 지역을 지나가던 그는 우연히 원시적인 방법으로 석유를 채취하는 장면을 목격했다. 또한 얼마 지나지 않아 뉴햄프셔 주 하노버에 사는 어머니를 뵈러 가는 길에 모교인 다트머스 대학에 들렀는데, 그때 한 교수의 사무실에서 펜실베이니아산 석유 샘플이 담겨 있는 병을 보게 되었다. 서부 펜실베이니아에 병원을 개업한 다트머스 대학 졸업생이 수주일 전에 가져다 놓은 것이었다.

비셀은 석유가 두통, 치통, 귀머거리의 치료부터 위경련, 기생충, 류머티즘, 수종증의 치료에 이르기까지 의약품 및 민간요법용으로 널리 사용되고, 말과 노새의 등에 난 상처를 치료하는 데도 사용된다는 것을 알고 있었다. 그 약은 '세네카 오일Seneca Oil'이라고 불렸는데, 그 치료법을 백인들에게 전파했다고 알려진 레드 자켓이라는 세네카 인디언족(뉴욕에 거주하던 인디언의 한 부족)의 추장을 기리기 위한 것이었다. 세네카 오일을 취급하던 한 상인은 그 약의 경이로운 치유력을 시로 표현하기도 했다.

활력의 기름, 자연의 비밀스러운 샘으로부터 솟아나
건강과 생명의 찬란함을 우리에게 선물한다.
심연으로부터 신비의 액체가 흐르면
우리들의 고통은 잠잠해지고 슬픔은 사라진다.

비셀은 이 검고 끈끈한 액체가 가연성 물질이라는 사실을 알았다. 다트머스 대학에서 석유 샘플을 보는 순간, 그는 이것이 의약품이 아니라 광원으로 사용될 수 있으며, 상품화함으로써 가난에서 벗어날 수 있으리라 생각했다. 이런 확신은 신념으로 자리 잡았고, 희망보다는 실망이 더 컸던 그 후 6년 동안의 어려운 시절에도 좌절하지 않고 극복해나갈 수 있는 힘이 되었다. [1]

실리만 교수의 석유 분석 보고서

그런데 과연 석유를 광원으로 사용할 수 있을 것인가? 비셀은 다른 투자가들을 설득해 투자 그룹을 만들었고, 1854년 말에 예일 대학의 실리만 교수에게 석유를 광원이나 윤활제로 사용할 수 있을지 분석해달라고 의뢰했다. 아마도 그들이 더 중요하게 생각했던 것은 실리만 교수의 권위를 이용해 주식을 팔고 사업 자금을 끌어들이는 것이었을지도 모른다. 당당한 체구와 활력이 넘치는 밝은 얼굴의 실리만은 당시 과학계에서 가장 존경받는 위대한 명사 중한 명이었으므로 가장 적임자였던 셈이다. 그는 미국 화학의 창시자라 불리는 사람의 아들이면서 당시 가장 탁월한 과학자였고, 물리학과 화학 분야의 선구적인 저서를 집필하기도 했다. 예일은 19세기 미국의 과학을 주도하는 도시였고, 실리만 부자는 그 구심점 역할을 하고 있었다.

그러나 실리만은 추상적인 것보다는 실용적인 것에 관심이 많았다. 또한 학계에서는 상당한 명성을 얻고 있었지만 봉급은 적었고 가족이 늘어남에 따라 늘 부수입이 필요했으므로, 지질학적 평가나 화학적 분석 등과 관련된 외부 자문 일을 했다. 그는 투기적인 사업에도 직접 참여했는데, 돈을 벌어서 '과학 연구 수행을 위한 기반'을 마련할 수 있으리라 생각했다. 실리만의 처남은 그런 태도를 못마땅하게 생각해서 "실리만은 자신에게 이익이 되는 일만

쫓아다니는데, 그것은 과학을 하는 사람의 자세가 아니다"라고 비판했다.

실리만은 석유 분석을 시작하면서, "나는 이 연구가 당신들의 기대를 충족시켜줄 것이라 약속할 수 있습니다"라고 밝힘으로써, 투자가들에게 그들이 원하는 보고서를 받게 될 것이라는 기대를 품게 했다. 3개월 후 연구가 거의 끝나갈 무렵, 그는 더 열정적으로 연구에 몰두해 '석유 증류 제품을 광원으로 사용하는 것에 대한, 예기치 못했던 성공적 결과'를 보고서에 담았다. 투자가들은 최종 보고서를 손꼽아 기다렸다. 그러나 그때 문제가 발생했다. 실리만은 526달러 8센트(오늘날의 가치로 5,000달러 정도)를 받기로 되어 있었는데, 1차 지불금으로 100달러를 뉴욕에 있는 계좌로 입금하라고 요구한 것이다. 실리만의 요구가 예상했던 수준 이상이어서 그들은 입금하지 못했고, 실리만은 크게 분개했다. 결국 그는 학문적인 호기심도 팽개친 채 그 프로젝트를 중단했다. 그는 돈이 필요했고 빨리 지급되기를 바랐으므로 돈이 지불될 때까지 연구를 중단할 뜻을 분명히 밝히고, 비밀을 유지하기 위해 보고서를 친구에게 비밀리에 맡겨놓고는 남부 지방으로 여행을 떠났다.

투자가들은 절망에 빠졌다. 사업에 들어갈 추가 자금을 조달하기 위해서는 최종 보고서가 절대적으로 필요했기 때문에 어떻게든 돈을 마련하려 했으나 여의치 않았다. 결국 비셀의 동업자 중 한 명이 자신의 재산을 담보로 돈을 융통해주었고, 1855년 4월 16일 최종 보고서가 그들에게 전달되고 서둘러 출판되었다. 투자가들은 실리만에 대한 용역비 지불 건으로 우여곡절을 겪기는 했지만 실제로는 지불한 금액보다 훨씬 많은 것을 얻었다. 어느 역사가가 평가했듯이, 실리만의 연구는 석유산업의 태동기에 일대 전환점이 되었으며, 석유의 새로운 용도에 대한 모든 의구심을 일소했다. 그는 보고서에서, 석유는 서로 다른 끓는점에서 탄소와 수소로 구성된 다양한 물질로 분류(分溜)될 수 있고, 이 분류 물질 중에는 램프에 사용할 수 있는 양질의 기름도 있다고 밝혔다. 그는 또한 "당신들이 소유하고 있는 것이 간단하고 값싼 공정을 거쳐 아주 가치 있는 제품을 생산할 수 있는 원료 물질이라는 믿음을 확고히 해주는 많은 근거를 발견했다"고 언급했다. 실리만은 용역비 지불 문제가 만족스럽게 해결되자 그 프로젝트를 진척하는 데 전력을 다했다.

실리만의 보고서는 가장 설득력 있는 홍보 자료가 되었고, 투자 그룹은 어려움 없이 다른 투자자들로부터 필요한 자금을 모을 수 있었다. 실리만은 펜실베이니아 석유회사의 명사社士가 되는 한편 200주를 할당받았다. 그러나 1년 반 후, 투자가들은 다음 단계의 위기에 봉착하게 되었다.

실리만의 연구 결과 덕분에 석유에서 양질의 램프용 기름을 추출해낼 수 있다는 사실은 알게 되었지만, 과연 석유가 충분히 존재하는지가 문제였다. 석유가 지하의 석탄 광맥에서 떨어지는 '기름방울'에 불과하다고 말하는 사람도 있었다. 떠 있는 기름을 걷어내거나 기름이 적셔진 헝겊을 짜내는 방식으로는 사업이 성립할 수 없었다. 그러나 비판적인 문제의식 속에서도, 상품화가 가능할 정도로 충분한 석유가 존재하며 채유도 가능하다는 사실이 입증되어 가고 있었다.[2]

가격과 기술혁신

석유의 불가사의한 특성을 알아내려는 노력은 순수한 필요성에서 시작되었다. 인구가 급증하고 산업혁명으로 인해 경제발전이 가속화됨에 따라, 당시로서는 최고의 램프용 연료로 알려진 동물성 지방이나 식물성 유지를 능가하는 인공 광원에 대한 요구가 증가하고 있었다. 부유층은 수백 년 동안 향유고래기름을 광원으로 사용해왔는데, 수요 급증으로 연근해의 향유고래 수가 크게 줄어들었다. 포경업자들은 케이프 혼(남아메리카 남단) 부근과 태평양 해역까지 멀리 항해해야 했고 따라서 가격도 크게 상승했다. 가격 상승으로 업자들은 황금기를 맞았지만, 소비자들은 갈수록 힘들어졌다. 그들은 1갤런당 2.5 달러나 지불하기를 원치 않았고, 그 가격마저 더 올라갈 것이 확실했다. 값싼 램프용 액체 연료가 개발되기는 했지만 품질이 떨어졌다. 그중 가장 대중적이었던 것이 송진에서 추출한 캄펜camphene이었는데, 밝은 빛을 내기는 했지만 불행히도 가연성이 높다는 결점을 가지고 있었다. 파이프를 통해 석탄에서 추출한 가스를 도심의 가로등과 중상류층 가정으로 공급하는 도시가스도 있었지만 워낙 고가여서, 저렴하고 안전한 광원에 대한 요구는 날이 갈수록 커졌다. 석유에 대한 기대는 윤활제의 필요성에서도 비롯되었다. 동력 직조기와 스팀 인쇄기 같은 기계들을 작동시키기 위해서는 돼지비계 같은 윤활제가 다량 필요했던 것이다.

이런 수요 증가에 따라 1840년대 말과 1850년대 초에 걸쳐 기업 혁신이 시작되었고 석탄과 다른 탄화수소 물질로부터 등화유燈火油와 윤활유가 추출되었다. 진취적인 영국인과 북미인들은 연구를 계속 진척하고 판로를 개척했으며, 후대의 석유산업에 기초가 된 정제 기술을 개발했다. 영국의 해군 제독 토머스 코크란(바이런 경의 작품 「돈 주앙」의 모델로 알려져 있으며 말년에 군법회의에 회부되었음)은 아스팔트의 잠재력에 매혹되어 트리니다드에 있는 타르 갱을 매입했다. 코크란은 한동안 캐나다인 에이브러햄 제스너 박사와 동업자였다. 젊은 시절 제스너는 서인도제도에 말을 수출하는 사업에 손을 댔으나, 두 차례 난파를 당한 후 사업을 포기하고 런던에 있는 병원에서 의학을 공부했다. 그 후 그는 캐나다로 돌아가 뉴브런즈윅에서 지질학자로 활동했으며, 아스팔트와 그와 유사한 물질에서 석유를 추출해 질 좋은 등화유로 정제하는 공정을 개발했다. 그는 이것을 '케로신'(등유의 상품명)이라 불렀는데, 그리스어로 왁스를 의미하는 '케로스Keros'와 기름을 의미하는 '엘라이온elaion'에서 따온 것이다. 1854년 그는 등화유와 그 밖의 다른 용도로도 사용할 수 있는, 새로운 액체 탄화수소 물질 '케로신'의 제조 방법에 대해 미국 특허를 신청했다.

1859년 제스너는 뉴욕에서 케로신을 하루 5,000갤런 생산할 수 있는 공장의 설립을 도와주었는데, 보스턴에는 이미 같은 규모의 공장이 가동하고 있었다. 영국에서는 스코틀랜드의 화학자인 제임스 영이 촉탄燭炭을 원료로 해서 이와 유사한 정제 산업에 착수했으며, 프랑스에서는 셰일층을 사용하는 정제 방식이 개발되었다. 1859년경 케로신과 석탄유가 일반에게 알려지면서, 미국 내 생산 물량은 34개 회사에서 연간 500만 달러어치에 달했다. 한 잡지는 케로신 사업을 통해 미국의 전 산업이 큰 번영을 누릴 수 있을 것이라 주장하기도 했다. 이따금 재래식 방법으로 채취한 펜실베이니아산 석유에서 뽑은 케로신 소량이 뉴욕의 정유공장에 나오기도 했다.[3]

인류에게 석유는 아주 낯선 물질이 아니다. 예전부터 중동의 여러 지방에서는 지각 틈새나 갈라진 부분에서 역청瀝靑이라 불리는 반고형半固形의 끈끈한 물질이 지표로 새어 나왔다. 이런 현상은 기원전 3000년경 메소포타미아에도 있었는데, 바빌론(현재의 바그다드 부근)에서 가까운 유프라테스 강 유역의 히트라는 곳이 가장 유명했다. 기원전 1세기경 그리스의 역사가인 디오도르는 고대의 역청 산업에 대해 "바빌론에서는 믿을 수 없이 많은 기적이 일어나고 있지만, 그곳에서 발견된 많은 양의 아스팔트에 비하면 아무것도 아니다"라고 역설했다. 이 분출물들은 석유 가스와 함께 계속 불타올랐고, 이는 중동의 '불 숭배 사상'의 기원이 되었다.

고대 중동에서는 역청이 상품으로 거래되었다. 역청은 건물의 모르타르로 사용되었고, 제리코와 바빌론 성벽을 견고히 하는 데도 쓰였다. 당시 관습대로라면 노아의 방주와 모세의 바구니에도 역청이 방수제로 사용되었을 것이다. 역청은 도로 건설에도 이용되었으며, 제한적이기는 하지만 램프에도 사용되었고 의약품으로도 사용되었다. 1세기경 로마의 자연주의자인 플리니우스가 기술한 바에 의하면, 의약품으로서의 역청의 가치는 1850년대 미국에서의 그것과 유사했다. 플리니우스는 역청이 상처, 백내장, 치통, 만성 기침, 류머티즘, 열병 치료 등에 사용되고 지혈제, 통풍痛風 도포제, 지사제止瀉劑, 절단 근육 봉합縫合에도 사용된다고 했다. 또한 속눈썹을 펼치는 데도 사용되었다.

그 밖에 역청은 무기로도 사용되었다. 역청 제품은 불이 잘 붙어 전쟁에서 다용도로 쓰였으며, 때로는 결정적인 역할을 했다. 그리스의 서사시인 호메로스는 「일리아드」에서 "트로이인은 빠른 배에 꺼지지 않는 불을 싣고 적시에 불을 내뿜었다"라고 기록하고 있다. 페르시아 왕 사이러스가 바빌론을 공격하려 할 때 시가전의 위험에 대해 경고하는 사람들이 있었다. 그는 답변 대신 시가지에 불을 지른 후 "우리는 충분한 피치(원유를 정제 증류한 뒤 남는 까만 찌꺼기)와 밧줄이 있으며, 그것들을 이용해 도시 전체를 불바다로 만들 수 있다. 그러면 건물 꼭대기의 적들은 재가 되지 않기 위해 요새를 버리고 도망가야 할 것이다"라고 큰소리쳤다. 비잔틴제국에서는 17세기부터 그리스어로 불을 의미하는 'Oleum Incendiarum'이라는 병기를 만들어 사용했다. 이는 석유와 석회를 혼합한 것으로, 축축한 느낌이면서도 불이 잘 붙었는데, 제조법은 국가적 기밀이었다. 비잔틴제국 사람들은 이를 배에 던져 공격하거나, 화살에 매달아 쏘거나, 구식 수류탄처럼 사용했고, 이는 수 세기 동안 화약보다 무서운 공포의 무기였다.[4]

중동의 석유 역사는 이와 같이 길고도 다양했으나, 이상하게도 서양에서는 수 세기 동안 석유에 관한 지식이 거의 알려져 있지 않았다. 아마도 역청의 주요 산지가 로마제국의 관할 밖이었기 때문일 것이다. 석유의 이용법은 몰랐어도 바이에른, 시실리, 포 밸리, 알자스, 하노버, 갈리시아(지금의 폴란드, 오스트리아, 러시아의 일부) 등 유럽의 여러 지역에서는 중세시대부터 석유가 분출하는 것이 목격되었다. 아랍인을 통해 석유 정제 기술이 유럽으로 전해졌으나, 대부분의 경우는 수도승이나 의사들이 기술한 석유의 질병 치유력에 관한 학술 자료에 근거해 만병통치약으로만 사용되었다.

「실리만 보고서」에 힘입어 조지 비셀이 석유 비즈니스에 본격적으로 착수하기 전, 동유럽에서는 이미 소규모 석유산업이 이루어지고 있었는데, 갈리시아에서 처음 시작되고 그 후 루마니아에서 발전되었다. 농부들은 손으로 땅을 파서 등유 정제용 원유를 채취했고, 리보프에 살던 한 약제사는 연관공^{鉛管}^工의 도움으로 값싼 등유용 램프를 발명했다. 1854년경 등유는 비엔나에서 거래되는 주요 상품 중 하나였고, 1859년경 갈리시아의 등유 사업은 크게 번창해 150개 이상의 마을에서 석유를 생산했다. 1859년 유럽의 원유 총생산량은 3만 6,000배럴 정도로 추산되는데 대부분이 갈리시아와 루마니아에서 생산된 것이다. 동유럽의 석유 생산량은 이처럼 상당량에 달했으나 굴착 기술은 크게 낙후되어 있었다.

1850년대 미국에서는 두 가지 이유로 등유가 대중화되지 못했다. 우선 공급량이 충분치 않았고, 다음으로는 등유를 연소시키기에 적당한 값싼 램프가 없었기 때문이다. 기존의 등유 램프는 연소 중에 연기와 함께 매캐한 냄새가 났다. 뉴욕의 등유 판매상은 비엔나에서 유리 연통의 등유 램프가 생산된다는 사실을 알고 그것을 수입해 판매했다. 리보프의 약제사와 연관공이 발명한 그 램프는 연기와 냄새가 없었다. '비엔나 램프'는 수차례에 걸쳐 디자인이 개선되면서 미국 시장을 석권했고 나중에는 재수출까지 하게 되었다.[5]

비셀이 사업을 시작하던 당시에는 이미 값싼 등화유인 등유가 일부 가정에서 사용되었고, 등유 정제 기술도 상업화 단계에 있었다. 물론 등유를 제대로 연소시킬 수 있는 값싼 램프도 개발되어 있었다. 비셀과 펜실베이니아 석유회사의 투자가들은 기존 공정에 투입할 원료의 새 공급원을 개발하는 것이 목표였는데 이는 결국 가격과 직결되는 문제였다. 만일 충분한 양의 석유를 발견한다면 염가 판매가 가능해질 것이며, 질은 낮으면서 고가로 팔리는 램프용 연료 시장을 석권하게 되리라 예측했다.

땅을 파서 석유를 찾는 방법으로는 이런 시장 지배가 불가능했다. 중국에서는 이미 1,500년 전에 염정 시추 혹은 염정 굴착법이 개발되었고, 그 기술로 3,000피트 깊이의 우물을 판 기록도 있다. 1830년경 중국의 굴착 기술은 유럽에 전파되었고 그 후 미국에서 염정 굴착에 응용되었다. 1856년 어느 무더운 여름날, 사업 구상에 골몰하던 조지 비셀은 이글거리는 태양을 피해 뉴욕 브로드웨이의 어느 약국 차양 아래 서 있었다. 그 약국의 창문에는 석유로 제조한 약품 광고가 붙어 있었는데, 광고에는 염정 시추 시 사용하는 것과 비슷한 유정탑이 몇 개 그려져 있었다. 의약품 제조용 석유는 염정 굴착 과정에서 부산물로 얻어지는 것이다. 이를 본 순간, 서부 펜실베이니아와 다트머스 대학에서 우연히 목격했던 석유 샘플이 그의 뇌리를 스쳤고, 한 가지 영감이 떠올랐다. 그 굴착 기술을 석유 생산에 사용할 수는 없을까? 그렇게만 할 수 있다면 그에게 엄청난 행운을 가져다줄 수도 있을 것이었다.

비셀과 펜실베이니아 석유회사의 동료 투자가들은 염정 시추 기술을 석유 시추에 적용해, 땅을 파는 대신 구멍을 뚫어 굴착하는 방법을 구상했다. 이런 생각은 그들만의 것이 아니었고 미국, 온타리오, 캐나다 등지의 사람들도 같은 생각을 하고 있었다. 그러나 비셀과 동료들은 그 생각을 즉시 실행에 옮길 준비가 되어 있었다. 이미 갖고 있던 「실리만 보고서」를 이용해 자금을 모았던 것이다. 그때까지만 해도 그들의 생각은 대수롭지 않게 여겨졌다. 은행가인 제임스 타운센드가 자신들의 굴착 아이디어를 거론하자 뉴헤이븐의 많은 사람들이 비웃었다.

"뭐라고요, 타운센드 씨? 석유가 땅에서 나온다고요? 물처럼 펌프로 석유를 뽑아 올리겠다고요? 말도 안 돼요. 제정신이 아니군요."

그러나 투자가들은 그 사업이 꼭 필요할 뿐만 아니라 좋은 기회가 될 것으로 확신하고 일의 진행에만 몰두했다. 하지만 모두가 정신 나간 짓이라고 생각하는 이런 사업을 누가 맡으려 하겠는가?[6]

드레이크 대령의 집념

드디어 에드윈 드레이크라는 사람이 그 일을 수행할 후보로 선정되었다. 그는 특별한 기술을 갖고 있지는 않았지만, 한때 철도 승무원으로 근무한 적이 있는 만물박사였다. 건강이 나빠져 일을 그만두고 어린 딸과 함께 뉴헤이븐의 오래된 톤틴 호텔에서 살고 있었는데, 타운센드도 우연히 같은 호텔에 묵고 있었다. 그 호텔은 사람들이 모여 정보를 교환하고 토론을 벌이는 장소로 활용되었는데, 서른여덟 살의 드레이크처럼 친구를 좋아하고, 쾌활하고, 말이 많으면서, 할 일이 별로 없는 사람에게는 안성맞춤인 장소였다. 그는 자신이 겪은 일에 대해 친구와 담소를 나누며 저녁 시간을 보내곤 했는데, 풍부한 상상력을 발휘해 이야기를 과장했고 자신을 이야기의 주인공으로 등장시키곤 했다. 그와 타운센드는 석유사업에 대해 자주 이야기를 나누었다. 타운센드는 드레이크를 설득해 자기 회사의 주식을 사게 했고, 마침내 그를 석유사업에 끌어들였다. 실업 상태였던 그는 쉽게 응했고, 철도 승무원용 무임승차권을 갖고 있어서 재정적으로 어려움을 겪고 있는 사업에 큰 도움이 되었다. 또한 그의 집요한 성격 역시 사업에 힘이 되었다.

타운센드는 드레이크를 펜실베이니아로 보내기에 앞서 한 가지 기발한 생각을 했는데, 훗날 그들의 사업에 도움이 되었다. 타운센드는 그곳이 미개척지인 점을 고려해 주민들에게 드레이크에 대해 깊은 인상을 심어줄 필요가 있다고 생각하고, 사전에 '드레이크 대령 귀하'라고 적힌 편지를 몇 통 발송했다. 그렇게 해서 드레이크는 대령이 되었고, 그 전략은 보기 좋게 맞아떨어졌다. 1857년 12월 우편마차에 타고 진흙탕 속을 지나가는, 2주에 걸친 힘든 여행 끝에 펜실베이니아 서북부 언덕에 자리 잡은 인구 125명의 타이터즈빌이라는 작고 가난한 마을에 도착했을 때, 드레이크는 '드레이크 대령'으로서 따뜻한 환영을 받았다. 타이터즈빌은 목재 산업이 발달한 마을로, 주민들은 목재회사 소유의 상점에 많은 빚을 지고 있었다. 사람들은 마을 주변의 나무를 모두 베어 황무지가 되면 마을이 사라지게 될 것이라 생각하고 있었다.

드레이크의 첫 번째 임무는, 석유가 나올 가능성이 있는 농장 내의 토지를 사들이는 것이었다. 그는 재빨리 가능성 있는 토지를 매입한 후, 석유 굴착 작업을 준비하기 위해 뉴헤이븐으로 돌아왔다. 드레이크는 훗날 당시를 회고하면서 "나는 염정 시추 기술을 사용해 많은 양의 석유를 생산할 수 있을 것이라고 결론을 내렸으며, 또한 그 일은 나만 할 수 있다고 판단했다. 그러나 그 일에 대해 토론을 벌인 어느 누구도 나의 의견에 동의하지 않았고, 모두들 '석유는 석탄층에서 떨어지는 기름방울'일 뿐이라고 주장했다"라고 말했다.

그러나 드레이크는 결코 단념하거나 생각을 바꾸지 않았고 1858년 봄, 작업에 착수하기 위해 타이터즈빌로 돌아갔다. 투자가들은 드레이크를 총대리인으로 해서 세네카 석유회사를 새로 설립했다. 드레이크는 타이터즈빌에서 2마일 정도 하류에 있는 오일 크리크에서 시추에 착수했는데, 그곳은 재래식 방법으로도 하루 3~6갤런이 채취되는 유정이 있는 곳이었다. 타이터즈빌로 돌아와 몇 개월이 지난 후 그는 타운센드에게 "시추가 가장 값싼 방법이라 확신하므로 더 이상 손으로 땅을 파지는 않겠다"라는 편지를 보냈다. 또한 그는 "무엇인가를 하려면 돈이 필요하다. …… 여기는 돈이 매우 부족하다"라며 즉시 추가 자금을 요청했다. 타운센드는 며칠 늦게 가까스로 1,000달러를 보냈고, 드레이크는 그 돈으로 기술자를 고용하려 했다. 그러나 염정 굴착 기술자들은 술을 좋아해 늘 취해 있는 것으로 유명했으므로 그는 채용에 신중을 기했다. 굴착이 1피트 완료될 때마다 1달러씩 지불하는 계약을 체결한 것이다. 처음 고용된 기술자 몇몇은 그만두거나 이런저런 이유를 대고 작업에 나오지 않았다. 사실 그들은 대놓고 말하진 못했지만 드레이크가 제정신이 아니라고 생각했다. 드레이크 자신도 첫해에는 아무것도 발견하지 못하리란 것을 알았고, 이내 추운 겨울이 닥쳐왔다. 그는 굴착기에 동력을 공급할 증기 엔진을 만드는 데 전념했으며, 그동안 뉴헤이븐에 있는 투자가들은 애를 태우며 소식이 오기만을 기다렸다.

마침내 1859년 봄이 되자 드레이크는 윌리엄 스미스라는 대장장이를 굴착 기술자로 채용했다. '빌리 아저씨'라 불리는 그는 두 아들과 동행했다. 스미스는 염정 굴착 기술자들에게 연장을 만들어주는 일을 했기에 굴착 작업을 잘 알고 있었다. 그들은 곧 유정탑을 세우고 필요한 장비를 준비했다. 지하로 수백 피트 파들어 가야 할 것으로 생각한 것이다. 작업은 매우 느렸고, 뉴헤이븐의 투자가들은 더욱 안달이 났다. 하지만 드레이크는 꾸준히 자신의 계획대로 일을 추진했다. 나중에는 타운센드만이 사업의 가능성을 믿었고, 자금이 떨어지자 자신의 개인 자금까지 동원했다. 그러나 그도 결국 절망에 빠졌다. 드레이크에게 마지막 송금을 하면서, 모든 것을 청산하고 뉴헤이븐으로 돌아오라고 지시했다. 그때가 1859년 8월 말이었다.

드레이크에게 미처 편지가 도착하지 않았던 1859년 8월 27일 토요일 오후, 지하 69피트 지점의 갈라진 틈새로 착암기가 6인치나 미끄러져 들어갔다. 주말이어서 작업은 거기에서 일단 중단되었다. 다음날인 일요일, 스미스는 유정을 둘러보러 나왔다. 파이프를 통해 시추공試錐孔을 보던 중, 검은 액체가 물 위에 떠 있는 것을 발견했다. 그는 함석 빗물 통으로 그 검은 액체를 떠내 살펴보고는 흥분해서 어쩔 줄 몰랐다. 월요일, 현장에 도착한 드레이크는 스미스 부자가 통이란 통은 모두 기름으로 채워놓은 모습을 보고 바로 수동 펌프를 설치했다. 모든 사람들이 비웃었던 바로 그 방법으로 석유를 퍼 올리기 시작한 것이다. 타운센드가 송금한 자금과 농장을 폐쇄하라는 내용의 편지가 도착한, 바로 그날이었다. 편지가 일주일만 빨리 도착했다면 드레이크는 타운센드의 지시대로 했을지 모른다. 하지만 이젠 상황이 바뀌었다. 드레이크의 끈질긴 노력 끝에 석유를 발견하게 된 것이다. 오일 크리크의 농부들은 "양키가 석유를 발견했다"라고 외치며 타이터즈빌로 몰려들었다. 소식은 순식간에 퍼졌고, 석유를 개발하기 위한 토지와 굴착기를 구하려는 사람들이 미친 듯이 몰려들었다. 하룻밤 사이에 작은 타이터즈빌은 인구가 배로 늘어났고 땅값은 순식간에 치솟았다.

그러나 굴착의 성공이 곧 돈벌이의 성공이라는 보장은 없었다. 새로운 문제가 발생한 것이었다. 쏟아지는 석유를 어떻게 처리할 것인가? 그들은 그 지방의 위스키 통을 모조리 거둬들였고, 새로운 나무통을 만들어 석유를 채웠다. 그런데 불행하게도 어느 날 밤, 랜턴 불이 석유가스로 옮겨 붙으면서 모든 저장소가 폭발해 불타버렸다. 더군다나 인근의 유정들이 굴착되어 석유가 대량으로 생산됨으로써, 공급이 수요를 앞지르고 가격이 곤두박질쳤다. 굴착 기술이 등장하면서 석유 부족 현상은 없어졌으나, 이번엔 위스키 통 부족 사태가 생겼다. 위스키 통의 가격은 석유 가격의 두 배가 되었다.[7]

시대의 등불

펜실베이니아 석유회사가 정제된 등유의 판로를 찾는 데는 오랜 시간이 걸리지 않았다. 등유의 가치는 순식간에 알려졌다. 드레이크가 석유를 발견한

지 채 1년도 못 되어 발간된 미국 최초의 『석유편람』에는 "석유는 형체가 없는 램프용 연료지만 이 시대의 등불이다. 등유가 연소되는 것을 못 본 사람들은 그 불빛이 달빛과는 확연하게 다르다는 사실만 알고 있으면 된다. 그것은 가까이 갈수록 어둠이 상대할 수 없는, 한낮의 강렬하고 찬란한 빛이다. …… 석유는 세상에서 가장 밝으면서도 가장 값싼, 왕과 귀족에게나 어울리고 서민들에게는 어울리지 않는 우아한 빛이다"라고 기록되어 있다.

조지 비셀도 시간을 다투어 타이터즈빌에 도착했다. 그는 오일 크리크 주변의 농장을 임대하고 구입하는 데 수십만 달러를 퍼부었다. 그는 아내에게 보낸 편지에 "여긴 완전히 흥분 상태야. 사람들이 모두 미친 것 같아. 이런 광란은 지금까지 본 적이 없을 정도야. 서부 전체가 이곳으로 몰려들고 있고, 석유가 나올 만한 땅에는 엄청난 가격이 매겨지고 있어"라고 썼다. 또한 "지금 우리는 성공했지만 그동안은 너무도 기진맥진하고 고통스러운 시간이었다. 우리들의 예상은 적중했다. …… 이제는 큰돈을 벌어야 한다"라고 지난 6년 동안을 회상했다.

비셀은 실제로 거부가 되었다. 자선사업의 일환으로, 석유사업에 대한 영감을 준 석유 샘플병을 처음 목격했던 다트머스 대학에 체육관을 지어주기도 했다. 그는 체육관에 볼링 경기대를 6개 설치하라고 지시했는데, 그가 볼링에 빠져 있던 대학생 시절 연습에 어려움을 겪었던 기억 때문이었다. 비셀은 만년에 "그의 이름은 미국 대륙 어디서나 석유 종사자들 사이에서 회자되고 있다"라는 말을 들을 정도로 유명해졌다. 한편 경제적 위험을 감수하며 이 사업에 참여했던 은행가 제임스 타운센드는 마땅히 받아야 할 영예를 인정받지 못했다. 그는 뒷날 "모든 계획은 내가 제안했고 그 제안이 이루어진 것이다. 자금을 모으고 보내는 것도 내가 했다. 만약 그때 그런 일을 하지 않았다면 석유는 개발되지 않았을 것이다. 이것은 내 중심적으로 얘기하는 것이 아니다. 그저 진실일 따름이다"라며 그때의 비통한 심정을 글로 썼다. 그는 "단지 부를 위해서라면, 내가 경험했던 그러한 고통과 고민을 다시는 되풀이하지 않을 것이다"라고 덧붙였다.

한편 드레이크는 일이 잘 풀리지 않았다. 그는 석유 매입상이 되어 월스트리트에 있는 석유 주식투자 전문회사에 동업자로 참여했지만, 선견지명도 경영자로서의 자질도 없는 한낱 투기꾼에 불과했다. 1866년에는 전 재산을 날리고 거의 폐인이 되어 병고와 가난에 시달려야 했다. 드레이크는 친구에게 편지를 보내 "자네가 나와 내 가족에 대해 온정을 갖고 있다면 돈을 좀 보내주게나. 나는 궁핍하고 몸마저 병들었다네"라고 도움을 요청하기도 했다. 1873년, 마침내 펜실베이니아 주정부는 석유사업에 대한 공로를 인정해 그에게 소액의 종신연금을 주기로 했다. 그는 말년에 병고에 시달렸지만 이것으로 재정적인 어려움에서 어느 정도 벗어날 수 있었다.

인생의 황혼기에 접어들면서 드레이크는 자신이 한 일을 역사에 남기려고 애썼다. "나는 박아 넣는 파이프를 고안했다. 그것이 없었더라면 물이 가득 찬 지역의 땅 밑을 뚫지 못했을 것이다. 나는 미국에서 최초로 시추를 통해 유정을 발견했다. 만약 내가 하지 않았더라면 아직까지 못하고 있을 것이다"라고 주장했다.[8]

최초의 석유 붐

드레이크가 굴착을 통해 산업화에 필요한 석유를 발견하고 이를 생산 공급할 수 있게 된 데에는 다른 여러 요소들, 즉 정제기술, 등유 사용 경험, 램프의 개발 등도 한몫했다. 사람들은 한순간 암흑에서 벗어날 수 있게 되었으나 이는 시작에 불과했다. 드레이크가 발견한 석유는 동력원으로 이용될 수 있었고, 국가의 흥망성쇠에 중요한 역할을 했으며, 인류 사회의 변혁에도 주요한 요인으로 작용했다. 물론 그러한 변화들은 서서히 나타났다.

석유가 발견되자마자 골드러시와 같은 큰 소동이 일어났다. 오일 크리크의 좁은 계곡에 있는 땅들은 순식간에 임대되었고, 드레이크가 석유를 발견하고 15개월 뒤인 1860년 12월에는 75개의 유정이 석유 생산에 들어갔다. 어떤 작가는 당시의 상황을 이렇게 묘사했다. "타이터즈빌은 투기를 위해 몰려든 외지인들의 회합 장소가 되었다. 그들은 그곳에서 채굴권과 주식을 교환하고, 땅을 매매하고, 유정의 깊이, 징후, 수익성 등 정보를 교환했다. 오늘 그곳을 떠나는 사람들이 '어떤 유정에서 매일 50배럴이 생산되는 것을 보았다'고 말하고 나면, …… 내일은 더 많은 양으로 부풀려지는 식으로 …… 벌들이 윙윙거리는 벌통도 이처럼 시끌벅적하지는 않을 것이다."

오일 크리크가 알레게니 강으로 유입되는 하류 지역에는 세네카 인디언 추장의 이름을 딴 콘플랜터라는 작은 마을이 있었다. 마을 이름을 오일 시티로 바꾸면서, 지금은 오일 리전으로 알려진 타이터즈빌과 함께 중심지가 되었다. 원유를 등유로 바꾸는 정제 설비는 건설비용이 저렴했으므로 1860년 오일 리전에는 적어도 15개의 정유공장이 가동하고 있었다. 1860년 유전지대를 방문한 석탄유 정제업자는 "만일 이 산업이 성공한다면 광산은 폐허가 될 것이다"라고 말했는데 그의 말은 적중했다. 1860년 말 석탄유 정제업자들은 파산하거나, 재빨리 원유 정제 사업으로 전환했다.

그때까지 모든 유정은 펌프를 이용해 석유를 끌어 올리는 원시적 방법을 사용했다. 1861년 처음으로 분출하는 유정을 발견하면서 변화가 생겼는데, 그 유정에서는 당시로서는 엄청난 양인 하루 3,000배럴이 분출되었다. 유정에서 분출된 원유가 공중으로 퍼지면서 분출 가스에 불이 붙어 큰 폭발이 일어났고, 불기둥이 치솟으면서 19명이 사망하고 3일 동안 화염에 휩싸이는 사고가 발생했다. 이 사건은 일주일 전의 충격적인 소식, 즉 섬터Sumter 요새에서 총격전이 벌어져 남북전쟁의 도화선이 된 사건에 묻혔지만, 그 폭발로 인해 막대한 석유 공급이 가능할 것이라는 사실이 세상에 알려졌다.

서부 펜실베이니아의 생산량은 급격하게 늘어나 1860년 45만 배럴에서 1862년에는 300만 배럴에 이르렀다. 그러나 급격히 늘어난 공급량을 소화할 만큼 판로는 빨리 개발되지 않아, 1861년 1월에 배럴당 10달러였던 석유 가격이 6월에는 50센트로, 1861년 말에는 10센트로 폭락했다. 수많은 생산자들이 파산했으나, 펜실베이니아산 석유는 싼값 덕분에 램프용 연료 시장에서 석탄유와 다른 램프용 연료를 몰아내고 단기간에 완전한 성공을 거두었다. 수요는 곧 공급을 따라잡았고, 석유 가격은 1862년 말 배럴당 4달러, 1863년 9월에는 7.25달러로 상승했다. 벼락부자가 된 사람들의 이야기가 떠돌면서 오일 리전에는 사람들이 계속 모여들었다. 2년도 채 못 되어 1만 5,000배의 이익을 남긴 유정도 있었다.[9]

남북전쟁에도 불구하고 오일 리전의 석유 붐은 멈출 줄 몰랐고, 오히려 석유산업을 발전시키는 기폭제가 되었다. 전쟁으로 인해 남부 지방의 송진 공급이 중단되자 송진에서 추출하는 값싼 램프용 연료인 캄펜이 부족해졌기 때문이다. 펜실베이니아산 석유로 만든 등유는 재빨리 그 자리를 대체했고, 북부의 석유시장은 훨씬 더 빨리 발전했다. 전쟁은 이보다 훨씬 중대한 영향을 미쳤다. 전쟁으로 남부가 분리되자 북부는 더 이상 면화 수출로 외화를 벌 수 없었는데, 유럽으로의 석유 수출이 늘어나 손실을 보전하게 된 것이다. 이제 석유는 새로운 외화 수입원으로 등장했다.

남북전쟁이 끝나고 혼란이 계속되는 와중에 수많은 퇴역 군인들이 오일 리전으로 몰려들었다. 배럴당 13.75달러까지 오른 석유 가격에 고무되어 석유로 자신의 인생을 새롭게 시작하려 한 것이다. 수많은 석유회사가 설립되었고 동부 해안 여기저기에도 석유 붐이 일어났다. 뉴욕 금융가에는 사무실이 동이 났으며 석유회사 주식은 날개 돋친 듯 팔려나갔다. 어떤 회사는 발행 주식 전체를 4시간 만에 처분하기도 했다. 근로자 수십만 명이 은행 예금보다 석유 주식을 선호하는 것을 보고 크게 놀랐다는 영국의 은행가도 있었다.

뉴욕과 마찬가지로 워싱턴도 이런 흥분의 분위기에서 예외일 수 없었다. 후에 미국 대통령이 된 하원의원 제임스 가필드도 석유사업에 거액을 투자하고 있었다. 그는 석유사업에 관여하고 있는 다른 의원들과 석유에 관해 토론을 벌였으며, 석유로 인한 열기로 의회가 들끓고 있다고 말했다고 한다.[10]

타이터즈빌에서 약 15마일 거리에 있는 피트홀 크리크의 피트홀 마을에서 일어난 이야기는, 투기의 열기가 어느 정도였는지를 잘 설명해주고 있다. 그곳에서 유정이 처음 발견된 것은 1865년 1월이었는데, 7월에는 4개 유정에서 오일 리전 석유 생산량의 3분의 1에 달하는 하루 2,000배럴이 생산되었다.

석유를 실은 마차들로 꽉 막힌 도로에서 사람들은 제 갈 길을 가기 위해 싸움을 벌이곤 했다. 한 방문객은 "마치 설사병에 걸린 군인들이 주둔하고 있는 곳 같아 보였다"라고 당시 상황을 설명했다. 그 지역의 투기 열기는 끝이 없었다. 한 달 전만 하더라도 별 볼 일 없던 농장이 1865년 7월에 130만 달러에 팔렸는데, 이 농장은 9월에 다시 200만 달러에 매매되었다. 당시 피트홀 크리크 주변의 석유 생산량은 하루 6,000배럴에 달했는데 오일 리전 석유 생산량의 3분의 2에 해당하는 양이었다. 그때까지만 해도 전혀 알려지지 않았던 황무지가 인구 1만 5,000명의 소도시로 변했던 것이다.

「뉴욕 헤럴드」지는 피트홀의 주요 산업은 주류 판매와 임대업이라 했고, 「네이션」지는 "이 세상에서 술 취한 사람이 제일 많은 마을이라고 표현하는 것이 낫다"라고 했다. 피트홀은 이미 은행이 둘, 전신국이 하나, 신문사가 하나, 수도국, 소방회사, 숙박 시설 수십 개와 호텔 50개 이상을 갖춘 그럴듯한 도시로 바뀌었다. 당시에는 이 중 세 가지만 갖추어도 멋진 대도시 수준에 들었다. 게다가 하루 5,000통 이상의 우편물을 취급하는 우체국도 있었다.

그러나 불과 수개월 후 석유 생산량이 갑자기 줄어들기 시작했다. 그곳 사람들에게는 성경에나 나오는 큰 재앙으로 느껴졌다. 1866년 1월, 피트홀에서 처음 유정이 발견된 지 꼭 1년 만에 수천 명이 새로운 희망과 기회를 찾아 마을을 떠났다. 화재로 건물들은 파괴되었고, 남겨진 나무 골조들은 다른 건물을 짓거나 불쏘시개로 사용됐다. 피트홀은 완전히 폐허가 되었고 정적만이 감돌았다. 1865년 200만 달러에 거래되던 땅이 1878년 경매에서 4.37달러에 낙찰되었다.

피트홀의 석유 붐은 사라졌지만 투기 붐은 폭발적 열기 속에서 인근 지역으로 번져나갔다. 1866년 오일 리전의 석유 생산량은 360만 배럴로 크게 늘어났다. 석유에 대한 사람들의 열정은 끝이 없어 보였으며, 석유는 조명과 윤활제의 원료뿐 아니라 대중문화의 일부가 되었다. 미국인들은 '아메리칸 페트롤리엄 폴카American Petroleum Polka'와 '오일 피버 갤럽Oil Fever Gallop'에 맞춰 춤을 추었고, '유명한 석유회사Famous Oil Firms'와 '석유에 홀려서Oil on the Brain' 같은 노래를 불렀다.

세상에는 별의별 기름이 다 있네. 간유, 피마자유, 올리브유.
병든 사람을 고쳐주어 일어서게 하는 기름도 있지만,
유정에서 나오는 신비한 효능을 가진 석유가 제일이라네.
사람들은 모두 '석유에 홀려' 정신이 없다네.

이웃집 사는 스미스는 한 푼 없는 빈털터리였지.
다 떨어진 옷을 입고, 외상술만 마시고 다녔다네.

그렇지만 지금은 가죽 구두에 단장 짚고 다이아 반지 낀 멋쟁이라네.

'석유에 홀려' 떼돈을 번 덕분이라네.[11]

터져버린 거품

초기의 석유탐사 경쟁에 이어 최대한 많은 양을 단시간에 생산하려는 경쟁이 뒤따랐다. 무리한 생산 경쟁으로 유전은 가스 압력이 조기에 떨어지는 바람에 생산 가능 물량이 훨씬 더 줄어드는 손해를 입었다. 이런 생산 관행에는 몇 가지 이유가 있었다. 지질에 대한 지식이 없었고, 그렇게 해야 빠른 시간 안에 큰돈을 벌 수 있었으며, 빨리 생산할수록 프리미엄을 얹어주는 임대 방식이 그것이다.

그러나 미국에서 초창기 석유산업의 골격을 형성하고 석유 생산에 관한 법규를 제정하는 데 가장 중요한 역할을 한 것은, 영국 관습법에 기초를 둔 '포획법규捕獲法規'였다. 사냥 중 사냥감이 타인 소유지로 옮겨 갔을 때, 그 땅의 소유자만이 잡을 권리가 있다는 규정이다. 같은 논리로 땅의 소유자는 그 땅 아래에 있는 무엇이라도 파낼 수 있는 권리가 있었다. 영국의 어느 판사가 말했듯이, 누구도 땅 밑에 묻혀 있는 광맥에 무엇이 있는지 알 수 없기 때문이다.

포획법규가 적용됨에 따라, 동일한 유전지대에 있는 땅 소유자들은 석유를 많이 생산해서 인근 유정의 생산을 감소시킨다 해도 아무 문제가 없었다. 그러니 다른 사람에 의해 석유가 고갈되기 전에 가능한 한 많은 양을 단시간에 퍼 올리려고 치열한 경쟁이 벌어졌고, 그 결과 생산량과 가격이 불안정해졌다. 석유는 사냥감이 아니었다. 포획법규는 유전의 궁극적 생산량을 감소시키는 엄청난 손해를 입혔다. 그러나 그 규칙의 이면에는 다른 효과가 있었다.

보다 많은 사람들이 석유산업에 참여하고 필요한 기술을 습득하게 한 것이다. 또 생산 속도가 증가함에 따라 더 넓은 판로가 개척되었다.[12]

이러한 생산지상주의로 인해 오일 리전은 불어나는 인구, 판잣집과 급조된 목재 건물, 방 하나에 침대 4~6개가 놓인 호텔, 유정탑과 저장탱크가 뒤섞인 혼란스러운 모습이었고, 사람들은 희망과 뜬소문과 석유 냄새로 들떠 있었다. 그리고 어디서나 피할 수 없는 것이 진흙이었다. 작가들은 "오일 크리크의 진흙은 유명해서, 그 진흙을 발견하고 파헤쳐본 사람들의 기억에서 결코 사라지지 않을 것이다. 습한 계절에는 진흙이 도로를 뒤덮고 있어 말할 수 없을 정도로 역겨웠다. 상가가 집중된 중심도로도 붉은 진흙 바다였다"라고 그 당시를 묘사했다.

어떤 사람들은 그 열기와 소동, 벼락부자가 되려는 꿈을 안고 몰려드는 협잡꾼들을 지켜보면서, 석유 붐이 일어나기 전의 조용했던 펜실베이니아 언덕과 마을을 그리워했다. 그들은 도대체 무슨 일이 일어나고 있는지 의아해했으며, 마귀 같은 돈에 의해 사람들이 그렇게도 천박하게 변할 수 있는가에 대해 놀라워했다.

1865년 한 지방 신문의 편집자는 "이 지역에서 석유와 땅에 대한 열기는 이미 유행병이 되어버렸다. 그 병은 지위와 나이를 가리지 않고 모두에게 번져 있다. 그들은 말하고, 보고, 행동하는 방식이 6개월 전과는 판이하게 달라졌다. 석유 개발을 위한 토지 임대, 계약, 참여 거부, 증서, 협정, 이자 등과 관련된 것들만이 그들이 이해할 수 있는 전부였다. 매번 낯선 사람들과 마주치고, 주민의 절반은 고향에서보다 뉴욕이나 필라델피아에서 더 쉽게 만날 수 있었다. 법정은 개점휴업 상태였고, 술집은 문란했으며, 사회 질서는 무너졌다. 부(富)만을 추구하는 가운데, 교회와 같은 성역은 버려져 있었으며 반세기 동안 지켜온 모든 습관, 생각, 유대관계 등이 뒤집어졌다. 가난뱅이가 부자가 되고, 부자는 더 큰 부자가 되는 한편, 부자였던 사람이 알거지가 되고 있다"라고 서술했다.

그 편집자는 "커다란 거품 방울은 머지않아 터져버릴 것이다"라고 결론지었다.[13]

그 거품 방울이 결국은 터졌다. 투기와 공급 과잉에 따른 불가피한 귀결이었다. 1866~1867년 사이에 배럴당 2.4달러로 석유 가격이 하락하자 석유산업은 침체의 늪에 빠져들었다. 많은 사람들이 굴착 작업을 중단했지만, 일부는 거기서 멈추지 않고 오일 크리크를 능가하는 새로운 유전을 발견했다. 그뿐 아니라 석유산업에 기술혁신과 조직화의 문제가 대두되었다.

말을 소유한 마부들은 석유통을 싣고 오일 리전의 도로를 종횡무진 달리면서 도로 정체를 야기했다. 그러나 도로 정체보다 더한 문제는 그들이 독점적 지위를 내세워 터무니없는 요금을 요구하는 것이었다. 마차에 석유를 싣고 진흙길 수 마일을 지나 기차역까지 옮기는 데 드는 비용이, 기차 편으로 서부 펜실베이니아에서 뉴욕으로 옮기는 비용보다 더 들었다. 마부들의 횡포에 대응해 파이프라인을 개발하는 등 대체 수송 수단을 개발하려는 노력이 계속되었다. 많은 조롱과 여론의 비난에도 불구하고 1863~1865년 건설된 목재 파이프라인은 석유를 훨씬 저렴하게 효율적으로 운반할 수 있다는 사실을 입증해 보였다. 마부들은 이에 맞서 위협, 무장 습격, 방화, 사보타주 등으로 대항했다. 그러나 이미 때는 늦었다. 1866년 파이프라인은 철도와 연계해 더 큰 파이프라인 망을 형성하면서 오일 리전에 있는 유정 대부분을 연결했다.

처음에 정제업자들은 말을 타고 유정들을 돌아다니며 주먹구구식으로 석유를 구매했지만, 산업이 발달하면서 더욱 질서 있는 시장 체계가 등장했다. 구매자와 판매자가 모여 가격을 결정하는 비공식적인 석유 거래소가 타이터즈빌의 호텔에서 시작되었고, 오일 시티의 철도 근처에는 장외 거래소가 형성되어 발전했다. 1870년대 초에 들어서 타이터즈빌, 오일 시티, 오일 리전 및 뉴욕에 공식적인 석유 거래소가 생겨났다. 석유는 세 가지 기준에 따라 매매되었다. '현물거래'는 즉각적인 인도 및 지불을 요하며, '정규거래'는 10일 내에 계약 조건이 완료되어야 한다. '선물거래'는 일정량을 미래의 특정 시간에 특정 가격으로 판매한다는 조건을 걸었다. 선물거래는 투기의 대상이 되었는데, 당시 석유는 가장 인기 있는 투기 상품이었다. 구매자는 석유를 인수하고 계약한 가격을 지불하거나, 혹은 계약 이행 시점에서 계약 가격과 정규 판매 가격의 차액을 지불하거나 받게 되어 있었다. 따라서 구매자들은 석유를 소유하지 않고도 상당한 이익을 얻거나 혹은 반대로 큰 손실을 입었다.

1871년 타이터즈빌 석유 거래소가 문을 열었을 때, 석유는 이미 거대 사업으로 자리를 잡아가고 있었으며, 그로 인해 많은 사람들의 인생이 시시각각으로 바뀌었다. 요컨대 1860년대의 10년간은 드레이크의 미치광이 같은 행동에서 비롯된 혼란의 시기였다. 동시에 미국인들은 돈벌이가 되는 일이라면 물불을 가리지 않고 뛰어든다는 사실을 입증해 보인 때이기도 하다. 조지 비셀의 통찰력과 에드윈 드레이크의 발견, 그리고 그들 두 사람의 인내력은 격동의 시대를 열었다. 발명과 기술혁신, 거래와 사기, 부의 축적과 손실, 혹독한 시련과 쓰디쓴 절망을 겪으면서, 놀라운 성장을 이룩한 시대였던 셈이다.[14]

그러면 석유의 미래는 어떻게 될 것인가? 몇몇 사람들은 서부 펜실베이니아에서 정신없이 벌어졌던 일들을 회상하면서, 앞으로 더 큰 기회가 올 것으로 기대했다. 그들은 석유산업이 오일 리전의 어느 누구도 상상할 수 없는 큰 규모로 발전할 것이라 전망했다. 그러나 그들 역시 혼란과 무질서, 변혁과 열기에 넌더리를 냈다. 그들은 석유사업이 어떻게 조직화되고 진행되어야 하는지에 대해 뚜렷한 생각을 지니고 있었으며, 이미 자신들의 계획에 따라 일을 진행하고 있었다.

02

록펠러와
'우리들의 계획'

    1865년 어느 화요일. 오하이오 주 클리블랜드에서 이상한 경매가 벌어지고 있었다. 당시 클리블랜드는 남북전쟁과 석유 붐으로 흥청거렸고, 산업이 빠르게 발전하면서 계속 번창하고 있었다. 이 도시에서 가장 성공한 정유회사의 동업자인 모리스 클라크와 존 록펠러는 그날도 해묵은 논쟁거리였던 시설 확장 속도를 놓고 다투고 있었다. 좀 더 신중했던 클라크가 이제 갈라서자고 을러대자 록펠러는 스스럼없이 거기에 동의했다. 이제 둘만의 경매가 시작되었는데, 높은 입찰가를 제시하는 사람이 회사를 소유하기로 한 것이다.

    호가呼價는 500달러에서 시작되었다. 곧바로 가격이 치솟으면서 클라크가 7만 2,000달러까지 가격을 올리자, 록펠러는 주저 없이 7만 2,500달러를 불렀다. 그러자 클라크는 "존, 나는 더 이상 높은 가격을 부를 용기가 없네. 자네가 회사를 갖게나" 하고 두 손을 들고 말았다. 록펠러가 즉석에서 수표로 결제하려 하자 클라크는 록펠러가 편리한 방식으로 결제할 수 있게 배려해주었다. 그들은 악수를 나누고 헤어졌다. 반세기가 지난 후 록펠러는 "바로 그날이 내 생애에서 성공으로 들어선 날이라고 생각한다"고 술회했다.

그들이 나눈 결별의 악수는 현대 석유산업의 시작을 알리는 신호탄이 되었으며, '펜실베이니아 붐'으로 혼란에 빠져 있던 석유산업이 질서를 갖춰 재편되는 계기가 되었다. 이것이 바로 스탠더드오일의 설립이다. 이 회사는 국제 석유 무역에서 지배적인 위치를 차지하기 위해 노력하면서 값싼 조명, 즉 '새로운 불빛'을 세계 구석구석까지 전파하는 복합적인 국제 기업으로 성장했다. 스탠더드오일은 19세기 말 자본주의의 속성대로 냉혹하고 탐욕스러운 방법으로 경영되었다. 이 회사가 세계 최초의, 그리고 최대의 다국적 기업으로 발전했다는 점에서 새로운 시대를 열었다고 할 수 있다.[1]

너무나 치밀했던 록펠러

스탠더드오일의 소유주는 1865년 클리블랜드에서 벌어진 경매에서 승리한 청년 록펠러였다. 그는 당시 26세에 불과했지만 사람들에게 무서운 인상을 주기에 충분했다. 키가 크고 마른 편이었던 록펠러는 고독하고, 말수가 적으며, 거리감을 느끼게 하는 금욕주의자처럼 보였다. 그의 지나친 침착성은 예리한 턱과 모난 얼굴, 유난히 차갑고 날카로운 푸른 눈 등의 외모와 결합되어 사람들을 편안하게 하는 것이 아니라 왠지 모르게 자신들의 마음속을 꿰뚫어 보는 것 같은 두려움을 느끼게 했다.

록펠러는 석유산업의 형성에 가장 중요한 인물일 뿐 아니라, 미국의 산업 발전과 현대 기업의 대두에도 중요한 역할을 했다. 경영과 조직의 귀재로 경탄의 대상이 되는가 하면, 가장 혐오스럽고 악덕한 미국 기업가의 표상이기도 하다. 이런 양면성은 그가 사업을 추진하는 데 매우 무모했다는 사실과, 그럼에도 불구하고 사업에 성공했다는 사실에 기인한 것이다. 어쨌든 다양한 자선 사업과 석유산업과 자본주의에 끼친 커다란 영향력, 그리고 대중이 느낀 어두운 이미지와 음울함 때문에 그의 존재는 오랫동안 사람들의 뇌리에 남아 있게 되었다.

록펠러는 1839년 뉴욕의 한 농가에서 태어났고, 1937년 사망할 때까지 거의 1세기를 살았다. 그의 아버지 윌리엄 록펠러는 목재와 소금을 파는 상인이었는데, 오하이오 주로 이사한 후 약초와 특허 의약품을 판매하는 '닥터 윌리엄 록펠러'로 변신했다. 그는 항상 가족과 떨어져 지냈는데, 일설에는 캐나다에 딴 살림을 차리고 있었다고 한다.

록펠러의 성격은 어린 시절 형성되었다. 그는 신앙심이 깊고 성실하며 완고할 뿐만 아니라 철두철미했다. 또한 세심한 분별력을 가지고 있었는데, 특히 돈과 관련된 수치를 파악하는 능력이 탁월했으며 한 가지 일에 깊이 몰두하는 성격이었다. 일곱 살 때 이미 당나귀를 판매함으로써 생애 최초의 사업을 성공적으로 수행했다. 그의 아버지는 일찍부터 아들들에게 상술을 가르쳤다. "나는 아이들을 데리고 장사하러 다녔다. 아이들을 빈틈없는 사람으로 만들기 위해 호되게 꾸짖었으며 심지어 때리기까지 했다"라고 자랑스럽게 말하기도 했다. 고등학교 시절에 록펠러는 수학을 가장 잘했다. 학교에서는 속셈을 중시했는데, 그는 속셈에서 탁월한 능력을 보였다.

록펠러는 '큰돈'을 벌겠다는 생각으로 16세에 농산물 수송회사를 차렸고, 20세가 되던 1859년에는 농산물 거래를 위해 모리스 클라크와 합작회사를 차렸다. 남북전쟁과 본격적인 서부 개척으로 농산물 수요가 확대되면서 회사는 번창했다. 클라크는 록펠러가 '지나치게 치밀한 성격의 소유자'였다고 회상했다. 회사가 커짐에 따라 록펠러는 스스로에 대한 조언, 반복적인 훈계, 도덕적 결함에 대한 자각 등 자기반성의 습관을 갖게 되었다. 그의 회사는 오하이오에서는 밀을, 미시간에서는 소금을, 일리노이에서는 돼지를 거래했다. 드레이크가 석유를 발견하고 몇 년 후에 록펠러와 클라크는 펜실베이니아의 석유를 거래해 돈을 벌었다.

석유사업으로 떼돈을 번 졸부들에 관한 이야기는 사업가적 기질을 타고난 클리블랜드의 젊은이들을 사로잡았고, 이 무렵에 새로운 철도가 건설되어 클리블랜드는 석유사업을 하기에 적합한 도시로 변했다. 클리블랜드로 난 철길을 따라 곳곳에 정유공장이 들어섰다. 당시 정유업자들은 자본금을 줄이기 위해 애를 쓰고 있었으나, 록펠러와 클라크의 회사는 달랐다. 정유업이 석유 생산 사업에 부수되는 것쯤으로 생각했던 록펠러는 얼마 되지 않아 정유업이 돈벌이가 된다는 것을 알게 되었다. 1865년 경매를 통해 클라크와 결별한 록펠러는 이미 상당한 재력을 갖춘 젊은 사업가로서, 클리블랜드에 있는 정유회사 30개 가운데 가장 큰 정유회사의 사장이 되었다.[2]

위대한 게임

록펠러는 아주 적절한 시기에 정유공장을 인수했다. 그가 정유공장을 인수한 1865년은 남북전쟁이 끝나고 경제 발전이 빠르게 이루어지기 시작한 시점이다. 또한 기업 결합이 이루어지고 독점기업이 출현했으며, 투기가 횡행하고 경쟁도 치열해지기 시작했다. 철강, 고기 통조림, 통신 등 다양한 부문에서 기술 진보가 이루어짐에 따라 거대 기업이 출현했다. 또한 해외에서 대규모로 인구가 유입되고 서부 개척이 시작되면서 내수시장이 빠르게 확대되었다. 사실 남북전쟁 이후 19세기 마지막 35년은 미국 역사상 가장 번영을 구가한 시기였다. 미국의 젊은이들은 록펠러가 '위대한 게임'이라고 표현한 사업에 정열, 야망, 지능을 모두 쏟았다. 자신을 위해, 그리고 자신의 성공을 대변해주는 '돈'을 벌기 위해 혈안이 되어 있었던 것이다. 이 위대한 게임은 새로운 발명, 새로운 조직 기법을 적용해, 남북전쟁으로 풍비박산이 난 농경사회를 세계 최대의 산업국가로 바꾸어놓았다.

온몸을 바쳐 이 '위대한 게임'에 뛰어든 록펠러는 석유 붐이 진전됨에 따라 회사의 이윤과 빌린 돈을 고스란히 정유공장에 투자했다. 그는 두 번째 정유 공장을 세웠고, 시설 능력이 확대되자 새로운 시장이 필요했다. 1866년에는 대서양 연안 무역과 등유 수출을 위해 뉴욕에 새로운 회사를 차렸다. 이 회사는 그의 동생이 맡았는데 그해 판매 수입이 200만 달러를 넘어섰다.

등유와 윤활유 시장이 확대되기는 했지만, 정제 능력의 증가에는 미치지 못했다. 좁은 시장에 너무 많은 회사가 난립한 것이다. 정유공장을 운영하는 데에는 많은 자본이나 기술이 요구되지 않았다. 훗날 록펠러는 "별의별 사람들이 사업에 뛰어들었다. 정육업자, 제빵업자, 양초 제조업자들도 석유 정제 사업에 뛰어들었다"고 회고했다. 사실 록펠러와 동료들은 그들과 친했던 독일계 제빵업자가 바보스럽게도 저질의 정유 시설과 제빵 시설을 교환했다는 사실을 알고 매우 고심했고, 그가 다시 제빵업을 할 수 있도록 돌려보내기도 했다.

록펠러는 시설 확장, 제품의 품질 개선, 생산 원가 절감 등 자신의 사업을 강화하는 데 혼신의 힘을 기울였다. 그는 공급과 배달 기능을 조직 내로 흡수하는 통합 조치를 취했다. 이를 통해 시장에서 발생하는 혼란으로부터 사업을 보호하고 경쟁우위를 확보하고자 한 것이다. 록펠러의 회사는 석유제품을 담을 통을 만들기 위해 참나무를 재배할 땅을 구입했다. 또 석유를 수송할 탱크 차량을 구입했으며, 뉴욕에는 자사 소유의 도매상을 차리고, 허드슨 강을 운행할 수송선도 매입했다. 록펠러는 시작부터 새로운 원칙을 정하고 이를 철저히 지켰는데, 바로 '현금 보유 능력을 강화 및 유지한다'는 것이다. 1860년대 말 이전에 이미 충분한 재원을 확보해서, 다른 기업가들처럼 은행이나 금융업자, 투기꾼에게 의지할 필요가 거의 없었다. 록펠러는 충분한 현금을 보유한 덕분에, 경쟁 업자들이 경기침체로 궁지에 빠졌을 때도 유연하게 대응할 수 있었을 뿐 아니라, 오히려 이를 역이용할 수 있었다.

록펠러는 자신의 회사와 전체 산업이 움직이는 방향에 대해 비전을 갖고 있었으며, 동시에 매일 매일의 사소한 회사 움직임에 대해서도 세세하게 관여했다. 후일 그는 "경리 담당으로 사업을 시작한 이후, 나는 아무리 사소한 수치나 사실들이라도 큰 관심을 가져야 한다는 것을 배웠다"라고 회상했다. 그는 석유를 구입하기 위해 유전지대를 돌아다닐 때 오래된 작업복을 가지고 다녔는데, 그처럼 성실하게 사업을 운영했기에 1860년대 말에는 세계에서 가장 큰 정유공장을 소유할 수 있었다.[3]

1867년 록펠러는 헨리 플래글러라는 젊은이와 손잡았고, 훗날 플래글러는 스탠더드오일의 설립에 록펠러만큼이나 큰 영향력을 행사했다. 열네 살 때 잡화점 점원으로 출발한 그는, 20대 중반에는 오하이오에서 위스키 생산으로 돈을 조금 모았다. 1858년 알코올에 대한 도덕적 거부감으로 공장을 처분하고 미시간에 제염製鹽 공장을 차렸으나, 공급 과잉에 따른 지나친 경쟁으로 파산하고 말았다. 처음에 쉽게 돈을 벌었던 사람에게는 매우 고통스러운 경험이었다.

그렇지만 플래글러는 그만한 일에 좌절할 만큼 소심하지 않았기에 재기하기로 결심했다. 그는 사업 파산을 경험하면서, 생산자 간의 '협동'이 필요하다는 사실을 깨닫게 되었고, 훗날 그가 '고삐 풀린 경쟁'이라고 표현한 과당경쟁을 혐오하게 된 계기가 되었다. 불확실성이 특징인 자본주의 세계에서 위험을 최소화하려면 협동과 조화가 필요하다는 결론에 도달한 것이다. 또한 "조국 발전에 온몸을 던져라!"라는 것이 그의 소신이었다. 플래글러는 남북전쟁 이후의 미국에 헌신할 각오가 되어 있었다.

플래글러는 록펠러의 절친한 친구이자 동업자가 되었다. 붙임성이 없는 록펠러와의 관계를 통해 플래글러는 "사업을 통해 친구를 얻는 것이 친구와 동업하는 것보다 훨씬 낫다"라는 교훈을 얻었다. 정력적이고 노력파인 플래글러는 퉁하고 매사에 신중한 록펠러와 잘 어울렸다. 록펠러도 '활기와 박력이 넘치는' 파트너를 얻은 것에 흡족해했다. 그러나 일부 사람들의 눈에는 다소 다르게 비쳤다. 그들은 플래글러를 '손톱만큼의 양심도 없는, 뻔뻔스럽고 제멋대로인 이기주의자이며, 성공을 위해서는 무엇이든 하는 사람'이라고 비난했다. 수년이 지난 후 록펠러와 함께 큰돈을 번 플래글러는 두 번째 사업으로 플로리다 주 개발에 착수했다. 그는 '미국의 리비에라'(남프랑스 니스에서 북이탈리아 스페지아에 이르는 유명한 피한지避寒地)라 불리는 이 지역을 개발하기 위해 플로리다 동안東岸에 철도를 건설했고 마이애미와 웨스트 팜비치도 건설했다.

그러나 당시로서 그 사업은 조금 이른 감이 있었다. 당시 록펠러와 플래글러는 같은 사무실에서 등을 맞대고 앉아, 소비자와 공급업자에게 보낼 서신을 번갈아 살펴보며 자신들이 말하고자 하는 내용이 정확하게 기술될 때까지 고쳐 썼다. 사무실에서, 유니온 클럽에서 점심을 먹으면서, 또 출퇴근을 하면서 그들은 끊임없이 이야기를 나누었다. "퇴근해서 집에 갈 때도, 걸어가는 중에도 우리는 함께 생각하고, 이야기하고, 계획을 세웠다"라고 록펠러는 회상했다.

플래글러는 스탠더드오일의 성공에 결정적인 역할을 한 수송 체제를 고안하고 실행에 옮겼다. 이는 모든 경쟁자에게 맞설 수 있는 결정적인 힘이 되었고, 이를 기초로 회사의 입지가 강화되었고 커다란 성공을 거두었다. 플래글러의 전문적 기술과 진취성이 없었다면 오늘날 세계가 알고 있는 것과 같은 스탠더드오일은 만들어지지 않았을 것이다.

록펠러의 회사 조직은 규모, 효율성, 규모의 경제성으로 인해 철도 운임을 할인받을 수 있었다. 이를 통해 경쟁자보다 수송비를 낮추었고, 결국 가격 결정과 이윤 확보에서 우위를 차지할 수 있었다. 이런 할인 특혜는 나중에 불공정 시비를 불러일으켰다. 그러나 철도 운송업자 간에 경쟁이 치열해 전국적으로 여러 가지 할인이 성행하고 있었고, 특히 대량의 정규 수송 물량에 대한 할인 폭은 매우 컸다. 스탠더드오일의 조직을 등에 업고, 플래글러는 최고로 유리한 조건을 얻어내는 일을 훌륭히 수행했다.

스탠더드오일은 계속 할인 혜택을 받았으며, 리베이트 방식을 이용하기도 했다. 운송업자들은 뉴욕까지 철도를 통해 석유를 수송하고 철도회사에 배럴당 1달러씩 지불했고, 철도회사는 배럴당 25센트를 스탠더드오일에 돌려주었다. 덕분에 스탠더드오일은 다른 경쟁사보다 저렴한 비용으로 석유를 수송함으로써 엄청난 경쟁우위를 추가로 확보하게 되었다. 실제로 경쟁 회사들이 스탠더드오일을 보조해주는 꼴이 된 것이다. 이런 행위가 알려지자 다른 어떤 기업 관행보다 큰 비난을 받았다.[4]

'우리들의 계획'을 실행할 때

석유시장이 전례 없이 빨리 확장되었지만, 석유 공급의 확대는 그 이상이었다. 따라서 가격은 매우 큰 폭으로 등락했으며 종종 폭락하기도 했다. 1860년대 말, 초과 공급으로 인해 가격이 다시 폭락함으로써 석유산업은 불황을 맞이했다. 너무 많은 유전에서 너무 많은 원유가 생산되었던 것이다. 정유업자들의 사정도 생산업자보다 나을 것이 없었다. 1865년과 1870년 사이 등유의 소매가격은 거의 절반 수준으로 하락했다. 당시의 정유 능력은 시장의 필요량에 비해 3배 이상이었다.

록펠러는 과잉 시설의 문제를 명확히 알고 있었기에, 손해를 보고 있던 정유업자들과 함께 석유를 손아귀에 넣으려는 시도를 했다. 그와 플래글러는 통제할 수 있는 범위 내에서 자본을 늘려갔다. 그들이 사용한 방법은 합명회사 형태를 주식회사로 전환하는 것이었다. 1870년 1월 10일, 록펠러와 플래글러를 포함한 다섯 명이 모여 '스탠더드오일 회사Standard Oil Company'를 설립했는데 '스탠더드'라는 회사명에 소비자들이 믿을 수 있는 '표준 품질'이라는 의미를 담고자 했다. 당시에는 다양한 품질의 등유가 판매되었는데, 가끔 발화성이 높은 휘발유와 나프타가 섞인 등유가 발화해 소비자가 사망하는 경우도 있었다. 록펠러는 당시 미국 전체 정제 능력의 10%를 점유하던 스탠더드오일 주식의 4분의 1을 보유하고 있었다. 하지만 이것은 시작에 지나지 않았다. 오랜 세월이 흐른 후 록펠러는 당시를 회상하며 "회사가 그렇게 크게 성장할 거라고 누가 생각했겠는가?"라고 감개무량해 했다.

증자를 통해 새롭게 보강된 스탠더드오일은 경쟁우위에 서기 위해 더 큰 폭의 철도 운임 할인을 요구했다. 하지만 사업 여건은 계속해서 악화되었다. 1871년경 정유 산업은 완전히 침체 상태에 빠졌다. 이윤은 거의 없었고, 정유업자들 대부분이 손해를 보았다. 가장 강력한 회사의 우두머리인 록펠러 역시 고민에 빠졌다. 당시 클리블랜드의 대표 사업가이며, 유클리드 애비뉴 침례교회의 중진이었던 그는 1864년 로라 셀리스티아 스펠만과 결혼했다. 그녀는 고등학교 졸업논문인 「나는 독립해서 살아갈 수 있다」에서 "사고, 행동, 의지 면에서 여성의 독립은 우리 시대가 가진 문제 중 하나다"라고 기술했다. 록펠러와 결혼함으로써 독립적인 삶은 포기했지만, 그녀는 록펠러의 중요한 사업상 서신을 검토할 정도로 막역한 친구가 되었다. 록펠러는 사업에 문제가 생기면 그녀에게 제일 먼저 이야기할 것이라고 다짐했다. 정유업이 불황에 빠져 있던 1872년, 그는 아내를 안심시키기 위해 "석유사업이 어찌 되든 우리는 부자다"라고 큰소리쳤다.

힘든 시기를 지내며 록펠러는 모든 정유공장을 통합하려는 대담한 계획에 착수했다. 후에 그는 "사업을 살리기 위해 무엇인가를 하는 것이 바람직했다"라고 언급했다. 실질적인 통합을 이룸으로써 단순한 기업동맹이나 기업연합만으로는 할 수 없는 일이 가능해졌다. 잉여 시설을 없애고 가격의 심한 등락을 억제함으로써 석유사업을 회생시킨 것이다. 이것이 바로 록펠러가 주도하고, 그와 그의 동료들이 '우리들의 계획'이라고 부른 것이다. 록펠러는 "그것은 내 생각이었고, 통합체의 규모에 놀란 일부 사람들이 반대했지만 나는 이 계획을 계속 밀고 나갔다"라고 회상했다.

　이 기간 동안 스탠더드오일은 크게 성장했다. 다른 기업을 쉽게 인수하기 위해 증자도 했다. 그러나 이와는 별도로 다른 움직임이 나타나고 있었다. 1872년 2월, 펜실베이니아의 지방 철도회사가 운임을 갑자기 올린 것이다. 오일 리전에서 뉴욕까지 원유를 운송하는 비용이 종전의 두 배로 껑충 뛰었다. 남부개발회사South Improvement Company라 불리는 유령 회사의 소행이라는 소문이 떠돌았는데, 이 의문스러운 회사의 정체는 무엇일까? 이 회사의 배후에는 누가 있을까? 오일 리전의 독립적 생산업자와 정유업자들은 경계를 늦추지 않았다.[5]

　남부개발회사는 석유산업의 안정을 위한 또 다른 계획이 구체화된 것이었고, 독점의 통제를 이루기 위한 노력의 상징이었다. 록펠러는 이 계획을 추진한 주요 인물 중 하나였지만, 실제로 이러한 생각은 고통스러운 운임 전쟁에서 벗어날 방법을 모색하던 철도회사들이 만들어낸 것이다. 이 계획 하에서 철도회사와 정유업자들은 카르텔을 형성하고 시장을 분할했다. 카르텔에 가입한 정유업자들은 운임을 할인받았고, 가입하지 않은 정유업자가 지불한 운임의 일부를 환급받았다. 록펠러의 전기 작가는 "경쟁을 종식하기 위한 이 방식은 지금까지 미국 기업가들이 생각해낸 것 중 가장 잔인하고 치명적이었다"

라고 서술하고 있다.

그때까지만 해도 잘 알려져 있지 않았던 남부개발회사의 운임 인상 조치는 오일 리전 사람들을 격분시켰다. 피츠버그의 신문은 '전체 석유 생산지에 오직 하나의 구매자만 남게 될 것'이라고 경고했고, 타이터즈빌의 신문은 '타이터즈빌을 말살하려는' 위협이라고 주장했다. 2월 말, 분노한 군중 3,000여 명이 남부개발회사를 비난하는 깃발을 들고 타이터즈빌 오페라하우스로 몰려갔다. 철도회사, 록펠러, 다른 정유업자 등을 상대로 한 이른바 석유 전쟁이 시작된 것이다. 생산업자들은 그들을 '괴물과 40인의 도둑'이라고 부르고, 각 도시를 돌아다니며 그들의 행동을 비난했다. 독점에 대항하기 위해 연합한 그들은 정유업자 및 철도업자에 대한 파업을 유도했다. 그 결과 1,200명을 고용하고 있던 클리블랜드의 스탠더드오일 공장은 70명으로 작업 가능한 정도의 원유밖에 구입할 수 없었다. 그러나 록펠러는 자신이 하는 일에 의문을 가지지 않았다. 석유 전쟁 기간 중에 "신문에 글을 싣는 것은 쉬워. 그러나 우리의 사업은 정당하고 나는 신문이 말하는 것에 신경 쓰지 않을 거야"라고 아내에게 말했다고 한다. 또 아내에게 보낸 편지에서 '우리가 개인 간에 맺은 계약에 대해 다른 사람들이 왈가왈부하는 것은 잘못된 것이다'라는 자신의 오래된 원칙을 밝히기도 했다.

그러나 1872년 4월에 이르자, 록펠러를 포함한 철도업자와 정유업자들은 남부개발회사와 인연을 끊고 물러설 시점이 왔다고 결론지었다. 석유 전쟁은 끝났고 생산업자들이 승리했다. 사실 록펠러는 남부개발회사가 실패할 것이라 예상했다. 그의 회사는 "그것이 실패했을 때 '우리들의 계획을 실행에 옮기자!'라고 말할 위치에 있게 될 것이다"라는 그의 목표대로 움직였다. 록펠러는 남부개발회사의 실패를 기다리고 있지만은 않았다. 1872년 봄, 이미 클리블랜드에 있는 정유공장을 거의 대부분 소유하게 되었으며 뉴욕에 있는 중요한 정유공장 몇 개도 인수했다. 록펠러는 세계에서 가장 큰 규모의 정유 능력을 갖게 되었으며 전체 석유산업을 떠맡을 준비를 끝낸 것이다.

1870년대 들어서도 석유 생산은 계속 증가했다. 생산업자들은 생산 제한을 위한 노력을 기울였으나 별 소용이 없었다. 저장탱크가 흘러넘쳐 시키면 찌꺼기가 땅을 뒤덮었다. 과잉생산으로 가격은 폭락했고, 저장할 곳이 없어 원유가 농토와 시내로 흘러 들어갔다. 심지어 배럴당 48센트까지 가격이 하락하기도 했는데, 오일 리전에 사는 주부가 길어 오는 물보다 배럴당 3센트가 낮은 가격이었다. 조업 단축 운동이 조직적으로 이루어지기도 했으나 항상 실패로 끝났다. 새로운 유전이 계속 개발됨으로써 석유산업은 안정성을 잃었고, 생산업자가 너무 많아 생산 억제 시도가 효과적으로 이루어질 수 없었다. 19세기의 마지막 25년 동안 오일 리전에서 조업한 생산업자는 1만 6,000명이 넘었는데, 대다수가 투기꾼이었고 일부는 농부였다. 그들은 배경에 상관없이 대부분 개인주의적이었으며, 장기적 안목이 없었고 공동의 이익에 대해 생각하지 않았다. 질서를 강력히 선호했던 록펠러는 생산업자 간에 존재하는 혼란과 쟁탈전을 아주 못마땅해했다. 후에 그는 "오일 리전은 한낱 캠프에 지나지 않았다"고 경멸조로 말했다. 그의 목표는 오직 정유사업이었다.[6]

전쟁이냐 평화냐

록펠러의 목표는 극심한 경쟁을 끝내고 자신의 통제하에서 석유사업을 안전하고 이윤이 남는 사업으로 만드는 것이었다. 그는 전략가이면서 훌륭한 지휘관이어서, 비밀리에 신속하게 그리고 전문적인 솜씨로 부하 직원들을 다루었다. 그의 동생 윌리엄이 '전쟁이냐 평화냐'라는 말로 다른 정유회사들과의 관계를 규정지은 것은 놀라운 일이 아니다.

스탠더드오일은 각 지역의 대표 정유회사들을 매수하기 시작했다. 록펠러와 동업자들은 온갖 수단을 동원해 매수 대상으로 점찍은 회사에 접근했다. 그들은 어려움을 겪는 다른 정유회사에 비해 자신들이 얼마나 많은 이윤을 남기는지 보여주었다. 록펠러는 우호적으로 회사를 흡수하기 위해 자신이 가진 재능을 모두 발휘했다. 이런 모든 방법이 실패하게 되면 상대방에게 고통을 주는, 록펠러의 표현대로라면 '진땀good sweating' 정책을 실행했다. 스탠더드오일은 특정 시장에 공급하는 제품의 가격을 낮추어 경쟁 상대에게 손실을 입혔다. 저항하는 정유업자에게 석유제품을 담는 용기의 공급을 통제함으로써 고통을 주기도 했다. 플래글러는 전투에서 적을 복종시키는 방법에 대해 이렇게 설명했다. "땀이 충분히 나지 않는다면 적에게 담요를 뒤집어씌워라. 적의 땀, 1파인트(0.47리터―옮긴이 주)를 포기하는 것보다 손해를 감수하는 편이 차라리 낫다."

아주 비밀리에 움직이는 탓에 스탠더드 사람들은 바깥세상과 독립된 것처럼 보였지만, 사실은 스탠더드 그룹에 속해 있었다. 정유업자들 대부분은 가격을 낮추거나 다른 압력을 가하는 지역 경쟁 업자들이 사실은 무섭게 성장하고 있는 스탠더드 제국의 일부라는 사실을 몰랐다. 이런 사세 확장 기간 동안 스탠더드 사람들은 암호로 교신했다. 스탠더드오일의 암호명은 '모로스(시무룩하다는 의미)'였다. 록펠러는 모든 매수 작업을 비밀리에 추진했다. "모든 것이 사실이다. 어떤 지휘관이 브라스밴드를 보내 적군에게 공격 시각을 미리 알리겠는가?"라고 말하기도 했다.

1879년, 사실상 전쟁이 끝났다. 스탠더드오일의 승리였다. 스탠더드오일은 미국 정유 능력의 90%를 장악하게 되었다. 또 오일 리전의 파이프라인과 원유 생산을 통제하고 수송 부문도 장악했다. 록펠러는 승리에 냉정했으며, 적을 만들지 않았다. 실제로 흡수된 정유업자들을 스탠더드의 경영진에 참여시켜 충실한 동맹자로 만들어 다음번 매수공작에서 활약하게 만들었다. 그러나 스탠더드오일이 최정상에 올라선 1879년 말, 예상하지 못했던 도전에 직면하게 되었다.[7]

새로운 위협의 대두

록펠러가 석유산업을 장악했다고 생각한 1870년대 말, 펜실베이니아의 생산업자들은 스탠더드오일이 만든 질식할 것 같은 상황에서 벗어나기 위해 과감한 시도를 했다. 세계 최초의 장거리 파이프라인을 건설하려는 프로젝트였다. 타이드워터 파이프라인이라고 하는 이 계획은 전례 없는 것이었으며 기술적으로 가능한지도 장담할 수 없었다. 이 파이프라인은 오일 리전에서 동쪽으로 약 110마일 떨어진 펜실베이니아 철도와 리딩 철도의 접속 지점까지 이르는 것이었다. 공사는 비밀리에, 그리고 신속하게 진행되었다. 스탠더드오일이 파이프라인의 경로를 모르게 하기 위해 거짓 조사도 행해졌다. 하지만 최후의 순간까지 프로젝트의 성공은 의심받았다. 1879년 5월, 드디어 파이프라인 안으로 석유가 흘러가고 있었다. 이는 4년 후 건설된 브루클린 교각에 필적할 만한 대단한 기술적 성과였다. 이 파이프라인은 장거리 석유 수송에서 철도와 강력하게 경쟁하게 되었다.

타이드워터 파이프라인의 성공은 스탠더드오일의 석유산업에 대한 지배력에 갑작스러운 혼란을 가져왔다. 스탠더드오일 외의 대안을 가지게 된 생산업자들은 당장 행동에 들어갔다. 즉 오일 리전에서 클리블랜드, 뉴욕, 필라델피아, 버펄로까지의 장거리 파이프라인을 건설한 것이다. 타이드워터는 운영상 독립성을 유지했지만, 2년 후에 스탠더드오일은 타이드워터의 소주주가 되었고 새로운 파이프라인 회사들과 공동 수송을 위해 협상을 진행했다. 정

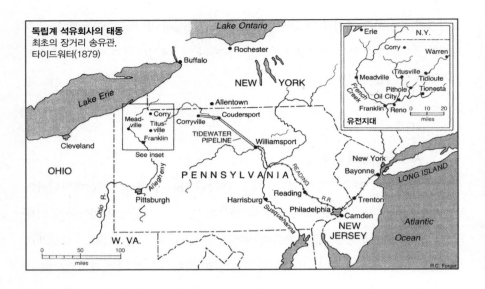

독립계 석유회사의 태동
최초의 장거리 송유관,
타이드워터(1879)

유 부문 통합과 파이프라인의 확장은 스탠더드오일의 석유산업 통합에서 다음 단계로 넘어가는 중요한 과정이었다. 스탠더드오일은 타이드워터의 일부를 제외하고 오일 리전을 통과하는 거의 모든 파이프라인을 지배했다.[8]

이 거대한 회사를 견제할 수 있는 유일한 방안은 정치와 법에 의존하는 것이었다. 1870년대 말 오일 리전의 생산업자들은 차별적인 요율料率에 대항해 펜실베이니아에서 일련의 법적 조치를 취하기 시작했다. 그들은 '스탠더드오일의 오만한 석유사업 지배'를 '독재자' 혹은 '도적'으로 간주하면서 비난의 화살을 퍼부었다. 그리고 범죄를 공모한 혐의로 주요 직원을 고소하려 했다. 한편 철도에 대한 뉴욕 주 의회 청문회에서는 스탠더드오일의 할인 시스템이 도마에 올랐다. 2개 주에서 수사가 이루어지고 법적 절차가 진행되어 스탠더드오일의 영향력, 규모, 할인과 환급 조작 등이 백일하에 드러난 것이다. 펜실베이니아 대법정은 독점과 경쟁자에게 손실을 입히려는 공모에 대한 죄목으로 록펠러, 플래글러, 그리고 몇몇 동업자를 기소했다. 법정은 록펠러를 펜실베이니아로 인도하도록 끈질기게 노력했으나, 록펠러는 뉴욕 주지사에게 어떠한 범죄인 인도 명령도 승인하지 않도록 강요했다. 결국 록펠러를 법정에 세우려는 시도는 실패했다.

그렇지만 여러 추문에 대한 여론이 누적되어 회사의 위신이 치명적인 손상을 입었고, 비난의 소리가 가라앉지 않았다. 스탠더드오일의 베일이 벗겨지자 여론은 크게 분노했다. 헨리 디마레스트 로이드가 「시카고 트리뷴」지에 일련의 논설 기사를 연재해 스탠더드오일을 규탄했고, 이 기사는 1881년 「애틀랜틱 먼슬리」지에 '거대한 독점 이야기'라는 제목으로 게재되었다. 기사에 대한 관심이 지대해서 7판까지 발간될 정도였다. 로이드는 스탠더드오일이 펜실베이니아 주의 법령을 고치는 것 말고는 모든 것을 다 했다고 주장했다. 그러나 스탠더드의 사업은 거의 영향을 받지 않았다. 로이드의 논설은 스탠더드오일의 추문을 들추어낸 최초의 사건이었는데, 그것이 마지막은 아니었다. 록펠러의 신비주의는 더 이상 유지될 수 없었다. 오일 리전에 살고 있는 아기 엄마들은 아기에게 "정신 차리지 않으면 록펠러가 너를 잡아갈 거야"라고 겁주곤 했다.[9]

새로운 트러스트의 형성

비록 법과 공공의 여론에 지탄받았지만, 록펠러가 정복한 방대한 제국에는 진정한 내부적 질서와 지배 체제가 형성되었다. 전국에 걸친 수많은 정유업자들을 통합한 것이 위법이라고 주장할 법적 근거는 처음부터 없었다. 훗날 록펠러는 진술서를 통해, 스탠더드오일이 통제했던 회사들을 결코 소유하거나 지배하지 않았다고 당당하게 말할 수 있었다. 그룹의 한 간부는 뉴욕 주의회 위원회에 출석해 전체의 90%가 넘는 정유업자들과의 관계가 매우 '좋았고', '조화롭게' 함께 일했다고 진술했다. 업자 중 하나는 자신이 소유한 회사는 스탠더드오일과 관계가 없으며, 단지 인간적인 관계로 '배당을 요구할 수 있는 한 사람'에 지나지 않는다고 주장했다. 다른 기업의 주식을 소유한 것은 오하이오 소재의 스탠더드오일이란 회사가 아니라, 그 회사의 주식 소유자일 따름이었다. 당시 회사는 다른 회사의 주식을 소유할 수 없었다. 스탠더드오일은 다른 회사의 주식을 소유했던 것이 아니라, 주주들을 대신해 '신탁(트러스트)'하고 있었다.

'트러스트'의 법적 개념은 1882년 1월 2일 조인된 스탠더드오일 트러스트 협정에서 정교해지고 공식화되었는데, 1870년대 말과 1880년대 초의 법적·정치적 공격에 대한 대응이라 하겠다. 물론 개인적 이유도 있었다. 록펠러와 동업자들은 자신들이 언젠가는 죽게 될 것이며, 그에 따른 상속 문제에 대해 생각하기 시작했다. 그들 중 누군가 죽는다면 혼란이 일어나고, 재산을 둘러싼 불화와 소송 등으로 곤란에 처할 수 있다는 결론을 내린 것이다. 트러스트는 미래의 분쟁을 피하기 위해 소유 관계를 체계화하고 명확히 하는 일이었다.

트러스트를 준비하면서 파이프라인을 1피트까지 측정했고, 벽돌 하나까지 정확하게 계산했다. 수탁자 위원회가 구성되어, 스탠더드오일이 관리하는 모든 주식을 접수했다. 그리고 주식은 트러스트를 통해 발행되었다. 70만 주에 이르는 전체 주식 가운데 록펠러는 19만 1,700주, 플래글러가 6만 주를 소유했다. 수탁자들은 스탠더드오일 트러스트의 주식 소유자 41명을 대신해 다른 개별 회사의 주식을 보유하고 있었고, 전체 소유 회사 14개와 부분 소유 회사 26개를 '총괄 관리'했다. 그들은 모든 회사의 책임자와 관리자를 선임할 책임을 가지고 있었으며 심지어 그들 자신도 선임할 수 있었다. 이것이 최초로 등장한 거대한 '트러스트'였고, 완전하게 합법적이었다. 이런 이유로 본래 과부와 고아들을 보호하는 장치였던 '트러스트'는 타락과 증오의 대상이 되었다.

한편 몇몇 주에서 운영하던 사업을 통제하기 위해 독립적인 스탠더드오일의 조직이 갖춰졌다. 트러스트 협정으로 인해 다양한 운영 주체의 활동을 합리적으로 조정하는 중앙 사무소의 필요성이 제기된 것이다. 사업 규모가 점차 확장함에 따라 이런 중앙 통제 기능이 필요했다. 트러스트는 록펠러와 동료들이 조직을 효과적으로 운영하기 위해 필요한 '법적 보호 장치와 운영상의 유연성'을 부여함으로써 세계적인 기업으로 성장할 수 있게 해주었다.

트러스트가 법적 문제를 해결해주었지만, 새로운 주체를 관리하는 실질적 문제는 어떻게 해결할 것인가? 수많은 독립적 기업가와 수많은 제품, 즉 등유, 연료유, 300여 가지에 이르는 다양한 부산물을 생산하는 많은 기업을 새로운 트러스트로 결합할 방법이 있을까? 이러한 문제를 해결할 방안은 위원회에 의한 관리와 조정 시스템이었다. 국내거래위원회, 수출거래위원회, 제조위원회, 인사위원회, 파이프라인위원회, 송무위원회, 윤활유위원회, 그리고 시차를 조금 두고 생산위원회 등이 갖춰졌다. 전국 각처에서 매일매일 위원회로 보고가 날아들었다. 이런 위원회 위에 최고경영자들로 구성된 집행위원회가 있었는데, 전체적인 정책과 방향을 책임지고 있었다. 집행위원회는 명령을 내리기보다 요망, 제안, 권고 등을 제시했고 그 자체의 권위와 통제를 존중받았다. 후에 록펠러는 본부와 현장 간의 관계에 대해 "일선 현장에서 뛰고 있는 당신들이 우리보다 문제에 대해 훨씬 잘 알고 있다. 그렇지만 우리가 정책을 통제할 수 없는 상황으로 몰고 가지는 말라"고 서신에 쓰기도 했다.[10]

1870년대에 스탠더드오일의 기본 경영 방침이었던 '비용 절감'은 1880년대 들어 한층 가시화되었다. 비용을 절감하려면 운영의 효율성 제고, 비용 통제, 규모의 경제 추구, 기술에 대한 끊임없는 관심, 시장 확장을 위한 지속적인 노력이 필요했다. 정유공장은 효율성을 높이는 차원에서 통합 운영되었다. 1880년대 중반에는 클리블랜드, 필라델피아, 뉴저지의 베이욘느에 있는 정유공장 3개가 전 세계에 공급되는 등유의 4분의 1 이상을 생산했고, 때로는 소수점 이하 세 자리까지 계산할 정도로 비용에 신경을 썼다. 한때 록펠러는 "모든 것을 철저히 계산하는 것이 나의 사업 규칙이었다"라고 말한 적도 있다. 스탠더드오일은 우수한 정보망을 갖추고 있어 중개 거래를 할 수 있었고 오일리전, 클리블랜드, 뉴욕, 필라델피아, 앤트워프, 그리고 유럽의 기타 지역 간에 발생하는 가격 차액을 취할 수 있었다. 또한 뛰어난 정보망을 이용해 시장 상황과 경쟁 업자들의 움직임을 파악했다. 미국 내 모든 구매자에 대한 정보 카드를 유지, 관리했는데 이에 따르면 독립계 딜러가 어디로 석유를 수송하고, 메인에서 캘리포니아까지 전국의 모든 잡화점이 어디서 등유를 구입하는지도 알 수 있었다.

록펠러는 석유의 가치를 인정했고, 그 신념은 결코 흔들리지 않았다. 그는 원유 가격이 하락하는 경우에도 걱정하기보다는 구매할 기회로 생각했다. 1884년 록펠러는 "원유 가격이 다시 하락하기를 기대하라. …… 우리 집행위원회는 원유 구입을 방해하는 어떤 통계 수치와 정보에도 현혹되지 않을 것이다"라고 말했다. 그는 이어서 "다른 사람들과는 달리, 우리는 시장이 바닥세를 보일 때 정신을 차리고 있어야 한다. 그 시점에서 구매하지 못하면 엄청난 실수를 범하는 결과가 될 것이다"라고 덧붙였다.

최고경영진은 록펠러, 그의 동생 윌리엄, 헨리 플래글러와 그 외 두 명 등 다섯 명으로 구성되었는데, 이들이 전체 주식의 7분의 4를 가지고 있었다. 이는 훗날 12명으로 확대되었는데, 모두 성공한 기업가로서 고집이 세고 독단적이었으며 처음에는 록펠러의 경쟁자였다. 록펠러는 "강하고 힘이 센 사람들 사이에서 합의를 도출하는 것은 결코 쉬운 일이 아니다"라고 고백한 바 있다. 어떤 선택과 결정을 할 때 항상 논쟁과 토론이 따랐지만, 록펠러가 주장한 대로 여러 가능성을 검토한 후 최종적으로 합리적인 방향으로 합의가 이루어지고 행동이 취해졌다. 록펠러는 "모든 사업에 있어 얼마나 빠른 속도로 진행하는 것이 현명한지는 의문의 대상이다. 우리는 당시 매우 빠르게 일을 진행했고 모든 분야에서 새로운 설립과 확장이 이루어졌다"라고 회고했다. 이어서 그는 "우리는 끊임없이 새로운 상황에 직면했다. …… 이런 상황들을 타개하기 위해 장시간 토론을 벌였다. 우리 중 일부는 일시에 거액을 지출하자고 했고, 일부는 보수적으로 신중하게 추진하자고 했다. 보통은 절충이 이루어졌고, 한 번에 하나씩 문제를 해결했는데 급진적이지도 너무 보수적이지도 않았다. 해결책은 항상 만장일치 방식으로 결정되었다"라고 덧붙였다.

회사의 고위 간부들은 수시로 클리블랜드와 뉴욕, 피츠버그와 버펄로, 볼티모어와 필라델피아 간을 기차를 타고 왕복했다. 1885년 트러스트 본부는 맨해튼의 브로드웨이 26번지에 위치한 9층짜리 빌딩으로 이사했다. 이 이전은 획기적인 계기가 되었는데, 회사의 경영 방침은 모두 그곳의 집행위원회에서 수립되었다. 최고경영진은 매일 건물의 최상층에 있는 식당에서 점심을 먹었다. 그들은 식사하면서 정보를 교환하고 새로운 아이디어를 검토한 후 합의를 이루었다. 과거에는 경쟁자였지만 지금은 록펠러 휘하에 있는 그들은 활동과 규모 면에서 전례가 없는 새로운 형태의 회사를 설립했다. 그리고 매우 빠른 속도로 성장했다. 당시 브로드웨이 26번지에 있는 한 빌딩의 점심 식탁에 둘러앉은 사람들은 모두 재능이 출중한 사람들이었다. 뉴욕 중부철도회사의 윌리엄 밴더빌트는 뉴욕 주 의회에서 다음과 같이 말했다. "이들은 나보다 훨씬 세련된 사람들이다. 그들은 대단한 사업가적 기질을 가지고 있었다. 나는 사업을 하는 동안 그들만큼 유능하고 빈틈없는 사람들을 만나보지 못했다."[11]

지혜로운 늙은 부엉이

그들 가운데 존 록펠러는 가장 세련된 사람이었다. 트러스트 형성 당시 40대 초반이었던 그는 이미 미국 6대 갑부 중 하나였다. 그는 회사를 이끌어가는 실세였으며, 무질서한 경쟁의 '폐해'에 대해 통렬한 비판을 가하며 통합 정책을 옹호했다. 그는 자신의 의도대로 회사의 성장을 위해 혼신의 힘을 기울였다. 이상한 점은 그가 의도적으로 다른 사람의 접근을 어렵게 만든 것이다. 그는 노년 시절, 자신의 과거를 회상하며 다음과 같은 짧은 시구를 남겼다.

참나무에 나이 든 지혜로운 부엉이가 살았는데,

보는 것은 많았어도 과묵하기가 이를 데 없었네.

말이 없으니 더 많은 것을 들을 수 있었다네.

우리는 왜 그 늙은 새만 못할까?

그는 사업을 시작할 때부터 '가능하면 자신을 노출하지 않기로' 다짐했다. 그는 분석적이었으며 의심이 많은 사람이었다. 그리고 사람들을 가까이하지 않았다. 이런 성격과 더불어 그의 냉정하고 예리한 눈초리는 사람들을 불편하게 만들었다. 록펠러는 종종 피츠버그에서 정유업자들을 만났다. 회의를 마친 뒤 정유업자들은 저녁을 먹으며, 클리블랜드에서 온 과묵하고 비사교적이며 험상궂은 사람에 대해 이야기꽃을 피웠다. 어느 정유업자는 "도대체 그가 몇 살이나 먹었는지 모르겠다"고 했고, 다른 이는 "그는 다른 사람들이 이야기하는 것을 뒤에서 가만히 듣고 있었지만 모든 것을 기억하는 듯했고, 이야기를 시작하면 모든 것에 대해 정확하게 언급했다. …… 추측건대 그는 140살은 되어 보인다. 태어났을 때 이미 100살은 되어 보였을 테니까"라고 너스레를 떨기도 했다.

록펠러의 회사에 근무했던 한 사람은 '내가 지금까지 본 사람 중 가장 감정을 드러내지 않는 사람'이라고 묘사했다. 그러나 그의 평판 뒤에는 다른 면이 숨겨져 있었다. 1870년대와 1880년대는 '우리들의 계획'이 결실을 맺은 시기였다. 결속이 강화되고 통합이 이루어진 시기인 동시에 정계와 언론에서 예상치 않은 공격을 받은 때이기도 해서, 긴장으로 점철되어 있었다. 록펠러는 "내가 모은 전 재산은 그 고통의 세월을 보상할 만한 것이 아니다"라고 회고했고, 그의 아내 역시 '그 고통스러웠던 시절'을 회상하며 그가 잠을 제대로 이룬 날이 없었다고 말했다.

그는 다양한 방식으로 안식과 위안을 구했다. 저녁 무렵 사업상 회의가 끝난 후, 소파에 길게 드러누워 동료들에게 계속 회의를 진행시키며 토론하곤 했고, 사무실에 약식의 완력기腕力器도 갖추어놓았다. 그는 승마를 즐겼다. 특히 빠른 말을 좋아했으며, 저녁나절에는 말들을 데리고 나가 마차를 몰았다. 한 시간쯤 말을 탄 후 집에 돌아와 휴식을 취하고 저녁 식사를 하는 습관은 원기를 회복시켜주었다. 록펠러는 "저녁에 배달되는 우편물을 모두 읽고 편지를 열 통 정도 쓸 수 있었다"라고 말했다.[12]

그는 사업 외에 침례교회 일에도 열심이었다. 주일학교의 교장이었던 그는 자녀들의 친구인 한 여학생에게 깊은 인상을 남겼다. 수년 후 그녀는 "록펠러 씨는 길고 날카로운 콧날에 푸른 눈을 가졌는데, 얼굴엔 표정 변화가 없었다. 그는 주일학교 수업 시간에 길고 뾰족한 턱으로 학생들을 지적하곤 했다. 항상 신중하게 점잔을 빼며 말하는 것 같았고, 근엄함을 즐기는 것처럼 보일 정도였다. 그에게서 근엄함을 뺀다면 그가 가장 소중히 여기는 취미를 박탈하는 것이 될 것이다"라고 말했다.

록펠러는 클리블랜드 근교에 있는 포레스트힐의 저택을 아주 좋아했는데, 특별 제작한 붉은 벽돌로 벽난로를 만들고, 정원에 나무를 심고, 숲으로 향하는 길을 새로 닦는 등 세세한 부분까지 직접 신경 썼다. 뉴욕 북쪽의 포캔티코 언덕에 있는 대저택으로 이사했을 때도 집을 가꾸는 취미는 여전했다. 그는 직접 정원사들을 지휘해 조경을 했고, 측량용 말뚝과 깃발을 들고 길을 닦는 일까지 거들었다. 조경을 하는 데도 그를 위대한 사업가로 만든 조직력과 구상화 능력을 충분히 발휘한 것이다.

그러나 미국 최고의 부자가 된 그는 이상할 정도로 검소했다. 그는 가족들에게 옷이 낡아 더 이상 입을 수 없을 때까지 입으라고 강요했고, 가장 좋아하는 음식은 따끈한 우유에 적신 빵이었다. 한번은 클리블랜드에 저명한 지방 사업가 부부를 초대해 한여름을 보낸 적이 있었는데, 그들은 나중에 록펠러에게서 식사 대금으로 600달러를 청구받고 매우 놀랐다고 한다.

이런 록펠러도 유머가 아주 없지는 않았다. 비록 한정된 장소이긴 하지만, 오히려 쾌활한 모습까지 보일 정도였다. "만약 치과 의자에 앉아 있다면 편지를 쓰거나 읽는 것은 상상할 수 있지만, 맛있는 것을 먹을 수는 없을 테지"라고 동료인 헨리 플래글러에게 말한 적이 있다. 그는 식사 중에 노래를 부르거나, 과자를 던져 입으로 받아먹거나, 코 위에 접시를 놓고 균형을 잡거나 해서 가족들을 즐겁게 했다. 그는 아이들과 아이들의 친구들과 함께 현관에 앉아 '버즈Buzz'라는 게임을 즐겼다. 차례로 숫자를 세다가 자신의 숫자에 7이 포함되어 있으면 '버즈'라고 외쳐야 하는데, 그렇게 못하면 탈락하는 게임이다. 수학에 탁월했던 록펠러지만 71을 넘기지 못했고, 아이들은 그 모습을 보고 재미있어했다.

록펠러는 돈을 벌게 되면서 교회에 헌금을 하기 시작했다. 시간이 지나면서 헌금 액수가 늘었고, 그는 축적한 부의 상당 부분을 헌금하려고 노력했다. 자선활동을 할 때에도 사업에서와 같이 철저한 조사와 세심한 관심을 기울였고 그의 헌금은 과학, 의학, 교육 분야로까지 확대되었다. 그러나 19세기에 그가 행한 자선활동은 대부분 그가 열심히 다니던 침례교회에서 행해졌다.

1880년대 말 그는 침례교 계통의 대학교 설립을 공약했다. 시카고 대학을 설립하기 위해 많은 돈을 기부함으로써 최대 기부자가 되었다. 그는 대학의 발전에 관심이 많았지만 예산에만 일부 관여했을 뿐, 학문 연구에는 일절 간섭하지 않았다. 그가 살아 있는 동안에는 건물 이름에 자신의 이름을 붙이는 것조차 사양했고, 학교 설립 이후 10년간 단 두 번 방문했을 뿐이다. 최초의 방문은 1896년 개교 5주년 기념식 행사에 참석한 것이었는데, 그는 "나는 이 일의 의미를 믿는다. 시카고 대학교는 내 생애에서 가장 훌륭한 투자다. 하나님께서 내게 부를 허락해주셨는데, 내가 어떻게 시카고를 모른 체할 수 있겠는가?"라고 말했다. 그는 학생들이 부르는 다음과 같은 노래를 들었다.

존 D. 록펠러, 훌륭하신 분이시여.
남은 돈 모두를 시카고 대학에 기부하셨네.

1910년까지 록펠러가 시카고 대학에 추가로 기부한 돈은 3,500만 달러에 이르는데, 다른 데서 들어온 700만 달러에 비하면 엄청난 액수다. 이 대학에 그가 기부한 돈은 총 5억 5,000만 달러에 달했다.

당시는 '악덕 자본가'들이 엄청나게 돈을 벌어 돈을 물 쓰듯 하며 사치스러운 생활을 즐기던 '도금시대鍍金時代'였다. 뉴욕 도심에 있는 저택과 포칸티코 저택은 매우 넓었지만, 록펠러와 가족은 화려함이나 사치와는 거리가 멀었다. 록펠러 부부는 아이들에게 항상 정직과 성실의 가치를 가르쳤고, 물려받은 재산으로 인한 파멸을 피하도록 교육했다. 아이들에게는 자전거를 한 대만 사주고 공유하는 습관을 갖게 만들었다. 뉴욕에서 학교를 다니던 젊은 록펠러 2세는 하인이 딸린 마차를 타고 등하교하던 다른 부유층 자제들과는 달리 걸어서 통학했고, 아버지의 저택에서 노동자들과 같은 보수를 받고 일해 용돈을 벌었다.

1888년 록펠러 가족은 침례교 목사 두 명과 함께 3개월 동안 유럽을 여행했다. 그는 프랑스어를 할 줄 몰랐지만, 영수증에 있는 모든 항목을 세심하게 살펴보았다. "뿔레(프랑스어로 식용 닭)? 뿔레가 뭐지?" 하고 아들에게 물었다. 닭이라고 대답하자 그는 계속해서 다음 항목을 읽으며 꼬치꼬치 캐물었다. 그의 아들은 "아버지는 모든 항목에 대해 정확하게 알 때까지 돈을 내지 않았다. 이런 행동이 인색하게 비칠지 모르지만, 아버지에게는 인생의 원칙이었다"라고 회상했다.[13]

등유의 축복

록펠러가 설립해 전례 없는 번영을 구가한 스탠더드오일은 1880년대와 1890년대에도 계속 사세를 확장했다. 사업에 과학적 연구 기능을 포함시켰고 제품의 질을 중요시했으며, 정제에서 판매에 이르기까지 전반적인 사업 운영에서 효율성과 간소화에 큰 관심을 기울였다. 최종 소비자에 이르는 마케팅 시스템의 성장은 사업의 핵심을 이루는 것이었다. 거대한 시설 능력에 맞는 시장을 확보하기 위해 모든 지역에서 적극적으로 시장을 넓혀나갔다. 석유(대부분이 등유) 사용량이 대폭 증가함에 따라 확실하고 안정적으로 물량을 늘려나갈 수 있었다.

석유와 등유 램프는 미국인의 생활양식을 바꿔놓았다. 동부의 도시에 살든, 중서부의 농촌에 살든 사람들은 잡화상이나 약국에서 등유를 구입했다. 도매업자들은 소매상에 등유를 공급했고, 대부분의 도매업자들은 스탠더드오일에서 등유를 공급받았다. 1864년 초 뉴욕의 한 화학자는 이런 새로운 조명용 석유의 파급효과를 설명하면서 "어떤 의미에서 등유는 농촌 사람들의 수명을 연장시켰다고 할 수 있다. 고래 기름은 비쌀 뿐 아니라 효율도 좋지 않아, 해가 진 후 곧바로 잠자리에 들어 일생의 절반을 잠자며 보내야 했다. 그런 사람들이 이제는 책을 읽고 여흥을 즐기는 데 많은 시간을 할애할 수 있게 되었다. 특히 겨울철에는 이런 현상이 더욱 두드러진다"라고 기술했다.

등유가 빠른 속도로 보급되어 광범위하게 사용됨에 따라 등유 사용에 대한 여러 안내서도 나왔다. 『엉클 톰스 캐빈』의 저자 해리엇 비처 스토는 1869년 동생과 공동 집필한 『미국 여성의 가정·가정학 원리』라는 책에서 "질 좋은 등유는 더할 나위 없이 좋은 조명용 연료다. 그렇지만 불순물이 많이 섞인 저질 등유는 '끔찍한 폭발'의 위험을 내포하고 있다"라고 썼고, 어떤 램프를 구입할 것인지 조언했다. 1870년대 중반에는 석유 폭발 사고로 매년 오륙천 명이 목숨을 잃었는데, 이에 대한 규제는 허술했고 늘 뒷북치는 식이었다. 이런 이유로 록펠러는 엄격한 품질 관리를 강조했으며 회사 이름도 '스탠더드'라고 지었다.[14]

등유는 대도시에서 도시가스(제조가스라고도 함)와의 경쟁에 직면했는데, 도시가스는 석탄이나 나프타, 또는 원유 유분溜分을 이용해 제조되었다. 그러나 등유는 가격 면에서 도시가스보다 우위에 있었다. 뉴욕에서 발간된 한 신문에 따르면, 1885년 한 가정의 등유 구입비용은 1년에 10달러 정도였는데, 도시가스 사용료는 1개월에 그 정도가 들었다. 농촌에서는 그런 경쟁 상대가 존재하지 않았다. 시골 상점에서 일하던 한 학생은 "점포에 쌓여 있는 상품들을 보노라면 시민들의 생활수준이 크게 나아졌다는 사실을 확실히 알 수 있었다. 램프와 '등유 관련 제품'들은 쇠기름을 태워 불을 밝히던 사람들의 눈에 진정 경이로운 것이었다"라고 말했다.

정제 과정에서 나오는 가장 중요한 제품은 등유지만 그 밖에 나프타, 휘발유(용제로 사용되기도 하고, 가스로 전환되어 건물의 조명용으로도 사용됨), 연료유, 윤활유(기차, 농기계, 방적기, 자전거 등에 사용) 등의 제품이 추출되었다. 또한 의약품 제조 원료로 사용되는 '바셀린'이라는 상표명의 석유 젤리와 양초, 식품 방부제, 당시 방직공장 여공들이 즐기던 '파라핀 추잉검'의 원료인 파라핀 등이 추출되었다.

스탠더드오일은 소비자를 확보하기 위해 마케팅 분야의 지배를 강화했다. 1880년 중반, 마케팅 분야의 점유율은 정유 부문에 대한 점유율과 거의 일치하는 80% 수준이었다. 시장점유율을 높이기 위해 무자비할 정도로 온갖 수단을 동원했는데, 스탠더드오일의 세일즈맨은 다른 회사 제품을 실어 나르는 경쟁 업자나 소매상인에게 폭력을 행사하기까지 했다. 스탠더드오일은 마케팅의 효율성을 높이고 비용을 절감하기 위해 일련의 혁신을 거듭했다. 부피가 크고, 기름이 잘 샐 뿐 아니라, 다루기 힘들고 비싼 석유통(배럴)을 없애려 노력한 것이다. 대표적인 것이 석유통을 실어 나르던 유개화차有蓋貨車를 없애고 탱크로리에 석유를 적재해 화차로 운반한 것을 들 수 있다. 또한 마차에 석유통을 실어 나르던 것을 마차가 끄는 탱크차로 바꾸었다. 이를 통해 소매업자들은 자신들이 원하는 만큼, 적은 양도 공급받을 수 있게 되었다. 오늘날까지 석유의 측정 단위로 쓰이는 '배럴(나무 석유통)'은 결국 오지에만 남게 되었으며, 도시에서는 다시 볼 수 없었다.[15]

스탠더드오일의 매점

그러나 스탠더드오일은 위험 부담이 크고, 변화무쌍하며 투기적 측면이 강한 분야에는 손대지 않았다. 어느 유정이 언제 고갈될지 아무도 알 수 없었으므로 그렇게 위험한 분야는 생산업자들이 맡게 하고, 합리적으로 조직해 운영할 수 있는 정제·수송·마케팅 분야에 전념하는 것이 더 낫다는 판단이었다. 1885년 집행위원회 위원 한 사람이 록펠러에게 다음과 같은 내용의 편지를 보냈다. "우리의 사업은 제조업에 해당한다. 내가 판단하기로는 제조업자나 상인이 투기적인 모험사업에 뛰어들어 그쪽에 신경을 빼앗기는 것은 매우 불행한 일이다."

그러나 스탠더드오일은 늘 석유가 고갈될 것이라는 불안감을 안고 있었다. 하늘이 내려준 이 선물이 갑자기 나타난 것처럼 갑자기 사라질지 모른다고 생각한 것이다. 활발한 석유 생산으로 유정의 생산 능력은 빠르게 고갈되고 있었다. 당시 미국의 석유 생산은 전부 펜실베이니아 주에서 이루어지고 있었고, 어느 지역에서 석유 고갈 현상이 나타난다면 오일 리전의 석유도 곧 고갈될 것이라고 판단했다. 피트홀 유정의 흥망은 이런 가능성을 시사하는 경고였다. 석유가 언제쯤 고갈될지 아무도 알 수 없었고, 향후 10년 이내에 석유산업이 종말에 이르게 될 수도 있다고 생각한 것이다. 원유가 고갈되면 정유 시설, 파이프라인, 탱크, 수송선, 마케팅 시스템 등 많은 자본 투자와 시설이 무용지물이 될 것이다. 많은 전문가들은 오일 리전의 유정들이 조만간 고갈될 것이라고 경고했다. 1885년 펜실베이니아 주정부의 한 지질학자는 "지금과 같은 대량 석유 생산은 일시적 현상에 불과하며 곧 사라질 것이다. 지금의 젊은 세대들은 석유의 자연적 종말을 목격할 것이다"라고 경고했다.

같은 해, 스탠더드오일의 고위 간부인 존 아치볼드는 회사의 전문가로부터 "미국의 석유 생산 감소는 불가피하며, 또 다른 대규모 유전을 발견할 기회는 100분의 1도 안 된다"라는 말을 들었다. 그는 이런 경고를 듣고 자신의 주식 일부를 75~80센트에 팔아버렸다. 비슷한 시기, 아치볼드는 오클라호마에서 유정이 발견되었다는 말을 듣고는 "당신 미쳤소? 미시시피 서쪽에서 석유가 한 방울이라도 난다면 내 손에 장을 지지겠소"라고 대답했다고 한다.

그러나 때맞춰 펜실베이니아 외의 지역에서도 석유가 발견되기 시작했다. 바로 오하이오의 서북 지역이었는데, 사람들이 그곳에 처음 정착할 무렵부터 발화성이 높은 가스가 핀들레이 근처에서 분출된다는 사실이 알려져 있었다. 그 지역은 1880년대 중반에 석유가 처음 발견되어 석유 붐이 일기 시작했는데, 인디언 지역과 경계를 이루고 있었기 때문에 리마—인디언 유전이라고 불렸다. 새로 발견된 유전은 매장량이 풍부해 1890년경 이 지역의 생산량은 미국 전체 석유 생산량의 3분의 1을 차지했다.[16]

록펠러는 생애 마지막으로 중대한 전략적 결정을 내렸다. 즉, 석유 생산에 참여하기로 결정한 것이다. 그는 동료들 못지않게 석유 생산업자들에게 상당한 반감을 가지고 있었다. 정말이지 그들은 투기꾼들이며, 믿을 수 없었고, 황금을 찾아 나선 탐욕스러운 금광업자처럼 행동했다. 스탠더드오일은 합리적인 경영으로 리마 유전에서 원유를 생산함으로써, 시장의 필요에 맞추어 공급과 재고의 균형을 맞출 수 있게 되었다. 즉 석유시장의 변동과 무질서한 '석유 생산자'로부터 스스로를 어느 정도 보호할 수 있게 된 것이다. 이는 록펠러가 스탠더드오일을 이끌어나가는 방향과도 일치했다.

펜실베이니아에서 석유가 고갈되고 있다는 징후는 과감한 결단을 해야 할 시점에 와 있다는 경고였고, 리마 유전의 개발은 석유산업이 펜실베이니아 주에서 벗어날 수 있다는 명백한 증거를 제공했다. 그러나 여기에는 장애물이 두 가지 있었는데, 그중 하나는 석유의 질에 관한 것이다. 리마산 석유는 펜실베이니아산과는 성질이 달랐는데 특히 썩은 달걀과 같은 매우 심한 유황 냄새를 풍겼다. 어떤 사람은 리마 원유를 '스컹크 주스'라고 부르기도 했다. 냄새를 제거할 방법이 알려져 있지 않았고, 그 방법이 알려질 때까지 오하이오산 석유는 시장이 제한될 수밖에 없었다.

두 번째 장애 요인은 브로드웨이 26번지의 본사에 근무하는 록펠러의 동료들 일부가 매우 신중하고 보수적이며 완고하다는 점이었다. 그들은 생산에 직접 참여하는 것이 매우 위험하다고 여겼다. 록펠러는 애초부터 구입할 수 있는 석유는 모두 구입해 도처에 저장해놓아야 한다고 주장했다. 오하이오에서 엄청난 양의 석유가 생산됨에 따라, 1886년 배럴당 40센트 하던 석유 가격이 1887년에는 15센트로 하락했다. 그러나 록펠러의 동료들은 등화용 외에는 별다른 용도가 없는 석유를 구입하는 데 강력하게 반대했다. "보수적인 중역들 다수는 석유 생산에 직접 참여하는 것에 심한 두려움을 갖고 있어서, 생산 참여를 주장하는 소수의 중역들과 치열한 설전을 벌였다"라고 록펠러는 회고했다. 그러나 결국 록펠러는 그들을 설득했고 스탠더드오일은 리마 유전에서 생산된 석유 40만 배럴 이상을 저장했다. 1888~1889년에 스탠더드오일이 고용한 독일 화학자인 헤르만 프라쉬는 산화동을 넣어 정제하면 유황이 제거되어 썩은 달걀 냄새를 없앨 수 있다고 주장했다. 록펠러의 '리마 도박'은 충분한 가치가 있는 것으로 입증되었다. 프라쉬의 획기적인 발명 이후, 스탠더드오일이 구입할 당시 배럴당 15센트에 지나지 않던 리마 석유의 가격이 갑자기 배럴당 30센트로 상승했고 상승세는 지속되었다.

록펠러는 마지막으로 다른 여러 유전들의 광권鑛權을 확보하는 일에 착수했다. 석유산업 내에서 가장 난폭하고 무질서한 참여자는 바로 생산업자들이었는데, 록펠러는 이런 무질서와 혼란을 바로잡고자 했다. 예전처럼 동료들이 주저하고 반대했지만 록펠러는 끈질기게 그들을 설득했다. 그는 "확보할 수 있는 광권을 모두 구매하라"고 지시했다. 불과 몇 년 전까지만 해도 석유 생산에 전혀 참여하지 않았던 스탠더드오일은 1891년 미국 총 석유 생산량의 4분의 1을 점하게 되었다.[17]

스탠더드오일은 리마 원유를 처리하기 위해, 인디애나 주 미시간 호 근처 황량한 모래언덕 한가운데 있는 화이팅에 세계에서 제일 큰 정유공장을 건설하기 시작했다. 여기서도 역시 스탠더드오일의 비밀주의(나중에는 스탠더드오일의 전체 조직을 훼손하는 데 일조한 것으로 판명되었다)가 작용했다. 스탠더드오일이 정유공장을 건설하고 있다는 것은 명백한 사실이었으나, 「시카고 트리뷴」의 한 기자는 말수가 적은 건설 책임자 마셜에게서 털끝만큼의 정보도 얻어낼 수 없었다. "그는 화이팅에서 무슨 일이 일어나고 있는지 전혀 모르고 있었다. 그들은 500만 달러가 소요되는 정유공장일 수도 있고, 돼지 통조림 공장일 수도 있다고 생각하는 것 같았다. 돼지 통조림 공장은 아니겠지만 그것도 확신할 수 없었다"라고 그 기자는 말했다.

당시의 석유 가격 체계에는 문제가 있었다. 석유 가격은 수년 동안 오일 리전과 뉴욕의 여러 석유 교환소에서, 석유 거래 면허를 가진 거래인들 사이에서 가격이 결정되었다. 1880년대에 스탠더드오일의 구매 담당 자회사였던 조셉 시프 에이전시는 이들 교환소에서 '면허'를 획득한 후, 다른 사람들과 마찬가지로 공개시장에서 석유를 구입했다. 시프 에이전시가 유전에서 직접 원유를 구입할 때는 교환소에서 형성되는 최고가격과 최저가격을 평균해 가격을 정했다. 시프 에이전시는 생산자들에게서 원유를 직접 구입하는 비중을 점차 늘려나갔고, 독립계 정유업자들도 이에 따랐다. 따라서 교환소의 거래량은 1890년대 초반 들어 지속적인 감소세를 보였다.

1895년 1월, 조셉 시프는 역사적인 「석유 생산업자에 대한 통지문」을 발표함으로써 교환소에서의 거래에 종지부를 찍었다. 그는 "석유 교환소에서의 거래는 제품의 가치를 제대로 반영하지 못한다"라고 선언했다. 즉, 석유 가격은 세계 시장의 수급 상황에 의해 결정되어야 한다는 것이다. 그는 또 "매일매일의 가격은 사무실에서 석유 생산업자들에게 통보할 것이다"라고 덧붙였다. 펜실베이니아와 리마 석유의 85~90%를 소유 내지 구매하고 있었던 스탠더드오일과 시프 에이전시는 수급 상황에 좌우되기는 했지만 미국 원유에 대한 구매 가격을 효과적으로 결정할 수 있게 되었다. 록펠러의 동료 한 사람은 "우리는 세계 시장에서 최상의 정보를 얻을 수 있으며, 그 정보를 바탕으로 가능한 한 최상의 합치된 가격을 설정할 수 있다. 그것이 현재의 가격을 결정하는 기초가 된다"라고 말했다.[18]

위대한 미국의 건설자

스탠더드오일의 경영 규모는 모든 면에서 경외심을 불러일으킬 정도였고 경쟁자들을 압도했다. 그러나 정유사업에서만은 완전 독점 상태가 아니었다. 어떤 곳에서는 경쟁 업자가 시장의 15~20%를 점유하고 있었지만 스탠더드오일의 중역들은 그러한 공존 관계를 기꺼이 받아들였다. 전체 시장의 85%를 지배하던 스탠더드오일로서는 그들이 바라는 안정성을 유지하는 데 큰 무리가 없었기 때문이다. 노년에 접어든 록펠러는 정원을 가꾸고 나무를 돌보면서 "다른 것들과 마찬가지로, 어린 묘목일지라도 큰 이점이 명백하게 드러난다"라고 말했다. 스탠더드오일은 다른 회사들과 비교해 우위에 있었다. 록펠러는 수직 통합된 석유회사를 창조했다. 록펠러와 같이 일한 적이 있는 젊은 변호사이며, 당시 오하이오 스탠더드오일을 경영하던 록펠러의 후계자 중 한 사람은 록펠러의 위대한 업적 중 하나에 대해 다음과 같이 언급했다. "록펠러는 스탠더드오일과 같이 거대한 공장과 자본을 가진 조직에서 제품이 생산자에서 소비자까지 물 흐르듯 흘러가도록 하는 것은 공장과 자본에 대한 중앙집중식 통제에 의해서만 가능하다는 사실을 본능적으로 깨닫고 있었다. 오늘날 그러한 질서정연하고 경제적이며 효율적인 흐름은 '수직적 통합'으로 불린다." 그는 "록펠러가 '통합'이라는 단어를 사용했는지는 모르겠지만, 나는 그가 그런 생각을 고안했다는 사실은 알고 있다"라고 덧붙였다.

일부 비평가들은 록펠러가 이룬 업적들을 평가하는 데 난감해 했다. 1882년, 미국 정부의 권위 있는 간행물인 「미네랄 리소시즈」(광물 자원 분야 잡지)는 '스탠더드오일이 커다란 업적을 남겼다는 사실에는 의심의 여지가 없다. 이 회사 덕분에 석유 정제업은 하나의 사업으로 자리 잡았고 수송은 훨씬 간편해졌다. 그러나 이런 훌륭한 업적 이면에 얼마나 커다란 해악이 있는지 정확히 언급하기란 실제적으로 어렵다'라고 밝혔다.

스탠더드오일의 경쟁 업자와 일반인들은 한결같이 부정적 입장이었다. 많은 생산업자와 독립계 정유회사들에게 스탠더드오일은 경쟁자의 '몸과 마음'을 꼼짝 못하게 옭아매는 낙지와 같은 존재였다. 끊임없이 압력과 착취를 당하고, 사기와 비밀 협정으로 고통받았던 석유업계의 많은 사업자들에게 록펠러는 피도 눈물도 없는 괴물이었다. 돈을 벌고 시장을 장악하는 과정에서 사람들의 생활과 생명조차 무참히 짓밟으면서 한편으로는 신의 가호를 비는 위선적인 괴물로 보였던 것이다.

록펠러의 동료 중 일부는 쏟아지는 비판에 침통해 했다. 1887년 록펠러에게 보낸 편지에서 "우리는 역사에 길이 남을 성공을 거두었고 우리의 이름은 세계적으로 알려졌지만 일반 사람들의 평판은 좋지 않다. 우리는 악독하고 냉혹하며 강압적일 뿐 아니라 잔인함의 대명사로 불리고 있다(이런 평가가 공정하다고 생각하지는 않지만). …… 나는 기업가로서 살아가면서 명예로운 위치를 갈망해왔기에 이런 편지를 쓴다는 사실이 결코 유쾌하지 않다"고 토로했다.[19]

그러나 정작 록펠러 자신은 그렇게 신경 쓰지 않았다. 그는 자본주의 정신에 입각해 사업을 영위하고 있다고 믿었으며, 스탠더드오일의 입장을 옹호하는 데 전도사와 목사들의 도움을 구했다. 주위의 비판을 대체로 무시한 것이다. 스탠더드오일은 혼란스럽고 무질서한 사회를 안정시켰고, 사회를 한층 발전시켰으며, 어두운 세상에 '새로운 불빛'이라는 선물을 가져다주는 등 인류

복지 증진에 크게 기여했다고 확신했다. 자본과 조직, 기술을 제공했고, 세계 시장을 창출했으며, 그에 따르는 커다란 위험을 감수했다고도 생각한 것이다. 록펠러는 가끔 집행위원회에서 동료들을 향해 "여러분, 가난한 사람에게 값싼 등불을 주십시오"라고 말하곤 했다. 그에게 스탠더드오일의 성공은 미래로 향한 과감한 행보였다. 록펠러는 경영 일선에서 은퇴한 후 "오늘날은 통합의 시대이다. 개인주의는 사라지고 다시는 되살아나지 않을 것이다"라고 말하기도 했다. 또한 "스탠더드오일은 '이 나라의 건설자' 가운데 가장 위대한 존재의 하나였다"라고 덧붙였다.

마크 트웨인과 찰스 두들리 워너는 그들의 소설 『도금시대 The Gilded Age』에서 남북전쟁 이후 10년 동안을 '조직이 점차 거대해지고, 온갖 투기가 횡행하며, …… 너도나도 벼락부자가 되기를 갈망한 시기'로 묘사했다. 어쨌든 록펠러는 그가 살았던 시대를 진정으로 대표하는 인물이었다. 스탠더드오일은 무자비하게 경쟁자를 제거했고, 그를 통해 록펠러는 세계 최고의 갑부가 되었다. 하지만 다른 악덕 자본가 대부분이 투기와 금융 조작, 불법적으로 주주들을 등쳐서 부를 축적한 것과는 달리, 록펠러는 미지의 산업에 뛰어들어 자신의 논리에 따라 석유산업을 고도로 조직화함으로써 부富를 축적했다.[20]

'우리들의 계획'은 록펠러의 대담한 구상을 능가할 정도로 성공했지만 결국 실패로 끝났다. 미국 정계와 일반의 여론은 기업 합동과 독점에 대해 부정적이었으며, 이를 오만하고 비도덕적인 상행위로 간주하게 되었다. 한편 미국 내에서 록펠러의 손길이 미치지 못한 지역과 바쿠, 수마트라, 미얀마, 페르시아처럼 아주 멀리 떨어진 곳에서는 새로운 석유회사들이 생겨나 스탠더드오일과 강력한 경쟁을 할 수 있을 정도가 됐고, 그중 일부는 경쟁에서 살아남아 크게 번창했다.

03

치열한
통상 경쟁

'새로운 불빛'인 등유를 구입하려는 외국의 요구가 점차 커지고 있었지만, 석유를 유럽 지역으로 수송하는 일은 쉽지 않았다. 선원들은 수송 도중에 등유가 폭발하거나 화재가 날 수 있다는 생각에 크게 두려워했다. 1861년 마침내 필라델피아에 있는 한 선주가 간신히 선원을 모집해 석유를 선적한 배를 출항시켰다. 그가 무사히 런던에 도착함으로써 석유의 국제교역 시대가 시작되었고, 미국의 석유는 빠른 속도로 세계 시장을 장악해나갔다. 석유사업은 초기부터 국제적 비즈니스로 자리 잡았다. 해외시장을 개척하지 못했다면 미국의 석유시장은 큰 규모로 성장할 수 없었을 것이다. 당시 유럽은 공업화와 도시화로 인해 연료로 사용하던 동물성 유지나 식물성 기름이 크게 부족한 상황이었다. 한 세대 이상 큰 어려움을 겪고 있었기 때문에 미국산 석유에 대한 수요는 급격히 증가했다. 유럽 각국에 주재하던 미국의 영사들도 시장 개척과 판매망 확보에 일익을 담당했다. 그들은 등유를 새로운 '미국의 발명품'이라 칭하면서, 사비로 등유를 구입해 잠재 고객들에게 나누어주기까지 했다.

전 세계의 수요는 엄청났다. 세계 각처에서 사용되는 조명용 등유는 미국이라는 하나의 나라가 아니라 필라델피아라는 하나의 주에서 공급되고 있었다. 이처럼 한 지방이 전 세계의 원료 공급을 장악하는 일은 다시없을 것이다. 하룻밤 사이에 석유 수출은 미국의 경제와 석유산업에 중요한 부분을 담당하게 되었다. 1870년대와 80년대 미국의 등유 수출량은 전체 석유 생산량의 절반 이상에 달했고 전체 수출품 중 4위를 차지했으며, 공업 제품 중에서는 1위였다. 당시에는 유럽이 가장 큰 시장이었다.

1870년대 말에는 한 개의 주가 석유시장을 장악하고 있었을 뿐 아니라, 스탠더드오일이라는 한 개 회사가 지배하고 있었다. 적어도 등유 수출량의 90% 정도는 스탠더드오일이 차지했다. 그들은 미국 국내시장 장악에 집착했고 수출은 뒷전으로 미루고 있었는데, 국내시장 장악을 바탕으로 세계 시장을 정복할 준비를 하고 있었던 것이다. 실제로 록펠러가 말했던 '우리들의 계획'은 세계 전역에서 실현될 것으로 보였다. 스탠더드오일은 자사 제품에 대해 상당한 자신감을 가지고 있었다. 회사의 해외 책임자는 "석유는 다른 공업 제품들과는 비교할 수 없을 정도로, 문명국과 비문명국 가릴 것 없이 세계 도처에 보급되고 있다"라고 말했다.

물론 외국 기업과의 경쟁을 배제할 수는 없었으나, 브로드웨이 26번가에 있는 스탠더드오일의 직원들은 그 가능성이 높지 않다고 생각했다. 아주 값싸고 풍부한 새로운 공급원이 나타나야만 가능한 상황이라 판단한 것이다. 1874년 발간된 펜실베이니아 지질 보고서는, 펜실베이니아 주의 석유가 전 세계 석유시장을 완전히 장악할 수 있으며, 나아가 다른 나라에서의 석유 발견 가능성에는 회의적인 견해를 표명했다. 단지 '장차 언젠가는 우리가 관심을 가져야 할 것이다'라고만 언급하고 있다. 보고서 저자들은 미국의 석유시장 지배력에 대해 자신했기 때문에 다른 문제들을 심각하게 고려할 필요성을 느끼지 않았다. 그들은 이미 크나큰 과오를 범하고 있었던 셈이다.[1]

호두나무 구입 자금

'새로운 불빛'인 등유의 최대 유망 시장에는 광대한 러시아제국도 포함되었다. 당시 러시아제국은 산업화 시작 단계였고, 최북단에 위치한 수도 상트페테르부르크는 겨울 일조시간이 6시간에 불과했기 때문에 인공조명에 대한 필요성을 절실히 느끼고 있었다. 1862년 이미 미국산 등유가 들어오고 석유 램프가 빠른 속도로 보급됨에 따라, 당시까지 상트페테르부르크 시민들이 전적으로 의존하던 동물성 유지가 등유로 대체되어갔다. 1863년 12월, 상트페테르부르크 주재 미국 영사는 '향후 몇 년간은 러시아 내에서 미국산 등유 수요가 크게 증가할 것이다'라는 보고서를 본국에 올렸다. 그러나 보고서는 러시아제국 오지에서의 석유 개발 가능성을 고려하지 않았기에, 미국산 석유의 러시아 진출뿐 아니라 록펠러의 세계 석유시장 진출 계획에도 차질을 빚게 만들었다.

코카서스 산맥이 카스피 해 쪽으로 돌출되어 만들어진 건조한 아스 페론 반도에서는 수 세기 동안 석유 분출이 목격되었다. 13세기 마르코 폴로는 바쿠 주변에 석유가 나오는 샘이 있다는 소문을 들은 적이 있다고 기록했다. 그는 석유가 식용으로는 불가능하지만, 연소가 잘되고 낙타의 피부병 치료에 쓰인다고 했다. 바쿠는 배화교도들이 '영원한 불기둥'이라고 숭배하는 지역이었다. 그 불기둥을 과학적으로 설명하자면, 다공성 석회석 틈새로 새어 나온 가스와 석유 침전물의 결합체라 할 수 있다.

바쿠는 19세기 초 몇 해 동안 러시아제국에 합병되었던 독립 공국公國의 일부였다. 당시에 원시적 석유산업이 이미 발달해 있었고, 1829년에는 손으로 판 갱이 82개나 있었지만 생산량은 미미했다. 바쿠는 오지인 데다가, 한 개 주에서만 석유를 독점 판매하도록 하는 등 소규모 경영을 강제했던 부패하고 무능한 러시아제국에 의해 발전이 가로막혀 있었다. 1870년대 초, 러시아 정부는 독점판매 제도를 폐지하고 사기업 경영 체제를 인정했다. 기업가들이 의욕적으로 사업을 추진하게 되자 손으로 갱을 파던 시대는 막을 내렸다. 1871~1872년에는 최초의 기계 굴착이 이루어졌고, 1893년에는 20여 개의 소규모 정유공장들이 가동되었다.

그 무렵 로베르트 노벨이라는 화학자가 바쿠를 방문했다. 그는 1837년에 러시아로 이주한 스웨덴의 위대한 발명가 임마누엘 노벨의 장남이었다. 러시아 군부는 임마누엘 노벨이 발명한 수중기뢰水中機雷에 지대한 관심을 갖고 있었다. 임마누엘은 대규모 공장을 세웠으나 러시아 정부가 무기의 구매처를 국내에서 국외로 바꾸어버리는 바람에 실패하고 말았다. 그의 둘째 아들 루드비그는 폐허가 된 공장 터에 대형 무기 공장을 세웠다. 그는 '노벨 수레Nobel Wheel'라는 것을 개발했는데, 노면이 고르지 못한 러시아 도로에 적합한 것이었다. 임마누엘의 막내아들 알프레드는 화학과 금융 분야에 재능이 있었다. 그는 상트페테르부르크에 사는 가정교사로부터 니트로글리세린에 관한 힌트를 얻었고, 파리에 세계적 규모의 다이너마이트 회사를 설립했다. 장남 로베르트는 여러 사업에 실패하고 결국 상트페테르부르크로 돌아와 동생 루드비그와 함께 일했다.

루드비그는 러시아 정부에 소총을 납품하는 대규모 계약을 따냈다. 그는 소총의 개머리판을 만드는 데 필요한 나무를 국내 조달하는 방안을 모색하던 중, 로베르트를 코카서스 남쪽으로 급파해 러시아산 호두나무를 물색하게 했다. 로베르트는 1873년 3월에 바쿠에 도착했다. 바쿠는 여러 가지 언어를 쓰는 상인들이 모여 거래하는 동서 교역의 중심지였으나, 그때까지는 아시아풍의 모습을 지니고 있었다. 첨탑과 오래된 페르시아 왕들의 사원이 있고 주민은 타타르인, 페르시아인, 아르메니아인으로 구성되어 있었다.

그러나 석유가 개발되면서 바쿠에는 커다란 변화의 바람이 일기 시작했다. 로베르트는 바쿠에 오자마자 석유사업에 정신이 팔렸다. 루드비그의 의견도 들어보지 않고(어쨌든 그는 장남이었기 때문에 그럴 특권이 있었다) 동생이 준 '호두나무 구입 자금' 2만 5,000루블로 작은 정유공장 하나를 사버렸다. 노벨 가문의 석유사업이 시작된 것이다.[2]

러시아 석유산업의 흥성

로베르트는 구입한 정유공장을 현대화하는 작업에 착수했다. 동생에게서 자금을 추가로 지원받아 바쿠에서 제일가는 정유공장으로 자리 잡게 한 것이다. 1876년 10월, 노벨가의 조명용 등유를 실은 배가 최초로 상트페테르부르크에 입항했다. 그해 루드비그는 상황을 직접 살펴보기 위해 바쿠로 갔다. 러시아 황실과 밀접한 관계를 맺고 있던 그는 황제의 동생이자 코카서스 총독인 대공★☆에게서 후원을 약속받았다. 사업 수완이 뛰어났던 그는 록펠러를 능가할 정도의 사업 계획을 구상할 수 있었다. 그는 곧 석유산업의 전 분야를 분석하기 시작했다. 미국 석유산업의 발전 과정에서 축적된 경험을 모두 습득했고, 과학적 지식과 기술혁신을 통해 효율적이면서도 이익을 많이 낼 수 있는 사업계획을 구상했다. 루드비그의 주도하에 겨우 몇 년 만에 러시아의 석유산업은 미국과 어깨를 나란히 할 정도로 성장했고, 한때는 미국을 능가하기까지 했다. 스웨덴 출신의 루드비그 노벨은 훗날 '바쿠의 석유왕'이 되었다.

석유의 장거리 수송은 가장 큰 골칫거리 중 하나였다. 당시 석유는 나무로 만든 통에 담겨 배로 수송되었는데, 바쿠를 출발해 쓸데없이 긴 경로를 거쳤다. 즉 소형 기선으로 카스피 해 북쪽에 있는 아스트라한까지 운반한 후, 거룻배에 옮겨 실어 볼가 강을 장시간 거슬러 올라가 철도가 닿는 지역에 도착한 다음, 다시 더 먼 지역으로 수송한 것이다. 석유를 담을 통을 만드는 것부터 시작해 막대한 비용이 들었다. 바쿠 지방의 나무만으로는 필요한 석유통을 만들 수 없었으므로, 멀리 떨어진 지역이나 미국에서까지 나무를 수입해 와야 했고, 서유럽에서 미국산 중고 나무통을 구입하기도 했다. 루드비그는 석유사업에 여러모로 장애 요인이 되는 용기 문제를 해결할 방안을 찾아냈다. 바로 배 위에 커다란 탱크를 만들고 그 안에 석유를 실어 운반하는 방법이었다.

루드비그의 아이디어는 매우 기발했지만 배의 균형 유지와 관련된 안전성 문제에 부딪혔다. 선창船倉에 석유를 싣고 항해하다 난파당한 경험이 있는 선장은 "석유가 물보다 더 유동적이라는 점이 문제다. 폭풍우가 쳐서 배가 기울어지면, 석유가 덮쳐 배가 난파당한다"라고 설명했다. 루드비그는 결국 배의 균형 문제를 해결했고, 조로아스터 호라고 명명한 벌크 유조선을 건조해 1878년 카스피 해에서 운항을 시작했다. 1880년대 중반, 그가 고안한 유조선이 대서양 항해에 성공함으로써 석유 수송에 중대한 변화를 가져왔다. 한편 루드비그는 바쿠에 있는 정유공장을 세계 제일의 과학적 공장으로 만들기 위해 끊임없는 노력을 기울였다. 그는 세계 최초로 회사 내에 석유 지질 전문가를 상임 자문관으로 두었다.

루드비그가 만든 거대하고 고도화된 종합석유회사는 단시간에 러시아 석유업계를 장악했다. 노벨 브라더즈 석유 생산회사는 유정, 파이프라인, 정유공장, 유조선, 소형 수송선, 석유 저장 탱크, 전용 철도 등을 갖춘 석유제국으로 발전했다. 여러 나라에서 몰려온 광부들은 어떤 회사보다 좋은 대우를 받았으며, 직원들은 자신이 '노벨 가족'이라고 자랑했다. 사람들은 루드비그 노벨이 회사 설립 후 10년 동안 이룩한 빠른 성장에 대해 '19세기 가장 위대한 기업가 정신의 승리'라고 치켜세웠다.[3]

1874년 60만 배럴에도 못 미쳤던 러시아의 원유 생산량은 10년 후 1,080만 배럴에 이르렀는데, 이는 미국 석유 생산량의 3분의 1에 해당하는 양이었다. 1880년대 초반에 이르자 새로운 산업지대로 부상한 바쿠 근교 도시에는 200여 개에 달하는 정유공장들이 가동 중이었다. 그 지역은 수많은 공장에서 뿜어내는 검은 연기와 악취로 인해 '암흑의 도시'라는 별칭을 갖게 되었고, 도시의 한 방문객은 '굴뚝 속에 갇혀 사는 생활'이라고 혹평했다. 이것이 당시 노벨가가 지배하던 러시아 석유산업의 단면이었다. 노벨사가 러시아 전체 등유 생산량의 절반을 차지하자, 회사 간부들은 주주들에게 "미국산 등유는 이제 러시아 시장에서 완전히 자취를 감추었다"고 큰소리쳤다.

그러나 회사는 노벨 형제의 불화로 곤경에 처했다. 장남 로베르트는 동생 루드비그가 지나치게 나서는 데 분개해 결국 스웨덴으로 돌아갔다. 타고난 사업가였던 루드비그는 계속해서 사업을 확장했기에 항상 자금난에 시달렸다. 임마누엘의 막내아들인 알프레드는 아버지가 과도한 사업 확장과 지나친 관여로 실패했다는 사실을 잘 알고 있었으므로 더욱 신중을 기했다. 알프레드는 루드비그에게 "공장부터 세우고 자금을 구하러 다니는 것은 아주 잘못된 일"이라며 나무랐다. 그는 증권으로 추가 자금을 조달하라고도 조언했다. 그러자 루드비그는 "주식 투기는 나쁜 일이니 포기해. 그런 일은 가만히 앉아서 돈 벌려는 사람들이나 하도록 내버려둬"라며 거절했다. 알프레드는 루드비그과 의견 차이가 있었지만 자신이 가진 돈을 빌려주었을 뿐 아니라 크레디 리요네 Crédit Lyonnais 등에서 대출받는 데도 도움을 줌으로써 루드비그의 사업에 결정적 지원을 했다. 미래의 석유 생산물을 담보로 대출을 받았다는 것은 상당히 중요한 선례가 되었다.

노벨 브라더즈는 러시아제국 내의 석유 판매를 장악했지만 국경 너머까지는 영향을 미치지 못했다. 석유 판매가 러시아제국으로 국한된 것은 지형적 조건 때문이었다. 바쿠에서 발트 해의 항구까지 가려면 수로와 철도로 서부 러시아를 통과해 '2,000마일에 이르는 구간'을 수송해야 했다. 만약 혹독한 겨울 날씨까지 겹친다면 10월에서 다음 해 3월까지는 카스피 해에서 석유를 선적하는 것이 불가능했다. 많은 정유공장들이 1년 중 6개월은 문을 닫을 수밖에 없는 이유였다. 또한 겨울에는 국내 수송도 어려웠다. 바쿠에서 서쪽으로 341마일 거리에 있는 티플리스에 수송하는 것보다, 8,000마일이나 떨어져 있는 미국에서 석유를 수송해 오는 비용이 적게 들 정도였다.

제국 내의 석유시장에도 한계가 있었다. 인구의 대다수를 차지하는 소작농들은 석유를 조명용 연료로 사서 쓸 만한 형편이 안 되었다. 생산이 계속 증가하자 바쿠의 석유업자들은 인접 국가로 눈을 돌렸다. 노벨 일가가 장악한 북부의 석유 수송로에 대항해, 번즈와 팔라시코프스키라는 석유 생산업자는 정부로부터 바쿠에서 출발해 코카서스를 지나 바툼으로 이어지는 서부 철도 노선 건설 허가를 받아냈다. 바툼은 1877년 러시아가 터키와의 전쟁에서 승리해 합병한, 흑해에 있는 항구 도시였다. 철도 건설 공사가 한창 진행되던 중 석유 가격이 하락하자 번즈와 팔라시코프스키는 자본이 바닥나면서 절망적인 위기에 빠지게 되었다.

그때 한 재벌의 프랑스 지사가 그들에게 손을 내밀었다. 그 재벌은 전시에도 정부와 기업에 자금을 제공했고, 당시 유럽에서 진행되던 철도 공사 여러 건에도 자금을 융자해주고 있었다. 그들은 아드리아 해의 항구 도시 피윰에 정유공장을 소유하고 있었는데 러시아산 석유를 더 싼 가격에 구입하기를 원했다. 번즈와 팔라시코프스키가 착공한 철도를 완공할 수 있도록 돈을 빌려주고, 러시아 내의 석유 생산 설비를 담보로 잡은 것이다. 또한 러시아산 석유를 파격적 가격으로 유럽까지 수송해준다는 약속도 받아냈다. 그 재벌은 세계적인 금융자본가 로스차일드가였다.

그 무렵 러시아에서는 반유태주의가 최고조에 달해 있었다. 1882년 러시아 황제는 유태인이 제국 내의 땅을 더 이상 소유하거나 빌리는 것을 금하는 칙령을 내렸다. 그로 말미암아 로스차일드가는 세계에서 가장 유명한 유태인 가문이 되었다. 그들에게는 황제의 칙령이 그다지 문제가 되지 않았다. 파리에 있는 로스차일드가는 러시아 석유산업에 참여할 계획을 가지고 있었는데, 가문의 일원인 알퐁스 남작과 그의 동생 에드몽 남작이 이를 추진했다. 알퐁스 남작은 1871년 프랑스가 프러시아와의 전쟁에서 패한 후 배상금 지불 문제를 다룬 당사자로서 유럽에서 제일가는 정보통으로 손꼽혔으며, 멋진 콧수염을 가진 인물이었다. 에드몽 남작은 유태인의 팔레스타인 정착 사업을 후원하고 있었다. 로스차일드가의 지원 덕분에 1883년 바쿠-바툼 간 철도가 완공되었고, 바툼은 하룻밤 사이에 세계에서 가장 중요한 석유 항구 중 하나가 되었다. 1886년 로스차일드가는 '카스피 해와 흑해 석유회사Caspian and Black Sea Petroleum Company'를 설립했는데, 이 회사는 훗날 러시아어 약자인 '브니또'로 불렸다. 로스차일드가가 바툼에 저장 시설과 판매 시설을 세우자 노벨 브라더즈도 뒤를 이었다. 바쿠-바툼 간 철도는 러시아 석유의 서부 지역 판매망을 열어주었고, 세계 석유시장은 그 후 30년간 치열한 투쟁을 벌이게 되었다.[4]

스탠더드오일에 도전하다

로스차일드가가 석유시장에 참여함으로써 노벨 일가는 갑자기 강력한 경쟁 상대와 맞서게 되었고, 얼마 안 되어 러시아 석유업계에서 제2인자로 물러앉게 되었다. 두 회사는 합병 문제를 논의하기도 했으나, 우호적인 의사만 표시했을 뿐 합의에 이르지 못했고 경쟁은 더욱 치열해졌다. 반면 매우 적대적인 회사들도 있었다. 스탠더드오일은 러시아의 석유산업을 가볍게 보아 넘길 수 없게 되었다. 이제 유럽 각국에서 러시아산 등유와 미국산 제품은 경쟁을 벌이게 되었다. 스탠더드오일은 이에 대응하기 위해 외국 시장과 새로 등장한 경쟁 회사들에 대한 정보 수집에 노력을 기울였다. 세계 각처에서 수집된 정보들이 브로드웨이 26번지에 있는 스탠더드오일 본사로 속속 보고되었다. 그 중에는 스탠더드오일에서 돈을 받는 미국 영사들의 보고도 포함되어 있었다. 입수된 정보들로 스탠더드오일은 더욱 불안해졌다. 더는 석유시장에서 압도적인 지배력을 행사할 수 없게 된 것이다.

스탠더드오일의 경영진은 자신들이 루드비그의 노벨사를 완전히 매수하는 것에 대해 러시아 정부가 결코 허가하지 않으리라고 판단했다. 그러나 노벨사 주식 상당량을 사들일 수 있고, 미국에서 경쟁 회사를 매수한 후 우수한 경영자는 그대로 둔 것처럼, 경영 능력이 탁월한 루드비그를 회사에 남게 할수는 있을 것이라 생각했다. 1885년 스탠더드오일의 섭외 수석이자 무임소 대사인 W. H. 리비는 상트페테르부르크에서 노벨사와 협상을 시작했다. 그러나 루드비그는 협상에 관심이 없었고, 대신 유럽에서 판매망을 확충하고 판매고를 높이는 데에만 정신을 쏟았다. 러시아의 석유 생산량이 놀라울 정도로 증가하자 노벨사와 다른 석유 생산업자들은 해외 시장을 개척하는 데 집중했다. 바쿠에는 '코르밀리차(유모를 의미함)', '황금의 바자Golden Bazzar', '악마의 바자Devil's Bazzar' 등의 이름이 붙은, 석유가 엄청나게 분출되는 유정들이 있었다. '드루쯔바(우정이라는 의미)'라고 불리는 유정에서는 5개월 동안 하루 4만 3,000배럴의 석유가 분출되었는데 대부분은 그대로 버려졌다. 1886년에는 11개 유정이 가동 중이었고 새로운 유정이 계속 개발되었다. 1888년 러시아의 총 석유 생산량은 1879년에 비해 10배 정도 늘어난 2,300만 배럴에 달했고, 미국 석유 생산량의 5분의 4가 넘었다. 1880년대 러시아의 석유 생산량 증가는 새로운 판로 개척의 필요성을 불러일으켰다.

노벨사가 유럽에서 새로운 판로 확장을 적극 추진하고 바쿠에서의 석유 생산이 크게 늘어나자, 스탠더드오일은 자신의 위치가 위협받는다고 생각하고 실질적인 조치를 취할 때가 되었다는 결론을 내렸다. 1885년 11월 스탠더드오일은 미국에서 경쟁 회사를 공격할 때 으레 그랬듯이, 유럽에서 석유 가격을 인하했다. 유럽 각국에 있는 스탠더드오일의 판매상들은 러시아산 등유가 질이 형편없을 뿐만 아니라 안전하지도 않다는 유언비어를 퍼뜨렸다. 또한 사보타주를 일으키고 뇌물을 쓰는 등 온갖 수단을 동원했다. 스탠더드오일의 맹렬한 공격에도 불구하고 노벨사와 로스차일드사는 훌륭하게 맞서 싸웠다. 스탠더드오일의 경영진은 지도 상에 '러시아와 경쟁 지역'이라고 써 붙인 표식이 점점 늘어나자 매우 곤혹스러워했다.[5]

뉴욕 브로드웨이 26번지에 있는 스탠더드오일 집행위원회의 몇몇 위원은 지역 상인들이 독립적으로 석유를 판매해오던 지금까지의 방식을 바꾸었다. 외국에 자사 소유의 판매회사를 설립해 타 회사와 더욱 적극적으로 경쟁할 수 있는 체제를 수립한 것이다. 또한 유조선으로 석유를 수송함으로써 규모의 경제도 누리게 되었다. 집행위원회의 결정이 자꾸 늦어지자 록펠러는 격분했고, 1885년에는 이를 질책하는 내용의 시를 써서 보내기도 했다.

우리는 늙지도 않았고 무기력하지도 않다.
"일어나 행동하라! 어떠한 운명이 닥치더라도,
더욱더 몸 바쳐 일하고 추구하라.
우리는 일하고 기다리는 것을 배워야 한다."

1888년 로스차일드사는 스탠더드오일과의 경쟁을 위해 새로운 조치를 취했다. 영국에 자사 소유의 수입 판매 회사를 설립한 것이다. 노벨 브라더즈도 그 뒤를 따랐다. 스탠더드오일도 마침내 행동에 돌입해 최초의 해외 '자회사'인 앵글로-아메리칸 석유회사Anglo-American Oil Company를 설립했다. 로스차일드사가 영국에 수입 판매 회사를 설립한 지 꼭 24일 만의 일이다. 스탠더드 오일은 유럽 대륙에도 자회사를 설립했고, 각 지역의 주요 판매업자들과 합작 회사를 세우기도 했다. 명실상부한 다국적 기업이 된 것이다.

그러나 다른 경쟁 회사들도 가만히 있지 않았다. 로스차일드사는 러시아의 소규모 석유 생산업자들에게 자금을 융자해주고 대신 유리한 가격으로 석유를 구입했다. 바쿠─바툼 간의 철도 수송은 커다란 장애에 부딪쳤다. 해발 3,000피트나 되는 산꼭대기를 지나는 78마일의 노선이 너무 험난해 화차 6대만으로는 제시간에 석유를 운반할 수 없었던 것이다. 1889년 노벨 브라더즈는 다이너마이트 400톤을 사용해 산을 통과하는 42마일의 파이프라인을 완성했다. 스탠더드오일의 무임소 대사인 리비는 당시를 '통상 경쟁'의 시대라 칭했다. 1888년 세계 석유 교역량의 78%를 차지했던 미국의 점유율은 1891년 71%로 떨어졌고, 러시아의 점유율은 같은 기간 중 22%에서 29%로 올라갔다.

바쿠에서는 새로운 유정들이 계속해서 개발되었고 석유 생산량도 크게 증가했다. 그 무렵 러시아의 석유업계에서는 극적인 일이 벌어졌다. 루드비그 노벨은 어떠한 장애에도 굴하지 않고 인내심과 결단력으로 버텼지만 육체적으로 많이 쇠약해져 있었다. 1888년 '바쿠의 석유왕' 루드비그 노벨은 프랑스의 리비에라 해변에서 휴가를 보내던 중 심장마비를 일으켜 57세를 일기로 사망했다.

유럽의 몇몇 신문은 노벨 형제를 혼동해 알프레드 노벨이 사망했다고 보도했다. 화약의 개발자인 알프레드는 '인명을 살상하는 새로운 방법을 발명해 막대한 부를 축적한 죽음의 상인이 사망했다'라고 쓴 자신의 부음_{計音} 기사를 보고 매우 괴로워했다고 한다. 그는 곰곰이 생각한 끝에 유언장을 다시 작성했다. 인류를 위해 가장 공헌한 사람을 기리면서, 한편으로는 자신의 이름도

영원히 남기기 위해 자신의 재산으로 '노벨상'을 만든 것이다.[6]

조가비 상인의 아들, 마커스 새뮤얼

바툼에서 석유 생산량이 계속 증가하고 있었으므로 석유회사들은 등유시장 개척에 급급했다. 노벨사는 러시아 국내시장을 확실하게 장악하고 있었지만 다른 회사들, 특히 로스차일드사는 석유 판매 문제가 날이 갈수록 심각해졌다. 스탠더드오일의 공격을 피해 세계시장에 진출해야 했다. 그들은 동쪽에 있는 아시아 지역에 각별한 관심을 가지고 주시한 결과, 그곳에 '새로운 불빛'에 대한 엄청난 수요가 잠재되어 있음을 발견했다. 그런데 그곳까지 어떻게 석유를 운반할 것인가?

파리의 로스차일드사는 런던에 있는 프레드 레인이라는 해운 중개인을 잘 알고 있었다. 그는 로스차일드사의 석유 이권에 관심을 가지고 있었으므로, 로스차일드사는 자신의 문제에 대해 논의할 수 있었다. 레인은 늘 배후에서 활약했지만 석유산업의 개척자들 중에서 빼놓을 수 없는 인물이다. 그는 크고 건장할 뿐만 아니라 지략이 매우 뛰어났다. 사람들과 쉽게 친해지고 이해관계를 잘 조정하는 등 중개인으로서는 천부적 재능도 갖고 있었다. 그는 기꺼이 지원과 협력을 해주었다. 그들을 도와주는 것이 자기 사업의 근간이 되었기 때문이다. '탁월한 중개인'으로 불리던 그는 훗날 '음흉한 레인'으로 알려졌다. 레인이 부정직한 사기꾼이었기 때문이 아니라, 때때로 너무나 많은 이해당사자들의 대리인으로서 동시에 모습을 드러냈기 때문이다. 그가 정말로 누구를 위해 일하고 있는지 알 수 없었다.

그는 해운 전문가였으므로 로스차일드사가 안고 있는 문제의 해결 방안을 생각할 수 있었다. 레인은 당시 한창 명성을 날리고 있던 마커스 새뮤얼이라는 상인을 잘 알고 있었다. 로스차일드사와 새뮤얼을 연결해주자, 그들은 러시아 석유 문제의 해결뿐 아니라 세계 석유시장에 엄청난 효과를 미칠지도 모르는 대담한 계획을 세웠다. 이 계획이 성공한다면 세계 등유 교역을 완전히 장악하던 록펠러와 스탠더드오일의 위치가 크게 약화될 것이다.

마커스 새뮤얼은 1880년대 말 런던에서 명성을 얻고 있었다. 유태인으로서는 대단한 성공이었다. 그는 유서 깊은 스페인 포르투갈계의 유태인이 아니라 런던의 빈민가인 이스트엔드 출신의 유태인이었다. 그의 조상은 1750년에 네덜란드와 바바리아에서 영국으로 이주했다. 새뮤얼은 독실한 유태교도로서는 이례적으로 아버지의 이름을 그대로 물려받았다. 그의 아버지 마커스 새뮤얼은 이스트 런던의 부둣가에서 항해하고 돌아온 선원들로부터 골동품을 사서 판매하는 일을 했다. 1851년에 실시한 인구조사에서 그는 '조가비 상인'으로 명부에 올라 있었다. 그의 판매 물품 중 가장 인기 있었던 것이 조가비로 장식된 작은 패물상자였기 때문이다. 그 패물상자는 '브라이튼 해변에서 온 선물'이라는 이름으로 알려졌는데, 바닷가 휴양지에 놀러 온 아가씨와 젊은 부인들이 주 고객이었다.

1860년대 아버지 마커스는 그동안 모은 돈으로 사업을 확장해 조가비뿐 아니라 타조 깃털, 호자덩굴로 만든 지팡이, 후춧가루 주머니, 양철판 등을 수입 판매했다. 수출에도 손을 대서 직조기를 일본에 수출하기도 했다. 아버지 마커스는 콜카타, 싱가포르, 방콕, 홍콩 및 그 밖의 극동 지역에서 활동하는 영국의 무역상들(대부분이 추방된 스코틀랜드인이 경영했음)과 긴밀한 유대 관계를 맺었는데, 훗날 그의 아들에게 매우 중요한 의미를 갖는 것이었다.

아들 마커스는 1853년 태어났고, 열여섯 살 되던 1869년에 브뤼셀과 파리에서 학교를 다닌 후 아버지의 사업에 참여했다. 바로 그 무렵 미국에서는 새뮤얼보다 14세 위인 존 록펠러가 석유산업 발전을 위한 10개년 장기 발전

계획을 추진하고 있었고, 전 세계적으로는 신기술의 개발로 국제교역에 근본적인 변혁이 일어나고 있었다. 1869년 수에즈 운하가 개통되자 극동까지의 항로가 4,000마일이나 단축되었고 수송 수단도 점차 범선에서 기선으로 바뀌어갔다. 1870년에는 영국에서 뭄바이까지 직통 전신 회선이 개통되었고 뒤이어 일본, 중국, 싱가포르, 오스트레일리아에도 전신망이 연결되었다. 이로써 전신을 통해 전 세계가 하나로 이어지게 되었다. 이제는 몇 달씩 기다리며 초조해할 필요 없이 신속하게 정보를 주고받을 수 있었고, 해운업도 더 이상 투기성 사업이 아니라 선불을 받고 확실하게 거래할 수 있는 사업이 되었다. 마커스는 부富를 축적하는 데 이런 모든 신기술을 이용할 수 있었다. 마커스는 아버지가 세상을 뜨자 동생 새뮤얼과 협력해 독창적인 무역 방법을 개발해냈다. 동생 새뮤얼은 몇 년 동안 일본에 거주하면서 요코하마에 새뮤얼 새뮤얼사를 설립했고(뒤에 고베로 이전), 형 마커스는 런던에 마커스 새뮤얼사를 설립했다. 마커스는 30세가 되기 전에 일본과의 무역을 통해 막대한 부를 축적했고, 동생과 함께 일본의 공업화에 지대한 공헌을 했다. 형제는 아버지 시대부터 친분이 있었던 무역상들과 협력해 사업 영역을 극동의 다른 지역에까지 확대할 수 있었다. 그들은 당대에 동양과의 무역에서 가장 두각을 보인 영국계 유태인이었다.

마커스 새뮤얼은 타고난 무역업자로 항상 재기 넘쳤고, 두 살 어린 새뮤얼 새뮤얼은 형의 충실한 신봉자이자 동료였다. 마커스는 종잡을 수 없는 성격에다, 나이가 들면서 사람을 끄는 매력도 점차 사라졌다. 외모로 봐서도 그는 작고 뚱뚱하며 눈썹이 짙어 전혀 호감이 가지 않는 유형이었다. 그러나 뛰어난 통찰력을 가졌을 뿐 아니라, 대담하고 영리했으며 행동이 민첩했다. 또한 선택해야 할 때 결단력이 있었다. 그는 매우 작은 목소리로 말했는데 때로는 거의 들리지 않을 정도여서, 그의 말을 알아들으려면 열심히 귀를 기울여야 했다. 아마 이런 점들이 마커스를 더욱 설득력 있는 사람으로 비치게 했을 것이다. 그는 사람들에게 깊은 신뢰감을 심어준 덕분에 그 후 20년 동안이나 극동 지역의 스코틀랜드 상인들에게 자금 지원을 받을 수 있었다. 마커스는 단순히 부를 축적하는 것 이상의 계획을 갖고 있었는데, 바로 높은 지위에 대한 갈망이었다. 국외자이면서 런던 이스트엔드 출신의 유태인으로서, 그는 새뮤얼이라는 이름이 영국 사회의 최고 위치에 오를 수 있도록 온 힘을 쏟았다.

새뮤얼 새뮤얼은 형과는 대조적으로 마음이 따뜻하고 너그러울 뿐 아니라 사교적이며 항상 여유가 있었다. 그는 터무니없는 수수께끼를 내는 것이 취미였는데, 그중 몇 가지는 50년 이상 그의 마음속에 소중히 간직하고 있었다. 그는 화창한 날 점심 식사에 손님을 초대한 후 "오늘은 경주하기에 참 좋은 날이군요"라고 운을 뗀 다음, 손님들이 무슨 경주냐고 물으면 "인류The Human Race!"라고 말하며 호탕하게 웃었다고 한다.

마커스는 빈 공간을 버려두는 일이 없었다. 공간만 생기면 물건들을 채워 넣었다. 마커스는 이스트엔드의 하운즈디치에 있는 작은 사무실에서 일했는데 사무실 뒤편에 작은 창고가 있었다. 창고는 천장까지 일본제 자기, 수입 가구, 견직물, 조가비, 깃털, 온갖 종류의 패물과 골동품들로 채워져 있었다. 부패하기 쉬운 상품은 도착 즉시 매각했다. 회사 직원은 몇 명 되지 않았는데 실제로 마커스는 직원이 전혀 필요하지 않다고 말하기도 했다. 그는 자금이 거의 없었으며 극동 지역의 무역상들이 대주는 자금에 전적으로 의존했다. 또한 그는 무역상들을 해외 대리점으로 활용함으로써 조직 관리에 드는 경비를 절감했고, 선박을 빌릴 경우 레인과 맥앤드류의 해운 중개회사를 이용했다. 프레드 레인은 좁은 뒷골목에 위치한 마커스 새뮤얼 회사 소유의 협소한 사무실에 자주 모습을 나타냈다.[7]

새뮤얼의 쿠데타

풍부한 사업 경험을 가진 마커스 새뮤얼은 기회를 포착하는 데 매우 재빨 랐는데, 로스차일드사와 함께 일할 엄청난 기회가 찾아왔다. 그는 레인과 함 께 사업 계획을 세우기 위한 사전 작업에 들어갔다. 두 사람은 조사를 위해 1890년 코카서스로 가서 초기의 벌크 유조선을 살펴보았는데, 마커스는 이를 훨씬 효율적으로 이용할 수 있으리라 생각했다. 다음으로 마커스는 일본을 거 쳐 극동 지역으로 갔다. 그곳에서 그는 이제까지 계속 거래해온 스코틀랜드인 무역상들에게 새로운 사업에도 참여해줄 것을 설득했다. 그들 없이는 일을 해 나갈 수 없었던 것이다. 마커스 새뮤얼에게는 그들의 협력과 사업 자금이 절 실히 필요했다. 무역상들은 모두 마커스의 계획에 기꺼이 동참하기로 했다.

대부분의 무역업자들이 일을 급하게 처리하는 것과는 달리, 마커스는 사 업에 착수하기에 앞서 사업을 성공으로 이끌기 위한 필수 사항들에 대해 신중 하고 철저한 조사를 실시했다. 그는 자신의 계획이 위험하고 투기성이 있다는 사실을 잘 알고 있었다. 마커스와 동업자들은 로스차일드사가 스탠더드오일 보다 석유를 더 싸게 팔 수 없다면, 혹은 스탠더드오일이 석유를 싸게 팔지 못 하도록 할 능력이 없다면 석유시장에 침투하려는 노력이 부질없음을 깨달았 다. 또한 계획이 성공하려면 모든 석유시장에서 동시에 작전이 개시되어야 한 다고 판단했다. 그러지 않으면 스탠더드오일은 새뮤얼 그룹과 경쟁하는 곳에 서는 가격을 내리고, 경쟁하지 않는 곳에서는 가격을 올려 가격 부족분을 메 울 것이기 때문이었다. 그리고 가능한 한 신속하게 행동에 옮기고 비밀을 유 지하는 것이 절대적으로 필요하다고 생각했다. 마커스 새뮤얼은 무자비한 상 대와의 전쟁을 준비하고 있다고 여겼다.

마커스 새뮤얼은 이 전쟁에 필요한 사항들의 목록을 작성했다. 등유는 선 박 내의 탱크에 선적할 수 있으므로, 저장 용기보다는 유조선이 필요했다. 유조선으로 운반하면 여분의 공간과 중량이 줄어드는 대신 선적할 수 있는 양이 늘어나기 때문에 갤런당 운송비를 크게 낮출 수 있다. 철도 수송으로 비용을 절감한 록펠러처럼 마커스 새뮤얼도 수송비 절감이 관건이라고 생각했다. 당시 사용하던 단순한 유조선으로는 수송비를 줄이기에 무리가 있었다. 그래서 그는 더 크고 진보된 새로운 유조선의 설계와 건조에 착수했다. 그는 등유를 양철통에 담지 않음으로써 생기는 비용 절감분을 감안해서, 바툼에서 충분한 양의 등유 공급을 보증받고자 했다. 그는 또한 수에즈 운하의 이용권을 얻어내야 한다고 생각했다. 그렇게 되면 항해 거리를 4,000마일 정도 줄임으로써 가격을 더 낮출 수 있게 되고, 희망봉을 돌아 극동으로 수송되는 스탠더드오일에 비해 경쟁우위에 서게 될 것이었다. 그러나 수에즈 운하 측은 안전 문제를 이유로 유조선의 출입을 금하고 있었다. 실제로 스탠더드오일의 유조선이 이미 출입을 금지당한 기록이 있다. 그러나 마커스 새뮤얼은 단념하지 않고 수에즈 운하 이용권을 따내기 위해 온 힘을 기울였다. 그에게는 아시아의 모든 주요 항구에 커다란 저장용 탱크가 필요했고, 벽지에까지 등유를 싣고 갈 유조차도 있어야 했다. 석유의 벌크 선적에 실패했던 마커스 새뮤얼과 동업자, 무역상들은 내륙 오지에 창고를 만들고 각 지방에도 도매업과 소매업을 위한 창고를 만들어야 했다. 멀리 떨어져 있는 조직의 연결, 시장 조절, 기술적·정치적인 조정 등 모든 작업은 가능한 한 비밀리에 이루어져야 했다.

마커스 새뮤얼은 로스차일드사, 그리고 브니또사와의 거래가 쉽게 이루어지지 않으리라 예상했다. 로스차일드사는 두 가지 생각을 갖고 있었다. 즉 스탠더드오일과 경쟁해야 할지 타협해야 할지를 결정하지 못하고 있었던 것이다. 로스차일드사의 석유 담당 책임자 M. 아론은 스탠더드오일이 결코 호락호락하지 않은 '강한 회사'라고 여겼다. 그러나 1891년 석유 가격이 계속 떨어지자 로스차일드사는 오랜 협상 끝에 마커스 새뮤얼과 계약을 맺었고, 그에게

1890년까지 9년간 수에즈 동부 지역에 대한 브니또사 등유의 독점판매권을 주었다. 마커스가 항상 원하던 바였고, 또 따낼 수 있으리라 확신한 결실이었다. 그래서 그는 사전에 모든 준비를 해왔던 것이다.

마커스 새뮤얼이 이미 주문해놓은 유조선은 상당한 수준의 기술적 진보를 이룬 것이었다. 그 유조선은 비용 절감을 위해 증기로 세척할 수 있었고, 귀항할 때는 석유 냄새에 오염되지 않는 음식물을 포함한, 동양에서 나는 여러 가지 상품을 실을 수 있게 만들어졌다. 그런데 유조선은 수에즈 운하회사 측이 제시한 안전기준을 충족해야 했다. 초창기 유조선 폭발로 두려움에 떨었던 경험 때문에 그들에게는 안전성이 가장 중요한 관심사였다. 스탠더드오일이 미국의 동부 해안과 유럽 사이를 오갈 때 이용한 유조선과는 달리, 기온 차이로 인한 석유의 팽창과 수축까지 감안해 설계되었으므로 화재와 폭발의 위험은 최소한으로 줄었다.

마커스 새뮤얼의 유조선이 수에즈 운하를 통과한다는 사실이 알려지자 곧 반대 운동이 일어났다. 1891년 여름, '유태인의 영향'을 받은 자본가와 상인들이 강력한 그룹을 만들어 수에즈 운하에 유조선이 항해할 수 있게 했다는 흑색선전에 가까운 신문 기사가 이미 나왔다. 또한 런던의 저명한 법률 자문회사인 러셀&아놀즈사는 외무장관에게 직접 장문의 편지를 보내는 등, 수에즈 운하 통행을 허가해주지 말라는 강력한 로비를 벌였다. 변호사들은 수에즈 운하의 안전에 대해 지나칠 정도로 염려했다. 선박에 무슨 문제가 생기지는 않을까? 무더운 날씨에 폭발하면 어쩌나? 모래폭풍이라도 만나게 되면? 걱정거리가 너무 많아 어디서부터 손을 대야 할지 몰랐다. 그들은 소송 의뢰인이 누구인지 밝히지 않았고, 심지어 외무장관이 '그들은 영국의 어떤 이익집단을 대표하고 있는지' 물었을 때조차도 함구했다. 그러나 그 소송 의뢰인이 스탠더드오일이라는 데에는 의심의 여지가 없었다. 러셀&아놀즈사는 너무 서둘러 닥쳐올 위기를 영국 정부에 알렸다. 만약 영국 상인들이 유조선 입항 허가를 받아낸다면, 러시아 선박들도 틀림없이 똑같은 허가를 받게 될 것이다. 그리고 이들 선박에 틀림없이 탑승할 러시아 해군 장교와 선원들이 수에즈 운하에 입항하면 '운하를 봉쇄하고 운항하는 선박을 파괴하는' 등 온갖 행패를 부릴 것이라 경고했다.

그러나 마커스 새뮤얼은 영국과 프랑스에 강력한 후원자를 두고 있었다. 로스차일드사의 영국 지사는 1875년 벤저민 디즈레일리라는 사람에게 수에즈 운하 주식 매입 자금을 빌려주었고, 프랑스에서 영향력 있는 월즈 은행도 그를 지원하고 있었다. 게다가 영국의 외무장관은 영국 유조선의 수에즈 운하 통과가 국익에 도움이 된다고 생각했고, 법률 자문회사가 아무리 설득해도 소용이 없을 것이란 의사를 표명했다. 또한 런던의 로이드 보험회사는 새뮤얼이 건조한 새로운 유조선의 설계가 안전하다고 인정했다.[8]

한편 마커스 새뮤얼사는 이미 아시아 각지에 석유 저장 탱크를 건설하는 작업에 착수했다. 새뮤얼 형제는 조카인 마크와 조셉 에이브러햄스를 아시아로 파견해 부지를 알아보고 탱크 건설을 감독하게 했으며, 현지의 무역상들과 협력해 판매망을 구축했다. 조셉은 인도를, 마크는 극동을 담당했다. 마크는 일주일에 5파운드밖에 받지 못하면서 삼촌에게 늘 간섭받고 야단맞고 비난받는 등 모욕을 당했다. 삼촌들은 그에게 비용 절감과 일의 조속한 추진이라는 상반된 요구를 했다. 마크는 영사관원, 항만 관리, 상인, 그 밖의 아시아의 권력자들과 장시간 협상을 벌이느라 고전했으나, 삼촌들은 그에게 전혀 동정심을 보이지 않았다. 마크가 경비 절감을 위해 중고 인력거를 구입하려 했으나 허락해주지 않았을 정도다. 그뿐 아니라 그가 할 일이 별로 없다고 생각해, 자신들이 해왔던 일본산 석탄 수출까지 마크에게 맡겼다. 그럼에도 불구하고 마크는 부지를 매입하고 극동 지역 각처에 저장 탱크를 건설했는데, 그중에는 프레시워터 섬도 포함되어 있었다. 그 섬은 싱가포르에서도 멀리 떨어져 있어서 그들의 사업을 방해하던 항만청장의 관할 밖이었다.

1892년 1월 5일, 런던의 저명한 변호사들의 반대에도 불구하고 수에즈 운하 측은 마커스 새뮤얼의 설계에 따라 건조된 유조선의 항해를 공식적으로 허가했다. 그로부터 4일 후 「이코노미스트」지는 다음과 같은 논평을 내놓았다. "새로운 계획은 매우 대담하고 위대한 것이었다. 반대자들이 주장하는 것처럼 그 계획이 순전히 유태인의 영감일 뿐인지는 모르겠으나, 우리는 그 사실을 규명할 생각도 없고 그것이 문제가 되는지도 잘 모르겠다. 마커스의 계획이 성공할 수 있었던 요인을 간단하게 말하자면, 그것은 틀림없이 약속을 잘 지켰기 때문일 것이다. 생산과 처리 비용도 비싸고, 손상되기 쉽고, 항상 누출될 위험이 있는 용기에 석유를 담아 수송하는 대신, 수에즈 운하를 통과하는 유조선에 석유를 싣고 수요가 많은 지역에 하역해 저장 탱크에 보관했다가 소비자에게 제때 공급할 수 있기 때문이다."

마크는 극동 지역의 사업에서 이미 큰 성과를 거두고 있었다. 홍콩에 훌륭한 부지를 확보했던 것이다. 그는 구정舊正이 되기 전에 서둘러 부지를 구입했다. 중국인들은 해가 바뀌기 전에 부채를 갚기 위해 돈이 필요하고, 그 결과 더 싼 값에 땅을 사들일 수 있었기 때문이다. 마크가 극동 지역의 다른 항구들을 돌아본 후 1892년 3월 싱가포르로 돌아와 보니, 더 빨리 서두르라는 삼촌의 독촉 편지가 와 있었다. 시간은 계속 가고 있었다. 스탠더드오일이 언제 어떻게 반격해올지는 아무도 모르는 일이었다.

'뮤렉스(뼈고둥)'라고 명명한 새뮤얼의 첫 번째 유조선이 웨스트 하틀풀에서 거의 완성되고 있었다. 새뮤얼은 조가비 상인이었던 아버지를 기리기 위해, 그 후 건조한 모든 유조선에 조개 이름을 붙였다. 1892년 7월 22일 뮤렉스 호는 웨스트 하틀풀에서 바툼을 향해 출발했고, 바툼에서 브니또사의 등유를 탱크에 가득 실었다. 8월 23일, 뮤렉스 호는 수에즈 운하를 통과해 동쪽으로 향했다. 싱가포르의 프레시워터 섬에서 석유를 일부 하역했으므로 배가 모래톱을 통과할 수 있을 정도로 충분히 가벼워졌다. 배는 마크가 개발해놓은 새 기지로 가기 위해 방콕을 향해 항해를 계속했다. 스탠더드오일을 향한 '쿠데타'의 막이 오른 것이다.

새뮤얼의 재빠른 움직임에 크게 충격받은 스탠더드오일은 상황이 얼마나 위험한지 조사하기 위해 급히 대표단을 극동 지역에 파견했다. 그러나 문제는 그리 간단하지 않았다. 「이코노미스트」지가 "새뮤얼의 야심 찬 예측이 제대로 맞아떨어진다면 용기에 석유를 담아 거래하는 방식은 역사 속으로 사라질 것이다"라고 언급한 것처럼 그 의미는 매우 컸다. 이미 반격하기에는 너무 늦었다. 새뮤얼의 등유가 도처에서 거래되고 있었으므로, 스탠더드오일은 선별적으로 가격을 높이거나 낮출 수 없었다.

쿠데타는 나무랄 데 없는, 실로 대단한 성공이었다. 그러나 단 한 가지 커다란 과오가 있었다. 새뮤얼과 극동 지역 무역상들은 비록 사소하지만 그들의 계획을 허사로 만들 뻔한 잘못을 했다. 그들은 벌크에 담긴 등유가 각지에 배달되면, 소비자들이 등유를 담아 갈 용기를 들고 줄을 설 것이라 생각했다. 그러나 소비자들은 스탠더드오일의 양철 석유통을 선호했다. 극동 지역에서 스탠더드오일의 푸른색 양철 석유통은 지역 경제에 중요한 역할을 하는 물건이었다. 주민들은 석유통을 이용해 지붕과 새장, 아편 컵, 부지깽이, 차 여과기※濾過器 달걀 교반기攪拌機에 이르기까지 온갖 필요한 물품을 만들었다. 양철 석유통은 가정에 필요한 쓸모 있는 물건이었던 셈이다. 새뮤얼의 모든 계획이, 브로드웨이 26번가에 있는 스탠더드오일의 음모도 아니고 수에즈 운하 측의 정책도 아닌, 오직 아시아 지역 주민들의 생활습관에 의해 물거품이 되어버릴 순간이었다. 등유가 팔리지 않자 하운즈디치에 있는 마커스 새뮤얼사로 절망

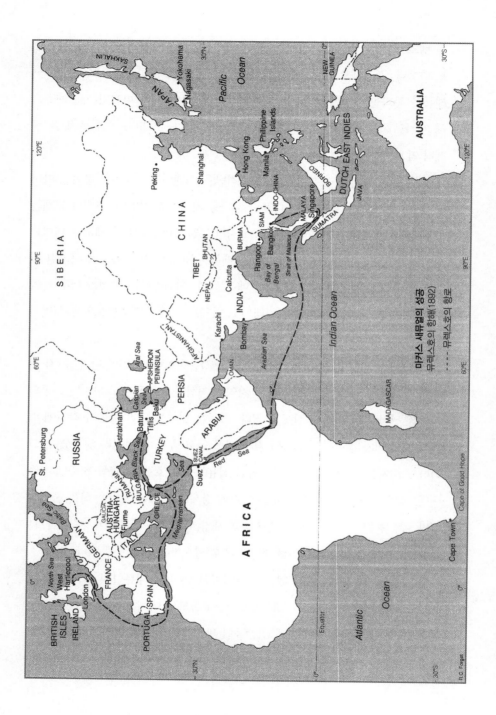

마커스 새뮤얼의 성공
뮤렉스호의 항해(1892)
---- 뮤렉스호의 항로

110

적인 전보가 밀려들었다.

마커스는 이 위기에 민첩하고 현명하게 대처함으로써 다시 한 번 기업가로서의 천부적 재능을 보여주었다. 그는 전세 낸 배에 양철판을 가득 실은 후 극동 지역으로 보냈다. 그리고 무턱대고 아시아에 있는 동업자들에게 양철 석유통을 만들라고 지시했다. 만드는 방법도 모르고 만들 수 있는 도구도 없었지만, 그런 것들은 전혀 문제 되지 않았다. 마커스는 직원들에게 양철통을 만들 수 있을 것이라 설득했다. 싱가포르 지사에서 '철사로 만든 손잡이를 어떻게 양철통에 붙입니까?'라는 편지가 일본에 있는 새뮤얼의 대리인에게 도착하자 그는 즉시 만드는 방법을 알려주었다. 상하이 지사에서 '무슨 색으로 할까요?'라고 전보를 보내자 '붉은색으로 하시오!'라고 회신했다.

극동 지역의 무역상들은 서둘러 양철통 제조 공장을 각 지역에 세웠다. 공장에서 갓 만들어 깨끗하고 선명한 새뮤얼의 붉은색 양철통이, 지구를 반 바퀴 돌아 항해하는 도중 찌그러지고 부서진 스탠더드오일의 푸른색 양철통과 경쟁을 벌이기 시작했다. 어떤 소비자들은 석유보다 통을 사용하기 위해 새뮤얼의 등유를 구입하기도 했다. 그렇게 해서 붉은색 부지깽이, 차 여과기, 아편 컵, 달걀 교반기뿐 아니라 붉은색 지붕과 붉은색 새장이 푸른색을 대체해나가기 시작했다.

그들은 위기에서 벗어났고, 새뮤얼의 '쿠데타'는 기록적으로 짧은 시간에 대성공을 거두었다. 1893년 말 새뮤얼은 유조선 10척을 더 진수했는데, 배의 이름은 컹크(소라고둥), 클램(대합), 엘락스, 카우리(자패) 등 모두 조개에서 유래된 것이었다. 1895년 말에는 유조선 69척이 수에즈 운하를 항해했는데, 그 중 4척을 제외하고는 모두 새뮤얼이 소유했거나 전세 낸 것들이었다. 1902년에는 수에즈 운하를 통과해 수송되는 석유의 90%가 새뮤얼 그룹의 소유였다.[9]

시의원이 된 마커스

마커스 새뮤얼은 사업에서 큰 성공을 거두었을 뿐만 아니라 영국 사회에서 상당한 지위에 오르게 되었다. 1891년 그는 세계적인 '쿠데타' 계획을 준비하면서 한편으로는 런던 시의원에 입후보해 당선되었다. 비록 명예직이긴 했지만 마커스 새뮤얼은 그 자리에 집착했다. 그러나 쿠데타를 일으킨 지 1년이 지난 1893년, 사업의 성공도 시의원의 지위도 모두 물거품이 될 위기가 찾아왔다. 그가 중병에 걸린 것이다. 주치의는 그가 암에 걸렸으며 6개월 이상 살기 힘들 것이라 진단했다. 그런 절망적인 상황에서도 그는 자신을 더욱 채찍질해 사업을 체계화해나갔다. 그 결과 새뮤얼 형제와 프레드 레인, 극동 지역의 무역상들로 구성된 탱크 신디케이트Tank Syndicate가 설립되었다. 그들은 힘을 합쳐 전 세계에서 스탠더드오일과 맞서 싸웠으며 발생하는 손해를 공동으로 분담했다. 탱크 신디케이트는 급성장했고 점점 큰 성공을 거두었다.

마커스 새뮤얼은 석유와 유조선 사업, 그리고 극동 지역, 특히 일본과의 장기적인 거래를 통해 빠른 속도로 부를 축적했다. 1894~1895년에 걸친 중일(청일)전쟁 시, 새뮤얼 형제는 일본에 군수물자를 납품하면서 큰돈을 벌었다. 뮤렉스 호가 처음 수에즈 운하를 통과하고 불과 몇 년이 지나지 않아 이스트엔드 빈민가 출신인 마커스 새뮤얼은 매일 아침 하이드파크에서 승마를 즐기고, 켄트에 500에이커의 사슴 사냥터가 딸린 '모트'라고 이름 붙여진 호화로운 별장을 소유하게 되었으며, 아들들을 이튼스쿨에 보낼 수 있었다.

그러나 마커스 새뮤얼에겐 사업가로서 중대한 결점이 있었다. 경쟁자인 록펠러와는 달리 조직화된 경영 능력이 부족했던 것이다. 록펠러가 체계적인 질서를 만드는 데 타고난 재능을 지녔다면, 마커스 새뮤얼은 임기응변에 능했다. 그에게 조직화란 차후의 문제였다. 타고난 두뇌로 눈부신 성공을 이루어낸 것이다. 마커스 새뮤얼은 대형 기선회사를 운영하고 있었지만, 조직화된 회사처럼 실제적인 업무 진행에 관한 지식이나 경험을 지닌 직원이 아무도 없었다. 그는 프레드 레인만을 신뢰하고 모든 일을 맡겼다. 책상 하나, 의자 두 개, 작은 벽걸이 세계지도, 시계 두 개 외에는 아무것도 없는 하운드디치의 작은 사무실에서 선단의 운영이 그날그날 이루어졌다.

록펠러는 속을 알 수 없는 올빼미처럼 표정을 드러내지 않고 말수가 적고 신중했으며, 회사 간부들의 의견을 수렴해 판단을 내렸다. 그에 반해 새뮤얼 형제는 어떤 일을 결정할 때, 전쟁이라도 하는 것처럼 붉으락푸르락하며 서로 격렬한 논쟁을 벌이곤 했다. 새뮤얼 회사에서 근무했던 한 직원은 새뮤얼 형제의 토론 과정에 대해 다음과 같이 회상했다. "두 형제는 창가로 가서 사무실을 등지고 등을 굽혀 어깨동무를 한 채 머리를 맞대고 낮은 목소리로 이야기를 하다가도, 의견 충돌이 생기면 갑자기 서로 떨어졌다. 동생 새뮤얼은 화가 나서 큰 소리를 치고, 형인 마커스는 계속 조용히 얘기하면서 서로에게 바보, 천치, 돌대가리, 멍청이라고 욕설을 퍼부었다. 그러다가 별다른 이유 없이 잠잠해지면서 결정에 도달하고, 이런 결정은 즉석에서 다시 수정되기도 했다. 그러면 마커스는 동생에게 '샘, 그에게 전화해서 다시 말해'라고 지시하고는 동생이 전화하는 동안 옆에 서 있곤 했다." 이것이 그들이 결정하는 방식이었다.[10]

목숨을 건 경쟁

러시아에서의 석유 생산 급증, 스탠더드오일의 독주, 새로운 시장 확보를 위한 치열한 경쟁은 석유 전쟁을 야기한 요인이 되었다. 1890년대에는 스탠더드오일, 로스차일드사, 노벨사 및 그 밖의 러시아 석유 생산업자 등 4자의 경쟁이 계속되고 있었다. 이런 경쟁은 가격 인하를 통한 시장 선점의 형태로, 담합을 통한 시장 분할의 형태로, 또는 합병의 형태로 이루어졌다. 회사들 대부분은 이 세 가지 전략을 동시에 수행했다. 그들은 겉으로는 정중한 태도를 보였으나 속으로는 서로 의심하고 불신했다. 그리고 결정적 시점이 오면 경쟁 회사를 흡수할 만반의 준비를 갖춘 스탠더드오일 트러스트가 등장했다. 스탠더드오일의 중역들은 경쟁 회사를 흡수하는 것을 '동화同和한다'라고 표현했다.

1892년과 1893년에 걸쳐 노벨사, 로스차일드사, 스탠더드오일은 세계 석유시장을 세 개로 분할해 전체 석유 생산을 하나의 시스템으로 통합하기 위한 협상에 들어갔다. 로스차일드사의 협상 대표인 M. 아론은 "나는 위기가 극에 달했다고 생각한다. 모든 미국인과 러시아인은 서로를 파멸로 이끄는 기나긴 소모적인 경쟁으로 기진맥진해 있다"라고 말했다. 로스차일드사의 프랑스 지사장인 알퐁스 남작도 이 문제의 해결을 내심 바라고 있었지만, 문제의 논의를 위해 뉴욕을 방문해달라는 스탠더드오일의 초청에 공개적으로 응할 입장이 못 되었다. 스탠더드오일의 리비는 시카고에서 개최되는 만국 박람회에 참석한다면 알퐁스 남작의 미국 방문도 그다지 주목받지 않을 것이라고 말했다. 이 말에 설득된 알퐁스 남작 일행은 드디어 뉴욕 브로드웨이 26번가에 있는 스탠더드오일 본사를 방문했다. 회담이 끝난 후 스탠더드오일의 경영진은 남작 일행이 매우 예의 바르고 유창한 영어를 구사했다고 록펠러에게 전하면서, 로스차일드사는 러시아 석유산업의 장악에 착수할 것이며 반드시 성공할 것이라 말했다고 덧붙였다.

한편 남작 일행은 스탠더드오일도 미국 내 독립계 석유회사들을 끌어들여야 한다고 은근한 압력을 가했다. 경쟁 업자들의 저항과 당시 바쿠 지역에 만연한 콜레라로 일이 지연되기는 했으나, 로스차일드사는 노벨사와 힘을 합쳐 스탠더드오일과의 협상에 앞서 러시아의 모든 생산업자들이 공동 행동을 취하도록 합의하는 데 성공했다. 그러나 스탠더드오일은 미국 시장에서의 막강한 위치에도 불구하고 미국 내 독립계 석유회사들을 끌어들이는 데 실패했고, 협상은 결렬되었다.

1894년 가을, 스탠더드오일은 범세계적인 가격 인하 정책을 펼쳤다. 로스차일드사는 스탠더드오일과의 협상을 진전시키기 위해 새뮤얼을 이용하기로 했다. 그러나 마커스 새뮤얼은 자신과 매우 까다로운 계약을 맺으려 하는 로스차일드사의 태도에 매우 불만스러워했고, 스탠더드오일은 이 소식을 접한 상태에서 새뮤얼과 협상을 시작했다. 스탠더드오일은 미국 내 경쟁사들에 제시했던 것과 비슷한 수준의 제안을 했다. 하지만 실제 규모 면에서는 그보다 훨씬 큰 제안이었다. 이 제안에 따르면, 새뮤얼은 엄청난 돈을 받고 그의 회사를 스탠더드오일의 계열사로 귀속하고, 자신은 사생활을 즐기면서 스탠더드오일의 중역으로 일할 수 있었다. 매우 구미가 당기는 제안이었지만 새뮤얼은 거절했다. 그는 그의 기업과 선단이 마커스 새뮤얼사의 깃발 아래 독립적으로 운영되고, 또한 이 모두가 영국에 머물러 있기를 원했다. 그는 영국인으로서의 성공을 원했지, 미국 기업으로의 합병을 원한 것이 아니었다.

스탠더드오일은 곧바로 러시아의 생산업자들에게로 눈을 돌렸다. 1895년 3월 14일 '미국과 러시아의 석유산업을 위해'라는 취지 아래, 장시간 끌어온 로스차일드사와 노벨사와의 3자 간 대동맹이 결성되었다. 이에 따르면 미국은 세계 수출의 75%를 담당하고, 러시아는 나머지 25%를 맡도록 되어 있었다. 그러나 이 협정은 러시아 정부의 반대로 무산되었다. 대동맹 결성에 다시 한 번 실패한 것이다. 스탠더드오일은 새로운 가격 인하 정책으로 이에 대응했다.

스탠더드오일은 러시아 생산업자들과의 동맹을 통해 세계 석유시장을 장악할 수는 없지만, 그들을 경쟁에서 따돌릴 수 있는 대안을 갖고 있었다. 러시아의 이점 중 하나는 필라델피아에서 싱가포르까지의 거리가 1만 5,000마일인 데 반해 바툼에서 싱가포르까지의 거리는 1만 1,500마일이라는 지리적 특성이었다. 그러나 스탠더드오일이 아시아 시장에 더 가까이 접근할 수 있다면 전세가 역전될 수도 있었다. 그래서 스탠더드오일은 네덜란드령 동인도제도에 속한 수마트라 섬에 관심을 기울였다. 믈라카 해협을 가로질러 갈 수만 있다면 수마트라에서 싱가포르까지는 기선으로 수 시간 거리였다. 스탠더드오일은 특히 수마트라의 정글에서 석유사업에 성공해 많은 이익을 내고 있던 네덜란드 회사에 눈길을 돌렸다. 이 회사는 크라운 오일이라는 고유 상표로 이제 막 아시아 시장에서 영향력을 확대해, 세계에서 세 번째로 넓은 석유 생산 지역을 확보했고 로열더치라 불렸다.[11]

로열더치의 눈부신 성장

네덜란드령 동인도제도에서는 수백 년 전부터 석유 분출에 대한 이야기가 전해 내려왔다. 분출된 소량의 '토유earth oil'는 손발이 트는 것을 막는 용도로, 또 전통적인 의약품으로 사용되었다. 1865년 수마트라 주변의 여러 섬에서 적어도 52건의 석유 분출이 확인되었다. 그러나 이에 대한 관심은 점점 시들해졌고 그러는 동안 미국산 등유가 세계시장을 장악해가고 있었다.

1880년 어느 날, 동수마트라 담배회사의 지배인이었던 아에일코 잔스 질케르가 수마트라 해안의 늪지대에 있는 열대 농장을 방문했다. 네덜란드 그로닝겐에 있는 농가의 막내아들인 질케르는 20여 년 전 실연을 겪은 후, 동인도제도로 와서 외롭게 생활하고 있었다. 질케르는 열대 농장 주위를 어슬렁거리다가 갑작스러운 폭풍우를 만나게 되어, 버려진 담배창고 안에서 하룻밤을 보내게 되었다. 질케르와 함께 있던 원주민 감독관 만두르가 횃불에 불을 붙였다. 비에 흠뻑 젖어 있던 질케르는 환하게 타오르는 불꽃을 보고 눈이 동그래졌다. 수지를 많이 함유한 나무에서 얻어진 불꽃이라 생각한 그는, 횃불을 어떻게 만들었는지 물었다. 만두르는 끈적거리는 광물성 왁스를 발라 만들었다고 대답했다. 오랜 옛날부터 그곳 원주민들은 작은 늪의 표면에서 왁스를 걷어내어, 배의 틈새에 물이 스며들지 않게 하는 등 여러 곳에 이용하고 있었다.

다음날, 질케르는 만두르에게 왁스를 채취한 늪으로 안내해달라고 부탁했다. 그는 늪에서 채취한 왁스에서 석유 냄새를 맡을 수 있었다. 그는 그 질척거리는 물질을 바타비아로 보내 분석을 의뢰했다. 분석 결과, 그 물질에 59~62%의 석유가 포함되어 있음이 밝혀졌고 질케르는 흥분했다. 그 섬에는 이미 수년 전부터 등유가 수입되어 사용되고 있었다. 질케르는 석유를 개발하기로 결심하고, 그 후 10여 년간 이 일에 전념했다.

그는 우선 랑카트 지역의 술탄(회교국의 군주)에게서 석유 이권을 확보해야 했다. 결국 그가 이권을 확보한 곳은 텔라가 사이드라고 알려진 수마트라 북동쪽 지역으로, 믈라카 해협으로 유입되는 발라반 강에서 정글을 따라 6마일 정도 들어간 곳이었다. 1885년 봄이 되어서야 겨우 최초의 유정을 굴착하는 데 성공했다. 굴착 기술이 낙후되었고 지질이 굴착에 적합하지 않았기 때문에 그 후 수년간 일이 지체되었다. 질케르는 끊임없이 자금 압박에 시달려야 했다. 마침내 그는 고국 네덜란드에서 유명한 동인도 중앙은행의 전임 총재와 동인도제도의 전임 총독을 후견인으로 두게 되었다. 더구나 후견인들의 막강한 후원에 힘입어 네덜란드 국왕 윌리엄 3세로부터 '로열'이라는 칭호를 쓸 수 있는 권리를 허락받았다. '로열' 칭호는 튼튼한 기반과 뛰어난 업적을 쌓은 기업에 부여되는 것으로, 이런 투기적 기업에는 이례적인 일이었다. 이 칭호는 대단한 가치를 지니고 있었다. 1890년 로열더치사Royal Dutch Company가 설립되었고, 주식을 상장하자마자 주가가 4.5배 뛰었다.

질케르는 승리에 기뻐했다. 이제 10년 동안의 노력에 대한 보상을 받을 수 있게 된 것이다. 그는 다음과 같은 편지를 썼다. "휘어지지 않는 것은 꺾어야 한다. 석유를 개발하는 동안 나의 좌우명은 '나와 함께하지 않는 사람은 누구나 나의 적이며, 나는 그를 응징할 것이다'라는 것이었다. 나는 이 좌우명이 적을 만든다는 것을 너무나 잘 알지만, 내가 그렇게 하지 않았다면 성공하지 못했으리라는 것도 잘 안다." 이 말들은 질케르의 비문에 새겨도 좋았을 것이다. 회사가 설립되고 몇 달이 지난 1890년 가을, 질케르는 극동 지역으로 돌아가 싱가포르에 머물던 중, 자신의 원대한 꿈을 실현하지도 못한 채 갑자기 죽음을 맞았다.

수마트라 정글 늪지의 석유 개발 사업은 잔 밥티스트 오거스트 케슬러라는 사람에게 넘어갔다. 1853년에 태어난 케슬러는 네덜란드령 동인도제도에서 무역업에 성공한 경력이 있었으나, 사업에 크게 실패해 파산하고 건강이 쇠약해지자 네덜란드로 돌아왔다. 로열더치는 그에게 재기할 기회를 주었고, 케슬러는 그 기회를 잡았다. 그는 강철 같은 의지의 소유자였으며, 한 가지 목표에 자신과 주변 사람들의 힘을 집중하는 능력을 지닌 타고난 지도자였다.

1891년, 케슬러가 굴착 현장에 도착해보니 운영 상태가 엉망이었다. 유럽과 미국에서 수송된 장비부터 재정 상태에 이르기까지 그야말로 난장판이었다. 케슬러는 아내에게 편지를 썼다. "나는 이 사업이 아주 마음에 내키지 않소. 엄청난 돈이 쓸데없이 낭비되고 있소." 작업 조건도 형편없었다. 며칠 동안 비가 내리면 노동자들은 허리까지 차오른 물 때문에 고생해야 했다. 공사 현장에 쌀이 떨어지면 중국인 노동자 여덟 명이 한 조가 되어, 쌀 몇 부대를 가져오기 위해 15마일이나 떨어진 마을까지 늪을 헤치고 건너가야 했다. 게다가 "일을 서둘러라, 예정대로 일정을 지켜라, 투자자들을 만족시켜라" 등 네덜란드에서 오는 압력도 컸다. 어쨌든 밤낮으로 일에 매달린 케슬러는 종종 열병에 시달리면서도 사업에 박차를 가했다.

1892년 정글에 있는 유정들을 연결하고 발라반 강변에 있는 정유공장에 이르는 6마일의 파이프라인이 완성되었다. 2월 28일, 노동자들은 모두 모여서 정유공장에 석유가 도착하기를 초조하게 기다렸다. 그들은 시간이 얼마나 걸릴지 예측한 다음 손목시계로 시간을 계산하고 있었다. 그들이 추정한 시간이 지났지만 석유는 도착하지 않았다. 기대에 차 있던 노동자들은 의기소침해졌고, 케슬러는 실패한 것이 아닌가 생각하고 고개를 돌려버렸다. 그러나 순간 그들의 표정이 변했다. '폭풍우 몰아치는 것과 같은 굉음'이 석유의 도착을 알린 것이다. 로열더치 정유공장의 첫 번째 증류탑 속으로 '믿을 수 없을 정도의 놀라운 기세로' 석유가 쏟아져 들어왔다. 노동자들은 함성을 질렀다. 케슬러와 노동자들은 네덜란드의 국기를 높이 올리고 로열더치사의 번영을 위해 축배를 들었다.

회사는 조업에 들어갔다. 마커스 새뮤얼이 처음으로 수에즈 운하를 통과해 석유를 수송하기 위한 준비를 하고 있을 무렵인 1892년 4월, 케슬러는 크라운 오일이라는 상표를 부착한 등유 몇 통을 시장에 내놓았다. 그러나 아직도 성공은 가까이 와 있지 않았다. 계속 늘어나는 자금 수요로 로열더치사의 재정 상태는 빠른 속도로 악화되었다. 운영 자금을 조달하지 못하자 회사의 존립 자체가 위협받았다. 케슬러는 자금을 구하기 위해 황급히 네덜란드와 말레이시아로 떠났다. 더치사는 한 달에 석유 2만여 통을 팔고 있었지만 여전히 적자를 면치 못했다.

1893년 케슬러가 가까스로 자금을 구해 텔라가 사이드로 돌아와 보니 회사는 엉망이었다. 그는 "의욕 상실, 무지, 무관심, 낭비, 무질서, 짜증이 도처에 배어 있었다. 그렇지만 우리가 더 이상 빚을 지지 않아도 되도록 회사를 발전시킬 수 있는 기회는 지금뿐이다"라고 보고했다. 케슬러는 이 위기를 "여기서 더 떨어지면 회사가 망하는 것이다"라는 말로 정리하고 일에 매달렸다.

극복해야 할 장애가 너무 많았다. 300명에 달하는 해적이 굴착 현장과 정유공장 사이의 통신을 단절하고 건물에 불을 질렀다. 아이로니컬하게도 그들은 10년 전 질케르가 처음 보았던 전통적인 석유 횃불을 이용해 불을 질렀다. 그러나 온갖 장애에도 아랑곳없이 케슬러는 계속 일을 추진했다. 그는 아내에게 다음과 같은 내용의 편지를 썼다. "사태가 더 악화된다면 내가 하는 사업과 내 이름은 무참히 무너져버릴 것이고 내가 들인 엄청난 노력과 희생은 오히려 비난받게 될 것이오. 하늘이 모든 불행에서 나를 보호해주길 바랄 뿐이오."

케슬러는 결국 성공했고, 2년 내에 석유 생산량을 여섯 배로 증가시켰다. 로열더치사는 드디어 이익을 남기게 되었을 뿐 아니라 주식 배당금도 지불할 수 있게 되었다. 그러나 이것으로는 충분치 않았다. 로열더치사가 살아남으려면 중개인에게 의존하지 않고 독자적으로 극동 지역 곳곳에 자체의 조직화된 시장을 개척해야 했다. 로열더치사는 유조선으로 석유를 수송하기 시작했고, 소비 시장 가까이에 저장 탱크를 세웠다. 문제는 새뮤얼의 탱크 신디케이트가 그들보다 항상 앞서서 기선을 제압한다는 것이었다. 그즈음에 네덜란드 정부는 보호무역주의를 내세워 탱크 신디케이트가 동인도제도의 항구에 입항하지 못하게 했고, 자국의 생산업자들에게 탱크 신디케이트가 '이제는 위협적인 존재가 아님'을 알렸다.

로열더치사는 놀라운 속도로 성장했다. 1895년에서 1897년 사이에는 생산량이 다섯 배 증가했다. 그러나 케슬러도 회사도 성공을 크게 떠벌리지 않았다. 케슬러는 자신의 회사가 이권을 더 확보하기 전까지는 "우리는 아무것도 아닌 척해야만 한다"고 주의를 주었다. 다른 유럽인들과 미국인들이 동인도제도나 로열더치사에 관심을 가지게 해서는 안 되었다. 케슬러의 주된 경계

대상은 당연히 스탠더드오일이었다. 그들을 너무 자극하면 강력한 무기인 '가격 인하'를 이용해 로열더치사를 궁지로 몰고 갈 것이 확실했기 때문이다.[12]

걸림돌이 된 네덜란드

그러나 언제까지 경쟁사들의 관심 밖에 있을 수는 없는 법이다. 스탠더드오일에게 로열더치의 급성장은 아시아 생산업자들의 성장과 더불어, 이미 러시아 생산업자들 때문에 겪은 곤란과 필적할 만한 새로운 고민거리를 안겨주었다. 그들은 취할 수 있는 모든 대책을 모색했다. 우선 수마트라의 이권을 따내기 위해 교섭을 벌였으나 원주민들의 반대로 이내 포기하고 말았다. 그 후엔 태평양 연안에서의 석유 생산 가능성을 알아보기 위해 중국부터 사할린, 캘리포니아에 이르는 지역을 샅샅이 조사했다.

1897년 로열더치사에 위협을 느낀 스탠더드오일은 그 회사가 무엇을 어느 정도나 해놓았는지 알아보기 위해 아시아에 대표 두 명을 파견했다. 그들은 로열더치사의 현지 지배인을 만나 회사를 시찰했고 네덜란드 정부 관리도 방문했다. 또 고향을 몹시 그리워하던 미국인 굴착 기술자들로부터 정보를 얻어냈다. 로열더치사가 푹푹 찌는 정글의 '광범위한 지역에서 닥치는 대로 탐사하고 있다는 것'을 알아낸 그들은, 브로드웨이 26번지 본사에 그에 대비하라고 전했다. 그들은 현재 운영되고 있는 석유 생산회사를 매입해 믿을 만한 네덜란드 기업과 합작회사를 설립하는 것이 좋겠다고 권고했다. 그것이 네덜란드 식민지 정부가 스탠더드오일의 정체를 모르게 하는 길일 뿐 아니라, 이곳 동인도제도에 유능한 경영 능력을 지닌 미국인을 많이 두는 것이 어렵다고 판단되기 때문이었다. 대표단은 스탠더드오일의 목표가 성공한 회사들을 '동화同和'하는 데 있다고 주장했다. 물론 그 회사가 로열더치사임은 두말할 필요도 없다.

로열더치사는 스탠더드오일을 두려운 상대로 여기고 있었으나, 스탠더드오일은 대담한 로열더치에 존경의 눈길을 보냈다. 스탠더드오일의 대표단은 케슬러의 지도력부터 높은 수익성, 새로운 판매망에 이르기까지 모든 것에 감명받았다. 그들은 "석유산업 역사상 로열더치의 성공과 급속한 성장보다 더 경이로운 일은 없었다"라고 보고했다. 스탠더드오일의 대표단은 수마트라에 있는 로열더치사의 간부들과 작별 인사를 나누면서 무언가 아쉬움을 느꼈다. 대표단의 한 사람은 "귀사와 우리 회사 같은 큰 회사가 함께 일할 수 없다는 것은 참으로 유감스러운 일입니다"라고 말했다.

새뮤얼의 신디케이트가 로열더치사를 예사롭지 않은 눈길로 주시하고 있다는 것이 드러나자 사태는 훨씬 더 복잡해졌다. 1896년 말부터 1897년 초 사이에 새뮤얼사와 로열더치사는 교섭을 시작했고 격렬한 논쟁을 벌였다. 하지만 그들의 목적은 너무나 달랐다. 로열더치는 아시아 시장의 공동 관리를 원하고 있었고, 새뮤얼 형제는 그 이상을 원했다. 새뮤얼사는 로열더치를 사들일 생각을 하고 있었다. 서로의 관심사에 대해 많은 이야기를 나누었지만 별다른 진전은 없었다. 동생 새뮤얼은 헤이그에 있는 로열더치의 중역들을 방문했는데, 양자의 회담은 시종일관 침묵과 냉랭한 분위기에서 진행되었다. 그는 방문을 마친 후 형 마커스에게 보낸 편지에서 "로열더치 쪽 사람은 자신이 원하는 것을 얻기 전까지 아무 말도 하지 않았어. 물론 이번에도 아무 말을 하지 않을 거야"라고 적었다. 그런 경쟁에도 불구하고 마커스와 케슬러는 우호적인 관계를 유지했다. 1897년 4월, 마커스는 케슬러에게 다음과 같은 내용의 편지를 보냈다. "귀사가 거래할 의향만 있다면 우리는 언제든지 교섭을 환영합니다. 결국에는 두 회사 사이에 협정이 체결될 것이라 확신합니다. 그렇지 않으면 두 회사 모두 파멸을 초래하는 경쟁이 벌어질 것입니다."

새뮤얼과 로열더치 간에 협상이 진행되고 있음을 알게 된 스탠더드오일
은 그들이 자신들에게 대항하는 강력한 조직체를 결성할지도 모르다고 생각
했다. 스탠더드오일의 한 중역은 "매일매일 사태가 심각해지고 위태로워지
고 있다. 이런 사태를 즉시 막지 못한다면 러시아인들과 로스차일드사, 또 그
밖의 업체가 어떻게 나올지 모른다"라고 경고했다. 스탠더드오일은 이미 루
드비그 노벨사나 마커스 새뮤얼사를 손에 넣으려다 실패한 경험이 있었다.
1897년 여름, 스탠더드오일의 해외 담당 책임자인 리비는 케슬러와 로열더
치에 공식적으로 협상을 제의했다. 로열더치의 자본금을 네 배로 늘려, 증자
분 전액을 스탠더드오일이 인수하겠다는 제안이었다. 리비는 "로열더치를 손
에 넣으려는 의도는 전혀 없다. 스탠더드오일의 목표는 대단한 것이 아니다.
단지 수익이 나는 곳에 자본을 투자하려는 것뿐이다"라고 강조하면서 케슬러
를 안심시키려 했다. 케슬러는 리비의 설명이나 약속을 믿을 수 없었다. 케슬
러의 강력한 주장으로 로열더치의 이사회는 그 제안을 거절했다. 크게 실망한
스탠더드오일은 네덜란드령 동인도제도에서 다른 이권을 따내기 위한 교섭을
시작했지만, 네덜란드 정부와 로열더치가 개입해 이 시도를 성공적으로 저지
시켰다. 스탠더드오일의 한 중역은 "로열더치는 미국인들이 제거할 수 없는,
세계에서 가장 어려운 장애물이다. 미국인들은 항상 급하게 서두르는 데 반해
로열더치는 그러지 않기 때문이다"라고 말했다.

　　그러나 아직도 로열더치는 안심할 수가 없었다. 로열더치의 이사진과 경
영진은 스탠더드오일이 미국에서 한 짓을 잘 알고 있었다. 그들은 자신들의
비위를 건드린 경쟁 회사의 주식을 은밀히 사들인 다음, 회사가 제대로 운영
되지 못하게 만들었다. 그런 계략을 미리 막기 위해, 로열더치의 이사진은 특
별한 종류의 우선주를 만들고 그것을 가진 주주들이 이사회를 지배하게 했다.
특별한 초대에 의해서만 우선주를 구입할 수 있게 함으로써 우선주 획득을 훨

씬 더 어렵게 만든 것이다. 스탠더드오일의 대리인은 로열더치가 결코 미국 회사와 합병하지 않을 것이라는 유감스러운 사실을 보고해야 했다. 대리인은 이것이 단순히 스탠더드오일의 의도를 저지하기 위한 로열더치의 '감정적인 장벽'이 아니라 현실적인 문제가 걸려 있다고 덧붙였다. 바로 로열더치사의 중역들이 회사 이익의 15%에 해당하는 배당을 만끽하고 있었다는 사실이다.[13]

04

20세기의
새로운 불빛

독립계 석유 생산업자들은 스탠더드오일을 '올드 하우스Old House'라 불렀다. 스탠더드오일은 당당히 대규모 조직을 갖추고 미국 석유업계의 모든 분야를 지배하고 있었다. 해외 시장에서는 경쟁 업자들이 '올드 하우스'에 도전했지만 미국 시장에서는 감히 접근할 엄두도 못 냈다. 스탠더드오일이 미국 석유산업의 모든 측면을 소유하고 지배하는 것은 피할 수 없는 현실처럼 보였다. 그러나 1890년대와 20세기 초의 10여 년 동안 새로운 상황이 전개되면서 스탠더드오일의 위상은 위협당하기 시작했다.

석유시장의 흥망성쇠

석유산업의 바탕이 되는 석유시장은 급격한 변혁을 겪었고 이와 함께 미국의 유전 지도도 크게 변해, 스탠더드오일의 시장 지배력을 위협하는 새로운 국내 경쟁사의 출현이 가능해졌다. 세계 석유시장의 규모뿐 아니라 미국 시장의 규모도 스탠더드오일이 홀로 감당하기에는 너무 크게 성장했다. [1]

19세기 말엽에는 등유, 가스, 양초 등을 조명용 연료로 이용했다. 가스는 지방의 공익사업자들이 석탄이나 석유를 가공해 생산하거나 직접 천연가스를 개발해 운송하는 방법으로 공급되었다. 위의 세 가지 연료 모두 매연과 먼지, 열을 발생시키는 등 단점이 많았다. 직접 불꽃을 이용하는 방법이어서 화재의 위험이 상존한다는 더 큰 문제도 있었다. 이런 문제로 고어 홀Gore Hall이나 하버드 대학 도서관 등의 건물들은 아예 조명 설비를 갖추고 있지 않았다.

등유, 가스, 양초 등을 이용한 조명은 오래 지속되지 못했다. 등사판, 증권 시세 표시기, 축음기, 축전지와 활동사진 등을 발명한 토머스 에디슨이 1877년 전기 조명 개발에 착수했기 때문이다. 그는 2년 만에 내열 백열전구를 발명했다. 에디슨에게 발명은 단순한 취미가 아니라 사업 수단이었다. 그는 '우리는 상업성 있는 발명품을 계속 만들어내야 한다. 그것이 우리 연구실이 추구하는 바이다. 우리는 검은 빵 한 조각과 맥주에 만족하고 벌의 깃털에 대한 연구에 기꺼이 일평생을 바치는 늙은 독일 교수와는 다르다!'라고 쓴 적이 있다. 에디슨은 곧바로 자신의 발명품을 상업화하는 문제에 전념했고 이는 전력 사업을 출현시키는 계기가 되었다.

그는 전력의 가격 경쟁력에도 신경을 썼다. 당시 1,000제곱피트당 2.25달러였던 도시가스와 경쟁하기 위해, 월스트리트가 있는 맨해튼 남부에 시범 발전소를 세웠다. 1882년 에디슨은 은행가인 J. P. 모간의 사무실에서 발전기의 스위치를 당겼다. 지구 상에 새로운 산업이 태동하는 순간이었을 뿐 아니라, 기술혁신으로 새로운 시대의 막을 연 역사적 전환점이었다. 전기는 사용자의 관리가 필요 없는 품질 좋은 조명을 제공했다. 1885년에 사용된 전구는 25만 개에 불과했으나, 1902년에는 1,800만 개로 크게 늘어났다. 전기가 인류에게 '새로운 불빛'을 제공하게 된 것이다. 조명 방법의 일대 혁신과 함께, 천연가스는 난방 및 취사용으로만 사용되고 미국의 등유시장은 점차 줄어들어 지방에 국한되기에 이르렀다.

새로운 전기 기술은 빠른 속도로 전파되었다. 1882년 런던의 홀본 바이어 덕트 역에 전등이 설치된 후 전기는 매우 빠른 속도로 유럽 전역으로 퍼져나 갔다. 한때 베를린은 전기 도시로 불릴 정도였다. 반면 런던의 전력산업은 조직적으로 발달하지 못했다. 20세기 초반, 런던에는 전력회사가 무려 65개가 난립해 있었다. 런던 사람들이 아침에 빵을 구울 때 사용하는 전기, 사무실에서 사용하는 전기, 이웃 사무실의 전기, 귀갓길을 밝히는 가로등용 전기는 모두 다른 공급자가 제공하고 있었다.

사람들에게 전기는 매우 유용한 것이었다. 그러나 전력산업의 급속한 발전은 석유산업을 위협했고 특히 '올드 하우스'에 매우 심각한 타격을 주었다. 생산, 정제, 파이프라인, 저장 시설 등에 엄청나게 투자했던 스탠더드오일은 석유의 주요 시장이던 조명 시장을 상실할 위기에 처했다.[2]

조명 시장이 석유 수요원으로서의 역할을 상실해갈 무렵, 석유의 새로운 시장이 나타났다. 일명 '말 없이 달리는 마차'라 불린 자동차의 출현이었다. 휘발유의 폭발력을 이용한 내연기관에서 추진력을 얻는 최초의 자동차는 소음과 유독가스 배출이 심해 수송 수단으로 적합하지 못했다. 그러나 1895년 파리-보르도-파리 간 자동차 경주 이후, 기존의 많은 문제점을 해결했고 속도도 시속 15마일로 개선되었다. 다음해 로드아일랜드의 내러갠싯에서 최초의 자동차 트랙 경주대회가 개최되었는데, 참가 차량들의 속도가 너무 느리자 관중들은 "차라리 말을 타라!"면서 야유를 보냈다.

그럼에도 불구하고 미국과 유럽 등지에서 자동차는 많은 기업가의 관심을 끌었다. 그중 한 사람이 디트로이트에 있는 에디슨 조명회사의 선임 기술자였던 헨리 포드였다. 그는 직장을 그만두고 휘발유 엔진을 장착한 자동차를 만들어 시장에 내놓았는데, 그것이 바로 그의 이름을 딴 포드 자동차였다. 헨리

포드가 생산한 첫 자동차는 최초 사용자를 거쳐 A. W. 홀이라는 사람에게 팔렸는데, 홀은 포드에게 자신이 '말 없이 달리는 마차' 열병에 걸려 있다고 고백했다. 홀은 최초의 중고차 구매자로 기록될 것이다.

1905년, 휘발유로 움직이는 자동차는 증기기관차와 전기기관차와의 경쟁에서 완전히 승리했다. 그럼에도 불구하고 자동차의 안전성과 신뢰도는 여전히 의심되었다. 그런데 이런 의심은 1906년 샌프란시스코의 대지진을 계기로 일소되었다. 구조작업에 200대가량의 자동차가 동원되었고, 스탠더드오일은 휘발유 1만 5,000갤런을 기부했다. 자동차 3대를 이용해 밤낮으로 구조활동에 참여했던 샌프란시스코 소방청의 소방대장은 "나는 이번 재해가 일어나기 전에는 자동차에 대해 회의적이었으나 지금은 자동차의 존재를 인정하지 않을 수 없다"고 말했다. 또한 당시 저명한 신문 기자는 "자동차는 더 이상 '차라리 말을 타라!'는 야유를 들을 조롱거리가 아니다"라고 기고하기까지 했다. 자동차는 신분을 나타내는 상징물이 되었다. 어떤 작가는 "자동차는 이 시대의 우상이 되었다"라고 격찬했다. 자동차를 가진 신사는 여행의 즐거움을 차치하더라도 보행자들의 부러움을 샀으며 많은 여성에게 선망의 대상이 되었다. 자동차 산업의 성장은 경이적이었다. 미국에 등록된 자동차는 1900년 8,000대에서 1912년에는 90만 2,000대로 괄목할 만한 증가를 보였다. 불과 10년 사이에 자동차는 인류의 생활에 필수적인 이기利器가 되어 사회의 여러 면을 대폭 바꾸어놓았다. 물론 이런 모든 것들이 석유에 의존하고 있었다.

자동차 산업이 성장하기 전, 휘발유는 석유제품 중 가장 변변치 못한 것이었다. 용제와 난로의 연료로만 사용되었기 때문이다. 1892년 석유산업계는 휘발유를 갤런당 2센트에라도 팔 수 있는 것을 자축할 정도였다. 휘발유 가격을 이 정도 받게 된 것도 자동차의 출현 덕분이었다. 석유산업은 휘발유 시장뿐 아니라 공장, 기차, 선박 등에서 사용되는 보일러용 연료 소비 증가로 또 하나의 시장을 갖게 되었다. 석유의 미래를 우려했던 문제점들은 이와 같이 매우 빠르게 해결되었다. 오히려 '늘어나는 석유 수요를 공급이 따라갈 수 있을 것인가'가 새로운 문제로 대두되었다. 펜실베이니아의 유전은 뚜렷한 퇴조를 보이고 있었고, 오하이오 주와 인디애나 주에 있는 리마 유전의 생산도 충분치 못했다. 석유업계는 '새로운 유전이 존재하는가? 존재한다면 어디에 있고, 누가 개발할 것인가?' 하는 새로운 문제에 봉착했다.[3]

캘리포니아의 석유 개발

19세기 말 전부터 석유업계에서 스탠더드오일의 지배력은 흔들리고 있었다. 몇몇 생산업자와 공급업자들은 집배集配 제도, 파이프라인 및 정제 부문 등에서 스탠더드오일 트러스트의 지배로부터 벗어나 어느 정도 독립성을 확보했다. 1890년대 초반, 일단의 독립계 석유 생산업자들은 정유업자들과 합작으로 '석유 생산 및 정제회사Producer and Refiner's Oil Company'를 조직했다. 그들은 적정 가격에 생산지에서 해상으로 석유를 운송할 방법을 찾지 못하면 스탠더드오일에 대항할 수 없음을 잘 알고 있었기 때문에 자신들 소유의 파이프라인을 건설하고자 했다. 파이프라인 건설 현장의 노동자들은 스탠더드오일의 사주를 받은 것으로 보이는 무장한 철도 종사자들에게 공격받기도 했고 기관차로부터 증기, 뜨거운 석탄, 물세례를 받기도 했으나 이에 굴하지 않고 파이프라인을 완공했다.

1895년 이들 독립계 업자들은 퓨어석유회사Pure Oil Company를 설립해 해외 석유시장 및 미국 동부 연안의 석유시장까지 확보하기에 이르렀다. 퓨어사는 독립계 석유업자들의 트러스트 형태로 발족했다. 스탠더드오일은 예전에 하던 방식대로 집요하게 퓨어사의 지분을 사들여 지배하려 했으나 결국 실패로 돌아갔다. 퓨어사는 몇 년 안 되어 명실 공히 상당한 해외시장을 확보한 종합석유회사로 성장했다. 물론 거대한 스탠더드오일에 비하면 보잘것없었지만 최소한 자신의 꿈을 이루었던 것이다. 그들은 성공적으로 스탠더드오일에 대항하게 되었고 그 영향권에서 벗어날 수 있었다. 스탠더드오일은 싫든 좋든 국내시장에서 무시할 수 없는 경쟁을 계속해야 했다.[4]

그러나 퓨어사는 전적으로 펜실베이니아에 기반을 두고 있었다. 당시 석유는 미국 동부 지역의 전유물로 간주되었고, 새로운 지역의 석유 공급 가능성에 대해서는 매우 비관적이었다. 그러나 콜로라도나 캔자스처럼 깊숙한 내륙에서도 새로운 유정들이 발견되었다.

로키 산맥 훨씬 서쪽에 있는 캘리포니아 주에는 일찍부터 아스팔트와 타르가 스며 나오는 것이 목격되어 석유 매장 가능성을 보여주고 있었고, 1860년대 북부 로스앤젤레스에서는 소규모 석유 붐이 일었다. 1850년대에 조지 비셀과 드레이크 대령의 석유사업에서 기초조사를 담당했던, 저명한 예일 대학의 벤저민 실리만 교수는 부업으로 캘리포니아의 석유 개발 사업고문으로 활동하고 있었다. 실리만의 석유 개발에 대한 열정은 결코 식지 않았다.

그는 목장에서 석유만 개발된다면 땅값이 엄청나게 상승할 것이며, 생산 가능한 석유의 양도 무한할 수 있다고 믿었다. 그러나 그의 연구 결과는 설득력이 없었다. 그는 석유 매장 가능성을 타진하기 위해 여기저기를 돌아다녔다. 그런데 그의 실험에서 등유 함유량이 높게 나왔던 것은, 그가 시험한 석유 샘플이 캘리포니아 남부의 잡화점에서 구입한 펜실베이니아산 일등급 등유를 혼합해 만든 가짜였기 때문이었다. 1860년대 말, 로스앤젤레스의 석유 붐이 끝남으로써 캘리포니아에 대한 기대는 무너졌다. 실리만은 미국 최고의 과학자라는 명성에 큰 오점을 남기고 예일 대학 화학과 교수직을 사임했다.

그러나 그로부터 불과 10여 년 후 실리만의 재평가가 이루어졌다. 그가 석유 생산 가능성이 있다고 평가했던 지역, 예컨대 벤투라 카운티와 로스앤젤레스 북쪽의 산 페르난도 계곡 북단에 있는 당시 인구 8,000명 정도의 작은 마을들에서 약간의 석유가 생산되기 시작한 것이다. 한때는 석유 관세 철폐와 더불어 유입된 값싼 해외 석유가 캘리포니아의 산업 발전을 저해하지 않을까 하는 우려도 있었다. 그러나 정책적으로 해외 석유에 대한 관세가 인하되기는 커녕 오히려 두 배 정도 인상되었다. 1890년대 초, 최초의 거대 유전인 로스앤젤레스 유전이 발견되고, 이어 캘리포니아 샌워킨 계곡에서 대형 유정이 발견되었다. 캘리포니아의 석유 생산 능력은 비약적으로 늘어나 1893년 47만 배럴 수준에서 10년 후인 1903년에는 2,400만 배럴 수준에 달했으며, 이후 약 10년 동안 캘리포니아 주는 미국 석유 생산을 주도했다. 1910년 캘리포니아 주의 생산 능력은 7,300만 배럴에 달해 다른 어느 나라보다 많았는데, 이는 전 세계 생산량의 22%를 차지하는 양이다.

캘리포니아의 최대 석유 생산회사는 '유니온오일(지금의 Unocal)'이었다. 1890년 이래로 스탠더드오일 외에 종합석유회사로 계속 성장해온 미국 유일의 회사다. 유니온오일과 캘리포니아의 다른 군소 독립계 석유회사들은 적재적소에 지질학자들을 고용했는데, 이는 미국의 다른 지역 회사들과는 매우 다른 경영전략이었다. 이로 인해 석유지질학은 캘리포니아에서 처음으로 기반을 다지게 되었다.

1900년에서 1911년 사이에 지질학자와 지질공학자 40명이 캘리포니아 소재의 회사들에 고용되었는데 이는 미국의 다른 지역 전체에 고용된 인원보다 많았고, 석유 개발 문제에만 국한해 보면 세계 어느 나라보다도 많은 수였다. 유니온오일은 점차 시장 지배력을 잃어갔으나, 스탠더드오일은 서부 지역의 시장 확보에 박차를 가하기 시작했다. 즉 1907년 캘리포니아 스탠더드오일Standard Oil of California을 세우고 이 지역에서 생산에 직접 참여하기 시작한 것이다. 캘리포니아는 20세기 초에 주요 석유 생산 지역으로 부상했지만, 미국의 다른 지역에서 너무 멀리 떨어져 있어 고립된 것이나 마찬가지였다. 캘리포니아의 주된 시장은 미국 국민 대부분이 사는 로키 산맥 동쪽이 아니라 태평양 건너 아시아였다. 사업적 관점에서 보면 캘리포니아는 외국과도 같은 존재였으므로, 미국 타 지역에서 늘어나는 석유 수요를 충족하기 위해서는 다른 석유 매장 지역을 물색해야 했다. [5]

파틸로 히긴스의 '위대한 언덕'

기계공이자 목재상이었던 외팔이 파틸로 히긴스는 독학으로 지식을 쌓았는데, 늘 한 가지 생각에 몰두하고 있었다. 그는 보몬트 근처 해안을 따라 발달된 언덕 아래에 석유가 있다고 굳게 믿었다. 보몬트는 멕시코 만을 연결하는 사빈 호수의 아서 항에서 육지 쪽으로 19마일 떨어져 있는 텍사스 남동부의 작은 마을이었다.

교회의 일요 성경학교 학생들과 함께 언덕으로 소풍을 갔을 때의 일이다. 그는 작은 샘 여섯 개를 발견했는데 그곳에서 기포가 솟구치고 있었다. 그가 주변의 땅에 깡통을 박고 분출되는 가스에 불을 붙이자 아이들은 매우 즐거워했다. 그때 히긴스는 매우 흥미로운 생각을 했다. 야생 들소들이 사는 그 언덕은 스핀들탑이라 불렸는데, 원뿔을 뒤집어 놓은 모양의 언덕 위 나무에서 유래되었다. 히긴스는 그 언덕을 '위대한 언덕'이라 불렀고 좀처럼 마음속에서 지울 수 없었다. 그는 훗날 그곳이 유전이라 확신했고, 샘에서 건져 올린 작은 돌에 무엇인가 대단한 것이 숨겨져 있을 것이라 생각했다고 회고했다. 그러나 그것이 무엇인지는 알 수 없었다.

히긴스는 지질학에 관한 서적을 주문해 독학을 시작했다. 1892년 그는 글래디스 시티 석유가스 제조회사Gladys City Oil, Gas, and Manufacturing Company를 설립했는데, 회사명은 그의 일요 성경학교의 한 여학생 이름에서 따온 것이었다. 회사 편지지 위에는 12개의 석유탱크와 연기를 뿜고 있는 굴뚝, 몇 개의 벽돌 건물이 그려져 있었다. 하지만 회사의 모든 노력은 결실을 맺지 못했으며 히긴스의 계속된 노력 역시 무위로 끝났다.

텍사스 지역 외의 다른 곳에서도 소량의 석유가 생산되기 시작한 것이다. 1893년 코르시카나라는 작은 마을의 주민 대표들은 용수 부족으로 마을의 발전이 어려워지자 용수회사를 설립해 지하수 굴착에 착수했다. 그 결과, 실망스럽게도 물 대신 석유가 나왔다. 그러나 실망은 곧 흥분으로 바뀌었고 여러 곳에서 유정 굴착이 이루어졌다. 텍사스에서 석유산업이 태동하게 된 것이다. 코르시카나에서는 새롭고 효율적인 방법인 회전식 굴착법이 도입되어 석유탐사에 이용되기 시작했다. 하지만 1900년에 코르시카나의 하루 석유 생산량은 2,300배럴에 지나지 않았다. 이런 와중에 히긴스는 보몬트 지역 스핀들탑의 석유 매장 가능성을 굳게 믿고 꿈을 포기하지 않고 있었다. 많은 지질학자들이 보몬트를 조사하고는 히긴스의 꿈이 헛된 것이라 결론지었다. 일단의 텍사스 지질학자들은 1898년 학회지에, 히긴스의 꿈에 투자하는 것은 위험하다고 경고하는 논문을 발표하기까지 했다. 그러나 히긴스는 포기하지 않고 스핀들탑에서 추출한 가스를 5갤런 들이 등유 용기에 담아 집에서 조명으로 사용했다. 동네 친구들은 '저러다 히긴스가 미칠지도 모른다'고 걱정했으나 히긴스의 노력은 계속되었다.

히긴스는 마지막으로 잡지에 굴착할 사람을 찾는 광고를 냈다. 그의 광고에 반응을 보인 사람이 바로 앤서니 F. 루카스 대위였다. 그는 오스트리아 헝가리제국의 달마티안 해변에서 태어났고, 공학을 전공한 후 호주 해군에 입대하고 그 후 미국으로 이민 온 사람이었다. 그는 소금과 유황을 찾기 위해 '암염_{巖鹽} 돔'으로 알려진 지질 구조를 탐사한 경험이 많았는데 '위대한 언덕'이 바로 암염 돔 구조였다.

루카스 대위는 히긴스와 계약을 맺고 1899년 굴착에 착수했다. 첫 번째 시도는 실패로 끝났다. 전문 지질학자들은 루카스가 시간과 돈만 낭비하고 있다고 비웃었고, 암염 돔 구조는 석유 매장과는 무관하다고 주장했다. 루카스는 곧 의기소침해졌다. 재산을 거의 탕진했기 때문에 사업을 계속 추진하려면 새로운 자금이 필요했다. 한때 스탠더드오일에 가능성을 타진해보았으나 역시 무위로 끝났다.

의지할 곳이 마땅치 않았던 루카스는 구피와 갤리라는 사람을 만나러 피츠버그로 갔다. 루카스에게는 왕년에 유명한 석유탐사 투기꾼이었던 그들이 마지막 희망이었다. 1890년 구피와 갤리는 미국 중부의 캔자스 주에서 큰 유정을 최초로 개발하고 이를 스탠더드오일에 팔아넘겼다. 갤리는 진짜 석유탐사 투기꾼이었다. 후에 갤리의 한 동업자는 갤리가 마법에 걸린 것처럼 석유에 완전히 사로잡혀 있었다고 회고했다. 그는 석유를 찾는 데 놀라운 능력을 가지고 있었다고 한다. 지질학 공부를 열심히 했다고는 하지만 그의 능력은 놀라울 따름이었다. 사람들은 그가 석유 냄새를 맡을 줄 안다고 농담했다. 그는 꾸준하고 조용히 석유탐사를 계속했다. 그에게 석유를 찾는 작업은 보물 이상의 가치를 가지고 있었다. 그는 "석유 매장 여부에 대해 확실하게 답해줄 수 있는 지질학자는 '닥터 드릴(시추정을 의인화한 말)'뿐이다"라고 말했다.

제임스 구피는 훨씬 화려한 경력을 지닌 사람으로, 한때 민주당 의장까지 지냈다. 버펄로 빌(서부 극단을 조직한 미국의 흥행사)처럼 차려입고 챙이 넓은 중절모자 아래로 백발을 길게 늘어뜨린 그의 모습을 보고, 어떤 영국 사람은 '미국인의 전형'이라 평했다. 당시 미국의 한 석유 관련 잡지는 그를 조금 다르게 평가했다. "그는 처음부터 밀어붙이는 스타일이다. 예나 지금이나 그는 급

행렬차나 비행기를 타고 다닐 수 있는 곳에는 보통열차를 타고 가지 못하는 성격의 소유자다." 그는 프로모터이자 중개인이었다. 구피는 루카스와의 거래에서 루카스가 매우 받아들이기 어려운 조건을 제시했다. 구피와 갤리가 지원해주는 대가로, 루카스는 지분의 8분의 1만을 얻을 수 있었다. 한편 히긴스는 구피와 갤리에게서 아무것도 얻어내지 못했다. 만약 루카스가 히긴스를 조금이라도 측은하게 여겼다면 자신의 지분을 그와 나누었을 것이다.

갤리는 보몬트로 가서 조사에 착수했다. 히긴스가 처음 발견했던, 가스를 뿜는 작은 샘 바로 옆을 굴착 장소로 선택하고 마을에 없던 루카스를 대신해 그의 아내에게 다음과 같이 일렀다. "당신 남편에게 바로 이곳을 굴착하라고 하시오. 엄청난 규모의 유정을 발견할 것이오."[6]

굴착 작업은 1900년 가을에 시작되었는데, 코르시카나에서 처음 시도된 회전식 굴착 방법이 채택되었다. 보몬트 마을 사람들은 히긴스처럼 루카스와 그의 동료들도 제정신이 아니라고 비웃었다. 현장 주변에는 토끼 사냥 나온 아이들뿐이었다. 굴착공들이 수백 피트까지 파내려가자 마침내 880피트 지점에서 석유가 나왔다. 흥분한 루카스 대위는 굴착 주임인 알 해밀에게 유정의 규모를 물었다. 22배럴이 분출되었던 코르시카나 유정을 떠올린 해밀은 하루에 족히 50배럴은 되겠다고 대답했다.

굴착공들은 성탄절 휴가를 보내고 1901년 새해 첫날 다시 일을 시작했다. 그런데 1월 10일, 길이 기억될 만한 사건이 발생했다. 샘으로부터 엄청난 힘으로 진흙이 분출되기 시작했고, 몇 초 후 지하에서 6톤 정도의 굴착 파이프가 튀어나와 지상의 유정탑 상단을 넘어뜨리고 이음매 여러 곳을 부서뜨린 것이다. 혼비백산이 되어 몸을 피한 굴착공들은 자신들의 눈을 의심했다. 상황이 진정되자 그들은 진흙과 각종 파편으로 6인치 정도 뒤덮인 유정탑을 확인했다. 주변이 막 정리되었을 무렵, 대포 소리와 같은 굉음을 내며 진흙이 다시 분출하기 시작했다. 이어서 가스가 분출했고, 뒤이어 끈끈한 녹색의 원유가 더욱 세차게 터져 나오며 주위에 있는 돌들을 수백 피트 상공으로 날려버렸다. 땅에서 뿜어 나오는 원유 줄기는 그칠 줄 모르는 힘으로 유정탑 상단보다 최소한 두 배는 더 높이 솟구쳐 올랐다.

루카스 대위는 이 엄청난 소식을 듣고 말을 몰아 현장에 도착했다. 그는 떠들썩한 현장에서 굴착 주임 알 해밀에게 소리쳤다. "도대체 무슨 일인가?"

"석유가 나왔어요, 석유가요. 대위님!" 알 해밀이 소리쳤다.

"주여! 감사합니다. 주여! 감사합니다." 루카스도 탄성을 질렀다.

스핀들탑의 루카스 1호로 명명된 유정에서는 하루 50배럴이 아니라 7만 5,000배럴이 쏟아져 나왔고, 이 소식은 보몬트로 퍼져나갔다. 어떤 사람들은 이것이 세상의 종말이라고 말하기도 했다. 바쿠 유전을 제외하고는 미증유의 사건이었다. 미국에서는 이런 현상을 '분유정噴油井'이라 불렀는데, 그 소식은 곧 미국 대륙을 거쳐 전 세계로 퍼져나갔다. '텍사스 석유 붐'이 시작된 것이다.

이어 대혼란이 일어났다. 유정 주위의 토지에 대한 임대차 쟁탈전이 벌어져 폭등한 가격으로 부동산 거래가 이루어졌다. 한 여성 청소부는 자신의 돼지 목장을 3만 5,000달러에 팔고 뛸 듯이 기뻐했다. 불과 2년 전 에이커당 10달러 미만이었던 땅이 90만 달러에 거래되고 있었다. 많은 땅이 팔리고 다시 팔리는 투기가 일어났다. 보몬트는 관광객, 일확천금을 꿈꾸는 사람, 중개인, 유전 노동자들로 붐볐다. 마을을 경유하는 열차에서는 일확천금의 꿈을 안은 사람들이 줄지어 내렸다. 일요일 하루만 해도 약 1만 5,000명이 보몬트로 몰려왔다. 그들은 석유 역사에서 신기원이 된 현장을 둘러보기 위해 진흙과 석유로 뒤덮인 곳을 마다 않고 돌아다녔다. 보몬트의 인구는 한 달 사이에 1만 명에서 5만 명으로 불어났고, 1만 6,000명 이상이 언덕에서 텐트 생활을 했다고 한다.

보몬트에는 텐트, 달개집, 오두막, 살롱, 도박장, 매음가 등이 생겨났다. 추정 자료에 의하면, 당시 텍사스에서 소비되는 위스키의 약 절반이 이 마을에서 소비되었다. 싸움질은 그들에게 좋은 소일거리였다. 하룻밤에 두세 건 혹은 그 이상의 살인 사건이 발생했고, 한번은 목이 찔린 사체 열여섯 구가 강에서 발견되기도 했다. 살롱에서 가장 인기 있는 도박은 '방울뱀이 새를 다 먹어치우는 데 얼마나 걸리느냐'는 것이었고, 마을로 몰려든 창녀들이 인기를 모았다. 창녀들 중 하젤 호크, 머틀 벨뷰, 제시 조지 등은 가히 전설적이었다. 25센트짜리 이발을 하려면 이발소 앞에서 한 시간을 줄서야 했는데, 석유사업에 바쁜 사람들은 그럴 여유가 없었다. 그들은 행렬의 앞쪽 자리를 사기 위해 1달러를 지불했다. 이렇게 자리를 팔아 하루에 40~50달러를 버는 사람들까지 생겨났다.

물론 사업에 성공하는 사람보다 실패하는 사람이 더 많았다. 이와 함께 사기꾼들도 득실거렸다. 많은 주식 중개인이 바삐 움직였고, 스핀들탑은 스윈들탑(사기의 최고봉)으로 불릴 정도가 되었다. 점쟁이 몬트는 어디서 새로운 분유정을 발견할 수 있을지 점을 쳐주고 짭짤한 재미를 보았다. 땅을 투시해 석유를 발견할 수 있는 'X-레이 눈'을 가졌다는 한 소년을 스카우트하기 위해 주식 수천 주를 판 회사도 있었다.

언덕 위에는 몇 달 사이에 영 레이디스 석유회사를 포함해 최소 100개 회사 소유의 유정 214개가 생겨났다. 그중 몇몇 회사는 손바닥만 한 땅을 굴착해 유정탑을 세우기도 했다. 스핀들탑의 유정이 계속 발견됨에 따라 공급 과잉 현상이 나타났다. 1901년 여름, 석유 가격은 배럴당 3센트였는데 물 한 잔은 5센트였다. '위대한 언덕'은 파틸로 히긴스가 확신했던 것처럼 풍부한 생산성을 입증해 보였다.[7]

세기의 거래

제임스 구피는 스핀들탑에서 가장 큰 석유 생산업자였기 때문에 누구보다도 판매시장 확보에 힘을 기울였다. 스탠더드오일의 영향력 아래 있고 싶지 않았던 그는 다른 거래처를 물색하던 중, 매우 큰 거래처를 찾아냈다. 스핀들탑의 사건에 흥분한 사람 중에는 런던 시의원이자 후에 런던 시장이 된 마커스 새뮤얼 경도 끼어 있었다. 그는 아버지의 사업을 기리기 위해, 당시 성장을 거듭하던 그의 회사를 유조선 이름과 같이 '쉘 운송교역회사'로 바꾸었다. 새뮤얼은 텍사스산 석유에 관심을 기울이고 있었다. 러시아산 석유에 대한 의존도를 줄이기 위해 공급원의 다변화를 추구하고 있었고, 유럽으로 직접 수출 가능한 석유도 필요했기 때문이다. 텍사스산 석유는 석유시장에서 새뮤얼의 경쟁력을 높여주었다. 그는 텍사스산 석유가 조명용으로는 좋지 않지만 선박용 연료로는 적합하다는 사실에 주목했다. 그는 석탄 연료용 선박을 석유 선박으로 개조하는 일에 빠져 있었다. 1901년 그는 자신의 회사가 최초로 선박에 액체 연료를 사용했음을 천명했다.

런던에 스핀들탑의 소식이 전해지자 쉘은 약간은 우스꽝스러울 정도로 필사적인 노력을 기울였다. 먼저 보몬트가 어디 붙어 있는지부터 알아봐야 했다. 그들 사무실에 있던 지도에는 보몬트가 나와 있지 않기 때문이다. 다음으로는 그때까지 전혀 모르던 구피를 수배해야 했다. 쉘은 천신만고 끝에 그의 소재를 알아냈지만, 구피 또한 쉘에 대해 아무것도 아는 바 없다고 말해 쉘측을 당황하게 만들었다. 쉘은 전신과 편지를 통해 '쉘사는 세계에서 두 번째로 큰 석유회사이며 스탠더드오일이 경계해야 할 위험한 회사'라는 사실을 알렸다. 이런 와중에 스탠더드오일의 유조선이 정기적으로 아서 항에서 스핀들탑산 석유를 선적하고 있다는 정보를 입수하게 되었다. 쉘은 더욱 초조해져 새뮤얼의 처남을 보몬트로 급파했다. 그는 뉴욕과 피츠버그를 거쳐 보몬트에 가서 구피를 찾았다. 쉘과 구피의 협상은 매우 빨리 진척되었다. 쉘은 지질조사도 생략하고 계약사항을 검토할 미국 변호사도 고용하지 않았다. 새뮤얼의 처남은 황급히 세계지도를 구해, 구피에게 전 세계에 걸친 쉘의 활동상을 설명해야 했다. 출장을 마치고 런던으로 돌아온 그는 공급 계약이 실패로 돌아갈 가능성은 없으며, 오히려 과잉생산을 걱정해야 할 것이라 말했다.

스핀들탑에서 석유가 쏟아져 나오기 시작한 지 겨우 6개월 후인 1901년 6월, 두 회사는 이미 협상을 마치고 계약을 성사시켰다. 쉘은 향후 20년 동안 최소한 구피의 생산량 중 절반을 배럴당 25센트의 고정 가격으로 확보할 권리를 얻어냈고, 쉘이 원할 경우 그 이상의 물량도 확보할 수 있게 되었다. 새뮤얼은 자신이 제2의 도약으로 평가한 텍사스산 석유 교역을 위해 유조선 4척을 주문했다.

스핀들탑은 미국 석유산업의 판도를 바꾸어놓기에 충분했다. 스핀들탑은 미국의 석유 생산 중심지를 펜실베이니아와 애팔래치아에서 미 대륙 남서부로 옮겨놓았다. 스핀들탑은 20세기의 주요 석유시장의 하나인 연료유 시장을 개척하는 동기도 제공했다. 이와 함께 새뮤얼은 연료유 시장에서 승리자가 되었는데 이는 당연한 결과라 할 수 있다. 당시 정제기술로는 질이 좋지 않는 텍사스산 원유로 등유를 생산할 수 없었다. 즉 조명용으로는 불가능했고, 난방용이나 기관차 혹은 선박용 연료로만 사용되었다. 텍사스에 있는 산업체 대부분은 주 연료를 석탄에서 석유로 전환했다. 산타페Santa Fe 철도회사는 1901년에 한 대밖에 없었던 석유 기관차를 1905년에는 227대로 늘렸고, 증기선 회사도 석탄에서 석유로의 연료 전환을 추진했다. 스핀들탑 사건으로 인해 산업계는 큰 변혁을 이루었다.[8]

종합석유회사, 걸프의 탄생

루카스의 후원자였던 제임스 구피는 벼락부자의 상징이 되었다. 세상 사람들은 그가 제2의 록펠러가 될 것이라 여겼고, 한때는 구피 자신도 그렇게 믿었다. 그는 쉘의 마커스 새뮤얼과 세계 최대의 석유 거래를 20여 년간 지속했다. 그러나 스핀들탑 석유 발견 후 1년 반이 지난 1902년 중엽, 구피와 그의 회사는 큰 곤경에 처했다. 과도한 생산과 과밀한 유정탑 때문에 스핀들탑의 지하 압력이 다해 '위대한 언덕'의 석유 생산이 급격히 줄어든 것이다. 자업자득이었다. 그는 뛰어난 프로모터였지만 훌륭한 경영자는 아니었다. 그의 경영 능력은 그가 생산한 석유의 품질만큼이나 형편없었다.

이런 상황은 구피와 루카스에게 자본을 제공한 피츠버그의 은행가인 앤드류 멜론과 리처드 멜론 형제를 몹시 당황케 했다. 그들의 아버지 토머스 멜론은 앤드류가 26세 되었을 때 은행을 넘겨주었다. 그들 형제는 멜론&선즈 Mellon and Sons라는 은행으로 키웠는데, 당시 대형 은행 중 하나였고 19세기 미국 산업 발달에 중추적 역할을 담당했다. 멜론 형제는 갤리와 그의 동업자들에게 각별한 호의를 갖고 있었다. 갤리의 아버지와 그들의 아버지인 토머스 멜론이 어린 시절 아일랜드에서 미국으로 같은 배를 타고 건너온 절친한 사이였기 때문이다. 그들은 갤리의 부주의한 자금관리를 우려했지만 탐사 능력만은 인정했다. 1900년 갤리의 동업자인 구피는 멜론 형제를 설득해 스핀들탑 석유 굴착 사업에 30만 달러를 투자하게 하고, 석유 생산을 위해 수백만 달러를 추가로 투자하게 했다. 그러나 생산을 시작하고 불과 수개월 후인 1902년, 지하 압력이 다해 스핀들탑에서의 석유 생산이 어려워지자 멜론 형제는 불안에 빠졌다. 형제뿐 아니라 그들이 끌어들인 많은 사람들에게 피해가 가지 않을까 걱정되었기 때문이다.

그들 형제는 10여 살 아래인 조카 윌리엄 멜론에게 의지해야 했다. 윌리엄은 19세에 피츠버그 근처 이코노미라는 마을에서 석유가 발견되었다는 소식을 듣고 석유사업에 뛰어들었다. 몇 년 동안 석유탐사를 위해 애팔래치아를 샅샅이 누비고 다닌 끝에 한때는 교회 자갈밭에서 하루 수천 배럴을 분출하는 유정을 발견하기도 했다.

월리엄은 석유사업에 광적이었다. 그는 수많은 석유 사업자들에게 "석유사업은 모험적인 카드게임과 같다. 카드게임에서 돈을 딴 후에도 게임이 주는 흥분과 긴장 때문에 자리를 뜰 수 없는 것처럼, 석유사업도 돈을 좀 벌었다고 해서 그만둘 수 있는 사업이 아니다. 석유탐사에 성공했건 실패했건 간에 또 다른 탐사를 계속하게 한다"라고 피력하곤 했다. 그러나 그는 앤드류 삼촌에게서 귀중한 교훈을 얻었다. 석유사업처럼 어려운 사업을 하기 위해서는 자신의 방법이 틀렸고, 모든 생산 단계를 통합하고 관리하는 것이 필요하다고 생각하게 된 것이다. 앤드류는 월리엄에게 석유사업에서 성공하기 위해서는 원유 생산에서 정제 및 판매에 이르기까지 모든 부문을 함께 발전시켜야 하며, 그 외의 어떤 방법으로도 스탠더드오일의 영향권에서 벗어날 수 없다고 말해 주었다.

월리엄은 스탠더드오일과 펜실베이니아 철도회사의 반대에도 불구하고 앤드류의 조언대로 종합석유회사를 설립했다. 그리고 서부 펜실베이니아에서 생산된 원유를 펜실베이니아 주의 양쪽 끝에서 정제한 다음, 자사 소유의 파이프라인으로 수송해 필라델피아에서 유럽으로 판매했다. 1893년 멜론즈사는 미국 총 석유 수출량의 10%를 수출했고 약 100만 배럴을 비축하고 있었다. 당시 스탠더드오일이 멜론즈사를 인수 합병하겠다고 제안했다. 그들은 회사를 매각해 현금화할 적기라고 여기고, 주저하지 않고 회사를 매각했다. 회사 매각으로 큰돈을 손에 넣은 월리엄은 석유에서 영원히 손을 떼겠다고 마음먹고 시내 전차 사업을 시작했다. 그 후 7년이 지나 27세가 됐을 때 월리엄은 자신의 판단이 잘못되었음을 깨달았다. 그는 삼촌들의 뜻에 따라, 멜론가의 투자 상황을 살펴보기 위해 스핀들탑으로 떠났다. 스핀들탑을 둘러본 그는, 구피가 사업을 책임지고 있는 한 삼촌들의 투자금은 회수되지 않을 것이라 보고했다.

멜론즈사는 7년 전처럼 스탠더드오일에 새로운 사업을 제안했으나 거절당했다. 텍사스 주는 스탠더드오일, 특히 록펠러에게 법적으로 관대하지 않았기 때문이었다. 스탠더드오일 측은 "록펠러는 자신에게 적대적인 텍사스 주에 단 한 푼도 투자하지 않을 것이다"라고 천명했다.

스탠더드오일에 거절당해 크게 실망한 윌리엄에게 최악의 상황이었다. 그는 이 상황을 해결하는 방법은 훌륭한 경영으로 열심히 원유를 생산하는 길밖에 없다고 생각했다. 첫 번째 장애는 제임스 구피였다. 윌리엄은 구피가 능력 없는 허풍쟁이라고 평가했다. 결국 그는 1901년 설립한 구피석유회사와 걸프 정유회사의 경영권을 장악했다. 물론 구피는 격분했다. 윌리엄은 한때 미국에서 가장 위대한 석유 사업가로 극찬받던 구피를 때로는 엄하고 냉정하게 대할 필요가 있다고 생각했다.

그는 "중요한 것은 원유에서 이윤을 얻는 일이다. 향후 20년 동안 배럴당 25센트에 생산량의 절반을 쉘에 판매하기로 한 구피석유회사와 쉘 간의 계약에 대한 재검토가 필요하다"고 역설했다. 양사의 장기계약은 구피석유회사 측이 시장을 필요로 하고 무한한 생산이 가능하리라고 믿었던 때에 이루어진 것이다. 계약 당시에는 배럴당 10센트, 심하면 3센트에 판매해도 이윤이 남았다. 계약의 유효기간이 20년이지만 세상은 지난 2년 동안 엄청나게 변해 있었다. 1902년 말부터 1903년 초 사이에 원유는 배럴당 35센트 이상에 거래되고 있었다. 구피석유회사는 계약을 이행하기 위해 제3자로부터 높은 값에 석유를 구입해 손해를 보고 쉘에 되팔아야 할 지경이 되었다. 구피는 그 계약이 세기적 거래라고 믿었지만 윌리엄은 달랐다. 쉘과의 장기계약은 터무니없으며 하루빨리 파기해야 한다고 생각한 것이다.

하지만 마커스 새뮤얼은 구피와의 장기계약에 매달려 있는 실정이어서, 구피로부터 원유 공급이 중단되었다는 소식에 큰 충격을 받았다. 쉘은 계약 준수를 종용했고, 그러지 못한다면 계약 위반에 따른 배상을 하라고 요구했다. 새뮤얼은 텍사스산 원유 수송용으로 건조한 새 유조선 4척을 텍사스산 소 운반용으로 전환하라고 지시했다. 그러나 이런 것들은 임시 조치에 불과했다. 새뮤얼은 소송을 계획했으나, 미국 법률가들은 처음부터 너무 불공정한 계약이어서 소송 결과를 장담할 수 없다고 경고했다.

앤드류 멜론은 이 문제를 새뮤얼과 협의하기 위해 런던을 거쳐 새뮤얼의 별장이 있는 켄트로 갔다. 1903년 8월 18일 자 새뮤얼의 다이어리에는 '멜론 씨가 저택의 정원에 감탄함'이라고 적혀 있다. 이어 다음 날짜에는 '9시 27분 중요한 사업차 기차로 런던으로 향함. 구피회사와의 소송을 피하기 위한 멜론 씨와의 협상으로 바쁜 하루였음. 잠정 협약 체결에 실패. 계속 고문 변호사와 접촉함'이라고 씌어 있었다. 앤드류 멜론은 겸손하고 유순했으나 매우 의지가 강했다. 9월 초 양측은 드디어 잠정 협약을 체결했다. 새뮤얼에게 그처럼 중요했던 세기적인 계약이 새로운 계약으로 대체된 것이다. 새롭게 체결된 계약은 새뮤얼에게 석유 확보를 보장하지 않았다. 구피석유회사와 멜론즈사는 쉘의 구속에서 벗어나게 되었다.[9]

한편 윌리엄은 20세기 석유산업의 중추가 된 새로운 전략을 추진 중이었다. 그는 석유사업 내의 모든 이질적 생산 부문을 하나로 묶는 통합회사를 설립했다. 그의 전략은 스탠더드오일과는 본질적으로 달랐다. 윌리엄은 스탠더드오일이 원유의 실질적 독점 구매자이면서 유통 부문을 통제하는 시장 지배력을 이용해 자신들의 위상을 유지하고 높여나가고 있다고 믿었다. 가격 결정자인 스탠더드오일이 있는 한, 생산자가 아무리 경영을 잘해도 스탠더드오일의 지배에서 벗어날 수는 없다고 주장했다. 또한 그는 텍사스에서 더욱 많은 유전이 발견되고 개발되면 스탠더드오일은 파이프라인망을 텍사스까지 확장해 결국 멜론즈사도 스탠더드오일에 흡수되고 말 것이라고 경고했다. 그의 야망은 스탠더드오일의 부속물이나 되는 그런 시시한 것이 아니었다. 그는 삼촌들의 교훈을 거울삼아 "경쟁에서 살아남는 방법은 석유를 직접 생산하고 이를 기초로 통합회사를 세우는 것뿐이다. 그것이 누구에게도 간섭받지 않고 운영되길 원하는 기업에게는 유일한 방법이다"라고 믿었다. 멜론즈사는 어느 누구에게도, 특히 스탠더드오일에 간섭받기를 원하지 않았다.

멜론즈사에 닥친 최대 문제는 아서 항에 새로 건설한 정유공장의 생산 능력이 텍사스 전체 생산량과 맞먹을 정도로 크다는 것이다. 더구나 그 공장은 언제 공급이 끊길지 모르는 텍사스산 저질 원유에 의존하고 있었다. 그러나 1905년 오클라호마에서 글렌 풀 유전이 발견되어 양질의 석유가 공급됨으로써 문제가 해결되었다. 즉 '펜실베이니아 석유의 품질과 텍사스 석유의 생산량을 겸비한 석유'가 출현한 것이다. 그러나 스탠더드오일이 캔자스 주 인디펜던스로부터 파이프라인망을 확장하는 사업에 한창이었기 때문에, 멜론즈사는 서둘러야 했다. 윌리엄은 삼촌들에게 만약 오클라호마 유전과 그들의 회사를 연결하지 못하면 사업은 실패로 돌아갈지도 모른다고 경고했다. 아서 항에서 털사까지 450마일에 걸친 파이프라인 건설을 서두르기 위해 윌리엄은 공사구간을 4개로 나누어 동시에 진행했다. 첫 번째 구간은 털사의 남쪽에서, 두 번째 구간은 아서 항 북쪽에서, 나머지 두 구간은 중간 지점에서 각각 반대 방향으로 진행되었다. 스탠더드오일과의 경쟁에서 이기려면 촌각을 다투어 진행해야 했던 것이다. 1907년 10월, 글렌 풀 유전의 석유가 파이프라인을 타고 아서 항의 정유공장으로 흘러 들어왔다. 멜론즈사는 석유산업의 주요 참여자로서의 위치를 굳히기 시작했다.

파이프라인 건설은 새롭게 구성된 회사 조직과 연계되었다. 멜론가는 발전 가능성이 없는 기존 회사 조직에 더 이상 투자하지 않았다. 윌리엄 멜론은 구피석유회사와 걸프정유회사를 재편해 새로이 걸프석유회사Gulf Oil Corporation를 발족했다. 명실 공히 멜론가의 회사였다. 앤드류는 사장으로, 리처드는 회계 담당으로, 윌리엄은 부사장으로 취임했다. 구피는 "멜론가가 나를 몰아냈다"며 분통을 떠뜨렸다.

스핀들탑 유전을 최초로 개발한 루카스 대위는 돈에 쪼들렸기 때문에, 만족할 만한 대가를 받고 구피와 멜론가에 그의 지분을 팔아넘겼다. 그는 워싱턴에서 자문 공학자이자 지질학자로 활동했다. 스핀들탑에서 석유가 발견되고 3년 후, 그는 보몬트에 가서 과도한 생산 경쟁으로 석유가 고갈되어 유정탑만이 꽉 들어서 있는, 폐허가 되어버린 언덕을 살펴보았다. 유전을 둘러본 루카스는 어느 비석 앞에 섰다. 비명에는 '여기 사람들은 젖소에게서 무턱대고 너무 많은 젖을 짜냈다'라고 적혀 있었다.

파틸로 히긴스는 그를 따돌린 철면피한 루카스 대위를 상대로 소송을 제기했다. 그는 자신의 이름을 딴 히긴스석유회사를 설립했으나 동업자에게 팔아치워 버렸다. 또 종합석유회사인 히긴스스탠더드를 세우려고 했으나 실패로 돌아갔다. 모두들 '스핀들탑'에 더 이상 투자하기를 꺼렸기 때문이다. 그러나 히긴스에겐 아직 상당한 자금이 남아 있었다. 보몬트의 시민 32명이 "히긴스는 스핀들탑 석유 발견과 개발에 지대한 공을 세웠다"라고 찬양한 광고문에 서명하기도 했다.

제임스 구피와 존 갤리는 빈털터리가 되었다. 후에 갤리의 조카는 다음과 같이 말했다. "그들이 나이 들어가면서 사업이 어려워지고 회복은 점점 더 힘들어졌다. 그들은 타이밍을 놓쳐 큰돈을 벌 기회를 놓쳤다. 그런 기회는 쉽게

오는 것이 아니다. 스핀들탑의 석유 개발은 구피와 갤리에게 대단히 큰 사업이었다. 그들은 그때까지 쌓아온, 지구 상에서 가장 훌륭한 석유탐사가라는 명예에 먹칠을 하며 여기저기를 굴착했다."

91세로 세상을 떠난 구피는 마지막 수십 년을 빚더미 속에서 보냈다. 채권자들은 호의를 베풀어, 그가 세상을 떠날 때까지 피츠버그 5번가에 있는 그의 저택에서 지낼 수 있도록 해주었다. 갤리는 스핀들탑에서 구피에게 빌려준 36만 6,000달러만을 받았을 뿐이다. 인생의 황혼기에, 갤리는 스핀들탑에서 함께 굴착한 적이 있던 알 해밀과 함께 사업거리를 찾아다녔다. 어느 날 폭설로 더 이상 다닐 수 없게 되자 두 사람은 일을 그만두기로 결정했다. 갤리는 그때처럼 가난한 적이 없었다. 해밀은 갤리의 아내가 서명한 수표를 현금으로 바꿔주거나, 갤리의 호텔비를 지불하고 집으로 가는 기차에 태워 보내야 했다. 이것이 한때 석유 냄새를 맡을 수 있었다는 존 갤리의 마지막 시도였다. 그는 얼마 후 세상을 떠났다.

윌리엄 멜론은 오랫동안 세계적인 석유회사로 성장한 걸프사의 사장직을 수행했다. 세상을 떠나기 직전인 1949년, 그는 "걸프사는 너무 커져서 나는 회사의 발자취마저 잊어버렸다"라고 회고했다.[10]

석유사업을 아는 기업, 선 오일

루카스 대위의 석유 발견 소식을 듣고 보몬트로 몰려온 수많은 사람 중에 로버트 퓨가 있었다. 그는 삼촌 J. N. 퓨의 지시를 받고, 스핀들탑에서 석유가 발견되고 엿새 후 보몬트에 도착했다. 그는 멕시코 만에는 편리한 수송망이 있어 좋은 기회를 잡을 수 있다고 생각했다. 그러나 그는 텍사스의 다른 모든 특성, 예를 들어 날씨, 마을, 현지 주민, 석유 붐 등 어느 것 하나 마음에 들지 않았다. 결국 그는 병을 얻어 텍사스를 떠났다. 그를 대신해 그의 동생 에드거가 권총을 몸에 지니고 보몬트에 왔다. 로버트와 삼촌이 보몬트의 치안 상태가 불안하다고 했기 때문이다.

퓨가는 석유에 익숙했지만 보몬트는 매우 낯설었다. 그들은 이미 25년 동안 가스 관련 사업을 하고 있었다. 1876년 J. N. 퓨와 동료들은 당시 서부 펜실베이니아에서 쓸모없다고 여겨지던 천연가스를 채취해 유전 조업용 연료로 판매하는 사업에 착수했다. 그들은 1883년 피츠버그에서, 최초로 도시가스의 원료를 천연가스로 대체했다. 사업은 크게 번창했다. 천연가스에 관심이 있던 스탠더드오일 역시 1886년 천연가스 트러스트Natural Gas Trust를 설립했다. J. N. 퓨는 1890년대에 멜론가가 겪은 수난을 답습할 수밖에 없었다. 자신의 회사를 스탠더드오일에 넘기고 만 것이다. 또한 J. N. 퓨는 1886년 리마 유전에서 석유 생산 사업을 시작했다. 그는 고개를 들어 하늘을 보면서 새 회사 이름을 골똘히 생각하던 중 '태양Sun'이라는 단어를 떠올렸다. '태양은 하늘의 모든 것 위에 있다. 하지만 선 오일 회사The Sun Oil Company는 사업을 시작하고 첫 10년간 석유업계에서 태양처럼 우뚝 서지 못했다. 하지만 스탠더드오일의 그늘에서도 차츰차츰 괄목할 만한 사업 성과를 내고 있었다.

1901년, 보몬트에 도착하자마자 에드거 퓨는 선 오일사의 이름으로 석유 굴착을 위한 토지를 임차했다. 퓨는 경험상 석유 생산만으로는 부족하다는 사실을 잘 알고 있었다. 에드거는 "배럴당 5센트라면 누구나 수백만 배럴을 살 수 있다. 문제는 석유를 갖고 무엇을 할 수 있는지를 아는 것이다"라고 피력했다. 선 오일사는 보몬트에 저장 시설을 갖추고 필라델피아 근교에 있는 마커스 훅에 정유공장을 세워, 해상으로 운송된 텍사스산 원유를 정제해 장기적인 시장 확보에 나섰다. 스핀들탑의 퇴조가 뚜렷해지자 선 오일사는 텍사스 주의 다른 지역으로 진출해 원유 생산을 계속했고, 아울러 그 지역의 주요 파이프

라인망을 확보했다. 1904년 선 오일사는 걸프 해안에서 손꼽히는 석유회사로 발돋움했다.[11]

벅스킨 조와 텍사코

스핀들탑 석유 개발의 와중에 또 다른 대형 석유회사가 탄생했다. 텍사스 석유 개발의 선구자 중 하나인 조셉 컬리난이 설립한 회사였다. 스탠더드오일의 유통 부문에서 촉망받던 컬리난은 회사를 그만두고 펜실베이니아에 석유 장비회사를 차렸다. 그의 별명은 '사슴가죽 조Buckskin Joe'였다. 그의 도전적 성격과 일에 대한 집념, 추진력을 본 사람들이 유전에서 사용하는 투박한 가죽 장갑과 신발을 연상했기 때문이다.

1897년 컬리난은 텍사스 주 코르시카나 지방의 원로들로부터 그 지역의 석유 개발에 대해 자문해달라는 요청을 받았다. 그는 자문 역할에 만족하지 않고, 코르시카나에 눌러앉아 석유업계의 유력한 인사가 되었다. 루카스 대위의 스핀들탑 석유 발견을 현장에서 지켜보면서, 규모 면에서 코르시카나와는 비교도 할 수 없을 정도로 엄청나다는 사실을 일찌감치 알아차렸다.

그는 우선 보몬트에 석유 판매회사인 텍사스 연료회사Texas Fuel Company를 차렸다. 석유 장비에 관한 전문 지식은 사업에 도움이 되어 다른 경쟁자들보다 우위에 설 수 있었다. 그는 이미 20마일 거리에 저장 시설을 갖고 있었다. 컬리난은 전직 정치가들로 구성된 신디케이트에서 스핀들탑 유전지대의 굴착용 토지사용권을 따냈다. 그 신디케이트는 주지사 출신인 제임스 호그가 운영하고 있었는데, 그는 300파운드(136킬로그램)나 나가는 거구였고, 매우 진보적이었으며 강인한 사업가였다. 그는 "호그Hogg는 내 이름이고, 나는 돼지hog 같이 욕심꾸러기다"라고 말하곤 했다. 호그는 제임스 구피로부터 석유 굴착용 토지사용권을 획득했다.

제임스 구피는 경영자로서의 자질은 부족했을지 몰라도 민주당 의장을 역임할 정도로 남다른 정치적 감각이 있었다. 구피는 훗날 호그에게 토지사용권을 팔아넘긴 것은 정치적 보호막을 얻기 위해서였다고 설명했다. 그는 "당시 텍사스는 북부 사람에 대한 시선이 곱지 않았다. 나는 텍사스에 엄청난 돈을 투자하고 있었기 때문에 세도가였던 호그를 내 편으로 끌어들여야 했다"라고 말했다. 호그는 확실히 이용 가치가 있었다. 호그는 스탠더드오일에 대해 매우 적대적이었는데, 주지사 시절엔 록펠러를 뉴욕에서 인도받아 법정에 세우려고까지 했다. 호그가 참여하면서, 새로운 문제가 생겨도 스탠더드오일의 책략에서 벗어날 수 있었다.

석유 개발을 위해 자금이 필요했던 컬리난은 당시 미국 피혁업계를 선도하는 회사를 소유한 루이스 라팜, 그리고 내기를 너무 좋아해 '노름꾼 게이츠'라고 불리던 시카고의 금융가 존 게이츠와 손을 잡았다. 컬리난은 다른 주의 자본에 지배당하는 것을 우려한 텍사스의 동업자들에게, 북부인은 이제 남부인을 강력한 경쟁 상대로 여기게 될 것이라 주장했는데, 최소한 당시까지는 그의 주장이 옳았다.

컬리난은 폭넓은 경험과 천부적인 지도력을 바탕으로 보몬트에서 가장 뛰어난 석유 사업가로 발돋움했다. 1902년 스핀들탑을 휩쓴 대화재 당시, 그는 화마와 일주일 동안 쉬지 않고 싸워 마침내 불길을 잡고 과로로 쓰러졌다. 불길에 그을려 며칠 동안 시력장애를 겪었으나, 병상에서 눈에 붕대를 감은 채 회의를 주재하고 지시를 내렸다. 컬리난 아래서 일하던 사람들 중에 월터 샤프라는 사람이 있었는데, 그는 1893년 실패로 끝난 히긴스의 첫 번째 스핀들탑 유정 굴착 사업에 참여했던 뛰어난 기술자였다. 그는 컬리난의 회사에서 하워드 휴즈 1세와 함께 굴착 책임자로 일하고 있었다. 1902년 봄, 컬리난은 여러 사업체를 통합할 목적으로 텍사스회사Texas Company를 설립하고 회사에 대한 지배력을 강화했다.

컬리난은 구피와 달리 석유회사를 경영하는 방법을 잘 알고 있었다. 그 결과 텍사스사는 구피사나 걸프사와는 달리 사업 초기부터 이윤을 냈다. 사업 개시 첫 1년 동안 텍사스사는 배럴당 평균 65센트로 자사 원유를 판매했다. 컬리난은 공급 과잉으로 석유 가격이 배럴당 12센트로 하락할 때 비축량을 늘려 높은 이득을 올릴 수 있었다. 구피사를 처분하려던 멜론가의 걸프사와 컬리난의 텍사스사가 합병을 거의 마무리하는 단계에서, 중소 석유업자들이 텍사스 주의회에 양사의 합병에 문제가 있다고 항의했다. 양측의 대립은 매우 첨예해 오스틴의 한 호텔에서 양측 로비스트 간에 주먹다짐이 있을 정도였다. 이 싸움은 텍사스 주의회가 합병 불가 방침을 밝힘으로써 일단락되었다.

컬리난은 텍사스사의 사세 확장에 전력을 기울였고, 텍사스사는 오클라호마의 글렌 풀에서 텍사스의 아서 항을 연결하는 파이프라인을 건설했다. 텍사스사는 1906년 회사명을 텍사코Texaco로 바꾸고 붉은 별 바탕에 'T' 자를 새겨 넣은 도안을 회사 심벌로 채택했다. 텍사코는 휘발유를 생산하기 시작했고, 창사 후 겨우 6년이 지난 1907년 댈러스에서 열린 주 박람회에서 40여 종의 석유제품을 선보일 수 있었다. 1913년에 이르러 휘발유는 조명용 석유제품을 앞질러 텍사코의 가장 중요한 생산품으로 자리 잡았다. 컬리난은 오래전부터 텍사코사의 본사는 보몬트가 아닌 휴스턴에 자리 잡아야 할 때가 올 것이고, 휴스턴은 남서부 석유산업의 중심지로 부상할 것이라고 전망했다. 얼마 지나지 않아 텍사코사는 푹푹 찌는 혹서로 악명 높은 휴스턴으로 본사를 옮겼는데 뉴욕 사무소에서도 업무 상당 부분을 담당했다.

컬리난의 전횡적인 경영 방침으로 인해 투자자들 사이에서 이견이 속출하고 뉴욕과 텍사스 간에도 주도권 다툼이 벌어졌다. 텍사코의 고위 간부 하나는 라팜에게 다음과 같은 불만의 편지를 썼다. "조는 자신이 모든 것을 알고 있다고 생각하고 무슨 일이든 간섭하려 합니다. 그는 뉴욕에 있는 우리들을 개 꼬리, 그것도 매우 작은 꼬리 정도로 여기고 있습니다." 회사의 주요 주주들이 컬리난의 행동에 제약을 가하려 하자 그는 지배력을 되찾기 위해 대리전을 치르려 했다. 펜실베이니아 출신인 그는 이 사태를 텍사스와 동부의 지역 감정 대립으로 몰고 가려 한 것이다. 주주총회에서 행한 연설에서, 회사의 경영 전략은 텍사스라는 이름과 텍사스 정신으로 무장되어 있다고 천명하고, 본사의 소재지와 경영의 주도권은 텍사스 주에 있어야 하며 이를 유지해야 한다고 주장했다. 물론 그것이 문제의 본질은 아니었다. 핵심은 컬리난의 전횡적 태도였다.

뉴욕에서 실시된 투표에서 컬리난은 패하고 말았다. 나름 초연하려고 노력한 그는 펜실베이니아 시절의 옛 친구에게 보낸 편지에서 다음과 같이 썼다. '그 싸움은 하숙집에서의 말다툼 같은 것이어서 가구가 약간 부서진 정도였지만, 나는 명백하게 패했다. 나는 곧 다른 일거리를 찾아 나서려 한다.' 이후 그는 재기해 석유산업에서 새로운 성공을 이루어냈다. 그러나 이번에는 오로지 탐사와 생산에만 힘을 쏟고 정제와 판매는 다른 사람에게 맡겼다.[12]

스탠더드오일의 지배력 쇠퇴

걸프 연안과 미국 중부에서 유전들이 속속 발견됨에 따라, 난공불락으로 보이던 스탠더드오일의 입지가 흔들리기 시작했다. 연료유와 휘발유의 지속적인 소비 증가와 속속 발견되는 유전 덕분에, 윌리엄 멜론처럼 스탠더드오일을 포함한 어떤 다른 회사의 눈치도 보지 않고 독자적으로 사업할 수 있는 경쟁자들이 생겨났다. 물론 스탠더드오일의 판매량도 늘어났다.

1900년과 1911년 사이 스탠더드오일의 휘발유 판매량은 무려 세 배 이상 증가해 등유 판매량을 능가했다. 스탠더드오일은 당시의 기술 변화에 부단히 대처해나갔다.

1903년 노스캐롤라이나 주 키티호크에서는 인류 최초의 비행이 시도되었는데, 라이트 형제는 스탠더드오일의 휘발유와 윤활유를 사용했다. 그럼에도 불구하고 스탠더드오일의 시장점유율은 날로 줄어들고 있었다. 1880년에는 미국 전체 정제 능력의 90% 이상을 차지했지만 1911년에는 60~65% 수준으로 축소됐다. 멕시코 만 연안의 생산량이 늘어나면서 미국 원유 시장에 대한 스탠더드오일의 지배력과 가격 결정자로서의 역할도 대폭 축소되었다. 그뿐 아니라 해외에서도 유전이 발견됨에 따라 국제시장의 지배력도 점차 잃어가고 있었다. 외부에서는 스탠더드오일의 위치가 매우 탄탄해 보였으나 내부에서는 그렇지 못했다.

스탠더드오일의 H. H. 로저스 이사는 어느 방문객에게 다음과 같이 탄식조로 말했다. "이제는 러시아와 텍사스를 주시하십시오. 그곳에는 무한한 석유가 매장되어 있는 것 같습니다. 우리는 과연 어떻게 대처해야 할까요? 그들이 우리의 목을 조여오고 있는 듯합니다. 그들은 우리보다 훨씬 큰 존재입니다."[13]

05

공룡의
몰락

스탠더드오일은 사면초가에 처했다. 그들은 국내외에서 맹렬한 기세로 도전해오는 경쟁 상대들을 모두 물리칠 수는 없었다. 설상가상으로 미국 전역에서 스탠더드오일과 그의 무자비한 사업 관행에 반대하는 정치적·사법적 공세가 진행되고 있었다. 새로운 문제는 아니었다. 록펠러와 동료들은 스탠더드오일 트러스트 설립 초기부터 비난과 중상을 받아왔다. 그러나 스탠더드오일의 중역들은 이와 같은 비난을 받아들이려 하지 않았다. 이러한 비난을 저열한 선동이나 무지에서 오는 이기심, 또는 일종의 애원 정도로 간주한 것이다. 그들은 스탠더드오일이 열심히 자신의 이익을 추구하고 부를 쌓아감으로써 '무질서한' 경쟁의 폐해를 방지할 뿐만 아니라, 록펠러 자신이 말한 바대로 전대미문의 위대한 업적을 이룰 수 있다고 확신했다.

그러나 일반 대중이 보는 시각은 전혀 달랐다. 스탠더드오일을 비판하는 사람들의 눈에는 스탠더드오일이 강력하고 사악하며, 잔인할 뿐만 아니라 견고하고 막강한 영향력을 가진 불가사의한 기업으로 비쳤다. 스탠더드오일은 오만한 중역 소수에 대해서만 책임을 졌으며, 앞길에 방해가 되는 것은 무엇이든 무자비하게 무너뜨리려 했다. 이와 같은 시각은 당시의 시대상을 반영하는 것이었다. 스탠더드오일의 성장은 그저 이루어진 것이 아니었다. 이는 19세기 몇십 년 동안 이루어진 미국 경제의 급속한 산업화의 산물이다. 이와 같은 급속한 산업화는 단기간에 각 지역에서 경쟁하던 수많은 중소기업을 트러스트라고 불리는 지배적이고 거대한 기업 집합체로 변형시켰다. 이런 트러스트는 업계의 정상에 군림했으며, 대부분의 경우 투자가가 중역을 겸임했다. 이와 같은 급속한 변화는 많은 미국인에게 경각심을 불러일으켰다. 미국인들은 19세기가 지나 20세기가 도래하자, 전 미국을 자유롭게 활보했던 거대하고 무시무시한 '공룡'과도 같은 트러스트들의 악폐와 경제적·정치적 지배를 정부가 나서서 억제하고 경쟁 체제를 회복시켜줄 것이라 기대했다. 이런 '공룡'들 중에서 가장 사납고 두려운 것이 스탠더드오일이었다.

지주회사의 설립

스탠더드오일에 대한 법적 공세는 오하이오 주와 텍사스 주에서 반독점 소송을 제기함으로써 재개되었다. 캔자스 주 주지사는 교도소 죄수들을 고용해 스탠더드오일과 경쟁할 주립州立 정유공장 설립을 추진했다. 적어도 다른 7개 주와 오클라호마 준주準州(주로 승격되기에는 조건이 부족한 행정구역-옮긴이 주)도 하나둘 법적 조치를 취하기 시작했다. 그러나 정작 스탠더드오일은 그들의 사업 관행에 대한 대중의 반감을 뒤늦게야 이해했다.

1888년 스탠더드오일의 한 고위 간부는 록펠러에게 다음과 같은 서신을 보냈다. "반트러스트 열병은 한때의 유행일 뿐입니다. 우리는 위엄 있게 대처해야 하며, 모든 질문에 대해 진짜 핵심은 피해가며 대응해야 합니다." 스탠더드오일은 가능한 한 모든 사실을 비밀에 붙였다. 록펠러가 오하이오의 법정에서 너무나 형식적으로 증언하자 뉴욕의 한 신문은 다음과 같은 제목으로 대서 특필했다. '존 록펠러, 굳게 입을 다물다.'

스탠더드오일은 가장 유능한 변호사들을 고용해 임박한 소송에 대비했다. 또한 시기적절하게 정치헌금을 함으로써 정계에도 영향력을 행사하려 했다. 록펠러는 오하이오 주의 공화당에 헌금을 하면서 다음과 같이 적었다. "우리 는 공화당에서 공평한 대우를 받지 못했지만 앞으로는 좋아질 것이라 믿습니 다." 그러나 스탠더드오일의 정치헌금은 여기에서 그치지 않았다. 스탠더드 오일은 오하이오 출신의 공화당 상원의원을 변호인단에 참여시켰고 1900년 1년 동안 그에게 4만 4,500달러를 지급했다. 또한 민주당 제일의 지도자로 알려진 텍사스 출신의 유력 상원의원이 6,000에이커의 목장 구입 자금을 필 요로 한다는 것을 알아내고, 그에게 의도적으로 돈을 빌려주었다. 또한 신문 광고를 게재하면서 광고회사들을 이용해 스탠더드오일에 호의적인 기사를 신 도록 유도했다. 외부에서는 독립계 석유 판매업자처럼 보이지만 실제로는 그 렇지 않은 소위 '밀주密酒 판매소'를 설립하거나 흡수 합병하기도 했다. 1901 년 미주리 주에 리퍼블릭 석유회사가 설립되었는데, 이 회사의 캐치프레이즈 는 '트러스트 반대, 독점 반대, 완전 독립'이었다. 이 회사는 비밀리에 뉴욕의 뉴스트리트 75번지에 있는 사무실로 보고하고 있었는데, 공교롭게도 스탠더 드오일의 본부가 위치한 브로드웨이 26번지 바로 뒤편이었다.

비록 몇 개 주가 스탠더드오일과의 소송에서 일시적인 승리를 거두었지만 완전한 승리를 거둔 주는 없었다. 텍사스 주에서 스탠더드오일이 축출되고 재 산이 법정관리에 들어가자, 재산 관리인들은 오스틴에 있는 드리스킬 호텔에 서 모임을 갖고 재산을 모두 경매 처분했다. 그러나 스탠더드오일의 대리인들 이 이를 모두 사들였다.[1]

스탠더드오일의 조직을 허물기 위한 법적 공세는 여전히 계속되었다.

1892년 오하이오 주 법원의 판결에 따라 트러스트가 해체되고 지분은 20개 사에 이관되었다. 그러나 지배 구조는 전혀 변하지 않았다. 이 회사들은 '스탠 더드오일 관련사Standard Oil Interests'라는 단체를 결성했다. 이런 가운데 관련사 의 구성원인 각 회사 회장단의 비공식 회의가 스탠더드오일의 집행위원회를 대체했다. 공문을 발송할 때도 집행위원회라는 말이 없어지고 단순히 '고위 간부'라고만 했다.

그러나 스탠더드오일의 재편을 달갑게 여기지 않은 '고위 간부'들은 지속 적 압력에 대응하고 회사의 법률적 입지를 강화하려면 더 많은 보호 장치가 필요하다고 생각했다. 그들은 뉴저지 주에서 그런 문제들을 해결할 방안을 찾 아냈다. 뉴저지 주에서는 지주회사持株會社 즉 타 회사의 주식을 소유하는 회 사를 설립할 수 있도록 법률이 개정됐다. 전통적인 미국 상법에 비추어볼 때 아주 파격적인 조치였다. 또한 뉴저지 주는 이런 새로운 형태의 기업 합동에 도움이 되는 환경을 조성했다. 이에 따라 1899년 '스탠더드오일 관련사'들은 그들의 모든 활동을 담당할 지주회사로서 '뉴저지 스탠더드오일Standard Oil of New Jersey'을 설립했다. 자본금은 1,000만 달러에서 1억 1,000만 달러로 늘어 났고, 다른 회사에 영향력을 미치는 41개 회사의 주식을 소유했다.

이 기간 중 스탠더드오일 내부에서는 또 다른 중대한 변화가 일어났다. 존 록펠러는 이미 엄청난 부를 축적했고 지쳐 있었으므로 은퇴를 준비하기 시작 했다. 비록 50대 후반이었지만 사업으로 인한 긴장과 계속된 공세에 시달려 너무 지쳐버린 것이다. 1890년 이후 소화불량과 피로를 호소하는 일이 더욱 빈번해졌다. 그는 자신이 학대받고 있다고 불만을 토로했으며 밤에 잠자리에 들기 전에 베개 밑에 권총을 숨겨놓는 버릇도 있었다. 1893년 그는 신체적인 피로뿐 아니라 스트레스로 인한 탈모증으로 모자나 가발을 써야 했고, 호리호 리했던 체격은 비대해졌다. 그의 은퇴 계획은 1893년의 공황에 이은 경기침체, 국내외의 치열한 경쟁 같은 일련의 위기가 닥치면서 일시적으로 연기되었다. 그러나 록펠러는 점차 사업에서 손을 떼기 시작했다. 1897년 마침내 60세도 채 되지 않은 나이에 경영 일선에서 은퇴하고, 이사 중 한 사람인 존 D. 아치볼드에게 경영권을 넘겨주었다.[2]

후계자가 된 석유광 아치볼드

존 아치볼드가 후계자가 될 것이라는 데는 의심의 여지가 없었다. 그는 스탠더드오일의 고위 간부 중 누구보다도 뛰어난 석유사업 전문가였다. 그는 지난 20년간 미국 석유업계에서 가장 유력한 인사 중 한 사람이었고, 향후 20년도 가장 막강한 자리를 차지할 것이 분명했다. 그는 그 분야의 오랜 경력도 보유하고 있었다.

단신의 아치볼드는 나이에 비해 젊어 보이는 외모에 결단력이 있고 지칠 줄 모르는 강인한 체력을 갖고 있었으며, 옳다고 생각한 일은 혼신의 힘을 기울여 끝까지 밀고 나갔다. 그는 소년시절에, 즉 1860년 대통령 선거운동 기간에 후보들의 모습을 담은 배지를 팔았다. 그는 더 유리한 구역에서 배지를 팔았던 형보다 훨씬 많이 팔아치웠다. 아치볼드는 15세가 되자 감리교 목사의 축복을 받으며 오하이오 주 세일렘에서 혼자 기차에 올랐다. 그의 목표는 구원이 아니라 타이터즈빌에서 석유사업을 시작해 큰돈을 버는 것이었다. 그는 화물 발송계원으로 첫 출발을 했으나, 사무실 카운터 아래에 잠자리를 마련해야 할 정도로 박봉이었다. 그는 석유중개인이 되어 열심히 뛰었고, 평생 그러했듯이 그때도 소위 '석유열石油熱'에 사로잡혀 있었다. 오일 리전의 아수라장에서 이런 열정은 필수 불가결한 것이었다. 그의 동료는 이 젊은 석유중개인에 대해 다음과 같이 회고했다. "당시 그의 생활은 고난의 연속이었지요. 타이터즈빌의 큰길은 1피트나 기름 진창으로 덮여 있었고, 오일 크리크 주변은 특히 지저분해서 진창이 어른들 장딴지까지 올라올 지경이었지만 아치볼드는 개의 치 않았어요. 석유를 싸게 팔아야 할 때도 그는 흥겨운 듯이 콧노래를 부르며 진창길을 가로질러 갔답니다."

아치볼드에게는 일 자체가 취미였다. 그는 유머로 긴장을 해소하는 법을 배웠고, 그것은 그 후 치열한 논쟁이나 경쟁이 벌어지는 상황에서 매우 중요한 의미를 가지게 되었다. 훗날 어느 자리에서 "스탠더드오일은 자사의 이익만 챙기지 않았는가?"라는 질문을 받자 그는 다음과 같이 냉정하게 대답했다. "우리라고 항상 박애주의자가 되라는 법은 없지 않습니까?" 그는 아무리 어려운 상황이라도 전체적인 시각에서 바라보는 방법을 배웠다. 그는 다른 사람들, 특히 록펠러에게 어떻게 해야 자신이 쓸모 있음을 입증할지 알고 있었다. 그는 일찌감치 록펠러의 눈에 들었다. 1871년 타이터즈빌의 한 호텔 숙박부에 사인하던 록펠러는 자신의 사인 위에 있던 독특한 사인 하나를 발견했다. 바로 젊은 중개인이자 정유업자인 아치볼드의 것이었는데 다음과 같이 적혀 있었다. '1배럴에 4달러, 존 아치볼드.' 어디서도 그렇게 싼값으로는 석유를 살 수 없을 때 그런 자신만만한 광고를 한 그에게 특별한 관심을 기울이게 된 것이다.

활동적이었던 아치볼드는 타이터즈빌 석유거래소의 서기가 되었다. 록펠러와 철도회사들이 석유 생산에 대한 독점권 행사를 시도했던 남부개발회사 사건과 1872년의 석유 전쟁 기간 동안, 아치볼드는 오일 리전의 지도자 중 하나가 되었고 록펠러를 신랄하게 비난했다. 그러나 록펠러는 그가 오일 리전의 모든 것을 지배하고 있고 헌신적이며 공격적이고 무자비할지는 모르지만, 유연하고 융통성 있는 사람이라고 평가했다. 이는 1875년 아치볼드에게 자신의 회사에 합류해줄 것을 제안함으로써 입증되었다. 아치볼드는 즉시 그 제안을 수락했다. 그의 첫 번째 임무는 비밀리에 오일 리전 주위의 모든 정유공장을 인수하는 것이었다. 그는 결연한 태도로 이 임무를 맡았다. 그는 단 두 달 사이에 무려 27개 정유회사의 재산을 사들이거나 임차했는데 과로한 나머지 몸이 매우 쇠약해졌다.

스탠더드오일의 정상을 향해 빠르게 올라가는 아치볼드를 보고, 동료들은 이렇게 회고했다. "그는 검은 눈동자를 깜박거리며 무언가를 결정한 후엔 슬며시 미소 짓곤 했다." 그러나 그는 여전히 록펠러와의 사이에 장애물을 하나 남겨놓고 있었다. 소위 '불운한 약점' 때문이었다. 록펠러는 술을 너무 좋아했던 그에게 '금주 서약'에 서명하라고 강요했다. 그는 록펠러가 원하는 대로 했다. 겨우 50세에 30년 이상의 경험을 가진 석유업계 베테랑이 된 아치볼드는 스탠더드오일의 최고경영자 자리에 서게 되었다. 록펠러는 여전히 영향력을 행사할 수 있었지만, 이때부터는 부동산과 자선사업, 골프, 날로 늘어가는 자산관리 등에 전념했다. 1893년부터 1901년 사이에 스탠더드오일은 2억 5,000만 달러 이상을 배당금으로 지불했는데 그중 절반 이상이 주주 6명에게 집중적으로 배당되었고 4분의 1은 록펠러에게 주어졌다. 스탠더드오일이 배당한 이 엄청난 돈에 대해 재정 전문 기고가는 다음과 같이 묘사했다. "이 회사는 석유산업의 은행이다. 모든 경쟁자들에게 대항해서 석유산업을 지원해주는 거대한 은행 말이다."

격무에서 해방된 록펠러는 새로운 식이요법을 통해 건강을 회복했다. 1909년 그의 주치의는 세 가지 규칙, 즉 걱정을 줄이고, 깨끗한 공기에서 충분하게 운동하고, 조금 배고픈 듯할 때 식탁에서 일어나는 기본을 지키면 100살까지 살 수 있을 것이라 말했다. 록펠러는 회사가 돌아가는 사정을 잘 파악하고 있었지만 경영에 적극 참여하지는 않았다. 물론 아치볼드가 허용하지도 않았을 것이다.

아치볼드는 사업 논의를 위해 토요일 아침마다 최대 주주인 그를 방문했다. 그때까지도 록펠러는 회장직을 유지하고 있었는데, 아주 중대한 판단 착오였다. 스탠더드오일의 비밀주의 정책에 따라 그의 은퇴는 외부에 전혀 알려지지 않았기에, 스탠더드오일의 모든 행동에 대해 여전히 록펠러가 책임지게 되어 있었던 것이다. 일반 대중은 스탠더드오일과 록펠러를 동일시했다. 그는 모든 비난과 분노와 공격에 대한 피뢰침 역할을 했다. 그가 회장 직위를 고수한 이유는 무엇일까? 아마 동료들은 스탠더드 제국을 결집하기 위해 경외의 대상인 록펠러라는 이름이 필요하다고 판단했고, 또한 그의 주식에 대한 응당한 대우였을 것이다. 그러나 20세기에 들어서자마자 고위 간부인 로저스는 또 다른 이유를 제시했다. "우리는 그에게 이 회사를 소유해야 한다고 말했다. 우리를 겨냥한 소송들이 법정에 계류 중이고 우리 중 누구라도 교도소에 들어갈 운명이라면, 그도 우리와 함께해야 한다고 그에게 말했다."3

뜨거운 감자

스탠더드오일에 대한 공세는 19세기 말에 더욱 격렬해졌다. 미국 전역에서 강력한 신개혁 운동인 진보주의가 기세를 올리고 있었다. 진보주의의 주요 목표는 정치 개혁, 소비자 보호, 사회 정의, 근로조건 개선, 대기업 통제 및 규제였다. 마지막 항목은 미국 전역에 기업 합병의 바람이 크게 불면서 트러스트가 급증함에 따라 현안으로 부각되었다. 미국 최초의 트러스트인 스탠더드오일 트러스트가 1882년 설립되었고, 기업 합병 운동은 1890년대에 속도가 빨라졌다. 한 통계에 의하면, 1898년 이전에 총자본이 12억 달러에 달하는 82개 트러스트가 결성되었고, 1898년부터 1904년 사이에 총자본이 60억 달러를 상회하는 234개 트러스트가 추가되었다. 이러한 트러스트 또는 독점을 자본주의 최고의 성취 단계로 보는 사람도 있었다. 그러나 다른 이들에게 트러스트는 자본주의 체제의 병폐일 뿐이었다. 농부와 노동자뿐 아니라 자신들의 경제권마저 박탈당할지 모른다고 두려워하는 중산층이나 기업가까지 위협하는 것이었다. 1899년 트러스트 문제는 '미국이 직면한 가장 큰 도덕적·사회적·정치적 투쟁'으로 규정되었다. 1900년 대통령 선거에서도 트러스트는 가장 중요한 쟁점 중 하나였다. 매킨리 대통령은 당선 직후 비서에게 "트러스트 문제는 빠른 시일 내에 온 힘을 기울여 해결해야 합니다"라고 말하기도 했다.

헨리 디마레스트 로이드는 1894년 『연방정부를 위협하는 부Wealth Against Commonwealth』라는 책을 통해 처음으로 스탠더드오일을 신랄하게 공격했다. 그의 공격을 시작으로 일단의 대담한 언론인들이 사회의 죄악과 병폐를 조사하고 여론화 하는 작업에 착수했다. 이러한 진보적인 과제를 설정한 작가들은 '추문 폭로자'로 알려졌고, 진보주의 운동의 핵심 인물들이었다. 한 역사가가 지적했듯이, 미국 진보주의의 가장 중요한 업적은 '폭로'였기 때문이다. 그들의 과제는 바로 기업의 실상을 폭로하는 것이었다.

폭로 운동에 가장 앞장선 것은 「맥클루어즈」라는 잡지였는데 구독자가 수십만 명이나 되었다. 이 잡지의 발행인은 다혈질이고 솔직하며 상상력이 풍부한 새뮤얼 맥클루어였다. 그는 파리와 런던을 한 차례 여행하는 동안 넥타이 1,000개를 모은 수집광이기도 했다. 그는 뉴욕에서 재능 있는 작가와 편집자 여러 명을 데려왔고, 이들은 독려해 열심히 주제를 찾았다. 1899년 맥클루어가 그들 중 한 명에게 보낸 편지에서 "가장 큰 기삿거리는 트러스트이니 시급히 다루어야 합니다. 사람들이 알고 싶어 하는 대상을 여러 각도에서 조명해 주면 구독자가 늘 수밖에 없습니다"라고 썼다.

잡지의 편집인들은 기업 합병의 과정을 설명하기 위해 하나의 트러스트를 예로 들기로 했다. 그들은 설탕산업의 트러스트와 정유산업의 트러스트를 놓고 설전을 벌였으나 둘 다 채택되지 않았다. 그때 한 작가가 캘리포니아에서 발견된 석유 문제를 다루자고 제안했지만 여성 편집장인 아이다 미너바 타벨은 이 제안을 거절했다. 그녀는 "우리는 트러스트를 공격할 새로운 방법을 찾아내야 해요"라고 말했다. 그리고 이렇게 덧붙였다. "단순히 산업이나 상업적 발전의 규모, 미국 각 주에서 그들이 몰고 온 변화들뿐 아니라, 산업을 이끌어가는 사람들이 기업이라는 자원을 합병하고 지배하는 대원칙들을 명확하게 밝혀줄 수 있는 그런 것 말이에요."[4]

록펠러의 여자 친구, 아이다 타벨

당시 아이다 타벨은 미국 최초의 위대한 여성 언론인으로 정평이 나 있었다. 그녀는 키가 6피트(183센티미터)나 되고 침착하며 은근히 권위를 풍기는 여성이었다. 그녀는 앨리게니 대학 졸업 후 파리로 건너가, 단두대의 이슬로 사라진 프랑스혁명의 지도자 롤랑 부인의 전기를 저술했다. 만년에 타벨은 가정생활을 찬미하고 여성의 참정권에 반대했지만 평생 독신으로 살았다. 20세기가 시작될 무렵 40대 중반이었던 그녀는 나폴레옹과 링컨의 전기를 쓴, 섬세한 필치의 인기 작가로 알려져 있었다. 그녀는 나이에 비해 하는 짓이나 외모가 늙어 보였다. 「맥클루어즈」의 문학 담당 여성 편집장은 다음과 같이 회고했다. "그녀는 평생 사람을 멀리했어요. 그녀에게서 애교라는 것을 찾아볼 수 없었죠." 「맥클루어즈」가 트러스트 문제를 다루기로 했다는 사실을 알게 된 타벨은 자신이 그 일을 맡기로 결심하고, 트러스트의 효시인 스탠더드오일을 취재해야 한다고 생각했다. 그녀는 맥클루어와 함께 이탈리아의 옛날 온천지에 있는 진흙 목욕탕을 여행하던 중, 그에게 허락을 받아냈다. 스탠더드오일을 무너뜨릴 조사가 시작된 것이다.

인생이란 참 알다가다 모를 것이었다. 타벨의 취재 결과가 실린 책은 오일 리전의 정복자들에 대한 마지막 복수와도 같았다. 그녀의 아버지인 프랭크 타벨은 드레이크가 석유를 발견하고 몇 달 후에 탱크 제조업을 시작해 1860년 대의 한 시절, 번화가인 피트홀에서 호황을 누렸다. 그러나 이곳 유전이 갑자기 고갈되고 흥청대던 도시들이 폐허가 되자, 그는 6만 달러를 들여 지은 새 호텔을 단돈 100달러에 구입했다. 호텔을 철거한 후 프랑스풍의 창문과 문짝, 목재, 원목, 철제 선반들을 짐차에 싣고 10마일 떨어진 타이터즈빌로 가져가서 그것으로 가족을 위한 멋진 집을 지었다. 아이다 타벨은 벼락 경기의 극단적 사례를 보여주는 환경에서 사춘기를 보냈다(후에 그녀는 피트홀의 이야기를 쓸 생각이었다. 그녀는 석유산업의 역사상 피트홀만큼 극적인 이야기가 없다고 말했다).

1872년 석유 전쟁에서 프랭크 타벨은 남부개발회사에 대항해 싸우던 독립계 석유 생산업자들 편에 섰다. 오일 리전의 다른 사람들과 마찬가지로 그의 일상은 스탠더드오일에 대항하는 투쟁이 주를 이루었으며 이로 인한 고통을 겪어야 했다. 훗날 타벨의 오빠인 윌리엄은 독립계 석유회사인 퓨어석유회사의 고급 간부가 되어 독일에 판매망을 구축하는 일을 담당했다.

타벨은 아버지와 오빠를 통해 석유사업의 위험성을 알게 되었다. 오빠 윌리엄이 말했듯이 사업은 '카드 게임'과도 같았다. 1896년 윌리엄은 동생에게 다음과 같은 편지를 썼다. "가끔 다른 사업을 했더라면 하는 생각이 들 때가 있어. 어떻게든 부자가 된다면 그 돈은 반드시 더 안전한 곳에 투자할 거야." 그녀는 아버지가 겪었던 고통과 문어발식 기업에 대항할 때의 무력감, 집을 저당 잡히는 재정적 어려움과 함께, 스탠더드오일과 타협한 사람들과 그렇지 않은 사람들 간의 반목과 분열을 잘 기억하고 있었다. 그녀가 「맥클루어즈」를 위해 스탠더드오일을 취재하고 있다는 사실을 알게 되었을 때, 이미 노쇠한 그녀의 아버지는 간청하듯 말했다. "딸아, 절대 그런 일은 하지 말거라. 그들은 그 잡지를 없애버리고 말 거다."

어느 날 저녁, 타벨은 알렉산더 그레이엄 벨이 주최한 워싱턴의 디너파티에서 록펠러계 은행의 부행장을 만났다. 그는 타벨의 아버지가 경고한 것과 똑같은 방법으로 「맥클루어즈」의 재정 문제를 들먹이며 점잖게 위협했다. 타벨은 이를 날카롭게 되받았다. "글쎄요. 저와는 아무 상관 없으니 참 유감이군요."5

그녀는 방해에도 주저하지 않고 취재에 열중했다. 끈질기고 철두철미한 그녀는 자신이 맡은 일에 빠져들어 큰 사건을 쫓고 있다고 확신하는 탐정처럼 보였다. 그녀의 부탁으로 뒷이야기를 조사하기 위해 클리블랜드 거리를 돌아다니던 조수는 다음과 같이 보고했다. "존 록펠러는 말이 없고 신비스러워 미국에서 가장 흥미로운 인물인 것 같습니다. 이곳 사람들은 그에 대해 아무것도 모릅니다. 그의 성격을 면밀히 조사하면 「맥클루어즈」로서는 비장의 카드가 될 것입니다." 타벨은 도박을 하기로 마음먹었다.

그러나 어떤 방법으로 스탠더드오일에 접근할 수 있을까? 그녀는 예기치 못한 곳에서 원군을 얻었다. 스탠더드오일에서 존 아치볼드 다음가는 실력자이자 뛰어난 투기꾼인 로저스의 도움을 받게 된 것이다. 그는 스탠더드오일에서 파이프라인과 천연가스 사업을 담당하고 있었는데 그의 관심은 사업에서 끝나지 않았다. 그는 10년 전, 파산 상태였던 미국의 문호 마크 트웨인의 자산을 관리해 어려운 재정 상태에서 벗어나도록 도와준 일도 있었다. 그는 이렇게 말했다. "나 자신의 일로 피곤할 때, 친구의 문제를 돌보는 것은 내게 휴식과 같다." 로저스는 트웨인의 책을 좋아해서 가족에게 크게 읽어주곤 했다. 로저스와 트웨인은 절친한 친구가 되었고 트웨인은 로저스가 선물한 당구대에서 당구를 치기도 했다. 그러나 로저스는 일과 관련해서는 전혀 감정을 드러내지 않는 강인한 면을 보였다. 스탠더드오일 조사위원단에게 다음과 같은 명답을 한 이가 바로 로저스였다. "우리는 건강을 돌보기 위해서가 아니라, 돈을 벌기 위해 사업을 하는 것입니다." 그는 인명록에 자신을 단순히 '자본가'라 밝혔지만, 다른 이들은 월스트리트에서의 투기적이고 약탈적인 행동 때문에 그를 '지옥의 개, 로저스'라고 불렀다. 그는 스스로 인정했듯이 '타고난 도박사'였기 때문에 록펠러가 인정해주지 않았다고 생각했다. 실제로 로저스는 주식시장이 쉬는 주말이 되면 몸이 근질근질한 나머지 늘 포커 게임을 했다.

로저스가 헬렌 켈러의 교육비를 지원함으로써 래드클리프에 진학할 수 있게 해준 것도 마크 트웨인의 간청 때문이었다. 트웨인은 항상 로저스에게 고마워했고 그를 '내 최고의 친구'일 뿐 아니라 '내가 알고 있는 최고의 사람'으로 표현하기도 했다. 한때 출판업자였던 마크 트웨인은 아이로니컬하게도, 스탠더드오일을 공격한 디마레스트 로이드가 쓴 『연방정부를 위협하는 부』를 출판해달라는 제의를 받았다. 그는 아내에게 다음과 같은 편지를 썼다. "이 세상에서 내가 유일하게 관심을 가진 사람은, 기아와 치욕에서 나를 구해주기 위해 피와 땀을 아끼지 않은 유일한 사람이며 스탠더드오일의 골수분자인 로저스요. 하지만 그 말은 하지 않았소. 나는 어떤 책도 원하지 않는다고만 했소. 사실 나는 출판업에서 벗어나고 싶소."

트웨인은 브로드웨이 26번지에 있는 로저스의 사무실을 자유롭게 드나들었으며, 때로는 '고위 간부'들과 그들의 전용 식당에서 점심을 먹기도 했다. 하루는 로저스가 「맥클루어즈」지 측에서 스탠더드오일의 역사에 관한 기사를 준비하고 있다고 말하며, 트웨인에게 어떤 내용의 기사인지 알아봐 달라고 부탁했다. 「맥클루어즈」지와 친분이 있던 트웨인은 아이다 타벨이 로저스를 만날수 있게 주선해주었다. 바야흐로 타벨이 스탠더드오일과 연결된 것이다.

타벨과 로저스의 만남은 1902년 1월에 이루어졌다. 그녀는 스탠더드오일의 실력자를 직접 만난다는 사실에 약간 불안해했지만 로저스는 그녀를 따뜻하게 맞아주었다. 로저스에 대한 그녀의 첫인상은 '월스트리트에서 가장 멋지고 뛰어난 인물'이라는 것이었다. 그들은 급속도로 가까워졌다. 타벨의 어린 시절, 그들이 오일 리전의 같은 마을에 살았다는 사실을 알게 되었기 때문이다. 로저스는 그곳에서 작은 정유공장을 운영했고, 심지어 타벨 가족이 살던 언덕 바로 아래에서 살았다. 로저스는 자신이 당시 임대주택에 살았던 것이 스탠더드오일의 주식 매입 자금을 마련하기 위해서였다고 설명했다. 당시 임대주택에 사는 것은 '사업 실패를 자인하는 것'이었기 때문이다. 그는 타벨의 아버지와 '타벨스 탱크 숍'이라고 내걸린 간판을 잘 기억하고 있었고, 그 무렵이 가장 행복한 시절이었다고 회상했다. 그는 진실했으며, 과거의 추억을 되살려 다른 사람의 마음을 사로잡을 줄 아는 훌륭한 심리학자였는지도 모른다. 어쨌든 그는 아이다 타벨의 환심을 사는 데 성공했다. 그녀는 수년이 지난 뒤에도 그를 '월스트리트에 자신의 깃발을 펄럭인 가장 근사한 해적'이라며 호의를 표했다.

그 후 2년 동안 그녀는 정기적으로 로저스를 만났다. 회사 규칙상 방문객과 마주치지 않도록 되어 있었지만 그녀는 자유롭게 출입할 수 있을 정도가 되었고, 때로는 브로드웨이 26번지의 스탠더드오일 본사 책상에 앉아 자신의 일을 하기도 했다. 그녀는 스탠더드오일의 역사 가운데 어떤 사건에 대해 상세히 물었고, 로저스는 그 사건과 관련된 문서나 수치를 알려주기도 하고 회사의 입장을 변호하거나 해명하기도 했다.

로저스는 타벨에게 놀라울 정도로 솔직했다. 예를 들면 어느 겨울날, 그녀는 대담하게도 스탠더드오일이 '법률 제정을 조작한 방법'을 물어보았다. 그는 이렇게 대답했다. "아, 물론이죠. 우리는 그렇게 하고 있습니다. 의원들은 이곳에 와서 선거자금 기부를 요구해요. 물론 우리는 개인적으로 그렇게 합니다. …… 우리는 그들에게 상당한 금액을 쥐여주고, 법률안이 우리의 이해관계에 반할 경우에는 의원 보좌관을 찾아가서 '이러이러한 법이 입안되었어요. 우리는 그 법이 마음에 들지 않고, 당신들이 우리 이익을 고려해주길 바랍니다'라고 말하죠. 모두들 그렇게 하고 있습니다."

로저스가 이렇게나 협조적이었던 이유는 무엇일까? 그와 사이가 틀어져 있던 록펠러에 대한 일종의 보복 내지는 복수였다고 말하는 사람도 있었다. 그러나 그 자신은 보다 현실적인 설명을 했다. 그가 타벨에게 말한 바에 따르면, 타벨의 기사는 스탠더드오일에 대한 최후의 심판이 될 것이고 그녀는 무슨 일이 있어도 그 기사를 쓸 것이므로, 회사의 입장이 정확히 전달될 수 있도록 최선을 다하고 싶었다는 것이다. 심지어 로저스는 당시 플로리다 개발에 깊이 관여하고 있던 헨리 플래글러를 만날 수 있도록 주선했다. 플래글러는 말끝마다 아주 경건한 표정을 지으며 "우리가 번영할 수 있었던 것은 오직 하느님 덕분"이라고 말해 타벨을 안달하게 했다. 로저스는 록펠러와의 면담을 주선하겠다고 넌지시 비치기도 했지만 결국 성사되지는 못했다. 그는 그 이유에 대해서는 밝히지 않았다.

타벨은 동료에게 이 기사가 '스탠더드오일의 역사 이야기'라고 말했다. 즉 "논쟁을 야기하는 것이 아니라, 가능한 한 생생하고 극적인 사실에 기초해 거대한 독점기업에 대한 이야기를 솔직하게 서술하는 데 목적이 있다"라고 설명한 것이다. 자신의 업적과 회사에 대해 자부심을 가지고 있었던 로저스도 생각이 같았다.[6]

타벨의 애초 의도가 무엇이었든, 1902년 11월부터 「맥클루어즈」지에 게재된 그녀의 연재 기사는 엄청난 반향을 불러일으켰다. 그녀는 매달 스탠더드오일의 음모와 조작, 리베이트와 잔인한 경쟁, 독선적인 스탠더드오일과 피해를 입은 독립계 석유업자들 간의 끝없는 투쟁에 관한 기사를 실었다. 이 기사들은 전 국민의 화제가 되었고 새로운 제보가 줄을 이었다. 몇 달 후 가족을 만나러 타이터즈빌로 돌아간 타벨은 가족들에게 다음과 같이 말했다. "모든 일이 잘 진행되고 있으며, 예상했던 것처럼 폭로 기사 때문에 친구들이 납치되거나 명예훼손으로 고소당하지도 않았어요. 사람들은 기꺼이 나와 대화하려 했어요." 로저스는 이런 기사가 보도된 후에도 그녀를 따뜻하게 대했다. 그러나 스탠더드오일이 소규모 자영 소매업자들에게 심한 압력을 가하면서 정보망을 활용한 방법에 관한 기사가 게재되자 로저스는 극도로 분노했다. 그는 그녀와의 관계를 끊고 다시 만나지 않겠다고 선언했다. 하지만 그녀는 자신이 작성한 기사에 아무 문제가 없다고 생각했다. 그녀는 훗날 다음과 같이 말했다. "무엇보다 스탠더드오일의 스파이 행위에 대한 그들의 해명이 비위에 거슬렸다. 거대한 기업의 조직에 비해 이런 행위가 비열하다 할 정도로 편협했기 때문이다. 나는 어떤 기사에서도 스탠더드오일에 대한 감정을 직접 표현하지 않았다." 그 후 그녀의 폭로는 더욱 신랄해졌다.

타벨의 기사는 24개월 동안 연재되었고, 1904년 11월 『스탠더드오일의 역사The History of Standard Oil Company』라는 책으로 출간되었는데 거기엔 64개의 부록이 첨부되었다. 취재 대상에 접근하는 데 여러 가지 제약이 있는 상황에서도 스탠더드오일의 복잡한 역사를 명쾌하게 파헤친 대단한 역저力著였다. 그녀의 절제된 표현 이면에는 록펠러와 트러스트의 흉악한 관행에 대한 분노와 비난이 흐르고 있었다. 타벨의 말을 빌리면, 록펠러는 기독교 정신에 충실했다고 알려져 있으나 부도덕한 약탈자였다. 그녀는 "록펠러는 계획적으로 속임수를 써서 경기에 임했으며, 1872년 경쟁자들과 경기를 시작한 이래 한 번이라도 공정한 경기를 한 적이 있는지조차 의심스럽다"라고 비난했다.

이 책의 발간은 중요한 사건이었다. 어떤 잡지는 이 책을 '이 나라에서 발간된 책 중 이런 종류로서는 가장 뛰어난 것'이라고 극찬했다. 새뮤얼 맥클루어는 타벨에게 다음과 같이 말했다. "당신은 오늘날 미국에서 제일 유명한 여성입니다. …… 모든 사람들이 당신에 대해 존경심을 가지고 있어서 나 자신도 당신이 두려울 지경입니다." 후에 그녀는 자신의 책이 유럽에서도 신문에 수시로 오르내리고 있다는 소식을 전해 들었다. 1950년대 말, 타벨의 저서에 호의적이지 않던 뉴저지 스탠더드오일의 사사社史 담당자들도 "아마 이 책은 미국의 경제 및 상업 역사상, 단행본으로서는 가장 많이 팔리고 일반 대중에게 가장 널리 알려진 저서"라고 선언하기에 이르렀다. 이론의 여지는 있었지만, 이 책은 미국에서 발간된 책 중 기업 활동에 가장 강력한 영향을 미친 단행본이었다. 타벨은 "나는 이 회사의 규모나 재산에 대해 어떠한 악의도 갖고 있지 않으며, 그들의 기업 형태에 반대하지도 않았다. 다만 그들이 합병을 통해 회사의 규모나 재산을 늘려나갈 때는 반드시 합법적인 수단을 통해야만 한다는 것이 내 생각이다. 그러나 그들은 공정한 경쟁을 하지 않았고, 바로 이것이 내가 스탠더드오일에 대해 가지고 있던 외경심을 깨뜨렸다"고 설명했다.

스탠더드오일에 대한 아이다 타벨의 기사는 여기서 끝나지 않았다. 1905년 그녀는 록펠러 개인을 상대로 마지막 맹공을 펼쳤다. 그녀의 전기 작가는 다음과 같이 썼다. "타벨은 록펠러가 가짜 약장수의 아들이라고 폭로했고, 대머리에 뚱뚱한 몸집 등 외모까지도 혹평했다." 실제로 그녀는 병으로 인한 탈모가 도덕적 타락의 표시라고 했다. 이런 공격은 오일 리전에서 자랐고 스탠더드오일의 횡포에 고통받은 아버지의 딸로서 행한 궁극적인 복수였을 것이다. 그녀가 이 기사를 쓰고 있을 무렵, 록펠러와의 경쟁에서 패배한 독립계 석유업자였던 그녀의 아버지는 타이터즈빌에서 죽어가고 있었다. 그녀는 원고를 완성하자마자 아버지의 임종을 지키기 위해 달려갔다.

그렇다면 록펠러는 어떻게 반응했을까? 기사가 나가자 오래된 친구 하나가 찾아와, 소위 록펠러의 '여자 친구'인 아이다 타벨에 대한 이야기를 꺼냈다.

록펠러는 이렇게 대답했다. "여보게, 우리가 어릴 때에 비해 세상이 많이 변했다네. 이 세상은 사회주의자와 무정부주의자들로 가득 차 있어. 어떤 사람이 한 분야에서 크게 성공하면 그들이 달려들어 비난을 해대는 세상이네." 훗날 그 친구는 록펠러에 대해 '가끔 머리를 강타 당할 수 있다고 생각하면서 어떠한 가격에도 흔들리지 않는 격투기 선수의 태도'라고 묘사했다. 또한 그는 "록펠러 자신은 스탠더드오일이 세상에 해를 끼친 것보다 공헌을 많이 했다고 주장했다"라고 회상했다. 록펠러는 때로 그의 '여자 친구'를 '미스 타르 배럴Miss Tar Barrel(원유 통)'이라는 애칭으로 부르기도 했다. [7]

트러스트 퇴치자

타벨은 분명 사회주의자가 아니었다. 스탠더드오일 공격에 목적이 있었다면 대기업의 전횡에 맞설 세력이 필요하다는 호소를 하기 위해서였다. 1901년 매킨리 대통령의 암살로 새로운 대통령이 된 루스벨트에게 대항 세력은 오직 하나, 곧 정부였다.

루스벨트는 진보주의 운동을 실현한 인물이다. 당시까지 역대 대통령 중 최연소였던 그는 열정이 넘쳤다. 그는 '바지 입은 증기 롤러a steamroller in trousers' 또는 '시대의 유성流星, the meteor of the age'이라는 별명으로 불렸다. 어느 기자는 루스벨트가 "집에 가서, 옷에서 인격을 짜 내세요"라고 말했다고 썼다. 러일 전쟁의 중재부터 철자綴字 단순화에 이르기까지, 그는 매사에 열정적으로 개혁 의견을 수렴했다. 그는 러일 전쟁을 중재한 공로로 1906년 노벨평화상을 받았다. 또 같은 해에 정부 인쇄소를 동원해서 'dropped'를 'dropt'로 고치는 등 빈번하게 사용되는 철자 300여 개를 단순화했다. 연방 최고법원은 법률 문서에 단순 철자를 채택하기를 거부했으나, 루스벨트는 사적인 서신에서 이를 고수했다.

진보주의 운동 계열의 기자들을 향해 '추문 폭로자'라고 최초로 이름 붙인 인물이 바로 루스벨트였다. 그는 정치가와 기업에 대한 공격이 지나치게 부정적일 뿐 아니라 '비도덕적이고 저열하다'고 느꼈기 때문에 조롱 섞인 의미로 이 말을 사용했다. 루스벨트는 그들의 기사가 혁명의 도화선이 되거나 국민을 사회주의나 무정부주의로 몰고 가지나 않을지 우려했다. 그러나 철도 및 정육업에 대한 규제, 식료품과 약물의 통제 등을 포함한 그들의 주장을 수용했다. 모든 정책의 중심에 기업 규제가 자리 잡고 있어서 '트러스트 퇴치자'라는 별명이 붙을 정도였다. 하지만 루스벨트는 트러스트 자체를 반대한 것이 아니다. 실제로 그는 기업합병이 경제 발전에 따른 논리적이고 불가피한 특성이라고 이해하고 있었다. 그는 봄철의 미시시피 강 범람을 막는 것만큼 어렵기는 하지만, 입법을 통해 기업합병을 되돌릴 수 있다고 말하기도 했다. 그는 "제방을 이용해 그들을 규제하고 통제할 수 있다"라고 말했는데, 즉 규제와 공적인 감시를 이용하자는 것이다. 그는 이 같은 개혁이 급진주의와 혁명을 미연에 잠재우고 미국의 체제를 수호하는 데 필수적이라고 생각했다. 루스벨트는 '양호한' 트러스트와 '불량한' 트러스트를 구분했다. 후자만이 해체되어야 한다고 생각하고 일을 추진해나갔다. 그의 행정부는 적어도 45개의 반트러스트 조치를 취했다.

트러스트의 효시인 스탠더드오일은 계속해서 공격의 중심이 되었다. 루스벨트에게 가장 유용한 목표 중 하나였던 셈이다. 혈기왕성한 기사騎士에게 가장 마음에 드는 용龍이었고, 창 싸움을 하기에 가장 좋은 상대였다. 그러나 1904년 대통령 선거를 앞둔 루스벨트는 여전히 대기업의 지원이 필요했고, 스탠더드오일의 중역들은 그에게 손을 뻗치려 노력했다. 한번은 스탠더드오일 자회사의 회장이며 스탠더드오일에 우호적인 하원의원이 아치볼드에게

"루스벨트는 스탠더드오일이 자신에게 적대적이라고 생각합니다"라고 전했다. 그 말을 들은 아치볼드는 "반대로 나는 루스벨트 대통령의 추종자이고, 그가 쓴 책은 모두 읽었으며 그 모두를 잘 제본해서 서재에 보관하고 있소"라고 대답했다.

이 하원의원의 머릿속에 글을 쓰는 사람은 틀림없이 아첨에 약하며, 특히 루스벨트 대통령처럼 책을 많이 쓴 사람은 더욱 그러하리란 생각이 스치고 지나갔다. 그는 루스벨트에게 아치볼드가 존경하고 있다는 말을 전했고, 이를 빌미로 면담을 주선하려 했다. 그는 아치볼드에게 의기양양하게 편지를 썼다. "그를 만나기 전에 그 책들의 목차라도 읽어서 기억해두는 편이 좋을 것입니다." 결국 아치볼드는 루스벨트와 만날 수는 있었지만 더 이상 진전되지는 않았다. 몇 년 후 그는 화가 나서 말했다. "1904년 선거 이후 우리는 루스벨트 행정부로부터 털끝만큼의 배려도 받지 못했다."

대통령 선거 전날, 민주당 의원들은 아치볼드와 로저스가 헌납한 10만 달러를 포함해 대기업들이 공화당에 선거운동 자금을 기부한 사실을 문제 삼았다. 루스벨트는 수십만 달러를 돌려보내라고 지시하면서, 미국은 이제 '공정한 거래'를 할 것임을 천명했다. 헌금을 실제로 돌려주었는지는 별개의 문제였다. "1904년 10월 어느 날, 집무실에 들어갔더니 루스벨트 대통령이 스탠더드오일 앞으로 헌금 반환 공문을 보내라고 지시했습니다." 당시 법무장관 필랜더 녹스가 루스벨트의 후임인 윌리엄 하워드 태프트 대통령에게 한 말이다. 녹스는 자신이 다음과 같이 대답했다고 덧붙였다. "각하, 그 돈을 다 썼습니다. 반환할 수도 없고 다시 모을 수도 없습니다." 그러자 루스벨트는 이렇게 대답했다. "좋소. 그래도 이 공문은 기록으로 남지 않겠소?"

1904년 루스벨트가 대통령에 재선된 직후, 그의 행정부는 스탠더드오일과 석유산업을 조사하는 일에 착수했다. 그 결과 스탠더드오일의 수송 부문

트러스트에 대한 비난이 높아졌고, 더욱이 루스벨트가 개인적으로 스탠더드 오일을 비판함으로써 비난은 더욱 고조되었다. 스탠더드오일에 대한 압박이 너무 노골적이어서, 1906년 3월 아치볼드와 로저스는 스탠더드오일에 대한 입법 조치의 중단을 호소하기 위해 급하게 워싱턴에 갔다. 루스벨트를 만난 뒤 아치볼드는 동료 이사인 플래글러에게 다음과 같은 편지를 보냈다. "우리 는 계속 조사받았고, 계속 보고했고, 다른 기업들이 버틸 수 있는 만큼은 버틸 수 있다고 말했어요. 그는 우리가 하는 말을 인내심을 가지고 들었고 꽤 감명 받았을 거라고 생각합니다. …… 대통령과의 면담이 실패했다고는 생각하지 않아요."[8]

록펠러와 소송전

그러나 그것은 아치볼드의 오판이었을 뿐 아니라, 결과적으로 동료들까 지 속인 셈이 되었다. 1906년 11월, 마침내 일이 터졌다. 루스벨트 행정부는 1890년 제정된 '셔먼 반독점법'이 규정하는 공정거래 위반을 공모했다는 혐의 로, 세인트루이스의 연방 순회 재판소에 스탠더드오일을 기소했다. 재판이 진 행되자 루스벨트는 대중의 분노에 불을 붙였다. 그는 "이들은 지난 6년 동안 의회에서 통과된 공정거래 규칙을 모두 어겼다"라고 선언했다. 루스벨트는 사적인 자리에서도 법무장관에게 "스탠더드오일의 중역들은 미국 최대의 범 죄자들"이라고 말했다. 미 육군도 스탠더드오일에서 석유를 구매하지 않겠다 고 발표했다. 민주당의 만년 대통령 후보인 브라이언도 이에 질세라 "록펠러 를 감옥에 보내는 것이 최선이다"라고 선언했다.

스탠더드오일은 생사의 기로에 서 있음을 깨달았다. 상황이 바뀌어 이제 는 정부가 스탠더드오일에 '진땀good sweating' 정책을 가하고 있었다. 한 중역은 록펠러에게 다음과 같은 서한을 보냈다. "루스벨트 행정부는 고의적으로 우리 회사와 관계자들을 괴멸시키려는 운동을 전개하고 있습니다. 그들은 목적 달성을 위해 모든 수단을 동원하고 있습니다." 스탠더드오일은 스스로를 방어하기 위해 미국 법조계에서 가장 이름난 변호사들로 대규모 변호인단을 구성했다. 정부 측 변호사는 프랑크 켈로그라는 상법 전문 변호사로, 20년 후 국무장관이 된 인물이다. 2년이 넘는 재판 기간 동안 444명의 증인이 증언했고, 증거물 1,317건이 채택되었다. 법정 기록은 1만 4,495페이지로 21권이나 되었다. 후에 대법원은 이 법정 기록에 대해 이렇게 말했다. "실로 분량이 방대하다. …… 거의 40년에 걸친, 다양하고 복잡한 상업 거래와 관련된 엄청난 양의, 서로 충돌하는 증언을 담은 것이다."

스탠더드오일을 상대로 다른 소송과 재판들도 진행되고 있었다. 아치볼드는 이와 같은 사법적 · 행정적 공격들을 무시하려 했다. 그는 많은 청중이 모인 연회에서 다음과 같이 말했다. "나는 44년의 짧은 생애 동안 미국과 워싱턴, 그리고 외국에서 석유와 석유제품의 교역과 통상을 제한하려는 노력을 줄기차게 해왔습니다. 내가 여러분 앞에서 이 비밀을 털어놓는 것은 여러분이 나를 이 사회에서 추방하지 않으리라고 굳게 믿기 때문입니다." 이런 농담 섞인 말에도 불구하고 그와 동료들은 사태를 깊이 우려하고 있었다. 아치볼드는 1907년 사적인 편지에서 이렇게 썼다. "연방정부는 가장 강력한 조치를 취하고 있다. 대통령이 판사들을 임명하면, 그들이 심판관이 되어 우리의 재판을 관장하고 있다. 그들이 군중을 선동해 우리에게 해를 입히는 데는 성공할지 몰라도 우리를 집어삼킬 수는 없으리라고 생각한다. 우리는 주주들을 보호하기 위해 최선을 다해야 하며, 이 이상은 할 말이 없다."

같은 해에 열린 또 다른 재판에서는, 후에 프로야구 초대 커미셔너로 변신해 유명해진 랜디스 연방 판사가, 리베이트를 받는 과정에서 법률을 위반했다는 혐의로 스탠더드오일에 거액의 벌금을 부과했다. 그는 스탠더드오일 변호사들의 '고의적 무례'를 비난하고 '불충분한 처벌'을 유감으로 생각한다고 말했다. 집배원이 속달우편으로 발송된 판사의 판결문을 가지고 왔을 때, 록펠러는 클리블랜드에서 친구들과 골프를 치고 있었다. 록펠러는 판결문 내용을 읽은 후 주머니에 넣었다. 그는 다음과 같이 말하면서 침묵을 깼다. "자, 여러분, 계속합시다." 그곳에 있던 사람들 중 하나가 궁금함을 참지 못하고 벌금이 얼마나 나왔는지 묻자 록펠러가 대답했다. "아무리 많이 매겨도 2,900만 달러는 넘지 않을 것입니다." 그리고 잠시 생각한 뒤 말했다. "이 벌금이 다 지급되기 전까지 랜디스 판사는 오랫동안 죽어지내게 될 것입니다." 이 말 한마디를 내뱉은 후, 그는 동요 없이 다시 골프를 시작했고 생애 최고의 점수를 기록했다. 랜디스 판사의 판결은 결국 상급심에서 번복되었다.[9]

그러나 1909년 반트러스트 소송의 본 재판에서 연방 순회 재판소는 정부 승소 판결을 내리고 스탠더드오일의 해체를 명령했다. 퇴임한 루스벨트는 아프리카의 사파리 여행에서 돌아오면서 화이트 나일에 묵던 중 이 소식을 들었다. 그는 매우 기뻐하면서 그 판결이 '미국의 체면을 세워준 위대한 승리의 하나'라고 치켜세웠다. 스탠더드오일은 즉시 연방 최고재판소에 상고했다. 재판이 진행되는 도중에 판사 두 명이 사망하는 바람에 심리를 두 번이나 해야 했다. 산업계와 금융계는 온 신경을 곤두세우고 판결 결과를 기다렸다.

마침내 1911년 5월, 유난히 지루한 오후가 저물어갈 무렵 대법원장 화이트가 말문을 열었다. "소송 번호 398번, 미국 정부와 스탠더드오일 간의 소송 건에 대한 최고재판소의 견해를 발표합니다." 답답하고 가라앉아 있으며, 기분 나쁠 정도로 무덥던 법정에 생기가 돌면서 모두들 발표를 듣기 위해 귀를 기울였다. 상하원 의원들도 급히 법정으로 달려왔다. 화이트 대법원장은 49분간 발표문을 읽어 내려갔는데, 가끔 잘 들리지 않아서 그의 바로 왼쪽에 있던 판사는 몸을 굽혀야 했고, 중요한 말들을 잘 들을 수 있도록 목소리를 높여 달라고 요청했다. 대법원장은 '셔먼 법'에 규정된 영업 제한에 대한 법적 해석은 '합리의 원칙Rule of Reason'에 근거해야 한다는 새로운 원칙을 도입했다. 즉 '제한'은 비합리적이고 공공의 이익에 반했을 때에만 처벌받게 된다는 것이다. 이 재판은 명백히 그 원칙을 따랐다. 대법원장은 다음과 같이 선언했다.

"1870년 이후 문제가 되고 있는 기간에 대해 공정한 조사를 벌인 결과, 영업과 조직화의 천재가 다른 사람들의 영업권을 배제할 의도로 그들의 궁극의 목적인 지배권을 획득했다는 결론에 도달하지 않을 수 없었다." 재판관들이 연방 순회 재판소의 판결을 지지하면서 스탠더드오일은 해체될 운명에 처했다.

브로드웨이의 스탠더드오일 본사에 있는 록펠러의 사무실에 중역들이 모여 침울한 분위기 속에서 법원의 판결 결과를 기다리고 있었다. 시간이 지나도 입을 여는 사람이 없었다. 아치볼드는 긴장된 표정으로 타전되는 기사를 자세히 보려고 전신 수신기 위로 몸을 굽혔다. 소식이 들어오자 모두 충격에 빠졌다. '6개월 내에 스탠더드오일은 스스로 해체하라'는 판결을 예상한 사람은 아무도 없었다. '우리들의 계획'은 법원의 명령으로 물거품이 되었다. 쥐 죽은 듯한 침묵만이 흘렀다. 아치볼드는 수십 년 전 소년 시절, 타이터즈빌에서 석유를 싸게 사기 위해 진창길을 건너가면서 그랬듯 휘파람을 낮게 불기 시작했다. 그리고 벽난로 옆으로 걸어가 잠시 생각한 후 입을 열었다. "자, 여러분, 어차피 인생이란 고난의 연속이 아니겠습니까?" 그는 다시 휘파람을 불었다.[10]

스탠더드오일의 해체

법원의 판결이 내려지자 스탠더드오일의 중역들은 긴급하고도 중요한 문제에 직면했다. 법원이 명령한 것은 기업의 해체, 하나였다. 그러나 이 거대하고 복잡하게 연결된 제국을 어떻게 정확하게 분리할 수 있겠는가? 막막하다고 말할 수밖에 없었다. 스탠더드오일은 펜실베이니아, 오하이오, 인디애나 주에서 생산된 석유의 5분의 4를 수송했다. 그리고 미국 전체 원유의 4분의 3 이상을 정제했고, 전체 유조차의 절반 이상을 소유했으며, 내수 및 수출용 휘발유의 5분의 4 이상을 판매했고, 철도회사가 사용하는 윤활유의 10분의 9 이상을 판매했다. 또한 700종류 이상의 양초 3억 개를 포함한 여러 종류의 막대한 부산물을 판매했다. 심지어는 기선 78척과 범선 19척을 포함한 자체 해군을 운영하고 있었다. 이 모든 것을 어떻게 분할할 수 있을까? 브로드웨이 26번지에는 침묵만이 흘렀고 소문도 무성했다. 1911년 7월 말, 드디어 스탠더드오일은 회사 해체를 위한 계획을 발표했다.

스탠더드오일은 몇 개의 사업 주체로 분할되었다. 이들 중 가장 큰 것은 지주회사였던 뉴저지 스탠더드오일로, 총 순자산의 절반 가까이를 차지했다. 이것은 나중에 엑슨Exxon이 되어 계속 주도권을 행사했다. 두 번째로 큰 것이 순자산의 9%를 보유한 뉴욕 스탠더드오일로, 나중에 모빌Mobil이 되었다. 캘리포니아 스탠더드오일은 쉐브론Chevron이 되었고, 오하이오 스탠더드오일은 소하이오Sohio가 되었다가 나중에는 영국 석유British Petroleum, BP의 미국 판매회사가 되었다. 또한 인디애나 스탠더드는 아모코Amoco가 되었고, 콘티넨털 오일은 코노코Conoco가 되었으며, 애틀랜틱은 아르코ARCO의 일부가 되었다가 훗날 선Sun사에 흡수되었다. 스탠더드오일의 간부 하나는 씁쓸한 표정으로 말했다. "우리는 이 새로운 회사들을 운영하기 위해 사환들까지 내보내야 했다."

이렇게 새롭게 만들어진 회사들은 임원의 중복을 피하고 분리 독립되었음에도 불구하고 대부분 서로의 상권을 존중했고 옛날의 영업 관계를 지속했다. 이들은 각자의 관할구역 내에서만 급속한 수요 증가를 이루었고, 그들 간의 경쟁은 별 진전이 없었다. 이와 같은 무기력증은 해체 과정에서 한 가지 법적 사실을 간과했기 때문이다. 스탠더드오일의 간부들 중 판권이나 상표의 소유권에 대해 생각한 사람은 없었다. 그래서 새로운 회사들이 모두 폴라린Polarine, 퍼펙션 오일P0erfection Oil, 레드 크라운 가솔린Red Crown Gasoline 같은 옛날 상표로 판매를 시작한 것이다. 따라서 한 회사가 다른 회사의 영역에 들어갈 기회는 극도로 제한되었다.

미국의 언론과 정치권은 석유의 수송, 정제, 판매 부문에 대해 경쟁할 것을 재차 강요했다. 그러나 이 공룡 기업이 없어진다면 엄청난 대가를 치러야 할 것은 분명했다. 스탠더드오일 입장에서는 세상이 너무 빠르게 변하고 있었고, 관리 체계는 점차 경직되었다. 특히 일선에서 뛰던 사람들에게는 더 그랬다. 회사 분할에 따라 이들은 자신의 뜻에 따라 운영할 기회를 얻게 되었다. 인디애나 스탠더드의 사장은 훗날 이렇게 회고했다. "오랫동안 기다리던 젊은이들에게 기회가 주어졌습니다." 여러 후계 회사의 중역에게는 큰 자유가 주어졌다. 자본금을 5,000달러 이상 투자하거나 병원에 50달러 이상 기부할 때, 더 이상 브로드웨이 26번지의 승인을 받지 않아도 된 것이다.[11]

기술 개방

회사 분할의 결과 나타난 또 다른 현상은 미처 예상치 못한 것인데, 그동안 브로드웨이 26번지가 쥐고 있던 기술혁신에 대한 엄격한 통제가 풀리기 시작한 것이다. 특히 인디애나 스탠더드는 중요한 시기임에도 불구하고 아직 미숙함을 벗어나지 못하던 국내 자동차산업을 위해, 석유 정제 기술 면에서 신속히 큰 진전을 이룸으로써 미국에서 가장 중요한 시장이 된 휘발유 시장을 장악하게 되었다.

기존 정제 기술로는 원유에서 뽑아낼 수 있는 자연 휘발유가 15~18%였고, 많아야 20% 수준이었다. 당시 휘발유는 폭발 위험성이 높고 인화성이 강해 쓸모없는 물질로 여겨졌다. 그러나 휘발유 자동차가 급격히 증가하면서 상황이 바뀌었다. 휘발유 공급이 곧 부족해지리라는 것이 확실해진 것이다.

이 문제를 가장 명확하게 인식한 사람 중 하나가 인디애나 스탠더드의 공장장인 윌리엄 버튼이었다. 그는 존스홉킨스 대학 출신의 화공학 박사로, 미국 산업계에서 활약하는 몇 안 되는 과학자 중 하나였다. 1889년 스탠더드오일에 입사한 그는 '스컹크 주스'라고 불리던 리마 원유의 고약한 냄새를 제거하는 임무를 맡았다. 스탠더드오일의 해체 결정이 나기 2년 전인 1909년, 휘발유 공급 부족을 예상한 버튼은 존스홉킨스 출신 박사들로 구성된 연구팀에게 휘발유 생산을 늘릴 기술을 개발하라고 지시했다. 그는 스탠더드오일 본사의 재가도 받지 않고 시카고에 있는 인디애나 자회사의 중역들에게 알리지도 않은 채 연구에 착수했다. 그는 연구원들에게, 연구의 목적은 가능한 모든 생각을 시도하는 데 있다고 말했다. 즉 유용성이 낮은 탄화수소의 큰 분자들을 '분해'하거나 '분류分溜'해 자동차 연료로 사용할 수 있는 작은 분자로 만드는 데 있었다.

성공 가능성은 거의 없어 보였다. 그러다가 비교적 저가인 경유를 고압 상태에서 343℃ 이상 고열을 가하는 '열분해' 실험을 했다. 과학자들은 매우 신중을 기했다. 이런 조건에서 석유가 어떻게 반응할지 아무도 몰랐으므로 정유업에 종사해온 사람들도 겁을 먹었다. 보일러 기사들이 실험을 기피했으므로, 과학자들 스스로 끓고 있는 증류장치를 올려놓고 누출되는 부분을 틀어막아야 했다. 어쨌든 버튼의 생각이 맞았다. 경유에서 합성 휘발유가 만들어졌고, 휘발유의 수율이 최고 45%에 달해 두 배 이상으로 늘어났다. 석유업계의 연구원은 다음과 같이 말했다. "이 열분해법은 현대 들어 가장 위대한 발명 중 하나다. 그 결과 석유산업은 화학으로 대변혁을 이룩한 최초이자 최대 산업이 되었다."

기술의 발명과 그 기술의 상업화는 별개의 문제다. 버튼은 열분해 증류장치 100대를 설치하기 위해 스탠더드오일 본사에 100만 달러를 요청했지만, 본사에서는 설명 한마디 없이 단호하게 거절했다. 본사에서는 그의 생각이 완전히 어리석다고 여겼다. 중역 한 사람은 다음과 같은 시적인 표현을 했다. "버튼은 인디애나 주 전체를 미시간 호까지 날려서 통째로 빠뜨려버릴 생각인 것 같다." 그러나 스탠더드오일 해체 직후, 이제 독립회사가 된 인디애나 스탠더드의 중역들은 버튼을 여러 번 접촉하면서 신뢰를 가지게 되었다. 비록 중역 한 사람이 "당신은 우리를 멸망시키고 말 거요"라는 농을 하긴 했지만 버튼의 제안을 허락했다.

허락은 시기적절했다. 자동차의 급증에 따라 이미 전 세계가 휘발유 품귀 현상을 겪고 있었다. 1910년 휘발유 판매량이 처음으로 등유 판매량을 넘어섰고, 휘발유 수요는 하늘 높은 줄 모르고 치솟았다. 이제 휘발유의 시대가 왔지만 아직 미숙한 단계에 있던 미국 자동차업계는 연료 부족이 큰 장애가 되었다. 휘발유 가격은 1911년 10월 갤런당 9.5센트에서 1913년 1월에는 17센트로 인상되었다. 런던과 파리에서는 1갤런에 50센트나 했고, 유럽 다른 지역에서는 1달러를 호가했다.

그러나 스탠더드오일 해체 1주년도 되기 전인 1913년, 버튼의 증류장치가 가동에 들어갔고 인디애나 스탠더드는 '열분해법'에 의해 만든 신제품 휘발유의 가능성을 발표했다. 버튼은 다음과 같이 당시를 회고했다. "우리는 엄청난 위험을 안고 있었지만 정말 운 좋게도 초기에 큰 실패를 겪지 않았다." 그의 열분해 공정 덕분에 석유산업은 정제 공정에서 유례없는 유연성을 갖게 되었다. 석유제품 생산은 더 이상 원유의 성분에 영향받지 않게 되었다. 분자들을 조작함으로써 필요한 제품의 생산을 늘릴 수 있게 되었기 때문이다. 더구나 열분해법으로 생산된 휘발유는 자연 상태의 휘발유보다 옥탄가(價)가 높아서 고압축 엔진에서 고출력을 낼 수 있었다.

열분해법이 성공하면서 인디애나 스탠더드는 한 가지 딜레마에 빠졌다. 이 기술의 특허를 사용하도록 인가해줄 것인지를 놓고 내부에서 격렬한 논쟁이 벌어진 것이다. 단순히 경쟁 업자들을 유리하게 할 뿐이라고 주장하는 사람도 있었지만, 1914년 인디애나 스탠더드는 '상당한 수입'을 올린다는 전제하에 관할구역 밖에 있는 회사들에 그 기술의 사용 인가를 내주기 시작했다. 특허 사용 인가에 따른 수입은 상당했다. 1914년부터 1919년까지 14개 회사에서 특허 사용료가 들어왔다. 인디애나 스탠더드는 모든 회사들에 똑같은 조건을 제시했지만, 뉴저지 스탠더드는 더 유리한 조건을 요구했다. 과거 스탠더드오일의 모기업으로서 당연히 특혜를 받을 권리가 있으며, 자신들은 인디애나 스탠더드를 고립시킬 능력이 있다고 생각한 것이다. 그러나 인디애나 스탠더드는 꿈쩍도 하지 않았다. 1915년 마침내 뉴저지 스탠더드는 인디애나 스탠더드가 제시한 특허 사용 인가 조건을 받아들였다. 그 후 뉴저지 스탠더드의 사장이 매달 해야 할 일 중 가장 성가신 것이 인디애나 스탠더드에 엄청난 액수의 특허 사용료를 지불하기 위해 수표에 서명하는 일이었다고 전해진다.[12]

진정한 승리자

20세기가 시작되자마자 매우 빠른 속도로 석유업계의 새 시대가 열리기 시작했다. 자동차의 급증과 텍사스, 오클라호마, 캘리포니아, 캔자스 등지의 새로운 유전 발견, 새로운 경쟁 업자의 출현, 신기술 개발이 동시에 벌어진 것이다. 물론 스탠더드오일의 해체와 이로 인한 석유산업의 재편도 큰 영향을 미쳤다.

스탠더드오일이 해체되기 직전의 일이다. 록펠러의 고문 가운데 한 사람은 스탠더드오일의 해체와 함께 주식이 폭락하게 될 테니 당장 주식을 팔아야 한다고 말했다. 하지만 록펠러는 거부했다. 그리고 록펠러가 앞날을 더 잘 예측했음이 판명되었다. 스탠더드오일 후계 회사들의 주식은 뉴저지 스탠더드의 주주들에게 비례 배분되었다. 그러나 스탠더드오일이 해체되면 각 후계 회사들의 주식 가치는 곧 전체 주식의 가치를 능가할 것이었다. 스탠더드오일이 해체된 지 1년 이내에 후계 회사들의 주가는 대부분 두 배로 뛰었고, 인디애나 스탠더드는 무려 세 배로 뛰었다. 모든 주식의 4분의 1을 소유한 록펠러보다 더 부자가 된 사람은 없었다. 해체 이후 각종 주가가 상승하면서 록펠러의 개인 재산은 9억 달러(현재 90억 달러 상당)가 되었다. 1912년 퇴임 4주년을 맞은 루스벨트는 다시 백악관으로 진출하려고 시도했고, 따라서 다시 한 번 스탠더드오일이 표적이 되었다. 그는 선거운동을 하면서 스탠더드오일과 록펠러를 맹렬히 비난했다. "주가가 10% 이상 오르면서 록펠러와 공동 경영자들의 재산은 두 배로 불어났습니다. 이제 월스트리트에서는 이런 기도를 드려야 할 판입니다. 오, 자비로운 신이시여! 다시 한 번 해체해주시옵소서."[13]

06

석유 전쟁

1896년 가을, 영국 청년이 보르네오의 동안東岸에 있는, 외지고 광활한 정글 쿠테이로 가는 길에 잠시 싱가포르를 방문했다. 그는 한때 극동에서 생활한 적이 있고, 석유업계에서 어느 정도 명성을 얻고 있었다. 싱가포르에 주재하고 있는 스탠더드오일의 직원은 신속히 이 사실을 뉴욕에 보고했다. "마커스 새뮤얼의 조카이면서 새뮤얼 신디케이트의 직원이라고 하는 에이브러햄스가 런던에서 이곳에 도착하자마자 쿠테이를 향해 떠났습니다. 새뮤얼 일가가 쿠테이에 막대한 석유 개발권을 갖고 있다는 소문이 있습니다. 에이브러햄스는 싱가포르와 페낭에서 러시아산 석유사업을 시작했고 그 두 곳에 공장을 설립했기 때문에, 그가 쿠테이를 방문한 데는 무언가 특별한 목적이 있는 것 같습니다." 그것은 사실이었다. 왜냐하면 새뮤얼의 석유회사는 그 지위를 유지하고 생존하기 위해 석유 개발권을 절실히 필요로 했고, 그것을 얻기 위해 에이브러햄스를 급히 파견했던 것이다.

마커스 새뮤얼은 이런 일을 추진할 때 자신이 세운 원칙을 따랐다. 원칙이란 균형을 추구하는 것을 의미했다. 사업을 할 때 한 부분에 투자하면 기존 투자의 생존 능력을 보호하기 위해 다른 부분의 신규 투자가 필요해진다. 석유 생산업자에게 석유가 가치 있으려면 판매시장은 절대적인 것이다. 새뮤얼은 언젠가 이렇게 말한 적이 있다. "나는 단순한 석유 생산에는 최소한의 가치와 흥미만을 갖고 있다. 반드시 판매시장 개발이 필요하다." 마찬가지로 석유 정제업자에게도 공급 판로와 시장이 필요하다. 사용되지 않는 정유공장은 고철이나 중고 파이프에 지나지 않는다. 그리고 유통업자에게는 그 유통 체계에서 유통할 석유가 필요하다. 그렇지 못하면 재정적 손실만이 따를 뿐이다. 이런 각 부문의 각기 다른 욕구는 시대에 따라 변하지만 기본적인 명제는 불변이다.

마커스 새뮤얼은 1890년대 후반까지 유조선과 저장 시설에 많은 투자를 했으므로, 안정적인 석유 공급원 확보가 절대적으로 필요했다. 그는 무역업자나 상인으로서는 매우 큰 약점이 있었다. 로스차일드사와의 러시아산 석유 공급 계약은 1900년 10월 끝날 계획인데 계약 갱신 여부가 매우 불투명했다. 로스차일드사와의 관계가 그리 좋지 않았기 때문에, 그에게 등을 돌리고 스탠더드오일과 거래할 수도 있었다. 또한 러시아산 석유에만 의존하는 것은 늘 불안했다. 러시아 경제가 계속 혼란스러워서 수시로 수송비가 달라졌다. 새뮤얼은 이에 대해 불평하면서도 그럭저럭 꾸려나갔다. 이런 사정으로 마커스 새뮤얼은 러시아 무역에서 강력한 경쟁자인 미국보다 훨씬 불리한 입장이었다. 또 다른 어려움도 있었다. 네덜란드령인 동인도제도의 석유는 짧은 수송 거리와 낮은 운송비 덕분에 거래량이 계속 증가해, 극동 지역에서 우위에 있던 새뮤얼의 회사를 위협했다. 게다가 스탠더드오일이 셸을 붕괴시키기 위해 언제 한 판 승부를 걸어올지도 몰랐다. 새뮤얼은 자신의 시장과 투자금을 보호하기 위해 생산 능력과 원유를 확보할 필요성이 있음을 깨달았다. 사실상 살아남기 위한 노력이었다. 그의 전기 작가는 '석유를 찾는 일에는 광포한 전사와 같았

다'라고 그를 묘사했다.[1]

조명용에서 동력원으로

1895년 새뮤얼은 네덜란드인 채광 기사의 노력으로 보르네오 동부 쿠테이에서 채굴권을 획득할 수 있었다. 그 채광 기사는 성년 시절을 모두 동인도 제도의 정글에서 보낸, 나이가 지긋한 사람이었는데 망상에 사로잡혀 있었다. 새뮤얼이 획득한 채굴권은 해안을 따라 50마일 이상 정글로 이어지는 오지에 있었다. 바로 이곳에 마크 에이브러햄스가 파견되었다. 그는 석유를 시추하고 정제한 경험이 없었다. 극동 지역에서 저장탱크를 건설한 적은 있었지만, 지금처럼 새롭고 어려운 사업을 준비해본 적은 없었던 것이다.

에이브러햄스의 경험과 기술이 부족했기 때문에 마커스 새뮤얼은 더 큰 어려움을 겪어야 했다. 에이브러햄스는 조직관리와 체계적 분석, 계획의 중요성을 간과했고, 관리 능력이 부족했으며, 유능한 직원들을 제대로 활용하지 못했다. 보르네오 정글에서의 사업은 큰 어려움에 봉착했다. 배는 늘 제시간에 도착하지 못했고, 엉뚱한 장비들을 싣고 오기도 했으며, 적재 목록조차 없기 일쑤였다. 화물은 해변에 아무렇게나 내려졌으므로 노동자들이 이를 정리하느라 다른 일을 하지 못했고, 각종 장비는 우거진 수목 속에 파묻혀 녹슬고 쓸모없게 되어버렸다.

사실 그 사업은 이런 문제가 없었더라도 매우 어려운 일이었다. 보르네오는 수마트라보다 외부세계에서 고립된 지역이다. 가장 가까운 보급품 및 장비 저장소가 1,000마일이나 떨어진 싱가포르에 있었는데, 싱가포르를 왕래하는 교통수단은 매주 또는 격주로 운영되는 특별선뿐이었다. 채굴 지역 여기저기에 고립되어 있는 노동자들은 늘 정글과 싸워야 했다. 그들은 정글을 관통해 유정이 있는 블랙 스팟까지 4마일에 달하는 길을 힘들여 만들었는데, 불과 몇 주도 안 되어 길은 다시 풀로 뒤덮이고 말았다. 그런 공사는 중국인 품팔이 인부들이 맡았다. 그 지역의 인력 담당자들은 안정된 일자리를 제공할 필요가 없었다. 거기서 일하는 사람들 모두가 항상 질병과 열병에 시달렸다. 에이브러햄스도 보고서를 작성하느라 밤을 지새우다 종종 열병에 걸려 헛소리를 하기도 했다. 중국인, 유럽인 감독, 캐나다 굴착공 등 노동자의 사망률이 매우 높았다. 어떤 사람은 도착하기도 전에 배에서 사망했다. 집을 짓거나 다리를 세우거나 부두를 건설할 때 사용하려고 했던 목재는 금방 썩어버렸다. 그들은 '폭염, 부패, 열대성 폭우' 등과 같은 악조건에서 일했다.

런던에 있는 새뮤얼과 보르네오에 있는 에이브러햄스는, 극동 지역에 저장탱크를 건설할 때처럼 서로를 비난하는 서신을 주고받기 시작했다. 에이브러햄스가 아무리 힘든 일을 해내도 삼촌들은 못마땅해 했다. 삼촌들은 정글의 현실을 전혀 몰랐다. 유럽인들을 위해 현지에 지은 집인 '빌라'가 너무 사치스러워 '휴양지의 별장' 같다고 나무라자, 화가 난 에이브러햄스는 "삼촌이 사는 '빌라'는 너무 날림으로 지어져 조금만 폭풍우가 쳐도 지붕 전체가 날아가 버릴 겁니다. 우리가 이곳에 처음 도착했을 때 살았던 집은 돼지우리나 다름없었습니다"라고 대꾸했다.

그 모든 어려움에도 불구하고 1897년 2월에 유정이 처음 발견됐고, 1898년 4월에는 석유가 분출되기 시작했다. 그러나 그 후에도 석유가 상품 가치를 갖기까지는 많은 노력이 필요했다. 보르네오 원유는 화학적 특성상 등유를 거의 생산하지 못했지만, 정제하지 않은 상태로 연료로 사용할 수는 있었다. 새뮤얼은 이런 보르네오산 중질유의 품질을 확인한 후 열정적으로 집착하기 시작했고 "석유는 연료로 사용하는 것이 가장 합리적이다"라고 말했다. 그는 19세기 말에 이미 석유의 미래를 내다보고 있었다. 석유는 조명용이 아니라 동력원으로 사용될 것이라고 한 그의 예언은 적중했다. 마커스 새뮤얼은 선박 연료를 석탄에서 석유로 바꾸자고 제안한 최초의 인물이다.

1870년대 동력원으로서의 석유는 소규모 방식으로 사용되었다. 러시아에서는 등유를 정제하고 버려진 찌꺼기를 '오스타트키ostatki'라고 불렀는데, 카스피 해에서 처음으로 선박 연료로 사용하는 데 성공했다. 이런 기술혁신은 순수하게 필요에 의해 이루어졌다. 러시아는 영국에서 석탄을 수입해야 했는데 가격이 매우 비싸고 나무도 부족한 실정이었다. 따라서 새로운 시베리아 횡단 열차는 석탄이나 나무가 아니라 석유를 연료로 사용하기 시작했고, 새뮤얼의 신디케이트가 블라디보스토크를 통해 석유를 공급했다. 더구나 러시아 정부는 1890년대에 경제 개발을 신속히 진행하기 위해서 석유 연료를 장려했다. 영국은 특별한 경우에 열차 연료를 석탄에서 석유로 전환했다. 즉 도심의 매연을 줄이거나 왕족이 움직일 때처럼 특별히 안전성이 요구될 때였다. 그때까지 연료시장의 지배자는 석탄이었다. 석유는 북미와 유럽의 중공업 발달에 크게 기여했으며, 세계의 상선과 해군 함대의 연료로도 공급되었다. 그러나 새뮤얼은 가장 기대했던 영국 해군에서 큰 벽에 부닥쳤다. 10년 이상 영국 해군을 설득하고자 문을 두드렸지만 별다른 성과를 거두지 못한 것이다.[2]

쉘의 등장

새뮤얼은 위안거리를 발견했다. 보르네오에서의 석유사업이 지지부진하자 그는 남들에게 인정받고 자신의 지위를 높이는 일에 힘을 쏟았다. 그 결과 켄트에서 치안판사가 되었고, 예로부터 길드 중에서 가장 존경받는 안경 제조업자 길드의 장이 되었다. 그는 세계에서 가장 강력한 선박이라는 영국 군함이 수에즈 운하 입구에서 좌초되었을 때 운항이 재개되도록 도운 일이 있었는데, 그 일로 훗날 기사 작위를 하사받았다. 1897년 새뮤얼은 사업 조직을 재편성하기 시작했다. 그것은 방어적인 조치였다. 그는 극동 지역에서 탱크 신디케이트를 형성했던 여러 무역상들과 돈독한 관계를 유지하길 바랐다. 그래서 그들 모두를 새로운 회사의 주주로 만든 것이다. 새로운 회사는 그의 석유사업과 유조선뿐 아니라 여러 무역상의 저장 시설들을 모두 합병했는데, 쉘 운송교역 회사라 불렸다.

한편 새뮤얼은 보르네오의 사업에 대해 과대 선전을 했다. 당장은 상업적 생산을 하기 힘들고, 정글 여건이 고통스러울 만큼 어려워 사업 진행이 더딘 상황이었음에도 불구하고 그랬다. 로스차일드사와의 계약을 갱신하려면 보르네오의 쿠테이에 또 다른 공급원이 있는 것처럼 보여야 했기 때문이다. 그 전략은 효과가 있었다. 로스차일드사가 마침내 쉘사와 러시아 석유 공급 계약을 갱신했고, 오히려 재계약 전보다 더 호의를 표했기 때문이다. 그러나 쉘사의 상태는 겉으로는 호전된 것처럼 보였지만 사실상 운명이 위태로웠다. 마커스 새뮤얼은 이제 막 일어나고 있는 시장의 최정상까지 올랐다가 파도처럼 무너질 지경에 처했기 때문이다.

19세기 말은 전 세계에서 석유 붐이 일어난 시기였다. 석유 수요는 급속하게 증가하는데 공급은 부족해 가격이 계속 올라갔다. 1899년 남아프리카에서 일어난 보어 전쟁은 석유 가격을 상승시켰다. 그런데 1900년 가을, 석유 가격이 하락하기 시작했다.

러시아 제국은 최악의 흉년으로 경제적 위기를 겪고 있었다. 석유에 대한 국내 수요가 점점 줄어들자 러시아의 석유 정제 시설들은 수출할 만큼의 등유만 생산하기 시작했다. 이는 세계시장의 석유 공급 과잉을 초래했고 가격이 붕괴되었다. 쉘사의 가장 유망한 시장 중 하나인 중국에서는 외국인 배척을 외치는 '의화단 사건'이 일어났고, 그로 인해 중국 경제 전체가 황폐화 되었다.

쉘은 중국에서 시장 활동이 중단되었을 뿐 아니라 모든 시설을 빼앗겼다.

세계 석유시장의 격변으로 새뮤얼은 심한 타격을 받았다. 가격이 폭락하고 있을 때, 쉘사의 유조탱크엔 값비싼 석유가 가득 차 있었다. 쉘은 유조선 사업을 계속 확장해왔지만 운송비 또한 급격히 하락하고 있었다. 설상가상으로 보르네오의 가능성은 점점 희박해졌고 생산 증가세도 매우 느렸다. 빈약한 정제 시설은 치명적 결함을 드러내고 있었다. 화재, 폭발, 기술적 애로, 안전 사고 등으로 중단되기 일쑤였고 사망한 노동자들도 있었다. 그 모든 어려움에도 불구하고 새뮤얼은 위엄과 평정을 잃지 않았으며 난관에 봉착했을 때 기업가가 지녀야 할 태도를 유지했다. 그는 여전히 매일 아침 애마 듀크를 타고 하이드 파크를 달렸다. 한 영국인 석유 무역업자는 때때로 말을 탄 새뮤얼과 마주쳤다. 그는 새뮤얼이 '말도 사업체를 운영하는 방식처럼 탔다'고 말했다. 자주 낙마하면서도 말 타는 것을 결코 중단하지 않는 모습을 빗댄 말이다.[3]

곤경에 빠진 로열더치

한편 경쟁 기업인 로열더치는 수마트라에서의 생산량이 계속 기록적 증가세를 보이자, 유조선과 저장 시설에 대한 투자를 한층 강화했다. 그들은 장밋빛 미래를 자축하기 위해 1897년 12월 31일에 수마트라에 있는 회사 정제소에서 축하연을 열기로 계획했다. 그날 밤 불꽃놀이와 함께 새 유조선 '술탄 오브 랑카트Sultan of Langkat' 호를 술탄이 직접 영접하는 행사가 시작되자 분위기는 최고조에 달했다. 그러나 밤사이에 퍼진 소문으로 행사의 의미는 반감되었다. 석유탱크 안에서 상당량의 물이 발견되었다는 소문은 유정에 예상치 못한 나쁜 징조가 있음을 의미했다.

그 소문은 사실이었다. 로열더치의 유정에서 석유가 아닌 소금물이 나오기 시작했고, 매장량이 풍부하다고 알려졌던 유전은 고갈되어갔다. 1898년 7월에야 소문이 수그러들었지만 그 후유증으로 암스테르담 증권거래소의 석유 관련 종목은 큰 타격을 받았고, 로열더치사의 주가는 폭락했다. 바로 이때가 스탠더드오일이 로열더치를 값싸게 인수할 수 있는 기회였을 것이다. 하지만 스탠더드오일도 마커스 새뮤얼도 기회를 놓쳤다. 마커스 새뮤얼은 훗날 그 일을 매우 후회했다고 한다.

로열더치는 새로운 유전을 찾으려고 필사적 노력을 기울였다. 수마트라에서 110군데나 시추해서 모두 실패로 돌아갔지만 결코 포기하지 않았다. 석유 개발권을 갖고 있는 수마트라에서 북쪽으로 80마일 거리의 페를락이라는 작은 공국公國에서 액체가 새어 나오는 새로운 굴착 지점을 찾아냈다. 페를락의 국경 지역은 원주민들의 반란으로 혼란스러웠고, 그 지역 영주는 그동안의 수입원이었던 후추를 석유로 바꿔 수입을 늘리려고 애쓰고 있었다. 페를락 원정대는 젊은 엔지니어인 휴고 루돈이 이끌었는데, 그는 기술과 관리에서 능력을 인정받고 있었다. 그는 헝가리에서 토지 개간에 손을 댔었고 트랜스발에서는 철도 건설까지 한 경험이 있었다. 또 동인도제도의 총독을 지냈던 아버지의 영향으로 외교적 수완도 대단히 뛰어났다. 페를락에서 그의 모든 능력들은 빛을 발했다. 루돈은 페를락의 귀족뿐 아니라, 귀족에 맞서 성전을 일으키려고 한 지역 반란군까지도 로열더치에 협조하도록 만들었다.

루돈은 원정대에 각각 전문 분야가 다른 지질학자 몇 명을 포함했다. 1899년 12월 22일, 드디어 굴착에 착수했는데 굴착을 시작한 지 6일 만에 석유를 발견하는 개가를 올렸다. 20세기가 막 시작되면서 로열더치는 사업 재기에 큰 성공을 거두었다. 고품질의 풍부한 석유를 확보한 로열더치는 유럽에 새로 형성된 휘발유 시장에 참여하고자 했다.[4]

최강의 추진력, 헨리 디터딩

1900년 11월, 로열더치의 운명을 책임지고 있던 케슬러는 극동 지역에서 헤이그 본사로 자신이 '신경과민 상태'라는 전보를 쳤다. 그해 12월 계속되는 긴장으로 탈진한 그는 네덜란드에 있는 집으로 가던 도중, 나폴리에서 심장마비로 사망했다. 다음날 헨리 디터딩이라는 정력적인 34세 젊은이가 '임시' 대표로 취임했는데, 그 '임시'라는 직함은 꽤 오랫동안 붙어 있었다. 그 후 35년간 석유 세계를 지배한 것은 디터딩이었다.

헨리 빌헬름 오거스트 디터딩은 1866년 암스테르담에서 출생했다. 선장이었던 아버지는 그가 6세 되던 해에 세상을 떠났지만, 헨리의 형들은 아버지가 남긴 재산으로 교육을 받을 수 있었다. 헨리는 늘 상류사회를 선망했다. 주목받는 학생이었던 그는 록펠러처럼 수학 암산을 척척 해내는 재능이 있었다. 학업을 마친 그는 암스테르담으로 가서 따분하기로 악명 높은 은행업에 투신했다. 그는 곧 회계와 재정에 정통하게 되었고, 취미로 회사의 대차대조표를 공부했다. 그는 누가 경영을 잘하고 누가 못하는지, 다양한 회사들이 어떤 전략을 추구하고 있는지에 관심이 많았다. 그런 탓인지 그가 창업한 사업이 두각을 나타내기 시작했을 때, 사람들은 그를 보고 "대차대조표와 사람을 보는 눈이 살쾡이와 같다"고 말하기도 했다. 훗날 그가 젊은이들에게 했던 충고는 이렇게 시작된다. "동료들을 평가하는 만큼 신속하고 정확하게 사람들을 평가하는 능력을 기른다면 사업에서 크게 성공할 것이다."

디터딩은 은행에서의 승진이 기대에 못 미치자, 당시 많은 네덜란드 젊은이들처럼 큰 꿈을 갖고 동인도제도로 향하는 배에 올랐다. 그는 유명하고 전통 있는 금융회사인 네덜란드상사에 취직했다. 처음에는 메단Medan 지사를, 후에는 말라야 서안에 있는 페낭 지사를 관리하면서 돈 버는 방법을 배웠다. 그는 훗날 이렇게 말했다. "어디에서나 모든 사업은 사업 감각으로 이루어진다. 이것이 없다면 그 누구라도 큰돈을 벌 수 없다. 나는 별도의 현금을 굴려 은행의 금고를 채우는 새로운 방법을 발견했다." 디터딩은 극동 지역의 많은 도시들 간에 환율과 이자율의 차이가 있음을 알아내고, 이를 이용해 은행에 큰 수익을 올려주었다.

그의 '사업 감각' 논리는 석유사업에도 통했다. 석유사업은 그의 첫 번째 투기사업이었는데 이것도 성공해 은행에 많은 돈을 벌어주었다. 1890년대 초, 로열더치가 자금 부족으로 고전하고 있을 때, 케슬러는 여기저기서 외면 당한 끝에 결국 디터딩에게 의지하게 됐다. 두 사람은 암스테르담에서 함께 소년 시절을 보낸 잘 아는 사이였다. 디터딩은 상황을 정확히 파악하고 훌륭한 해결책을 제시했다. 필요한 운영자금을 빌려주는 대신, 재고로 저장되어 있는 등유를 담보로 잡은 것이다. 로열더치는 살아남았고 네덜란드상사는 수익을 창출할 새로운 길을 찾았다. 케슬러는 디터딩에게 감명받았고 고마워했다.

그 후 케슬러는 극동 지역 전역에 로열더치의 독자적 무역망을 구축해야겠다고 결심했고, 디터딩에게 그 조직을 이끌어달라고 제안했다. 그는 일류 기업가이면서 추진력이 있는 동료이자, 적절한 경험을 갖추고 사업가적인 훌륭한 시각을 지닌 바로 그런 인물이었던 것이다. 그 누가 헨리 디터딩보다 적당한 인물이었겠는가? 1895년 케슬러는 디터딩에게 일을 맡겼고, 은행 업무에 실망하고 있던 그는 그 제안을 받아들였다. 디터딩은 즉시 극동 지역에 영업망을 구축하기 시작했다. 그의 목표는 로열더치를 경쟁사들과 대등하게 만들고, 그 다음에 최고의 회사로 만드는 것이었다. 훗날 말했듯이 그는 '국제적인 석유 사업가'가 되겠다는 야심을 갖고 있었다.

작은 키의 헨리 디터딩은 사업 감각이 탁월했으며 매우 활동적인 사람이었다. 그는 치아를 모두 드러내고 웃었다. 그는 자신과 사업을 위해서 운동이 필수라고 굳게 믿었다. 몇 년이 지나 나이 육십이 되었을 때도 매일 아침 수영을 하고 45분 동안 말을 탔다. 이런 습관은 겨울에도 계속되었는데 그를 아는 모든 사람들이 감탄했다. '저항할 수 없는 자력磁力', 또는 '매우 도전적인 매력'으로 묘사되었던 그는 목적 달성을 위해 이런 자신의 이미지를 이용했다. 마커스 새뮤얼과는 달리 그는 신분과 지위에는 무관심했다.

로열더치의 간략한 역사를 집필한 네덜란드 역사가인 F. C. 게레트슨은 오랫동안 디터딩의 개인 비서로 일했는데, 그는 디터딩에 대해 다음과 같이 요약했다. "디터딩은 고상하고 멋진 어떤 것을 목표로 하지 않았다. 결코 공공의 이익에 봉사한다든가, 새로운 경제 질서를 만든다든가, 강력한 회사를 세우겠다든가 하는 생각을 하지 않았다. 크든 작든 그의 목표는 극단적으로 실질적인 문제였는데, 바로 돈을 버는 것이었다." 디터딩은 어떤 상황에서도 '진짜 장사꾼'이었다.

언젠가 디터딩은 농담 삼아 자신을 '고단수 바보'라고 했다. 자조적인 의미가 아니라 그의 경영 원칙을 말한 것이다. 그는 모든 문제를 단순화해 본질적인 요소들을 찾아내고자 했다. "단순화는 매우 가치 있는 일이다. 종종 사업상의 제안을 검토할 때 단순화할 수 없다는 생각이 들 때가 있다. 그럴 때는 그것이 잘못되었다고 판단하고 그대로 내버려둔다."

로열더치에서 일을 시작했을 때, 그의 머리는 '단순한' 생각 하나로 꽉 차 있었다. 신생 석유회사들의 통합이 필요하다는 생각이었다. 통합만이 로열더치를 스탠더드오일로부터 보호하는 유일한 방법이라 판단한 것이다. 그는 '단결은 힘이다'라는 네덜란드 속담을 좌우명으로 삼으면서 협력이 산업에 안정을 가져온다고 믿었다. 그 역시 록펠러처럼 심한 가격 변동으로 곤경에 처했다. 하지만 그는 스탠더드오일과는 달리 가격 인하라는 방법을 사용하지 않았다. 오히려 가격을 조정하고 경쟁사들 간에 평화조약을 맺으려 했다. 그는 이 방법이 장기적으로 소비자들에게도 유리하다고 역설했다. 수익이 안정적이고 예측 가능할수록 투자 의욕이 고양되어 결국 효율성도 높아지게 될 것이란 주장이다. 통합 작업에서 최종적으로 로열더치가 지배적 위치를 차지할 것이라 떠들지는 않았지만, 통합이라는 개념은 달리 해석되기도 했다.

다른 사람들은 디터딩의 의도를 선의로 생각하지 않았다. 훗날 디터딩은 노벨가에게, 타협을 위해 노력하는 모범적 인간이 아니라 '모든 사람을 죽여 시체를 손에 넣는 것이 임무인 것 같은 참으로 지독한 인간'으로 각인되었다.[5]

화합을 향한 첫발

쉘과 로열더치 양사는 러시아와 극동 지역의 석유 수출 물량 중 절반을 차지하고 있었다. 디터딩은 가장 큰 경쟁자인 마커스 새뮤얼과의 통합을 위해 중대한 협상에 착수했다. 두 회사가 파멸로 이어지는 경쟁을 시작한 것이다. 이 글로벌 프로젝트는 두 사람의 긴 투쟁으로 결정될 수밖에 없었다. 두 사람 모두 뛰어난 재능과 대담함, 상대의 기세를 꺾을 만한 자신감을 지닌 사업가였다. 다만 마커스 새뮤얼은 아첨과 사교성이 좀 부족했고 자신의 신분 상승에 더 큰 관심을 가진 사람이었다. 그에 비해 디터딩은 협상할 때 다른 어떤 것보다 힘과 돈만을 목표로 접근했다. 그들은 기본적인 문제, 즉 '누가 새로운 통합의 주체가 될 것인가' 하는 문제에서 합의를 이끌어내지 못했다. 새뮤얼은 의심의 여지 없이 그 주인공이 자신이라고 생각했다. 쉘의 탁월함과 세계로 뻗어 있는 활동 범위 등에 근거한 것이었다. 그러나 디터딩은 스스로 밝혔듯, 누군가를 보조하는 제2바이올린 주자가 될 생각은 추호도 없었다.

이 두 사람은 바람직하지 않게도 직접 협상이 아니라 대리인을 앞세워 협상을 진행했다. 대리인으로는 선박 중개인 프레드 레인보다 더 나은 사람이 없었다. '음흉한' 레인은 로스차일드사의 석유 이권을 관리하는 대표적 인물이었다. 그는 새뮤얼의 친구이자 고문이었고, 지난 10년간 진행된 석유산업계의 격동기에 믿을 만한 협력자였다. 가까스로 디터딩을 만난 레인은, 서로 얘기가 잘 통한다고 느꼈고 그들은 매우 가까운 친구가 되었다. 레인은 우선 로열더치와 쉘이 극동 지역에서 벌이는 가격 전쟁을 중지하자는 협상으로 시작했다. 또한 새뮤얼과 디터딩 간의 중상모략적인 비난을 자제하자고 제안했다. 그의 노력으로 고무적인 분위기가 조성되었지만, 시작부터 그 둘은 목표가 달랐다. 새뮤얼은 두 회사 간의 단순한 매매 조정을 원했고, 디터딩은 철저한 '공동경영'을 원했다. 레인은 "장기적으로는 공동경영이 불가피하겠지만, 이 문제에 대해 새뮤얼의 반대가 아주 강경합니다"라고 디터딩에게 충고해야 했다.

문제는 더욱 복잡해졌다. 1901년 10월 중순, 새뮤얼은 한 신사를 만나러 뉴욕 브로드웨이 26번가로 갔다. 그는 스탠더드오일과 동맹을 맺겠다는 명백한 목표가 있었다. 아치볼드는 록펠러에게 이렇게 썼다. "새뮤얼 씨가 여기 와 있습니다. 그는 우리 판매 영역 외에도 세계 도처에 뻗어 있는 판매망의 중요성을 역설할 것입니다. 그는 틀림없이 어떤 종류의 동맹을 원할 것이고, 회사 이권의 상당 부분을 우리에게 매각하려 할 것입니다." 그러나 여러 측면에 걸친 토론에도 불구하고 쌍방은 쉘사의 가치에 대해 합의하지 못했다. 스탠더드오일은 새뮤얼의 계획 자체에 대해 회의적이었다. 하지만 새뮤얼은 목표가 뚜렷했다. 그가 런던으로 돌아왔을 때, 당시 곤경에 빠져 있던 쉘에 대한 관심을 자극하는 데는 성공했다. 그는 승리가 임박했음을 장담하고 있었다.[6]

브리티시 더치와 아시아틱

새뮤얼이 뉴욕에 있는 동안 레인은 로열더치와 쉘 간의 협상을 위한 기초 작업에 열중하고 있었다. 그러나 중요한 문제에서는 아무것도 해결되지 않은 상태였으므로 큰 진전을 보지 못했다. 문제는 '단순히 분할된 시장이 존재하는 것인가, 아니면 철저한 협력이 존재하는 것인가' 하는 것이었다. 1901년 11월 4일, 레인은 새뮤얼과 담판을 지으러 갔다. 레인은 한 가지 문제에 초점을 맞추었다. 석유의 과잉 공급이 너무 심각해져서 가격 기능이 마비된다면 단순한 매매 조정은 아무 의미도 없다고 한 것이다. 따라서 생산량을 조절해야 하는데 이를 위해서는 '사업의 절대적인 통합이 아니고서는 어떠한 해결책도 없다'고 강력히 주장했다. 새뮤얼도 자신의 입장을 누그러뜨리고 '진심으로' 설득되었다고 고백했다. 즉 생산을 제한할 능력을 가진 새로운 조직체가 만들어져야 한다는 것이다. 결국 이런 운명적 만남을 통해 로열더치 쉘 그룹이 첫발을 내딛게 되었다.

디터딩은 협상을 마무리하면서 마음이 바빴다. 스탠더드오일이 일을 그르칠지도 모른다고 두려워했기 때문이다. 그리고 그의 두려움은 현실로 나타났다. 1901년 크리스마스 이틀 전, 망설이던 스탠더드오일이 마침내 쉘에 매매 제의를 했다. 엄청난 일이었다. 1901년 당시 4,000만 달러는 엄청난 액수였다(오늘날의 5억 달러와 거의 비슷한 수준이다). 새뮤얼의 가족들은 그 제의를 수락하라고 했지만, 새뮤얼은 크리스마스 휴가 중에 켄트에 있는 별장 '모트'로 내려가서 어떤 선택을 할 것인지를 고심했다. 그는 일평생 가장 힘든 선택의 순간에 서 있었다. 만약 엄청난 금액의 매매 제의를 받아들인다면 상상할 수 없는 재산을 손에 넣을 것이고, 스탠더드오일의 가장 중요한 인물 중 한 사람이 될 것이다. 반면 제의를 거절한다면 디터딩의 로열더치와 동업할 기회를 잡을 것이다. 망설일 만한 충분한 이유가 있었다. 그러나 크리스마스 휴가가 끝나자마자, 새뮤얼은 즉시 런던으로 돌아오라는 레인의 긴급 전문을 받고 숙고를 중단했다. 디터딩이 중요한 사항을 양보하기로 했다는 말을 전해 들은 새뮤얼은 급하게 작성된 로열더치와의 합의문서에 서명했다. 1901년 12월 27일 오후의 일이었다. 그 합의문서는 야간 보트 타기를 즐기고 있던 디터딩에게 보내졌고, 같은 날 밤 새뮤얼은 스탠더드오일과 협상이 결렬되었음을 뉴욕에 통보했다.

　새뮤얼이 원했던 것은 대등한 입장으로 합병하는 것이었다. 스탠더드오일은 돈에는 매우 관대했지만, 항상 그래왔듯이 통제권은 포기하지 않았다. 새뮤얼은 '통제권의 이양'이란 '영국의 부가 미국으로 넘어가는 것'이라 생각했다. 마커스 새뮤얼은 열렬한 애국자였기 때문에 스탠더드오일이 아무리 거액을 제시한다 하더라도 동의할 수 없었다. 하지만 그와 디터딩 간의 합의문서는 개략적인 내용만 담겨 있었다. 완벽한 합의문서가 아니었다. 디터딩은 평소 소신대로 로열더치의 위치를 이용해 네덜란드령 동인도제도에 있는 다른 주요 생산자들을 새로운 통합에 끌어들이는 데 성공했다. 사실 그는 네덜란드령 동인도제도의 석유 생산을 효과적으로 통제하고 운영하기를 원했고, 이제 원하던 것의 절반을 소유하게 되었다. 그렇다면 쉘과는 어떤 형태의 판매 연합체를 구성할 것인가? 이제까지 디터딩은 자신과 새뮤얼과의 '공동경영'에 관해 얘기했다. 그러나 스탠더드오일이 무대에서 사라지자 쉘의 입지가 약화되었고, 디터딩은 자신이 품은 '단순화'에 관한 생각을 드러내기 시작했다. 즉 한 그룹에는 책임자가 한 사람만 있어야 하고, 그 사람은 바로 자신이어야 한다는 것이었다.

　디터딩은 새뮤얼에게 최후통첩을 보냈다. 쉘과 새뮤얼의 경영권을 제한하겠다는 자신의 생각을 받아들이라는 내용이었다. 만약 제안을 수락하지 않는다면 영국해협을 넘나드는 성가신 일을 해야 하는데, 그렇게 시간을 낭비하는 일은 없기를 바란다고 덧붙였다. 그는 자신의 생각대로 밀고 나갔다. 새뮤얼은 새로운 회사의 회장이 되고, 디터딩은 매일매일 업무를 지시하는 최고경영자가 될 것이었다. 디터딩은 그 이상을 요청할 수 없었다.

그 후 두 가지 중요한 합의문서가 서명되었다. 이 합의에 따라 네덜란드령 동인도제도 생산자위원회Committee of Netherlands Indian Producers와 쉘 트랜스포트 로열더치 석유회사The Shell Transport Royal Dutch Petroleum Company(후에는 브리티시 더치로 알려졌음)가 설립되었다. 사람들은 스탠더드오일의 진정한 경쟁자가 탄생했다고 생각했다.

한편 제3자인 로스차일드사는 새뮤얼과 쉘이 싫었지만 결코 무시할 수는 없었다. 디터딩은 새뮤얼에게, 로스차일드사가 참여하기를 원한다면 어떤 희생을 치르더라도 받아들여야 한다고 주장했다. 그는 "늦어질수록 위험합니다. 이번 기회를 놓친다면 다시는 기회가 오지 않을 것입니다. 로스차일드와 합친다면 사람들은 우리가 미래를 쥐고 있다고 생각할 것입니다. 로스차일드의 이름 없이는 그렇게 될 수 없습니다"라고 말했다. 새뮤얼은 설득되었다.

1902년 6월, 새뮤얼은 담담한 심정으로 디터딩과 로스차일드사 간의 새로운 합의문서에 서명했다. '브리티시 더치'라는 이름은 사라지고 대형 기업연합인 아시아틱 석유회사Asiatic Petroleum Company가 탄생한 것이다. 새뮤얼은 주주들에게 앞으로 경영 성과가 더 좋아질 것이라 약속했다. 더 이상 불안하고 위험한 러시아산 석유 거래에 의존하지 않아도 되기 때문이었다. 그는 이렇게 선언했다. "우리가 네덜란드 친구들과 계약을 맺음으로써 전쟁이 끝나고 평화가 찾아왔으며, 공격적이고도 방어적인 동맹관계가 형성되었다. 이와 관련된 모든 일은 진심으로 축하할 일이다."[7]

디터딩의 승리

아시아틱 석유회사가 된 브리티시 더치는 통합을 향한 중요한 첫 단계 조치를 취했다. 하지만 실질적 조치를 취하기 위해서는 최초의 합의문서에 기록된 계약 내용을 바꿔야 했다. 그동안 쉘의 재정 상태와 영업 상태는 위험한 지경에 이르렀고, 디터딩은 합의를 철회하겠다고 위협했다. 새뮤얼은 모든 것이 실패로 돌아갈지도 모르는 현실에 직면했다.

하지만 실패가 그렇게 수치스럽지만은 않았다. 당시 런던의 원로 시의원이었던 새뮤얼은 1902년 9월 29일 런던 시장으로 선출될 예정이었기 때문이다. 8월 말경 그는 디터딩에게 모트로 와달라고 요청했다. 디터딩은 처음 본 영국의 전원주택에 깊이 감명받아 자신도 이런 집을 갖겠다고 마음먹었다. 새뮤얼은 당시 자신의 어려운 점을 솔직하게 털어놓았다. 디터딩은 쉘의 취약함을 이해했고, 네덜란드 '깃발'만으로는 그가 마음속에 품고 있던 세계적 기업을 만들기에 충분치 않다는 것도 알고 있었다. 그는 좀 더 강력한 '깃발', 즉 영국의 '유니언잭'(영국 국기) 같은 깃발이 필요했다. 그는 새뮤얼을 안심시키는 한편 새로운 아시아틱 석유회사를 통해 쉘을 회생시키겠다고 약속했다.

새로운 회사를 경영하기 위해 디터딩은 런던에 거처를 정했고, 1897년 이래 '독신자'라는 해외 전보 수신 약호를 사용했다. 런던에 있는 아시아틱 사무실에서, 로열더치와 쉘의 결합된 자본과 로스차일드의 러시아산 석유 수출에 대한 실질적인 업무, 네덜란드령 동인도제도에서 독립 생산업자들의 생산량을 통제하고 균형을 맞추는 일을 했다. 그는 매우 능숙하게, 그리고 성공적으로 대규모 석유 거래를 시작했다. 네덜란드령 동인도제도 생산자위원회의 위원장 자격으로 생산을 제한하기 시작했고 할당 제도도 도입했다.

디터딩이 신생 회사인 아시아틱사에 온 힘을 쏟고 있는 동안 마커스 새뮤얼은 석유사업과는 무관한 일에 열중했다. 1902년 11월 10일, 마침내 런던 시장으로 임명되었던 것이다. 그날은 그의 생애에서 가장 멋진 날이었을 것이다. 런던의 한 상인이 자신이 가장 열망했던 고귀한 명예를 얻었기 때문이다. 이스트엔드 출신 유태인이며 조가비 상인의 아들인 마커스 새뮤얼에게는 매우 의미 있는 날이었다. 취임식 날 그와 가족들, 그리고 많은 고위 관리들을 태운 마차 행렬이 그가 태어난 유태인 주거 지역인 포트소큰 구區에 늘어섰다. 런던 시의회 의사당에서 열린 대연회는 절정을 이루었고 마커스 새뮤얼을 축하하기 위해 저명인사들이 운집했다. 내빈들 중에는 디터딩도 있었다. 그는 마치 기묘한 원주민 의식을 보듯 멀찌감치 떨어져서 이 모습을 지켜보았다. 그는 동료에게 보낸 편지에서 "이 자리가 연미복에 나비넥타이를 매고 참석할 만한 가치가 있다고 생각하지 않는다. 시장 취임 축하연은 매우 훌륭했다. 그러나 네덜란드인의 눈에는 한낱 서커스 행렬처럼 보였을 뿐이다"라고 했다.

취임식 후 새뮤얼은 환영 행사와 연설 등 시장으로서의 의례적인 행사에 숨 돌릴 겨를이 없었다. 한 달 가까이 지나서야 비로소 석유사업을 돌아볼 여유가 생겼다. 그런데도 그는 계속해서 시장으로서의 공무, 공식적인 출장, 저명인사들과의 접촉에만 열중했다. 그의 일 중 하나는 정신이상자 같은 사람들을 시장 관저에서 면담하는 것이었는데, 사람들은 그가 석유업계 사람들과 함께 보내는 시간보다 미치광이들과 보내는 시간이 더 많을 거라고 했다. 새뮤얼은 시장으로서 명예와 지위를 누렸으나, 과로와 긴장으로 건강을 해쳤다. 시장으로 재임하는 동안 그는 아주 쇠약해졌고 만성 두통에 시달렸으며, 치아를 모두 뽑아야 할 지경에 이르렀다.

그 밖의 다른 어려움도 있었다. 1902년 12월 마지막 주 토요일, 새뮤얼은 이른 아침 켄트에 있는 별장을 나와 기차를 타고 런던에 가서 캔터베리 대주교의 장례식에 참석했다. 그 후 법관과 점심 식사를 한 다음 연극을 관람했다. 일요일에는 키치너 경이 기증한 보어 전쟁 때의 무기들을 둘러보았다. 월요일 아침에는 청사로 출근해 집무를 했다. 그리고 나서야 어려움을 겪고 있는 회사 업무를 볼 수 있었다. 프레드 레인에게 온 편지를 뜯어본 새뮤얼은 아찔했다. 오랜 친구이자 동업자인 레인이 쉘사의 이사직을 사임하겠다는 내용이었다. 아시아틱사의 부사장이 되어 업무가 과중해진 까닭만은 아니었다. 레인은 새뮤얼에게 보낸 편지에서, 새뮤얼의 회사 경영 방식에 대해 신랄하게 비판했다.

"당신은 시장으로서의 업무에 너무 많은 시간을 쓰고 있습니다. 당신은 사업이라는 것이 그저 자본이나 투자하고, 고함이나 지르고, 신의 섭리에나 맡기면 되는 줄 알고 있는 것 같습니다. 나는 이 바닥에서 그런 낙천적 태도를 본 적이 없습니다. …… 시간이 나면 관심을 보이고, 한탕 해보겠다고 덤벼들어서는 안 됩니다. 사업은 꾸준히 돌봐야 하는 것입니다." 그는 이어서 "만약 당신의 회사 운영 방식이 크게 바뀌지 않는다면 심각한 지경에 빠질 것이고, 어떤 방법으로도 회사를 살리기 어려울 것입니다"라고 덧붙였다.

새뮤얼은 레인을 만나 대화를 나누고 편지도 오갔지만 서로에 대한 비난과 질책으로 불화의 골이 더욱 깊어졌다. 불화는 화해로 이어지지 못했다. 결국 레인은 이사직을 사임했고, 서로에 대한 쓰디쓴 배신감만 남게 되었다.

이 와중에도 아시아틱사 설립은 계속 진행되고 있었다. 회사의 통제권과 경영정책에 관한 논쟁도 계속되고 있었다. 로열더치의 역사를 집필한 역사학자는 "디터딩은 모든 사람이 '올바르게 그리고 공평하게' 행동해주기를 원했다"고 말했다. 그러나 새뮤얼의 자서전에 따르면 '디터딩이 자기 생각에 너무 열중한 나머지, 정신분열증에 가까울 정도로 비합리적인 분노와 이유 없는 원한으로 경영했다'라고 쓰여 있다. 디터딩은 자신이 승리할 것이라 확신했기 때문에 타협하려 하지 않았다. 때로는 "나 혼자서 시장 열 명을 당해낼 수 있다고 느낀다"라고 말하기도 했다.

1903년 5월, 드디어 아시아틱사를 설립하기 위한 10개 계약이 체결되었는데 아시아틱사는 여러 회사들이 소유한 세 번째 회사였다. 이 새로운 회사는 동인도제도에서 생산을 통제 및 조절하고, 극동 지역의 판매를 담당하며, 유럽에서 동인도제도의 휘발유와 등유 판매를 지배하게 되었다. 디터딩은 로열더치가 새 회사의 주도권을 장악하게 되었으며, 그것이 가장 큰 성과라고 이사회에 보고했다. 아마도 아시아틱사에서 가장 중요한 사장 자리도 로열더치의 사장인 헨리 디터딩이 차지하게 될 것이었다. 새뮤얼은 사장의 임기를 3년으로 제한해야 한다고 주장했는데, 디터딩은 이에 강력히 반대하며 임기는 21년에서 하루도 빠져서는 안 된다고 했다. 평생 그 자리를 지키겠다는 의미였다. 결국 디터딩은 임기 문제에서도 승리했다.

1903년 7월에 아시아틱사의 첫 번째 이사회가 열렸다. 의장석에는 마커스 새뮤얼이 앉아 있었고, 디터딩은 사장 자격으로 메모 없이 연설했다. 그는 이사회가 열리고 있는 그 시각, 항해 중인 모든 선박의 위치와 목적지, 선적 화물, 각각의 인수 가격 등 모든 것을 파악하고 있는 듯했다. 새뮤얼은 깊은 감명을 받았다.[8]

쉘 그룹과 새뮤얼의 굴복

디터딩은 새로운 회사에 전력을 기울였다. 로열더치 이사회 의장이 너무 무리하는 것 아니냐고 주의를 주자, 디터딩은 "석유사업에서는 재빨리 기회를 잡아야 합니다. 우물쭈물하다간 기회를 놓치고 맙니다"라고 대답했다. 도박꾼이 아니라, 철저한 계산하에 위험을 두려워하지 않는 스타일이었다. 그의 경영방식이 성과를 거두기 시작해, 로열더치는 단기간 내에 동인도제도의 독립 생산업자들 대부분을 흡수했다. 동인도제도의 석유는 특히 휘발유를 만드는 데 적합했다. 영국과 유럽의 도로에는 자동차가 눈에 띄게 늘어나고 있었다. 아시아틱사는 디터딩의 재촉 아래 점점 증가하는 유럽의 휘발유 시장을 장악하게 되었다.

로열더치가 승승장구할 때, 쉘의 사정은 점점 더 나빠지고 있었다. 텍사스 주에 있는 스핀들탑의 석유는 고갈되고 있었고 영국 해군부는 석탄을 사용하겠다는 입장을 밝혔다. 영국 해군은 석유 연료로 전환해야 한다는 새뮤얼의 입장을 검토해보려고도 하지 않았다. 새뮤얼의 기대와는 달리, 해군은 거대한 시장으로 자리 잡지 못했다. 당시 로열더치는 연료로 적합한 보르네오산 원유를 발견했는데, 그 지역에서의 생산을 독점하고자 했던 새뮤얼의 희망이 산산이 부서진 것이다. 또한 그는 스탠더드오일과의 가격 전쟁으로 계속 큰 부담을 안아야 했다. 프레드 레인은 적대감을 갖고 쉘을 신랄하게 비난했고, 자신의 원한을 푸는 데 아시아틱사 부사장의 지위를 이용했다. 디터딩은 확실히 약해진 쉘을 압박함으로써 로열더치의 입지를 강화할 수 있었다. 공중분해 될 위기로 휘청거리던 쉘이 겨우 5%를 이익 배당한 데 반해, 로열더치는 50~65%를 배당했다. 1905년에는 73%라는 엄청난 숫자를 기록하기도 했다.

쉘에 남겨진 일은 무엇이겠는가? 마커스 새뮤얼에게는 시간이 쏜살같이 지나갔다. 1906년 겨울, 새뮤얼이 고용한 로버트 웨일리 코헨이라는 재능 있는 젊은이가 그에게 나쁜 소식을 전했다. 쉘이 통합된 마케팅 회사의 형태로는 살아남기 힘들며, 쉘이 선택할 수 있는 유일한 방법은 가장 적당한 시기에 로열더치와 완벽하게 통합하는 것이라는 의견이었다. 새뮤얼의 꿈은 산산이 깨져버렸다. 그는 손쉽게 세계적인 석유회사를 만들었지만, 이제는 다른 선택의 여지가 없었다. 그는 디터딩에게 통합을 제안할 수밖에 없었다. 디터딩은 동의하면서 "그렇죠. 그게 바람직하죠. 그런데 어떤 조건으로 말입니까?"라고 말했다. 새뮤얼은 처음 만들었던 브리티시 더치의 합의문서에서처럼 50 대

50으로 하자고 했다. 디터딩은 "그건 절대 안 됩니다"라고 퉁명스럽게 대꾸했다. '브리티시 더치'의 시대는 이미 지나갔다는 것이다. 두 회사의 입장은 극적으로 바뀌어 로열더치 60, 쉘 40으로 하기로 합의했다. 새뮤얼은 "쉘의 자산과 이익이 이제 외국인의 관리에 들어가게 되었군!"이라고 말했다. 하지만 그는 쉘사의 주주들을 납득시킬 수 없었다.

주주들은 몇 달 동안 이 사태를 지켜보았지만 쉘의 상황은 좀처럼 나아질 기미가 보이지 않았다. 새뮤얼에게는 디터딩에게 다시 문제를 제기해 해결 방안을 내놓으라는 압력이 가해졌다. 새뮤얼은 디터딩에게 "내게 쉘의 경영을 맡기겠다고 확실하게 보장해준다면 로열더치의 경영에서 손을 뗄 준비가 되어 있다"라고 말했다.

디터딩은 단 하나의 조건만 원했다. 즉 쉘 주식의 4분의 1을 로열더치가 인수하고, 쉘의 주주로서 경영에 관여하겠다는 것이었다. 새뮤얼은 그 제안을 검토할 시간을 달라고 요청했다. 그러나 디터딩은 거절하면서 "나는 지금 매우 관대한 입장입니다. 만약 수락하지 않고 이 방을 떠난다면 이 제안은 무효입니다"라고 말했다. 새뮤얼은 제안을 받아들이기로 했다. 5년에 걸친 두 사람의 싸움은 디터딩의 승리로 끝났다.

1907년 두 회사의 완전한 통합이 이루어져 로열더치 쉘 그룹이 탄생했다. 4년 전에 설립된 최초의 공동판매 회사는 '브리티시'를 앞에 넣어 '브리티시 더치'라 불렸는데, 이제는 '로열더치'라는 이름이 앞에 들어가게 되었다. 이는 디터딩이 마침내 승리자가 되었음을 의미했다. 그 후 오랫동안 새로운 통합회사는 그냥 '그룹'이라고 불리기도 했다. 석유 생산과 정제는 모두 네덜란드 회사인 바타프쉬 석유회사Bataafsche Petroleum Maatschappij가 맡았고, 수송과 저장은 영국 회사인 앵글로색슨 석유회사Anglo-Saxon Petroleum Company가 담당했다.

로열더치와 쉘은 자회사들의 주식을 각각 60%와 40% 보유했다. 그런데 실제로는 '로열더치 쉘 이사회'라는 것이 없었고 '로열더치 쉘'이라 불리는 합법적 법인도 없었다. 또한 '경영위원회'라는 것이 있긴 했지만 법적 권한이 없었으며, 두 회사의 이사들로 구성된 단순 기구일 따름이었다. 로열더치는 쉘 주식의 4분의 1을 매입했다. 새뮤얼은 신뢰로 맺어진 유대관계를 요구했으나, 그들은 몇 년이 지나자 상징적 의미로 주식 일부를 남기고 모두 처분해버렸다.

디터딩은 런던에 사무실을 차렸다. 런던은 로열더치 쉘의 재정과 영업을 담당하는 경영 본거지였다. 또한 그는 노포크에 전원주택을 마련해 꿈꾸던 전원생활을 즐겼다. 생산, 정제 등과 관련된 사업의 기술적 측면은 헤이그에서 기초가 마련되었다. 사업이 진행되면서 예전 회사와의 구별이 희미해져, 이익이 어디서 생겼든 개의치 않고 60 대 40의 기준으로 분배되었다.

사실 사업의 모든 주도권은 세 사람에게 집중되어 있었다. 첫 번째 인물은 물론 디터딩이다. 두 번째 인물은 네덜란드인 엔지니어인 휴고 루돈인데, 최초로 발견된 유정이 고갈되었을 때 수마트라에서 새로운 유정을 발견해 로열더치를 구한 바 있다.

세 번째 인물은 로버트 웨일리 코헨이다. 오래된 유태계 영국인 가문 출신으로 케임브리지 대학에서 화학을 전공해 학위를 받았다. 그는 1901년부터 새뮤얼을 도왔고 그 후 쉘의 대표로서 아시아틱사로 옮겼다. 그는 통합 이후 각 회사들을 결속하는 데 중요한 역할을 했다. 디터딩은 회사 경영에 열중하면서 주로 협상을 담당한 반면, 루돈은 기술적인 면에 전념했다. 웨일리 코헨은 디터딩을 대신해 영업을 맡았다. 디터딩이 자리를 비우면 대신 결정을 내리고, 디터딩이 협상에 임할 때 방향을 조언해주었다. 네덜란드인들이 그의 사업에 회의적 시선을 보내고 있을 때, 디터딩을 격려해주기도 했다.

새뮤얼은 디터딩으로부터 경영권을 포기하라고 강요당하자 처음으로 자신의 실패를 인정했다. 통합을 통해 그는 어떤 영광도 얻을 수 없었다. 그는 신문기자들에게 자신이 좌절감에 빠져 있다고 말했다. 흡수 통합된 후 실의에 빠진 새뮤얼은 마음을 달래기 위해 650톤짜리 요트를 타고 바다로 나갔다. 굴욕감은 의외로 빨리 치유되었다. 새뮤얼과 디터딩, 두 거물은 서로 잘 지내려고 노력했다. 디터딩은 새뮤얼의 의견을 경청했고 그를 더 큰 부자로 만들어주었다. 새뮤얼이 세상을 떠난 후 그를 '우리의 회장'이라고 치켜세워 경의를 표하기도 했다.

새뮤얼은 오래지 않아 디터딩이 유능한 사람임을 알게 됐다. 그는 1908년 쉘사 주주들에게, 헨리 디터딩이야말로 '진정한 천재'라고 말했다. 새뮤얼은 자신이 지배하지는 못했지만 쉘 운송교역회사의 회장으로 10년 넘게 경영을 맡았고, 실제로 그룹의 사업에 광범위하게 참여했다. 그는 재산을 계속 불려나가면서 자선사업에도 힘을 쏟았는데, 신문에 그를 칭송하는 기사가 실리기도 했고 풍자만화의 주인공으로 등장하기도 했다. 그는 석유를 선박 연료로 사용해야 한다고 주장했다. 그가 '회장'으로 재임하는 동안 디터딩과 우호적 관계를 유지했지만 그 관계의 본질은 명백했다. 디터딩이 보스였다.[9]

미국에서도 해냈다!

1907년에 완전한 통합이 이루어지면서, 스탠더드오일이 지배해왔던 세계 석유시장의 판도가 바뀌었다. 로열더치 쉘이 거대한 회사로 부상해 스탠더드오일의 시장 지배력을 위협했다. 1910년 디터딩은 "스탠더드오일이 3년 전에 우리를 쓰러뜨리려 했다면 성공했을 것이다. 그러나 지금은 다르다"라고 당당하게 말했다. 두 회사의 경쟁은 매우 치열했다. 1910년 새뮤얼은 양사의 화해를 위해 브로드웨이 26번가에 있는 스탠더드오일을 방문했다. 그러나 화해

는커녕, 스탠더드오일은 로열더치 쉘사를 10억 달러에 인수하겠다고 제안했다. 그는 언짢아져서 "이번 뉴욕 방문이 아무 소용없었다고 말하게 되어 유감입니다"라고 답변했다. 그는 심한 굴욕감을 느끼며 "양사의 협력 문제는 세계에서 당신들 회사 다음으로 큰 석유회사의 회장이나 최고경영자가 논의할 문제가 아니라고 생각합니다"라고 덧붙였다.

스탠더드오일은 새로운 시장 전략으로 가격인하를 단행하며 디터딩의 거절에 대응했다. 스탠더드오일은 가격 인하만으로 충분치 못하다고 생각하고 남부 수마트라에서 석유 이권을 따내기 위해 네덜란드 자회사를 설립했다. 로열더치 쉘은 더 이상 선택의 여지가 없었다. 스탠더드오일에 반격할 방법은 한 가지밖에 없었다. 그것은 바로 '미국으로!'였다. 이는 1910년부터 1914년까지 로열더치 쉘의 슬로건이 되었다. 만약 미국 사업을 하지 않았다면 스탠더드오일의 가격 인하 정책에 큰 어려움을 겪었을 것이다. 스탠더드오일은 과거 유럽에서 잉여 등유를 처리했을 때처럼 유럽에서는 할인율을 적용해 잉여 휘발유를 팔고, 미국 국내시장에서는 높은 가격으로 판매해 이익을 유지했기 때문이다. 스탠더드오일은 로열더치 쉘이 갖지 못한 강력한 힘을 갖고 있었던 셈이다. 스탠더드오일은 미국에서 벌어들인 이익을, 유럽과 아시아에서의 저유가 마케팅 전략으로 입은 손실을 보전하는 데 활용했다.

디터딩은 두 가지 방침을 세웠다. 첫 번째는 1912년 미국 서부에서 수마트라산 휘발유 판매를 시작했고 이듬해에는 캘리포니아에서 직접 석유 생산에 참여했다. 두 번째는 미국 중부 지역을 목표로 했다. 디터딩은 오클라호마의 석유 붐에 참여하기 위해 특별 임무를 띤 직원을 미국으로 급파해 신속히 조직을 정비했다. 그 직원은 1890년대 초에 극동 지역에서 최초로 쉘의 저장 탱크망을 구축했고, 1890년대 후반에는 쉘의 보르네오 진출을 추진한 마커스 새뮤얼의 조카 마크 에이브러햄스였다. 당시 그는 이집트에서 석유 개발회사 설립에 매진하고 있었다.

　처음 보르네오로 갔던 때 정도는 아니지만, 1912년 7월 에이브러햄스가 뉴욕에서 오클라호마의 털사로 떠날 때는 그곳이 어떤 곳인지 전혀 상상할 수 없었다. 그는 털사에 타자기가 없을 것에 대비해 타자기를 가지고 회의에 참석했다. 또 '세계의 석유 수도'라 불리는 그 작은 도시에 믿을 만한 은행이 없을 경우를 대비해 전대에 2,500달러를 챙겨 가지고 갔다. 털사에 여장을 푼 그는 소규모 석유회사 몇 개를 인수한 후 이들을 통합해 록사마 석유Roxama Petroleum라는 회사를 설립했다. 디터딩은 '방어적 사업 확장'이라고 불리는 커다란 목표를 달성했다. 마크 에이브러햄스가 임무를 완벽하게 수행하고 런던으로 돌아오자, 디터딩은 휴고 루돈에게 기쁨에 넘치는 편지를 보냈다.

　'드디어 우리는 미국에서도 해냈습니다.'[10]

혼란에 빠진 러시아

　쉘과 로열더치의 통합으로 경영권을 잃은 새뮤얼은 심기가 매우 불편했다. 그러나 곧 양사의 통합이 러시아 석유에 크게 의존하던 쉘에 매우 다행스러운 것이었음이 입증되었다. 러시아의 경제는 1892년부터 1903년까지 재무장관을 역임한 세르게이 위트 백작의 호의적 정책에 힘입어 엄청난 성장을 이루었다. 위트 백작은 수학자 교육을 받은 뒤 철도청의 하급 관리로 일을 시작했으며, 자력으로 러시아 재무장관까지 오른 입지전적 인물이다. 러시아제국 시대엔 보기 드문 출세였다. 위트는 당시 러시아에서 대규모로 신속하게 진행되던 산업화에 깊이 관여했다. 특히 석유산업을 발전시키기 위해 거액의 외국 자본을 도입해 지원해주었다. 보수적인 비판세력은 그의 계획을 공격했다. 국방장관은 유전지대의 성급한 개발을 비난했는데, 특히 외국 자본가, 외국 자본, 그리고 유태인들에 의한 개발 전략을 비난했다. 그러나 위트는 흔들리지 않고 자신의 신념을 고수했다.

위트는 무능한 관리들이 득실거렸던 당시 러시아 정부 내에서 정말 예외적이고 다재다능한 존재였다. 정부 조직은 타락과 편견, 자격 미달자로 부패해 있었는데 부패의 근원은 황제였다. 황제 니콜라스 2세는 아첨을 좋아하고 전제군주로서 위험한 성격을 가진 자였다. 황제와 신하들은 신비주의와 비현실주의에 깊이 빠져 있었다. 위트는 그들이 예배와 자신들만의 세계에 몰두하는, 세상물정을 모르는 바보 천치라고 말했다. 위트는 "황제는 '비잔틴'식의 습관을 버리지 못할 것이다. 그러나 그는 메테르니히Metternich(오스트리아의 정치가이자 외교관-옮긴이 주)나 탈레랑Talleyrand(프랑스의 유명한 정치가이자 외교관-옮긴이 주)이 가졌던 능력이 없으므로 진흙 구덩이나 피의 웅덩이에 빠지게 될 것이다"라고 예언했다. 위트는 비겁함과 교활함, 진실을 보지 못하는 어리석음의 혼란에서 나라를 구해주기를 신에게 기도할 수밖에 없었다.

니콜라스 2세는 제국 내에 있는 러시아인 외의 소수민족을 모두 경멸했다. 그는 소수민족을 반역자로 몰아 진압하는 것을 허락했다. 1900년대 초까지 제국 전체가 혼란에 빠져 있었다. 1903년 위트는 내무장관에게 니콜라스 2세의 통치가 실패했음을 인정하라고 요구했다. 내무장관은 소수를 제외하고는 러시아 국민 전체가 소외감과 불만으로 가득 차 있다고 천명했다. 러시아 석유산업의 본고장이라 할 수 있는 코카서스는 최악의 상태였다. 생활 조건과 노동 조건 모두 비참했다. 바쿠에 있는 거의 모든 노동자는 가족과 떨어져 살았고, 바툼의 노동자들은 하루 14시간 노동과 시간외근무 2시간을 강요당했다.

바쿠는 카스피 해 연안에 있는 '혁명의 온상'이었다. 타타르인이 사는 지역의 중심지에는 도망자들이 숨을 은신처가 있었는데, 여러 개의 건물 아래로 연결된 커다란 지하실이었다. 그곳에는 '니나의 집'이라고 불리는 커다란 비밀 인쇄소가 있었다. 그곳에서 블라디미르 일리치 레닌이 혁명을 선동하기 위해 만든 신문 「이스크라Iskra(불꽃이라는 의미)」가 페르시아와 유럽을 거쳐 몰래 들어와 인쇄되고 각지로 배포되었다. 러시아 경찰은 그 비밀 인쇄소를 끝내 찾아내지 못했고, '니나'는 혁명의 중심이 되었다. 석유산업 또한 숨은 조력자였다. 석유산업의 국내 유통망이 전국 방방곡곡에 선전물을 비밀스럽게 배포하는 수단이 되었기 때문이다. 바쿠와 석유산업은 볼셰비키 혁명의 지도자들을 양성하는 기회도 제공했다. 후에 소련 최고회의 의장이 된 미하일 칼리닌과 원수元帥가 된 클레멘티 보로실로프도 바로 그곳에서 성장했다. 그곳 출신 중 기억할 만한 인물에는 이오시프 주가시빌리가 있다. 그는 조지아인으로 제화공의 아들이었으며 신학교에 다녔다. 지하운동 조직에서는 코바라는 이름으로 활동했는데, 터키 말로 '굴하지 않는'이라는 의미다. 얼마 후 그는 자신을 이오시프 스탈린이라 부르기 시작했다.

1901년에서 1902년 사이, 스탈린은 바툼에서 사회주의 조직 활동의 책임자로 활동했다. 로스차일드사에 대항해 오랫동안 파업을 이끌었고, 지방의 석유산업에 대항해 파업과 시위를 진두지휘했다. 스탈린은 파업 이후 여덟 번이나 체포되었다. 그는 추방되었다가 번번이 도망쳤지만, 언제나 러시아제국의 감옥으로 돌아왔다. 1903년 바쿠에서 석유산업에 종사하는 노동자들이 동맹 파업을 했는데, 이는 러시아 전체를 뒤흔들었고 결국 러시아의 첫 번째 총파업이 될 노동쟁의의 물결을 일으켰다. 나라는 혼란스러웠고 정부는 위기에 직면했다. 러시아산 석유에 크게 의존하던 마커스 새뮤얼과 로스차일드사, 다른 기업들의 걱정은 당연한 것이었다.[11]

러시아 정부는 민심을 다른 곳으로 돌릴 필요를 느꼈고, 다른 많은 국가가 그랬던 것처럼 국외에서 기회를 찾으려 했다. 그들은 국론을 통일시키고 통치자의 권위를 회복하고자 나라 밖에서 공동의 적을 설정했다. 그런데 다른 국가들이 실패했던 것처럼 그들도 적을 잘못 선택했다. 일본을 선택한 것이다. 만주와 한국, 특히 압록강의 지배권을 장악하기 위한 경쟁은 일본과의 전쟁으로 발전했다. 1901년 이후 전쟁의 가능성이 가시화되기 시작했다. 10년 전에 일본을 방문하던 중 암살 기도로 상처를 입은 적이 있던 황제는 일본에 대한 감정이 좋지 않았다. 공문서에서조차 일본인을 '원숭이'라고 불렀을 정도다. 일본은 여러 방면으로 화해하기 위해 노력했지만 상트페테르부르크의 러시아 제국 정부는 이를 외면했다.

위트 백작은 그러한 갈등을 해소하려고 노력했다. 1903년 그가 재무장관 직에서 해임되자 일본은 전쟁이 불가피하다는 결론을 내렸다. 황제와 그를 따르는 신하들은 내심 전쟁을 바라고 있었다. 내무장관은 "러시아의 내부 사정은 무언가 격렬한 것을 요구한다"고 말했다. 또 "우리는 혁명의 물결을 막기 위해 승리를 거둘 수 있는 작은 전쟁이 필요하다"고도 했다. 전쟁은 시간문제였다.

러일전쟁은 1904년 1월, 일본이 뤼순 항에 정박 중이던 러시아 함대를 기습함으로써 시작되었다. 기습은 성공했다. 그 후 러시아 군대는 참패를 거듭하면서 전세가 기울었고, 대마도 해전에서 러시아 함대가 몰살당하면서 전쟁은 일본의 승리로 끝났다. 전쟁은 혁명의 물결을 막지 못하고 오히려 가속화시키는 결과를 빚었다. 1904년 12월, 바쿠의 석유산업 노동자들은 다시 동맹파업을 일으켰고 첫 번째 노동협약 체결에 성공했다. 파업이 끝나고 며칠 뒤 혁명 지도자들은 다음과 같은 내용의 성명서를 발표했다. '코카서스의 노동자들이여, 복수의 시간이 왔다.' 이 성명서의 주인공이 바로 스탈린이었다. 다음 날 황제에게 진정서를 전달하기 위해 상트페테르부르크에서 윈터 궁으로 행진하던 시위대를 향해 경찰이 총을 쏘았다. 바로 1905년 혁명이 시작된 '피의 일요일'이다. 레닌은 이를 '위대한 예행연습'이라 불렀다.

그 소식이 바쿠에 알려지자 석유산업 노동자들은 다시 파업에 돌입했다. 정부 관리들은 혁명에 두려움을 느끼고 회교도인 타타르인들에게 무기를 주었다. 이들은 아르메니아인을 대량학살하고 손발을 절단했는데, 여기에는 석유산업의 중요 인물들도 포함되어 있었다. 당시 부호였던 아르메니아 석유사업가 아다모프에 대해서는 다음과 같은 참혹한 이야기가 전해진다. 그는 총소리가 났을 때 아들의 부축을 받으며 발코니에 서 있었다. 그는 포위된 지 3일 만에 사살당했고, 저택은 불에 탔으며, 40명이나 되는 식솔은 불에 타 죽거나 손발이 잘렸다.

1905년 9월과 10월에 걸쳐, 파업과 반란은 러시아제국 도처로 번졌다. 코카서스에서는 사회주의 탓이 아니라 인종 간, 민족 간 갈등으로 사태가 더욱 악화되었다. 타타르인들은 바쿠와 그 주변 곳곳에서 석유산업에 대해 공격을 재개하고 아르메니아인을 모두 없애버리려 했다. 아르메니아인들이 몸을 숨긴 건물에 불을 지르고 재산을 약탈한 것이다. 생존자 한 명은 다음과 같이 당시 상황을 묘사했다. "불타는 유정탑과 화염이 하늘로 치솟아 지옥까지 닿을 것처럼 무섭게 타올랐다. 난생처음 '귀신들이 쏟아져 나온다'라는 말의 의미를 실감했다. 사람들은 불꽃 속에서 기어 나오거나 황급히 뛰어나왔지만 타타르인들이 곧바로 총을 쏘아 죽였다. …… 아마 폼페이 최후의 날보다 더 끔찍했을 것이다. 소총의 총소리, 연발탄 소리, 석유 탱크가 폭발하는 지독한 굉음, 살인자들의 흉포한 고함 소리, 죽어가는 희생자들의 비명 등 너무나 끔찍했다." 오후 2시쯤에는 시커먼 연기로 인해 태양이 보이지 않을 정도였다. 그리고 최후의 날이 정말 다가왔음을 보여주기라도 하듯 무시무시한 지진이 지축을 흔들었다.

바쿠의 재앙은 세계의 다른 지역에도 큰 영향을 미쳤다. 폭동으로 석유 유통이 어려워졌고, 거액의 투자가 모두 헛일이 될지 모른다는 위협을 느낀 것이다. 그 와중에도 스탠더드오일은 러시아의 혼란 상태를 이용했다. 러시아산 석유에 빼앗겼던 극동 지역 시장을 다시 장악하기 위해 신속하게 움직였고 결국 성공했다. 미국이 극동 지역 석유시장을 장악함으로써 러시아 석유산업이 받게 될 영향을 계산하는 것은 의미가 없었다. 유정의 3분의 2가 파괴되었고, 석유 수출은 이미 중단되었기 때문이다.

1905년 말 혁명은 일단락되고 러일전쟁도 끝났다. 양국의 요청으로 미국 루스벨트 대통령이 중재해서, 뉴햄프셔 주 포츠머스에서 강화조약을 체결한 것이다. 1905년 10월 러시아 황제는 마지못해 입헌정부의 수립을 수락했고 '듀마Duma'라고 불리는 의회도 구성되었다. 혁명은 끝났지만 석유산업은 계속 혼란에 빠져 있었다. 바쿠의 석유산업 노동자들은 '듀마'에 보낼 볼셰비키 대표자를 선출했다. 한편 바툼에 있던 노벨사의 사장은 거리에서 살해되었다. 1907년, 황제 니콜라이 2세는 어리석게도 자신과 왕조를 지탱해주는 헌법을 어겼다. 이에 바쿠 전역은 파업에 휩쓸렸고 또다시 총파업으로 번질 위협에 직면했다. 그해 볼셰비키들은 스탈린을 바쿠로 보내서, 노동자들 사이에 퍼져 있는 '석유산업 경영자에 대한 끝없는 불신'을 선동하고 조직하고 지휘하게 했다. 스탈린에게 있어 바쿠에서 보낸 시간은, 매일매일 노동계급 투쟁에 열중했던 드문 시기였다. 1910년 그는 또 다른 총파업을 계획하던 중에 체포되어 수감됐고 러시아의 황량한 북부로 추방되었다. 그가 혁명과 음모의 기술, 즉 야망과 냉소를 갈고닦은 곳이 바로 바쿠였다. 그것은 그의 앞날에 큰 도움이 되었다.[12]

다시 러시아로

러시아 석유산업에 타격을 준 것은 정치적 혼란이나 인종 문제, 노동운동으로 인한 긴장만이 아니었다. 러시아산 석유는 상대적으로 싼 가격에 대규모 생산이 가능하다는 장점을 갖고 있었다. 그러나 무질서하고 뒤떨어진 굴착 시설과 생산 설비는 생산 능력을 저하시키고 바쿠 주변의 유전에 돌이킬 수 없는 손상을 입혔으며 결국 고갈을 재촉했다. 이는 급격한 가격 상승을 야기했고, 정치적 불안정으로 인한 신규투자 축소로 이어졌다. 한편 러시아 정부는 비어가는 국고를 채우기 위해 어리석게도 국내 수송 요금을 올렸다. 결과는 참담했다. 세계 시장에서 러시아산 석유의 가격이 더 올라갔고 러시아 석유는 경쟁력을 상실하게 된 것이다. 러시아산 석유의 장점이었던 가격이 오히려 단점이 된 것이다. 러시아산 석유는 다른 나라의 석유 공급에 문제가 있을 때만 필요한 잉여 생산물로 전락했다.

그뿐만 아니라 유럽 석유산업의 구조를 전면적으로 바꾸어놓을 만한 중요한 변화가 일어났다. 유럽에서 새로운 석유 공급원이 출현했는데 바로 루마니아였다. 1890년대 헝가리와 오스트리아 은행들은 석유산업에 투자하기 시작했고, 현대적 기술과 결합되어 루마니아의 석유 생산은 가속화됐다. 그러나 그 상황은 20세기 초에 다시 바뀐다. 스탠더드오일과 독일은행, 로열더치가 루마니아 석유산업에 참여하기 시작했기 때문이다. 이 세 그룹이 루마니아 석유산업의 상당 부분을 지배하게 되었고 그 영향력은 대단했다. 20세기가 시작되고 10년 동안 루마니아의 석유 생산량은 7배 증가했다. 루마니아의 신규 석유 생산에 힘입어, 독일은행은 1906년 노벨사 및 로스차일드사와 연합해 유럽석유연합EPU, European Petroleum Union을 결성했다. 2년 후 EPU는 스탠더드오일의 판매업자들과 유럽 시장에서의 판매 권역 분할을 위한 협상에 들어갔다. EPU는 20~25%의 지분을 획득했고 나머지는 스탠더드오일의 몫이었다. 이와 유사한 시장 분할이 영국에서도 이루어졌다.

바쿠에서는 석유를 너무 많이 생산해 공급량이 점차 줄어들었지만, 러시아의 다른 지역에서는 새로운 유정이 계속 개발되고 있었다. 발달된 굴착 기술과 생산 방식, 석유 업종에 대한 런던 증권거래소의 열광적 투기로 인해 새로운 유정 개발이 촉진되었던 것이다. 그중 하나는 마이코프 유전인데, 흑해 연안에서 동쪽으로 50마일 정도 떨어진 곳에 있었다. 또 다른 유전은 바쿠 북서쪽 조지아에 있는 그로즈니였다. 새로운 유전에서 석유 생산이 이루어지고 있었음에도 불구하고 로스차일드사는 러시아 석유산업에 투자하기를 꺼렸다. 그들은 모험을 원치 않았으며 러시아의 석유사업에서 손을 떼고 싶어 했다. 러시아의 반유태주의와 외국인을 배척하는 분위기는 정치적 불안정과 마찬가지로 그들의 사업에 장애가 되었다. 파업, 방화, 살인, 혁명을 직접 겪은 로스차일드사는 더욱 그랬다. 하지만 서둘러서 처분할 만한 이유는 없었다. 석유사업으로 벌어들이는 이익이 거의 없을 정도로 미미했기 때문이다. 로스차일드사의 석유사업은 전적으로 러시아에서의 생산에 의존하고 있었기 때문에, 국제적으로는 지리적인 불균형 문제를 안고 있었다. 그들은 세계 각지로 사업을 분산해 안정된 생산 체제를 구축하고자 했다.

1911년, 로스차일드사는 러시아 석유사업 조직 전체를 매각하는 문제에 대해 로열더치 쉘과 협상을 시작했지만 난항을 거듭했다. 협상에서 로스차일드를 대표한 사람은 프레드 레인이었다. 레인은 로스차일드사의 석유 담당 책임자에게 보낸 편지에 다음과 같이 썼다. "나는 디터딩과의 협상이 매우 어렵다는 것을 잘 알고 있습니다. 그는 매사에 모든 가능성을 따집니다. 올빼미처럼 가만히 앉아서 실패할 확률과 기대치에 못 미칠 가능성을 점치고, 나아가 좀 더 나은 결론이 있는지 심사숙고합니다. 그가 최종적으로 '서명'하기 전까지는 무엇을 생각하고 있는지 아무도 모릅니다." 1912년이 되어서야 협상이 타결되었다. 로열더치 쉘은 로열더치와 쉘의 주식으로 매입 대금을 지불했고, 그 결과 로스차일드사는 두 회사의 대주주가 되었다. 이렇게 해서 로스차일드사는 불확실하고 불안정한 러시아 내의 자산을, 급성장하는 실질적인 자산으로 바꾸었고 장래성 있는 국제적 회사로 변신했다.

　19세기 말에서 20세기 초, 마커스 새뮤얼은 불안정한 러시아산 석유에 대한 쉘사의 의존도를 낮추기 위해 온 힘을 기울였다. 그로부터 10년이 지난 후, 디터딩은 로열더치 쉘이 다시 러시아에 대규모로 진출할 수 있도록 일을 꾸몄다. 그 결과 노벨사의 뒤를 이어, 러시아의 거대한 석유 생산, 정제, 공급 부문을 장악했다. 노벨사의 대표가 러시아에 진출하고 싶어 하는 이유를 묻자 디터딩은 "돈을 벌기 위해서"라고 무뚝뚝하게 대답했다. 로열더치 쉘은 하룻밤 사이에 러시아 경제에서 중요한 위치를 차지하게 되었고, 최소한으로 어림잡아도 러시아 석유 총생산량의 약 20%를 차지할 수 있었다. 로열더치 쉘은 로스차일드사를 합병함으로써 전 세계적으로 균형 잡힌 생산 포트폴리오를 구성할 수 있었다. 지역별로 보면 동인도제도 53%, 루마니아 17%, 러시아 29%였다. 그들이 러시아의 석유사업에 뛰어든 것은 확실히 상당한 위험이 따르는 것이었으나, 세계적인 생산 체제를 갖추기 위해 꼭 필요한 일이었다. 위험한 결정이었는지는 시간이 지나면 판명될 것이다.

　바쿠를 중심으로 한 러시아의 석유 생산은 제1차 세계대전이 일어나기 10년 전부터 계속 감소하고 있었다. 석유 생산기술이 서방 세계에 비해 크게 낙후되고 발전하지 못했기 때문이었다. 세계 석유시장에서 러시아의 전성시대는 지나가버렸다. 세계 석유 수출량 중 러시아가 차지하는 비중은 1904년 31%였지만 1913년에는 9%로 떨어졌다. 어떤 형태로든 러시아의 석유산업 전성기를 경험한 사람들은 향수에 젖어 당시를 회상했다고 한다. 노벨사, 로스차일드사, 마커스 새뮤얼에게는 러시아가 거대한 부와 강력한 힘의 원천이었다. 그런데 또 다른 형태의 향수도 있었다. 석유 사업가뿐 아니라 그들의 적이었던 사람이 갖는 향수다. 스탈린은 1920년대 볼셰비키 정권 최고의 자리에 오르기 전에 "석유산업의 노동자들이 혁명을 일으켰던 3년 동안, 나는 실질적인 투사로서 그리고 지방 노동운동의 실질적인 지도자로서 활동할 수 있었다"라고 회상했다. 또한 "많은 노동자 집단을 이끈다는 것이 무엇을 의미하는지 그때 처음으로 깨달았다. 나는 바쿠에서 전투를 치르면서 두 번째 세례를 받았고, 거기서 비로소 완전한 혁명가가 될 수 있었다"라고도 말했다.[13]

1905년 시작된 혁명의 와중에서, 세계의 주요 석유시장이었던 바쿠는 그로부터 20년간 침체된 상태였지만 유럽 주변에서는 여전히 가장 중요한 석유 공급원의 위치를 유지했다. 볼셰비키 혁명에도 불구하고 바쿠는 그 후에도 계속된 세계적 분쟁에서 중요하고도 결정적인 역할을 했는데, 그것은 신이 인간에게 내린 '상賞, Prize' 중 하나였다.

07

손 짚고
헤엄치기

1900년 말, 말쑥한 차림의 신사가 페르시아에서 파리로 왔다. 앙투안 키타브기 장군이었다. 아르메니아 혹은 조지아 출신이라고 알려진 그는 세관장을 비롯해 페르시아 정부의 여러 요직을 두루 거쳤다. 영국의 한 외교관은 "서구 문물에 매우 정통해 석유 이권이나 사업에 관련된 일들을 잘 알고 있다"라고 그를 평했다. 이런 능력은 그의 임무에 적합했다. 키타브기의 파리 방문은 명목상 페르시아 박람회의 개회식 참석이었지만, 주된 목적은 다른 데 있었다. 그는 세일즈맨이었고, 페르시아에서 석유 이권을 따내려 하는 유럽인 투자가를 찾고 있었다. 키타브기는 돈을 벌겠다는 개인적 목적이 있었을 뿐 아니라, 정치적·경제적 이해관계가 걸려 있는 페르시아 정부를 위해서도 일하고 있었다. 페르시아 정부의 재정 상태를 정확히 파악할 수는 없었지만 매우 궁핍하다는 사실은 쉽게 알 수 있었다. 페르시아 수상은 그 이유가 '국왕의 낭비벽' 때문이라고 말했다.

키타브기 장군의 노력으로 역사적인 계약이 체결되었다. 비록 수년 동안 계약의 이행 여부가 매우 위태롭긴 했지만, 결국은 중동에 석유시대를 열었고

218

이 지역을 정치적·경제적 분쟁의 중심에 놓는 역할을 했다. 1935년부터 이란이라 불리게 된 페르시아는 고대 페르시아제국이나 파르티아제국 이후 처음으로 세계무대에서 각광받게 되었다. [1]

막강한 재력가, 다아시

키타브기는 파리에서 은퇴한 영국 외교관 한 명에게 도움을 청했다. 외교관은 얼마 동안 숙고한 뒤, 다음과 같이 통보했다. "석유 문제와 관련해 막강한 재력을 가진 자본가와 얘기했습니다. 그는 이 일을 검토해볼 용의가 있다고 합니다." 그 자본가가 바로 윌리엄 녹스 다아시였다. 1849년 영국 데번에서 태어난 다아시는 호주로 이민 가서 작은 도시에서 법무사로 일했다. 그는 경마에 빠져 있었고, 천성적으로 모험을 즐겼으며, 비행기를 조종하기도 했다. 다아시는 폐광이 된 어떤 금광을 다시 개발하기 위해 신디케이트를 결성했는데, 그곳에 금이 많이 남아 있는 것으로 판명되었다. 그는 영국으로 돌아가 부유한 생활을 즐길 수 있었다. 다아시는 첫 번째 부인과 사별한 후 니나 부시코라는 유명한 여배우와 재혼했다. 그녀는 집으로 찾아온 손님들을 환대했고, 그들이 주최한 만찬에는 엔리코 카루소가 참석해 노래를 부르기도 했다. 그는 런던의 저택 외에 별장 두 채를 소유했고, 왕족이 아닌 사람으로는 유일하게 엡솜에 있는 경마장 내에 전용석을 가지고 있었다. 다아시는 투자가이자 투기꾼이었다. 신디케이트를 결성하기는 했지만 직접 경영을 하지는 않았고 새로운 투자거리를 찾고 있었다. 그는 페르시아의 석유 매장 가능성에 관심이 많았다. 다시 한 번 기회를 잡고 싶었던 것이다. 이렇게 해서 그는 중동 석유산업의 창시자가 되었다.

페르시아에는 수 세기 전부터 석유가 분출되었는데, 그곳에서 채취된 석유는 주로 선박 방수재와 벽돌 접착재 등으로 사용되었다. 로이터 통신의 설립자인 줄리어스 드 로이터 남작은 1872년과 1889년 두 차례에 걸쳐 페르시아로부터 여러 가지 다른 이권과 함께 석유 이권을 따내어 석유 개발에 나섰다. 그러나 이런 이권의 거래는 페르시아 국내에서 격렬한 저항을 불러일으켰고, 러시아제국의 강력한 반대에도 부딪혔다. 그뿐 아니다. 무모한 석유탐사 작업은 실패로 끝났고, 결국 두 개의 이권은 계약 기간 종료로 진행이 중단되었다. 1890년대에는 프랑스의 한 지질학자가, 페르시아의 광범위한 지역을 조사한 것에 근거해, 막대한 석유 매장 가능성을 보여주는 보고서를 발표했다. 그 보고서는 여러 사람들에게 알려졌는데, 그중 하나가 키타브기 장군이었다. 그는 백만장자인 다아시를 사업에 끌어들이기 위해 "개발되기만 하면 헤아릴 수 없을 정도로 막대한 부의 원천이 존재하고 있다"고 단언했다. 그러나 무엇보다 이권을 따내는 일이 선행되어야 했다.

1901년 3월 25일, 파리를 떠난 다아시의 대리인이 바쿠를 거쳐 4월 16일에 페르시아의 수도 테헤란에 도착했다. 테헤란에서 열린 석유 이권 교섭은 느리고 간헐적으로 진행되었다. 다아시의 대리인은 양탄자와 자수 공예품 등을 사면서 시간을 보냈다. 타고난 중개인인 키타브기는 더욱 바빠졌다. 페르시아 주재 영국 공사인 아더 하딘지 경은 이렇게 말했다. "키타브기는 용의주도한 방식으로 주요 각료와 고위 관리들의 지원을 얻어냈고, 심지어 국왕에게 파이프 담배와 모닝커피를 올리는 시종의 지원까지 얻었다."[2]

러시아 vs. 영국

페르시아의 기원은 키루스 대왕과 다리우스 1세의 고대 제국까지 거슬러 올라가는데, 이 제국은 기원전 5세기경에는 인도부터 오늘날의 그리스와 리비아까지 뻗어 있었다. 그 후 지금의 이란이 위치한 지역에 파르티아 왕국이 세워지면서 로마제국을 위협하는 동방의 라이벌로 등장했다. 페르시아는 아시아와 서양 간의 무역과 정복이 이루어지는 거대한 교차로였다. 여러 나라의 군대와 민족이 꼬리를 물고 이 지역을 통과했으며, 어떤 경우에는 이곳에 정착하기도 했다. 알렉산더 대왕이 서쪽에서 진격해 오고 칭기즈칸과 몽골족은 동쪽에서 몰려왔다. 18세기 말에 탐욕스러운 카자르 왕조가 등장해, 군웅이 할거하고 부족연합 등으로 분열되어 있던 이 나라를 통일했다. 그 후 150년간 카자르 국왕들의 통치는 불안했다. 19세기 들어서자 침략에 익숙해진 이 나라에 새로운 형태의 외압이 시작되었다. 페르시아 지배를 둘러싼 러시아와 영국 간의 외교적·경제적 경쟁이었는데, 양국의 경쟁은 곧 카자르 국왕들의 주요 관심사가 되었다. 국왕들은 양국의 경쟁을 조장하고 그 사이에서 이익을 얻고자 했다.

영국과 러시아 간의 경쟁으로 페르시아는 열강 외교의 주요 쟁점으로 부각되었다. 인도 총독인 커즌 경은 페르시아를 '세계 지배를 위한 게임이 펼쳐지는 체스 판 위에 있는 말 중 하나'라고 표현했다. 러시아는 1860년대부터 중앙아시아에서 무자비한 영토 확장과 합병에 나섰다. 또한 중앙아시아의 인접국들을 정복해 부동항不凍港을 얻고자 했다. 영국의 입장에서 볼 때 러시아의 영토 확장은 인도와 통하는 요로要路에 대한 직접적인 위협이 되었다. 1871년 영국의 한 외교관은 '러시아의 남하를 막기 위해 페르시아에 투자하는 것은 인도를 지키기 위한 일종의 보험금'이라 말했다. 러시아는 이 지역 전체에서 계속 남하를 꾀했고, 1885년에는 인접한 아프가니스탄을 공격함으로써 러시아와 영국은 전쟁 일보 직전까지 갔다.

19세기 말경에 러시아는 페르시아에 다시 압력을 가하기 시작했다. 이런 새로운 공세에 맞서 영국은 페르시아를 러시아와 인도 사이의 완충지대로 유지할 방안을 강구했다. 양국은 이권과 융자, 기타 경제적·외교적 수단을 동원해 페르시아에 대한 영향력 확보 경쟁에 돌입했다. 그런데 20세기가 시작될 무렵 영국의 지위가 위태로워졌다. 페르시아가 러시아의 지배하에 들어갈 상황에 처한 것이다. 러시아는 페르시아 만에 해군기지를 설치하려 시도 중이었고, 페르시아 경제는 이미 상당한 정도로 러시아 경제권 안에 들어가 있었다. 영국 공사 하딘지 경은 이 상황에 대해 이렇게 평했다. "페르시아의 국왕 무자파 알딘은 그저 나이 먹은 어린아이에 불과하다. 페르시아 왕정은 낡고 오랫동안 잘못된 통치를 해왔기에, 어떤 외국 세력이든 가장 높은 값을 부르거나 부패하고 무력한 지도자를 무섭게 위협하기만 해도 일격에 무너질 지경이었다." 하딘지는 그 외국 세력이 러시아가 될 가능성이 가장 높다고 우려했다. 국왕과 대신들의 방종과 어리석음으로 인해 러시아에 대해 전적으로 굴종 상태에 있기 때문이라는 것이다. 러시아인들은 페르시아와의 관계에서 경제적 문제에는 별 관심이 없었다. 어느 러시아 관리는 이에 대해 "게으름뱅이 부랑자 칠팔백만 명과 거래하는 것이 무슨 이득이 되겠는가?"라고 반문했다. 러시아인들은 다른 열강들을 배제하고 페르시아 지배를 확고히 하고자 했다. 하딘지에게 영국 정책의 최우선 목적은 이처럼 '가증스러운' 침략에 저항하는 것이었다.

이런 점에서 다아시와 그의 석유탐사 계획은 영국의 정책을 돕는 역할을 했다. 영국이 석유 이권을 차지한다면 러시아와 세력 균형을 이루는 데 도움이 될 것이다. 이런 점을 고려해 영국은 이 사업을 지원했다. 다아시의 이권 협상 사실을 안 러시아 공사는 몹시 분개해 온갖 수단을 동원해 저지하려 했고, 협상의 속도를 늦추는 데 성공했다. 그러나 이때 테헤란에 있던 다아시의 대리인이 국왕에게 5,000파운드의 뇌물을 추가로 주었다. 국왕이 현금을 원했고 그 돈을 준다면 석유 이권 계약에 서명하겠다고 말했기 때문이다. 추가 뇌물이 주효해, 1901년 5월 28일 페르시아 국왕 무자파 알딘은 이 역사적인 계약에 서명했다. 계약에 따라 국왕은 현금 2만 파운드와 2만 파운드 상당의 주식, 그리고 '연간 순이익'의 16%를 챙기게 되었다. '연간 순이익' 규정은 당시에는 정확히 명시되지 않아서, 나중에 커다란 쟁점이 되었다. 한편 다아시는 페르시아 영토의 4분의 3에 해당하는 지역에 대해 60년 동안 석유 이권을 확보하게 되었다.

다아시는 러시아를 자극하지 않기 위해, 러시아에 근접한 북부의 5개 주를 의도적으로 계약에서 제외했다. 그러나 영국과 러시아의 경쟁은 계속되었다. 이제 러시아인들은 인도와 아시아 지역으로 등유 수출을 확대하기 위해, 더 나아가 페르시아에서의 전략적 영향력을 걸프 지역을 거쳐 인도양까지 확장하기 위해, 바쿠에서 페르시아 만에 이르는 파이프라인 건설을 계획했다. 영국은 이 계획에 대해 테헤란과 상트페테르부르크 양측 모두에 거세게 항의했다. 테헤란 주재 하딘지 공사는 설령 터무니없는 파이프라인 부설권이 실제 건설로 이어지는 일은 없다 하더라도 '페르시아 남부에 있는 측량기사, 엔지니어, 카자흐 기병 파견대를 보호한다는 구실로 러시아가 군사적 주둔을 꾀할 것'이라 경고했다. 결국 영국의 반대로 파이프라인 건설은 이루어지지 않았다.[3]

테헤란에 있는 다아시의 대리인은 계약 체결에 대해 매우 기뻐했다. 다아시에게 득이 될 뿐 아니라 상업적·정치적으로 영국에 상당히 이롭고, 페르시아에서 영국의 영향력을 크게 증대할 것으로 보였기 때문이다. 영국 외무부는 직접적으로 나서지는 않더라도 다아시에게 정치적 지원을 제공할 생각이었다. 그러나 정작 페르시아에 있던 하딘지는 그 사업에 대해 회의적이었다. 그는 페르시아의 정치 체제와 국민들, 지리적·병참학적 공포, 최근에 진행되었지만 성사될 가망성이 없는 석유 이권 사업들에 대해 잘 알고 있었다. 하딘지는 본국 정부에 다음과 같이 경고했다. "석유가 있든 없든 최근 몇 년 동안 페르시아 땅은 상업적·정치적 쇄신의 희망찬 계획들의 파편들로 뒤덮여 있어서 가장 최근에 이루어진 이 사업의 미래를 예측하는 것은 너무 성급한 일이다."

그렇다면 다아시를 그처럼 위험한 사업으로 이끈 것, 한 역사학자의 말을 빌리자면 '머나먼 혼란스러운 땅에서 거대한 투기적 시추를 하도록 이끈 것'은 무엇이었을까? 그를 제2의 록펠러로 만들어줄 엄청난 부富에 대한 참을 수 없는 매력이었다. 더욱이 다아시는 금광 개발이라는 도박에서 굉장한 성공을 거둔 경험이 있었다. 하지만 다아시가 앞길에 무엇이 놓여 있는지 정확히 예측할 수 있었더라면, 의심의 여지 없이 이 사업에서 손을 뗐을 것이다. 이것은 호주의 광산보다 훨씬 규모가 크고, 부딪쳐야 할 대상도 훨씬 많으며, 호주에서는 존재하지 않았던 복잡한 정치적·사회적 상황을 포함한 거대한 도박이었다. 단도직입적으로 말해서 현명한 사업은 아니었다. 필요 경비마저도 상당히 과소평가된 것이었다. 다아시는 유정을 두 개 파는 데 1만 파운드가 소요될 것이라 보고받았지만, 4년 동안 20만 파운드가 넘는 손해를 보았다.[4]

첫 번째 시도

다아시는 통신 업무를 담당하는 비서 한 명을 제외하고는 조직도, 회사도 소유하지 않았다. 그는 페르시아 현장에서 사업을 하기 위해, 왕립 인도 공과대학을 졸업하고 수마트라에서 시추를 해본 경험이 있는 조지 레이놀즈를 고용했다. 첫 번째 시추를 위해 선택한 곳은, 후일 이란과 이라크의 국경이 된 지점과 가깝고 사람의 접근이 어려운 페르시아 북서부 산악지대의 고원인 치아 수르크였다. 이곳은 페르시아 만에서 300마일 정도 떨어져 있고, 테헤란

보다 바그다드에 더 가까웠다. 토질이 좋지 않고, 도로 길이는 전 지역을 다 합쳐도 800마일이 못 되었다. 게다가 대부분의 지역은 테헤란 정부가 양허한 이권은 고사하고 정부의 권위도 인정하지 않는 전투적 성향의 부족들이 지배하고 있었다. 그 지역의 페르시아군 장성들은 휘하의 군인들을 지방 지주들에게 정원사나 인부로 빌려주고 임금을 착복했다.

그곳에는 전문 기술을 가진 사람이 거의 없었다. 토양이나 기후 등과 같은 지리적 악조건보다 서양의 이념이나 기술, 심지어는 그 존재에 대해 갖고 있는 반감이 더 문제였다. 하딘지는 회고록에서, 이슬람의 다수파인 시아파의 종교적 열광과 정치적 권위에 대한 반항, 기독교든 수니파 회교도든 외부에서 유입된 모든 것에 대한 적대감에 대해 상세히 기술했다. 초대부터 4대까지 칼리프(마호메트의 후계자로 회교도의 정치 · 종교상 최고 지배자)에 대한 증오는 아직까지도 맹렬했다. 시아파 광신도들은 이들 찬탈자簒奪者, 특히 메카에 있는 최고의 증오 대상인 오마르의 무덤을 훼손함으로써 자신들의 천국 입성을 서두르려 했다. 이러한 극단적 증오는 소위 케트만Ketman이라는 위장된 교의敎義에 의해서만 합리화될 수 있었다. 교의에 따르면, 신앙심 깊은 회교도가 진실로 성스러운 목적을 달성하기 위해서는 가장된 행동을 하거나 심지어 거짓말을 하는 것까지도 합법적이다. 하딘지는 '시아파와 수니파의 알력에 대해 너무 예민하고, 페르시아의 정치 체제에서 시아파 신앙의 영향력을 과장하고 있다'는 지적에 대해 다음과 같이 변명했다. "내가 이 문제에 대해 불필요한 생각을 하는지 모르겠지만, 이제까지도 그래왔고 앞으로도 페르시아의 정치와 사상에서 중요한 역할을 할 것이라 생각한다." 실제로 그 역할은 계속되었다.

다아시 앞에 놓여 있는 과제는 기가 질릴 정도였다. 모든 설비와 자재는 페르시아 만의 바스라 항으로 운반되어, 티그리스 강을 300마일 거슬러 올라가 바그다드에 도착한 다음, 사람과 노새를 이용해 메소포타미아 평야와 산악

지대를 가로질러 가야 했다. 설비와 자재가 도착하면 레이놀즈와 폴란드인, 캐나다인, 바쿠에서 온 아제르바이잔인 등으로 구성된 혼성 작업반이 기계를 조립, 가동시키기 위해 씨름했다. 아제르바이잔인의 눈에는 외바퀴 손수레마저 혁신적 발명품으로 보였다.

런던에 있던 다아시는 일이 생각보다 빨리 진척되지 않자 걱정이 된 나머지, 1902년 4월 레이놀즈에게 다음과 같은 전보를 쳤다. '지연 심각, 신속 작업 요망.' 그러나 어쩔 수 없는 일이었다. 실질적인 굴착작업은 반년이 늦은 1902년 말이 되어서야 겨우 시작되었다. 시설은 번번이 무너져 내려앉았고, 벌레들은 인부들을 끝없이 괴롭혔고, 식량과 부품의 조달은 원활하지 않았다. 한마디로 최악의 상태였다. 인부들의 숙소 온도는 50℃에 가까워 '열탕 지옥' 같았다.

정치적인 문제도 있었다. 지방 고위관료들이 잇달아 방문하는 통에, 작업막사에 '회교도용 주방'을 별도로 마련해야 할 정도였다. 레이놀즈는 "관료들은 우리에게 상당한 선물, 특히 우리 회사의 주식을 선물받고 싶어 하는 것 같았다"라고 회상했다. 무엇보다 레이놀즈는 여러 부족 사이에서 일어나는 작은 분쟁과 전쟁을 중재하는 일급 외교관 역할을 해야 했다. 또한 일부 인원을 차출해 시아파 교도들의 지속적 위협에 대처해야 했다. 레이놀즈의 대리인은 다아시에게 이렇게 경고했다. "주민들이 외국인에게 반항하도록, 북부의 회교 율법학자들이 집요하게 부추기고 있습니다. 공식적인 지배권을 장악하기 위한 국왕과 회교 율법학자들 간의 싸움이 진짜 전쟁이 될 것입니다."[5]

재력에도 한계가 있다

이런 열악한 상황에서도 시추가 시작되고, 11개월 후인 1903년 10월에 처음으로 석유가 분출되었다. 하지만 다아시는 예상보다 훨씬 어렵고 비용이 많이 드는 일을 시작했음을 깨달았다. 사업이 진척될수록 자금 조달 문제가 심각해졌다. 1903년 고민에 빠진 그는 다음과 같이 말했다. "모든 재력에는 한계가 있다. 내 돈줄도 바닥이 보인다." 지출이 점점 늘어나자 다아시는 혼자 이 사업을 감당할 수 없다고 판단했다. 도움이 필요했다. 그렇지 않으면 석유 이권은 물거품이 되고 말 것이다.

다아시는 영국 해군부에 융자를 신청했다. 토머스 보버튼 레드우드라는 사람이 아이디어를 하나 냈다. 레드우드는 제1차 세계대전 이전 영국 석유 정책의 막후 실력자로, 20세기 들어 20년간 세계 석유 개발의 방향을 정립하는 데 큰 영향력을 행사했다. 그는 깔끔하고 멋진 복장에 옷깃 단춧구멍에는 난 초꽃을 꽂고 다녔는데, 종종 당대 최고의 미남 배우와 혼동하는 사람들도 있었다. 그는 사람들의 착각을 매우 즐거워했다. 석유에 관한 레드우드의 업적은 광범위하다. 화학을 공부한 그는 훗날 가치를 인정받은 증류 방법에 대한 특허를 출원했다. 1896년에는 『석유론A Treatise on Petroleum』을 출판했는데 책은 개정을 거쳐 20여 년간 석유에 대한 기본 서적으로 읽혔다. 19세기 말 그는 영국에서 첫손 꼽히는 석유 전문가였고, 그의 자문회사는 다아시의 회사를 비롯해 거의 모든 영국 석유회사로부터 자문 의뢰를 받았다. 레드우드는 석유 관련 문제에 관한 한 영국 정부의 최고 외부 전문가였다. 그는 영국 해군 함정의 연료를 석탄에서 중유로 전환하면 어떤 이점이 있는지 잘 알고 있었다. 그는 스탠더드오일과 셸에 대해 아주 회의적이었기 때문에, 영국 지배하에 있는 석유 부존 지역에서 영국 회사들이 개발할 수 있는 유전을 원했다.

레드우드는 영국 해군부 '중유重油위원회'의 위원이었다. 그가 다아시의 석유 이권과 그가 처한 곤경에 대해서만 알고 있었던 것은 아니다. 그는 거의 모든 사업 단계에서 다아시에게 조언했고, 그의 곤란한 처지를 중유위원회에 보고해 다아시가 융자 신청을 하도록 해주었다. 다아시는 융자 신청서에서 자신이 당면한 재정적 어려움을 설명했다. 그는 지금까지 시추에만 16만 파운드를 썼고, 앞으로 12만 파운드가 더 필요할 것이라 예측했다. 레드우드는 다아시에게, 융자는 허가될 테니 그 대신 해군부에 중유 공급 계약을 제안하라고 조언했다. 해군부와 외무부는 다아시의 제안에 찬성했다. 그러나 재무장관 오스틴 챔벌레인이 문제였다. 하원이 승인할 가능성이 전혀 없다고 판단해 반려한 것이다.

다아시는 절망에 빠져 이렇게 말했다. "내가 할 수 있는 일은 은행을 소란스럽지 않게 하는 것뿐이다. 나는 무언가를 꼭 해내야 한다." 1903년 말, 그는 로이드 은행에 17만 7,000파운드의 빚을 진 상태였으므로 호주 금광 신디케이트의 주식 일부를 추가 담보로 내놓아야 했다. 1904년 1월 중순, 치아 수르크의 두 번째 유정에서 생산이 시작되었다. 기쁨에 넘친 다아시는 이렇게 외쳤다. "페르시아에서 멋진 소식이 왔다. 이는 내 짐을 덜어주는 가장 커다란 구원이다." 그러나 구원과는 무관하게, 다아시에겐 사업에 필요한 자금 수십만 파운드를 조달할 방법이 없었다.

그는 새로운 투자가를 찾아 나섰다. 조셉 리용 회사에서 융자를 받으려 했으나 실패했고, 스탠더드오일과 몇 달 동안 담판을 벌였으나 소득이 없었다. 그는 알퐁스 드 로스차일드 남작을 만나러 칸까지 갔지만, 로스차일드사의 사람들은 아시아틱사에 투자한 쉘과 로열더치와의 새로운 거래만으로도 충분하다고 생각했기에 그의 제안을 받아들이지 않았다. 한편 유정에서는 더 이상 석유가 분출되지 않았다. 레드우드는 다아시에게 개발 비용을 회수할 가망이 없으니 유정을 폐쇄해야 한다고 말했다. 이제 모든 굴착은 남서부 페르시아

쪽에 집중되었다. 1904년 2월, 다아시의 초과 인출은 더 늘어났고 로이드 은행은 석유 이권 자체를 담보로 요구했다. 착수한 지 3년도 못 되어 페르시아에서의 사업이 붕괴 직전에 이른 것이다.[6]

애국자들의 신디케이트

영국 정부 내에서는 다아시가 외국 자본에 사업 전체를 팔아넘기거나 이권 전체를 상실할지 모른다는 사실을 우려하는 사람들이 있었다. 그것은 열강들 사이에서 자국의 위상과 같은 전체적 전략과 고도의 정치적 문제였다. 외무부가 가장 우려한 것은 러시아의 확장주의와 인도의 안전보장 문제였다. 1903년 5월 외무장관 랜스다운 경은 상원에서 다음과 같은 역사적인 연설을 했다. "어떤 나라든지 페르시아 만에 해군기지나 요새화된 항구를 건설한다면 이를 영국의 국익에 대한 중대한 위협으로 간주할 것이며, 가능한 모든 수단을 동원해 반드시 저지할 것이다." 인도 총독 커즌 경은 이 선언이 '중동에서의 먼로 독트린'이라고 말하며 매우 기뻐했다. 해군부가 안고 있는 문제는 좀 더 구체적이다. 즉 영국 함대의 연료로 쓸 중유 공급원을 충분히 확보할 수 있는가 하는 문제였다. 영국 해군의 심장이라 할 수 있는 전함들은 당시 석탄을 사용했고, 석유는 작은 선박에만 사용되었다. 석유가 소량 사용되고 있음에도 불구하고, 석유의 부존량이 영국 해군력 유지에 불안 요소로 작용하고 있었다. 많은 이들이 석유가 충분하게 존재하는지 의문을 품고 있었다. 당시 석유 연료를 선호한 해군부의 인사들조차 석유가 대규모로, 또 안정적으로 공급될 때까지는 보조 연료라고 생각했을 정도다. 그런 면에서 다아시의 페르시아 사업은 지원 받을 가치가 있었다.

외무부의 입장에서 보면 재무부가 다아시의 융자 신청을 거부한 것은 근시안적 결정이었다. 랜스다운 경은 즉시 "페르시아의 석유 이권 전체가 러시아의 손에 들어갈 위험이 있다"라고 우려를 표명했다. 테헤란 주재 하딘지 공사도 러시아가 영토를 확장하는 데 이권을 이용함으로써 심각한 결과를 초래할 수 있다며 랜스다운의 견해에 동감했다. 그는 영국이 계속해서 석유 이권의 대부분을 장악하기 위해서라면 어떤 비용이라도 지불해야 한다고 주장했다.

영국의 걱정거리는 러시아만이 아니었다. 다아시가 로스차일드를 만나러 칸으로 가자, 석유 이권이 프랑스 수중으로 넘어갈 것을 우려한 해군부는 행동에 돌입했다. 중유위원회 위원장이 다아시에게 급히 서신을 보내, 외국 자본과 계약을 체결하기 전에 영국의 신디케이트가 그것을 구입할 수 있도록 해군부가 주선할 기회를 달라는 것이었다. 그렇게 해서 해군부가 중개자 역할을 하게 되었는데 사실 때늦은 감도 없지 않았다. 완벽한 '대영제국의 신임장'을 지닌, 자수성가한 여든네 살의 백만장자 스트라스코너 경은 '애국자들의 신디케이트syndicate of patriots'를 맡아달라는 요청을 받았다. 스트라스코너는 그 사업이 대영제국 해군을 위한 것이고, 또한 자신은 5만 파운드 이상 투자할 필요가 없다는 다짐을 받고서야 요청을 수락했다. 훗날 그의 회고에 따르면, 상업적인 가능성보다는 '진정으로 국가를 생각하는 마음에서' 그 일에 동참하기로 한 것이다.

이제 해군부는 명목상의 우두머리를 갖게 되었다. 그런데 그를 누구와 짝지을 것인가? 해답은 바로 '버마 오일'이라는 회사였다. 1886년 스코틀랜드 상인들이 설립했고 글래스고에 본사가 있는 버마 오일은 극동 지역 무역상사들의 판매 조직으로 시작되었다. 이 회사는 버마의 현지 주민들이 원시적인 방법으로 채취한 석유를 랑군에 있는 정유공장에서 정제해 인도 시장에 판매함으로써 높은 수익을 올리고 있었다. 또한 버마 오일은 1904년 영국 해군부에 중유를 시험적으로 공급하는 협정을 체결했다. 버마는 1885년 인도에 병합되어 안정적 공급원으로 인식되었기 때문이다. 그러나 버마 오일의 스코틀랜드인 중역들은 버마의 공급량에도 한계가 있지 않을까 우려했다. 또한 페르시아에서 유망한 유전이 발견되어 인도 시장에 값싼 등유가 대량 유입될까봐 해군부의 제안에 기꺼이 귀를 기울였다.

석유 컨설턴트인 보버튼 레드우드가 중개 역할을 맡았다. 레드우드는 다아시의 고문이면서 동시에 버마 오일의 고문이었다. 그는 버마 오일의 중역들에게 페르시아에는 석유가 풍부하게 매장되어 있을 가능성이 높으며, 두 회사의 결합은 대단히 유익한 결과를 낳을 것이라 말했다. 한편 해군부는 페르시아의 석유 이권이 "특히 장래의 해군 연료 공급원이라는 관점에서 영국의 수중에 있어야 한다"고 주장했다. 그러나 용의주도한 스코틀랜드 상인들은 거창하거나 추상적인 얘기를 하지 않았고 서두르지도 않았다. 대신 그들은 매우 현실적이고도 중요한 의문을 제기했는데 바로 '페르시아가 영국의 보호 아래에 있다고 볼 수 있는가'였다. 해군부의 독촉을 받은 외무부는 상인들에게 이 점에 대해 장담을 해야 했다.

조급해진 다아시는 협상을 빨리 진척시키고자 했다. 버마 오일의 부회장을 초대해, 엡솜 경마장의 골인 지점 가까이에 있는 그의 전용석에서 경마를 관람하도록 했다. 그러나 과음과 과식으로, 그 후 몇 주 동안 네 번이나 앓아누운 버마 오일의 부회장은 두 번 다시 경마 초대에 응하지 않았다.

한편 해군부는 다아시를 구하기 위해 버마 오일에 대한 압력을 가중했는데, 그 시기에 버마 오일 역시 석유 연료에 관한 계약과 인도에서의 시장 보호를 위해 해군부의 협력이 필요했다. 1905년 페르시아의 국왕이 석유 이권 계약에 서명한 지 꼭 4년 만에, 런던에서 다아시와 버마 오일 간에 합의가 이루어졌다. 그들의 합의로 소위 '이권 신디케이트'가 결성되었다. 다아시의 사업체는 이 신디케이트의 자회사가 되었고, 다아시 자신은 새로운 사업체의 중역이 되었다. 버마 오일은 매우 특별한 투자자였는데, 사업을 위한 경영과 전문적 지식 외에 자본도 제공했다. 과거 페르시아에서 벌였던 석유 이권 사업의 암울했던 역사와 자신의 불운을 돌아볼 때, 다아시에게는 다른 선택의 여지가 없었을 것이다. 중요한 점은 그의 사업이 구제되었다는 것이다. 적어도 시추를 계속할 수 있었고, 이 계약을 통해 돈을 벌 기회도 남아 있었다. 중재자들도 만족해했다. 버마 오일의 사사社史 작성자가 말했듯이 "인도로 가는 경로에 대한 다아시의 우려는 외무부와 일치했고, 안정적인 석유 공급원을 찾고자 하는 바람은 해군부와 일치했다." 그 이후 페르시아에서는 이윤과 정치가 복잡하게 얽혔다.[7]

마지드 이 술레이만 유전

신디케이트가 결성된 뒤 석유탐사 지역은 페르시아 남서부 지역으로 옮겨졌다. 레이놀즈의 지시에 따라 치아 수르크 유정은 폐쇄되고 작업 캠프는 철거되었다. 40여 톤이나 되는 장비들은 해체되어 바그다드를 거쳐 티그리스 강을 따라 바스라로 옮겨진 다음, 배에 실려 모하메라라는 이란의 항구로 운반되었다. 이 장비들은 다시 강을 따라 운반된 뒤, 마차와 노새 900마리의 등에 실려 석유 매장의 징후가 보이는 새로운 굴착 지역으로 옮겨졌다. 굴착은 샤르딘에서 처음 시작되었다. '석유 평원'이라고 불리는 마이단 이 나프탄 Maidan-i-Naftan은 석유가 나올 가능성이 많은 지역이었는데, 근처에 배화교拜火敎 사원의 이름을 딴 마지드 이 술레이만이 있었다. 레이놀즈는 우여곡절 끝에 길도 없는 그곳에 처음 가게 되었다. 1903년 11월 말, 그는 다아시의 사업이 재정적 어려움에 처하자 의기소침해졌다. 짐을 꾸려 영국으로 돌아갈 교통편을 알아보며 시간을 보내던 레이놀즈는 쿠웨이트에서 루이스 데인이라는 영국 관리를 만나게 되었다. 데인은 커즌 경과 함께 페르시아 만 부근을 여행하고 있었는데, 커즌 경은 랜스다운의 선언을 널리 알리고 페르시아 만에서 영국의 이해관계를 굳건히 하기 위해 이 지역을 순방 중이었다. 한편 데인은 페르시아 만 지역의 지명사전을 만들 목적으로 자료를 수집 중이었는데 과거와 현재 여행자들의 이야기 가운데 마이단 이 나프탄에 대한 대목이 여러 번 등장한다는 사실을 알게 되었다. 그의 머릿속에 바쿠가 떠올랐다.

데인의 "국익에 굉장한 보탬이 될 수 있는데 그냥 지나친다면 얼마나 안타까운 일이겠는가?"라는 강권과 커즌 경의 지원에 힘입어 레이놀즈는 마이단 이 나프탄으로 출발했다. 1904년 2월, 황량한 그 지역에 도착한 레이놀즈는 암석에 석유가 많이 함유되어 있다고 보고했다. 2년이 지난 1906년, 그는 마지드 이 술레이만으로 돌아가서, 전보다 더 넓은 지역에서 석유의 부존 징후들을 발견했다. 레이놀즈의 보고서를 보고 보버튼 레드우드는 기뻐 어쩔 줄을 몰랐다. 레드우드는 이것이 지금까지의 모든 정보 중 가장 중요하고 확실하다고 말했다.

레이놀즈가 글래스고의 버마 오일 지배인에게 풍자적으로 얘기했듯이, 마지드 이 술레이만에서의 작업은 그리 쉬운 일만이 아니었다. 식수가 오염되어 병에 걸리는 노동자들이 늘어나자 작업이 지체되었다. 레이놀즈는 "인분이 둥둥 떠다니는 물이라고 해야 정확하다"고 말했다. 또한 그는 "여기서 음식이라고 제공되는 것들은 소화시키기가 무척 힘들다. 건강을 유지하려면 원래의 치아든 의치든 튼튼한 치아를 가져야만 한다"라고 덧붙였다. 그것은 사실이었다. 나중에 이 지역에 파견된 한 영국군 장교는 치통으로 며칠이나 고통에 몸부림쳐야 했다. 치과의사는 1,500마일이나 떨어진 곳에 있었다. 노동자들은 성적 욕구를 해결하기 위해 150마일 떨어진 바스라를 찾았었는데, 이곳은 완

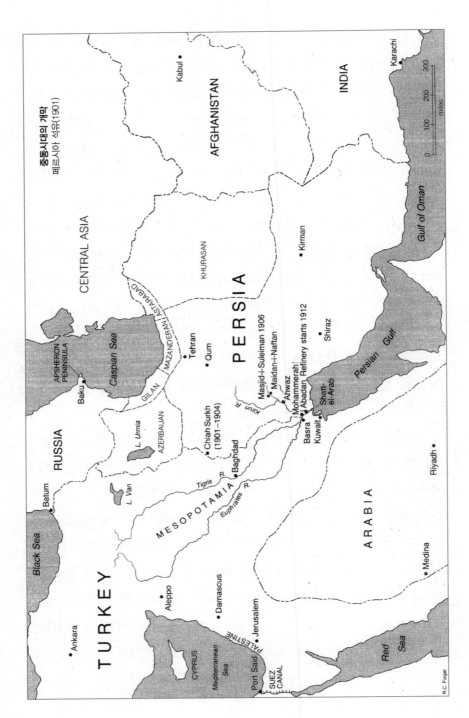

중동시대의 개막
페르시아 석유(1901)

234

곡한 표현으로 '치과의사'라고 불렸다.[8]

이 모든 일을 이끌어간 사람은 조지 레이놀즈였다. 1901년 9월, 페르시아에 처음 도착했을 당시 이미 50세 전후였던 그는 악조건 속에서도 작업을 진행했다. 그는 엔지니어, 지질학자, 경영인, 현장감독, 외교관, 언어학자, 인류학자의 역할을 동시에 했다. 그뿐 아니라 부품이 파손되거나 분실되었을 때 그 조잡한 기계들을 손볼 수 있는 기술도 갖고 있었다. 그는 말수가 적고 강인하며 끈질겼다. 질병, 부족들의 약탈, 기계 고장, 찌는 듯한 더위, 매서운 바람, 끝없는 실망거리 등으로 마음이 흔들릴 일이 많았지만 그의 결의와 집념 덕분에 작업은 계속되었다. 굴착 현장에 있던 영국군 수비대의 아놀드 윌슨 중위는 레이놀즈를 이렇게 묘사했다. "협상에서는 의연하고 행동은 민첩하다. 석유를 반드시 찾아내려는 집념뿐이다. 한마디로 말해 그는 단단한 영국산 참나무 같다."

레이놀즈는 엄격한 현장감독이기도 했다. 그는 인부들에게 '술 취한 동물'이 아니라 '이성적인 존재'로 행동하라고 주문했고, 페르시아 여자들을 절대 건드려서 안 된다고 주의시켰다. 그러나 그의 진짜 고민거리는 사막도, 그 지방의 부족도 아니고, 새로운 투자자인 버마 오일이었다. 그는 버마 오일이 이 사업에 대한 의지를 잃지나 않을까 끊임없이 우려했다. 글래스고에 있는 버마 오일의 지배인은 레이놀즈가 그처럼 악조건에서 작업한다는 것을 이해하지 못했다. 항상 속셈이 있다고 생각하고 그의 판단에 의문을 제기하고 비난하며 공격했다. 레이놀즈는 매주 스코틀랜드에 보내는 보고서에서, 이런 비난에 대해 신랄하고 솔직한 반응을 보였다.

1907년 그는 글래스고에 보낸 보고서에 이렇게 썼다. "자만심 강하고 불손한 페르시아인과 술주정뱅이가 굴착 인부들을 데리고 어떻게 일해야 하는지를 가르쳐주시니 정말로 좋군요." 글래스고의 지배인 역시 그를 싫어하기는

마찬가지여서, "내가 그에게 하고 싶은 말을 타자기로는 표현할 수가 없을 것이다"라고 말했다.[9]

테헤란 혁명

육체적인 고통이나 고립, 혹은 글래스고의 경영진과의 갈등만이 장애물이 아니었다. 국왕이 통치하는 정부는 날로 부패해졌고, 외국인들에 대한 이권 부여는 주요한 정치 쟁점이 되었다. 왕정에 반대하는 보수적 종교 지도자들은 전제 정권을 공격하는 데 앞장섰는데, 이들은 곧 자유 개혁을 추구하는 이들 및 상인과 손잡고 연합전선을 형성했다. 1906년 정부는 한 저명한 종교 지도자를 체포하려 했다. 그는 인민의 불행은 '왕가의 사치와 몇몇 성직자들, 그리고 외국인들 때문'이라고 비난했다. 페르시아인 수천 명이 율법학자들의 부추김을 받고 테헤란 거리로 쏟아져 나와 폭동을 일으켰다. 시장 점포들은 문을 닫았고, 수도 전역이 총파업에 들어갔다. 대부분 시장에서 온 1만 4천여 명이 영국 공사관 마당으로 몸을 피했다. 이 폭동으로 왕정이 무너지고, 신헌법 제정과 석유 이권 실태 심사를 가장 중요한 목적으로 하는 '마즈리즈Majlis', 즉 의회가 구성되었다. 그러나 불안정했던 이 정치 체제의 권위는 수도권 밖으로는 거의 미치지 못했다.

더욱 문제가 된 것은 각 지방에 있는 지도자들이었다. 새로운 시추 현장은 바크티아리의 겨울 방목지에 있었는데, 이곳은 페르시아에서 가장 강력한 부족연합 지역으로 테헤란의 통제가 거의 미치지 못했다. 바크티아리족은 양과 산양 떼를 몰며, 산양털로 짠 텐트에서 사는 유목민이다. 1905년 레이놀즈는 바크티아리인에게 높은 임금과 이익의 일정액을 분배해주기로 약속하고, 그들을 이 이권 사업의 '호위대'로 만드는 데 성공했다. 그러나 가장 경계해야 할 대상 중 하나가 바로 바크티아리족이었다. 그들의 고질적인 착취 행태 외에도 끊이지 않는 친족 간의 반목과 부족 간의 갈등 때문에 이 협정은 유야무야되고 말았다. 레이놀즈는 바크티아리족 지도자 중 한 사람을 가리켜 "휘파람새는 알 속에 있을 때부터 음악으로 가득 차 있듯이, 그는 간계好計로 가득 찬 사람이다"라고 묘사하기도 했다. 다아시는 이런 문제들에 대해 계속 보고받았는데 "역시 바크시시Baksheesh(뇌물을 의미함)가 원흉이다"라는 불평밖에 할 것이 없었다.

지방 부족들의 위협이 점점 커졌기 때문에, 석유사업과 작업의 안전성에 대한 새로운 우려가 대두되었다. 다아시는 외무부에 보호를 요청했고 마침내 수비대가 파견되었다. 외무부는 이 조치에 대해 "영국 정부가 페르시아 남서부에서 진행되고 있는 사업의 존속을 중요시하기 때문"이라고 거창하게 논평했다. 그러나 이 수비대는 영국군 장교 2명과 인도인 기병 20명이 전부였기 때문에 별로 의지할 게 못 되었다.

한편 영국과 러시아 간의 충돌 사태는 많이 진정되었다. 1907년 영·러 협정의 일환으로 양국은 페르시아를 분할해 각기 영향력을 행사하는 데 합의했다. 이런 합의는 양측 모두에게 이유가 있었다. 즉 러시아는 러일전쟁의 패배와 1905년 혁명의 혼란으로 국력이 약화되어 있어서 영국과 화해하기를 희망했다. 영국은 인도에 대한 러시아의 영향력이 점차 커지는 것을 우려했을 뿐 아니라, 이제는 독일의 중동 진출을 더욱 경계하고 있었다. 1907년 협약에 따라 페르시아 북부는 러시아 영향권 아래에, 남부는 영국의 영향권 아래에, 중부는 중립 지역으로 남게 되었다. 그런데 바로 그 중부 지역에 새로운 굴착 현장이 있었다. 테헤란 주재 신임 영국 공사의 표현을 빌리자면, 페르시아를 양분한 이 협약은 '외국인에 대한 기존의 반감에 더욱 불을 댕기는' 결과를 초래했다. 또한 페르시아 분할은 영국, 러시아, 프랑스 간에 결성된 '3국 협상'으로

가는 과정이었다. 3국 협상의 당사국은 그로부터 7년 뒤 독일, 오스트리아–헝가리제국, 터키제국과 전쟁을 벌이게 되었다. [10]

시간을 다투는 굴착 작업

마지드 이 술레이만의 굴착 현장은 석유 이권을 놓고 벌이는 마지막 도박이라 생각되었다. 레이놀즈와 그의 작업팀은 가장 큰 공학적 문제에 부닥치게 되었는데, 첫 번째는 도로가 전혀 없다는 것이었다. 반년 동안 작업한 것을 한 번에 쓸어버리는 폭우를 포함한 갖가지 위험 속에서도 사막에 길을 내야 했다. 1908년 1월 마침내 도로가 완공되어 장비들이 반입되었고, 마지막 굴착 현장에서 작업이 시작되었다.

그러나 이권 신디케이트는 다급했다. 버마 오일은 사업 진척이 부진하고 막대한 자금이 들어가는 데 불만을 갖고 있었다. 버마 오일의 부회장은 모든 일이 실패로 끝날지도 모른다고 말했다. 이 프로젝트에 전력투구하면서 버마 오일의 신중함에 조바심을 내던 다아시와의 불화는 점점 더 커졌다. 1908년 4월, 버마 오일의 이사회는 자금이 낭비되고 있으므로 다아시 측이 추가로 소요되는 자금의 절반을 부담하지 않으면 작업을 중단하겠다고 통보했다.

다아시는 "나는 2만 파운드란 돈을 마련할 길이 없습니다. 또한 무슨 일을 해야 할지도 전혀 모르겠고요"라고 대답했다. 그는 이제 와서 손을 빼기엔 버마 오일이 너무 깊숙이 개입되어 있다고 판단했다. 버마 오일의 중역들은 다아시에게 4월 30일까지 답을 달라고 통고했다. 다아시는 최종 시한까지 답을 보내지 않았을 뿐 아니라 이런 요구 자체를 무시했다. 그는 시간이 흐르기만 바라고 있었다. 레이놀즈에게 시간을 벌어주기 위해서였다. 버마 오일과 다아시의 관계는 다시 악화되었다.

다아시에게서 회답이 없자 버마 오일은 독자적인 행동에 나섰다. 1914년 5월 14일, 레이놀즈에게 서한을 보내, 이제 모든 프로젝트가 끝난 것 같으니 짐을 꾸리라고 지시했다. 또한 마지드 이 술레이만에 있는 두 개의 유정은 1,600피트 이상 굴착하지 말라고 지시했다. 그 깊이까지 굴착해도 석유가 발견되지 않으면, 작업을 중단하고 유정을 폐쇄한 다음 설비들을 가능한 한 모하메라까지 이송해 버마로 보내라고 지시한 것이다. 이권 신디케이트의 해체가 코앞에 닥친 듯했다. 몇 년 전 다아시에게 미끼로 쓴 '헤아릴 수 없을 정도의 부'는 물거품이 된 것처럼 보였다. 중요한 지시사항이 우편으로 갈 것이라는 내용의 전보가 레이놀즈에게 당도했다. 그러나 그곳은 우편 배달 상황이 좋지 않았기 때문에, 그 서한은 수주일 동안이나 페르시아에 도착하지 않았다. 고집 센 레이놀즈가 가장 바라던 상황이었다.

서한이 지체되는 동안, 시추 현장에서 흥분할 만한 조짐이 보였기 때문이다. 유정 하나에서는 천연가스 냄새도 났다. 그러던 중 나사가 풀린 굴착 비트가 구멍 속으로 빠지는 사고가 일어났다. 43℃에 달하는 더위와 어둠 속에서 비트를 찾는 데 며칠이 걸렸다. 그때 그들은 지금까지 뚫은 것 중 가장 단단한 바위를 굴착하고 있었다. 강렬한 햇빛 아래, 유정에서 증기 같은 가스가 새어 나오는 것이 똑똑히 보였다. 1908년 5월 25일 밤, 인도 기병 수비대의 영국군 중위 아놀드 윌슨은 너무 더운 나머지 텐트에서 나와 맨땅에서 자고 있었다. 26일 새벽 4시가 조금 지난 무렵, 큰 소리에 놀라 잠에서 깬 그는 굴착 현장으로 달려갔다. 굴착 장비 꼭대기에서 50피트 높이까지 석유가 치솟았고, 굴착기는 석유로 완전히 가려져 보이지 않았다. 분출되는 가스는 인부들을 질식시킬 정도였다.

마침내 페르시아에서 석유가 터져 나온 것이었다. 국왕이 석유 이권 협정에 서명한 지 7년에서 이틀이 모자라는 날이었다. 윌슨 중위는 영국으로 첫 보고를 보냈다. 전해지는 이야기에 따르면, 그의 보고는 다음과 같은 암호문으로 작성되었다. '시편 104편 15절 3행을 보시오.' 그 성경 구절은 '그는 사람의 얼굴을 윤택케 하는 기름을 …… 주셨도다'였다. 다아시는 만찬장에서 비공식적으로 보고를 받았다. 그는 매우 기뻤지만 흥분을 자제하고 '사실이 분명히 확인될 때까지는 아무에게도 이야기하지 않겠다'고 다짐했다. 보고는 곧 사실로 확인됐고, 첫 번째 유정에서 계속 석유가 분출되는 동안 두 번째 유정에서도 석유가 나오기 시작했다.

석유가 나오고 3일쯤 지난 후였다. 레이놀즈는 버마 오일이 5월 14일 보낸 '시설을 폐쇄하라'는 편지를 받았다. 이는 50년쯤 전에 타이터즈빌에서 작업하던 드레이크 대령에게 도착했던 시추작업 중단 편지와 매우 흡사했다. 그 편지도 석유가 발견되자마자 도착했다. 그 편지를 받을 무렵 레이놀즈는 이미 글래스고에 야유조의 전문을 보냈다. "귀하가 저에게 보냈다는 지시 서한은 아마 수정되어야 할 듯합니다. 석유가 발견될 것이니 서한을 받더라도 지시를 수행할 수 없을 것 같습니다." 이 전문은 레이놀즈가 글래스고의 버마 오일 경영진에 대해 가졌던 반감을 모두 정당화해주는 것이었고, 레이놀즈에게는 씁쓸한 만족감을 안겨주었다.

마지드 이 술레이만에서 석유가 발견되고 나서 2년 동안 레이놀즈는 기술 책임자로 페르시아에 남아 있었다. 하지만 석유 발견에도 불구하고 그와 버마 오일과의 관계는 악화되어갔다. 다아시는 버마 오일의 중역들에게, 레이놀즈는 절대 바보 같은 행동으로 석유 이권 사업을 위태롭게 할 사람이 아니라고 옹호했다. 그러나 레이놀즈에게 쌓인 버마 오일 경영진의 적대감을 해소할 수는 없었고, 1911년 1월 레이놀즈는 불명예스럽게 해고당했다. 아놀드 윌슨은 회고록에서 레이놀즈의 업적을 다음과 같이 적었다. '그는 어떤 더위와 추위도 견뎌낼 수 있었고 실망과 성공에도 흔들리지 않았다. 또한 그가 알게 된 모든 페르시아인, 인도인, 유럽인들의 능력을 이끌어내어 활용했지만, 고용주인 스코틀랜드 사람들과의 관계는 그러지 못했다. 그들의 근시안적인 인색함으로 하마터면 훌륭한 사업이 무산될 뻔했다. G. B. 레이놀즈는 대영제국과 영국의 산업에 대한 공헌과 페르시아에서의 헌신을 전혀 인정받지 못했다. 그는 고용주들의 무지로 인해 무산될 뻔한 사업을 구했지만, 사실 고용주들만 부자가 되었고 칭송받았다.'

레이놀즈를 해고한 후 버마 오일의 중역들은 마지못해 그의 노력을 치하했고, 노고에 대한 답례로 1,000파운드를 주었다. [11]

대석유회사, 앵글로-페르시안

1909년 4월 19일, 스코틀랜드 은행의 글래스고 지점은 열광적인 투자가들로 북새통을 이루고 있었다. 이런 일은 일찍이 없었다. 음침한 공업도시가 순식간에 '석유열'에 휩싸인 것이다. 사람들은 은행 창구에 몰려들어 신청서 쟁탈전을 벌였고, 아예 은행 건물 안으로 들어가지 못하는 일도 벌어졌다. 바로 새로 합병된 앵글로-페르시안 석유회사가 상장되어 주식을 공개하는 날이었다.

몇 개월 전, 페르시아에서 엄청난 매장량을 가진 유전이 발견되었음이 알려졌다. 이 일에 관계된 사람들은 모두 사업 진행을 위해 새로운 형태의 회사가 필요하다고 생각했다. 그러나 이 일이 실제 성사되기까지는 법률가들과의 논쟁이 불가피했다. 더구나 영국 해군부는 이 회사의 창립 취지서로 인해, 해군부가 버마 오일의 사업을 페르시아로 확장하도록 도운 사실이 일반에게 공개되는 것에 이의를 제기했다. 버마 오일의 부회장이 "해군부는 우리의 주요 고객이므로 감정을 상하게 해서는 안 된다"라고 말함으로써 창립 취지서는 좀 더 완곡하게 수정되었다. 또한 예상치 못했던 이의 제기도 있었다. 다아시의 부인인 니나 부시코는 왕년 여배우였던 경력에 걸맞게, 회사 명칭에 '다아시'라는 이름이 빠진 것에 대해 남편에게 따져 물었다. 다아시는 이름 문제로 시끄럽게 구는 것이 못마땅했으나 니나는 계속 고집을 부렸다. 그녀는 다아시의 변호사에게 다음과 같은 내용의 서한을 보냈다. '페르시아 사업과 광범위하게 연관된 내 남편의 이름을 회사 명칭에서 빼는 것은 큰 실수라 생각합니다. 이 것은 우리의 명예를 지키기 위한 마지막 요청입니다.' 그러나 그 요구는 받아들여지지 않았다.

한편 보통주 대부분을 버마 오일이 차지했지만, 최종적으로는 다아시도 상당한 몫을 받았다. 그를 빈털터리로 만들었던 석유탐사 비용을 보상받았고, 89만 5,000파운드(오늘날 3,000~5,500만 파운드 상당)어치의 주식도 받았다. 그러나 다아시는 사업이 점차 수중에서 빠져나가고 있음을 깨달았다. 버마 오일과 최종적인 합의에 이른 날, 다아시는 "마치 아이를 팔아넘기는 것 같소"라고 탄식했다. 그러나 이 사업을 탄생시킨 그의 권리가 완전히 사라진 것은 아니었다. 다아시는 새로운 회사의 이사가 되었고 "나는 전과 조금도 다름없이 이 일에 몰두하고 있다"고 말하며 계속적인 관심을 표명했다. 그러나 이 '막강한 재력가'의 영향력은 그의 아내가 우려했던 대로, 1917년 다아시가 세상을 떠나기도 전에 점차 사라지고 있었다. 단지 앵글로−페르시안 석유회사가 석유탐사를 위해 설립한 자회사에 '다아시'라는 명칭을 붙여준 것만이 유일한 위안거리였다.

새로운 대규모 석유 공급원은 느슨하게나마 영국의 보호하에 있었고, 앵글로−페르시안은 빠르게 성장해 대★석유회사로 부상했다. 1910년 말에는 직원 2,500명을 고용하고 있었다. 그러나 페르시아의 사업조직은 아직도 복잡하고 문제가 많았고, 여러 회사와 정치세력들이 충돌하고 있었으며, 권모술수가 횡행했다. 당시 페르시아의 대리영사로 있던 아놀드 윌슨은 페르시아 국내 문제에 대해 앵글로−페르시안에 실질적인 조언을 하는, 매우 힘든 일을 하고 있었다. 그는 당시를 다음과 같이 회고했다. "자신의 의도를 잘 드러내지 않는 영국인들과, 말과 속마음이 다른 페르시아인들 사이에 석유사업 건을 중재하기 위해 2주 동안 관여한 적이 있다. 영국인들의 관심은 법정에서 변호사들의 공격을 차단할 수 있는 영문 서류를 작성하는 것이었고, 페르시아인들의 관심은 양측의 의사를 표명하고 그에 상응하는 현금을 매년 지불하거나 한 번에 지불하는 것뿐이었다."

최소 사방 10마일에 이르는 유전이 발견되었지만 '어떻게 원유를 뽑아내서 정제하느냐'라는 새로운 문제가 대두되었다. 두 개의 언덕과 사막 평원을 가로지르는 138마일의 파이프라인이 1년 반 만에 건설되었는데, 이 공사에는 노새 6,000마리가 동원되었다. 정유공장 건설 현장은 티그리스, 유프라테스, 카룬 강이 합류하는 샤트 알 아랍에 위치한, 진흙 습지와 야자수 나무가 자라는 좁고 길쭉한 섬인 아바단이었다. 1912년 7월, 처음으로 정유공장을 가동하자마자 고장이 났고, 그 후에는 시설 능력에 훨씬 못 미치는 수준으로 가동되었으며, 생산된 제품의 질도 떨어졌다. 누런색을 띠고 있는 등유는 램프 유리를 흐려지게 했다. 1913년 9월, 화가 치민 버마 오일의 이사는 "이놈의 공장은 처음부터 지금까지 재수가 없다"라고 말했다.

1912년 10월, 앵글로−페르시안은 로열더치 셸의 무역 사업부인 아시아틱사와 중요한 협정을 체결함으로써 시장 확보에 큰 발걸음을 내디뎠다. 이제 앵글로−페르시안은 역외域外 시장에서 원유, 휘발유, 등유 등을 아시아틱을 통해서만 팔아야 하지만, 장래 성장전략의 기반으로 삼은 중유에 대한 독자적 판매권을 확보했다. 이 단계에서 앵글로−페르시안은 기존의 거대 회사들과의 시장 경쟁에 소요되는 비용을 감당할 수가 없었다. 셸은 나름대로 새로운 위협 상대를 격퇴하려 했다. 로버트 웨일리 코헨이 헤이그 본사에 있는 동료에게 보낸 편지에 썼던 바와 같이, 앵글로-페르시안은 막강한 석유 공급원을 가지고 있었기에 어엿한 경쟁 상대로 등장할 수 있었다.

그러나 이런 위협도 앵글로-페르시안이 곧 심각한 재정난에 봉착하게 됨으로써 강도가 약해졌다. 다시 페르시아에서의 사업 유지 자체가 의문시되는 지경에 이르렀다. 1912년 말, 앵글로-페르시안의 자금이 바닥나자, 버마 오일의 회장 존 카길은 당시 상황을 단도직입적으로 표현했다. "페르시아 사업은 엉망진창이 되었다. '걱정 말라'는 말도 좋지만, 내 이름과 사업의 평판은 앵글로-페르시안 석유회사와 너무나 밀접하게 연결되어 있어 현재의 끔찍한 상황을 걱정하지 않을 수 없다."

유전 개발을 위해서는 수백만 파운드가 필요했지만 새로운 자본을 끌어들일 방법이 없었다. 새로운 자금이 들어오지 않으면 페르시아 사업은 완전히 수포로 돌아가거나, 로열더치 쉘에 통째로 먹힐 수도 있었다. 새로운 구원자를 찾아 나서야 했다.[12]

08

운명의
돌진

월리엄 녹스 다아시는 페르시아에서의 석유사업이 지지부진하고 비용
만 많이 들자 실망과 허탈감에 빠졌다. 오랜 절망의 나날에서 벗어나기 위해
1903년 7월, 보헤미아에 있는 마리엔바드 온천으로 요양차 휴가를 떠났다.
그곳에서 존 피셔라는 해군 제독을 사귀게 된 다아시는 새로운 기운을 얻었
다. 존 피셔는 영국 해군의 본부위원 중 차석 급이었고 이미 오래전부터 '석유
광'으로 명성이 높았다. 이 우연한 만남은 다아시의 사업에 새로운 변화를 가
져왔고, 석유가 국가 전략의 중심으로 부각되는 계기가 되었다.

피셔 제독은 수년 전 마리엔바드에서 이질을 치료한 후 정기적으로 이 온
천에 들렀다. 그러나 이번에는 피셔 역시 낙담한 채 이곳을 찾았다. 얼마 전
한니발 호 선상에서 영국 전함의 연료유 사용 시험이 있었다. 배는 질 좋은 웨
일스산 석탄을 연료로 사용해 흰 연기를 내뿜으며 포츠머스 군항을 출발했다.
신호에 따라 연료가 석유로 바뀌었는데 곧 검고 짙은 연기가 배를 완전히 뒤
덮어버렸다. 결함 있는 버너로 인해 시험이 실패로 돌아간 것이다. 해군의 석
유 연료 사용을 주도한 두 사람, 즉 피셔 제독과 쉘의 마커스 새뮤얼은 쓰라린

실패를 맛보았다. 낙담한 피셔는 마리엔바드 온천에 왔고, 우연히 다아시를 만난 것이다.

이들은 서로가 석유에 지대한 관심이 있음을 알게 되었다. 다아시는 서둘러 페르시아의 석유사업과 관련된 지도와 서류들을 피셔에게 보내주었다. 피셔도 다아시의 말에 깊은 인상을 받고 기뻐했다. 피셔는 다음과 같이 술회했다. "다아시는 석유 개발을 위해 페르시아의 남쪽 절반을 매입했다. 그는 앞으로 큰일이 있을 것이라 말했다. 그가 내게 그 일을 맡아줄 사람이 필요하다고 제의했을 때 나는 포츠머스 대신 페르시아에 관심을 갖게 되었다." 다아시는 피셔가 도와줄 것이라 짐작은 했지만, 이렇게 빨리 일이 진행될 줄은 몰랐다. 보통 이런 일은 처음에는 암암리에 이루어지다가 서서히 구체화되기 때문이다.[1]

석유업계의 대부

마커스 새뮤얼이 '석유업계의 대부代父'로 기억하는 존 '재키' 피셔는 1904년 해군본부의 최고위원이 되었다. 그 후 6년 동안 '재키' 피셔는 타의 추종을 불허할 만큼 영국 해군의 지휘권을 장악했다. 실론의 가난한 농가에서 태어난 피셔는 1854년 13세의 나이로 해군 범선의 수습생이 되어 처음으로 바다에 나갔다. 그의 신분이나 지위는 보잘것없었지만 예리한 지성, 끈기와 의지력만으로 앞길을 개척했다. 동년배에겐 마키아벨리와 어린아이를 합쳐놓은 것 같은 인상을 주었는데, 그를 만난 모든 사람들은 그에게서 묘한 위압감을 느꼈다. 그는 폭풍 같은 에너지, 열의, 설득력을 겸비한 인물이었다. 한번은 피셔와 열띤 논쟁을 벌인 국왕 에드워드 7세가 "내 얼굴 앞에서 주먹을 그만 흔들게"라고 말한 적이 있을 정도였다.

가족, 춤, 종교(그는 성경 구절에 대해 놀라운 기억력을 보유했다)를 제외하고, 그가 가진 유일한 열정은 영국 해군에 대한 것이었다. 그는 영국 해군을 현대화하기 위해 헌신적으로 노력했다. 영국 해군의 고질적인 습관, 자기도취, 낡은 전통 등을 타파하기 위해 신명을 바친 것이다. 그는 확고한 판단 아래 목표를 추진했다. 그의 수하에서 근무한 적이 있는 한 장교는 "재키는 최대의 능력 발휘 외에 어떤 것에도 만족하지 않았다"라고 회상했다. 그는 자기도취에 빠져 있던 영국 해군에 기술적 변화를 제공한 가장 위대한 인물이었다. '외부에서 우리의 등급을 매기게 해서는 안 된다'라는 것이 그의 신조였다. 그는 어뢰 전문가로서 명성을 얻은 것을 시작으로 잠수함, 구축함, 캘빈의 나침반, 해군 화력 개선, 마침내는 해군의 항해술에까지 일인자가 되었다.

그는 석유에 대해서도 선구자적인 식견을 갖고 있었다. 1901년 그는 "석유 연료는 필시 해군 전략에 혁신을 가져올 것이다. 그것은 '영국이여, 깨어나라'를 외치는 것과 같다"라고 말했다. 그는 배의 연료를 석유로 바꿈으로써 항해 속도는 물론 효율성과 기동성을 높일 수 있다고 생각했다. 하지만 그의 의견에 동조하는 사람은 소수에 불과했다. 다른 해군 제독들은 웨일스산 석탄에만 관심을 갖고 있었고 계속 그것만 사용하자고 주장했다.

피셔는 해군장관으로 재임하던 시기에, 다아시가 마리엔바드에서 얘기한 프로젝트에 줄곧 관심을 갖고 있었다. 유전 탐사는 영국 정부의 통제에 힘입어 순조롭게 진행되었다. 그는 해군부의 지원을 받아 페르시아 내의 채광권을 획득하도록 힘을 썼고, 다아시를 돕기 위해 버마 오일에 압력을 가하는 데에도 큰 영향력을 발휘했다.

그의 제일 목표는 항상 같았다. 즉 영국 해군을 현대화해서 다가올 전쟁에 대비하는 것이었다. 그는 무서운 기세로 산업화를 이루며 경쟁자로 부상하고 있는 독일제국이 자신들의 적이 될 것임을 누구보다 먼저 확신했다. 그는 독일과의 충돌이 불가피할 경우, 석유 연료가 중요한 역할을 할 것이라 굳게 믿었기에 영국 해군과 정부를 향해 석유에 관심을 가지라고 끊임없이 촉구했다.[2]

메이드 인 저머니

독일과 영국이 직접적으로 분쟁에 휘말릴 소지는 없었다. 그러나 여러 가지 요인들이 얽혀 두 나라 사이의 적대감은 점점 커져갔다. 여기에는 빅토리아 여왕의 손자인 독일 황제가 아저씨뻘인 영국 국왕 에드워드 7세에 대해 갖는 불안감도 포함되어 있었다. 다른 중요한 요인으로는, 영국과 독일의 해군력 경쟁, 즉 함대의 규모와 기술 향상에 대한 다툼이 두 나라의 관계를 결정지었다. 양국 국내에서 이런 경쟁상황이 언론에 자주 보도됨으로써 대중적인 여론 형성과 민족주의적 열정을 부추겼다. 이것이 그들 사이에 존재한 적대감의 실체였다. 한 역사가는 '당시 여론에 따르면, 이것은 당시 영·독 관계를 악화시키는 어떤 다른 요인 이상으로 영국 해군의 중요한 현안이었다'라고 서술했다.

1890년대 말, 총력전을 펼친 독일은 정치적, 전략적, 경제적 측면에서 우위를 확보했고 세계적인 강대국으로 부상했다. 독일은 베를린에서 선언된 바 있는 '세계 정치의 자유'를 추구하는 운동을 범국가적으로 추진했다. '신'독일이 세계무대의 주도권을 잡으려는 이 운동은 세련되지 못하고 유치하면서도 매우 도전적인 방법이었다. 당혹한 여타 강대국들은 경계심의 수위를 높였다. 독일 황제 측근의 각료 중에는 이런 자국의 태도가 다른 나라에 반감을 불러일으키는 것은 물론이고, 주제넘고 안하무인격의 건방진 행동이라 비판하는 사람도 있었다. 이 모두는 빌헬름 황제의 성격에서 비롯된 경향이 커서, 점점 더 나쁜 방향으로 흘러갔다. 그는 신경질적이고 변덕스럽고 편견이 심했고 성격까지 급했다. 나이가 들면 현명해질 것이라 기대하기 어려웠다.

비스마르크 사후, 독일인들은 제국주의의 전성기를 누리고 있었다. 그들에게 공해상에서의 영국의 우위는 세계 강대국이 되려는 그들의 꿈을 가로막는 유일한 장애물로 느껴졌다. 한 독일 해군 제독의 말을 인용하자면, '중앙유럽 국가들이 세력을 확장하기 위해 필요한 식민지를 자유롭게 소유할 수 있도록 영국의 세계 지배를 깨는 것'이 목표였다. 이는 무엇보다 영국 해군에 대항할 수 있는 해군력을 양성하는 것을 의미했다. 빌헬름 황제는 "우리들의 무장된 힘을 그들 앞에 내세울 수 있을 때만이 영국을 물러서게 할 수 있을 것이다"라고 천명했다.

독일인들은 1897년부터 해군력 양성에 착수했다. 독일이 목표를 달성하는 데 10년 이상이 소요되겠지만, 결국은 영국이 군비경쟁에 지칠 것이라 기대했다. 그런데 영국의 반응은 정반대로 나타났다. 독일의 도전을 경계한 영국은 해군력 증강에 더 많은 노력을 기울였다. 해군력의 우위 유지는 영국이 국제적 역할을 수행하고 안전을 보장받는 중요한 조건이었다. 당시 영국이 갖고 있던 여러 문제점들을 고려하면, 독일의 위협은 보다 시급한 문제였다. 당시 영국은 영연방제국을 관리하기 위해 정부 관리를 파견해야 했고, 지불할 능력을 넘어서는 자금을 부담해야 했다. 산업화의 주도권은 영국에서 미국과 독일로 넘어갔다. 1896년에는 『독일제Made in Germany』라는 훈계조의 작품이 영국에서 베스트셀러가 되었다. 영국 각료들은 스스로를 '피로에 지친 거인'이라 한탄했다.[3]

피셔 제독은 미래의 적이 독일임을 추호도 의심하지 않았다. 그는 주말 휴가 중에 일어날 수도 있는 불시의 공격을 우려했다. 수년 동안 그의 참모들은 특별 경계 임무를 수행하느라 주말 휴일을 보낼 수 없었다. 피셔의 노력으로 영국은 함대 현대화와 증강 계획을 무기로 독일에 대응했다. 1904년에는 해군력 경쟁이 최고조에 달해, 양국은 전함의 크기와 속도, 화력의 사정거리 및 정확도, 어뢰와 잠수함 같은 최신병기의 개발 등에서 잇단 기술혁신을 이루었다.

양국은 사회적 불안과 실업, 내정 혼란, 재정 빈곤이라는 상황에도 불구하고 군비경쟁을 계속했다. 영국에서는 군비 증강과 민생 중 어느 쪽을 택할 것인지에 대해 논란이 일었다. 집권당인 자유당 내에서도 해군 증강 정책을 지지하는 해군 제일주의자와, 군비 지출을 억제하고 사회 및 복지 정책에 투자하자는 경제 제일주의자가 나누어졌다. 논란은 심각할 정도로 이어졌다. 「데일리 익스프레스」지는 '영국은 노후연금 제도 때문에 해양에서의 패권을 포기해야 하는가?'라는 기사를 썼다.

1908년 허버트 아스퀴스 수상의 자유당 내각에서 재무장관으로 일하던 웨일스의 변호사 데이비드 로이드 조지가 경제 제일주의를 주도했다. 자유당 내의 경제 제일주의는 윈스턴 처칠에 의해 주도되었는데, 그는 영국 정계에서 출세가도를 달리던 청년이었다.[4]

윈스턴 처칠의 화려한 등장

윈스턴 처칠은 기지가 넘치면서도 괴짜였던 아버지 랜돌프 처칠 경과 미국 태생인 미모의 어머니 제니 제롬 사이에서 태어났다. 그는 말보로 공작의 조카이기도 했다. 처칠은 1901년 26세에 보수당원으로 의회에 진출했다. 3년 후 자유무역 문제로 토리당에서 탈당해 자유당으로 옮겼지만 당적 변동에 관계없이 승승장구했다. 무역위원회의 위원장을 거쳐 1910년에는 내무장관이 되었다. 그는 정치가이자 위대한 전략가였다. 결혼식 날 교회 대기실에서도 정치에 관한 얘기와 우스갯소리를 나눌 정도였다. 그는 스스로 경제 제일주의의 선봉이 되었다. 피셔의 군비확장 계획에 대항해, 그와 로이드 조지는 해군 예산 감소와 사회 개혁 투자를 위한 방편으로 영-독 협정을 체결했다. 처칠은 이로 인해 많은 비난을 받았지만 조금도 흔들리지 않았다. 오히려 영국과 독일 간의 전쟁이 불가피하다는 생각은 틀렸다고 주장했다.

그러나 1911년 7월, 독일의 포함 팬더 호가 모로코의 아가디르 항구에 진입함으로써 아프리카에 대한 독일의 야심이 드러났다. 팬더 호 사건은 영국과 유럽 대륙 국가들, 특히 프랑스 내에 반독일 감정을 고조시키는 엉뚱한 결과를 초래했다. 처칠의 생각도 즉각 바뀌었다. 그 순간부터 독일의 목표는 팽창주의이며, 독일 함대의 증강은 영국을 위협할 것이고, 곧 위협이 닥쳐오리란 것을 의심하지 않게 되었다. 그는 독일이 전쟁을 시작했다고 결론 내리고, 대영제국의 패권을 유지하기 위해 모든 물자를 정비했다. 당시 처칠은 내무장관이었지만 영국 해군력에 지대한 관심을 표명하면서 불시의 사태를 대비할 능력에 대해 의문을 제기했다. 아가디르 사태의 심각성이 고조되고 있을 당시, 휴일 사냥을 즐겼던 고위 관리들에게 크게 화를 낸 적도 있었다. 위기는 1911년 9월 말 종식되었다. 처칠은 아스퀴스 수상과 시간을 보내기 위해 스코틀랜드로 갔다. 골프를 마치고 돌아오는 길에 수상은, 영국 해군의 최고위 민간 직위인 해군장관을 맡을 수 있겠냐고 물었다. 처칠은 "기꺼이 맡겠습니다"라고 대답했다.[5]

마침내 해군부는 군비경쟁에서 승리하기 위해 모든 능력을 발휘할 수 있는 사람을 최고 사령탑으로 임명했다. 처칠은 "만일 해군의 우월성이 손상된다면, 우리 국민과 대영제국의 모든 재산, 수 세기 동안 희생과 노력을 통해 쌓아온 온갖 보물이 사라지는 것이다"라고 일갈했다. 그는 제1차 세계대전이 일어나기 전, 3년 동안 전력 증강에 온 힘을 기울였다. "나는 독일이 내일 공격해올 것이라 생각하며 준비했다"라고 말할 정도였다.

그보다 나이가 곱절이나 많은, 해군에서 막 퇴역한 피셔 제독이 그를 지원했다. 비아리츠에서 처칠을 처음 만난 이후, 피셔는 그에게 매료되었다. 그들은 곧 가까운 사이가 되었다. 처칠의 결혼 날짜를 가장 먼저 안 사람도 피셔였다. 해군 예산을 놓고 약간의 불화가 있었지만, 처칠은 해군장관이 되자 곧바로 사람을 보내 피셔를 청했다. 레이게이트에 있는 시골 별장에서 사흘을 머물면서 처칠은 피셔의 마음을 돌려놓았고, 그 후 피셔는 처칠의 보좌역이 되었다. 피셔는 공인되지는 않았지만 실력 있는 자문가였다. 처칠이 영국 해군을 증강, 개량 혹은 현대화하는 데 가장 중요한 단계였던 10여 년 동안 아이디어의 원천으로 삼았던 것이 바로 피셔였다. 그는 끊임없이 메모를 전달하는 피셔 제독이 마치 '지식과 영감이 폭발적으로 분출되는 화산' 같다는 느낌을 받았다. 피셔는 다방면으로 처칠의 개인교수 역할을 했다.

석유에 관한 가장 중요한 교훈 중 하나는, 전략상의 우위를 지키려면 석유가 필수 불가결하다는 것이었다. 그는 영국 해군에게 석탄보다 석유가 훨씬 유리하다는 것을, 처칠에게 확신시키려고 노력했다. 독일이 석유 연료를 사용하는 외항 선박을 건조하고 있다는 보고서를 접한 피셔는 영국 해군이 즉시 석유 연료를 선택해야 한다는 다급한 마음이었다. 처칠에게 확신을 줄 방법을 찾기 위해, 피셔는 쉘의 마커스 새뮤얼과 논의했다. 두 사람은 석유의 잠재적 역할에 대해 10년 이상이나 공감대를 형성해왔다. 독일 선박회사가 석유에 관한 10년 계약을 체결하고 그 일부를 독일 해군의 실험에 사용할 것이라는 비밀을, 새뮤얼이 피셔에게 알려주면서 둘의 관계는 더욱 돈독해졌다. 1911년 11월 말 새뮤얼은 피셔에게 다음과 같은 편지를 보냈다. "귀하의 생각은 지금까지 옳았으며, 지금도 옳습니다. 내연기관의 개발은 세계가 경험한 것 중 가장 훌륭하며, 지금 이 글을 쓰고 있는 동안에도 매우 빠른 속도로 증기기관을 대체해가고 있습니다. …… 귀하가 해군부의 구태의연한 관리들의 모략에 빠져 있다는 사실을 알았을 때 비통함을 느꼈습니다. 지금까지 그들이 입힌 상처를 치유하려면 강하고 유능한 인물이 필요합니다. 윈스턴 처칠이 그 인물이라면 성심성의껏 그를 도울 것입니다."[6]

중요한 것은 스피드

피셔는 즉시 마커스 새뮤얼이 처칠을 만날 수 있도록 주선했다. 그러나 처칠은 쉘 운송교역회사의 회장에게서 깊은 감명을 받지 못했다. 처칠의 비망록에서 피셔가 새뮤얼을 옹호하는 구절을 확인할 수 있다. "비록 언변이 좋지는 않으나, 그는 조가비 장사로 시작해서 지금은 600만 스털링에 달하는 재산을 보유하고 있소. 그는 '주둥이는 보잘것없지만 훌륭한 주전자'와 같은 존재요." 피셔는 그 만남을 통해 영국 해군이 신뢰할 수 있는 충분한 양의 석유를 공급할 수 있음을 처칠에게 확인시키려 했다. 그는 처칠에게 "석유는 석탄과 달리 품질이 저하되는 일이 없습니다. 막대한 양을 지하 창고에 저장할 수 있어 화재, 폭격, 방화로 인한 파괴를 막을 수 있습니다. 또한 수에즈 동부의 석유는 석탄보다 저렴합니다"라고 설명했다. 새뮤얼이 쉘의 이사회에 초청했지만 피셔는 이렇게 말하며 거절했다. "나는 부자가 아니지만 만족하고 있소. 만약 부자가 되고자 한다면 석유사업을 택할 것이오. 화물 증기선은 내연 추진 방식에 의해 연료를 78% 절감할 수 있고 화물 적재공간을 30% 늘릴 수 있소. 또한 화부火夫와 기술자들을 줄일 수 있소. 석유를 이용하면 엄청난 변화가 일어날 것이 분명하오." 피셔 제독은 석유 연료로의 전환이 늦어지는 데 안타까움을 금치 못했고, 처칠에게 그 위험성에 대해 경고했다. "미국의 신식 함대들이 석유를 사용하고, 독일 전함들이 우리의 낡은 '거북선'을 비웃고 있을 때, 우리는 옛날의 영광만을 되씹고 있을 것이오!"[7]

처칠이 해군장관이 되었을 때, 영국 해군은 이미 석유를 사용하는 구축함 56척과 석유로 추진되는 잠수함 74척을 건조했거나 건조하는 중이었다. 석탄을 사용하던 해군 선박에도 석유가 사용되기 시작했다. 그러나 함대의 가장 중요한 부분, 즉 해군의 주력 전함들은 석탄을 연료로 사용했다. 처칠과 해군 당국은 대형 대포와 강한 화력을 갖추고도 속도가 빠른 전함을 만들고 싶어 했다. 피셔는 처칠에게 "해전은 상식을 벗어날 수 없소. 언제, 어디서, 어떤 방식으로라도 전투를 위해 가장 필요한 것은 속력이오"라고 상기시켰다. 당시 영국 전함들은 21노트의 속력을 낼 수 있었다. 처칠은 더 빠른 전함이 있다면 해전에 새로운 변수가 될 것이라 판단했다. 처칠의 명령으로 수행된 국방대학의 연구는, 25노트의 '고속분함대高速分艦隊'를 설치하면 독일의 신형 함대를 제압할 수 있음을 알려주었다. 즉 영국 해군은 속력을 4노트 높이려 했고, 이는 석유를 연료로 사용해야 가능한 일이었다.

처칠은 해군의 전력을 훤히 알게 되었다. 석유는 일반적인 속력 향상뿐 아니라, 순간적으로 속력을 높이게 해주었다. 함대 운영과 인력 배치에도 유리하고 행동반경 또한 넓혀주었다. 석탄은 선원의 4분의 1이 동원되어 연료를 선적해야 하지만, 석유는 이런 인력의 투입 없이도 공해상에서 연료 재충전이 가능했다. 게다가 석유는 석탄 사용에 따른 피로감, 시간, 배출 가스, 불편성을 상당 부분 줄여주었고, 화부의 수를 절반 이상 줄여주었다. 석유의 장점은 가장 위험한 순간인 전투 중에 가장 잘 발휘되었다. "석탄 함정에서는 석탄이 소진되어가면 많은 인력이 동원되어, 심지어 함포 요원까지 투입되어 석탄을 창고에서 화로로 옮겨야 했다. 전투 중 가장 위험한 순간에 전투 효율성이 떨어질 수밖에 없다"라고 처칠은 회고했다. 석유를 사용함으로써 모든 함정의 화력이 증강되었고, 공간과 비용을 덜 들이면서 속력을 높일 수 있었다.

1912~1914년 동안 세 차례에 걸친 해군력 증강 프로그램으로, 영국 해군 역사상 최대의 화력과 군비 증강이 이루어졌다. 이 프로그램에 포함된 전 함 정이 석유를 사용하게 되었다(일부 함정은 초기에는 석탄을 사용했으나 나중에 석 유로 전환했다). 1912년 4월에 핵심적인 조치가 취해졌다. 석유 화력 전함 5척 으로 구성된 퀸엘리자베스 급의 '고속분함대' 설치를 위한 예산이 승인된 것이다. 처칠은 "이 운명적인 투자로 인해 우리의 생명이 걸려 있는 영국 해군 이 막강한 전력을 갖추게 되었는데, 이는 석유를 연료로 사용함으로써 가능했 다"라고 회고했다.

그러나 석유 연료로의 전환은 몇 가지 심각한 문제를 수반했다. 어디서 석 유를 찾을 것이며, 양은 충분한지, 군사적·정치적으로 안정된 공급이 가능 한지에 대한 문제였다. 처칠은 공급 문제를 해결하기에 앞서 석유로의 전환 을 추진하는 일대 모험을 했다. 그는 이 일에 대해 다음과 같이 명쾌하게 설명 했다. "석유 연료 함정을 늘린다는 것은 해군의 우월적 지위를 지키는 수단이 다. 그러나 국내에서는 필요한 만큼의 석유가 발견되지 않았다. 평화시나 전 쟁시나 먼 타국에서 해상 수송을 해야 한다. 반면 국내에는 세계에서 가장 질 이 좋은 석탄이 무진장 있다. 석유로의 전환은 '고통스러운 바다와의 투쟁'과 마찬가지다. 그러나 이런 어려움과 위기를 극복한다면 영국 해군의 힘과 효율 성을 세계 최강이 될 것이다. 한마디로 패권은 모험에 대한 보상이다."[8]

해결사, 피셔 제독

처칠은 석탄에서 석유로의 전환에 따른 문제점을 연구하기 위해 위원회를 구성했다. 가격 체계, 이용, 안정 공급 등이 모두 연구 대상이었는데, 위원회 는 더 철저한 조사를 위해 왕립위원회를 설립하자고 건의했다. 처칠은 위원회의 책임자로, 퇴역한 피셔 제독이 적임이라 생각했다. 하지만 다혈질의 피셔는 처칠에게 격노했다. 처칠이 행한 몇 가지 승진 조치가 마음에 들지 않았기 때문이다. 피셔는 1912년 4월 나폴리에서 '당신은 해군을 실망시켰다. 이 연락을 마지막으로 어떤 일이 있더라도 당신과 연락하지 않을 것이다'라는 서한을 처칠에게 보냈다.

처칠은 피셔의 마음을 돌리기 위해 온갖 감언이설을 동원했다. 또 자신과 아스퀴스 수상이 피셔와 함께 요트를 타고 지중해를 도는 호의도 베풀었다. 제독을 구슬리기 위해 처칠은 다음과 같은 서한을 보냈다.

친애하는 피셔 선생,

우리는 절친한 친구이며, 그러하기를 바라고 있습니다. 우리의 관심사는 너무나 심각한 문제여서 평범한 글로 쓸 수는 없습니다.

이번 액체 연료 문제는 반드시 해결되어야 하며, 이 일의 어려움으로 인해 거물급 인사의 지도와 열의가 필요합니다. 이것이 선생이 필요한 이유입니다. 어느 누구도 이 일을 선생만큼 훌륭히 수행할 수 없습니다. 아마도 다른 이들은 이 일에 손도 대지 못할 것입니다. 나는 선생이 이 일을 맡아 훌륭히 해결할 수 있을 것이라 생각합니다. 그러나 이 일을 위해서는 신명을 바쳐야 합니다. 그 대가로 무엇을 주어야 할지는 모르겠습니다. 선생은 석유를 발견하고, 저렴한 비용으로 비축하는 방법을 찾아내고, 평화시에는 정기적 구매 방법을, 전쟁시에는 안정적 구매 방법을 찾아내야 합니다. 그 후엔 기존 함정과 앞으로 건조될 함정에 그것을 최상으로 이용할 방법을 개발해야 합니다.

선생께서 그 수수께끼를 푼다면 많은 이들이 이견을 달지 않고 관심을 기울일 것입니다. 하지만 기꺼이 그런 수고를 할 수 없다면 수수께끼는 절대 풀리지 않을 것입니다.

처칠은 이렇게 찬사를 보내는 것 외에는 아무것도 할 수 없었을 것이다. 피셔는 아내에게 보낸 서한에서 "그들이 이구동성으로 어느 누구도 이 일을 할 수 없다고 말했을 때, 나는 그들의 의견이 틀리지 않았다는 것을 인정해야 했소"라고 썼다. 그는 결국 임무를 수락했고, 오해를 없애기 위해 자신이 보유했던 쉘의 주식을 손해를 보면서까지 매각했다.[9]

연료와 엔진에 관한 왕립위원회를 구성하기 위해 저명한 인사들이 소집되었다. 그중에는 석유 전문가 토머스 보버튼 경도 있었다. 피셔는 이제까지보다 더 열심히 일에 매달렸다. 특히 독일 해군이 석유 연료 추진 엔진을 도입하려 한다는 사실을 알게 되자 더욱 박차를 가했다. "독일은 석유 엔진 실험에서 15명의 희생자를 냈지만 우리는 단 한 명의 인명 피해도 없었다. 언젠가 어떤 멍청한 영국 정치가 한 명은 이처럼 희생자를 적게 낸 공로를 우리에게 돌려야 된다고 말한 적이 있다."

위원회는 1912년 11월에 첫 번째 보고서를 발행했고, 1913년에는 내용을 추가했다. 보고서는 석탄에 비해 석유가 갖는 탁월한 장점과 영국 해군에게 석유가 얼마나 중요한지에 중점을 두고 있었다. 보고서에는 전 세계에 충분한 공급량이 분포되어 있고, 비축 시설을 확장해야 한다는 요청도 포함되어 있었다. 마침내 영국 해군의 석유 연료화에 대한 마커스 새뮤얼의 꿈이 실현되는 듯했다. 그러나 '누가 그 이익을 차지할 것인가'라는 한 가지 문제가 남아 있었다. 선택지는 두 개뿐이었다. 힘 있고 탄탄한 로열더치 쉘 그룹과, 규모도 작고 아직 기반도 잡히지 않은 앵글로-페르시안 회사다.[10]

쉘의 위협

앵글로-페르시안은 윌리엄 녹스 다아시, 조지 레이놀드, 버마 오일의 공동 노력으로 설립되었지만, 실제로 운영한 사람은 찰스 그린웨이였다. 그가 석유 매매를 처음 시작한 것은 봄베이에 있는 스코틀랜드 무역회사의 경영자로 있을 때였다. 앵글로-페르시안의 발족 당시, 버마 오일과 관계가 있던 스코틀랜드 상인이 그에게 도움을 요청했다. 그는 1년도 못 되어 이사가 되었고, 그 후 20년 동안 회사를 경영했다. 시작할 때는 그가 유일한 직원이었지만, 퇴임할 때는 전 세계에서 직원을 모집하는 대형 석유회사의 최고 책임자가 되어 있었다. 중년 이후 그는 '상파뉴 찰리'로 알려졌고, 신문의 풍자만화에 '낡은 각반과 외알 안경'을 착용한 모습으로 묘사되었다. 예의 바르고 까다로워 보이긴 했지만 강인한 성격의 소유자였고, 언제라도 논쟁을 사양하지 않았다. 중요한 목표를 추구하는 데는 굽힘이 없었고 집요했다.

그의 목표는 앵글로-페르시안을 세계 석유산업의 거대 세력으로 키우는 것이었고, 영국 내에서 최고의 회사로 만들어 로열더치 쉘의 숨 막힐 듯한 유화적 공세에 대항하는 것이었으며, 새로운 사업거리에 대해 스스로 의심할 여지 없이 소신을 갖는 것이었다. 그는 목적을 위해 수단과 방법을 가리지 않았다. 이런 목표는 실제적인 전술로도 사용되었으나, 그에게는 떨칠 수 없는 강박관념으로 자리 잡았다. 여기에는 로열더치 쉘에 대한 끊임없는 투쟁도 포함되어 있었다.

영국의 '운명을 건 돌진'은 당연히 로열더치 쉘과 앵글로-페르시안의 극심한 경쟁을 야기했다. 물론 앵글로-페르시안이 명백하게 불리했다. 엄청난 재정적 압박 때문이었다. 그린웨이로서는 시간이 없었기 때문에 몇 가지 목표, 즉 페르시아 자원 개발을 위한 자본의 획득, 석유회사 설립, 시장 개척, 로열더치 쉘에 의한 합병 회피 등을 동시에 추구해야 했다. 재정 기반이 약한 앵글로－페르시안이 쉘에 대항하기 위한 유일한 파트너는 영국 해군부였다. 그 린웨이는 해군부에 20년간의 연료 공급 계약을 신청하고 재정적 위기에서 회 사를 구하기 위해 열심히 뛰었다.

그린웨이가 피셔의 위원회와 영국 정부에 증언한 것은, 정부의 도움 없이 는 앵글로－페르시안이 쉘에 흡수되어 소멸될 것이라는 내용이었다. 그는 이렇 게 되면 쉘은 독점적 위치에 설 것이고 영국 해군에게 독점가격을 요구할 것이 라 경고했다. 그는 새뮤얼이 유태인이고 디터딩이 네덜란드인이라는 점을 강조 했다. 쉘이 로열더치에 의해 관리되고 네덜란드 정부는 독일의 압력을 받기 쉽 다는 것이다. 앵글로－페르시안에게는 쉘의 영향을 받는 것이 바로 독일 정부 의 영향을 받는 것이나 같았다고 진술했다.

그린웨이는 자신과 자신의 동료들은, 영국의 국익을 위해서라면 어떤 희 생도 감수하겠노라고 말했다. 그리고 애국적인 영국 국민들은 쉘과의 합병 으로 생기는 경제적 이익을 포기하는 대신 그의 회사가 독립적으로 운영되도 록 밀어줄 거라고 단언했다. 이로 인해 그들이 영국 정부에서 얻을 수 있는 것 은 '우리들의 투자에 대한 적절한 보상이 될' 보증 혹은 계약이었다. 그린웨이 는 앵글로－페르시안이 영국의 전략 및 정책의 필수적인 조직이고, 중요한 국 가 재산이며, 회사 간부들 모두가 이와 똑같이 생각한다고 되풀이해서 강조했 다.[11]

그린웨이의 진술은 호의적으로 받아들여졌다. 왕립위원회에서의 증언 직 후, 피셔는 그린웨이를 펠멜Pall Mall(영국 육군부가 있었던 곳) 가街로 불러내서 사적인 대화를 나눴다. 피셔는 이제 어떤 조치를 취해야 할 때라고 주장했다. 그린웨이는 기쁨을 감추지 못했다. 피셔 제독이 마커스 새뮤얼과 친밀한 관계 였음에도 불구하고, 무엇이 필요한지 정확하게 이해하고 있었기 때문이다. 그 는 "우리들은 앵글로－페르시안의 경영을 장악하기 위해 최선을 다해야 한다.

그리고 완전한 영국 기업으로 유지해야 한다"라고 말했다.

다른 부처들도 그린웨이의 주장에 지지를 보냈다. 페르시아 만에서 영국이 가진 지위에 관심이 있었던 외무부도 대체로 찬성했다. 외무부의 최우선적 관심사는 '페르시아 유전 전체를 포괄하는 앵글로–페르시안의 이권을 타국의 신디케이트에 넘겨줄 수는 없다'는 것이었다. 페르시아 만에서의 영국의 정치적 우위는 '상업상의 우위를 유지한 결과'였다. 동시에 외무부는 해군에게도 구체적 요청을 받고 있었다. 외무장관인 에드워드 그레이 경은 "우리가 꼭 해야 할 것은, 영국 해군을 위해 충분한 유전을 영국의 관리하에 두는 것이다"라고 말했다. 쉘의 위협과 앵글로–페르시안의 애국심에 대한 그린웨이의 반복적인 주장에, 외무부는 화를 내기도 하고 의심을 갖기도 했지만 그 입장을 고수했다. 1912년 말 외무부는 해군부에 주의를 기울일 것을 당부했다. "외교적 지원만으로 앵글로–페르시안 석유회사가 독립성을 유지하지 못할 것은 명백하다. 그들이 요구하는 것은 어떤 형태든 금전적인 원조다."[12]

앵글로-페르시안을 지켜라

해군부도 앵글로–페르시안에 대한 금전적 지원에 참여해야 했다. 해군부는 애초에 앵글로–페르시안과 특별한 관계를 맺는 것에 관심이 없었다. '투기적 위험이 수반되는 사업'에 연루되는 것이 싫었기 때문이다. 그러나 결정적 요인 세 가지가 해군부의 견해를 바꾸었다.

첫째는 페르시아 외의 지역에서 석유를 공급받을 가능성과 그 안정성에 대한 의문이 점점 커졌기 때문이고, 둘째는 세계적인 해운 수요 증가에 따라 석유 가격이 1913년 1월부터 7월까지 두 배나 폭등했기 때문이다. 당시 해군 예산을 둘러싼 격렬한 정책 논쟁이 계속되었지만 석유 연료 전함 건조는 이미 시작되었다.

세 번째 요인은 처칠에게 있었다. 그는 해군의 간부 장교들에게, 평시와 전시 상황에서 석유의 조달 가능성, 필요성, 보급 체제 등을 분석하고 그에 대한 결론을 내리게 했다. 1913년 6월, 처칠은 '영국 해군의 석유 공급'에 관한 각서를 각의에 제출했다. 안정적 가격으로 적정한 공급을 확보하기 위해서는 장기계약이 필요하다는 내용이었다. 주요 원칙은 '경쟁관계에 있는 독립적인 공급원을 확보함으로써 세계적인 석유 독점기업의 형성을 막아야 하며, 해군부가 하나의 회사에 공급을 의존하는 사태를 초래해서는 안 된다'는 것이었다. 내각은 그 원칙에 동의했고, 아스퀴스 수상은 국왕 조지 5세에게 '정부가 신뢰할 수 있는 공급원에게 영향력을 행사할 수 있어야 한다'는 내용의 서한을 보냈다. 그런데 어떻게 영향력을 행사한다는 말인가? 그린웨이가 각료들을 만나 숙의하는 과정에서 그 해답이 나왔다. 정부가 앵글로–페르시안의 주주가 되어 재정적 지원을 합법화하자는 참신한 발상이었다. [13]

1913년 7월 17일, 처칠은 의회 연설에서 그 생각을 한 단계 더 발전시켜 "석유를 얻지 못하면 우리는 식량도 변화도 가질 수 없으며, 영국의 경제력을 유지하는 데 필요한 어떤 것도 얻을 수 없습니다"라고 경고했다. 「런던 타임스」는 그 연설에 대해 석유와 관련된 국가 이익에 대한 권위 있는 제안이라고 표현했다.

적당한 가격에 필요한 양을 확보하기 위해서, 해군부는 석유 공급원을 소유하거나, 혹은 어느 정도라도 영향력을 행사할 수 있어야 했다. 석유를 비축하면 가능한 일이고, 그렇게 되면 시장 관리 능력도 커질 것이다. 또한 해군부는 원유 정제 능력을 갖추고 잉여분을 처분할 수도 있어야 한다. 해군부의 이렇게 원대한 사업 계획들을 제지할 근거는 없었다. 처칠은 "석유의 품질, 정제, 도입선, 도입 경로 및 유전에 있어 어느 것 하나에만 의존해서는 안 된다.

확실한 석유 공급을 위한 관건은 사업의 다양화다"라고 말했다.

내각은 앵글로−페르시안에는 어떤 언질도 주지 않은 채, 앵글로−페르시안이 약속한 것을 이행할 수 있을지 여부를 조사하기 위해 조사단을 페르시아로 보내기로 했다. 아바단의 신설 정유공장은 큰 난관에 처해 있었다. 버마 오일의 간부 하나는 그것이 '쓰레기 더미'에 지나지 않는다고 표현했다. 그곳에서 정제된 연료에는 '해군부Admiralty'라는 이름이 붙여졌지만, 해군부 자체의 품질시험에 합격하지 못했다. 그러나 조사단이 도착하기 하루 전날 밤, 랑군에서 새로운 정제 기술자가 와서 그러한 결점을 감춰버렸다. 이는 큰 효과를 발휘했다. 전직 해군정보국 국장이었던, 조사단장 에드먼드 슬레이드 제독은 "대규모 자본만 있으면 엄청나게 개발할 수 있는 확고부동한 이권입니다. 이 회사에 적절하게 투자해서 우리 영향력 아래 둔다면 해군용 석유의 안정적 공급을 보장할 수 있습니다"라고 처칠에게 개인적으로 전했다. 1914년 1월 말, 슬레이드는 영향력 있는 공식 보고서에서 '이권이 외국의 수중으로 넘어가는 것은 국가적 손실'이라고 덧붙였다. 슬레이드는 아바단 정유공장의 조업 상태에 대해서도 긍정적으로 평가했다.[14]

석유의 승리

앵글로−페르시안에게 슬레이드의 보고서는 신의 은총과도 같았다. 재정 상태가 계속 악화되어 거의 절망적인 상황이었기 때문이다. 그러나 슬레이드는 정유공장의 운영을 포함한 모든 중요 사안에 대해 찬사를 보냈고, 영국 해군의 확고한 공급원으로 지명했다. 이제 결론을 내리는 일만 남았다.

1914년 5월 20일, 슬레이드의 보고가 있은 지 4개월이 채 지나지 않아 정부와 회사 간 협정에 서명이 이루어졌다. 그러나 아직 한 가지 문제가 남아 있었다. 재무부가 모든 지출은 의회 승인을 받아야 하며 실험에도 통과해야 한다고 주장하고 나선 것이다.

1914년 6월 17일, 처칠은 역사적인 의안을 제출하기 위해 하원에 참석했다. 그 의안에는 중요한 대목이 두 가지 있었다. 하나는 정부가 앵글로-페르시안에 220만 파운드를 투자하고 대신 주식의 51%를 소유한다는 것이고, 다른 하나는 회사의 이사회에 이사 두 명을 파견한다는 것이었다. 하원은 해군부의 연료 계약 및 주요 정치적 문제를 포함하는 안건에 대해 거부권을 행사할 수 있었으나, 상업적인 안건에는 그러지 못했다. 그래서 해군부에 대한 20년간의 석유 공급 계약을 명시한 안건은 비밀을 유지하기 위해 별도로 제출되었다. 계약 조건은 매우 유리하게 작성되었고, 영국 해군은 회사로부터 리베이트를 받도록 되어 있었다.

하원에서는 큰 논쟁이 벌어졌다. 처칠이 특정 정보를 필요로 할 경우에 대비해, 그린웨이가 재무부의 고위 관리와 함께 대기하고 있었다. 또 마커스 새뮤얼의 동생으로 쉘의 설립을 도운 윈스워스와 새뮤얼 새뮤얼도 참석했는데, 처칠이 발언을 이어가자 화가 나서 어쩔 줄 몰라 했다.[15]

처칠은 "오늘 우리가 다루려는 것은 석유연료 함정의 건조, 혹은 석탄연료 함정에서 석유를 보조연료로 사용하는 정책에 대해서가 아닙니다. 그 정책의 결과에 대한 것입니다"라고 서두를 꺼냈다. 석유 소비자는 연료뿐 아니라 그 공급원에 대한 선택권도 가진다고 그는 말했다. "세계의 석유 생산지를 거시적인 안목으로 내다보십시오. 그러면 동·서반구에 하나씩 거대한 기업 두 개가 뚜렷하게 드러날 것입니다. 신세계에는 스탠더드오일이 있고, 구세계에는 쉘과 로열더치가 합작한 회사가 있습니다. 로열더치 쉘은 하부 지점망을 통해 사실상 전 세계를 지배하고 있으며, 심지어 신세계에도 진출하고 있습니다." 처칠은 일반 소비자와 마찬가지로 해군부도 '세계적인 석유 트러스트에 장기간 착취를 당해왔다'고 주장했다.

회의 초반에 새뮤얼 새뮤얼은 로열더치 쉘에 대한 처칠의 표현에 항의하기 위해 세 번이나 일어섰다. 그러나 그는 의사 진행을 방해하지 못하도록 제지받았다. 처칠은 세 번이나 의사 진행이 중단되자 "이견을 제기하기에 앞서, 의사 방해에 대한 형사 소추가 있을 수 있음을 인지해야 할 것"이라고 질책했다. 새뮤얼은 자리에 다시 앉았지만 마음은 진정되지 않았다.

처칠은 연설을 계속했다. "수년 동안 외무부, 해군부, 인도 정부의 정책은 페르시아 유전지대에 대한 영국의 독립적인 석유 이권을 유지하고, 가능한 한 유전 개발이 잘 진행되도록 협조해서 쉘이나 다른 외국 기업에 이권이 넘어가는 일이 없게 하는 것이었습니다." 그는 정부가 앵글로─페르시안을 후원하고 있으므로 수익을 배분받는 것은 당연하다고 덧붙였다. 그리고 "우리는 광대한 지역에 걸쳐 해군과 국가의 이익에 기초해 개발할 수 있는 권한을 얻게 되었습니다. 그런데 지금까지 이러한 계획에 반대하는 근원은 쉘이었습니다"라고 천명하면서 쉘에 대한 공격을 시작했다. 그런 다음 "그렇지만 쉘 혹은 로열더치를 비난하려는 것은 아닙니다"라고 마무리했다. "절대 그렇지 않소!" 뒷자리에서 새뮤얼 새뮤얼의 목소리가 터져 나왔다.

처칠의 말은 빈정거림으로 가득 차 있었다. 그는 이 제안이 통과되지 못하면 앵글로─페르시안은 쉘에 합병될 것이라고 말했다. "우리는 쉘과 불편한 관계에 있지 않습니다. 우리는 그들이 정중하고, 사려 깊고, 임무에 충실했으며, 해군부를 도와 영국 해군과 영국제국의 이익을 증진하기 위해 얼마나 열심이었는지 알고 있습니다. 유일한 어려움은 가격이었습니다. 페르시아 석유와 관련해서도 우리는 이전보다 덜 호의적이거나 덜 사려 깊게 대접받지 않았고, 그들이 공공의 사명감이나 애국심을 저버렸다고도 생각하지 않습니다. 다시 더러운 가격 문제로 돌아간다면, 가격에 대한 사소한 의견 차이가 제거되면 우리 관계는 한층 개선되고 바람직하게 될 것입니다. 더 이상 불공정하다는 느낌에 불쾌해하지 않아도 되기 때문입니다."

새뮤얼은 회의 후반에 반론의 기회를 잡았다.

"나는 영국 최대 민간 기업의 하나를 대표해서, 지금의 공격적 발언이 심히 불공정하기 때문에 강력하게 항의하는 바입니다." 그는 쉘의 해군 관련 업무를 열거하며 자신들이 석유 전함 도입의 일등공신이라고 주장했다. 그는 정부에는 비밀로 되어 왔던, 쉘이 청구한 가격을 공개하라고 요청했으며, 그것으로 쉘이 해군부를 절대 속이지 않았음이 밝혀질 것이라 주장했다.

"우리가 들은 공격적 발언은 조사위원회에 제기된 문제와는 전혀 무관한 것들입니다"라고 왓슨 러더포드 의원이 말했다. 그는 있지도 않은 독점을 조작하고 유태인을 박해하고 있다고 처칠을 비난했다. 연료유의 가격이 오른 것은 트러스트나 불법적 집단의 매점에 의해서가 아니고 휘발유, 등유, 윤활유와는 달리 지난 2~3년간 국제시장에서 연료유에 대한 수요가 늘어났기 때문이라는 것이다. 그는 "특정 용도에 필요한 것으로 알려진 물품들은 세계적으로 공급이 부족해지기 마련입니다. 가격이 오른 것은 바로 그 때문이지, 사악한 목적을 지닌 유태 상인, 즉 세계적인 거상들이 가격 인상을 담합했기 때문이 아닙니다"라고 말했다.

민간 기업의 정부 소유를 주장한 처칠의 제안은, 반세기 전 디즈레일리가 전략적 차원에서 수에즈 운하의 주식을 매입했던 것을 제외하고는 전례가 없는 일이었다. 의원 몇 명은 그들 지역의 이권을 내세워, 스코틀랜드 셰일층에서 석유를 추출하고 웨일스산 석탄을 액화(나중에 합성석유로 명명됨)하자고 주장했다. 두 가지 방법 모두 석유보다 충분하게 공급할 수 있을 것이라 주장했다. 그러나 석유 의안은 의회 내부의 강한 비판에도 불구하고 254 대 18이라는 압도적인 차이로 통과되었다. 그린웨이조차 놀란 결과였다. 의결 후 그는 처칠에게 "어떻게 의원들의 절대적인 지지를 얻어낼 수 있었습니까?"라고 물었다.

"독점과 트러스트에 대한 공격성 발언이 주효했기 때문이었소"라고 처칠이 대답했다. [16]

외국인과 세계적 거상들에 대한 공격도 도움이 되었다. 게다가 처칠은 쉘을 직접적으로 비난하지 않았다. 쉘이 해군부에 피해를 준 뚜렷한 증거가 없었기 때문이다. 실제로 수년 전 마커스 새뮤얼은 정부에 쉘의 이사직 중 한 자리를 맡아달라고 요청한 적도 있었다. 또한 처칠은 런던 시장이었던 마커스 새뮤얼을 싫어한 반면, 외국인이었던 디터딩에게는 남다른 호감을 가지고 있었다.

디터딩에 관해서라면, 처칠은 피셔 제독의 의견과 일치했다. 피셔는 처칠에게 쓴 편지에서 이렇게 말했다 "디터딩은 나폴레옹과 크롬웰을 합친 듯합니다. …… 그는 내가 만나본 중에서 가장 위대한 인물입니다. 그의 대담성은 나폴레옹과 같고, 그의 치밀함은 크롬웰과 같습니다. 그를 회유하십시오. 위협해서는 안 됩니다. 전시를 대비해 그가 소유한 석유 탱커 64척에 대해 계약을 체결해두십시오. 쉘을 악용해서는 안 됩니다. …… 디터딩은 럭비인가 이튼인가 하는 학교에 아들을 보내고 있으며, 노포크에 넓은 대지를 구입해 성을 짓고 있습니다. 그가 살고 있는 지역에 그를 붙들어놓으십시오!"

처칠은 그대로 했다. 새로운 협정에도 불구하고 앵글로−페르시안은 해군부의 유일한 공급자가 되지는 못했다. 1914년 봄, 처칠은 쉘과 해군부 간의 연료유 계약을 스스로 떠맡고 디터딩과 협상했다. 디터딩은 처칠의 의도를 간파하고 있었다. 피셔는 1914년 7월 31일 다음과 같은 내용의 편지를 처칠에게 보냈다. "나는 디터딩에게서 애국심 넘치는 편지를 받았습니다. 편지에서 그는, 내가 전시에 석유나 탱커를 구하러 다니지 않아도 될 것이라 했습니다.

디터딩의 충정은 정말 놀랍습니다. 네덜란드인들이 얼마나 독일을 미워하고 있습니까? 기회가 닿는 대로 그에게 기사 작위를 수여하십시오."[17]

디터딩은 현실감각이 뛰어난 인물이었기에 이 일의 근본 배경을 잘 이해하고 있었다. 그렇지만 정부의 조치에 대해 제대로 갈피를 잡지 못하는 사람들도 있었다. 인도 총독 하딘지 경은 테헤란에서 2년을 보냈지만 페르시아의 모든 것을 제대로 파악하지 못하고 있었다. 그와 인도 총독부 고위 간부들은, 석탄 자원의 안정적 공급이 가능한 영국이 불안정한 외국 석유에 의존하는 것은 현명치 못하다고 생각했다. 인도 담당 국무장관은 "지롱드(프랑스 서남부 하구 지역 – 옮긴이 주)에서 제일가는 포도 농장의 주인이 스카치위스키가 제일 좋은 술이라고 말하는 것과 같다"라고 표현했다.

정곡을 찌르는 비판이었다. 좋은 포도주가 있는데 왜 스카치위스키 때문에 고통받아야 하는가? 간단히 말해서, 그 이유는 영국과 독일 간의 해군력 경쟁에서 비롯된 기술적 요구에 따른 것이었다. 독일이 현상유지를 하더라도 영국은 해군력 우위를 지키겠다는 방침이었고, 석유는 해군력에 스피드와 유연성을 제공하는 데 결정적 역할을 했다. 이 협정을 통해 영국 정부는 대규모의 석유 공급을 보장받았고, 앵글로–페르시안은 새로운 자본과 안정적인 시장을 얻었다. 이는 직접적으로는 앵글로–페르시안의 생존과 관련이 있고, 간접적으로는 영국의 생존과 연결되어 있었다. 1914년 여름, 영국 해군은 함정 연료를 전면적으로 석유로 전환했고, 영국 정부는 앵글로–페르시안의 최대 주주가 되었다. 처음으로 석유가 국가 정책의 수단이 되었으며 최고의 전략 상품이 된 것이다.

해군 장관으로서 처칠은, 내일 전쟁이 일어난다 하더라도 만반의 준비가 되어 있도록 하는 것이 자신의 목표라고 말해왔다. 그러나 의회에서 논쟁이 벌어지던 1914년 6월 17일까지 수주일 동안, 유럽은 과거 수년간보다 더 평화롭고 전쟁의 위험이 멀리 사라진 듯했다. 열강들의 비위를 거스를 만한 어떤 문제도 발생하지 않았다. 실제로 6월 말경에는 영국 해군 함대가 독일 항구에 친선 방문을 할 정도였다. 훗날 많은 사람들은 1914년 봄에서 초여름까지의 시절을 돌아보며, 저물어가는 유년 시절처럼 매우 평온했던, 그래서 부자연스럽기까지 했던 때라고 회상하곤 했다. 그러나 평화는 오래가지 않았다.

처칠의 의안이 채택되고 11일이 지난 1914년 6월 28일, 오스트리아의 프란츠 페르디난트 황태자가 사라예보에서 암살당했다. 앵글로−페르시안과의 계약에 대한 국왕의 재가는 1914년 8월 10일에야 떨어졌다. 그동안 세계정세가 돌변한 것이다. 러시아는 7월 30일 군대 동원령을 내렸고, 독일은 8월 1일 러시아에 전쟁을 선포하고 군대 동원령을 하달했다. 8월 4일 오후 11시, 독일이 중립국 벨기에의 침략에 대한 영국 정부의 최후통첩을 무시하자, 처칠은 전 해군 전함에게 '독일과의 전쟁에 돌입한다'라고 긴급 타전했다.

제1차 세계대전이 시작된 것이다.[18]

Chapter 02

세계의
세계에 대한 투쟁

THE
PRIZE

피로 얼룩진
승리

　처음에는 몇 주 안에, 길어야 몇 달 안에는 끝날 것으로 예상되었다. 그러나 제1차 세계대전은 오히려 막다른 궁지에 몰려 줄곧 시간을 끌었다. 19세기 말에서 20세기 초 사이의 모든 신발명품들이 전쟁에 총동원되었다. 전쟁이 끝났을 때, 사람들은 전쟁이 왜 발발했고 무엇을 위한 전쟁이었는지를 곰곰이 생각해보았다. 실책과 오만, 그리고 국가 간의 경쟁과 산업계의 긴장이 고조된 당시의 정세에 어리석게 대처한 데서 비롯되었다는 등 여러 가지 이유가 제시되었다. 그 밖에도 골수 민족주의, 오스트리아-헝가리(1918년 오스트리아, 헝가리, 체코슬로바키아 및 그 밖의 여러 작은 나라를 포함한 중부 유럽의 왕국으로 붕괴됨), 러시아, 터키제국 등의 경직화, 전통적 세력균형의 붕괴, 신흥 독일제국의 야망과 불안정 등을 들 수 있다.

　제1차 세계대전은 패배자와 승리자 모두에게 비참한 결과를 안겨주었다. 어림잡아 1,300만 명이 사망했고, 수백만 명이 부상을 당하거나 불구가 되었다. 또한 유럽 국가 대부분의 정치 체제와 경제활동에도 엄청난 타격을 주었다. 사회 대변혁이 일어날 정도로 전쟁의 여파는 무서웠다. 사실 당시의 변혁은 엄청났기 때문에, 20세기의 국제관계 사학자들은 반세기가 지난 후 이 전쟁을 일컬어 '우리의 욕구 불만을 분출한 샘'이라고 평가했다.

제1차 세계대전은 인간과 기계 사이의 전쟁이라고도 볼 수 있다. 피셔 제독과 처칠이 예언했던 바와 같이, 이러한 기계들은 석유를 동력원으로 사용했는데 다른 지도자들이 생각했던 것보다는 그 범위가 훨씬 넓었다. 석유 내연기관의 사용은 육·해·공 모든 곳에 기동성을 부여함으로써 전쟁의 양상을 완전히 바꿔놓았다. 과거 수십 년 전의 지상전은, 1870~71년의 보불전쟁에서 보듯이 군대와 보급품의 수송이 경직된 철도망에 의존하고 있었다. 철도 종착역을 기점으로 군대의 이동은 사람이나 말의 체력, 근력에 의존해야 했으나 거기에는 한계가 있었다. 얼마나 많이, 얼마나 멀리, 얼마나 빨리 수송할 수 있을 것인가 하는 문제는 내연기관의 도입으로 큰 변화를 가져왔다.

내연기관의 도입에 따른 속도 증가는 전략가들이 상상했던 수준을 훨씬 넘어섰다. '병사 세 명, 말 한 필' 하는 식으로, 말은 여전히 전시 작전계획 수립의 기초가 되었다. 더욱이 말에게 필요한 식량은 사람의 10배에 달했기 때문에, 말에 의존하면 보급 문제가 아주 복잡했다. 전쟁 초기, 마른에서 벌어진 첫 번째 전투에서 독일군 장군 하나는 말들이 너무 지쳐 진군할 수 없음을 한탄했다. 전쟁이 끝나갈 무렵에는 모든 나라들이 기진맥진해 있었다. 이런 상황에서 석유 엔진의 사용은 군대의 기동성과 보급 문제를 해결해주었으나, 황폐화를 더욱 가속화했다.

처음 지상전에서는 석유가 별 역할을 하지 못할 것처럼 보였다. 독일군 참모본부는 철강과 석탄의 보유량, 철도 수송 체계가 우위에 있음을 과시하면서, 치밀한 작전계획으로 서부전선의 전투를 단시간 내에 승리로 이끌 수 있을 것이라 판단했다. 독일군은 전쟁 초기 1개월 동안 계획대로 진격했다. 1914년 9월 초까지 파리 동북부에서 베르됭까지 125마일에 이르는 전선을 구축했고, 거기서 알프스에 이르는 별도의 전선을 다시 구축했다. 이 두 전선에는 병사 200만 명이 대치하고 있었다. 독일군 우익은 파리에서 40마일 지점까지 진격해 곧바로 '빛의 도시' 파리로 향했다. 이러한 결정적인 순간에 내연기관은 누구도 예상하지 못했던 방법으로 전략적 중요성을 입증했다.[1]

택시 부대의 등장

프랑스 정부는 이미 시민 10만 명과 함께 파리에서 철수했다. 파리 함락이 눈앞에 다가오고, 프랑스 정부는 피난지 보르도에서 강화조약을 체결할 준비를 하는 듯 보였다. 프랑스군 총사령관인 조셉 세자르 조프르 장군은 파리를 거의 무방비 상태로 놔둔 채, 군대를 파리의 남부와 동부로 후퇴시킬 것을 고려하고 있었다. 그런데 파리 방위사령관인 조셉 갈리에니 장군은 다른 생각을 갖고 있었다. 그는 항공 정찰을 통해, 독일군 전선 부대에 일격을 가해 그들의 전진을 저지할 기회가 있다고 확신했다. 그는 영국군에 지원을 요청했으나 헛수고에 그쳤다. 영국군은 이 요청을 진지하게 받아들이지 않았다. 노장군 갈리에니는 덥수룩한 콧수염에 검은 단추가 채워진 장화를 신고, 노란 각반에 잘 맞지 않는 군복 차림이어서 세련된 느낌과는 거리가 멀었다. 어느 유명한 영국군 지휘관은 "그렇게 코미디언같이 생긴 사람에게 말을 건넬 영국군 장교는 아무도 없을 것이다"라고 말했다. 그러나 9월 4일 밤, 갈리에니 장군은 몹시 화가 난 목소리로 전화를 걸어 마침내 조프르 장군을 설득해 반격에 착수했다. 후에 갈리에니는 그 사건을 '전화에 의한 쿠데타'라고 불렀다.

1914년 9월 6일, 찌는 듯한 무더위 속에서 곡식이 익어가는 들판과 숲을 지나 프랑스군은 몇 차례의 승리를 거듭하며 대규모 반격에 나섰다. 그러나 독일군이 병력을 증강하면서 프랑스군은 위기에 빠졌다. 필사적으로 요청한 지원군이 파리 근처까지 와 있었지만, 이들을 전선까지 가게 할 방법이 없었다. 당시 프랑스의 철도망은 파괴된 상태였다. 만약 지원군이 도보로 행군한다면 제시간에 도착하지 못할 것은 물론, 군용차량 몇 대에 태워 이동하는 것보다 더 많은 병력이 필요할 것이다. 그렇다면 어떻게 할 것인가?

갈리에니 장군은 포기하지 않았다. 그는 헐렁하고 지저분한 군복 차림으로 파리의 모든 곳에 나타나 부대를 불러 모아 재편성했다. 그는 겉모습과는 달리 코미디언이 아니었다. 갈리에니는 군사의 귀재였고 임기응변의 대가였다. 그는 전쟁과 같은 비상사태에서, 자동차에 의한 수송이나 내연기관을 사용할 생각을 한 최초의 인물이었다.

그는 이미 수일 전에, 파리에서 철수해야 할 경우를 대비해 수송부대를 편성하라고 지시했다. 수송부대에는 파리 시내 택시들 상당수가 포함되어 있었다. 그러나 9월 6일 당시 확보된 택시가 너무 적었으므로 갈리에니는 이용 가능한 모든 택시들을 즉시 군대 수송 체제로 전환하는 것이 급선무라고 판단했다. 그날 저녁 8시, 앵발리드 대로변의 고등학교에 설치된 사령부에 앉아 있던 갈리에니에게 한 가지 영감이 떠올랐다. 군인 수천 명을 최전선으로 이동시키기 위해 '택시 부대'를 편성하는 것이었다.

갈리에니는 파리 시내에 있는 택시 3,000대를 모두 징발하라고 명령했다. 경찰과 군인들은 택시들을 세워 승객을 내리게 한 다음 즉시 앵발리드로 집결하라고 지시했다.

한 기사가 정지신호를 보낸 중위에게 물었다. "그럼 우리는 어떻게 요금을 받습니까? 거리에 따라서 받습니까, 아니면 정액으로 받습니까?"

중위가 "거리에 따라서입니다"라고 대답하자, 기사는 미터기를 꺾으며 "좋아요, 갑시다"라고 대답했다. 갈리에니가 명령을 내리고 두 시간이 지난 밤 10시, 택시 수십 대가 앵발리드 광장에 집결했고, 한밤중에 택시 부대 제1

진이 파리 북서쪽에 있는 소도시 트랑블레 레 고네스를 향해 출발했다. 다음 날 아침 택시 부대 제2진이 앵발리드에서 대규모 수송부대를 편성해 로열 로와 라파예트 로를 따라 샹젤리제를 통과해 동부에 있는 또 다른 집결지인 가니를 향해 출발했다. 택시들이 집결지에서 수송부대를 재편성하고 있던 9월 7일, 전투는 중요한 국면에 접어들었다. 독일군 최고 사령관 헬무트 폰 모르트케는 아내에게 보낸 편지에서 "오늘 운명의 신은 매우 중대한 결정을 내릴 것이오. 이제까지 얼마나 많은 피를 흘리며 싸워왔는지 모르오!"라고 적었다.

날이 저물자 택시들은 군인들을 가득 태웠고, 그 광경을 바라보던 갈리에니 장군은 흐뭇한 표정을 지으며 조심스럽게 말했다.

"글쎄, 이것은 적어도 평범한 일은 아니다." 드디어 군인을 가득 태운 택시들이 미터기를 꺾고 25~50대 단위로 수송단을 편성해 전투지로 향했다. 훗날 한 역사가는 "이것이 미래 자동차 부대의 선구자였다"라고 썼다. 파리의 택시 운전사들은 무서운 속도로 서로를 추월하고 전조등을 비추며 어두운 밤길을 질주했다.

갈리에니가 착상한 '택시 부대'는 병사 수천 명을 최전방으로 날랐고, 그로 인해 전투 양상이 바뀌었다. 프랑스군의 전선이 강화되면서 9월 8일 새벽, 전 전선에 걸쳐 강력한 공격을 개시했다. 9월 9일, 독일군은 퇴각하기 시작했다. 독일군의 전열이 흔들리고 있을 때 모르트케는 아내에게 다음과 같은 편지를 썼다. "사태가 점차 악화되고 있소. 파리 동부전선에서의 전투는 매우 불리한 상황이오. 전쟁은 우리에게 비참한 환멸만을 안겨주었을 따름이오. …… 큰 희망으로 시작했으나, 이 전쟁에서 결국 패하게 될 것 같소."

이틀간 잠도 자지 못하고 굶주리고 피로에 지친 채 파리로 돌아온 택시 운전사들은 호기심 속에서 요금을 지불받았다. 그들은 갈리에니 장군이 임기응변으로 생각해낸 방법으로 파리를 구해냈고, 또한 미래에 자동차를 이용한 수송이 가능해질 것임을 보여주었다. 후에 파리는 갈리에니에 대한 감사의 표시로 앵발리드 앞 광장을 가로지르는 도로에 '갈리에니 원수로元帥路'란 이름을 붙였다.[2]

전쟁 중의 내연기관

1914년 9월 6일에서 8일에 걸친 프랑스군의 반격은, 동시에 이루어진 영국군의 공격과 함께 결정적인 결과를 만들어냈다. 제1차 마른 전투의 전환점이 되었고, 치밀하게 계획된 독일군의 대공세를 무산시킨 것이다. 전투 양상이 완전히 바뀌었고, 전쟁이 단기전으로 끝날 가능성은 사라졌다. 독일군이 퇴각을 중지하자, 양쪽 군대는 참호를 파고 대치상태에 들어가 피비린내 나는 무의미한 장기전, 즉 정지된 방어전을 펼쳤다. 사실상 서부전선의 최전방은 2년여 동안 어느 방향으로도 움직이지 못했고, 참호와 철조망과 기관총은 방어전에서 탁월한 능력을 발휘해 교착상태가 장기간 지속되었다. 영국의 국방장관 키치너 경은 "도대체 어떻게 돌아가고 있는 것인지 모르겠다. 이것은 전쟁이 아니다"라고 말하며 허탈해했다.

참호전투의 교착상태를 타개할 길은, 병력을 전장으로 이동시킬 수 있고 강력한 방어력을 지닌 새로운 혁신병기를 개발하는 것뿐이었다. 전사가戰史家인 바실 리델 하트가 언급했듯이, 필요한 것은 '특정 질환에 대한 특효약'뿐이었다. 처음으로 그 질환을 진단하고 '특효약'을 고안한 사람은 영국군 중령 어니스트 스윈턴이었다. 그는 러일전쟁에 관한 공식적인 전사戰史 작성에 참여해 유명한 전쟁소설 작가가 되었으며, 일찍이 기관총의 잠재적 위력도 예견한 사람이다. 그는 후에 미국에서 개발된 농사용 트랙터를 여러 가지 군사실험에 이용하기도 했다. 전쟁 초기 그는 프랑스로 파견되어 총사령부에서 영국 정부의 '관전무관觀戰武官'으로 근무했는데, 이런 경험을 바탕으로 '특효약'을 생각해 냈다. 바로 기관총이나 철조망으로 뚫리지 않고 내연기관을 동력원으로 사용해 궤도 위를 움직이는 '장갑차'였다.

그러나 필요성이 있다고 해서 반드시 호의적으로 받아들여지는 것은 아니었다. 영국 군부에서 확고한 위치를 차지하고 있던 고급 간부들은 그의 제안을 받아들이려 하지 않았을 뿐만 아니라, 이를 저지하기 위해 수단과 방법을 가리지 않았다. 실제로 처칠이 지지하지 않았다면 그의 제안은 흔적도 없이 사라졌을 것이다. 영국 해군장관은 혁신의 진가를 인정했다. 그는 이제야 그러한 운송수단 개발에 착수한 육군과 육군부의 태만에 격분하면서, 1915년 1월 수상에게 다음과 같이 말했다. "작금의 전쟁은 전쟁에 관한 모든 군사이론에 대변혁을 일으켰습니다."

육군의 반대에도 불구하고, 처칠은 해군의 예산을 유용해 새로운 운송수단 연구비를 아낌없이 지원했다. 해군의 특별 지원을 감안해 새로운 기계에는 '지상 순양함'이란 이름이 붙여졌는데, 처칠은 '캐터필러'라고 불렀다. 시험 운행을 하는 동안 비밀 유지를 위해 암호명이 필요했다. '수조'와 '저장소'라는 암호명이 거론되었으나, 최종적으로는 '탱크'라고 불렸다.

탱크는 1916년 솜 전투에 투입되었고, 1917년 11월 캄브레에서 더욱 중요한 역할을 수행했다. 그런데 탱크가 결정적 효력을 발휘한 것은 아미앵 전투였다. 1918년 8월 8일, 456대의 탱크 군단이 독일군의 전선을 돌파한 이 전투에 대해, 훗날 에리히 루덴도르프 장군은 '전쟁 사상 독일군 최악의 날'이라고 지칭했다. 아미앵 전투 결과 독일군의 제1 방어선이 무너졌고, 1918년 10월 독일군 최고사령부는 탱크의 등장으로 인해 승리는 불가능하다고 단언했다.

독일군이 절망한 또 다른 이유는, 자동차와 트럭에 의한 기계화된 수송에 있었다. 독일이 철도 수송 면에서 우월했지만, 연합국의 자동차와 트럭은 더 우수한 기량을 발휘했다. 1914년 8월 프랑스에 파견된 영국군은 오직 자동차 827대와 오토바이 15대를 보유하고 있었으나, 종전되기 몇 개월 전에는 트럭 5만 6,000대, 자동차 2만 3,000대, 오토바이 3만 4,000대를 보유하고 있었다. 게다가 1917년 4월 참전한 미국은 휘발유 엔진 차량 5,000대를 프랑스로 들여왔다. 이 모든 운송수단들은 적시에 군대와 보급품을 운반해주었고, 많은 전투를 통해 뛰어난 기동성을 입증했다. 독일에 대한 연합국의 승리는 어떤 면에서는 철도에 대한 트럭의 승리라고 해도 맞는 말이다.[3]

해전과 공중전

내연기관은 새로운 전쟁 무대인 공중에서 한층 더 결정적인 위력을 발휘했다. 1903년 키티호크에서 라이트 형제의 첫 비행이 성공을 거두었다. 비행기에 대한 군의 태도는, 프랑스의 장군 페르디낭 포쉬의 말에 잘 나타나 있다. "항공술은 좋은 스포츠지만 군에서는 아무 가치도 없는 것이다." 그러나 1911~1912년 이탈리아가 터키와의 전투에서 비행기를 실전에 투입하면서 인식이 달라지기 시작했다. 1914년 전쟁 발발 시 영국의 항공산업 종사자는 1,000명이 못 되었다. 또 그로부터 5개월 후인 1915년 1월까지, 영국의 항공산업은 시험용 비행기 60대를 포함해 250대를 생산할 수준에 그쳤다.

그러나 비행기는 곧바로 실전에 투입되었고 잠재적 위력을 발휘했다. 1915년 초, 영국의 어느 항공 작가는 다음과 같이 말했다. "전쟁 발발 이후 비행기는 육군과 해군의 작전에 활력을 불어넣는 매우 중요한 역할을 했다. 전쟁이 끝난 뒤에는 혹시라도 비행기가 일상생활에 사용될지도 모를 일이다." 공군력의 증강을 위해서는 항공산업이 빨리 발전해야 했다. 항공산업의 주요 기반은 자동차산업으로, 비행기용 엔진을 생산 공급했다. 전쟁이 계속되는 동안 항공산업은 비약적으로 발전해, 전쟁 당시 사용했던 비행기들은 1년도 지나지 않은 1915년 7월이 되자 모두 구형이 되어버렸다.

전쟁에서 비행기가 처음 맡은 역할은 정찰과 관측이었다. 최초의 공중전에서 조종사들은 소총이나 권총으로 상대방을 공격했다. 그 후 정찰기에 기관총이 설치되었고, 조종사가 의도하지 않게 자신의 비행기 프로펠러를 맞히는 일을 방지하기 위해, 발포와 프로펠러의 회전을 동조하는 기계장치들이 개발되었다. 이렇게 전투기 개발이 진행되고, 1916년에는 편대비행 등 새로운 공중전 전법들도 개발되었다. 보병전과 함께 실시하는 전술 폭격이 창안되었다. 이는 영국군이 터키군을 공격할 때 가공할 위력을 발휘했으며, 1918년 3월 독일군이 영국군의 최전선을 돌파했을 때 진격을 막기 위해서도 사용되었다. 독일군은 체펠린 비행선과 폭격기로 영국 본토에 맹공을 퍼부으며 전략 폭격을 처음 시도했고, 이는 영국의 자존심을 건드렸다. 그 결과 '제1차 브리튼 전쟁'이 일어났다. 영국은 그 전쟁이 끝날 무렵 몇 달 동안 독일 영내에 대한 공중 공격으로 응수했다.

전쟁은 부단한 기술혁신을 가져와 전쟁이 끝날 무렵 비행기의 최대 속도는 종전의 두 배 이상인 시간당 120마일, 최대 고도는 2,700피트에 달했다. 전쟁 중 생산된 비행기의 대수도 놀라웠다. 영국은 5만 5,000대, 프랑스는 6,800대, 이탈리아는 2만 대, 독일은 4만 8,000대, 미국은 1만 5,000대의 비행기를 생산한 것이다. 전쟁 전에는 '좋은 스포츠' 정도로만 취급되던 비행기의 유용성이 밝혀지자, 영국 공군의 참모장은 "전쟁에서의 필요성이 하룻밤 사이에 군용기를 만들어냈다"라고 말했다.

반면 전쟁 전 영국과 독일의 관계를 악화시켰던 해군력 경쟁은 교착상태였다. 전쟁 발발 초 영국의 대영함대는 독일의 '외양함대外洋艦隊'보다 우세했고, 1914년 12월 포클랜드 군도 해전에서 영국 해군은 독일의 소함대를 격파했다. 세계 무역의 중심지가 되려는 독일의 꿈은 좌절되었다. 해군력 경쟁이 양국을 전쟁에 끌어들이는 중심 역할을 했음에도 불구하고, 사실상 대영함대와 외양함대는 1916년 5월 31일의 유틀란트 해전에서 단 한 번 대전했을 뿐이다. 이 전설적인 해전에 대해서는 그 이후 많은 논쟁이 있었다. 즉 독일 함대는 영국 함정을 피함으로써 전술적 의미에서 승리를 거두었으나, 영국은 북해를 지배함으로써 남은 전쟁에서 유리한 고지를 장악함과 동시에 독일 함대를 계속 기지에 묶어두는 전략적 의미의 승리를 했다는 것이다.

처칠과 피셔가 해군의 연료를 석유로 전환하도록 추진한 것이 옳았음이 판명되었다. 석유 사용으로 영국 함대는 작전 반경이 넓어졌고, 기동력이 높아졌으며, 연료 보급도 빨라지는 등 전반적인 우위를 확보했기 때문이다. 독일의 외양함대는 주로 석탄을 사용했기 때문에, 본국 외에는 연료 보급 기지가 없어 작전 반경이나 유연성이 제한될 수밖에 없었다. 사실 석탄에 의존하는 함대를 '외양함대'라 명명한 것은 잘못된 것이다. 그러나 당시 독일은 영국이 전쟁 기간 중 석유 공급원을 계속 확보할 것이라고 생각하지 못했다.[4]

앵글로-페르시안 vs. 쉘

영국은 앵글로-페르시안의 주식을 확보해 석유 공급을 안정적으로 확보하려 했으나, 일이 완료되기 전에 전쟁이 발발해 정부와 회사 간에 밀접한 관계가 이루어지지 못했다. 게다가 페르시아에서의 석유사업은 여전히 별 볼 일 없었는데, 1914년의 석유 생산량이 전 세계 생산량의 1%도 되지 못했기 때문이다. 이후 석유 생산량이 늘어나면서 회사의 전략적 가치가 막대해졌으므로, 영국 정부는 석유와 석유회사 모두에 관여해야 했다. 그러나 정부의 관여가 실제로 이루어질지 말지는 확실치 않았다. 아이로니컬하게도 석유와 앵글로-페르시안을 손에 넣어야 한다고 역설했던 처칠은, 전쟁이 시작된 지 채 한 달도 못 되어 페르시아 유전과 정유공장에 대한 영국의 방위 능력에 절망한 나머지 다음과 같이 말했다. "그곳을 방위할 병력을 보낼 여유가 없으며, 따라서 필요한 석유를 다른 곳에서 사들여야 할 것이다."

그 지역에서 영국에 대한 가장 큰 위협은 오스만제국의 군대였다. 1914년 가을 독일 편으로 참전한 오스만제국의 군대는 페르시아에 있는 아바단 정유공장을 위협했지만, 바스라를 점령하기 위해 진격하던 영국군에게 격퇴당했다. 바스라는 서방에서 페르시아 유전으로 가는 전략적 위치에 있어서 중요성이 매우 컸다. 영국은 바스라를 장악함으로써, 쿠웨이트의 수장을 포함해 영국에 호의적인 그 지역 지도자들의 안전을 지킬 수 있었다. 영국은 방어 전선을 더 북서쪽으로, 가능하다면 바그다드까지 연장하고 싶어 했다. 독일이 페르시아를 파괴하는 것을 막는 것뿐 아니라 유전지대의 안전을 확보하기 위해서였다.

동시에 영국은 군사적·정치적 계획을 세울 때 메소포타미아(현재의 이라크 영내)의 잠재적 석유 매장 가능성을 더욱 중요하게 보기 시작했다. 터키군에 한 차례 쓰라린 패배를 맛본 후, 영국군은 1917년 마침내 바그다드를 점령했다. 전쟁 중 페르시아 자체의 석유 생산에 있어서, 단 한 번을 제외하고는, 방해받지 않았다고 볼 수 있다. 그 예외적인 사건은 1915년 일어났다. 그 지역 원주민들이 독일 감독관과 터키인에 대한 분노의 표시로 유전에서 아바단까지의 파이프라인을 훼손한 것인데, 5개월이 지나서야 복구되었다. 아바단 정유공장에서 생산된 석유제품의 품질 문제나 전쟁으로 인한 장비 부족에도 불구하고, 군사적 필요에 의해 경영되는 거대한 회사가 페르시아에 정착한 것이다. 페르시아의 석유 생산량은 1912년 하루 1,600배럴에서 1918년에는 1만

8,000배럴로 10배 이상 증가했다. 앵글로–페르시안은 1916년 후반까지 영국 해군의 전체 석유 필요량의 5분의 1을 충당했다. 회사 설립 후 처음 15년 간은 파산의 위험을 자주 맞닥뜨렸지만 상당한 수익을 올리기 시작한 것이다.

앵글로–페르시안의 사장인 찰스 그린웨이는 원유만 생산하는 자신의 회사를 종합석유회사로 변신시키려는, 명확하고도 결연한 전략을 추진하고 있었다. 그의 표현을 빌리자면 '제3자의 개입 없이 이익이 나는 곳이라면 어디든지 제품을 판매할 수 있는 완전한 자급자족 조직체'를 구축하는 것이었다. 그린웨이는 전쟁이 한창 진행되던 때에도, 전후 벌어질 경쟁에 대비해 앵글로–페르시안의 재편에 착수했다. 그가 가장 중요하게 여긴 첫 번째 목표는 영국 정부로부터 영국 석유BP라는 회사를 사들이는 것이었다. BP는 영국 최대 규모의 석유 유통망을 가지고 있었고, '영국 석유'라는 이름에 걸맞지 않게 독일은행에 속해 독일의 루마니아산 석유를 영국에 판매하는 루트로 이용되어왔다. 전쟁 발발 후 영국 정부는 독일의 통제를 받던 그 회사를 접수했고, 이제 앵글로–페르시안은 BP를 인수함으로써 주요한 판매망뿐 아니라 훗날 유용하게 쓰일 명칭까지도 얻게 된 것이다. 앵글로–페르시안은 자체 유조선 선단도 확대했고 이러한 사업들을 통해 회사의 토대를 다져나갔다. 1917년까지는 앵글로–페르시안의 고정자산 80%가 페르시아에 있었는데, 다음해에는 50%만이 페르시아에 있고 나머지는 유조선과 판매망이 차지하고 있었다. 이렇게 해서 앵글로–페르시안은 사실상 종합석유회사가 되었다.

그러나 그린웨이에게는 중요한 두 번째 목표가 있었다. 바로 앵글로–페르시안을 대영제국에서 제일가는 회사로 만들겠다는 것이다. 그는 앵글로–페르시안을 어떤 외국 세력도 개입되지 않은 순수한 영국 기업으로 만드는 것이 목표라고 자주 말했는데, 다분히 로열더치 쉘을 의식한 말이었다. 그린웨이는 쉘의 위협을 상기시키면서 "마커스 경과 그의 동료들은 세계 석유 무역을 독점하려고 획책했다"라고 말하면서 쉘을 공격했다. 그린웨이와 지지자들은 로열더치 쉘이 독일에 석유제품을 판매해 막대한 이익을 챙김으로써 영국의 국익에 반했으며, 이는 국가의 중대한 위협 요소라고 쉘을 강력히 비난했다.[5]

그런데 이러한 비난은 부당하고 허위적이었다. 상인인 디터딩은 영국에 귀화해 전쟁 기간 중 런던에서 지냈는데, 자신과 자신의 회사 이익은 바로 연합국의 이익이라고 강조했다. 마커스 새뮤얼 역시 열렬한 영국의 애국자였고 영국을 위해 희생을 치렀다. 그의 두 아들 중 하나는 런던의 이스트엔드에서 가난한 소년들을 위해 자선사업을 하고 있었는데, 전쟁이 발발하자 프랑스 전선에서 소대를 이끌고 작전을 수행하던 중 전사했다. 새뮤얼과 아내는 아들의 죽음을 기리기 위해, 아들이 남긴 시 몇 편을 모아 시집을 출간했다. 또한 새뮤얼의 두 사위 중 하나가 전쟁에서 목숨을 잃었고, 다른 한 명도 참호 전투에서 입은 부상으로 전쟁 후에 사망했다.

새뮤얼 자신은 대담한 계획을 구상해 영국의 전쟁 수행에 결정적 역할을 했다. TNT 화약의 필수 원료인 톨루올Toluol은 일반적으로 석탄에서 추출되는데, 1903년 케임브리지 대학의 한 화학자가 쉘의 보르네오산 원유에서도 상당량을 추출할 수 있다는 사실을 발견했다. 새뮤얼의 보고에 대해, 영국 해군부는 매우 회의적이어서 그의 공급 제안을 거절했다. 그로부터 11년 후 전쟁이 발발하자, 새뮤얼은 다시 공급 제안서를 제출했으나 다시 거절당했다. 독일의 TNT 화약이 보르네오산 원유에서 제조된다는 확실한 증거가 밝혀졌지만 영국 해군부는 관심을 보이지 않았다. 그러나 상황은 급변했다. 1914년 말 석탄에서 추출되는 톨루올 생산량이 부족해졌고, 영국은 폭약을 거의 다 소진하면서 위험한 지경에 처했다. 석유에서 추출되는 톨루올이 필요했지만 생산 시설을 전혀 갖추지 못하고 있었다. 쉘이 영국에 세웠어야 할 톨루올 추출 공장은, 쉘 그룹의 네덜란드 지사에 의해 중립국인 네덜란드의 로테르담에 세워졌다. 더욱이 독일 회사들이 TNT 화약 제조를 위해 로테르담 공장의 생산물을 사용하고 있다는 사실까지 밝혀졌다.

새뮤얼과 동료들이 착상했던 이 대담한 계획은 곧 실행에 옮겨졌다. 1915년 1월 말 한밤중에 로테르담 공장의 설비들은 부품으로 분해되고 번호가 매겨져 위장된 채 부두로 옮겨졌다. 부두에 도착한 부품들은 야음을 틈타 네덜란드 화물선에 실려, 영국 구축함과 만나기로 되어 있는 지점으로 향했다. 이 사실은 일이 다 끝난 다음에야 독일 정보원에게 알려졌다. 우연인지 아닌지 모르겠지만, 그날 밤 공장의 설비 부품을 실었던 화물선과 비슷한 네덜란드 화물선 한 척이 로테르담 항 입구에서 독일군의 어뢰 공격을 받았다. 한편 톨루올 제조 설비의 부품들은 무사히 영국으로 운반되어 몇 주일 만에 서머셋에서 재조립되었다. 그 공장은 쉘이 뒤이어 세운 두 번째 공장과 함께 영국군이 사용하는 TNT 화약의 80%를 공급했다. 전쟁이 끝난 후 이런 공적을 인정해 새뮤얼에게 귀족 작위가 수여되었다.

로열더치 쉘이 애국적이지 못하다는 그린웨이의 비난이 계속되었지만, 이미 로열더치 쉘은 연합국의 전쟁 수행에 없어서는 안 될 존재가 되어 있었다. 사실상 쉘은 영국군과 연합국의 전쟁 수행에 있어 석유 공급기지 역할을 했다. 즉 전 세계적으로 공급원을 확보하고 공급 체계를 조직화해 보르네오, 수마트라, 미국에서 생산한 석유제품들을 프랑스 전선으로 확실하게 수송한 것이다.

쉘이 협력을 요청했던 시기에 쉘을 고립시킨 것에 미안한 마음을 가지고 있던 정부 관리들은, 그린웨이와 그 지지자들이 계속해서 쉘을 공격하는 것에 대해 부정적인 반응을 보이기 시작했다. 사실 그린웨이는 자신의 힘을 과신해 과한 행동을 함으로써 결국 정부 관리들이 앵글로−페르시안에 반감을 갖게 만들었다. 정부 관리들은 그의 애국심에 의심을 품었고, 페르시아 외의 지역에서 이익을 챙기기 위해 종합석유회사를 세우려는 그의 전략에 대해서도 의문을 표했다. 영국의 관청가인 화이트홀에서 여러 가지 토의와 논쟁이 벌어졌는데, 정부 당국자들은 정부가 51%의 지분을 가진 이 회사의 목표가 무엇인지를 명확히 하고자 했다. 회의적인 재무부 관리 한 명은 이렇게 말했다. "정부의 목표가 해군의 석유 공급을 안정적으로 확보하기 위한 것일 뿐인가? 아니면 조직화된 최고의 국영 석유회사를 창설해 그 회사가 이윤 추구를 위해 세계시장에 진출하는 것을 도와주려는 것인가?"

일부 사람들은 국가가 석탄에 대해 가지고 있는 독점적 위치를 석유에서도 확보할 시점이 되었다는 데 관심을 갖고, 회사의 상업적 야망과 영국이 전쟁 후에 필요로 하는 바를 관련지어 생각했다. 그러나 처칠의 후임 해군장관인 아서 밸푸어는 1916년 8월 "현대적 생활에 가장 필수적인 물품을 다루는 거대한 복합기업의 정책을 정부가 어떻게 책임질 수 있는가?"라며 정부의 능력에 의문을 제기했다. 정부가 승인한 여러 형태의 기업 합병 안들, 그리고 로열더치 쉘 내에서 네덜란드의 권익보다 영국의 권익을 더 확보하기 위한 방법도 논의되었다. 그러나 전쟁 중 더욱 중대하고 시급한 문제들이 목전에 있었기에 이러한 제안들은 빛을 보지 못했다.[6]

휘발유 부족 사태

1915년까지는 영국이 전쟁 수행에 필요한 석유를 공급받는 데 아무 문제도 없었다. 그러나 1916년 초, 이런 상황에 변화가 생겼다. 1916년 1월에 「런던 타임스」지는 '휘발유의 부족'을 보도했고, 이어서 5월에는 업무용 자동차의 정의를 명확히 할 필요가 있다고 주장했으며, 전쟁 수행의 필요상 여가를 위한 자동차 운행을 금지해야 한다고 덧붙였다.

영국에서 석유 위기가 발생한 원인은 두 가지로 볼 수 있다. 하나는 선박에 의한 수송이 점차 감소하는 것으로, 독일의 잠수함 작전에 의해 영국 본토로 들어오는 모든 석유와 식량은 물론 기타 원자재의 공급이 압박을 받았기 때문이다. 당시 내연기관으로 만든 디젤 잠수함이 해상에서 맹활약 중이었다. 영국은 전 해상에서 우세하다는 점을 이용해 독일에 대해 경제봉쇄 조치를 취했는데, 독일은 치명적인 잠수함 작전을 개시해 영국 본토뿐 아니라 프랑스로의 물자 보급을 차단함으로써 이 조치에 맞섰다. 석유 위기를 초래한 또 다른 원인은 석유에 대한 수요 급증이었다. 전시에는 전방이나 후방이나 석유가 더 필요했기 때문이다. 석유 부족을 우려한 영국 정부는 일종의 배급제를 도입했으나 효과는 일시적이었다.[7]

1917년 초, 독일군이 연합국의 선박에 대해 무차별적인 잠수함 공격을 재개하면서 물자 공급이 다시 압박을 받게 되었다. 결국 그 작전은 엄청난 실수였음이 입증되었는데, 미국이 중립정책을 버리고 독일에 선전포고를 하도록 만들었기 때문이다. 하지만 독일의 잠수함 공격은 여전히 엄청난 위력을 발휘했다. 1917년 상반기 동안 소실된 선박은 1916년 같은 기간의 두 배였고, 5월부터 9월까지는 새로 건조한 존 아치볼드 호를 포함해 뉴저지 스탠더드오일의 유조선 6척이 소실되었다. 쉘이 전쟁 중에 잃은 많은 탱커 중에는 1892년 수에즈 운하를 통과해 마커스 새뮤얼에게 대성공을 안겨주었던 뮤렉스 호도 포함되어 있었다. 영국 해군부의 정책은 6개월 소비량에 상당하는 양을 비축하는 것이었지만, 1917년 5월 말까지 비축량은 목표 수준의 절반에도 못 미쳤다. 석유 공급이 부족해지면서 영국 해군은 이미 기동성에 제약을 받고 있었다. 상황이 심각해지자 영국 해군 내에서는, 석유로 움직이는 선박 건조를 중지하고 다시 석탄 연료를 사용하는 선박을 건조하자는 의견까지 나왔다.

1917년 영국의 석유 부족 사태를 타개하기 위해 일관된 국가 석유 정책을 수립하자는 요구가 대두되었다. 석유대책위원회를 포함한 각종 위원회와 기구들이 석유 정책을 조정하기 위해 설립되었고, 이들은 전쟁 수행에 기여하고 전후 영국이 석유에 대해 우월한 지위를 확보할 수 있도록 애썼다. 프랑스 정부도 영국의 석유대책위원회를 본떠서 이와 유사한 석유종합위원회를 설립했는데, 상원의원인 앙리 베랑제가 위원장을 맡았다. 그러나 영국과 프랑스, 두 나라는 곧 석유 위기의 해결이 오직 미국에 달려 있다는 사실을 인식하게 되었다. 공급 상황이 호전될지의 여부는 선박, 즉 탱커에 달려 있었던 것이다.

이른바 '절체절명'의 전보가 런던에서 미국으로 급히 보내졌는데, 미국 정부가 더 많은 선박을 제공하지 않는다면 영국 해군은 기동력을 상실해 '전투 불능' 상태에 빠질 것이라는 내용이었다. 1917년 7월, 런던 주재 미국 대사는 다음과 같이 절망적인 상황을 보고했다. "독일은 목적을 이루고 있다. 그들이 최근 들어 많은 유조선을 침몰시키고 있기 때문에 영국은 머지않아 위험한 상황에 빠질 것이다. 대영함대조차도 충분한 연료를 보유하지 못하고 있다. 매우 위험한 상황이다." 1917년 가을, 영국의 석유 공급량은 매우 부족했다. 그해 10월, 식민지 장관인 월터 롱은 이런 상황에 대해 영국 하원에 경고했다. "지금 이 순간에는 무엇보다도 석유가 중요합니다. 사람이나 탄약, 돈이 있다 한들 아무 쓸모가 없게 될 것입니다." 같은 달, 영국에서는 여가 목적의 자동차 운행이 전면 금지되었다.

프랑스의 석유 사정도 독일군 잠수함의 무차별 공격으로 급속히 악화되고 있었다. 1917년 12월 베랑제 상원의원은 조르주 클레망소 수상에게, 독일의 대규모 공세가 시작될 1918년 3월이면 프랑스의 석유가 모두 바닥나버리게 될 것이라고 경고했다. 프랑스의 석유 공급량은 급격히 감소되어, 독일군의 맹렬한 공격을 받는다면 사흘도 버틸 수 없는 상황이었다. 이전의 베르됭 전투에서는 물자와 인원을 트럭으로 대량 수송함으로써 독일군의 맹공을 저지

할 수 있었다.

1917년 12월 15일, 클레망소 수상은 윌슨 대통령에게 10만 톤 상당의 유조선을 가능한 한 빨리 보내달라고 긴급히 요청했다. 클레망소는 윌슨에게 앞으로의 전투에서는 휘발유가 인체의 피처럼 중요한 역할을 할 것이며, 휘발유 공급이 끊긴다면 군대의 기동력이 마비될 것이라고 말했다. 또한 석유의 부족이 "연합국에 불리한 강화講和 쪽으로 몰고 갈지도 모른다"고 불길한 언급을 덧붙였다. 이에 윌슨은 프랑스가 요청한 선박을 즉각 제공했다.

그러나 임시변통 이상의 해결책이 필요했다. 석유 위기가 다가오자 미국과 유럽의 동맹국들은 이미 석유 공급 체계를 긴밀하게 통합해놓았다. 1918년 2월에는 연합국 석유회의가 발족되고 공동출자를 통해 석유 공급과 유조선 운행을 일원화해서 관리했다. 회원국은 미국, 영국, 프랑스, 이탈리아 4개국이었다. 이로써 연합국과 그들의 군대에서만큼은 보급물자의 배분이 효과적으로 이루어지게 되었다.

세계 석유 무역을 지배하고 있었던 뉴저지 스탠더드와 로열더치 쉘은 누구의 기여도가 더 큰지 논쟁을 계속하고 있었지만, 이러한 공급 체계 구축에 총동원되었다. 공동 공급 체계는 독일군의 U보트에 대항해 도입된 화물선단 호위 방식과 더불어 남은 전쟁 기간 동안 연합국 측의 석유 공급에 큰 도움이 되었다.[8]

에너지 황제

연합국 석유회의가 창설된 것은 미국 국내 문제 때문이기도 했다. 미국의 석유는 유럽에서 전쟁을 수행하는 데 필수적인 요소가 되어 있었다. 1914년 미국은 전 세계 석유 생산량의 65%에 달하는 2억 6,600만 배럴을 생산했고,

1917년에는 3억 3,500만 배럴로 늘어나 전 세계 산출량의 67%를 차지했다. 그리고 미국은 전체 석유 생산량의 4분의 1을 수출했고, 이 중 대부분은 유럽으로 수출되었다. 유럽은 이제 전쟁과 혁명으로 인해 러시아산 석유를 이용할 수 없었고, 따라서 '신세계'는 '구세계'를 위한 석유 보급기지가 되었다. 즉, 미국은 연합국이 전쟁 수행을 위해 필요로 하는 석유의 80%를 충당해야 했다.

그런데 미국이 참전하면서 미국의 석유 사정이 매우 복잡해졌다. 미군, 연합군, 미국의 군수산업체, 그리고 민간 수요 등 다양한 수요를 충당해야 했기 때문이다. 어떻게 해야 석유를 충분히 공급하고 효율적으로 분배하며 적정하게 할당할 수 있을까? 이 문제를 해결하기 위해 1917년 윌슨 대통령은 경제 총동원 체제의 일환으로 연료청을 신설했다. 과거 반세기 동안 출현한 산업경제는, 현대의 전쟁이 요구하는 바에 따라 통제를 받아야 했는데 이는 참전국들 모두가 직면한 문제였다. 총동원 체제 확립을 위해 각국 정부는 경제계에 대한 정부의 역할을 확대했고, 정부와 사기업들 간의 새로운 협조 체제가 만들어졌다. 미국과 미국의 석유산업도 예외가 아니었다.

연료청 석유국장은 캘리포니아 출신의 석유 기술자로서 미국 최초의 에너지 황제가 된 마크 리쿠어였다. 그의 주요 업무는 정부와 석유산업 사이에 새롭고도 전례 없는 제휴관계를 맺어주는 것이었다. 석유국은 국가 석유 전쟁대책위원회와 긴밀히 접촉하며 활동했는데, 그 위원회는 주요 기업의 경영자들로 구성되었고 뉴저지 스탠더드오일의 사장인 알프레드 베드포드가 위원장을 맡았다. 유럽에서의 전쟁 수행을 위해 필요한 미국의 석유 공급 체계를 조직하고, 연합국 정부들의 주문을 받아 미국의 정유공장들과 연결해주고 그 물량을 선적하는 것이 위원회의 역할이었다. 말하자면 유럽에 공동으로 석유를 공급하기 위한 미국 측의 기구였던 셈이다. 10년 전 정부와 스탠더드오일 간에 벌어졌던 싸움과는 대조적으로, 정부와 기업들 사이에 새롭게 만들어진 긴밀한 협조 체제였다. 이제 미국의 석유산업은 뉴저지 스탠더드오일이 주도하는 가운데 그 자체가 하나로 운영되었고, 전쟁이 계속되는 한 트러스트 형태의 이 위원회가 해체되기는 어려울 것으로 보였다.[9]

미국 석유 수요는 급격히 증가해 1917년에는 공급 능력을 넘어서기 시작했고, 그에 따라 발생한 부족분을 메우기 위해 재고를 사용하고 멕시코 수입량을 더욱 늘렸다. 또한 1917~1918년에는 혹한과 전반적인 산업 활동의 호황으로 미국은 석탄 부족 문제까지 직면했다. 석탄 부족이 얼마나 심각했던지, 지역 관리들은 관할 지역을 지나는 석탄 화차들을 강제로 징발했고, 경찰관들은 좀도둑질을 막기 위해 산업용 석탄 창고 앞에서 보초를 서야 했다. 고아원과 각종 보호 시설의 연료가 동나는 바람에 동상으로 죽어가는 사람이 속출했고, 부유층조차도 석탄 창고가 텅 비었다고 하소연하면서 추위에 떨었다. 1918년 1월, 연료청은 미시시피 강 동쪽에 있는 거의 모든 산업 시설들에 대해 1주일간 휴업할 것을 명령했다. 전쟁 물자를 가득 싣고 유럽으로 가기 위해 미국 동부 해안의 항구에 정박 중이던 선박 수백 척이 석탄 부족으로 움직일 수 없게 되자 내려진 조치였다. 그 후 정부는 석탄 절약을 위해 모든 공장들이 매주 월요일 휴업할 것을 명령했다. 우드로 윌슨의 심복인 에드워드 하우스 대령은 당시 상황을 다음과 같이 기술했다. "큰 소동이 벌어졌고, 나는 이제까지 그처럼 격렬한 항의를 본 적이 없다."

석탄이 부족해지자 석유 수요가 급증했고 따라서 석유 가격이 상승했다. 1918년 초의 평균 원유 가격은 1914년 초의 두 배가 되었다. 석유 정제업자들은 원유를 확보하기 위해 특별 상여금과 가산금을 주었고, 생산업자들은 가격이 계속 오를 것을 예상해 공급 물량을 줄였다. 정부는 이러한 상황에 위기의식을 느꼈다. 1918년 5월 17일, '에너지 황제' 리쿠어는 더 이상의 유가 인상은 정당화될 수 없다고 경고하고 석유업계가 자발적으로 가격을 통제해줄 것을 요청했다. 뉴저지 스탠더드는 리쿠어의 가격 억제 요청에 동의했으나, 독립계 생산업자들은 결코 화답하지 않았다. 리쿠어는 털사에 있는 석유 생산업자들에게, 자발적인 가격 통제가 이루어지지 않는다면 정부가 직접 나서겠다고 단호하게 말했다. 그는 석유 생산업자들이 철강과 석유 굴착용 기자재를 확보하는 데 도움을 주는 것은 정부이고(당시 미국의 석유산업은 철 및 철강 생산량의 12분의 1을 사용하고 있었다), 유전 노동자들이 병역을 면제받을 수 있게 해주는 것도 정부라는 사실을 환기시켰다. 이러한 발언은 설득력이 있어서, 1918년 8월 각 생산 지역은 원유의 최고가격을 설정했고 이후 전쟁이 끝날 때까지 그 수준을 유지했다.

그러나 석유 수요는 여전히 공급을 능가했는데, 전쟁뿐만 아니라 미국의 자동차 대수가 놀라울 정도로 증가했기 때문이다. 1916년부터 1918년 사이에 미국의 자동차 대수는 두 배가량 늘었다. 만약 석유 부족 현상이 가시화된다면 유럽의 전쟁 수행을 위협할 수 있고, 미국 국내의 기본적인 산업 활동마저 제약받을 수 있었다. 이에 따라 정부는 '휘발유를 쓰지 않는 일요일'이라는 구호를 내걸고 국민들에게 석유 소비 자제를 간곡하게 호소했다. 다만 화물 운송, 의사, 경찰, 긴급차량, 장의차는 제외했다. 이런 제한 조치에는 의심과 불만이 따르게 마련이지만 대부분 충실하게 지켜졌다. 백악관도 이를 준수해 윌슨 대통령이 "나는 걸어서 교회에 가겠다"라고 말할 정도였다.[10]

'엠파이어 잭'의 활약

공급 부족으로 종종 위기에 처했지만 연합국이 장기적인 공급 부족으로 고전한 적은 없었다. 그러나 독일은 그러하지 못했다. 연합국의 봉쇄작전으로 외국에서 들어오는 원유가 차단되었기 때문이다.

결국 독일에 남은 석유 공급원은 루마니아뿐이었다. 루마니아의 산유량은 전 세계적으로 보면 적은 편에 속했지만, 유럽에서는 러시아 다음가는 산유국이었다. 독일은 전쟁 전부터 은행과 기업들을 루마니아의 석유산업과 밀접하게 연결해놓음으로써 루마니아산 석유에 크게 의존하고 있었다. 전쟁 발발 후 2년 동안 루마니아는 어느 편이 이길지 지켜보면서 중립을 지키고 있었다. 그러다 1916년 8월, 러시아가 동부전선에서 승리하자 루마니아는 오스트리아-헝가리제국에 선전포고를 했고, 이는 곧 독일과 전쟁 상태에 들어갔음을 의미했다.

이는 독일군에게 매우 중차대한 일이었다. 독일군의 주역인 에리히 루덴도르프 장군은 "우리는 루마니아의 옥수수와 석유 없이는 생존할 수 없을 것이며 전쟁을 더 이상 수행할 수도 없다"라고 말했다. 1916년 9월, 독일과 오스트리아 군대가 루마니아로 진격했다. 루마니아 군대는 산악지대 요충지에 참호를 파고 버티고 있었는데, 그 산은 유정이 밀집된 왈라키아 평원을 품고 있었다. 10월 중순, 독일과 오스트리아 군대는 흑해에 있는 루마니아 석유 선적항에 저장되어 있던 엄청난 양의 석유제품을 손에 넣었고, 그중에는 연합국 소유의 휘발유도 상당량 포함되어 있었다. 그들은 모든 석유 시설과 비축되어 있는 석유를 파괴할 계획을 세웠으나 전투가 혼란 상태에 빠져 실현하지 못했다. 이제 그 엄청난 전리품, 즉 루마니아의 유전과 정유공장들은 독일의 손안에 거의 들어간 것처럼 보였다.

어떻게 하면 이 사태를 해결할 수 있을까? 1916년 10월 31일, 영국 전시 내각위원회에서 이 문제가 긴급히 토의되었고 '필요하다면 유정뿐 아니라 곡물과 석유 등의 비축 물자까지도 확실히 파괴하는 데 노력을 아끼지 말아야 한다'는 결론을 내렸다. 그때까지도 희망을 갖고 있던 루마니아 정부는, 자국의 재산 파괴를 검토하는 것에 못마땅해했다. 그러나 11월 17일, 독일이 산악

지대에서 루마니아의 저항선을 뚫고 이동해 왈라키아 평원을 가로질러 진격해옴으로써 루마니아의 희망은 사라졌다.

영국 정부는 사태를 수습하기 위해, 하원의원인 존 노턴 그리피스 대령에게 루마니아의 석유산업을 파괴할 준비를 지시했다. 전설적 인물인 그리피스는 영국의 위대한 토목공사 청부업자였다. 앙골라, 칠레, 호주 등지의 철도 건설, 캐나다의 항만 건설, 바쿠의 수도 사업, 배터시와 맨체스터의 하수도 정비사업 등 세계 각지의 건설공사를 도맡았다. 제1차 세계대전 직전에는 시카고에서 새로운 지하철 건설 계획을 추진하기도 했다.

수려하고 당당한 체격의 노턴 그리피스는 프로 권투선수 같은 강인함과 지구력을 겸비한, 매력적인 허세가이자 설득력 있는 쇼맨이기도 했다. 남자들은 그의 사업계획에 투자했고 여자들은 그의 매력에 빠졌다. 그는 '에드워드 왕조 시대의 최고 멋쟁이 중 한 사람'으로 여겨졌다. 한편 그는 욱하는 기질과 반항적인 천성, 분을 잘 참지 못하는 성격의 소유자였다. 수양이 덜 되었고, 인내심이 부족했으며, 그가 세운 계획 중 어떤 것은 막대한 재정적 실패를 가져오기도 했다. 그러나 그는 하원의원으로서 탁월한 능력을 보여주었다. 그는 노턴 그리피스라는 이름 외에도 여러 이름을 가지고 있었는데 '지옥의 불, 잭'이나 '원숭이 인간'이라고도 불렸다. 아프리카에서 머무는 동안 원숭이를 먹었기 때문에 생긴 별명이었다. 그가 가장 마음에 들어 한 별명은, 철두철미한 제국주의의 신봉자였기 때문에 붙여진 '엠파이어 잭Empire Jack'이었다.

그리피스가 제1차 세계대전 중에 달성한 첫 번째 토목 기술에 있어서의 위업은, 이전에 맨체스터에서 하수도 공사를 위해 개발했던 기술들을 이용해 독일군의 전선과 참호 아래로 터널을 파 내려간 것이다. 그는 터널을 통해 침투해 지뢰를 매설함으로써 독일군 시설을 폭파했다. 이 방식은 이프레스에서 큰 효과를 발휘했다. 그러나 그는 전선에 있는 지휘관들을 싫어했다. 2톤짜리 롤스로이스에 샴페인 상자를 싣고 플랜더스까지 질주하다 소환 당한 일도 있었다. 하지만 그리피스는 루마니아에서의 임무 수행에 가장 적합한 인물이었다. 독일군이 루마니아의 방어선을 돌파한 다음날인 1916년 11월 18일, 엠파이어 잭은 부하 한 명만 데리고 러시아를 거쳐 루마니아의 수도 부카레스트에 도착했다. 독일군은 계속 진격하고 있었고, 연합국의 압력을 받던 루마니아 정부는 마침내 파괴 계획에 동의했다. 엠파이어 잭을 앞세운 파괴 팀은 작전에 돌입했다. 11월 26, 27일에 첫 번째 유전들이 화염에 휩싸였고, 이어서 동일한 방법으로 각 목표 지점이 파괴되었다. 많은 정유공장이 폭파되었고, 저장 탱크에서 흘러나온 석유제품이 수 인치 또는 수 피트 깊이의 웅덩이를 만들면서 정유공장으로 흘러 들어갔다. 그들은 장비를 꺼내 석유 웅덩이에 처박았고, 성냥이나 불붙은 지푸라기를 이용해 모든 석유 시설에 불을 질렀다. 그리피스에게 도전했거나 그에 반대했던 사람들 모두가 그의 강렬한 카리스마에 압도되었다. 만약 그 일이 만족스럽게 끝나지 못했다면, 그는 힘껏 걷어차 버리거나 권총을 뽑아 들고는 "당신에게 저주의 말은 하지 않겠어!"라고 소리쳤을지도 모른다.

유전 내의 시설은 완전히 파괴되었다. 유정탑은 다이너마이트로 폭파되었고, 유정들은 돌과 대못, 진흙, 끊어진 쇠사슬, 굴착 비트, 그 밖의 연장들로 폐쇄되었으며, 파이프라인도 파괴되었고 거대한 석유 저장 탱크들은 굉음을 내며 불타올랐다. 엠파이어 잭은 자신이 직접 불을 지르겠다고 나서기도 했다. 어느 기관실에서는 인화성 가스에 불이 붙어 폭발하면서, 머리카락에 불이 붙은 채 나가떨어지기도 했지만 그는 하던 일을 멈추지는 않았다. 그리피스는 계속해서 커다란 쇠망치를 휘두르며 유정탑과 배관들을 부쉈다. 그는 루마니아에서 '커다란 쇠망치를 든 사람'으로 기억되었다.

계곡에 있는 유전들은 붉은 불꽃을 내뿜으며 하늘 높이 타올랐고, 하늘은 검고 질식할 것 같은 짙은 연기로 가득 차 태양조차 보이지 않았다. 그러나 계곡 저편에서는 대포 소리가 점점 가까워지고 있었다. 마지막으로 불이 붙은 것은 플로에스티 유전이었다. 파괴 작전은 계획된 시간 안에 완료되었다. 12월 5일, 석유 시설들이 화염에 휩싸이고 수 시간 안에 독일군이 플로에스티로 들어왔고, 그리피스는 독일 기병대에 앞서 간신히 그곳을 빠져나왔다. '유전지대의 초토화'가 자신의 임무였다고 말하면서도 그는 건축업자인 자신이 파괴 활동을 해야 했다는 사실에 가슴 아파했다. 그는 공적을 인정받아 군에서 훈장을 받았음에도 불구하고 그 후 몇 년 동안 이 영웅적 행위에 대해 이야기하는 것을 몹시 불편해했다.

전쟁이 끝난 후 루덴도르프 장군은 노턴 그리피스의 파괴 작전으로 독일군과 독일 본국의 석유 공급량이 상당히 감소했다는 사실을 인정했다. 그리고 "우리가 물자 부족을 겪은 것은 상당 부분 그 사람 때문이었다"라고 덧붙였다.

70여 개의 정유공장과 어림잡아 80만 톤에 달하는 석유제품이 그리피스의 지휘 아래 파괴되었다. 그로부터 5개월이 지나서야 독일은 그 유전에서 다시 생산을 재개할 수 있었고, 그나마 1917년의 전체 생산량은 1914년의 3분의 1에 지나지 않았다. 독일은 그리피스가 파괴한 시설들의 원상회복에 전념해, 1918년에는 1914년 생산량의 80%까지 끌어올렸다. 루마니아 석유는 독일의 전쟁 수행에 필수불가결한 것이었다. 영국국방위원회의 일원인 역사학자는 훗날 '독일이 루마니아의 곡물과 석유산업을 적시에 손에 넣은 것은 독일의 물자 부족을 일시적으로만 해결해주었을 뿐이다'라고 기술했다.[11]

바쿠 유전

독일이 점령한 루마니아의 유전들이 차츰 회복되고 있었음에도 불구하고 독일 루덴도르프 장군은 더 큰 목표를 노리고 있었다. 바로 카스피 해에 있는 바쿠였다. 막대한 석유 수요를 충족함으로써 전세를 독일에 유리하게 돌리기 위해서였다. 1917년 초 러시아 왕정 체제의 몰락과 그에 이은 볼셰비키의 출현, 러시아제국의 분열은, 바쿠에서 생산되는 석유를 손에 넣을 수 있다는 희망을 독일에 안겨주었다. 독일과 혁명 러시아 간의 전쟁 상태를 종결해준 브레스트리토프스크 조약에 의거해, 독일은 1918년 3월 바쿠 유전을 손에 넣을 방법을 강구하기 시작했다. 그러나 독일과 오스트리아의 동맹국인 터키가 이미 바쿠를 향해 진격하기 시작하자, 독일은 동맹국인 터키가 공격에 성공해 유전들을 무모하게 파괴할 것을 우려했다. 독일은 볼셰비키 정권에게 터키의 진격을 막아주겠다고 약속하고, 대신 석유 공급을 요구했다. 이에 대해 레닌은 "당연히 동의한다"고 응답했다. 당시 볼셰비키의 지도자로 두각을 나타내고 있던 이오시프 스탈린은 바쿠를 지배하고 있던 볼셰비키의 바쿠 지부에 이 '요구'에 따르라는 지시를 전보로 보냈다. 그러나 바쿠의 볼셰비키들은 이를 거부하고 "이기든 지든 우리의 공장에서 생산된 석유는 단 한 방울도 약탈자 독일에 주지 않을 것이다"라고 회답했다.

바쿠 유전 점령을 목표로 했던 터키군은 베를린의 간청을 야멸차게 거절하고 유전 지역을 향해 계속 진격했다. 터키는 7월 말경 바쿠를 포위했고, 8월 초에는 일부 생산지를 손에 넣었다. 한편 바쿠에 거주하던 아르메니아인과 러시아인들은 오래전부터 영국에 원조를 요청했다. 1918년 8월 중순, 마침내 영국은 페르시아를 통해, 소규모 부대를 바쿠로 파견했다. 바쿠를 구하고 적으로부터 석유를 지키는 것이 임무였다. 영국 육군부는 필요한 경우, 루마니아에서처럼 바쿠의 펌프 설비와 송유관 및 저장소들을 파괴하라고 지시했다.

영국군은 바쿠에 단지 한 달간 주둔했다. 그러나 한 달은 결정적 시기에 독일이 바쿠의 석유를 사용하지 못하게 하기에 충분했다. 루덴도르프 장군은 "우리에게 심각한 타격이었다"라고 말했다. 영국군이 철수한 후 터키군이 바쿠를 점령했고, 대혼란 속에서 터키의 부추김을 받은 그 지역 회교도들이 1905년 혁명 때처럼 약탈과 파괴를 시작했다. 아르메니아인들을 닥치는 대로 학살했으며, 심지어는 병원에 누워 있는 사람들까지도 모두 살해했다. 그러는 동안 볼셰비키 바쿠 지부의 위원들은 다른 혁명그룹에 체포되었고, 그중 26명은 카스피 해 동쪽 140마일 거리에 위치한 황량한 사막에서 처형당했다. 몇 안 되는 도망자 가운데 아나스타스 미코얀이라는 아르메니아 청년이 있었는데, 그는 모스크바로 가서 지금까지 일어난 사태들을 레닌에게 전했다. 그러나 독일의 석유 공급에 도움을 주기에는 너무 늦은 때였다.[12]

승리의 원천 '석유'

매우 중요한 시기에 바쿠를 손에 넣는 데 실패함으로써 독일은 결정적 타격을 입었다. 독일의 석유 공급 문제는 점점 더 큰 압박을 받게 되었고, 1918년 10월의 상황은 절망에 가까울 정도로 악화되었다. 독일군은 비축한 석유를 거의 다 소진했고, 독일군 최고사령부는 다가오는 겨울과 봄에 심각한 석유 위기가 닥칠 것이라 예상했다. 그해 10월, 베를린에서는 해상전을 6~8개월밖에 지속할 수 없다고 판단했다. 석유에 의존하는 군수 산업체들은 2개월 내에 석유 공급이 끊길 것이며 공업용 윤활유의 재고도 6개월 내에 바닥날 것이라 예상했다. 엄격한 석유 배급제에 따라 지상전은 제한적으로 수행할 수 있겠지만, 공중전이나 기계화된 지상전은 2개월 내에 완전히 중지될 것이었다.

이 모든 예측들이 맞았는지 틀렸는지는, 그 후 1개월도 안 되어 모든 것이 바닥난 독일이 항복했기 때문에 검증되지 못했다. 1918년 11월 11일 새벽 5시, 콩피에뉴의 왕실 소유림 내에 있는 포쉬 원수의 열차 안에서 휴전협정이 조인되었다. 그로부터 6시간 후에 휴전협정이 발효됨으로써 제1차 세계대전은 막을 내렸다.

휴전이 성립되고 10여 일 후, 영국 정부는 런던의 랭커스터 하우스에서, 커즌 경의 주재로 연합국 석유회의를 위한 만찬을 주최했다. 커즌 경은 한때 외무부에서 제일가는 페르시아 전문가였고, 인도 총독을 역임하기도 했으며, 전략적 차원에서 페르시아에서 석유사업을 하고 있던 다아시를 지원하기도 했다. 그는 전시 내각에 참여해 곧바로 외무장관직을 맡았다. 커즌 경은 만찬장에서, 전쟁 중 프랑스와 플랜더스에서 보았던, 군용 트럭으로 이루어진 대규모 수송부대가 가장 놀라운 것이었다고 말했다. 그러고는 다음과 같이 단언했다. "연합국은 석유의 파도를 타고 승리를 향해 흘러갔습니다."

베랑제 상원의원은 더욱 달변이었다. 그는 프랑스어로 다음과 같이 연설했다. "석유는 '대지의 피'이며 결국 '승리의 피'가 되어주었습니다. 독일은 철강과 석탄에 대한 우월성을 과신했고, 상대가 석유에 대해 가진 우월성에 충분한 주의를 기울이지 않았습니다." 그는 프랑스어로 다음과 같이 덧붙였다. "전쟁에서 석유는 피와 같았으며, 평화를 위해서도 이런 역할을 할 것입니다. 평화가 시작되는 이 순간에 우리의 시민, 산업, 상업, 농부들 모두가 석유를 요구하고 있으며 앞으로는 더 많은 석유와 휘발유를 요구할 것입니다. 언제나 더 많은 휘발유를!" 그러고 나서 그는 요점을 잘 이해시키기 위해 "더 많은 석유를, 영원히 더 많은 석유를!"이라고 영어로 소리 높여 외쳤다.[13]

10

중동의
문을 열다

커즌과 베랑제가 '승리의 피'에 축배를 들고 10여 일이 지났을 무렵, 프랑스 수상 조르주 클레망소가 영국 수상 데이비드 로이드 조지를 만나기 위해 런던으로 갔다. 총성이 멎은 지 이미 3주나 지난 상황에서 전후 처리에 대한 논의를 더 이상 미룰 수 없었다. 어떻게 평화를 유지하고 아수라장이 된 세계를 재편할 것인가 하는 문제는 중요하고 피할 수 없는 것이었다.

이제 석유는 전후 국제정치와 떼려야 뗄 수 없는 관계가 되었다. 환영하는 군중 사이를 헤치며, 차를 타고 런던 거리를 달릴 때에도 이 문제는 클레망소와 로이드 조지의 뇌리에서 한시도 떠나지 않았다. 영국은 후에 이라크라고 불리게 될, 현재는 소멸한 터키제국 영토의 일부인 메소포타미아 일대에 대해 영향력을 행사하고자 했다. 석유 부존 가능성이 매우 높다고 평가되기 때문이었다. 하지만 프랑스 역시 그 지역 일부에 대한 권리를 주장했다. 프랑스가 요구한 지역은 바그다드 북서쪽에 위치한 모술이라는 지역이었다.

"영국이 특별히 원하는 것은 무엇인가?" 두 사람이 영국 주재 프랑스 대사관에 도착했을 때 클레망소가 질문했다. "영국이 모술에 인접한 시리아에 대한 프랑스의 통제권을 인정한다면, 프랑스는 모술을 포기하겠는가?"라고 로이드 조지가 반문했다. 클레망소는 모술에서 생산되는 석유의 일정량을 받을 수만 있다면 받아들일 수 있다고 대답했다. 로이드 조지는 동의했다.

그들은 의도적으로 이 협상의 내용을 자국 외상들에게 말해주지 않았다. 사실 이들의 임시 구두합의는 문제의 끝이 아니라, 오히려 중동과 다른 모든 산유국에 부존되어 있는 새로운 석유자원을 얻기 위한 대★분쟁의 시작이었다. 이는 프랑스와 영국 간에 다툼을 야기했고, 한편으로는 미국을 싸움판에 끌어들였다. 새로운 유전을 얻기 위한 경쟁은, 더 이상 위험을 감수하며 덤벼드는 기업가나 진취적인 사업가들 사이에 벌어지는 싸움으로 국한되지 않았다. 세계대전을 겪으며 석유는 국가전략의 핵심요소로 등장했다. 따라서 정치가들과 관리들도 지금까지 해왔던 것 이상으로 싸움의 중심에 발을 들여놓게 되었다. 전후 세계는 경제적 번영과 국력 신장을 위해 방대한 석유자원을 필요로 할 것이란 공통된 인식을 가지고 경쟁에 뛰어든 것이다.[1]

갈등의 초점은 메소포타미아라는 특정 지역에 집중되었다. 전쟁이 일어나기 10년 전부터 석유 부존 가능성이 높다는 보고에 자극받아, 메소포타미아는 석유 이권을 따내려는 국가들과 석유 사업가들의 복잡한 외교적, 상업적 경쟁의 무대가 되었다. 만성적인 재정 적자에 허덕이며 새로운 수입원을 찾으려고 혈안이 되어 있는 황폐화된 터키제국 때문에 싸움은 더욱 격해졌다. 전쟁 전에는 독일은행이 주도하는 독일 그룹만 중동에서 활동하고 있었는데, 이 그룹은 중동에 대한 독일의 영향력을 강화하고 그들의 야심을 펼치는 것을 목적으로 하고 있었다. 이에 대항해 윌리엄 녹스 다아시의 자금 지원 아래 형성된 라이벌 그룹이 등장했는데, 후에 앵글로-페르시안으로 흡수 합병되었다. 이 그룹은 독일의 견제 세력으로 영국 정부의 지원을 받았다.

1912년 영국 정부는 새로운 라이벌의 출현에 깜짝 놀랐다. 이 라이벌 회사의 이름은 터키 석유회사Turkish Petroleum Company였다. 터키 석유회사는 독일은행이 가지고 있던 석유 이권을 넘겨받았다고 알려져 있었다. 독일은행과 로열더치 쉘은 이 새로운 회사의 주식을 4분의 1씩 소유했다. 전체 주식의 반을 소유한 최대 주주는 터키 국립은행이었다. 그러나 아이로니컬하게도 이는 영국이 경제적·정치적 이익을 증대하기 위해 터키에 설립한, 영국의 통제를 받는 은행이었다. 이 외에 또 다른 경쟁자가 있었다. 바로 '석유 외교의 탈레랑'으로 존경과 경멸을 동시에 받았던 아르메니아 출신의 백만장자 칼루스트 굴벤키안이었다. 터키 석유회사의 설립을 주도한 그는 터키 국립은행 주식을 30% 소유하고 있었고, 터키 석유회사 주식도 15% 소유한 주주였다.[2]

미스터 5퍼센트

칼루스트 굴벤키안은 석유사업을 일으킨 가문의 2세였다. 아버지는 오스만제국에 러시아산 등유를 수입해 부를 축적한 사람으로, 황제에게서 흑해 항의 통치권을 하사받은 바 있는 아르메니아 출신 석유 사업가인 동시에 은행가였다. 실제로 그의 가족은 콘스탄티노플에 살았고, 그곳에서 굴벤키안은 첫 번째 상거래를 했다. 일곱 살 때 시장에 터키 은화를 가지고 가서, 다른 어린아이들처럼 사탕을 샀던 것이 아니라 옛날 화폐와 바꾼 것이다(후에 그는 세계 제일의 금화 소장가가 되었고 J.P. 모건이 소장하고 있던 그리스 금화 세트를 얻고는 아주 기뻐했다). 일생 동안 누구도 사랑해본 적이 없었던 그는, 학창시절에도 별 인기가 없었다. 젊은 굴벤키안은 방과 후 시장에서 많은 시간을 보냈다. 그곳에서 벌어지는 거래에 관심을 기울였고, 어떤 때는 작은 거래를 하기도 했다. 그러면서 동양의 상술을 몸에 익혔다.

그는 프랑스어를 배우기 위해 마르세유에 있는 중등학교에 다녔다. 그 후 런던의 킹스 칼리지에서 광산공학을 공부했고, 새로운 석유산업의 기술에 관한 주제로 졸업 논문을 썼다. 1887년 19세가 되던 해 대학을 수석으로 졸업했다. 킹스 칼리지의 교수는 뛰어난 재능을 가진 약관의 아르메니아인 학생에게 프랑스로 가서 물리학을 공부하는 게 좋겠다고 권했다. 하지만 '학문은 아무 쓸모가 없다'는 신념을 가진 그의 아버지는 그 제안을 거절했다. 대신 그의 가족이 누리는 부유함의 원천인 바쿠로, 아들을 보냈다. 굴벤키안은 처음 보는 석유산업에 완전히 매료되었다. 분출하는 석유로 범벅이 되었으나 '질이 좋고 매끄러운' 석유는 결코 불쾌한 경험이 아니었다. 꼭 다시 돌아오리라고 맹세했지만, 그 후 한 번도 바쿠를 찾지 않았다.

굴벤키안은 1889년 프랑스의 유력 잡지에 러시아 석유에 관한 연재기사를 게재해 높은 평가를 받았고, 1891년에는 이 내용으로 책을 펴내 21세의 나이에 세계적인 석유 전문가가 되었다. 이 무렵 터키 황제의 관리 두 명이 그에게 메소포타미아의 석유 부존 가능성을 조사해달라고 요청했다. 그는 메소포타미아를 직접 방문하지 않고, 독일 철도 기사와의 대담과 다른 사람들의 저서를 이용해 내용이 풍부한 보고서를 작성했다. 그는 석유 매장 가능성이 매우 크다고 확신했고, 터키 관리들도 그렇게 믿었다. 이렇게 해서 메소포타미아 석유에 일생을 바친 칼루스트 굴벤키안의 생애가 시작되었고, 그 후 60년 동안 이 지역에 이상할 만큼 열정과 집착을 보였다.

콘스탄티노플에서 굴벤키안은 양탄자 판매를 포함한 몇몇 사업에 손을 댔지만 특별히 성공한 것은 없었다. 그러나 정식 거래부터 뒷거래, 터키식 뇌물, 유익하게 이용할 수 있는 정보 입수법 등 상거래 관행을 확실히 익히는 기회가 되었다. 또한 근면성과 통찰력, 협상 기술도 배웠다. 그는 어떤 상황에서도 자신에게 유리한 방향으로 상황을 진전시킬 수 있었다. 만약 이것이 불가능할 경우 '감히 깨물 수 없는 손에는 입맞춤을 하라'라는 오래된 아랍 속담을 따랐다. 콘스탄티노플에서의 초기 상거래 시절에 굴벤키안은 불굴의 정신과 인내심을 키웠다. 어떤 이들은 이것이 그의 큰 자산이었다고 말한다. 그의 결의는 쉽게 흔들리지 않았다. 훗날 어떤 이들은 "굴벤키안보다 화강암을 비틀어 짜는 것이 훨씬 쉬울 것이다"라고 말하기도 했다.

굴벤키안은 또 다른 일면을 가지고 있었는데, 그는 어떤 것도 믿지 않았다. 후일 굴벤키안의 미술품 전시회를 도왔고 미술평론가이며 런던의 국립미술관 관장이던 케네스 클락은 "나는 그렇게 의심이 많은 사람은 본 적이 없다. 그처럼 극단적으로 사람을 의심하는 경우를 보지 못했다. 그는 항상 자신을 위한 스파이를 고용했다"라고 말했다. 그는 예술품을 구입하기 전, 작품을 평가하기 위해 전문가 두세 명을 고용했다. 이런 경향은 나이가 들수록 심해졌다. 그는 106세까지 살았던 자신의 조부보다 오래 살겠다는 집념으로 의사 두 명을 고용해 서로의 진찰 결과를 대조하기도 했다.

아마도 이런 신중함은, 오스만제국의 말기에 기회와 박해 사이에서 불확실한 삶을 살던 아르메니아인인 그가 살아남을 수 있었던 비결이었을 것이다. 1896년 굴벤키안은 당시 주기적으로 벌어지던 터키 정부의 아르메니아인 대규모 학살 행위를 피해 이집트로 피난했다. 그곳에서 그는 유력한 아르메니아인 두 명, 즉 바쿠에서 온 석유 부호와 이집트의 정치 지도자 누바 파샤에게 없어서는 안 될 존재가 되었다. 이들과의 교분은 석유와 국제금융에 관한 그의 식견을 높여주었다. 그는 바쿠 석유의 판매 총책임자로 런던에서 입지를 굳힐 수 있었다. 굴벤키안은 런던에서 새뮤얼 형제와 헨리 디터딩을 만나 협력관계를 맺었다. 후에 그의 아들은 "약 20년간 아버지는 디터딩과 매우 친밀한 관계를 유지했다. 디터딩이 아버지를 이용했는지, 아니면 아버지가 디터딩을 이용했는지는 아무도 모른다. 일이 어떻게 진행되었든지 간에 그들의 협력관계는 그들 개인뿐 아니라 로열더치 쉘에도 매우 유익한 것이었다"라고 회고했다. 굴벤키안은 유전의 구입과 자금 조달 면에서 쉘에 크게 기여했다.

그가 최초로 한 거래 중 하나는 결국엔 다아시에게 넘겨진 페르시아 석유 이권이었다. 그와 디터딩은 아르메니아인 키타브기가 당시 파리에서 알선한 석유 이권에 관한 계획에 대해 심사숙고했다. 그러나 굴벤키안이 후일 말한 것처럼 "매우 무모하고 투기적으로 보여 노름꾼들이나 관심 가질 것"이라고 판단했기 때문에 거절했다. 그 후 앵글로－페르시안의 성장을 회한의 눈길로 바라보며 그는 인생을 이끌 좌우명을 만들었다. '결코 석유 이권을 포기해서는 안 된다'는 것이었다. 그는 페르시아 인근의 메소포타미아에서 수많은 역경을 딛고 말없이 그 좌우명을 실천했다.

1907년 굴벤키안은 새뮤얼 형제를 설득해 콘스탄티노플에 사무소를 개설하고 직접 경영했다. 그 무렵 반反아르메니아 정서는 진정되었고 굴벤키안은 매우 바쁜 나날을 보냈다. 많은 사업을 운영하고 있었을 뿐 아니라, 터키 정부와 파리 및 런던 주재 터키 대사관의 재정 자문관이었으며 터키 국립은행의 대주주였기 때문이다. 그는 이를 기반으로 영국과 독일, 로열더치 쉘을 터키 석유회사에 참여시켰다. 그 작업은 상당히 신중해야 했고, 그가 말한 바와 같이 '결코 유쾌한 일'은 아니었다.[3]

일단 터키 석유회사가 설립되자, 영국 정부는 1912년 이후 방향을 전환해 이 회사를 다아시가 이끄는 앵글로－페르시안 신디케이트와 합병시켜 공동으로 석유 이권을 획득하려고 애썼다. 결국 영국과 독일 정부는 행동 통일에 합의하고 공동의 목표를 이루었다. 1914년 3월 19일, '외무부 협정'이 체결됨으로써 영국의 참여 비율이 가장 커졌다. 앵글로－페르시안 그룹이 새로운 컨소시엄 지분의 50%를 가졌고, 나머지는 독일은행과 쉘이 25%씩 나누어 가졌다. 이제 굴벤키안에게 얼마를 분배할 것인지만 남았다. 앵글로－페르시안 그룹과 쉘의 합의에 따라, 굴벤키안에게 총지분의 2.5%씩에 해당하는 '은혜이권恩惠利權'을 양도했다. 이는 주주로서의 표결권은 인정하지 않고, 주식 소유에 따른 금전적 이익만 제공하겠다는 의미였다. 이것이 세간에 알려진 그의 별명, '미스터 5퍼센트'가 탄생한 배경이다.

아무튼 10년에 걸친 싸움이 끝났다. 당시 여기에 참여한 사람들 모두는 중요한 약속을 하나 했다. 향후 10년 동안 많은 사람들을 괴롭힌 이 합의는 '자제 조항自制條項'이었다. 오스만제국 내에서 석유 생산에 종사하고자 하는 모든 사람은 반드시 '터키 석유회사를 통해' 공동으로 참여해야 한다는 것이다. '자제 조항'이 적용되지 않았던 유일한 지역은, 이집트와 쿠웨이트 그리고 터키 페르시아, 즉 국경에 있는 '양도 지역'이었다. 이 조항은 향후 수년간 중동 지역 석유 개발의 기초가 되었으며 거대한 분쟁의 원인을 제공했다.[4]

전쟁의 제일 목표

1914년 6월 28일, 한 외교 문서에 따르면 터키제국의 수상은 재편된 터키 석유회사에 메소포타미아의 석유 이권을 정식 양도하겠다고 약속했다. 그러나 불행하게도 바로 그날, 오스트리아의 프란츠 페르디난트 황태자가 사라예보에서 암살되어 제1차 세계대전이 발발했다. 중요한 문제가 미결 상태로 남게 된 것이다. 석유 이권은 당연히 인정되는가, 아니면 구속력 없는 약속에 지나지 않는가? 의견들이 엇갈렸다. 전쟁으로 인해 메소포타미아에서 영국과 독일 간의 협력관계가 중단되었고, 터키 석유회사도 활동을 중단했다.

그러나 메소포타미아의 석유 매장 가능성은 결코 망각되지 않았다. 1915년 말부터 1916년 초까지, 영국과 프랑스가 메소포타미아의 전후 질서를 위한 협정을 체결했다. 두 사람의 이름을 따서 '사이크스-피코 협정'으로 알려진 이 협정은 석유 매장 가능성이 가장 높은 지역 중 하나인 메소포타미아 북동부의 모술을 장래에 프랑스의 관할하에 둔다는 것이었다. 모술의 '포기'는 영국 정부 관계자들을 분개시켰고, 그 후 이 협정을 무효화하려는 노력이 전개되었다. 이 문제는 영국군이 바그다드를 점령한 1917년에 한층 절박해졌다. 메소포타미아는 4세기 동안 오스만제국의 일부였다. 한때 발칸 반도부터 페르시아 만에 이르는 넓은 영토를 지배하던 오스만제국이 제1차 세계대전의 희생물로 사라졌다. 지도 위에 적당히 선을 긋는 작업을 통해, 제국의 영토 안에 독립국 혹은 반독립국이 탄생했다. 이 기회를 틈타 영국은 메소포타미아에 대한 지배력을 확고히 했다.

1917년과 1918년에 일어난 전시 석유 부족 사태로 영국 국민들은 석유의 필요성을 절실하게 느꼈고, 메소포타미아가 다시 관심의 대상으로 떠올랐다. 대영제국 내에서 석유 개발 가능성은 거의 없었으며, 이 때문에 중동의 석유 공급이 무엇보다 중요했다. 전시 내각의 실세인 모리스 행키 경은 아서 밸푸어 외상에게 보낸 서한에서 "다음 전쟁에서는 석유가 석탄의 위치를 대체하거나, 최소한 석탄과 같은 위치를 차지할 것이다. 영국의 지배하에 두면서 석유를 공급받을 수 있는 잠재 공급원은 페르시아와 메소포타미아뿐이다"라고 자신의 생각을 피력했다. 행키는 "석유 공급에 대한 통제는 영국 제일의 전쟁 목표가 되었다"라고 말하기도 했다.

하지만 새로이 등장한 '공적 외교公的外交'도 고려해야 했다. 1918년 초에 볼세비즘이 강력하게 대두하자 이에 대응하기 위해 미국 대통령 우드로 윌슨은 이상주의적인 '14개조'와 '국가와 민족의 자결권'을 선언했다. 국무장관인 로버트 랜싱조차 이런 적극적인 정책에 깜짝 놀랐다. 자결권의 요구가 높아지면 전 세계에 많은 사상자가 생길 것이라는 것이 그의 생각이었다. 그는 "공공의 사고를 이끌어가는, 즉 여론을 주도하는 사람은 과격하고 이해하기 어려운 선언을 주의해야 하고, 그 결과에 대해 책임을 져야 한다"라고 말했다.

영국 정부는 윌슨의 높은 이상과 추상적 주장에 다소 놀라긴 했지만, 전후 목표를 구상하는 데 있어 미국 대통령의 인기 있는 주장을 고려해야 했다. 밸푸어 외상은 메소포타미아가 전쟁 목표라고 공공연히 말하는 것이 과거 제국주의의 모습으로 비칠 수 있다는 점을 우려했다. 그는 1918년 8월 자치령의 수상들에게, 메소포타미아는 대영제국이 가지지 못한 천연자원의 공급지이며 이 지역에서 대영제국은 선도 역할을 맡아야 한다고 말했다. 밸푸어 외상은 "어떤 형태로 석유를 확보할 것인가는 문제가 되지 않는다. 우리에겐 석유의 이용 가능성이 중요할 뿐이다"라고 강조했다. 이 목표를 위해 메소포타미아에 이미 진주하고 있던 영국군은, 터키와 휴전협정을 체결한 후 모술을 점령했다.[5]

프랑스 석유회사의 출범

프랑스는 제1차 세계대전이 발발한 후 수주일 동안 대규모의 택시 부대를 투입해 파리를 지킬 수 있었고, 이러한 경험으로 영국 못지않게 석유가 전략상 중요하다는 점을 새삼 깨닫게 되었다. 조르주 클레망소도 제1차 세계대전 전에는 "석유가 필요할 때는 잡화점에서 구입할 수 있다"고 말했겠지만, 전쟁 기간 중에 생각이 바뀌었다. 종전이 가까워짐에 따라 그는, 영국과 마찬가지로 필요한 석유를 잡화점이 아닌 중동에서 얻기 위해 노력했다. 1918년 12월 1일, 클레망소는 런던에서 영국 수상 로이드 조지와 함께 환영 인파 사이를 차량으로 통과하면서 모술에 대한 프랑스의 영유권을 포기하겠다고 밝혔다. 대신 시리아 통치에 대한 영국의 지지를 보장받았을 뿐 아니라, 영국이 통치하는 모술에서 발견된 석유의 일정 부분을 보장받았다.

그러나 런던에서 두 수상이 한 약속은 별다른 도움을 주지 못했다. 오히려 신랄하고 비방으로 가득 찬 교섭의 시작이었을 뿐이며, 양국의 이러한 비난전은 지루하게 계속되었다. 1919년 봄 파리강화회의에서 세 강대국이 모여 시리아와 그 지역 석유 문제에 대해 논의하는 자리에서, 클레망소와 로이드 조지는 런던에서 '합의'했던 것에 대해서조차 큰 이견을 보였고 계속해서 서로의 불성실성을 비난했다. 논쟁은 '격렬한 다툼'으로 변했고, 윌슨이 개입하지 않았다면 실제로 주먹다짐에 이를 지경이었다.

1920년 4월, 미국이 참여하지 않은 연합국 최고회의가 석유와 중동 문제를 포함해 그들의 갈등 요소를 해결하기 위해 이탈리아의 산레모에서 개최될 때까지, 분쟁의 불씨로 남아 있었다. 회의에서 로이드 조지와 프랑스의 새 수상 알렉상드르 밀랑은 타협점을 찾았다. 당시 체결된 '산레모 협정'에 따라, 프랑스는 국제연맹의 결의로 영국이 위임 통치하던 메소포타미아에서 생산되는 석유의 25%를 획득할 수 있었다. 석유 개발은 계속 터키 석유회사가 맡았지만 전쟁 중 영국이 획득한 독일의 지분은 프랑스에 넘어갔다. 대신 프랑스는 모술에 대한 영유권 주장을 포기했다.

한편 영국은 메소포타미아의 유전 개발에 참여하는 모든 석유회사는 반드시 영국의 지시를 따라야 한다는 점을 명백히 했다. 이제 단 한 가지 문제만 남았다. 즉 정말로 메소포타미아에 석유가 매장되어 있느냐 하는 것이다. 그러나 이것은 누구도 알지 못했다.[6]

프랑스는 자국의 석유 이권을 지키기 위해 국영 석유회사를 설립했다. 1922년 수상이 된 레몽 푸앵카레는 로열더치 쉘과의 제휴를 요청하는 헨리 디터딩의 제의를 거절하고 '프랑스가 완전한 지배권을 가지는' 새로운 회사의 설립을 주장했다. 푸앵카레는 그 목적을 달성하기 위해 1923년 산업계의 거물인 에르네 메르시에 대령에게 눈길을 돌렸다. 메르시에는 이 일에 아주 적합한 인물이었다. 그는 공업학교 출신으로, 독일군의 공격에서 루마니아의 유전을 지키다가 부상을 입은 전쟁 영웅이었고, 프랑스의 경제 근대화에 매진한 기술 관리였다. 이 무렵 메르시에는 이미 프랑스에 현대적인 전력 산업을 구축하는 데 일익을 담당했다. 이제 그는 프랑스의 석유산업 현대화란 중책을 맡게 되었다. 새로운 회사는 프랑스 석유회사CFP, Compagnie Française des Pétroles로 명명되었으며, 프랑스를 위한 '해방의 도구'가 되었다. 프랑스 정부가 중역 2명을 임명하고 기타 중역의 인사를 승인했으나, 회사 자체는 민영이었다.

메르시에는 프랑스의 은행과 기업들이 새로운 회사에 대한 투자를 거부해서 어려움을 겪었다. 프랑스의 은행과 기업들은 정부의 보증이 있음에도 불구하고, 미국과 영국의 투자가들을 사로잡았던 새로운 석유사업에 대한 열정이 없었다. 메소포타미아의 석유사업은 매우 위험성이 높다고 여겨졌다. 메르시에는 훗날 "이 사업은 국제적인 큰 어려움으로 가득 차 있어, 석유사업에 처음 진출하는 CFP에 호의적인 투자자가 없었다"라고 말했다. 그럼에도 불구하고 메르시에는 결국 9개 은행과 회사들을 투자자로 확보하는 데 성공함으로써 1924년 CFP가 출범했다. 이 새로운 회사는 터키 석유회사의 프랑스 지분을 인수했다.

그러나 프랑스 정부는 목적이 달성되고 참여 이익을 확보하는 것만으로 만족하지 않았다. 1928년, 의회의 특별위원회는 유럽에서 영국 다음으로 규모가 큰 프랑스 국내 석유시장 구조에 대한 미래 구상을 보고했다. '자유시장'과 국가에 의한 독점을 철저히 반대하고, 대신 다양한 석유 공급원을 확보하고 국내 정제업을 활성화하기 위해 국가가 민간 정유회사에 시장점유율을 할당하는 복합적인 할당 시스템을 골자로 하고 있었다. 그 밖에 외국 기업들과의 경쟁에서 프랑스 정유업자들을 보호하기 위해 관세와 기타 법적 보호장치도 마련했다. 1928년 제정된 법률에는, 프랑스 석유사업에 대한 새로운 '규약'의 주요 목표들이 포함되어 있었다. 즉 '영국계 석유 트러스트'를 축출해 국내 정유산업을 육성하고 시장 질서를 확립해 메소포타미아에서의 프랑스 석유 이권을 확대한다는 것이었다. 이러한 새로운 제도 아래서 CFP가 프랑스의 이익을 확실히 대표하기 위해 정부가 주식 25%를 보유하고 중역 중 정부 관리의 비율을 늘리도록 했다. 따라서 외국인의 지분은 급속히 줄어들었다. 프랑스 국회의원의 말을 빌리면 CFP는 '정부의 산업 정책 집행의 무기'가 되었다. 이로써 프랑스 정부는 중동의 풍부한 석유자원을 얻기 위한 경쟁에서 상당한 입지를 확보했다.[7]

독립이냐 합병이냐

목표 달성을 위한 영국 정부의 항해는 결코 순탄치만은 않았다. 전쟁 기간 중 시작된 네덜란드와 영국의 지분 비율 '60 대 40'을 역전시키려는 노력이 계속되었고, 결국 영국의 지분이 네덜란드의 지분을 압도함으로써 영국의 통제 아래 놓이게 되었다. 이러한 결과는 마커스 새뮤얼을 매우 자극했지만, 헨리 디터딩은 별 흥미를 느끼지 못했다. 그는 오직 사업에만 관심이 있었다. 혁명과 외교 경쟁, 민족주의 운동에 따라 동요하는 전후 세계에서 영국의 보호와 후원을 얻는 일은 매우 중요했다. 그런데 네덜란드의 주도권을 넘겨받음으로써 쉘이 추가로 얻은 보상이 있었다. 바로 메소포타미아의 석유와 터키 석유 회사였다. 이들이 영국의 지배에 들어가게 됨에 따라 쉘은 메소포타미아 석유에 대한 권리를 보장받게 되었다.

영국 정부의 관점에서 볼 때, 쉘이 영국의 지배 아래 있다는 것은 세계 석유시장에서 영국의 위상이 올라가는 것이었다. 한편 영국 정부는 새로 구성된 쉘의 이사회에 최소 한 명의 중역을 임명하고 나머지 중역을 추인하는 제도를 원했다. 이는 앵글로-페르시안과 동일한 것이지만 디터딩은 결코 인정하려 들지 않았다. 영국에 의한 지배와 자신의 사업에 대한 영국의 간섭은 별개의 문제였다. 디터딩은 위험을 무릅쓰고 어떠한 상업적 주도권도 포기하려 하지 않았다. 특히 미주 지역에서 시장을 확보하는 데는 영국 정부와 긴밀한 관계를 유지하는 것이 매우 불리하다는 것을 인식하기 시작했다. 당시 로열더치 쉘은 미국 내에서 공격 대상이 되고 있었다. 영국 정부의 앞잡이로 오해받았기 때문이다. 이런 비난으로 인해 디터딩은 쉘을 영국 정부의 지배 아래 두는 것에 저항할 수밖에 없었다.

그러나 온갖 지연, 실망, 인내의 한계에도 불구하고 디터딩과 쉘은 앵글로-페르시안과의 합병에 계속 큰 관심을 가지고 있었다. 앵글로-페르시안이 두려운 경쟁자가 되기 전에 자신들이 이 회사를 장악하는 것이 크게 이로울 것이라 판단한 것이다. 합병을 한다면 세계시장에서 쉘이 뉴저지 스탠더드나 다른 미국 기업과 경쟁할 수 있도록 기업 체질을 강화해줄 것으로 판단되었다. 이는 또한 앵글로-페르시안이 영국 해군에 연료유를 우선 공급하는 특별한 관계에 종지부를 찍는 일이기도 했다. 디터딩은 현재의 석유산업에 낭비와 중복이 많다고 여겼고 그 점을 항상 못마땅하게 생각했다. 그는 곧바로 스탠더드오일의 회장에게 다음과 같은 서한을 보냈다. "세계는 과잉생산, 과잉 정제, 과잉 수송, 그리고 결코 이에 뒤지지 않는 과잉 판매로 인해 심한 몸살을 앓고 있습니다."

앵글로-페르시안은 이미 정부 소유로 인한 어려움에 봉착해 있었다. 한 정부 관리는, 많은 국가들이 앵글로-페르시안의 모든 활동이 정부의 직접적 지시에 의해 이루어진다고 생각해서 회사와 정부를 난처하게 하고 있다고 말했다. 이런 미국의 견해를 받아들여, 남미 국가들은 앵글로-페르시안 같은 성격의 정부 주도 석유회사와 석유 이권을 공유하는 데 반대했다. 영국 정부와의 관계로 인해 앵글로-페르시안은 페르시아 내에서 특히 그 위험성이 입증되었다. 한때 군사령관이었고 후에 페르시아의 지배자가 된 레자 샤의 눈에도 앵글로-페르시안은 영국 정부와 너무 밀접한 관계를 맺고 있는 것으로 보였다. 이러한 상황에서 앵글로-페르시안과 영국은 샤와 확실한 관계를 어떻게 맺을 수 있을 것인가? 그 나라에서 앵글로-페르시안의 위상은 매우 취약했다. 영국 관리 하나는 이 상황에 대해 다음과 같이 말했다. "현재의 수입은 페르시아 국내의 몇 평방마일 안에서 얻어진 것이고, 자연재해나 악의에 찬 행동에 의해 이 작은 유전지대에서 생산이 중단되면 매우 비참한 결과를 초래할 수도 있다."

영국 정부 관리 몇몇은 쉘과의 합병으로 앵글로-페르시안의 이권을 다양화하면 위험을 감소시킬 수 있을 것이라 확신했다. 그리고 그 과정에서 정부가 오랫동안 원했던 쉘에 대한 지배권을 얻을 수 있을 것으로 생각했다. 1923년 로버트 웨일리 코헨은 "지배를 둘러싼 논의는 대부분 아주 무의미하다. 그것은 감정의 문제에 지나지 않는다. 만약 호텐토트족에게 지배권을 넘겨줌으로써 우리의 안전과 이익을 개선할 수 있다면, 우리 중 누구도 오랫동안 주저하지 않을 것이라 믿는다"라고 말했다.

정치적 이유에서 시작된 합병에 대한 반대는 결코 작지 않았다. '석유 트러스트'에 대한 대중의 반감은 미국에서와 마찬가지로 영국에서도 상당히 거셌다. 쉘과 대립하던 영국 해군부가 가장 강력하게 반대했다. 어느 관리가 말했던 것처럼 영국 해군은 "돈을 벌기 위해 앵글로-페르시안에 관여해서는 안 되며, 국가 이익을 위해 독립된 회사로 두어야 한다"는 입장을 견지했다. 해군부는 앵글로-페르시안으로부터 시장가격보다 싸게 연료유를 구입할 수 있는 권리의 획득에 집착했다. 해군 예산이 항상 삭감 위협에 시달리고 있었기에 이런 집착은 더욱 강했다. 물론 앵글로-페르시안 자체도 합병에 강력히 반대했다. 찰스 그린웨이는 자신이 싫어하는 쉘의 단순한 부속물이나 되려고, 자

신의 회사를 종합석유회사로 탈바꿈시키기 위해 그렇게 열심히 싸운 것이 아니었다.[8]

처칠의 재등장

그렇다면 이러한 주위의 반대에도 불구하고 쉘은 어떻게 앵글로-페르시안을 합병할 수 있었을까? 로버트 웨일리 코헨에게 한 가지 묘안이 떠올랐다. 어느 만찬 석상에서 그는 윈스턴 처칠에게 접근해 아주 흥미로운 제안을 했다. 전직 하원의원이자 저명한 전직 각료인 그가 쉘을 위해 어떤 역할을 하려는 것일까? 바로 앵글로-페르시안과 버마 오일을 쉘에 합병시키기 위한 로비를 함으로써 결과적으로 쉘이 정부 지분을 확보할 수 있게 하는 것이었다. 버마 오일도 그러한 합병을 지지하고 있었다. 코헨은 만약 이것이 성사된다면 세계 석유시장에 대한 영국의 지배를 강화할 수 있기 때문에, 처칠이 정말로 영국을 위해 일하게 되는 것이라고 강조했다.

제안은 아주 시기적절했다. 1923년 여름, '석유의 옹호자' 처칠은 실직 상태에 있었다. 그는 던디 이스트 선거구에서 하원의원에 출마했다가 낙선한 상태에서, 차트웰에 새로운 전원 별장을 구입해 생계유지를 위해 열심히 저술활동을 하고 있었다. 그는 아내에게 "당신을 굶기지는 않을 것이오"라고 말했다. 처칠과 만난 후 코헨은 "윈스턴은 즉시 전반적인 상황을 파악했다"라고 말했지만, 처칠은 좀 더 검토해본 후 답을 주겠다고 했다. 그는 온갖 정열을 바쳐온 정치 경력에 손상이 가는 것을 원치 않았다. 또한 그는 생계를 유지하기 위한 돈이 필요했고, 제1차 세계대전에 관한 4권짜리 저술『세계의 위기 World Crisis』도 중단해야 했기에 마땅히 그에 따른 보수가 필요했다.

잠시 생각한 끝에 처칠은 제안을 받아들였다. 그리고 일이 성사되면 5만 파운드, 성사되지 않으면 1만 파운드를 보수로 요구했다. 코헨은 처칠의 요구 조건에 조금 당황했으나, 쉘과 버마 오일이 비용을 공동 부담하는 것으로 했다.

버마 오일의 회장은 "우리는 처칠을 상대로 흥정할 수 없었다"라고 말했다. 하지만 거액의 수수료 수취인을 장부에 기재하지 않으면 회계감사에 걸리게 될 것이므로, 버마 오일의 중역들은 돈을 어떻게 지불할 것인가에 대해 골머리를 앓았다. 결국 비밀계좌를 개설하기로 결정했다.

처칠은 버마 오일을 위해 일하게 되었고, 10년 전 해군장관으로서 해군을 '석유의 시대'로 몰고 가는 싸움에서 맹렬히 비난했던 대상인 쉘을 위해 일했다. 당시 그가 하원에서 주장했던 바는, 쉘은 탐욕스럽기 때문에 정부가 앵글로-페르시안의 주식을 구입하고 그 자체의 독립성을 보장해주어야 한다는 것이었다. 이제 그는 정치적·전략적으로 한층 더 큰 이익을 기대하며, 정부가 앵글로-페르시안의 주식을 팔아야 한다고 설득할 준비를 하고 있었다.

처칠은 시간을 낭비하지 않았다. 1923년 8월 2일, 그는 스탠리 볼드윈 수상을 방문했다. 처칠은 아내에게 보낸 편지에서, 볼드윈과의 회담에 대해 이렇게 썼다. "그는 석유 문제에 대해 내가 제안한 내용에 아주 호의적이었소. 그가 말하는 방식을 보면, 마치 웨일리 코헨이 말하는 것이라 생각될 지경이오. …… 나는 목표가 실현되었다고 확신하고 있소. 내가 궁금한 단 한 가지는 나 자신에 관한 것이오. 어떻게 하면 비난의 근거가 될 만한 것을 남기지 않고 일을 꾸밀 것인가 하는 문제 말이오." 영국 수상 볼드윈은 영국 정부가 석유사업에서 손을 떼야 한다는 그의 주장에 확실히 설득당했다. 볼드윈은 정부 주식을 매각할 때 받아야 할 금액을 명확히 알고 있었다. 그는 "1억 2,000만 파운드가 합당할 것입니다"라고 처칠에게 말했다. 이는 10년도 안 되는 사이에 정부가 지불했던 비용의 거의 10배에 달하는 금액을 돌려받는 것으로, 실로 엄청난 투기적 투자에 대한 훌륭한 수익이었다.

그러나 사태가 진전되기 전에 외부 요인의 간섭이 있었다. 1923년 말, 볼드윈이 돌연 총선거를 실시한 것이다. 처칠은 일이 마무리되기도 전에 임무를 포기해야 했고 처음 받았던 수수료도 반환했다. 그 후 그는 체질에 맞는 싸움터인 정치판으로 복귀했다. 소수파인 보수당이 정권을 잡았으나 곧바로 붕괴하고 영국 최초의 노동당 정권이 들어섰다. 노동당 정부는 합병과 정부의 주식 매각에 대해 강력하게 반대했다. 1924년 가을 보수당 정권이 재집권했으나 그들 역시 이제는 정부 지분의 매각에 반대했다. 재무차관은 앵글로-페르시안 회장인 찰스 그린웨이에게 '우리 정부는 이들 주식을 보유하는 정책을 포기할 생각이 없습니다'라는 내용의 서신을 보냈다. 당시 재무장관은 새로운 보수당에 의해 교체된 윈스턴 처칠이었다.[9]

석유 부족과 문호 개방

중동에서 석유 이권을 기대했던 것은 유럽계 회사들만이 아니었다. 미국계 회사들도 전 세계에 걸쳐 새로운 유전 개발 작전에 돌입했다. 어쩔 수 없이 미국도 중동으로 눈을 돌려야 했던 것이다. 석유가 갑작스럽게 고갈될지 모른다는 우려는 제1차 세계대전이 종료될 무렵 실질적인 강박관념으로 변해, 미국의 석유업계와 정부에 확산되었다. 이러한 우려는 1920년대 초까지도 계속되었다. '휘발유 없는 일요일', 전쟁 중에 부각된 석유의 엄청난 중요성 등 세계대전의 경험을 통해 석유 고갈에 대한 두려움은 구체성을 띠게 되었다. 1919년 퇴직을 앞둔 한 미국 관리는 '해외로부터의 석유 공급 부족은 향후 미국이 직면하게 될 가장 심각한 국제문제가 될 것'이라는 내용의 서한을 월슨 대통령에게 보냈다. 월슨은 비통한 표정으로 동의하면서 "우리는 국내에서나 해외에서나 필요한 양의 석유를 확실하게 공급받을 수 있는 방법은 없는 듯하다"라고 말했다. 미국의 석유자원이 급격히 고갈될 것이라는 예측은 수요가 급증할 것이라는 예측을 바탕으로 나온 것이었다. 1911년부터 1918년 사이, 미국의 석유 소비량은 90%나 증가했으며 전쟁이 끝난 후에는 증가 속도가 한층 빨라질 것으로 예상되었다.

자동차에 대한 미국인의 욕구도 한층 열기를 더해갔다. 자동차 등록 대수의 증가는 실로 경이적이었는데, 1914년부터 1920년 사이에 등록된 차량이 180만 대에서 920만 대로 증가했다. 이로 인해 석유 부족에 대한 두려움은 더욱 커졌다. 한 상원의원은 미국 해군의 연료원을 석유에서 석탄으로 전환하라고 요구하기도 했다.

석유공학계와 지질학계의 권위자들도 이런 두려움을 느끼고 있었다. 1919년 미국 광무국 국장은 "향후 2~5년 이내에 국내 유전에서의 생산은 최고 수준에 달할 것이며, 이를 정점으로 석유 생산은 지속적인 감소 추세를 보일 것이다"라고 예측했다. 미국 지질조사학회의 회장인 조지 오티스 스미스는 '휘발유 기근'의 가능성을 경고했다. 그렇다면 어떻게 해야 할 것인가? 그가 제시한 답은 해외로의 진출이었다. 그는 "정부는 석유 생산 활동의 범위를 세계로 확대하려는 미국 기업의 노력에 대해 모든 지원을 아끼지 말아야 한다"라고 말했다. 또한 그는 미국 내에 알려져 있는 유전들은 정확히 9년 3개월 내에 바닥을 드러낼 것이라 경고했다.

그 무렵 콜로라도, 유타, 네바다 주의 산속에 파묻혀 있는 셰일오일의 잠재력에 대해 많은 논의가 있었다. 1919년에는 셰일층에서 추출되는 석유가 1년 이내에 유전에서 얻어질 석유에 비해 경쟁력이 결코 뒤지지 않게 될 것이라는 예측도 나왔다. 「내셔널 지오그래픽」지는 "자동차를 소유한 사람은 실망하지 않아도 될 것이다"라고 흥분된 논조로 말했다. 셰일오일이 향후 수 세대에 걸쳐 필요한 휘발유를 충분히 공급할 수 있을 것이므로, 또다시 말이 모는 운송수단을 사용해야 할 가능성은 피할 수 있게 되었다는 것이다. 그러나 셰일오일 지지자들은 개발 비용을 너무나도 과소평가하고 있었다. 미국과 마찬가지로 영국도 석유 부족이 예상되었으며, 앵글로-페르시안은 석탄에서 액체 연료를 추출하는 연구를 계속하고 있었다. 영국 정부는 '뚱딴지'라는 식물로부터 자동차의 연료로 사용하기에 충분한 양의 알코올을 생산할 수 있다는 낙관적 관측에 기초해, 도싯이라는 지역의 2에이커가 넘는 토지에 뚱딴지를 재배했다.

석유 가격이 대폭 상승함으로써 석유 부족에 대한 우려는 한층 설득력을 가지게 되었다. 1919년부터 1920년 사이, 미국 국내의 원유 가격은 배럴당 2달러에서 3달러로 50%나 상승했다. 더욱이 1919~1920년의 겨울에는 연료유 공급 부족 사태가 실제로 일어났다. 미국은 곧 석유 수입국이 될 것이라는 것이 일반적인 견해였다. 이런 사태로 인해 국제적인 경쟁과 영국과의 충돌이라는 문제가 가시화되었다. 미국 정부와 석유업계는 미국이 재빨리 행동을 취하지 않으면 영국이 공격적 정책을 추진해 세계 도처의 석유자원을 선점할 것이라 믿었다. 정부는 서둘러서 미국 내 석유회사가 해외의 공급원을 확보하려는 노력을 지원하는 데 총력을 기울였다. 미국 정부가 내세운 기본 원칙은 '문호 개방', 즉 미국의 자본과 기업에 대해 동등한 진입을 허용하라는 것이었다.

영국은 이런 미국의 움직임에 대해 회의와 충격, 분노와 원망이 뒤섞인 복잡한 감정을 내보이며 반발했다. 영국은 미국이 세계 원유의 3분의 2를 생산하고 있는 나라임을 강조했다. 석유대책위원회 위원장인 존 캐드먼 경은 미국인 친구에게 "나는 당신을 포함한 모든 미국인들이 실제로 미국의 석유 생산이 향후 20년 내지 30년 안에 중단될 것이라 믿고 있다고는 생각하지 않습니다"라고 말한 적이 있다. 그러나 석유 부족과 경쟁에 대한 두려움 때문에, 미국 기업들은 유전의 탐사와 발견, 기존 유전 구입이라는 방식을 통해 세계 도처에 산재해 있는 새로운 석유 공급원을 찾는 데 여념이 없었다. 미국의 이러한 전략은 유조선, 파이프라인, 굴착 분야 등에서의 기술 진보로 이어졌다. 전쟁 전에는 세계적 탐사와 생산에 장애가 되었던 물리적인 문제와 거리상의 장애가 기술 발달로 극복되었다.[10]

이제 미국인들의 이목은 중동, 특히 영국의 통치하에 있는 메소포타미아에 집중되었다. 그러나 그곳의 문은 굳게 닫혀 있었다. 뉴욕 스탠더드오일 소속의 지질 전문가 두 명이 이 지역에 잠입했을 때, 이곳의 영국 식민지 관리는 이들을 체포해 바그다드에 있는 경찰서장에게 인도했다.

1920년 메소포타미아에서 생산되는 석유의 분배에 대한 영국과 프랑스 양국의 합의를 내용으로 하는 '산레모 협정' 체결은 워싱턴 정가와 석유업계에 큰 충격을 주었다. 미국 신문들은 일제히 이 합의를 구식 제국주의의 잔재라고 강력히 비난했다. 이것은 전승 연합국 내에 평등한 권리를 부여한다는 원칙에도 위배되는 것이어서 불쾌감은 더했다. 뉴저지 스탠더드오일도 우려하는 분위기가 역력했다. 이중二重 연합, 즉 영국과 프랑스 그리고 로열더치 쉘과 앵글로-페르시안의 연합에 의해 미국이 세계 석유시장과 생산에서 소외되는 것을 우려한 것이다. 스탠더드오일은 국무부에 항의했고, 국무부도 이 협정이 '문호 개방'의 원칙에 대한 위반이라고 강력히 항의했다. 1920년 미국 의회는 '광물법안'을 통과시켰는데, 미국 기업의 진입을 금지하는 국가의 기업에게는 미국 내 굴착권을 부여하지 않는다는 내용이었다. 이것은 특히 동인도제도를 지배하고 있는 네덜란드와, 메소포타미아를 지배하는 영국을 목표로 하고 있었다.

진보적인 윌슨 행정부가, 10년 전 연방 최고법원의 판결에 의해 해체된 스탠더드오일의 후계 회사인 뉴저지 스탠더드오일에 보내는 전폭적인 지지에 대해, 냉소적인 평론가들은 큰 충격을 받았다. 워싱턴 주재 영국 대사는 윌슨 행정부와 스탠더드오일 간의 밀월관계를 '법원뿐 아니라 정부 관계자들도 석유 이권의 제휴에 대해 의심을 가졌던 전쟁 이전의 상황을 완전히 뒤엎는 것'이라면서 놀라움을 표시했다. 석유 부족이라는 망령과 영국의 배반에 대한 불신이 이들의 관계를 더욱 강화했다. 세계대전 중 정부와 기업이 공동 행동을 취한 경험도 큰 역할을 했다. 당시 뉴저지 스탠더드오일, 한 회사가 연합국이 사용하는 석유의 4분의 1을 공급했다. 이와 같은 국면 전환에는 또 다른 이유가 있었다. 이 무렵 진보주의자와 개혁 세력은 힘을 잃어가고 있었고, 미국의 기업가는 1880년대와 1890년대처럼 영웅시되었으며, 정부는 기업의 적이 아니라 지원자가 되었던 것이다.

1921년 정권을 잡은 워런 하딩의 공화당 정부는 기업 활동을 전폭적으로 지원했다. 멕시코에서 네덜란드령 동인도제도에 이르기까지, 그리고 메소포타미아 등지에서 미국의 석유 이권을 보호하는 데 과거의 어떤 정부보다 적극적인 자세를 취한 것이다. 따라서 미국과 영국 간의 긴장은 점차 고조되었다. 그러나 그때 이상한 일이 벌어졌다. 영국이 유화적인 태도로 돌변했고, 메소포타미아 지역에 대한 미국의 진입을 허용하겠다는 자세를 취했다. 이유가 무엇일까? 첫 번째 이유는 그들이 터키 석유회사의 법적 지위가 애매하다는 점을 인식했다는 것이다. 1914년에 획득한 석유 이권은 쟁취한 것인가, 아니면 단순한 약속에 지나지 않는 것인가? 영국은 미국과의 사이에 경제적·전략적으로 고려해야 할 다른 중요한 사안이 많다는 점을 인식했고, 이러한 사안들은 미국의 협력을 필요로 했다. 또한 영국 정부는 미국 내에서 고조되고 있는 반영 감정을 우려했다. 미국 의회에서는 국산 석유의 영국 수출을 금지함으로써 영국에 보복하는 방안을 검토하고 있었다. 더욱이 미국의 메소포타미아 참여를 거부하는 것은 양국 관계를 영구적으로 악화시킬 따름이었다. 한편 미국의 참여가 실제로 이득이 될 가능성도 있었다. 영국으로서는 메소포타미아에 새롭게 등장한, 영국이 후원하는 새로운 정부에 수익을 보장하고, 이로 인한 재무부의 부담을 줄이기 위해 가능한 한 빨리 이 지역의 석유자원을 개발할 필요성이 있었다. 미국의 자본과 기술이 도입되면 틀림없이 이러한 과정이 빨리 진척될 것이라 생각했다. 결국 쉘은 미국의 참여가 최소한 기업의 결속을 강화해, 불안정한 이 지역에서 발생할지도 모를 정치적 문제를 극복할 수 있게 해줄 것이라 믿었다. 굴벤키안도 이에 동조했다. 미국이 외부에서가 아니라 내부에서 석유 이권을 얻기 위해 함께 경쟁하는 것이 훨씬 낫다고, 외무차관에게 조언한 것이다. 외무차관도 이를 인정해 앵글로-페르시안과 로열더치 쉘에 대해, 미국인을 가능한 한 빨리 참여시키는 것이 국익에 도움이 된다는 것을 강력하게 주장했다. 이후 그는 굴벤키안에게 보낸 편지에서 "당신이 미국의 참여를 유도하는 데 결정적인 역할을 했습니다"라고 감사의 뜻을 전했다.[11]

보스가 나타났다, 월터 티글

그런데 미국 정부는 어떤 미국 회사를 지원할 것인가? 뉴저지 스탠더드라는 회사 하나만을 위해 온갖 외교 역량을 기울이는 것은 볼썽사납지 않겠는가? 상무장관 허버트 후버를 위시한 영향력 있는 인사들은 메소포타미아에서 사업을 수행할 미국계 회사의 신디케이트를 형성하자고 제안했다. 특히 후버는 석유사업이 무엇이며, 그 사업에 어떤 위험성이 내포되어 있는지 잘 알고 있었다. 그는 전쟁 전 석유사업에 종사했으며, 실제로 뉴저지 스탠더드오일의 월터 티글에게 페루의 유전 시설 몇 개를 매각하기도 했다. 티글은 후에 대통령이 된 후버에 대해 '리넨 셔츠에 하얀 테니스화를 신은, 기묘한 인상을 주는 친구'라고 기록했다. 1921년 5월 워싱턴에서 있었던 어느 회의석상에서 상무장관인 후버와 국무장관인 찰스 에번스 휴즈는 석유사업가 그룹에게, 미국은 단 하나의 회사를 위해 문호 개방을 요구할 수는 없지만, 미국계 석유회사들을 대표해서는 그것이 가능하다고 솔직하게 밝혔다. 스탠더드오일은 독자적으로 행동할 경우 정부의 지원을 얻을 수 없다는 사실을 인식하게 되었다. 티글은 유력 기업 몇 개로 구성된 컨소시엄을 조직했다. 얼마 전까지만 해도 이러한 기업의 그룹은 무역의 자유를 제한한다고 정부의 비난을 받았으나, 이제 정부의 전폭적인 지원을 받아 문호 개방과 해외 석유 개발을 추진할 수 있게 되었다.

미국의 기업 그룹이 결성되면서, 국무부는 유럽 석유 이권과의 불가피한 충돌을 피해 석유시장에서 손을 떼었다. 실제 교섭에서 한발 물러나 상황만 상세하게 파악했던 것이다. 정치가나 외교관이 아니라 사업가인 월터 티글이 미국계 기업의 신디케이트를 대표했다. 1922년 7월, 그는 미국 기업의 메소포타미아 석유자원 개발에 대한 협상을 시작하기 위해 런던으로 향했다. 당시 그는 이 협상이 얼마나 지루하고 어려운 과정을 거치게 될지 전혀 짐작하지 못했다.[12]

티글은 스탠더드오일뿐 아니라 미국 기업의 컨소시엄을 대표해 협상에 참여했다. 상대는 헨리 디터딩, 찰스 그린웨이와 프랑스 대표인 CFP의 에르네 메르시에 대령이었다. 하지만 실제 교섭의 중심은 굴벤키안이었다. 티글의 상대편은 모두 터키 석유회사의 동업자였다. 이들이 대표하는 회사들은 메소포타미아의 석유 이권을 지배하고 있거나 작게라도 관여하고 있었다. 협상이 진전됨에 따라 티글은 가장 주요한 협상 상대가 굴벤키안임을 알게 되었다. 두 사람은 모든 면에서 아주 대조적이었다. 키가 크고 무뚝뚝한 굴벤키안은 의심이 많고 과묵했다. 한편 티글은 회의에 참석한 사람들을 압도할 정도로 당당한 체격이었는데, 키는 6피트 3인치(191센티미터)에 달했고 체구도 컸다. 그는 초콜릿을 무척 좋아했는데 이를 자제하지 못해 한때는 몸무게가 300파운드(136킬로그램)에 이른 적도 있었다. 그는 일을 추진함에 있어 솔직하고 붙임성이 있는 전형적 미국인이었다. 굴벤키안은 독불장군이었던 반면, 티글은 당시 세계 최대 석유회사인 스탠더드 트러스트의 후계 회사를 이끄는 리더였다. '보스'라고 불렸던 그는 뉴저지 스탠더드오일을 혼자서 통괄하고 있었으며, 석유업계에서 가장 탁월하고 잘 알려진 인물이었다. 이에 반해 굴벤키안은 자신의 이름이 알려지는 것을 싫어했다.

그러나 두 사람 간에는 묘한 공통점도 있었다. 티글 역시 석유를 위해 태어났다. 굴벤키안이 석유사업 가문의 2세였던 것과 마찬가지로, 티글은 아버지 쪽으로는 2세였고 어머니 쪽으로는 3세였다. 1865년 클리블랜드에서 존 록펠러와 운명의 '경매'를 벌였던 모리스 클락이 그의 외조부였다. 티글의 아버지는 영국의 윌트셔 출신으로, 클리블랜드에서 가장 성공한 독립계 정유업자 중 하나였다. 수년 동안 그는 스탠더드 트러스트의 격렬한 공격에 대항했다. 그는 스탠더드오일을 혐오했으며, 타벨이 저술한 『스탠더드오일 트러스트의 역사』라는 책의 한 페이지에 묘사된 바와 같이 영웅적인 투사였다.

굴벤키안과 티글은 모두 우수한 석유 지질학도였다. 티글은 코넬 대학에 다닐 때 거의 모든 학생활동에서 간사나 책임자를 맡았다. 그는 원유의 탈황脫黃에 관한 내용을 주제로 졸업논문을 썼고, 공업화학과에서는 전례가 없는 100점 만점을 받았다. 굴벤키안과 마찬가지로 티글도 교수에게서 계속 학위과정을 밟으라는 권고를 받았으나 아버지가 반대했다. 티글의 아버지는 즉시 집으로 돌아오라고 전보를 쳤다. 클리블랜드에 돌아온 그는 가족이 경영하는 정유공장에서 시간당 19센트를 받고 증류기를 가열하는 작업을 맡았다. 얼마 후 그의 아버지는 그를 판매 일선에 내보냈는데, 그는 자신이 매섭고 공격적이며 설득력이 뛰어난 세일즈맨임을 입증했다. 하지만 그는 오랫동안 아버지가 맞서 싸웠던 스탠더드오일에 아버지의 사업을 팔아넘기는 일을 돕기 위해 집으로 소환되었다. 그의 아버지는 더 이상 스탠더드오일과 줄다리기를 할 수 없는 지경이었고, 버티기보다는 팔아버리는 것이 나을 것이라 판단했다. 스탠더드오일은 탁월한 재능을 지닌 젊은 티글에게 큰 관심을 갖고, 소유주의 사업뿐 아니라 그의 아들도 원했다.

그의 가족 사업은 리퍼블릭 오일Republic Oil이라는 회사로 재편되었고 젊은 티글이 사장직을 맡았다. 그는 석유사업의 전 영역에 걸쳐 뛰어난 능력을 갖고 있었고, 그 능력은 즉시 발휘되었다. 기술, 상거래 및 관리상의 모든 세부사항에 대한 엄청난 기억력, 지칠 줄 모르는 열정, 문제를 철저히 이해하고 해결책을 발견하는 능력, 매력적인 외모 뒤에 숨어 있는 냉혹함과 압도감 등, 그는 분명 뛰어난 능력의 소유자였다. 석유제품을 판매하기 위해 이리저리 뛰어다니면서, 굴벤키안이 시장에서 배운 것과 같은, 가능한 한 최상의 조건으로 거래하는 법을 배웠다. 리퍼블릭 오일에서 함께 일했던 동료들은 "그는 모든 것에 대해 자신에게 가장 유리한 거래 조건을 만들어내기 위한 노력했다. 만약 회사 돈으로 5센트짜리 담배를 구입해야 한다면 그는 어떻게 해서든 4센트에 구입하고자 노력했다"라고 말했다.

티글은 매우 빠른 속도로 출세했고, 1908년에는 스탠더드오일 해외수출위원회의 책임자가 되었다. 그는 스탠더드오일의 다른 선임이사들보다 해외시장에서의 새로운 역학관계를 한층 예리하게 파악하고 있었다. 그는 또한 헨리 디터딩에 대해서도 잘 알고 있어, 로열더치 쉘과의 관계 개선을 도모했다. 한때 극동 지역에서의 치열한 경쟁상황을 종식시키기 위해, 티글은 스코틀랜드에서 디터딩과 함께 이틀 동안 새 사냥을 하고 이틀 동안 포커를 치면서 그 문제를 논의했다. 그러나 거의 친구 사이라 할 수 있는 서로의 친근감도, 근본적인 불신감을 뛰어넘지는 못했다. 거기엔 너무나 많은 것이 걸려 있었다. 솔직하게 말해 두 사람은 서로를 거의 믿지 않았다. 티글은 "디터딩은 수시로 마음을 바꾸었으며, 그러한 사실을 상대편에게 밝히지 않았다"라고 말했다. 티글은 로열더치 쉘이 가장 위험하고도 중요한 경쟁 상대란 사실을 결코 잊지 않았다.

1909년 티글은 아이다 타벨의 내부 정보원이며 실력자인 로저스의 뒤를 이어 스탠더드오일의 중역이 되었다. 당시 티글은 약관 31세에 지나지 않았다. 한 신문은 그가 '존 슈즈'가 앉았던 자리를 차지하게 될 것이라는 예측성 기사를 썼다. 마크 트웨인의 숭배자였던 로저스와는 달리 티글이 좋아했던 작가는 던앤브래드스트리트였다. 티글은 반트러스트 소송과 다른 법적 공격으로, 스탠더드오일이 일종의 경영 마비 상태에 빠져 있다고 생각했다. 새로운 세계적 규모의 경쟁에 적응하지 못해 해외에서 필요한 원유를 구입하는 데 실패했다고 판단한 것이다.

1917년 39세의 나이로 뉴저지 스탠더드의 사장이 된 그는, 새로운 스타일의 지도자 상을 보여주었다. 과거 세대와 달리 그는 대주주가 아닌 전문 경영인이었다. 그의 등장은 미국에서 사업과 기업의 성격이 변화하고 있음을 의미했다. 훗날 티글은 스탠더드의 운영 체제를 완전히 바꾸어놓았다. 하지만 한편으로는 과거 회사와의 일관성도 유지했다. 그는 록펠러가 처음 석유사업을 시작했을 때 동업자였던 사람의 손자답게 일했다. 그리고 다른 사람들에게도 이런 사실을 분명히 밝혔다. 그는 사장에 취임하면서, 자신의 사무실에 '44'라는 번호가 붙은 록펠러의 뚜껑 달린 책상을 갖다 두었고 쇠락해가는 회사에 다시 활기를 불어넣기 시작했다. 그는 스탠더드오일에 대한 반감이 큰 것은 지나친 비밀 유지에 기인한다고 판단하고 일반인들에 대한 홍보활동을 강화했다. 새로운 사보인 「램프The Lamp」를 창간했고 자신이 사실상 편집장 역할을 맡았다. 언론에도 문호를 활짝 열어 기자들에게 시간을 충분히 할애했으며, 우호적이고도 진지한 분위기에서 기자들과 허심탄회하게 의견을 교환했다. 하지만 그는 매우 신중하면서도 주의 깊게 발언했다. 이러한 점도 옛날 체제와는 달랐다.

제1차 세계대전이 끝난 후 티글은 회사가 매우 중요한 문제, 즉 원유 공급 부족에 직면하고 있다는 사실을 간파했다. 원유 생산을 높은 순위에 두려는 그의 노력은, 그것을 '위험한' 활동이라 여기는 전통적 반대 세력으로부터 지속적인 방해를 받았다. "우리는 세계 도처에서 석유도 매장되어 있지 않은 땅을 뚫을 수 없다. 우리 회사의 주요 사업은 마케팅이다"라는 중견 간부 한 사람의 말에서도 이런 상황을 짐작할 수 있다. 티글은 전후 세계에서 만성적인 석유 부족 상태가 발생할 것이라는 사실을 매우 우려했다. 그는 스탠더드오일의 정제 원유 중 단 16%만이 직접 생산한 원유에서 만들어진다는 점에서, 다른 석유회사에 비해 매우 불리한 입장에 있다고 믿었다. 한편 그의 오랜 라이벌인 디터딩은 전 세계적으로 다양한 원유 공급원을 확보하려는 국제적 전략을 추진하고 있었다.

티글은 영국 정부가 쉘과 앵글로–페르시안의 합병을 도모하고 있다는 사실을 알고 있었다. 갈수록 국제경쟁이 치열해질 것이라 믿은 그는, 뉴저지 스탠더드오일이 이에 대한 대비책을 가지고 있지 못하다는 점을 우려했다. 티글은 회사 내의 반대파들을 제압하면서 새로운 해외 유전 개발뿐 아니라 국내 유전의 구입도 적극적으로 추진했다. 1920년 스탠더드오일의 창립 15주년 기념식에서 그는 자신의 전략을 솔직하게 밝혔다. "스탠더드오일의 현재 정책은 세계 어느 나라든 관계없이 모든 생산 지역에 관심을 가진다는 것입니다." 석유 생산이 가능한 지역이면 어디든 진출하겠다는 의미였다.[13]

1922년 여름, 티글은 터키 석유회사의 동업자들과 의견을 교환하기 위해 런던에 머물렀다. 논의는 아무 성과 없이 끝났고, 한 달 후 티글은 본국으로 돌아와 서신을 통해 협상을 계속했다. 1922년 12월, 크게 실망한 티글은 협상에서 완전히 손을 뗄 것을 진지하게 검토했다. 그렇게 많은 사람들이 참석한 회의석상에서 영국의 위임통치령인 이라크를 분할하는 것은 쉬운 일이 아니었다.

참석자들은 이라크산 석유를 '누가 얼마만큼 가질 것인가'를 놓고 격론을 벌였다. 이전에 합의했던 '자제 조항', 즉 터키 석유회사를 통하지 않고서는 구^舊오스만제국의 나머지 대부분의 영토에서 석유를 생산하는 데 참여하지 못한다는 조항을 계속 유지할 것인지에 대해서도 논의가 이루어졌다. 더욱이 수익이라는 무시할 수 없는 문제가 가장 큰 쟁점이었다. 티글과 앵글로-페르시안의 그린웨이는 참여 주주에게 이윤을 포함하지 않은 원가로 석유를 판매해야 한다고 주장했다. 이러한 주장은 이라크와의 분쟁은 배제하고, 그들에게는 단지 로열티만 제공하며, 미국 기업은 추가적인 영국의 과세를 피하도록 하기 위함이었다. 그러나 이러한 제안은 수입의 일정한 몫을 바라던 이라크로서는 별 흥미가 없는 것이었다. 석유가 아니라 금전 배당에 관심이 있던 칼루스트 굴벤키안에게도 마찬가지였다.

문제를 더욱 악화시킨 요인은 새로운 민족국가로 변모한 터키가 이라크와의 국경 문제를 제기함으로써 터키 석유회사의 법적 근거를 약화시키려 하는 것이었다. 이 모든 상황이 이 지역에서 석유사업을 수행하는 데 따르는 위험을 극명하게 보여주었다. 이에 영국 정부는 국제연맹이 부여한 이 지역에 대한 위임통치권을 이용해 새로운 석유 이권을 얻기 위해 이라크에 압력을 가했으나 뚜렷한 결과를 얻지 못했다. 영국 정부는 이라크에 새로 등장한 정권과 불편한 관계였기 때문이다. 쌍방은 '위임 통치'라는 단어 자체가 무엇을 의미하는지조차 합의할 수 없었다.[14]

이라크의 파이잘 국왕

　전쟁 기간 중 영국 정부는 메카의 족장인 후세인을 부추겨, 아랍권이 터키에 대항해 반란을 일으키는 데 앞장서도록 했다. 후세인은 1919년부터 몇몇 영국인의 도움을 받아 반란을 기도했는데, 도움을 준 영국인 중에는 '아라비아의 로렌스'로 유명한 로렌스도 끼어 있었다. 반란의 대가로 후세인과 그의 자식들은 터키제국을 구성하던 여러 민족(거의 대부분이 아랍인이었음)의 지배자로 옹립되었다. 이들 중 후세인의 세 번째 아들인 파이잘이 가장 유능한 것으로 알려져 있었다. 전쟁 중에 파이잘을 만났던 로렌스는 그에게 매료되어 '더할 나위 없이 좋은 사람'이라고 평했으며, 이 지역에서 반란을 주도할 수 있는 완벽한 인물이라고 말했다. 파이잘은 제1차 세계대전 후 열린 베르사유 회의에서 낭만적인 인물이라는 인상을 주어, 냉정하기로 유명한 미국의 국무장관 로버트 랜싱을 사로잡기까지 했다. 랜싱은 "파이잘의 목소리는 유향乳香(이스라엘 민족이 제식 때 쓰던 고급 향료-옮긴이 주)의 향기를 뿜고 있으며, 녹색 터번을 쓰고 반짝이는 황금과 보석으로 치장된 차림으로 긴 의자에 앉아 있는 외모는 더욱 돋보였다"라고 회고했다.

　영국은 소멸된 터키제국에서 독립한 신생국 시리아의 국왕으로 파이잘을 옹립했다. 하지만 수개월 후 전후 합의에 따라, 시리아는 프랑스의 통치하에 들어갔고 파이잘은 퇴위당해 다마스쿠스에서 추방되었다. 그는 팔레스타인의 철도역에 모습을 나타냈다. 그곳에서 열린 영국인들의 환영식에 참석한 후, 그는 짐 보따리 위에 앉아 갈아타고 갈 기차를 기다리고 있었다. 그러나 그의 왕으로서의 경력은 끝나지 않았다. 영국은 터키제국의 3개 지방으로 구성된 신생국 이라크를 통치할 국왕이 필요했다. 이 지역의 정치적인 안정은 석유자원의 매장 가능성만이 아니라 페르시아 만의 방위, 즉 인도-싱가포르-호주를 잇는 새로운 대영제국의 항공로 확보를 위해서도 필수적이었다.

영국은 엄청난 비용 때문에, 이 지역을 직접 통치하는 것을 원치 않았다. 식민지 장관인 처칠은 차라리 영연방하에서 영국의 '지원'을 받는, 입헌군주제의 아랍 정부를 원했다. 이편이 비용이 훨씬 적게 들었다. 처칠은 그 후보로 실직 중인 파이잘을 선택했다. 1921년 8월, 망명에서 돌아온 파이잘은 바그다드에서 국왕으로 등극했다. 원래 이라크의 국왕으로 내정되었던 파이잘의 형 압둘라는 영국인들이 트랜스요르단의 에미리트Amirate of Transjordan라 명명한 지역의 왕으로 옹립되었다.

파이잘의 업무는 방대했다. 그는 제대로 정비된 나라를 물려받은 것이 아니었다. 시아파 아랍인, 수니파 아랍인, 유태인, 쿠르드인, 야지드인 등과 같은 다양한 인종 구성, 또한 족장이 통치하고 있는 대부분의 시골과 몇 개의 중요한 도시를 가진 영토, 공통된 정치적 · 문화적 유산도 없이 민족주의적 색채만이 짙은 아랍 국가를 인수하게 된 것이다. 소수의 수니파 아랍인들이 권력을 장악하고 있었던 반면, 국민 대부분은 시아파 아랍인이었다. 문제를 더욱 복잡하게 만드는 것은 아랍인이나 터키인보다 더 많은 유태인이 바그다드에 거주하고 있다는 점이었다. 영국은 종교적·인종적 다양성이 극심한 이 나라에 헌정제도와 책임 있는 의회제도를 도입하고자 했다. 파이잘은 자신의 왕국을 지배하기 위해 영국의 도움이 필요했다. 그러나 영국에 너무 많은 것을 의존하는 것으로 비친다면 그의 입지는 크게 손상될 것이다. 영국 정부는 아랍 민족주의자들뿐 아니라 이라크 내 석유 이권을 요구하는 석유 사업가들에게도 적절히 대처해야 했다. 영국은 잠재적인 석유 수입원이 새로운 이라크 정부의 재정에 도움을 주고, 자신의 재정 지원 부담을 낮춰줄 것을 기대하며 석유 개발에 온 힘을 기울였다.

그러나 이라크에서의 석유탐사와 개발은 이라크 정부로부터 정당한 석유 이권을 받아야만 시작될 수 있었다. 무엇보다 미국 정부는 1914년 터키 석유회사에 주어진 석유 이권의 정당성을 인정하지 않고 있었다. 미국 국무부 근동국장近東局長 앨런 덜레스는 오랫동안 계속된 협상을 주시해왔다. 1924년 덜레스는 티글에게 "미국 정부는 터키 석유회사의 석유 이권이 무효임을 확신한다"라고 말했다. 덜레스는 기회가 있을 때마다 "우리는 터키 석유회사를 곤경에 빠뜨리기에 충분한 정보를 가지고 있다"라고 공언했다. 그러나 이라크의 각료들은 때때로 암살이라는 형태로 나타나는 민족주의적 감정과 국내의 비판을 두려워한 나머지, 외국인에 대한 석유 이권 제도의 개정을 승인하는 데 앞장서려 하지 않았다. 터키 석유회사와 이라크 정부 간의 협상은 느리고 힘들게 진행되었다. 그러던 중 1925년 3월 14일, 마침내 새로운 석유 이권 제도에 대한 합의가 이루어졌다. 이 합의는 미국 정부를 만족시켰고, 사람들에게 문호 개방 정책의 길이 열렸다는 환상을 심어주었다. 그러나 이는 굴벤키안이 후에 밝힌 바와 같이 '속임수'에 지나지 않았다.[15]

자칭 '건축가' 굴벤키안

터키의 국경 문제를 포함해 마침내 거의 모든 사항이 타결된 듯 보였다. 그러나 한 가지 장애물이 남아 있었다. 바로 굴벤키안과, 그가 가지고 있는 '5퍼센트'의 지분이었다. 협상 기간 내내 굴벤키안은 기묘하고 고독한 모습이었다. 회합에 참석하는 것을 피하기 위해 어떤 일도 서슴지 않았으나, 비망록의 내용에 대해서는 자구字句 하나하나를 면밀하게 검토한 후 전보를 통해 계속 회신했다. 그는 따로 떨어져 독자적으로 행동했다. 굴벤키안은 한때 "석유를 매개로 하는 친구 관계는 거의 믿을 수 없다"라고 말한 바 있다. 이는 1920년대 중반에 결렬된 디터딩과의 비즈니스에서 입증된 바 있었다. 후에 굴벤키안은 "우리는 20년 이상을 가장 조화롭게 협력하며 일했다. 그러나 석유사업에서 종종 있는 일이지만 개인적인 질시와 의견의 차이가 우리를 갈라놓았다"라고 설명했다.

어떤 사람들은 그들 사이의 다툼이, 한때 러시아제국 장군의 아내였던 리디아 파블로바 때문이라고 말하기도 한다. 한때 두 사람은 석유사업에서도, 이 여성에 대해서도 협력 관계를 유지하고 있었다. 한번은 디터딩이 그녀에게 선물하기 위해 충동적으로 구입한 에메랄드 대금을 카르티에에게 빌렸다. 그후 이를 갚을 3,000달러가 부족하자 디터딩이 로열더치 쉘에서 배당을 받을 때까지 굴벤키안이 돈을 융통해주었다. 그 후 리디아 파블로바는 디터딩의 아내가 되었고, 이 사건을 계기로 그들 사이에 금이 가기 시작했다는 것이다. 또한 굴벤키안의 주도로 로열더치 쉘이 인수한 베네수엘라 석유회사의 수익에 대해서도 두 사람은 지저분한 논쟁을 벌였다. 게다가 둘 사이에는 뿌리 깊은 자존심 문제가 걸려 있었다. 이것은 굴벤키안의 아들인 누바의 견해다. 그는 자신의 아버지와 디터딩의 개인 보좌역으로 일한 바 있고, 두 사람이 결별한 후에도 디터딩의 보좌역으로 활동했다. 누바의 설명에 따르면, 디터딩은 굴벤키안의 성가신 간섭에 분개했고 굴벤키안은 디터딩의 고압적인 태도를 못마땅해했다.

굴벤키안은 디터딩과는 무관하게, 소련산 캐비어를 독점판매하는 이권을 획득하기 위해 노력하는 등 다방면에서 사업을 이어갔다. 그는 자신의 '지식'이라고 부르는 미술 소장품을 파리의 이에나 가(街)에 있는, 자신이 직접 지은 대저택에 보관했고, 그의 아내 역시 그곳에 머물렀다. 그 자신은 파리의 리츠 호텔, 런던의 리츠 호텔이나 칼튼 호텔을 오가며 많은 여성들의 시중을 받았다. 그는 성적 능력을 되돌리기 위해 '의사의 조언에 따라', 그를 시중드는 여성 중 최소 한 명은 열여덟 살이 안 된 젊은 아가씨를 포함시켰다. 나머지 시간에는 다른 사람들의 시선을 피해 전보나 전화로 접촉하면서, 세계 각지의 사업에 모든 정력을 바쳤다.

미국 컨소시엄에 포함되어 있는 회사들, 그중에서도 특히 스탠더드오일은 세계 도처에서 새로운 유전 개발 계획에 착수했다. 이들의 계획에서 이라크는 큰 비중을 차지했는데, 굴벤키안이 앞길을 가로막고 있었다. 굴벤키안에게 무엇보다 중요한 것은 현금으로 배당되는 터키 석유회사의 '5퍼센트' 지분이었다. 미국은 그가 마땅치 않았다. 디터딩과 결별한 후 굴벤키안은 더욱 고집스러워졌다. 이로 말미암아 티글과 디터딩은 더 큰 인내심을 발휘해야 했다. 한때 티글은 굴벤키안이 '가장 상대하기 힘든 인물'이라고 불만을 토로했다. 굴벤키안은 미국인이 주도하는 석유 그룹의 목표는 단 하나이며, 바로 자신의 모든 권리를 갈고리로 걸어 빼앗아가려는 것이라 확신했다. 굴벤키안은 원유가 아니라 돈을 원했다. 그는 어느 신문기자에게 이렇게 말했다. "만약 당신이 석유회사의 주식을 조금 가지고 있을 때, 당신에게 석유 몇 갤런을 배당한다면 받아들이겠는가?"

마침내 티글은 굴벤키안을 직접 만나 담판을 짓기로 결심했다. 둘은 런던에 있는 칼튼 호텔에서 함께 식사하기로 약속했다. 이런저런 얘기를 나눈 후, 티글은 굴벤키안이 요구한 로열티 문제로 화제를 돌려 그를 설득하려 했다. "굴벤키안 씨! 당신은 아주 훌륭한 석유사업가입니다. 그 자산이 그만한 이윤을 낼 만한 것이 아니라는 점을 잘 알고 계실 것입니다." 굴벤키안은 갑자기 안색이 붉어지며 신경질적으로 탁자를 내리쳤다. "이봐요, 젊은이! 나를 석유 상인이라 부르지 마시오. 나는 석유 상인이 아니라는 것을 분명히 알아두셔야겠소"라고 소리쳤다.

티글은 이렇게 반격했다. "좋습니다. 당신을 화나게 했다면 용서해주시오. 그러나 석유 상인이 아니라면 당신을 어떻게 불러야 하며, 당신의 직업은 도대체 무엇입니까?" 굴벤키안은 즉석에서 다음과 같이 답변했다. "나는 스스로 사업의 건축가라 생각하고 있소. 나는 여러 회사를 설계했소. 이 터키 석유회사를 설계했고, 디터딩과 프랑스와 당신을 위해 자리를 비워주었소. 그런데 이제 당신들 셋이 나를 걷어차려고 하고 있소." 그의 분노는 진정되지 않았다.[16]

그 유명한 적선협정赤線協定

　한편 이라크에서 상업성을 가진 규모의 석유가 발견될 수 있는지 여부는 아직 밝혀지지 않은 상태였다. 1925년이 되어서야 앵글로-페르시안, 로열더치 쉘, 미국계 회사를 대표하는 합동 지질탐사단이 이라크에 도착했다. 굴벤키안과의 교착상태가 계속되었지만, 지질 전문가들은 점점 더해가는 흥분 속에서 탐사활동을 계속했다. 탐사단의 일원이었던 한 미국인은, 이 지역이 그가 알고 있는 세계의 어떤 지역보다 석유 부존 가능성이 높다고 뉴욕에 보고했다.

　굴벤키안은 여전히 조금도 양보할 기색이 없었다. 그는 왜 이렇게 강경한 입장을 취했을까? 그가 술탄을 위해 메소포타미아와 그곳의 석유자원에 관한 보고서를 쓴 지 35년이라는 세월이 흘렀고, 터키 석유회사를 설립한 지도 15년이 지났다. 그는 제1차 세계대전 동안에도 좌절하지 않고 사업 진행을 위해 자신의 돈을 투자했다. 그는 오랫동안 참을성 있게 기다렸다. 따라서 조금 더 늦어진다고 해서 문제 될 것이 없었다. 그는 이미 막대한 돈을 벌었다. 그리고 이라크에서의 지질탐사가 성공한다면, 티글과 다른 미국계 회사들이 조속히 합의에 응하도록 압력을 가할 것이며, 결국 그의 입지가 강화될 것임을 알고 있었다. 지질 전문가들에게서 흘러나온 새로운 사실들은 굴벤키안이 옳았음을 입증했다. 티글은 협상 타결이 매우 촉박해졌음을 인정했다. 1927년 4월, 굴착이 시작됐다. 이는 협상을 더 이상 지연할 수 없다는 것을 의미했다. 티글은 마지못해 굴벤키안에게 양보했고, 교착상태에 빠져 있던 협상이 다시 시작되었다.

그것은 결코 이른 것이 아니었다. 굴착 장소 중 하나는 키르쿠크에서 북서쪽으로 6마일 떨어져 있는, 원래 쿠르드족이 거주하던 '바바 거거'였다. 수천 년 동안 지상에 있는 12개의 구멍에서 천연가스가 분출되어 항상 주위를 환하게 밝히고 있던 지역이다. 지역 사람들은 그곳이 바빌론의 왕 네부카드네자르가 유태인을 집어넣은 '불타는 화로'라고 생각했다. 플루타르크는 그 지역 사람들이 알렉산더 대왕을 감동시키기 위해 흘러나오는 기름을 뿌려 거리를 밝혔다고 기술한 바 있다. 정확히 1927년 10월 15일 오전 10시, 바바 거거 1호 유정이라고 명명된 곳을 1,500피트도 채 굴착하지 않은 시점에서, 온 사막을 진동시킬 만큼 커다란 소리가 울렸다. 시추 구멍의 바닥에서 돌과 함께 뿜어져 나온 석유는 유정탑 위로 50피트 이상 솟아올랐다. 그 지역 일대는 석유로 뒤범벅이 되었고 주변 땅 위의 웅덩이는 독성을 가진 가스로 뒤덮였다. 마을 전체가 공포에 휩싸였고 키르쿠크 마을도 위험한 상태였다. 석유가 넘치는 것을 막을 제방을 구축하기 위해 지역 주민 700여 명이 급히 모집되었다. 8일 반나절이 지난 후 석유 분출이 잡혔는데, 유정의 구멍을 막을 때까지 하루 9만 5,000배럴의 석유가 분출되었다.[17]

가장 관심을 끌었던 문제에 대한 답은 명확히 드러났다. 이라크에는 석유 자원이 매우 풍부하게 매장되어 있고, 지금까지 벌인 논쟁은 가치가 있었던 것이다. 이제 최종적인 협상이 시급해졌다. 최초 발견으로부터 9개월이 지난 때, 그리고 티글이 합의를 이끌어내기 위해 런던으로 간 지 6년이 지난 1928년 7월 31일, 마침내 완전한 계약이 체결되었다. 로열더치 쉘, 앵글로-페르시안, 프랑스가 각각 생산된 석유의 23.75%씩 소유하고, 미국계 기업들의 이권 확보를 위해 새로 창설된 '근동近東개발회사Near East Development'도 동일한

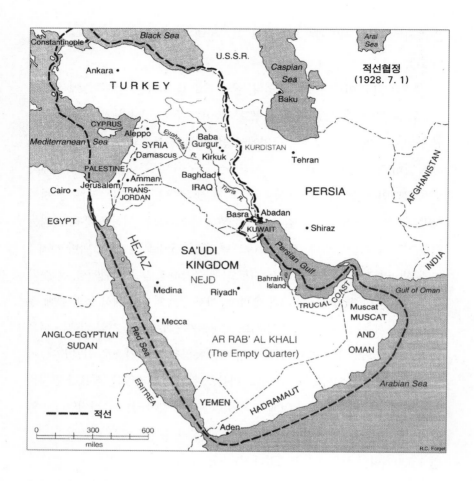

적선협정
(1928. 7. 1)

- - - 적선

권리를 가지게 되었다. 교섭을 지연시킨 주된 원인이 되었던 굴벤키안도 5%
지분을 가졌다. 그는 석유를 즉시 시장가격으로 프랑스에 팔아넘길 수 있었으
므로, 자동으로 원유를 자신이 가장 좋아하는 현금으로 바꿀 수 있었다.

　아직 모든 참여자가 공동으로 이 지역을 개발하기로 한 '자제 조항'의 문제
가 남아 있었다. 후에 굴벤키안이 밝힌 바와 같이, 그는 마지막 회의석상에서
커다란 중동 지도 위에 붉은 펜으로, 지금은 사라진 터키제국의 국경을 따라

줄을 그었다. 그는 "이것이 1914년 시점의 오스만제국이오. 나는 그곳에서 태어나서 그곳에서 사업을 해왔기 때문에 잘 알고 있소"라고 말했다. 그러나 굴벤키안은 이미 결정되어 있던 선 위에 줄을 그었을 뿐이다. 영국과 프랑스는 이미 수개월 전에 영국 외무부의 지도를 가지고 경계를 확정지었던 것이다. 누가 경계를 결정했든 오랫동안 지속되어온 석유 협상의 타결은 이후 '적선협정赤線協定'이라 불리게 되었다.

페르시아와 쿠웨이트를 제외하면, 중동의 모든 주요 유전이 이 적선 안에 있었다. 합의에 따라, 터키 석유회사의 동업자들은 서로 협력하지 않고는 이 방대한 지역 내에서 어떤 석유사업도 할 수 없었다. 1914년 외무부 협정에서 만들어진 '자제 조항'이 14년 후 '적선협정'으로 다시 태어난 것이다. 이는 미래의 중동 지역 석유 개발을 위한 틀이 되었고, 동시에 향후 수십 년 동안 격심한 갈등의 초점이 되었다.

수년 후 굴벤키안이 터키 석유회사와의 거래에서 티글을 이겼다고 말했을 때, 티글은 당시의 힘들고 지루했던 협상을 회상하며 이렇게 말했다. "아주 부당한 제안이었다. 우리는 3년 일찍 우리 자신의 길을 가야만 했다." 확실히 굴벤키안의 대승이었다. 37년에 걸친 집념, 그리고 인내력과 과묵함으로 얻은 결과였다. 그가 성년 시절을 모두 투자해 얻어낸 열매는 수천만 달러의 가치가 있었다. 이 위대한 사건을 자축하기 위해, 그는 그해 여름 보트를 빌려 딸 리타와 함께 지중해 여행을 떠났다. 그는 모로코 연안에서 한 번도 본 적이 없는 이상한 종류의 배를 보았다. 긴 선체의 끝에 연기를 내뿜는 굴뚝을 가진 배였다. 딸에게 그것이 무엇인지 묻자, 리타는 바로 '유조선'이라고 대답했다. 당시 굴벤키안의 나이는 59세였다. 그는 금세기 최대의 석유 거래를 완결한, 석유업계의 탈레랑이었다. 하지만 그때까지 유조선을 한 번도 본 적이 없는 사람이었다.[18]

11

부족에서
과잉으로

1919년 따분한 평화시대의 군 생활에 염증을 느끼던 미 육군 대위 드와이트 D. 아이젠하워는 군대 친구에게서 인디애나폴리스에 일자리가 있다는 이야기를 듣고 군복을 벗어야겠다고 생각했다. 그러던 차에 자동차 수송의 가능성과 향상된 고속도로 건설의 필요성을 타진하기 위해, 육군에서 미 대륙횡단 자동차 카라반에 참가할 장교를 모집한다는 소식을 듣게 되었다. 그는 지긋지긋한 군 생활에서 벗어나 서부에서 가족들과 휴가를 즐기고 싶다는 생각에 얼른 지원했다. 훗날 그는 "자동차로 대륙을 횡단하는 것은 당시로서는 큰 모험이었다"라고 회고했다. 그 여행은 그에게 '트럭과 탱크를 이용한 미개척 상태의 미 대륙 횡단'으로 기억되었다.

여행은 1919년 7월 7일 시작되었는데, 출발일에 백악관 남쪽 정원에 도로원표道路元標가 세워졌다. 카라반은 트럭 42대, 참모와 감시·정찰용 승용차 5대로 구성되었고, 부속 대열에는 오토바이, 구급차, 탱크 트럭, 이동 식당, 이동 수리점, 통신대의 탐조등이 포함되어 있었다. 아이젠하워가 보기에, 차량을 모는 운전자들은, 말투나 운전 솜씨로 미루어 내연기관 차량보다 마차를 모는 데 더 익숙한 것처럼 보였다. 처음 3일간은 본 대열이 한 시간에 5.75마일밖에 나아가지 못해, 서행하는 병력 수송 열차의 속도보다 못했다고 아이젠하워는 말했다. 여행 기록은 차축이 부러지고, 팬벨트가 끊어지고, 점화 플러그가 나가고, 브레이크가 파열되었다는 내용으로 가득 차 있었다. 아이젠하워는 당시 도로 사정에 대해 "평지가 있는가 하면 끊긴 도로도 많았다. 어떤 곳에서는 육중한 트럭이 도로에 처박혀 캐터필러(무한궤도 차량)로 하나씩 끄집어내야 했다. 60~100마일을 나아가는 동안 그런 일을 3~4회나 겪는 날도 있었다"라고 말했다.

7월 7일 워싱턴을 출발한 카라반 대열은 9월 6일에야 샌프란시스코에 도착해 환영식에 참석했다. 캘리포니아 주지사는 그들을 '불후의 49세대(1849년 금광열에 들떠 캘리포니아로 간 사람들)'에 비교하면서 일행을 찬양하는 연설을 했다. 아이젠하워는 앞일을 내다보고 있었다. 그는 카라반 대열에 참여하면서 2차선 고속도로의 필요성을 생각하게 되었다고 회상했다. 그로부터 35년이 지난 후, 그는 미국의 대통령이 되어 주간州間 고속도로망 건설을 강력히 추진했다. 1919년 미국의 오지를 통과해 구불구불 미 대륙을 횡단했던 카라반 대열은 미국인들에게 '자동차 시대'라는 신기원의 여명을 밝혀주었다.[1]

바야흐로 여행의 시대

1916년 헨리 디터딩은 미국 쉘사의 중역에게 보낸 서신에서 "금세기는 여행의 세기다"라고 말했는데, 이는 전쟁의 불안감을 떨치기 위해 사람들이 더 많이 여행하기를 바랄 거란 생각에서 나온 말이었다. 전쟁이 끝난 후 채 1년도 지나지 않아 그의 예언은 현실이 되었다. 석유산업뿐 아니라 미국인들의 생활양식이 크게 변한 것이다.

변화는 엄청난 속도로 진행되었다. 1916년 미국의 자동차 등록 대수는 340만 대였는데, 1920년대 평화와 번영을 구가하면서 자동차 생산은 급속히 증가했다. 1920년대 말, 미국 내 자동차 등록 대수는 2,310만 대가 되었다. 자동차당 평균 주행거리도 계속 늘어나 1919년 4,500마일에서 1929년에는 7,500마일에 이르렀다. 이들 자동차들은 휘발유를 연료로 사용했다.

자동차가 널리 보급됨에 따라 미국 사회의 양상은 크게 바뀌었다. 프레드릭 루이스 앨런은『온리 예스터데이Only Yesterday』라는 책에서 1920년대의 신풍속도를 다음과 같이 묘사했다 "한때는 '철길가'에 있었기 때문에 번창했던 마을들이 초라하게 변했고, '61번 도로' 옆에 있는 마을들은 자동차 수리점, 주유소, 핫도그 가게, 레스토랑, 다방, 여행자 휴게소, 캠핑장 등이 들어서면서 번창했다. 도시 간을 운행하는 전차들은 사라졌고, 철도를 연결하는 지선들도 폐지되었고 …… 1920년대 초에는 어느 도시에서나 교통경찰 혼자서 교차로의 교통을 충분히 통제할 수 있었는데, 1920년대 말에는 그렇지 못했다. 붉은 신호등, 파란 신호등, 점멸 신호등, 일방통행로, 횡단보도, 엄격한 주차 규칙 등등……. 매주 토요일, 일요일 오후에 주요 도로를 꽉 메우고 있는 차량 홍수는 여전하고 …… '증기의 시대'는 가고 '휘발유의 시대'가 온 것이다."

자동차 혁명의 영향은 다른 어느 나라에서보다 미국에서 강력했다. 1929년 전 세계 자동차의 78%가 미국에서 운행되고 있었다. 그해 미국에서는 5명당 1대꼴로 자동차를 보유하고 있었는데, 영국이 30명당 1대, 프랑스가 33명당 1대인 것과 비교하면 엄청난 수치다. 독일은 102명당, 일본은 702명당, 소련은 6,130명당 1대꼴로 자동차를 보유하고 있었다. 미국은 두말할 것도 없이 최대의 휘발유 소비국이었다. 석유산업의 기본 체제는 극적으로 변화했다. 1919년 하루 103만 배럴이었던 미국의 석유 수요는 1929년 258만 배럴로 2.5배 증가했고, 총에너지 소비 중 석유의 비중은 같은 기간 10%에서 25%로 늘어났다. 석유 소비 중에서도 휘발유의 소비 증가가 가장 컸고, 1929년 휘발유와 연료유의 소비는 전체 석유 소비의 85%를 차지했다. 등유의 소비나 생산량은 무시해도 좋을 정도였다. '새로운 불빛'에서 '새로운 연료'로 주용도가 바뀐 것이다.[2]

휘발유의 마력

미국 사회가 자동차 문명 시대에 접어들면서 한 가지 중요한 발전이 이루어졌다. 즉 새로운 연료, 새로운 생활양식에 맞추어 휘발유 주유소가 등장해 크게 번창한 것이다. 1920년대 이전에는 휘발유 대부분이 소매상에서 팔렸다. 자동차용 연료는 깡통이나 다른 용기에 담겨 계산대 밑이나 가게 뒤쪽에 놓여 있었다. 석유제품에는 상표도 없었다. 고객들은 자신이 산 휘발유가 진짜인지, 값싼 나프타나 등유가 섞인 질 나쁜 가짜인지 확인할 수 없었다. 더욱이 판매 체계도 매우 번거로웠다. 자동차 시대 초기에는 몇몇 소매상이 휘발유를 소형 짐차에 싣고 집집마다 배달해주었다. 그러나 소형 짐차가 폭발하는 사고가 종종 일어나자 그 방법은 널리 쓰이지 못했다.

개선된 휘발유 판매 방식이 소위 '드라이브 인 주유소'였다. 최초의 '드라이브 인 주유소'를 세우는 데는 여러 사람이 선구자적인 역할을 했다. 「전국석유 뉴스National Petroleum News」라는 잡지에 따르면, 1907년 세인트루이스에 '오토모빌 가솔린사'가 가장 먼저 세워졌다. 잡지는 업계 소식란에 '자동차 운전자를 위한 주유소'라는 제목 아래 '세인트루이스에 있는 오토모빌 가솔린사는 자동차용 휘발유 판매의 새로운 방식을 시도해 성공했다'라는 기사를 실었다. 잡지 편집자의 관심을 끈 혁신적인 방법을 고안해낸 사람은 "이제 고물 더미 속에서 훌륭한 것을 얻게 되었다"고 기뻐했다. 편집자는 1호 주유소는 가

보지 못했지만, 세인트루이스에 있는 오토모빌 가솔린사의 2호 주유소를 방문했다. 그의 눈에도 주유소가 정말이지 고물 더미처럼 보였다. 양철로 지은 작은 오두막 안에 휘발유가 2통 놓여 있고, 바깥에는 낡은 온수 탱크가 높은 선반 위에 설치되어 있었다. 즉 휘발유는 중력에 의해 호스를 지나 자동차 속으로 빨려 들어가는 것이었다. 모든 조작은 질척거리는 바닥에서 이루어졌다. 그 주유소는 규모가 작아 얼기설기 이어 붙인 것처럼 보였으며, 지저분하고 곧 쓰러질 듯한 탱크 한두 개를 갖추었을 뿐이었다. 비포장의 좁은 길을 지나야 겨우 닿을 수 있는, 전형적인 초창기 주유소였다.

1920년대 이전에는 주유소가 그다지 발전하지 못했다. 1920년에는 휘발유를 파는 곳이 10만여 곳에 이르렀으나 그중 절반은 식료품 가게, 일반 상점, 철물점 등을 겸하고 있었다. 그로부터 10여 년이 지난 후에는 이들 상점 중 휘발유를 판매하는 곳은 거의 없었다. 1929년의 휘발유 소매상은 30만 개 정도로 추정되는데 거의 대부분이 주유소나 자동차 정비소였다. 특히 드라이브 인 주유소는 1921년 1만 2,000개였던 것이 1929년에는 14만 3,000개로 늘어났다.

대도시의 도로 모퉁이, 소도시의 주요 도로, 시골 마을의 교차로 등 어디에나 주유소가 들어섰다. 로키 산맥 동부에서는 이 시설을 '충전소filling station'라 불렀고, 서부에서는 '서비스 스테이션service station'으로 통했다. 1921년 텍사스 주 포트워스에 주유기 8개와 3방향 진입로를 갖춘 대형 주유소가 개장하면서 현대적인 주유소 시대가 시작되었다. 그러나 대형 간판, 휴게 시설, 멋진 정원, 포장된 진입로 등을 갖춘 진정한 의미의 현대적인 주유소가 태동한 곳은 캘리포니아, 그중에서도 로스앤젤레스였다. 1920년대 말, 쉘이 개발한 과자 상자 형태의 표준형 주유소들이 엄청난 속도로 전국에 보급되었다. 이들 주유소에서는 휘발유 외에도 소위 'TBA'라 불리는 타이어, 배터리, 액세서리가 함께 판매되었다.

인디애나 스탠더드오일은 주유소를 변신시켰다. 휘발유 외에 엔진오일, 가구용 왁스, 재봉틀 및 진공청소기용 기름에 이르기까지 모든 종류의 석유제품을 판매하는 대형 상점으로 바뀐 것이다. 새로운 형태의 주유기는 미국 전역에 급속도로 보급되었고, 주유기 꼭대기에 있는 유리통 속으로 휘발유가 빨려들어가도록 만들어졌다. 고객들은 유리통을 통해서, 휘발유가 호스를 거쳐 자기 자동차의 연료 탱크로 흘러 들어가는 것을 볼 수 있었기에 신뢰감을 갖게 되었다.

주유소의 수가 늘어나면서 경쟁이 격화되자, 주유소들은 새 시대의 감각에 맞는 새로운 심벌마크를 만들기 시작했다. 텍사코는 별, 쉘은 조가비, 선 오일은 빛나는 다이아몬드, 유니온은 '76', 필립스는 '66'(이러한 숫자 심벌은 고속도로 번호나 하인즈 식품의 '57종種'이라는 상표명에서 착안한 것이다), 소코니는 비마飛馬, 걸프는 오렌지색 원반, 인디애나 스탠더드는 붉은 왕관, 싱클레어는 뇌룡雷龍, 뉴저지 스탠더드는 국기의 색깔에서 따온 적·백·청색을 심벌로 삼았다. 경쟁이 치열해지자 석유회사들은 전국적으로 통용할 등록상표를 개발했다. 이러한 석유회사들의 상표가 미국 대륙의 모든 도로를 따라 세워지면서 운전자들에게 자신이 사용하는 제품에 대한 친근감, 신뢰감, 안정감을 주는 일종의 종교적 상징물이 되었다.

'지도의 발전에 커다란 공헌을 했다'는 한 전문가의 말처럼, 주유소는 석유회사의 도로 지도 작성에 토대를 제공했다. 최초의 자동차 운전자용 도로 지도는, 1895년 「시카고 타임스 헤럴드」지가 후원한 54마일 자동차 경주 대회를 위해 신문에 게재된 것으로 보인다. 하지만 1914년 걸프사가 피츠버그에 최초의 주유소를 개업하면서, 지방 광고업자에게 그 지역의 도로 지도를 만들게 해서 고객들에게 무료로 배포한 것이 본격적인 최초의 도로 지도라 할 수 있다. 1920년대 들어 많은 미국인이 자동차를 타고 도로를 이용하게 됨에 따라 도로 지도는 크게 인기를 끌었고 운전자의 필수품이 되었다.

당시 주유소 고객들은 많은 서비스를 제공받았다. 1920년 무렵, 캘리포니아 쉘사는 종업원들에게 무료로 제복을 제공하고 주당 세 차례 세탁비를 지급했다. 그들은 근무시간 중 신문이나 잡지를 읽는 것이 금지되었고, 팁도 받지 못했으며, 자기 회사의 고객이든 아니든 누구에게나 타이어에 바람을 넣어주고 음료수를 제공했다. 1927년 무렵 주유소 종업원들은 고객에게 의례적으로 "타이어를 손봐드릴까요?"라고 묻게 되었다. 또한 주유하는 동안 '사적인 의견이나 인종적 편견'을 피력하는 것이 허용되지 않았고, 동양계나 라틴계 고객들 앞에서는 대화 중 변형된 영어를 구사하지 않도록 주의를 기울여야 했다.

선전과 홍보를 통해 주요 지역, 나아가 전국적으로 자기 회사의 상표를 알리고자 한 것이다. 휘발유 판매량을 크게 끌어올린 장본인은 브루스 바튼이라는 광고업자였는데, 업계에서 대단한 발언권을 가지고 있었다. 그는 1925~26년에 걸쳐 베스트셀러가 된 『예수의 인간 경영과 마케팅 전략The Man Nobody Knows』이라는 책으로 커다란 명성을 얻었다. 그는 이 책에서, 예수는 '예루살렘에서 가장 유명한 만찬의 손님'이었을 뿐만 아니라 '현대적인 비즈니스의 창시자'이기도 하며 '당대 최고의 광고가'였다고 말했다. 1928년 바튼은 석유업자들에게 '휘발유의 마력'에 대해 심사숙고할 것을 요구하며 "당신의 주유소 옆에 한 시간만 서서 휘발유를 사러 온 사람들과 이야기를 나눠보십시오. 1달러어치의 휘발유가 1주일간 그들의 생활 속에서 어떠한 기적을 만드는지 찾아보기 바랍니다"라고 말했다.

"여러분이 팔고 있는 것은 영원한 젊음의 샘에서 나오는 액체입니다. 그것은 건강과 안락을 주고 성공에 이르게 합니다. 그럼에도 불구하고 당신들은 1갤런에 몇 센트씩이나 받고 고약한 냄새가 나는 액체를 팔아왔다고 생각하며,

거기에서 벗어나려는 노력은 기울이지 않았습니다. …… 이제 눈을 돌려 세상 사람들을 보십시오. 당신이 판 휘발유가 그들의 생활에서 어떠한 기적을 낳고 있는지 눈여겨보십시오."

기적이란 일종의 기동성을 의미했다. 사람들은 자신이 원하는 시간에 원하는 곳에 갈 수 있게 되었다. 바튼의 메시지는 이익이나 매출, 재고, 시장점유율, 기름투성이 제복에 대해 걱정하고 있던 석유업자들을 크게 고무했다. 확실하지는 않지만, 휘발유 소매 사업은 1920년대 말 무렵 대형 사업으로, 그리고 매우 수지맞는 사업으로 발전했다.[3]

'티포트 돔' 스캔들

휘발유 가격은 이제 많은 미국인들의 생활과 가계에 영향을 미치게 되었다. 1920년대에는 휘발유 가격 인상이 으레 원성의 대상이었고, 신문 기삿거리였으며, 주지사와 상원의원, 심지어는 대통령까지 가세해 논의하는 주제였다. 심지어 가격 인상은 연방정부의 여러 기관으로부터 조사를 받는 대상이 되었다. 1923년 휘발유 가격이 폭등한 직후 위스콘신의 저명한 상원의원 로버트 라폴레트('화이팅 보브'라는 별명으로 불림)는 휘발유 가격에 대한 공청회를 개최해 커다란 논란을 불러일으켰다. 그가 위원장을 맡고 있는 소위원회는 다음과 같이 경고했다. "소수의 대형 석유회사들이 1920년 1월 이후 행해온 바와 같이 앞으로도 유가 조작을 하도록 내버려둔다면, 이 나라 사람들은 머지않아 휘발유 1갤런당 최소한 1달러를 지불해야 할 것이다." 하지만 이런 경고는 공급 과잉으로 가격이 떨어짐에 따라 설득력을 잃게 되었다. 라폴레트의 비관적인 예상과는 달리, 휘발유 소매가는 1927년 4월 샌프란시스코에서 갤런당 13센트, 로스앤젤레스에서는 15센트로 떨어졌다.

사실 라폴레트의 휘발유 가격 조사는 부차적인 것이었고, 그는 다른 것을 겨냥하고 있었다. 그가 미국 역사상 가장 유명하고 괴상한 스캔들인 '티포트 돔Teapot Dome' 사건을 상원에서 처음으로 폭로했기 때문이다. 와이오밍 주에 있는 티포트 돔은 지질 구조가 찻주전자의 뚜껑과 비슷하게 생겼다 해서 붙여진 이름인데, 미 해군이 석유 보류지保留地로 확보한 3개 유전 가운데 하나였다. 제1차 세계대전 이전, 태프트와 윌슨 행정부에서 미 해군은 해군의 연료를 석탄에서 석유로 전환해야 할 것인가에 대한 논란 끝에 석유 보류지를 확보하기로 결론을 내렸다.

이 논란은 윈스턴 처칠, 피셔 제독, 마커스 새뮤얼 등이 영국에서 벌인 논쟁과 유사했다. 미국인들은 석탄에 대한 석유의 우월성이나 산유국으로서 미국의 유리한 입장을 분명 인식하고는 있었다. 그러나 한 미국의 해군 장교가 말했던 것처럼 '공급이 부족하면 군함의 기동력과 국가의 안전을 위협할 수도 있는' 가능성에 대해 크게 우려하고 있었다. 아주 급박한 위기상황에서 석유가 동나버린다면 어떻게 할 것인가? 이러한 의문이 제기되었지만 석유의 우월성을 부정할 수는 없었다. 영국과 마찬가지로 미 해군은 1911년 함대의 연료를 석유로 전환하기로 결정했다. 이듬해에 미국 정부는 석유의 공급 불안을 해소하기 위해 석유 생산 가능성이 높은 지역을 대상으로 해군의 석유 보류지 확보에 착수했다. 이러한 보류지들은 '예기치 못한 긴급사태 시 공급 확보'를 위한 것으로, 전쟁이나 위기가 발생할 때에도 생산할 수 있어야 했다. 그러나 워싱턴 정가에서는 정부가 이들 석유 보류지를 직접 관할할지, 민간에 대여해 부분적으로 개발하게 할지에 대한 논란이 장기간 지속되었다. 이는 공유지의 자원을 민간이 개발하게 하자는 측과, 연방정부의 관리하에 두고 보존과 사용을 결정하자는 측의 논쟁으로, 20세기에 지속된 공공정책에 관한 논란의 일부였다.

'대통령처럼 생겼다'는 이유로 공화당 대통령 후보로 뽑힌 워런 하딩은 1920년 백악관의 주인이 되자, 자원 논쟁을 벌이고 있는 양 진영에 대해 '자원의 개발과 보호를 조화시켜나가는 방법'을 모색하라고 호소했다. 그러나 그는 뉴멕시코 출신의 상원의원 앨버트 폴을 내무장관에 임명함으로써, 자신이 자원 보호보다는 개발 정책을 지지한다는 사실을 은연중 드러냈다. 폴은 목장주, 변호사, 광산주로 성공한 사람으로, 정치적으로도 막강한 힘을 가지고 있었다. 한 잡지는 "그는 옛날 텍사스의 보안관 같은 개척자에다 거칠고 기민한 양손잡이 권투 선수였고, 젊은 시절에는 매우 빠르고 정확한 총 솜씨를 가졌던 것으로 알려져 있다"라고 그를 평했다. 그는 검은색 카우보이모자와 말을 아주 좋아하는 전형적인 서부 사나이였으며, 공유지의 처분에는 제한이 없다는 믿음을 갖고 있었다. 논쟁에서 그와 반대 입장에 섰던 사람들은 그를 달리 보았다. 보호론을 주도하던 어떤 사람은 그를 '개발 패거리'의 일원이라고 묘사하며, "그보다 더 악한 사람이 내무장관이 되기는 쉽지 않을 것이다"라고 말했다.

폴은 해군 석유 보류지 관리권을 해군부에서 내무부로 이관하는 데 성공했고, 그 후 민간회사에 임대해주려고 했다. 하지만 그의 활동은 세간에는 잘 알려져 있지 않았다. 1922년 봄, 임대계약이 체결되기 직전에 스탠더드오일의 월터 티글이 광고업자인 앨버트 래스커의 사무실을 갑자기 방문했다. 래스커는 당시 하딩의 선거운동을 지휘하고 있었고, 미국해운업협회 회장직을 맡고 있었다. 티글은 래스커에게 이렇게 말했다. "나는 미리 낌새를 알아챈 업계를 통해, 내무부가 '티포트 돔' 임대계약을 곧 체결할 것임을 알고 있습니다. 나는 '티포트 돔'에는 관심이 없고, 뉴저지 스탠더드오일 역시 아무 관심이 없습니다. 그러나 당신은 이런 내용을 대통령께 전해야 된다고 생각합니다."

래스커는 몇 번 망설인 끝에 대통령에게 티글의 메시지를 전했다. 하딩은 집무실을 서성거리며 고심하다가 "이런 소문을 처음 듣는 것이 아니오. 하지만 앨버트 폴이 정직한 사람이 아니라면 나는 미국의 대통령이 될 자격이 없소"라고 말했다. 이 두 가지 사실에 대한 진위 여부는 곧 엄격하게 가려졌다.[4]

폴은 싱클레어 석유가 생산하는 석유를 미국 정부가 책임지고 매입해준다는 아주 유리한 조건으로, '티포트 돔'을 해리 싱클레어에게 임대했다. 그는 또한 매장량이 더 풍부한 캘리포니아의 엘크 힐Elk Hill 보유지를 에드워드 도헤니에게 임대했다. 이들 두 사람은 미국의 석유업자 중 잘 알려진 사람들이었고, 스탠더드오일과는 무관하게 혼자 힘으로 사업을 일으킨 기업가들이다. 그중 도헤니는 전설적인 인물이었다. 처음에는 탄광 일에 종사했는데, 광산에서 갱목이 무너지는 사고로 두 다리가 부러져 병상에 누워 있는 중에도 변호사가 되기 위해 공부를 했다고 한다. 또한 그가 칼 한 자루만 가지고 사자를 물리쳤다는 얘기도 전해진다. 도헤니는 1920년대에 큰돈을 모아 팬 아메리칸 오일을 설립했는데, 어떤 스탠더드오일의 후계 회사보다도 더 많은 석유를 생산했다. 그는 민주·공화 양당의 정치인 모두에게 정치자금을 제공하고 있었다.

캔자스의 작은 마을에서 약사의 아들로 태어난 해리 싱클레어도 비슷했다. 그는 아버지의 뒤를 이어 약사가 되는 교육을 받았지만, 20세 되던 해에 투기에 실패해 약국을 잃었다. 실의에 빠져 있던 그는 석유 굴착 설비용 목재를 팔아 생계를 꾸렸고, 캔자스 남동부와 오클라호마의 오세이지 인디언 거주지역에서 소규모 유전의 소유권을 매매하는 일을 했다. 그는 투자자들을 끌어들여 조그만 석유회사들의 이권을 매매했다. 그는 노련한 상인이자 자신을 과신하는 힘 있고 독단적인 사업가였는데 어느 누구에게도, 특히 투자자들에게도 쉽게 머리를 숙이지 않았다. 그의 동료 중 한 사람은 "그가 앉는 곳이 바로 상석이었다"라고 말했다. 그는 자기가 갈 길만을 고집했다. 싱클레어는 오클라호마의 글렌 풀 유전에 전 재산을 투자해 큰돈을 벌어들였다. 새로 개발된 오클라호마 유전은 아직 파이프라인이 닿지 않았지만 생산이 활발히 이루어지고, 매장량도 풍부한 것으로 알려져 있었다. 그는 거기서 생산되는 석유를 배럴당 10센트씩에 모두 사들인 다음, 철제 저장 탱크를 급조해 저장했다가 파이프라인이 완공되자 배럴당 1달러 20센트씩에 판매했다.

제1차 세계대전까지 싱클레어는 미국 중부에서 가장 큰 독립계 석유 생산 업자였다. 그러나 대형 종합석유회사에 석유를 팔아넘겨야 하고 그들의 눈치를 보아야 한다는 사실이 항상 싱클레어를 괴롭혔다. 1916년 그는 5,000만 달러의 자금을 모아 종합석유회사를 설립했는데, 그 회사는 곧 미국 10대 석유회사에 진입했다. 새로 설립한 회사의 절대군주로 군림하게 된 싱클레어는 미국 내의 어느 기업과도 싸울 준비가 되어 있었다. 그는 자신이 원하는 일은 반드시 관철해야 한다고 생각했는데, 그중 하나가 바로 '티포트 돔'이었다.

1922년 4월, 내무부는 여러 가지 좋지 않은 소문들이 난무하는 가운데 도헤니 및 싱클레어와 임대계약을 체결했다. 한 자원 보호론자는 "폴 씨는 말만 번지르르한 대형 석유업자들과 아주 가까운 사이다"라고 비난조로 말했다. 라폴레트 상원의원이 즉시 조사에 착수했다. 그는 보류지 관리권이 해군부에서 내무부로 이관된 것과 민간 임대에 반대했던 해군 장교들이 벽지의 기지로 좌천되었다는 사실을 알게 되었고, 그의 의심은 점차 커졌다. 그러나 1년 뒤인 1923년 3월, 폴이 내무장관 직을 사임할 때까지도 의심은 의심에 그쳤다. 비록 폴은 논쟁에 휩싸이는 경우가 많았지만, 여전히 공인으로 신뢰와 존경을 받았다.

이 무렵 하딩 행정부는 스캔들과 비리 사건의 수렁에 깊이 빠져들고 있었다. 하딩 자신은 정부情婦를 두고 있다는 비난 때문에 고전을 면치 못했다. 그는 캔자스 평원을 달리는 전용 객차 안에서 다음과 같이 말했다 "나는 정적들과 마찰을 빚고 싶지 않다. 나는 그들을 억누를 수 있지만 나를 곤란한 입장에 빠뜨리고 있는 것은 나의 친구들이다." 하딩 대통령은 그 후 얼마 안 되어 샌프란시스코에서 서거했다. 의사는 그의 사인이 색전증이라고 발표했으나, 어떤 신문의 편집자는 '공포와 치욕 그리고 극도의 혼란 상태로 생긴 병' 때문이라고 말했다. 부통령인 캘빈 쿨리지가 대통령직을 승계했다.

한편 상원 공유지위원회에서 '티포트 돔' 사건을 다루게 되었다. 여전히 확증은 없었고, 어떤 사람들은 이 사건이 '찻주전자 속의 태풍'에 지나지 않을 것이라 말하기도 했다. 그러나 이때 주목할 만한 사실들이 드러나기 시작했다. '티포트 돔' 임대계약이 체결되던 무렵, 폴이 엄청난 비용을 들여 자신의 뉴멕시코 목장의 대대적인 보수작업에 착수했고, 작은 양철 상자에서 100달러짜리 지폐를 꺼내 이웃 목장의 일부를 사 들였다는 사실이 밝혀진 것이다. 그가 그렇게 많은 돈을 어떻게 마련했는지 의문이 제기되었다. 폴은 『워싱턴 포스트』지의 발행인인 네드 맥리안에게 10만 달러를 빌렸다고 변명했다. 병으로 거동하기 힘들었던 맥리안은 팜비치에서 기자회견을 갖고 사실 대부분은 시인했으나, 폴이 며칠 후에 수표를 그대로 돌려주었다고 말했다. 얼마 지나지 않아 더 놀라운 사실이 밝혀졌다. 싱클레어의 비서가 '만약 폴이 요구하면 2만 5,000~3만 달러를 주어야 한다'는 말을 싱클레어가 한 적이 있다고 증언한 것이다. 사실 폴은 실제로 돈을 요구했었다. 짤막한 메모만 남기고 유럽으로 떠난 싱클레어는 기자들을 피하기 위해 허둥지둥 파리를 떠나 베르사유로 갔다. 이때 에드워드 도헤니가 진짜 폭탄 발언을 했다. 1924년 1월 24일, 상원위원회에서 자신이 폴에게 10만 달러를 주었으며, 자신의 아들이 작은 검은색 가방에 현찰을 넣어 폴의 사무실에 전달했다고 증언했다. 도헤니는 그 돈이 뇌물이 아니라 옛 친구에게 빌려준 것이라 주장했다. 수십 년 전 도헤니와 폴은 함께 금광을 개발한 적이 있었다. 심지어 도헤니는 폴이 서명한 것으로 보이는 찢어진 어음을 증거로 제시했는데, 서명 부분이 찢겨나가 있었다. 도헤니는 만약 자신이 갑자기 죽게 될 경우 부당한 상환 요구로 폴이 난처한 입장에 빠지지 않도록, 아내에게 어음의 서명 부분을 보관하고 있게 했으며 그것은 사려 깊은 우정의 발로였다고 설명했다.

폴은 병 때문에 증언할 수 없다고 했는데, 몇몇 사람은 이 말을 듣고 불과 몇 년 전에 일어났던 일을 떠올렸다. 1920년 당파심이 매우 강했던 폴은 다른 상원의원과 동행해, 민주당의 우드로 윌슨 대통령이 정말 뇌졸중으로 쓰러졌는지 아니면 소문처럼 발작 증세를 보인 것인지 조사하기 위해 백악관을 방문했다. 폴은 윌슨에게 "대통령 각하, 우리 모두는 각하의 건강을 위해 기도하고 있습니다"라고 진지하게 말했다. 윌슨은 폴에게 무기력한 목소리로 "어떤 방법으로요? 폴 의원!"이라고 대답했다. 사람들은 이제 폴 자신이 병들어 누워 있는지 조사받아야 할 차례라고 말했다. 이상한 소문들이 계속 폭로되면서 폴의 명성은 땅에 떨어졌다. 수사 당국은 팜비치에 있던 「워싱턴 포스트」지의 발행인 맥리안과 워싱턴 정가의 여러 사람들 사이에 법무부의 옛날 암호를 이용한 전보가 오갔다는 사실을 밝혀냈다. 오클랜드에 살고 있는 전설의 열차 강도가 상원위원회에서 증언하기도 했다. 증언을 거부해 상원 모독죄로 기소된 해리 싱클레어는 '번즈 탐정사무소'에 의뢰해 배심원들을 미행하게 했는데, 이는 영미법 체제에서 감히 상상도 할 수 없는 짓이었다. 1924년 「뉴 리퍼블릭 The New Republic」이라는 잡지는 당시 상황을 다음과 같이 묘사했다. "워싱턴은 어깨 깊이까지 석유에 빠져 있다. 신문 기자들은 다른 기사는 다루지 않는다. 호텔에서도, 거리에서도, 만찬에서도 석유만이 화젯거리다. 의회에서도 다른 일은 제쳐두고 석유에만 매달려 있다."

1924년 대통령 선거가 임박하자, 캘빈 쿨리지는 백악관의 주인이 되기 위해 여념이 없었다. 이런 시점에서 쿨리지는 가능한 한 석유 문제를 거론하지 않으려 했고, '티포트 돔' 스캔들의 불똥이 자신에게 튀지 않도록 노력하고 있었다. 쿨리지가 수세에 몰리자 한 공화당 하원의원은 "쿨리지가 '티포트 돔' 사건과 관련된 점이 있다면 석유램프 불빛 아래에서 대통령 선서를 했다는 사실 뿐이다"라고 변호했다. 쿨리지에 대한 이와 같은 옹호 발언도 별 도움은 되지 못했다. 민주당은 '티포트 돔' 스캔들을 선거 쟁점으로 삼을 생각이었다. 그러나 민주당 측은 쿨리지의 정치적 수완을 과소평가했고, 더불어 자신들의 약점을 간과하고 있었다.

민주당원이던 도헤니는 우드로 윌슨 내각의 전임 각료 중 적어도 4명에게 수입이 좋은 일자리를 마련해주었다. 그는 또한 우드로 윌슨의 사위이자 1924년 민주당 대통령 후보 지명 경쟁에서 선두를 달리고 있던 윌리엄 매커두에게 변호사 수임료라는 명목으로 15만 달러를 지불했다. 이러한 사실이 공개되자 매커두는 지명 경쟁에서 탈락했고, 대신 존 W. 데이비스가 민주당 대통령 후보로 지명되었다. 게다가 상원의 '티포트 돔' 사건 조사위원회 위원장을 맡은 민주당 의원이 몬태나 주의 석유 개발 계획에 관해 도헤니와 논의한 일이 있었다는 사실이 밝혀지기도 했다.

'티포트 돔' 사건에 대한 불만의 목소리가 높아지자 쿨리지는 반격을 가했다. 그는 하딩의 심복들을 해임했고, 부정을 맹렬히 비난했고, 민주당계와 공화당계 1명씩을 특별검사에 임명했다. 이렇게 함으로써 그는 스캔들에서 벗어나게 되었다. 1924년 대통령 선거 유세에서 '침묵의 캘빈'이라는 칭호에 어울리도록 그는 할 수 있는 모든 일을 했다. 그의 전략은 그 사건을 철저히 무시해 쟁점화되지 않게 하는 '침묵 유세'였다. 그는 석유와 관련된 주제는 전혀 건드리지 않았다. 이런 전략은 적중해 그 엄청난 '티포트 돔' 사건은 선거 유세에서 전혀 쟁점이 되지 못했고, 그 결과 쿨리지는 낙승을 거두었다.

그러나 스캔들 자체는 1920년대 내내 쟁점이 되었다. 1928년 싱클레어가 콘티넨털 무역회사라는 유령 회사를 통해 폴에게 수십만 달러를 건넸다는 사실이 밝혀졌다. 폴은 두 친구들, 즉 도헤니와 싱클레어의 편의를 봐준 대가로 최소 40만 9,000달러를 받은 것으로 드러났다. 부패하고 탐욕스러운 폴은 결국 1931년 형무소에 수감되었는데, 재임 중에 중죄를 범해 복역하게 된 최초의 각료가 되었다. 싱클레어는 법정 및 상원 모독죄로 징역 6개월 15일을 선고받았다. 그는 형무소로 가는 도중에 싱클레어 합동석유회사의 이사회에 잠시 들렀는데, 다른 이사들은 정식으로 신임 투표를 하자고 그에게 제안했다. 한편 도헤니는 결국 무죄 판결을 받았는데, 상원의원 하나는 "미국에서는 백만장자에게 유죄 판결을 내릴 수 없군!"이라고 불만을 토로했다고 한다.[5]

자유공채 리베이트 사건

이 사건에 대한 수사가 더 진행되면서 유령회사인 콘티넨털 무역회사의 정체가 드러났다. 당시 유수 석유업자들이 자기 회사가 생산한 석유를 그 유령회사를 통해 판매함으로써, 정부가 발행한 '자유공채自由公債, Liberty Bonds'를 리베이트로 챙겨왔다는 사실이 밝혀진 것이다. 해리 싱클레어는 리베이트로 받은 공채 중 일부를 폴에게 뇌물로 상납했다. 또 일부는 공화당 전국위원회에 헌금하기도 했다. 미국 국민들은 자유공채 리베이트를 받은 사람들 가운데 미국 석유업계의 거물이자 인디애나 스탠더드오일의 회장인 로버트 스튜어트 대령이 끼어 있다는 사실에 큰 충격을 받았다.

넓적한 얼굴에 육중한 몸집의 스튜어트는 러프 라이더즈Rough Riders(1898년 미국·스페인 전쟁 당시 시어도어 루스벨트가 조직한 의용기병대) 대원이었다. 그는 다른 주요 석유회사의 경영자들과는 달리 유전 현장에 대한 경험이 없었다. 인디애나 스탠더드오일에 변호사로 입사했다가 자신의 해박한 법률 지식을 이용해 회장의 자리까지 오르게 된 것인데, 그것은 놀라운 일이 아니었다. 반트러스트법에 따라 석유회사들이 해체되던 무렵엔 모든 석유회사들이 안은 제일 큰 골칫거리가 법률문제였는데, 스튜어트는 1907년 이후 인디애나 스탠더드와 관련된 법률문제에서 중심 역할을 해왔다. 당당하고 투지만만했던 스튜어트는 진취적 경영 방식을 통해, 1920년대 미국 휘발유 시장에서 제일가는 회사로 키웠다. '보브 대령'이라는 애칭으로 불렸던 그는 석유업계뿐 아니라 미국의 전산업계에서 가장 존경받고 칭송받던 사람 중 하나였다. 이렇게 고결한 사람이 '티포트 돔' 뇌물 사건에 연루되어 자신의 명예를 실추하리라고 누가 상상이나 했겠는가? 그는 몇 년간 콘티넨털 무역회사 및 자유공채에 관련된 질문을 회피하다가, 결국에는 76만 달러 상당의 공채를 받았음을 시인했다.

그가 '티포트 돔' 사건에 누구보다 깊숙이 연루되었음이 드러나자, 그때까지 회사의 경영에 거의 간섭하지 않았던 인디애나 스탠더드의 대주주는 비판의 소지가 있는 것은 모두 없애버리라고 스튜어트에게 강요했다. 그러나 그는 응하지 않았다. 1928년 그 대주주는 기회를 줄 만큼 주었다고 판단하고 스튜어트를 내보내기로 결심했다. '주니어'라고 불린 대주주는 존 D. 록펠러의 외아들이었다.

존 D. 록펠러 2세는 작은 키에 내성적이었으며, 진지하고 고독해 보이는 인물이었다. 그는 아버지를 숭배했고, 아버지에게서 배운 철저한 검약 정신이 몸에 배어 있었다. 그가 브라운 대학에 다니던 시절, 동급생들은 그가 접시 닦는 수건을 꿰매고 있는 것을 보고 크게 놀랐다고 한다. 무엇보다도 그는 어머니로부터 '의무'와 '책임', 그리고 '자신에게 솔직해지라'는 엄한 교육을 반복해서 받았다. 그는 아버지와는 달랐다. 가족 재산의 상당 부분을 사회에 체계적으로 기부하는 일을 인생의 사명으로 생각했다. 물론 많은 재산은 그대로 남겨두었다. 그는 시민운동과 사회활동에도 폭넓게 참여했고, 뉴욕 시 매춘 조사위원회의 위원장을 맡기도 했었다.

록펠러 2세는 아버지의 '여자 친구'이자 추문을 들추어내는 '복수의 여신'인 아이다 타벨과도 교류했다. 1919년 어느 회의석상에서 그녀를 만났을 때도 예의를 다해 대했다. 그로부터 몇 년 후, 아버지의 전기를 준비하고 있던 록펠러 2세는 타벨에게 전기의 기초자료로 사용할, 아버지와 나눈 대화 기록을 검토해달라고 부탁했다. 그는 그녀가 일을 쉽게 할 수 있도록, 맨해튼의 그라머시 공원에 있는 타벨의 아파트까지 손수 그 자료들을 가져다주었다. 타벨은 자료들을 검토한 후, 그 기록은 자기변호적일 뿐만 아니라 자신에 대한 비판을 회피하고 있다고 말했다. 그녀의 말을 수긍한 록펠러 2세는 동료에게 보낸 편지에 이렇게 적었다. '타벨 여사의 조언은 매우 유익했다. 지금처럼 불완전하고 편향적인 내용으로 전기를 출판하겠다는 생각은 아예 포기해야 한다.'

　그로부터 4년이 지난 1924년, 인디애나 스탠더드를 둘러싼 부정 사건이 일어났다. 록펠러 2세는 아이다 타벨이 스탠더드오일 트러스트의 부정을 폭로했을 때 이상으로 이 사건에 자극받았다. 그는 석유사업가라기보다는 자선사업가였는데, 후계 회사의 경영에는 거의 관여하지 않았다. 그의 아버지가 대악당의 이미지를 가졌던 것과 달리, 그는 개혁가로서의 모습을 보여주었다. 그는 인디애나 스탠더드에 개혁의 바람을 일으키는 일에 몰두했다. 스튜어트 대령 사건으로 상원위원회에서 행한 증언에서, 그는 회사뿐 아니라 전 산업계의 '기본적 도덕성'이 위기에 처했다고 말했다. 그러나 록펠러가는 회사 주식의 15%만을 소유하고 있었으므로, 스튜어트가 스스로 물러나기를 거부하자 록펠러 2세는 그를 몰아내기 위한 대리전에 착수했다. 이에 스튜어트는 격렬하게 저항하며 "그들이 싸우기를 원한다면 본때를 보여주겠다"라고 선언했다.

　스튜어트의 사업상 업적은 대단했다. 회사 경영을 맡았던 10년 동안 그는 회사의 순자산을 4배로 늘렸고, 이제는 특별배당과 주식 분배를 실시하겠다고 선언했다. 어떤 사람들은 이 싸움에 대해, 석유산업의 패권을 놓고 동부와 서부가 힘을 겨룬 것이라 평했다. 또 일부에서는 록펠러가가 전 산업에 대한 지배권을 다시 장악하고자 한 것이라 말하기도 했다. 그러나 록펠러가는 소리 높여 배당금을 요구하지 않았고, 승리만을 원했으며, 조직적으로 열심히 스튜어트의 퇴진 운동을 벌였다. 1929년 3월 열린 주주총회에서 록펠러가는 60%의 지지를 얻어 스튜어트를 축출하는 데 성공했다.

존 D. 록펠러 2세는 확연히 다른 방법으로, 아버지가 세운 스탠더드오일 트러스트의 후계 회사 중 하나에 직접 관여했다. 그는 단지 돈을 벌기 위해서가 아니라 자신의 체면과 지위를 유지하기 위해 일했다. 또한 정부와 일반 대중의 공격으로부터 석유산업을 지키고 록펠러가의 이름을 수호하기 위해 노력했다. 이런 그의 노력에 대해 심한 비판이 따르기도 했다. 화가 난 스튜어트 지지자는 다음과 같은 내용의 편지를 록펠러에게 보냈다. "옛날 스탠더드오일 초창기의 당신 아버지 기록을 조사한다면 스튜어트 대령보다 열 배도 넘게 못된 짓을 한 것을 알 것입니다. …… 50년 전 당신의 아버지가 저지른 오점을 씻어낼 수 있는 비누는 이 세상에 없습니다. 손을 더럽히지 않은 사람만이 다른 사람을 비판할 자격이 있습니다."

어느 대학교수는 이러한 견해에 대해 반론을 제기했다. "대학에 기부금을 내고 연구활동을 지원하는 것이, 사람들에게 올바른 기업 운영 방법을 가르쳐 주는 것보다 더 큰 역할을 한다고 생각한다." 미국의 자본주의와 석유산업은 과거처럼 탐욕스러운 행태를 보일 수 없었다. 이제는 몇몇 사람의 운명이 걸린 문제가 아니라 석유산업 전체의 앞날이 걸려 있었다. 그리고 석유산업에 대해 일반 대중이 가지는 이미지를 염두에 두어야 했다. 만약 록펠러 2세의 손이 깨끗했다면 폴, 도헤니, 싱클레어, 스튜어트 등이 연루된 '티포트 돔' 사건이 일어났을 때에도 일반 대중이 스탠더드오일 트러스트에 대해 갖고 있던 나쁜 이미지가 되살아나지는 않았을 것이다.[6]

지구물리학과 행운

자동차 시대의 초창기, 많은 미국인들은 휘발유라는 '새로운 연료'가 바닥나버리지 않을까 노심초사했다. 1917년부터 1920년 사이에 미국에서는 새로운 유전이 거의 발견되지 않았고, 권위 있는 지질학자들은 미국의 석유 생산이 머지않아 한계에 이를 것이라는 우울한 예언을 했다. 석유 정제업자들도 제1차 세계대전 이후의 수요 증가로 공급 부족 사태가 발생할 것이라 예상했다. 일부 정유공장들은 원유의 공급 부족으로 가동률이 50%로 떨어졌고, 미국 각지에서는 등유와 휘발유가 동나버린 지방 소매업자들이 속출했다. 언젠가 뉴저지 스탠더드의 월터 티글이 원유 공급에 대한 비관론은 석유업계의 만성적 질병이라 말한 바 있듯이, 업계에서는 석유 부족에 대한 견해가 지배적이었다.

그러나 이미 바퀴는 굴러가기 시작했다. 새로운 공급원을 개발하려는 온갖 노력을 했지만, 공급 부족이 예상되면서 가격 상승의 압력만 가중되었다. 오클라호마산 원유는 1916년 배럴당 1.20달러였는데, 원유가 동나버린 정제업자들 간의 경쟁으로 1920년에는 3.36달러까지 상승했고, 기록적인 숫자의 유정이 시추되고 있었다.

석유탐사 기술도 발전하고 있었다. 1920년 이전까지 석유산업에 적용되는 지질학은, 지표 상에 관측되는 지형의 지도를 작성해 유전이 있을 만한 장소를 찾아내는 '지표지질학'을 의미했다. 그러나 1920년 무렵에는 '지표지질학'으로 찾아낼 만한 유전이 거의 없었다. 즉 눈에 보이는 유전 후보지는 이미 모두 발견되었던 것이다. 유전 탐사자들은 지표 아래의 지질 구조를 통해 석유 부존 가능성을 알아내야 했다. 새로 등장한 학문인 '지구물리학'이 이를 가능케 해주었다.

많은 지구물리학적 기술혁신은 제1차 세계대전 중 사용된 기술을 응용한 것이다. 그중 하나가 '비틀림 저울'인데, 지표상의 한 점과 다른 한 점의 중력 차이를 계측해 지하의 지질구조에 관한 정보를 얻는 것이다. 제1차 세계대전 이전에 헝가리의 한 물리학자가 개발한 이 기술을 이용해 독일은 전쟁 중 루마니아 유전에서 석유 생산을 재개했다. 다른 하나는 '자력계磁力計'인데, 지구 자장磁場의 수직분력垂直分力 변화를 측정해 지표 아래에 무엇이 있는지 알 수 있었다.

'지진계'는 석유탐사에서 가장 강력한 신무기로 등장했는데, 원래는 19세기 중반에 지진을 기록·분석하기 위해 개발되었다. 독일은 이를 이용해 전쟁 중에 적군 포병대의 배치 상태를 알아냈고, 동유럽은 석유탐사에 사용했다. 소위 '굴절지진학'을 이용한 탐사 방법은 1923~1924년 무렵 독일 회사가 미국 석유산업계에 도입했다. 다이너마이트를 터뜨린 다음 지하의 지질구조에 따라 굴절된 충격파를 지상에 있는 '지중 청음기聽音機'라는 일종의 청진기로 포착하는 방법이다. 이는 석유 부존 가능성이 있는 지하 암염 돔 구조를 판별하는 데 큰 도움을 주었다. '반사지진계'는 굴절지진법과 거의 같은 무렵 개발되어 곧 굴절지진법을 대체했는데, 지하의 암반에서 반사되는 지진파를 기록해 지하 지질구조의 형태와 깊이를 알 수 있게 해주었다. 이렇게 해서 지표에 나타나는 징후와 관계없는 석유탐사법의 새로운 세계가 열리게 되었다. 1920년대 많은 유전들이 '지표지질학'으로 발견되었지만, 지구물리학은 기존 방법으로 발견된 유전들에서도 중요한 역할을 했다. 석유탐사가들은 실제로 지하를 '보는' 방법을 찾아냈던 것이다.

그들은 지상에서 관찰하는 새로운 방법도 개발했다. 공중관찰 방법은 제1차 세계대전 중 유럽 전선에서 병력의 위치를 알아내기 위해 사용되었다. 이는 즉시 석유산업에 도입되어 지상에서는 쉽게 판별할 수 없는 광범위한 지역을 관찰하게 됨으로써 지표지질학의 영역을 넓혔다. 1919년 초, 유니온 오일은 캘리포니아의 지형 사진을 공중촬영하기 위해, 프랑스에서 미국 원정군의 일원으로 활동했던 예비역 공군 장교 두 명을 채용했다. 또 다른 중요한 기술혁신은 다양한 깊이의 땅속에서 채집한 화석들을 현미경을 사용해 분석하는 '미고생물학微古生物學, micropaleontology'이었다. 이 방법은 수천 피트 깊이에 있는 지하 퇴적물의 형태와 지질 연대 등에 대해 더 많은 단서를 제공해주었다. 이와 동시에 굴착기술 자체도 크게 진보해 더 빠르고 정확하게 더 깊은 곳까지 굴착할 수 있게 되었다. 1918년 가장 깊이 굴착한 유정이 6,000피트였는데, 1930년에는 1만 피트에 도달했다. 석유산업에서 중요한 마지막 요소는 바로 '행운'이다. 이는 결코 쉽게 분석할 수 없지만 석유사업에는 늘 따라다니는 것처럼 보였다. 1920년대에 이루어진 석유탐사에는 확실히 행운이 따랐다. 10년 동안 미국에서 이루어진 그 많은 석유의 발견을 무엇으로 설명할 수 있겠는가?

당시 발견된 유전들 가운데 가장 주목할 만한 것이 로스앤젤레스 바로 남쪽 롱비치 뒤편에 있는, 해발 365피트의 '시그널 힐Signal Hill'에서 발견된 것이다. 옛날 이 지역 인디언들은 언덕의 꼭대기에서 카타리나 섬에 있는 동료들에게 봉화를 올렸다. 그 후로도 이곳은 부동산 개발업자들에게 주목받아왔다. 1921년 6월, 주거용지로 구획정리를 하고 있던 중에 쉘사의 '알라미토스 1호' 시추정에서 원유가 분출되기 시작했다. 이 지역은 택지로 분양되었지만 아직 집이 지어지지 않은 상태였다. 석유가 나왔다는 소식이 알려지자 석유회사, 중개업자, 일반인들이 토지를 임차하겠다고 몰려왔고 이 언덕에는 돈이 흘러넘쳤다. 구획된 토지들이 아주 작은 데다 높이 세운 목제 유정탑들이 숲처럼 빽빽이 들어차서 유정탑의 버팀다리들이 서로 엇갈릴 지경이었다. 굴착하겠다는 업자들이 머리를 싸매고 달려들어서, 일부 토지 소유자들은 50%의 로열티를 챙길 수 있었다. 윌로 스트리트의 서니사이드 묘지에 묻힌 망자들의 자손은 가족묘지 밑에서 분출되는 석유 덕분에 로열티를 받게 된 것이다. 아직 굴착되지 않은 유정 6분의 1의 권리 중에 50만분의 1만 사도 부자가 될 수 있다고 굳게 믿고 있는 사람들이 정말로 있었다. 시그널 힐 유전은 믿기지 않을 정도로 거대해서, 그렇게 권리를 매입한 사람들 중 몇몇은 실제로 돈을 벌었다.

시그널 힐 유전은 로스앤젤레스 주변에서 발견된 많은 대형 유전 가운데 하나에 불과했다. 1923년 캘리포니아는 미국에서 제일가는 산유 주州가 되었고, 세계 전체 산유량의 4분의 1을 점유했다. 그럼에도 석유 부족에 대한 우려는 여전했다. 1923년 연방거래위원회는 석유산업에 대한 연구 보고서에서 "우리나라의 원유는 급속도로 고갈되고 있다"라고 경고했다. 그러나 같은 해 미국의 원유 생산량은 10년 만에 처음으로 국내 수요량을 초과했다.[7]

석유업계의 거물

석유업계에서 해리 도허티는 이례적인 인물이었다. 지나치게 큰 안경과 끝이 뾰족한 턱수염 때문에, 사업가라기보다는 연극에 나오는 '대학교수'처럼 보였다. 그러나 그는 1920년대를 대표하는 대사업가 중 하나로 '시티즈 서비스Cities Service'를 포함한 여러 회사를 경영하고 있었다. 어느 작가는 그가 월스트리트에서, 허레이쇼 앨저의 출세담에 나오는 신문팔이 소년 네드와 가장 닮은 인물이라 말했는데, 아주 적절한 표현이었다. 도허티는 아홉 살 되던 해에 오하이오 주의 컬럼버스 가에서 신문팔이를 시작했다. 그는 열두 살에 학교를 중퇴했는데, 언젠가 "학교에 다닌 지 열흘도 안 되어서 학교 가기가 죽기보다 싫었다"라고 말했다. 그러나 그 후 열심히 노력해 야간학교에 입학했고 공학을 배워서 150개가 넘는 회사를 소유한 그룹의 회장이 되었다. 대도시 지역에 가스와 전기를 공급하는 회사들이 주축이어서, 그의 그룹은 '시티즈 서비스'라 불렸다. 캔자스에 있던 그의 회사 중 하나가 천연가스를 굴착하던 중에 석유가 발견되자, 그는 재빨리 석유사업에 뛰어들었다. 약간 괴짜였던 그는 "절대 명령하지 말고 안내하라! 자신이 하는 일을 즐겨라! 인생에서 가장 훌륭한 배당은 행복이다" 등등 성공과 관련된 많은 명언을 남겼다. 그는 자동차를 몰고 뉴욕을 벗어나 신선한 공기를 마음껏 마시며 기분 전환하는 것을 좋아했고, 건강에 신경을 많이 썼다.

두뇌 회전이 빠른 불굴의 사업가인 도허티는 경쟁 상대에게는 한 치의 양보도 하지 않았다. 남들과 다른 생각의 소유자였던 그는 석유업계에서 지략이 풍부한 인물로 대접받았다. 그는 자신의 생각을 주장할 때도 사업할 때 못지않게 집요하고 적극적이었다. 그는 현재의 유전 조업 방식이 석유업계의 미래를 위협하고 있으므로 이를 바꿔야 한다고 확신했다. 또한 '포획 법규'는 반드시 없어져야 한다고 끈질기게 주장했다.

'포획 법규'는 석유산업 초창기부터 서부 펜실베이니아에서 업계를 지배해왔다. 이동성 야생동물의 포획과 관련된 영국 관습법에 기초한 이 법규는 법정에서도 계속 인정되었다. 자신의 석유를 이웃에게 도둑맞고 있다고 호소하는 토지 소유자들에게 법원은 "당신들도 그들과 똑같이 하는 수밖에 없다"라고 판결했다. 이 법규로 인해 미국 내에 있는 모든 석유 생산업자는 최대한 빠르게 유정을 굴착해 석유를 생산했고, 나아가 자신의 땅 아래 있는 원유뿐 아니라 이웃의 땅 아래 있는 원유까지도 서둘러 뽑아 올렸다. 그 결과 원유 생산이 급격히 늘어났고, 새로운 유전이 발견될 때마다 석유 가격은 크게 등락했다.

도허티는 '포획 법규'로 인한 유정 증가와 빠른 조업 속도로, 유전의 지하 압력이 필요 이상으로 급격히 낮아질 것이라 믿었다. 그 결과는 어떠했을까? 지하에 매장되어 있는 원유를 지상으로 밀어 올려주는 가스 압력이나 수압이 크게 떨어져, 정상적인 방법으로 조업했다면 생산 가능했던 원유가 지하에 남아 있게 되는 것이다. 제1차 세계대전을 겪으며 석유의 중요성을 절실히 깨달은 도허티는 이런 무질서한(그는 아주 조잡하고 엉터리 같은 것이라 표현했다) 생산 관행으로 인해 석유 생산에 차질이 빚어진다면, 미국에 다시 전쟁이 발발할 경우 어떻게 될지를 우려했다.

도허티는 이 문제에 대한 해결책을 찾아냈다. 바로 유전의 '공동운영'이었다. 즉 공동으로 유전을 개발해 생산된 원유를 각 유전의 소유자에게 배분하는 방식이다. 이렇게 하면 최신 생산기술을 사용해 원유 생산을 최적 수준으로 조절함으로써 지하 유층 압력을 적정 수준으로 유지할 수 있다고 생각했다. 도허티나 그 밖의 사람들이 말하는 '자원 보존'은 철저하게 계산된 생산 방식을 의미했다. 소비 절감이나 효율적인 소비가 아니라 궁극적인 회수 가능 자원량을 최대한 확보하는 것이다. 그는 이 일을 해냄으로써 업계 사람들을 깜짝 놀라게 했다. 도허티는 연방정부가 선도적 역할을 해야 하며, 최소한 업체 간의 협력 체제를 인정해주고 더 우수한 생산기술을 채택하도록 강제해야 한다고 주장했다.

1920년대에 도허티의 생각은 석유업계 사람들 소수만 받아들였고, 대부분의 사람들은 맹렬하게 공격했다. 몇몇은 그가 '세계연감'에서 아이디어를 얻었다고 혹평했다. 석유업계 사람 다수는 생산기술에 대한 평가 자체에 의문을 표했고, 연방정부의 개입을 요구한 그를 석유업계의 배신자로 여겼다. 큰 회사들은 생산을 통제하기 위한 업계의 협력과 자율규제만 논의하고자 했을 뿐, 더 이상은 아무 일도 하려 들지 않았다. 많은 독립계 석유업자들은 유전을 통합해 생산량을 조정하는 일에 자의든 타의든 관심을 갖고 있었으며, 항상 큰 돈을 벌 기회를 엿보았다.

도허티는 각종 회의에 참석해 의사 진행을 방해함으로써 자신에 대한 공격에 저항했으며 여기저기에 끊임없이 편지를 써 보냈다. 업계 사람들은 그를 가까이하지 않으려 했다. 그는 기회 있을 때마다 자신의 견해를 피력했다. 그는 미국석유협회American Petroleum Institute, API에 자신의 제안을 검토해달라고 세 번이나 요청했으나 모두 거절당했다. 미국석유협회의 회의에서 견해를 밝힐 기회가 막히자 그는 자신의 연설을 누구나 들을 수 있도록 홀 하나를 임대했다. 모두들 그가 미쳤다고 수군거렸다. 그는 석유업자들을 향해 양복만 걸친 야만인이라고 비난했다. 그런데 결국 그의 생각에 귀를 기울여주는 친구가 나타났다. 바로 대통령인 캘빈 쿨리지였다. 1924년 8월, 도허티는 대통령에게 장문의 서한을 보냈다. "국민들이 가까운 장래의 어느 날, 우리나라에서 석유가 고갈됐다는 것을 알게 된다면, 그리고 '보존 조치'만으로 공급을 보호하기에는 이미 늦었다고 느끼게 된다면, 보존 조치를 받아들여야 한다는 주장이 제기되었을 당시의 석유업자들과 정책 담당자들은 비난을 면치 못할 것입니다. 석유 부족은 전시에 큰 핸디캡이 될 뿐만 아니라, 다른 나라가 우리나라에 선전포고를 할 빌미를 줄 수도 있습니다."[8]

쿨리지는 1924년의 대통령 선거에서 승리해 '티포트 돔' 스캔들에서 무사히 벗어나게 됨으로써 석유에 눈길을 돌릴 수 있었다. 해리 도허티의 강력한 주장에 따라, 쿨리지는 석유업계의 상황을 조사하기 위해 연방석유보존위원회FOCB, Federal Oil Conservation Board를 설치했다. 검약가인 쿨리지 대통령은 친구 도허티가 주장했던 것처럼, 낭비적인 생산 방법은 산업, 군사 및 미국의 안보에 위협이 될 뿐이라고 설명했다. 쿨리지는 "한 나라의 국력은 석유와 석유 제품을 얼마나 확보하고 있느냐에 달렸다"라고 선언했다.

연방석유보존위원회는 석유제품의 물리적 성질에 관한 연구에 박차를 가했고, 도허티의 견해를 지지하는 사람도 늘어났다. 미국석유협회는 석유산업에서의 낭비는 무시해도 좋을 정도라고 주장한 반면, 연방석유보존위원회는 천연가스는 비록 상업적 가치는 낮지만 실제로는 지하의 석유를 지표로 밀어 올리는 압력원으로서 중요한 가치가 있다고 역설했다. 무모한 생산으로 가스를 없애버리면 필수적인 유층 압력이 사라져 막대한 양의 석유를 회수하지 못하는 결과를 낳게 된다는 것이다.

위원회의 연구가 진척되면서, 정보가 빠른 일부 석유업자들은 도허티의 견해를 지지하는 입장으로 선회했다. 뉴저지 스탠더드의 자회사로서 텍사스 주 최대의 정유회사였던 험블사의 사장 윌리엄 패리시는 1925년에는 도허티의 생각을 비웃었으나, 1928년에는 석유업계가 도허티의 '보다 나은 생산 방법'의 덕을 보았다고 고마워했다. 패리시는 유전을 하나의 단위로 묶어 운영하는 '공동조업'의 주창자가 되었다. 그는 그 후 5년 동안 생산비를 줄이는 데 역점을 두기로 결심했는데 '공동조업'이 최선의 방식이라 결론 내렸다. 적은 수의 유정에서만 생산이 이루어져, 펌프로 퍼 올리는 방식과는 반대로 자연적인 지하 압력을 효과적으로 이용할 수 있었기 때문이다.

해리 도허티는 석유가 어떻게 지표로 올라오고 성급한 생산이 매장량을 어떻게 손상시키는가에 대해, 다른 석유업자들보다 기술적으로 훨씬 잘 이해하고 있었다. 그러나 그는 새로운 유전의 발견 가능성은 과소평가하고 있었다. 1924년 쿨리지에게 보낸 서한에서 그는 심각한 석유 부족 사태가 곧 도래할 것이라고 주장했다. 다른 석유업자들은 도허티의 비관적 견해에 반대 입장을 표명했다. 1825년 석유산업에 대한 정부의 관여에 강력히 반대한 선 오일의 하워드 퓨는 석유 매장량이 고갈되기 전에, 흙 속의 초석硝石이나 삼림이 먼저 고갈되고 세계 도처에 있는 강들의 물길이 바뀔 것이라고 빈정거렸다. 퓨는 "내 아버지는 석유산업의 개척자였다. 내가 어렸을 때부터 주기적으로 석유가 부족할 것이란 예언이 있었지만, 다음해에는 어김없이 전년의 생산량을 웃돌았다"라고 말했다.[9]

멈추지 않는 과잉생산

이 상황에 대해 보다 정확하게 예언한 사람은 도허티가 아니라 퓨였다. 1926년 봄, 오클라호마에서 '그레이트 세미놀Great Seminole'이라 알려진 대형 유전이 발견되었다. 이는 엄청난 열기를 몰고 와 유전은 전례 없이 빠른 속도로 개발되었고, 다시 '포획 법규'에 따른 무모하고 소모적이며 위험천만한 시추 경쟁이 벌어졌다. 신흥도시에 으레 나타나는 혼돈과 혼란이 이어졌다. 길거리는 시추 장비, 노동자, 도박꾼, 행상인, 주정뱅이들로 들끓었고, 급조된 목조건물, 누출 가스에서 나는 질식할 것 같은 악취, 유정에서 나오는 석유가 타는 매캐한 냄새로 가득 찼다. 유정의 발견이 계속 이어지면서 석유 가격은 크게 하락했다. 그렇지만 생산은 계속되어 처음 발견된 1926년 봄으로부터 16개월이 지난 1927년 7월 30일에는 단일 유전의 하루 생산량이 52만 7,000배럴에 달했다. 오클라호마에서 다른 대형 유전들이 속속 발견되었고 텍사스도 그 뒤를 따랐다. 1920년대 말 예이츠Yates 유전 등 일련의 대형 유전들이 발견되면서, 광대하고 태양이 내리쬐는 페름기Permian period 퇴적 분지인 서부 텍사스와 뉴멕시코 황무지는 세계적인 석유 집적지로 변모했다.

또 다른 요인이 이런 추세를 가속화했다. 기술 발전은 생산성을 높였을 뿐만 아니라 소비 측면에서도 변화를 가져왔다. 분자를 변화시켜 휘발유 추출량을 늘리는 분해 기술이 널리 보급되면서 원유 소요량이 감소한 것이다. 원유 1배럴을 분해해 얻는 휘발유의 양이 기존 방법에 비해 두 배가 되었다. 게다가 분해법으로 생산된 휘발유는 앤티노크성(엔진의 내폭성)이 우수해서 인기가 더 높았다. 이에 따라 휘발유 수요가 늘어났음에도 불구하고, 원유 수요는 같은 비율로 증가하지 않았고 잉여량만 늘어갔다.

1920년대 말 땅속에서 끊임없이 솟아 나오는 석유로 인해 1920년대 초의 비관적인 예측은 말끔히 사라졌다. 점차 늘어나는 생산량을 미국 소비자들이 모두 흡수할 수 없었으므로, 잉여 원유는 전국에 산재해 있는 탱크에 저장되었다. 그러나 석유업자들은 최대한도 생산을 멈추지 않았고 이는 결국 파멸로 이어졌다. 통 하나에 너무 많은 빨대를 꽂은 것 같은 무리한 생산은 유층을 손상시켜 궁극적인 채굴 가능 자원량을 감소시켰다. 원유의 엄청난 과잉생산은 석유시장과 합리적 계획을 혼란에 빠뜨림으로써 가격의 급격한 붕괴를 초래했다.[10]

새로운 유전은 계속 발견되고 유례없는 공급 과잉이 계속되자, 아이로니컬하게도 자원 보존과 생산 조정을 골자로 하는 해리 도허티의 공급 부족 대책을 채택해야 한다는 의견이 석유업계에서 대두되었다. 이제는 더 이상 공급 부족을 우려할 필요가 없으므로, 오히려 가격 구조를 뒤흔들어 무리한 과잉생산을 막아야 한다는 것이었다.

그러나 어떻게 생산을 규제할 수 있을까? 자발적으로, 혹은 정부의 관리를 받아서? 연방정부가 할 것인가, 주정부가 할 것인가? 뉴저지 스탠더드 내에서도 의견이 양분되었는데, 티글은 자발적인 규제를 지지한 반면, 험블의 사장인 패리시는 정부가 개입해야 한다고 주장했다. 1927년 패리시는 티글에게 보낸 편지에서 다음과 같이 말했다. "업계는 스스로 해결할 능력이 없습니다. 지금 우리 힘으로 할 수 없는 일은 정부의 도움을 받아야 합니다. 그리고 우리가 지금 하고 있는 일들(가스의 낭비 등)은 금지되어야 합니다." 티글이 업계의 사람들을 선발해 자발적인 자기 규제 프로그램을 개발하자고 제안했을 때, 패리시는 "오늘날 석유업계에는 그러한 계획을 세울 만한 충분한 능력을 갖춘 인물이 없습니다. 또한 내 판단으로는 석유업계에는 다른 업계보다 어리석은 자들이 더 많은 것 같습니다"라고 대답했다.

보다 소규모의 독립계 생산업자들은 어떠한 형태의 정부 개입에 대해서도 반대했다. 독립계 석유업자인 톰 슬리크는 "자기 일은 자기가 결정해야 한다.

어떤 주정부 위원회도 내 사업에 대해 이래라저래라 할 수 없을 것이다"라고 주장해서 오클라호마에 있는 석유업자들의 박수갈채를 받았다. 미국석유협회에 불만을 갖고 있던 소규모 생산업자들은 '미국독립계석유협회Independent Petroleum Association of America'라는 독자적인 조직을 만들어 '수입 석유에 세금을 부과하라'는 다른 형태의 정부 개입을 촉구하는 운동에 착수했다. 이 운동의 주된 목표는 대형 석유회사들이 수입하는 베네수엘라산 석유를 몰아내는 것이었다. 1930년 독립계 석유업자들은 스무트 홀리법Smoot-Hawley Act에 석유 관세 조항을 추가하려 시도했다. 하지만 이 악명 높은 법률에서 다른 모든 물품들과는 달리 석유 관세는 누락되었다. 동쪽 해안 지역 출신의 하원의원들과 미국자동차협회 같은 압력단체들은 중유나 휘발유의 가격이 오르는 것을 원치 않았으므로 관세 부과에 반대했다.

게다가 독립계 석유업자들은 부적절하고 서투른 로비를 벌임으로써 지지를 얻는 데 실패했다. 그들의 입장을 지지하던 상원의원들은, 그들이 전문이나 편지도 제대로 쓰지 못한다고 불평했다. 그러는 동안 생산 조정의 문제는 격렬한 논쟁만 이어지면서 해결되지 않은 채로 남아 있었고, 석유의 과잉생산 역시 계속되었다.[11]

절대 경쟁의 시대

서부 펜실베이니아의 초창기부터 석유사업은 만성적 수급 불균형 문제를 안고 있었다. 석유산업은 공급량을 조정하고 시장을 확보하며 가격을 안정시킴으로써 이익을 늘리고 지켜나가기 위해 합병이나 통합을 추진했다. 합병이란 경쟁 상대와 관련 기업을 흡수하는 것을 의미하며, 통합이란 상류에서 하류 부문에 이르기까지, 즉 유전의 개발에서 생산, 정제, 판매에 이르기까지의 모든 단계를 연결하는 것을 의미한다. 스탠더드오일 트러스트는 통합에는 성공했으나 최고재판소의 판결로 해체되고 말았다. 그러나 1920년대는 석유 수급 상황이 불안정한 상태였고, 다른 석유회사들 사이에서뿐만 아니라 스탠더드오일의 후계 회사들 사이에서도 '통합'이라는 과거의 전략이 재등장해 치열한 경쟁이 벌어지게 되었다. 당시의 경쟁은 새로운 양상을 보였다. 즉 석유회사들이 직접 판매에 참여한 것이다. 그들은 처음으로 전국에 걸쳐 있는 자사의 주유소에서 자동차 운전자에게 자동차용 연료를 팔았다. 석유 전쟁은 이제 해외시장뿐 아니라 국내시장을 놓고 치열한 싸움을 벌이게 되었다. 미국의 석유산업은 합병이나 통합, 그리고 고객을 유치하려는 노력으로 오늘날과 같은 모습을 갖추기 시작했다.

1911년 해체된 뉴저지 스탠더드오일은 자체 석유를 갖지 못한 대형 정유회사가 되었다. 따라서 다른 석유회사에 대한 의존도가 높아졌고 공급업자와 시장의 변동에 큰 영향을 받았다. 월터 티글은 뉴저지 스탠더드오일의 안정적 원유 공급원을 확대하기 위해 외국에서의 수입뿐 아니라 국내의 공급원 확보에도 착수했다. 1919년 초, 뉴저지는 심한 자금난을 겪고 있던 텍사스의 대표적 생산회사인 험블 오일을 절반 이상 사들였다. 험블은 뉴저지에서 받은 자금을 잘 운용해 1921년에는 텍사스 최대의 생산회사로 부상했다. 확실한 원유 공급원 확보로 활로를 찾고자 했던 티글의 목표에 상당히 기여한 것이다. 정유회사로 출발한 인디애나 스탠더드도 남서부 지역 및 와이오밍 주에서 적극적으로 자체 원유 공급원을 확보함으로써 정제사업을 지킬 수 있었다. 또한 인디애나 스탠더드는 멕시코에 진출한 대표적인 미국 석유회사 팬아메리칸 석유를 매입했다. 한편 대형 원유 생산업자들은 자체 시장 확보를 위해 하류 부문에 진출하고 있었다. 마라톤사의 전신인 오하이오 석유회사는, 1911년 트러스트가 해체되기 전까지 스탠더드오일의 최대 생산회사였다. 오하이오는 다른 회사를 흡수해 정제 및 판매 사업에 뛰어들었다. 1926년에서 1930년 사이 오하이오 석유의 생산량은 거의 두 배로 증가했다. 멕시코의 초대형 유전인 예이츠 유전의 절반을 장악하고 있었던 이 회사는 시장에 직접 참여할 필요성을 느꼈다.

필립스 석유회사는 프랭크 필립스라는 사람이 창설했다. 이발사이자 채권 상인이었던 그는 석유 거래에서 상당한 재능을 발휘했다. 은행에 근무한 경험도 있어서 투자가들의 신뢰를 얻는 요령을 터득했고 뉴욕과 시카고 등 대도시에서 많은 자금을 조달할 수 있었다. 그는 부침이 심한 석유업계를 떠나 중서부 지역에 은행망을 구축하기 시작했다. 그러나 미국이 제1차 세계대전에 참전하면서 유가가 크게 오르자 이 사업에서 손을 떼고 다시 석유사업으로 돌아왔다. 1920년 중반, 필립스와 형제들은 석유회사를 설립해 걸프, 텍사스와 어깨를 나란히 할 정도의 독립계 석유회사로 키웠다.

1927년 11월, 점점 늘어나는 잉여 원유를 정제하기 위해 필립스는 텍사스 주 팬핸들에 첫 번째 정유공장을 세웠고, 같은 달에 캔자스 주 위치타에 첫 번째 주유소를 세웠다. 위치타의 주유소를 시작할 때, 회사 간부들은 모든 고객에게 휘발유 10갤런을 무료로 주는 쿠폰을 제공하는 계획을 세웠다. 이 계획은 우선 사장인 프랭크 필립스의 허락을 받아야 했다. 필립스는 이렇게 말했다. "그렇게 하시오. 어차피 물보다도 싸지 않소. 고객들에게 하고 싶은 대로 다 해주시오." 필립스는 원유 생산자로 성장할 때보다 훨씬 더 빠른 속도로, 정제 및 판매 분야에서 급성장했다. 처음 주유소를 세운 지 3년도 되지 않은 1930년, 필립스는 12개 주에서 6,750개의 소매점을 신설하거나 매입 중이었다.

필립스를 따라 다른 석유회사들도 도매업에서 벗어나 자사 소유의 주유소를 신설하거나 매입해 소매업에 진출했다. 그들은 새로 공급되는 원유를 처리할 정유공장을 세웠고, 이제는 소비자에게 직접 판매할 수 있는 창구를 확보하는 것이 필수조건이라는 사실을 확신했다. 1926년에서 1928년 사이 걸프는 북중부의 주에까지 소매점을 급속히 확장했다. 1920년대 말 무렵에는 가장 진취적인 회사였던 텍사스와 쉘의 경우, 48개 주 전체에서 영업을 하고 있었다. 게다가 소매점들은 자신이 구축한 영역에서 새로운 경쟁자가 빼앗아가는 이익을 보전하기 위해 새로운 지역으로 판로를 확대했다.

석유회사들의 판로 개척은 최고재판소의 판결을 마무리 짓도록 했다. 1911년 해체된 이후 10여 년이 지났어도 스탠더드오일 트러스트의 자취는 계속 남아 있었다. 트러스트의 후계 회사들은 해체 이후에도 주식 소유를 통해서뿐 아니라 계약이나 관습, 개인적 관계, 과거의 충성심, 일반적 이해관계 등으로 서로 연결되어 있었다. 제1차 세계대전 중에 후계 회사들이 협력관계를 유지하고 공동보조를 취한 것은 놀라운 일이 아니다. 뉴저지 스탠더드, 뉴욕 스탠더드, 인디애나 스탠더드, 애틀랜틱사 등 후계 정유회사들은 각자 특정 지역에 영업 기반을 두고 있었고, 10여 년 동안은 상대방의 영역을 다소 존중해주었다.[12]

그러나 1920년대 들어서는 상대방의 영역을 침범하는 일이 잦아졌다. 애틀랜틱 정유회사는 뉴저지 스탠더드와 뉴욕 스탠더드가 활동 중인 시장에 뛰어들었다. 애틀랜틱사의 1924년 연차보고서는 당시 상황을 이렇게 기술하고 있다. "우리가 다른 회사의 시장에 뛰어든 것은 욕심 때문이 아니라 우리 자신을 지키기 위해서였다." 뉴저지 스탠더드를 비롯한 동부의 후계 회사들은 인디애나 스탠더드를 포함한 서부의 후계 회사들과 치열한 가격 전쟁에 돌입했다. 아이다 타벨은 이 상황에 크게 놀라 다음과 같이 기술했다. "스탠더드는 확실히 붕괴되는 듯했는데, 그것은 내부에서 일어나는 것 같았다. 1911년 해체 판결이 있었을 때도 일어나지 않았던 무언가가 벌어지고 있다. 모회사가 결정한 석유 가격을 서부의 관련 회사들이 거부하는 사태는 지금까지 40

1
펜실베이니아 주, 타이터즈빌 최초의 유정 앞에 서 있는 에드윈 드레이크 '대령'(오른쪽 실크해트를 쓴 사람). '대령'이라
는 명칭은 그 지방 주민들에게 깊은 인상을 주기 위한 것이었는데, 그들은 드레이크를 석유 시추에 미친 사람이라고 생
각했다.

15
유럽에서 가장 멋진 구레나룻을 가졌다는 알퐁스 남작이 이끄는 프랑스의 로스차일드 가문은 또 다른 명문가인 노벨 가문과 경쟁하며 러시아의 방대한 석유자원을 개발하기 시작했다.

16
1900년대 초, 젊은 스탈린은 바쿠의 석유 노동자들 속에서 파업과 반란을 선동했다. 그로부터 40년 후 소련의 지도자가 된 그는 바로 그 유전을 독일군의 침략으로부터 방어하기 위해 격렬하게 싸웠다.

17
1905년 혁명으로 화염에 휩싸인 바쿠 유전. 정치 및 사회의 대변동으로 로스차일드 및 노벨가는 러시아에서 추방당했다.

19
마커스 새뮤얼의 부친이 빅토리아 해변의 휴양지에서 팔던 것과 비슷한 조개 상자(shell box). 새뮤얼은 아버지를 기리기 위해 자신의 새로운 모험사업을 '쉘'이라 불렀다.

18
마커스 새뮤얼. 런던의 상인으로 1892년의 대(大)쿠데타를 성공시켜 세계 등유 시장에서 스탠더드오일의 지배력을 약화시켰다.

20
동인도제도 수마트라 섬 정글지대의 석유 시추. 텔라가 사이드에서 석유를 발견함으로써 로열더치는 세계시장에서 유수한 석유 기업으로 발돋움하게 되었다.

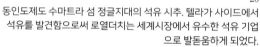

21
로열더치와 쉘의 합병을 성사시킨 '추진력의 대명사' 헨리 디터딩(사진 중앙). 그 후 4반세기 동안 세계에서 가장 영향력 있는 석유업자로 활동했다.

8
아이다 타벨(Ida Tarbell). 미국 최초의 여성 저널리스트로 스탠더드오일의 비리를 대담하게 폭로했다. 그녀의 표적은 그녀를 'Miss Tar Barrel'로 부른 존 D. 록펠러였다.

9
스탠더드오일의 이사인 H. H. 로저스. 그는 마크 트웨인을 파산에서 구해주었고, 트웨인의 소개로 만난 타벨에게 회사 내부 정보를 제공했다.

11
스탠더드오일 트러스트 해체. 1911년 5월 11일의 대법원 결심 다음날 신문에 표제 기사로 게재되었다.

10
1905년 타벨은 록펠러란 인물 자체를 통렬하게 비판함으로써, 스탠더드오일에 대한 공격을 이어갔다.

12
19세기 최고의 시굴업자인 존 갤리. 그는 냄새로 석유를 찾아 내는 능력이 있었고, 이 방법으로 텍사스 시추 지역에서 석유 를 발견해 걸프 석유회사를 창설했다. 걸프는 피츠버그의 멜 론가를 대부호로 만들었다.

13
1901년 1월 10일, 스핀들탑에 있는 해군 대위 앤서니 루카 스의 유정이 석유를 내뿜고 있다. 이 유정에서 텍사스 석유 산업이 극적으로 시작되었다.

14
호황기를 맞은 스핀들탑 부근의 보몬트 마을. 매춘부들이 체포 되어 로스비 하우스 발코니에 서 있다. 개인당 벌금이 공표되었 고, 그것을 지불한 남자는 24시간 동안 여자와 함께 있을 수 있 었다.

2
석유산업의 아버지 조지 비셀. 그는 '셰일오일' 판매가 사업거리가 될 것이라 생각했고, 의약품 광고에서 석유 시추의 묘안을 찾아냈다.

3
1차 오일 붐에 이어 미국을 휩쓴 열풍은 당시의 대중음악에도 반영되었다.

4 1865년 펜실베이니아 주 오일 크리크에 있는 슈&리더 석유회사 전경

5
석유사업의 대혼란으로 궁지에 몰렸던 존 D. 록펠러. 그는 스탠더드오일 트러스트를 창설해 석유산업을 지배했고, 미국 최대의 부호가 되었다.

겁을 모르는 청년들에게 석유사업은 부와 명예를 얻는 확실한 길이었다.

6

7 석유 탱크가 부착된 마차를 이용해 '새로운 빛'으로 알려진 케로신을 집집마다 배달하고 있다.

22
1896년 자신이 제작한 포드 1호에 탑승한 헨리 포드. 토머스 에디슨의 전구 발명으로 사라진 석유(등유) 시장 대신에 자동차 휘발유에 의한 새로운 시장이 형성되었다.

23
자동차 경주가 이 새로운 발명품을 향한 광적인 열망에 불을 붙였다. 1905년 열린 이 경주의 우승자는 뉴욕에서 오리건 주 포틀랜드까지 무려 4,400마일(약 7,000킬로미터)을 달렸다.

24
1909년 자동차 애호가들의 드라이브 장면. 이제 '말을 타라'라고 말하는 사람은 없었다.

25
최고의 자본가로 알려진 영국의 금융업자 윌리엄 녹스 다아시.
그는 1901년 페르시아의 석유 이권을 획득했다.

26
페르시아의 무자파 알딘 국왕. 낭비가 심해 많은 현금이 필요했
던 그는 석유 이권 매매에 열중했으며, 심지어 석유가 없는 지
역도 이권 매매 대상으로 삼았다.

27
5년간의 고투와 좌절 끝에 1908년 마침내 페르시아에서 석유를 발견한 조지 레이놀즈(사진 왼쪽). 이때부터 중동의 석유 개발이 시
작되었다.

42

1910년, 지질학자 드골리에가 탐피코 근처의 베란다에 앉아 있다. 이때 드골리에가 발견한 유전은 나중에 멕시코의 황금지대가 되었다.

43

1차 세계대전 후의 거대한 '석유 사냥'으로 인해 1922년 로스 바로소 유정이 발견되었고, 베네수엘라에 석유 붐이 시작되었다.

44

베네수엘라의 마라카이보 호수는 세계 최대 석유 부존 지역 중 하나다. 시추작업의 성공률이 워낙 낮아, 석유 종사자들은 '낚시하러 가는 것'이라고 농담하기도 했다.

45

1920년대 후반, 오클라호마에 석유 붐이 옮겨오면서, 단지 진흙 길만이 사람과 석유의 움직임을 막을 수 있을 뿐이었다.

46

1930년 10월 3일 동부 텍사스에서 대규모 유전지대를 발견한 후 악수하고 있는 흥행업자 겸 시추업자인 대드 조이너와 뚱뚱한 체격의 닥터 로이드. H. L. 헌트(시가를 입에 문 사람)는 조이너의 재정 곤란을 해결해주었으며, 그 과정에서 막대한 가치의 임대권을 확보했다.

35

1920년대는 현대 미국 문화의 신전(神殿)과도 같은 드라이브인 주유소의 태동기였다. 사진은 1927년 캔자스 주 위치타에 설치된 필립스의 1호 주유소 개업식 장면.

36–38

1920년대 석유회사들은 제품 차별화와 고객 확보를 위해 제품명과 상표를 개발했다.

39

이라크 석유에 대한 이익을 고수해 막대한 부를 쌓은 칼루스트 굴벤키안. 간교하고 고집스러웠던 그는 80대까지도 항상 18세 이하의 여성을 끼고 다녔는데, 이는 활력 유지를 위해 필요하다는 주치의의 권유에 따른 것이었다고 한다.

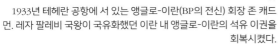

40

1933년 테헤란 공항에 서 있는 앵글로-이란(BP의 전신) 회장 존 캐드먼. 레자 팔레비 국왕이 국유화했던 이란 내 앵글로-이란의 석유 이권을 회복시켰다.

41

뉴저지 스탠더드오일(엑슨의 전신)은 스탠더드오일 트러스트가 해체된 후 독립해 미국에서 가장 강력한 석유 기업이 되었다. 뉴저지의 사장은 록펠러의 첫 번째 동업자의 손자인 월터 티글이었다.

28

1911년 영국 해군장관인 윈스턴 처칠과 해군 제독 재키 피셔(사진 오른쪽). '석유광'이었던 피셔는 독일과의 전쟁 준비를 위해 영국 해군의 연료를 석유로 바꾸도록 처칠을 설득했다.

29
1914년 9월, 독일군이 파리를 포위하자 프랑스는 택시를 징발해 추가 병력을 전선에 투입했다.

30–31 제1차 세계대전 당시 전차와 비행기 등으로 전장은 빠르게 기계화되었다. 이들 장비 덕분에 전투의 기동력이 배가되었고, 석유가 필수적 전략물자로 부각되었다.

32

1919년, 드와이트 아이젠하워 대위는 미개척 미 대륙을 횡단하는 육군 원정대에 참여했다. 이 여행에서 새로운 자동차 시대에 걸맞은 도로의 필요성을 체험했다. 원정대는 1시간에 6마일도 가지 못한 적도 있었다.

33

운전자는 노스다코타 주 파고에 있는 주유소에서 주유했는데, 그 휘발유는 신뢰할 수 있는 수송 수단인 마차로 그곳까지 운반되었다.

34

미국의 자동차 열기는 휘발유 공급이 풍부해 값이 쌌던 1920년대에 본격적으로 시작되었다.

47
현대 사우디아라비아의 건국자인 이븐 사우드 국왕. 그가 왕조 재건 운동을
시작했을 때 전 재산을 낙타 안장주머니에 싣고 다녔다고 한다.

48
1930년, 킴 필비의 아버지인 '잭' 필비는 이븐 사우드 국왕을
설득해 사우디아라비아가 문호를 개방하고 석유 탐사를 할 수
있게 했다. 탐사 초기에 국왕은 석유보다 물이 발견될 때 더 기
뻐했다고 한다.

49
일본의 국수 상인이었던 미키모토 고키치는
1920년대 말 진주 양식에 성공해 쿠웨이트의 진
주 채취 산업을 침체시켰다. 이 때문에 쿠웨이트
는 석유탐사가 대체 수입원이 되기를 기대했다.

50
멕시코의 라자르 카르데나스 대통령이 1938년 3월 18일 자국
내 외국 석유회사의 몰수를 발표하고 있다. 이것은 산유국과 국
제 석유산업과의 쓰라린 갈등을 부채질했다.

년 동안 상상할 수 없는 일이었다." 그리고 그녀는 이렇게 덧붙였다. "트러스트의 성립 과정을 처음부터 지켜본 사람들은 이런 새로운 양상이 믿기지 않을 것이다."

많은 정치인들이 '스탠더드오일 그룹'을 계속 공격했음에도 불구하고, 1920년대 중반까지도 총괄적인 통제의 필요성은 시대에 뒤떨어진 개념이라 생각되었다. 오히려 대형화한 후계 회사들은 종합석유회사로 발전했고, 텍사스나 걸프 같은 독립계 석유회사들과 함께 석유업계를 지배하기 시작했다. 거대한 석유회사 하나가 지배하던 시대는 막을 내리고, 대형 석유회사 여럿이 상호 경쟁하는 시대로 접어든 것이다. 1927년 연방거래위원회가 발표한 보고서에 따르면, 20년 전에는 스탠더드오일이 석유제품 생산량의 80%를 점했으나, 1927년에 스탠더드에서 분리된 회사들이 차지하는 점유율이 45% 정도였다. 스탠더드오일의 후계 회사들 간의 화기애애했던 관계도 이제는 막을 내렸다. 연방거래위원회의 보고서는 "스탠더드오일의 후계 회사들은 더 이상 이익공동체로 결속할 필요가 없게 되었다"라고 밝혔다. 가격 조작에 대한 비판과 의문이 제기되는 가운데, 연방거래위원회는 스탠더드오일의 후계 회사들이 가격을 조작하는 지속적 방법을 갖고 있다는 사실에 회의를 표하며 다음과 같이 주장했다. "장기적인 가격의 움직임은 수요와 공급의 관계에 따라 결정된다. …… 대형 회사들이 석유제품의 가격을 올리거나 내리기 위해 담합을 벌이거나 조작했다는 증거는 찾아볼 수 없다."[13]

합병 협상의 결렬

스탠더드오일 트러스트가 붕괴되고 여기에서 분리된 진취적 회사들이 등장함으로써 경쟁은 치열해졌다. 여기에 덧붙여 유전 발견이나 휘발유 정제 및 판매업에 기반을 둔 새로운 회사들이 출현하게 되어 경쟁은 더욱 가열되었다. 이러한 상황은 합병과 통합을 더욱 촉진했다. 합병과 통합에 미친 록펠러의 영향력은 아직도 계속되고 있었지만, 합병과 통합이 전체적인 지배를 위해서 이루어진 것은 아니다. 이미 전체적인 지배는 불가능한 상황이었고, 경쟁에서 살아남고 자신의 위치를 향상시키고자 한 것이다. 예컨대 뉴저지 스탠더드는 캘리포니아의 주요한 석유 생산회사와 정제회사를 매입했으며, 후에 배큠 석유를 합병해 소코니-배큠을 설립했고 모빌이라는 상표명을 붙였다. 캘리포니아 스탠더드도 또 다른 캘리포니아의 석유 생산회사를 매입했다.

쉘사도 이 기간 중에 적극적으로 매입 작전을 벌이며 급성장했다. 그러나 1916년 디터딩이 주장한, 미국인 투자가를 끌어들인다는 방침은 버리지 않았다. 디터딩은 "어느 나라에서든지 지역주민의 참여 없이(정치적인 고려는 별도로 하더라도) 회사가 발전하기를 기대할 수 없다. 그러나 그들이 아무리 회사의 지시에 잘 따르고 회사에 관심을 가지고 있다 해도 외국 회사에 대해 일종의 질투심을 갖는 것은 인간의 본성이다"라고 말했다. 그러나 냉소적인 디터딩조차 미국에서 이루어지는 기업 합병·매수 행태가 지나치다고 생각했다. 특히 그를 자극한 것은 미국 투자은행들의 행동이었다. 디터딩은 쉘사의 미국 내 자회사 사장에게 보낸 편지에 다음과 같이 썼다. "나는 미국의 은행가들보다 탐욕스러운 사람을 보지 못했소. …… 아주 질릴 정도였다오."

거의 성사 단계에 이른 합병 계획도 많았다. 1924년 쉘은 캘리포니아 주 베이커스필드 근처에 매장량이 풍부한 유전을 보유하고 있는 벨리지Belridge라는 석유 생산회사를 매수하고자 했다. 당시 시가는 800만 달러였는데 쉘은 너무 비싸다고 판단해 손을 뗐다. 그러나 소문에 따르면 그로부터 55년 후인 1979년에 쉘은 그 회사를 36억 달러에 매수했다.

1920년대 초, 쉘은 디터딩이 경고했던 것처럼 일종의 '질투심'에 휘말렸다. 그 무렵 쉘은 캘리포니아 유니온 오일의 매수를 추진해 4분의 1의 지분을 확보했으며, 경영권을 완전히 장악해 미국 내에서 아주 강력한 회사로 만들고자 했다. 그러나 캘리포니아에 있는 유니온 오일 주주들은 잘 알지도 못하는 외국인에게 캘리포니아를 맡기는 꼴이라며 애국심을 들먹이며 분개했다. 그들은 상원의원, 연방거래위원회, 정부 각료들을 끌어들여, 이 거래는 국익을 크게 손상시킬 것이라 주장하며 반대 운동을 벌였다. 이들은 쉘에 압력을 가해 쉘이 지분을 다시 매각하게 만들었다. 쉘은 크게 실망했으나, 2년 동안의 투자액 중 50%를 돌려받는 것으로 그나마 위안을 삼았다.

텍사스와 필립스는 거의 합병 단계에 이르렀고, 걸프와 인디애나 스탠더드도 마찬가지였다. 뉴저지 스탠더드와 캘리포니아 스탠더드는 1929년부터 1933년까지 합병을 위한 교섭에 전념했다. 월터 티글은 비밀 유지를 위해 전화도 사용하지 않았고, 교섭을 위해 타호 호수로 갈 때는 다른 이름으로 열차를 전세 내어 이동했다. 그러나 교섭은 결국 결렬되었다. 이유 중 하나는 캘리포니아 스탠더드의 사장인 케네스 킹스베리와 동료들(뉴저지 스탠더드 사람들은 '킹 렉스'와 '선키스트의 개자식들'이라고 불렀음)의 막돼먹은 협상 태도였다. 인간성 문제 이상의 협상 결렬 원인은 뉴저지 스탠더드의 회계 제도였다. 티글은 이에 대해 크게 분개했는데, 이 회계 제도로는 회사의 장부 가격과 수익성을 캘리포니아 스탠더드에 충분히 제시할 수 없었던 것이다.[14]

석유업계 전체를 실제로 결속시켜준 일이 한 가지 있었다. 1920년대 말 무렵, 석유 생산에 대한 과학적 이해는 상당히 진전되어 있었으나 연방정부의 직접 규제에 대해서는 반대 의견이 압도적이었다. 석유업계의 거물 해리 도허티는 규제를 주장하는 자신을 석유업계 사람들 대부분이 비난하는 것을 보고 크게 분개해 다음과 같이 예언했다. "석유산업은 장기적인 고난의 시대를 맞게 될 것이다. …… 나는 그것이 얼마나 지속될지는 모른다. 나의 마지막 명예를 걸고 확실하게 말할 수 있다. 석유업계 사람들 모두가 연방정부의 입법조치가 있었더라면 하고 생각하게 될 날이 오리란 것을." 그러나 도허티는 논쟁에 진절머리가 났다. 오랜 싸움에 따른 긴장으로 그의 몸은 쇠약해졌다. 그는 욕을 먹을 만큼 먹었고 이제 자신의 역할은 끝났다고 생각하고, 그런 일은 다른 사람에게 맡겨두기로 결심했다.

그는 1929년에 쓴 글에서 자신의 심정을 이렇게 기록했다. "내가 석유업계에서 받은 것보다 더 불쾌한 취급을 받은 사람이 있다면 꼭 만나보고 싶다. 나는 때때로 석유업계에 발을 들여놓지 않게 해달라고 신에게 빌었지만, 그보다 더 자주 석유업계를 개혁하려고 시도한 것에 대해 크게 후회한다."

장차 석유업계가 큰 어려움을 겪게 되리라는 그의 예언에 주의를 기울이는 사람은 아무도 없었다. 1920년대 말 무렵에는 새로운 거대 기업들이 경쟁적 지위를 확보하고 있었고, 정부의 개입이 없는 수급 균형이 합리적인 것처럼 보였기 때문이다. 그러나 바로 그때 모든 것이 무너지는 듯한 사태가 발생했다.

1929년 10월, 과열되었던 주식시장은 전례 없는 대폭락 사태를 맞았는데, 이것이 바로 실업과 빈곤, 전국에 걸친 생활고를 가져온 대공황의 전조였다. 이에 따라 석유 수요의 신장세도 멈췄다. 주식시장의 붕괴가 단순한 조정 과정이 아니라 전반적인 경제 불황의 전조임을 국민 모두가 인식하게 된 1930년 가을, 초대형 유전이 발견되었다. 바로 '블랙 자이언트' 유전이다. 당시까지 미국에서 발견된 유전 중 최대 규모였고, 미국 전체 수요를 충족할 수 있을 것이라 예측되었다. 그리고 이 발견으로 인해 도허티의 주장이 옳았음이 입증되었다.[15]

12

새로운
생산 경쟁

'석유는 힘이다.' 이 등식은 이미 제1차 세계대전의 전장에서 실종되었다. 국제 석유시장에는 석유회사와 민족국가 간에 새로운 관계가 설정되었다. 물론 이 관계는 '누가 석유를 가지고 있고, 누가 석유를 원하고, 그 결과 석유의 가치는 얼마인가?' 하는 수요와 공급의 변화무쌍한 역학관계에 의해 형성된 것이다. 그러나 양자의 관계를 결정하는 것은 시장경제의 원리만이 아니었다. 석유가 힘이라는 말을 달리 표현하면, 석유는 주권의 상징이기도 했다. 따라서 석유회사의 목표와 민족국가의 이익 간 충돌은 불가피했고, 이러한 충돌은 향후 국제정치의 한 특징이 되었다.

멕시코의 황금지대

20세기 초, 미국을 제외한 서반구의 석유탐사는 대부분 멕시코에 집중되어 있었는데, 두 회사가 주도권을 장악하고 있었다. 하나는 후에 '티포트 돔' 스캔들에 휘말리게 된 도헤니가 이끄는 팬아메리칸 석유회사였고, 또 다른 하나는 후에 카우드레이 경이 된 영국인 위트먼 피어슨 경이 이끄는 멕시칸 이글Mexican Eagle사였다. 이미 캘리포니아에서 석유사업에 성공한 바 있는 도헤니는 1890년 멕시코를 처음 방문했는데, 멕시코 국영철도회사 사장의 초청으로 유전을 살펴보려 한 것이다. 멕시코 국영철도회사 사장은 연료 부족으로, 철도가 지나가는 지역에서 개발 가능한 석유를 찾느라 노심초사하고 있었다.

피어슨의 관심은 훨씬 원대했다. 그는 19세기의 저명한 토목사업가 중에서도 둘째가라면 서러워할 사람이었다. 뛰어난 재능은 물론 기술적 측면에서 매우 혁신적 생각을 가진 대담한 사업가이기도 했으며, 수학에도 타고난 재능이 있었다. 더디지만 신중하고 끈기 있는 성격을 감안하면, 그는 타고난 토목기사였던 것 같다. 직설적이며 다른 사람들에게 호감을 주지 못하는 인상을 가졌지만, 피어슨은 지도자로서의 역량을 타고났다. 그는 케임브리지와 옥스퍼드의 유혹을 거절하고, 요크셔에 기반을 둔 자신의 가족이 운영하는 토목회사에서 일했다. 젊은 시절 힘들고 불결한 일에 종사했던 그는 손을 깨끗이 씻고 손톱을 청결하게 유지하는 습관이 생겼다. 이것은 업무의 세세한 면까지 끊임없이 파고드는 그의 습관 중 일부였다.

대규모 사업을 성공으로 이끄는 그의 교묘한 솜씨는 '피어슨풍風'이라 불리며 상당히 호평을 받았다. 그러나 그는 자신의 사업 방식을 결코 과대평가하지 않았다. 그는 딸에게 보낸 편지에서 "부의 여신을 손에 넣기는 매우 어렵다. 단 하나의 방법은, 자신이 실현할 수 있다고 생각하는 인생의 목표를 설정하고 그것을 향해 매진하는 것이다"라고 말했다. 그리고 아들에게는 "함께 일하는 동료가 결정한 것에 반대하거나 그들의 결정을 거부할 때는 잠시라도 주저하지 마라. 독재란 것이 비단 장갑으로 감춰져 있을 때 훨씬 좋기는 하겠지만, 책임자가 독선적이지 못하면 결코 어떤 사업에서도 영구적인 성공을 거두지 못할 것이다"라고 말했다. 그는 자신의 신조를 몇 번이고 증명했다. 그는 템스 강 아래의 블랙 월 터널과 펜실베이니아 철도를 위해 건설한 뉴욕 이스트 강 아래의 4개 터널, 도버 항 등 19세기 후반에 이루어진 훌륭한 토목사업을 책임졌다. 마침내 그는 석유회사뿐 아니라 「파이낸셜 타임스」와 「이코노미스트」지, 펭귄북스, 런던에 있는 라자드 투자은행에 이르기까지 방대한 제국을 형성했다. 그가 방대한 재력을 구축할 수 있게 해준 바탕은 멕시코였다.

당시 멕시코의 독재자였던 포르피리오 디아스 대통령은, 멕시코 시 전역의 하수를 흘려보내는 대운하 건설, 베라크루스 항 건설, 대서양과 태평양을 잇는 티후앙뜨펙 철도 건설 등 중요한 대형 토목사업에 피어슨을 불러들임으로써 '피어슨풍'이 얼마나 매력적인지를 증명했다. 그는 사업에 착수하기 위해 멕시코에 도착했을 때부터 멕시코인, 특히 디아스 대통령과 측근들의 환심을 사려고 노력했다. 유럽의 미술품을 선물하고, 자신의 이름을 딴 병원을 짓는 데 10만 파운드를 제공하는 등 노력을 아끼지 않았다. 그는 미국인들과는 달리 멕시코인의 감정을 소중하게 대하는 것처럼 보였다. 피어슨의 영국 내 인맥도 멕시코인들에게 깊은 인상을 심어주었다. 또한 그가 수년간 영국 의회에서 활동하는 동안 '친멕시코파'로 알려져 있었다. 그러나 피어슨이 멕시코에서 이러한 위치를 유지할 수 있었던 것은 디아스의 냉철한 정치적 계산이 있었기 때문이다. 한때 독재자 디아스는 자신의 나라가 "신에게서는 멀리 떨어져 있고 미국과는 아주 가까운 가난한 나라"라고 언급했다. 디아스와 측근의 정치가들은 미국이 자국 경제를 좌지우지하는 것을 결코 용납할 수 없었다. 디아스로서는 자국이 중심이 된 토목공사를 위해 멀리 떨어져 있는 영국에서 세계적으로 유명한 기술자 피어슨을 초청할 만했고, 그 결과 피어슨은 멕시코에서 사업을 확대할 기회를 얻었다.

1901년 멕시코로 가던 피어슨은, 갈아타야 할 기차를 놓치고 텍사스와 국경을 이루고 있는 라레도라는 마을에서 하룻밤을 지내게 되었다. 그런데 이 마을 역시 3개월 전 스핀들탑에서 유전이 발견된 이후 텍사스 전역으로 확대된 '유전을 찾아 미친 듯이 헤매는 석유 개발꾼들'로 북적대고 있었다. 그는 멕시코에서 석유가 나오고 있다는 회사 직원의 보고서를 떠올렸다. 피어슨은 라레도에 머무는 잠시 동안 얻을 수 있는 모든 석유 관련 계획서를 검토한 후, 회사의 지배인에게 전보를 보냈다. "유전이 기대되는 지역을 손에 넣기 위해 신속한 조치가 필요하다. 다만 우리가 상대하는 사람들은 버젓한 사장님들이라는 사실을 명심해야 한다." 그는 석유가 새로운 티후앙뜨펙 철도를 위한 최적의 연료라고 판단했다. 이 모든 것이 라레도에 머문 아홉 시간 동안 이루어졌다. 이로써 피어슨의 멕시코 석유사업이 시작된 것이다. 그는 조사 대상 지역을 타바스코까지 확대했지만, 멕시코에서 사업을 위해 고용한 사람은 스핀들탑의 유전 개발에 참여했던 앤서니 루카스 대령 한 사람뿐이었다.

거액의 투자가 지속적으로 이루어졌고 집중적인 조사가 진행됐다. 그러나 10년이 지나도록 피어슨의 멕시칸 이글은 거의 이무런 성과도 거두지 못했다. 1908년 의기소침한 피어슨은 아들에게 보낸 편지에서 "나는 많은 문제점들을 생각하지 않았고, 단지 석유가 부를 가져다줄 것이며 열심히 일한 만큼 만족한 결과를 낼 것이란 느낌만으로 이 사업에 가볍게 뛰어들었다"고 말했다. 그가 아내에게 보낸 편지는 보다 비관적이었다. "예전 사람들에 비해 내가 매우 비참한 모험가에 불과하다는 생각이 드오. 나는 두 가지가 몹시 마음에 걸리며 아주 두렵기조차 하오. 첫째는 내 판단과 관리능력에 대한 자부심이 바람에 날아가버린 것은 아닌가 하는 점이며, 또 다른 하나는 내가 인생을 새로이 시작해야 하는 것은 아닌가 하는 점이오. 이러한 두려움은 때때로 나를 비겁한 사람으로 만들고 있소. 비록 석유사업이 아무런 성과 없이 실패로 끝난다 해도 내가 여생을 편히 보내는 데는 문제가 없다는 것은 알고 있소. 그러나 이것이 성공적인 사업이었다는 것이 입증될 때까지 나는 계속해서 신경을 곤두세워야 하며, 때로는 낙담하게 될 거요."

1909년 피어슨은 결국 석유사업에 대한 자신의 생각이 피상적이었음을 인정하고 이제까지 고용했던 영국인 지질 전문가를 해고했다. 그 이름도 유명한 토머스 보버튼 레드우드 경과 그의 회사와 맺었던 계약을 파기한 것이다. 대신에 일찍이 미국 지질조사학회에 관여한 적이 있는 미국인들을 고용했다. 그런데 다음해인 1910년, 상황은 반전되었다. 훗날 카우드레이 경으로 알려지게 된 피어슨은 그해에 전설적인 포트레로 델 리아노 4호 유전의 발견을 필두로, 계속해서 대유전을 발견했다. 포트레로 델 리아노 4호 유전은 매일 10만 배럴의 원유를 분출했는데, 이는 당시 세계 최대 규모의 유전으로 간주되었다. 드디어 멕시코에도 유전 발견 붐이 일어났고, 멕시칸 이글은 하룻밤 사이에 세계 최대의 회사가 되었다. 석유 생산의 중심은 탐피코에서 그리 멀지 않은 소위 '황금지대'였다. 이 지역에서는 하루 생산량이 7만 배럴에서 10만 배럴에 달하는 대유전도 대단한 것이 아니었다.

멕시코는 곧 세계 석유시장에서 중요한 세력으로 등장했다. 멕시코산 원유의 품질은 중질유에 해당했으므로 정제된 후 공업용, 철도용, 선박용 연료시장에서 석탄과 경쟁했다. 1913년에는 러시아의 철도용 연료로 사용되기에 이르렀다. 제1차 세계대전 중 멕시코는 미국의 생명선이 되었고, 1920년에는 미국 내 석유 수요의 20% 정도를 공급하게 되었다. 1921년 멕시코의 연간 석유 생산량은 1억 9,300만 배럴에 달했고, 세계 제2위의 석유 생산국으로 부상했다.[1]

한편 이 무렵 멕시코의 정치상황은 극적인 변화를 맞았다. 1911년 멕시코 혁명으로 81세의 디아스 대통령이 권좌에서 쫓겨난 것이다. 당시 그는 치통으로 인한 패혈증으로 정신이 혼미했다고 전해진다. 폭동이 빈번하게 발생함으로써 멕시코에 대한 외국인의 투자 열기가 급속히 냉각되었다. 뉴저지 스탠더드오일의 멕시코 대표인 E.J. 새들러가 종업원들의 급료를 지닌 채, 도적에게 붙잡혀 무참한 폭행으로 중상을 입는 사건이 발생했다. 어쨌든 그는 살아서 막사로 돌아왔다. 이 사건 이후 그는 수중에 25달러 이상을 지니지 않았고, 도둑에게 넘겨주어도 아깝지 않을 정도의 값싼 금시계를 차고 다녔다고 한다. 그는 멕시코에 머무는 것을 극히 혐오했다. 멕시칸 이글사의 현지 시설도 습격당했고, 종업원 몇 명이 살해되기도 했다. 제1차 세계대전이 끝나기 한 달 전인 1918년 10월, 헨리 디터딩을 대신해 칼루스트 굴벤키안이 카우드레이의 사무소를 방문했다. 굴벤키안은 멕시칸 이글 주식의 절반을 매입하고 경영권을 인수하겠다는 로열더치 쉘의 조건을 제시했고, 카우드레이 경은 마음을 놓을 수 있었다.

20년간 멕시코에서 석유를 개발하면서 카우드레이는 무기력해졌을 뿐 아니라 미래의 위험 부담에 대해서도 염려하게 되었다. 더구나 이 영국인은 이미 많은 것을 가졌다. 그는 앞으로도 이 거대한 사업의 재정적 부담을 한 사람이 지게 할 생각이 없음을 영국 정부의 고위 관리에게 설명했다. 완전한 안심이라고는 할 수 없지만, 최소한 기분이 상당히 좋아졌고 돈도 꽤 벌었기 때문이다. 그에 따르면 이 매각은 결과적으로 타이밍이 좋았다. 멕시칸 이글의 유전은 쉘이 구입한 유전 중 그리 좋은 축에 들지 못했기 때문이다. 유전의 매매가 이루어진 직후 쉘이 매입한 대유전에서 염수鹽水가 흘러나오기 시작했다. 이는 매우 불길한 징조였다. 곧바로 석유 생산이 감소된다는 것을 의미하기 때문이다. 마침내 다른 석유회사들에도 같은 현상이 나타났다. 투자를 늘리고 신기술을 도입해 새로운 유전을 개발함으로써 해결될 문제였지만, 기업들은 혁명의 혼란 속에서 투자를 늘리는 데 소극적이었다. 실제로 멕시코 내에서 외국 기업의 조업은 거의 중단된 상태였다. 이미 밝혀진 바와 같이, 석유회사에 영향을 주었던 것은 혁명 자체의 무법 상태나 물리적 위

험보다 멕시코 민족주의자와 혁명 진영, 그리고 외국 투자가들 간에 발생한 격렬한 다툼이었다.[2]

멕시코의 이런 갈등은, 후에 세계 각지의 정부와 석유회사 간에 벌어진 본질적이고도 장기적인 싸움의 한 표본이었다. 멕시코에서의 쟁점은 두 가지로 집약되는데, 합의의 안정성과 주권 및 소유권의 문제였다. 누가 석유의 이익을 차지할 것인가? 멕시코 측은 오랫동안 잊혔던 원칙을 재차 주장했다. 이 나라에서는 1884년까지 지하 부존자원은 모두 군주에 귀속되며, 군주가 없을 경우에는 국가가 소유하게 되어 있었다. 그런데 디아스 정권은 이 법적 전통을 무시하고 지하자원의 소유권을 농부와 목축업자, 그리고 그 밖의 토지 소유자에게 인도했다. 또한 그들이 외국 자본을 앞다투어 받아들인 결과, 외국 자본이 유전지대의 90%를 지배하게 되었다. 혁명이 추구한 주요 목표 중 하나는 지하자원을 국가가 소유한다는 원칙을 부활시키는 것이었다. 이는 1917년 헌법 27조에 명문화되고 실제로 운영되었는데, 이것이 싸움의 발단이 되었다. 멕시코 측은 석유의 소유권을 되찾았지만 외국자본에 의존하지 않고 개발하고 판매하는 것이 사실상 불가능했다. 또한 투자자들은 안전한 계약과 수익 전망 없이는 개발의 위험과 비용을 부담할 의사가 없었다.

그 후 지하자원의 국유화를 위해 역대 멕시코 정권이 취한 다양한 규제와 세금 인상은 석유회사와의 갈등에 기름을 붓는 격이었다. 에드워드 도헤니가 운영하는 한 석유회사는, 멕시코 내에 있는 미국 소유의 석유 매장 지역을 보존하기 위해 본국 정부에 군사적 개입을 요구했고 미국 정부는 이를 받아들였다. 멕시코가 외국 부채를 갚기 위해 수입을 올리려고 노력하는 중이어서, 문제는 한층 더 복잡해졌다. 미국의 주요 은행들은 멕시코의 석유 수입이 늘어나 자신들의 부채를 상환해주길 바랐다. 그래서 은행가들은 미국 석유회사에 대항하는 멕시코 측을 지원했고, 석유회사들이 요구하는 군사적 개입과 응징

조치에 강력히 반대했다.

석유 문제로 인한 대립은 멕시코와 미국의 관계를 혼란에 빠뜨렸다. 미국 정부는 수차례 바뀐 멕시코 정권을 승인하지 않았고, 양국은 여러 번 전쟁 직전의 상황까지 갔다. 사유재산을 포함해 미국인들의 중요한 이익과 권리가 일방적으로 침해되었고 계약과 협상이 파기되었다. 미국이 생각하는 멕시코는 안전이 보장되지 않는 불안한 장소, 야만적으로 무질서한 계약을 꾸미는 나라, 전략적인 자원 유입에 위협을 주는 나라였다. 반면 멕시코가 미국과 미국의 석유회사를 바라보는 시각은 외국 세력의 착취와 침략, 주권 침해의 고착화, 강한 힘을 가진 '양키제국주의'에 다름 아니었다. 석유회사들이 불안과 위기를 느낌으로써 투자가 감소하고 기업 활동도 빠른 속도로 후퇴했다. 이는 석유 생산량의 급격한 감소로 나타났고, 멕시코는 곧 세계 석유 강국으로서의 위치를 상실하게 되었다.[3]

고메스 장군의 베네수엘라 장원莊園

세계적으로 석유 수요가 급증할 것이라는 기대, 공급 부족에 대한 우려, 전쟁을 통해 입증된 국력으로서의 석유가 갖는 위상, 석유가 가져다준 막대한 이윤, 이 모든 것은 로열더치 쉘이 1920년 연차 보고서에서 '새로운 유전을 얻기 위한 싸움'이라고 했던 상황을 유발했다. 이 보고서는 다음과 같이 주장했다. "우리는 새로운 지역을 얻기 위한 이 싸움에서 결코 뒤처져서는 안 된다. …… 지질 전문가들은 성공 가능성이 조금이라도 있다면 어디든 진출해야 한다." 베네수엘라는 성공 가능성이 가장 큰 곳이었다. 하지만 그렇게 생각한 것은 로열더치 쉘만이 아니었다. 멕시코의 정치적 상황은 석유사업가들이 대거 베네수엘라로 이동하도록 만들었다. 초기 스페인 탐험가들의 기록에 의하면, 베네수엘라에서는 이미 수 세기 전부터 원주민들이 자연적으로 분출되는 석유를 카누의 누수 방지와 수리에 사용했다. 멕시코와는 달리 베네수엘라는 정치적으로는 안정돼 있었는데, 후안 비센테 고메스 장군 때문이라 할 수 있다. 잔인하고 교활하며 탐욕적이었던 이 지배자는 27년 동안 베네수엘라를 통치하며 자신의 재산을 불려나갔다.

베네수엘라는 원래 인구가 적고 가난한 농업국이었다. 1929년 스페인으로부터 독립한 이래 각지의 군사령관이 그 지역의 실권을 장악하고 있었다. 1890년 중반, 국회의원 184명 가운데 최소 112명이 장군의 직위를 갖고 있었다. 1908년에 실권을 장악한 고메스는 권력을 집중시켜 이 나라를 자신의 영지이자 장원으로 만들어버렸다. 글을 거의 읽지 못했던 그는 부하와 가족을 통해 베네수엘라를 지배했다. 일설에는 그의 사생아가 94명이었다고 한다. 고메스는 동생을 부통령에 임명했으나, 후에 동생의 아들에게 살해당했다. 제1차 세계대전 이전에 고메스는 시어도어 루스벨트풍의 넉넉한 사냥복을 즐겨 입었는데, 전쟁 중에는 독일을 옹호하면서 독일 황제의 복장을 흉내 낸 옷을 입었다. 우드로 윌슨은 그를 악당이라고 했지만, 공포와 잔악함으로 국가를 압제한 사람의 호칭으로는 오히려 완곡한 표현이었다. 카라카스 주재 영국 공사는 한층 솔직한 표현으로 '가장 중세적 의미의 절대군주'라고 그를 평했다. 글을 읽을 능력이 없었다고는 하나 고메스는 절대적인 정치 권력 외에 자기가 원하는 바가 무엇인지 잘 알고 있었다. 그것은 바로 막대한 부富였다. 빈곤한 국가를 경제적으로 성장시키고 동시에 자신의 부를 쌓기 위해서는 국가의 수입이 필요했다. 두 가지 목표를 달성하는 수단은 하나뿐이었다. 국가의 수입이란 외국 자본을 의미했다. 석유가 바로 그런 기회를 제공했다. 영리하게도 고메스는 외국 투자가들을 유인하기 위해서는 정치적·재정적 안정이 필수적이란 사실을 인식하고 있었다.[4]

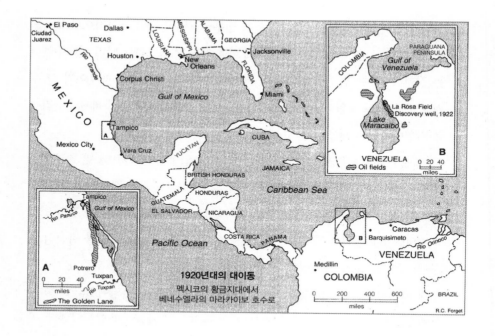

로열더치 쉘은 1913년에 이미 베네수엘라의 말라카이보 호반에 진출해 1914년에는 소규모의 상업적 생산을 시작했다. 1919년 제1차 세계대전 후 베네수엘라에 대한 관심이 고조되는 가운데 뉴저지 스탠더드도 베네수엘라에 조사단을 파견했다. 조사단의 일원인 지질 전문가는 말라카이보 호반을 단념해야 한다고 보고했다. 그는 "이 지역에 몇 주 동안 머문다면 누구나 말라리아에 걸리거나 간 질환에 걸려 오랫동안 고통받을 것이 거의 확실하다"고 말하며 베네수엘라에 투자하는 것을 반대했다. 그러나 조사단에 동행했던 스탠더드오일의 간부는 이러한 주장에 동의하지 않았다. 그에게는 말라리아나 간 질환보다 로열더치 쉘이 그곳에서 사업을 하고 있다는 사실이 더 중요한 것처럼 보였다. 그는 "로열더치 쉘이 수백만 달러를 투자하고 있다는 사실은 이곳에 상당한 양의 석유가 부존되어 있음을 간접적으로 시사하는 것이다"라고 보고했다. 만약 여기서 석유를 생산하는 데 실패한다면 남미 석유사업의 입지가 위태로워질 것이다.

그러나 고메스 장군의 '장원'인 이 나라에서 석유 이권을 획득하는 것은 그리 쉬운 일이 아니었다. 스탠더드오일의 대표는 중개인을 통하는 일반적인 관례를 따르지 않고 직접 고메스 장군과 면담하는 데 성공했다. 당시 고메스의 태도가 매우 호의적이었으므로, 스탠더드오일은 자신만만하게 입찰에 참여했다. 그런데 그날, 고메스의 사위 줄리오 멘데즈도 그 입찰에 참여했다. 그는 이권을 획득했고, 즉시 다른 회사에 이권을 팔아넘겼다. 우여곡절 끝에 뉴저지 스탠더드오일은 미국의 다른 회사와 줄리오 멘데즈로부터 말라카이보 호수의 바닥 4,200에이커를 포함한 방대한 토지를 획득했다. 그런데 호저湖底의 구입과 관련해, 스탠더드오일의 한 관리가 했다는 재미있는 농담이 전해진다. "호저와 함께 보트도 구입해야 할 것이다. 만약 4,200에이커에 이르는 호저에서 석유가 나오지 않는다면 낚시 사업이라도 벌여야 할 판이기 때문이다."

베네수엘라는 땅이 메말라 석유 채굴이 어렵고 그 밖의 온갖 장애가 도사리고 있었다. 차량이 통행할 도로는 고사하고 소와 말이 다닐 만한 길도 없어서, 지질 전문가들은 카누나 노새를 이용해 이동해야 했다. 더욱이 이 나라에서는 측량에 쓸 만한 지도조차 없었다. 지도에 표시된 강이 실제로는 존재하지 않거나, 있더라도 지도에 나온 것과 다른 지류인 경우가 많았다. 가장 큰 문제는 질병이었다. 이곳을 찾은 사람들은 모두 질병을 피할 수 없었다. 한 미국인 지질학자는 "이 지역의 모기는 지금까지 보았던 어떤 모기보다 크고 지독하다"라고 말했다. 지질 전문가들은 사람의 피부 아래에 알을 낳는 이상한 벌레와도 싸워야 했다. 치료 방법도 마땅치 않았고, 치료 방법이 있다 해도 원시적이거나 수량이 매우 부족했다. 그러나 이것이 끝이 아니었다. 그 후 지질 전문가와 채굴 기술자들은 적개심이 강한 인디언 부족과도 싸워야 했다. 뉴저지 스탠더드오일의 채굴 기술자 중 한 사람은 숙소 현관에 앉아 있다가 인디언이 쏜 화살에 맞아 죽었다. 그들은 화살 사정거리 안에 있는 밀림의 나무들을 모두 잘라버렸다. 1929년 쉘은 인디언의 화살이 관통하지 못하는, 발이 가는 헝겊으로 트랙터의 운전석을 덮기도 했다.

외국 자본 도입의 필요성을 느낀 고메스는 카라카스 주재 미국 공사와 미국계 석유회사의 도움을 받아 석유법의 초안을 작성하게 했다. 이 법에는 석유 이권, 세금, 로열티에 관한 조항들이 담겨 있었다. 최소한 석유 이권이 인정되면 고메스 정권 아래의 베네수엘라는, 멕시코와는 매우 대조적으로, 정치적 예측 가능성, 행정적·재정적 안정성을 제공하는 것과 마찬가지였다. 그러나 문제는 석유법이 발효된 1922년 말까지도 대규모 석유 개발에 대한 의심이 거두어지지 않았다는 것이다. 탐사의 결과는 흥미로웠지만 그 이상은 예측할 수 없었고 엄청난 경비와 노력이 소요될 것이라 여겨졌다. 1922년 쉘의 필요에 따라, 4년간 베네수엘라 지도를 만드는 작업에 참여했던 미국 지질 전문가들은 베네수엘라를 포함한 남미에서 석유사업의 전망이 매우 어둡다는 평가서를 제출했다. 그곳에서 그들이 본 것은 '신기루'였다. 그들은 "미국에서 생산을 늘리기 위해 1센트를 추가 투자하는 것이, 적도 지역에 1달러를 투자하는 것보다 훨씬 이익이다"라고 밝혔다. 심지어 베네수엘라나 남미의 다른 지역에서 생산되는 석유보다, 미국 내 산재해 있는 셰일오일이 훨씬 저렴한 비용으로 생산할 수 있다고도 주장했다.

결론적으로 그들의 판단은 성급했다. 그해 12월 마라카이보 분지의 라 로사 유전에 위치한 쉘의 바로소 유정에서 하루에만 1만 배럴에 달하는 원유가 걷잡을 수 없는 기세로 뿜어져 나왔다. 별 전망이 없다고 평가되던 라 로사 유전은 쉘의 현지 매니저인 조지 레이놀즈가 승부를 건 곳이었다. 바로 15년 전 페르시아에서 앵글로-페르시안의 프로젝트를 강력하게 추진해, 수많은 장애에도 불구하고 최초로 유전을 발견한 사람이다. 그는 '단단한 영국산 참나무'로 불렸으며, 약간의 보너스를 챙겨 페르시아를 떠난 것으로 알려졌다. 15년 전 중동에서 석유 개발의 길을 열었던 레이놀즈는 이제 베네수엘라에서 같은 일을 성취했다.[5]

라 로사에서의 유전 발견은 베네수엘라가 세계적인 규모의 석유 생산국이 될 수 있음을 확인시켜주었다. 이를 계기로 열광적인 석유 붐이 시작되었다. 100개가 넘는 그룹이 베네수엘라에서 석유사업을 시작했다. 영국계도 있었지만 대부분이 미국계였으며, 대회사부터 독립계 석유회사까지 회사의 규모와 성격도 각양각색이었다. 석유 수출항을 건설하기 위해 토지를 입수한 윌리엄 버클리도 독립계 석유업자 중 하나였다. '석유 러시'는 고메스 장군이 부를 축적할 절호의 기회를 제공했다. '고메시스타스'라 불리는 그의 가족과 주변 인물들은 일급의 석유 이권을 정부에서 불하받아 외국 회사에 전매함으로써 이익을 챙겼고, 그중 일부는 고메스에게 바쳤다. 측근들은 이런 거래를 공식화하기 위해 '베네수엘라 석유회사Compania-Venezolana de Petróleo'라 불리는 유령회사를 차렸다. 하지만 여전히 '고메스 장군의 회사'로 더욱 널리 알려졌다. 고메스와 고메시스타스는 석유 개발에 참여하기 원하는 외국 기업을 경쟁시키는 교묘한 방식으로 부를 축적했다. 외국 기업들에겐 선택의 여지가 없었다. 1920년대의 베네수엘라 석유 붐에 참여하고자 한다면 달리 방법이 없었던 것이다.

유전 개발은 맹렬한 속도로 추진되었다. 1920년 140만 배럴이었던 베네수엘라의 석유 생산량은 1929년에 이르러 1억 3,700만 배럴에 달했고, 총생산량 측면에서 미국에 이어 2위를 차지했다. 그해 베네수엘라의 석유 수출액은 전체 수출액의 76%에 달했으며, 정부 세수稅收의 절반을 차지했다. 베네수엘라는 이미 로열더치 쉘의 가장 큰 단일 석유 공급원이었다. 또한 1932년에는 페르시아와 미국을 제치고, 영국의 단일 최대 공급원이 되었다.

베네수엘라는 10년도 채 못 되어 산유국으로서의 위치를 확고하게 구축했다. 게다가 외국 자본을 끌어들이는 데에도 성공했다. 석유탐사와 개발에는 거액의 투자가 필요했고 이 때문에 많은 기업이 사업에 참여했지만 실제로는 소수 기업이 지배했다. 1920년대 석유 생산의 대부분은 직간접적으로 3개 회사, 즉 로열더치 쉘, 걸프, 팬아메리카가 장악하고 있었다. 이 중 팬아메리카는 에드워드 도헤니가 경영하는 회사로서 당시 멕시코에서도 여전히 지배적 위치를 차지하고 있었다. 1925년 팬아메리카는 인디애나 스탠더드오일에 흡수되었다.

고메스 장군이 외국 자본에 호의적인 정치 환경을 제공하지 않았다면 이런 규모의 외국 자본이 유입되기는 힘들었을 것이다. 그러나 얼마 동안이나 이런 안정 상태가 지속될지는 알 수 없었다. 인디애나 스탠더드의 자회사인 라고Lago의 대표자는 미국 국무부 당국자에게 "고메스도 영원히 살 수는 없다. 과격한 정권이 새로 들어선다면 석유 자산을 몰수하고 멕시코에서와 같은 정책을 취할지 모르는 위험이 상존한다"라고 말했다. 위험을 피한다는 의미에서 라고는 베네수엘라 영토가 아닌, 해안에서 다소 떨어진 네덜란드령 아루바 섬에 원유 정제 시설을 건설했다. 쉘도 마찬가지로 네덜란드령 쿠라카오 섬에 정제 시설을 세웠다.

쉘이나 다른 회사들과는 달리, 뉴저지 스탠더드오일은 대규모 투자에도 불구하고 베네수엘라 내에서 이렇다 할 성과를 내지 못하고 있었다. 뉴욕에서는 이 회사의 베네수엘라 담당 중역을 '생산하지 않는 생산부장'이라 불렀다. 1928년 뉴저지 스탠더드는 마침내, 다른 회사가 포기했던 지역에서 새로운 기술을 적용해 처음으로 대규모 유전을 발견했다. 수중 굴착 기술로 말라카이보 호수 밑에 묻혀 있던 풍부한 석유자원을 추출할 수 있었고, 궁극적으로는 호저 지층 밑에서 방대한 양의 석유를 생산하게 되었다. 이제 뉴저지 스탠더드가 낚시 사업을 해야 할지도 모른다는 식의 농담은 누구도 입 밖에 내지 않았다.

대공황이 최악의 상태로 치닫던 1932년, 미국 정부는 베네수엘라산 석유의 유입을 막기 위해 수입 석유에 대한 관세 제도를 실시했다. 휘발유에는 배럴당 1.05달러, 원유와 연료유에는 배럴당 23센트의 관세가 부과되었다. 석유를 국외로 수출하기 위해 필요한 해외 판매망을 갖고 있지 못한 인디애나 스탠더드로서는 상당히 우려되는 상황이었다. 인디애나 스탠더드는 멕시코 내 자산이 국유화될 가능성뿐 아니라 대공황 중에 추가로 투입되는 자본에 대해서도 걱정이 많았다. 모든 상황을 종합해 볼 때, 인디애나 스탠더드로서는 위험이 너무 크다는 판단에 결국 베네수엘라를 포함한 해외의 석유 개발 운영권을 뉴저지 스탠더드에 팔아넘겼다. 뉴저지 스탠더드는 판매대금의 일부를 주식으로 지불했다. 잠시 동안이지만 인디애나 스탠더드는 뉴저지 스탠더드의 단일 최대주주가 되었다.[6]

볼셰비키와의 싸움

그러나 석유와 정치의 충돌이 가장 극적으로 나타난 곳은 서반구가 아니라 동반구였다. 제1차 세계대전 이전 러시아산 석유는 세계시장에서 가장 중요한 상품 중 하나였다. 이제 석유가 새로운 소련 정부의 수중에 들어가게 되자 그들의 생각과 경영 방식이 문제로 대두되었다.

제1차 세계대전 전, 로스차일드사가 러시아에서 소유하고 있던 대규모의 석유 이권을 인수했던 로열더치 셸은 매우 긴박한 상황에 처해 있었다. 볼셰비키 혁명 이후 많은 기업들이 러시아 유전을 싼값에 구입하려고 필사적인 노력을 경주했다. 굴벤키안 역시 망명 러시아인의 재산을 아주 저렴하게 구입한 것으로 알려졌다. 그는 어떤 거래도 놓치지 않았다. 현금이 부족한 망명 러시아인이 짐 보따리에 넣어 가지고 가던 미술품도 구입할 정도였다. 로스차일드 사와는 달리, 노벨사는 러시아 석유 이권에 대해 엄청난 집착을 보였다. 혁명 기간 중 노벨가는 망명길에 올랐는데, 일부는 농부로 위장하고, 다른 일부는 썰매와 도보로 국경을 넘어 핀란드로 갔다. 노벨가는 75년 만에 러시아 시대의 종지부를 찍고, 종국에는 파리에 정착하게 된다. 파리의 모리스 호텔에 자리 잡은 그들은 러시아에 남아 있는 재산을 건질 방법을 모색했다.

답은 몽땅 팔아치우는 것이었다. 노벨가는 디터딩에게 러시아 석유 운영권 전체를 넘겨주었다. 러시아는 여전히 혼란과 내란에 휩싸여 있었고 결과는 불투명한 상황이었다. 디터딩은 러시아 석유를 손에 넣을 수 있는 기회를 포착했는데, 이는 볼셰비키 혁명이 실패할 것을 전제로 하고 있었다. 그는 앵글로-페르시안과 카우드레이 경의 관심에 부응해 신디케이트를 구축해서 노벨가와 협상하려고 했다. 그는 볼셰비키 체제가 오래 지속되지 못하리라 확신했다. 1920년 굴벤키안에게 보낸 편지에서 그는 "볼셰비키는 코카서스에서뿐 아니라 러시아 전역에서 6개월 내에 소멸될 것이오"라고 말했다. 디터딩은 만일의 사태에 대비해 영국 외무부에 정치적 지원을 요청했다. 외무부가 이를 거절하자, 디터딩은 '안정된 새 정부가 수립될 때'까지 노벨가가 약간의 지분을 보유하든지, 아니면 최소한 그들 구매 그룹이 선택권을 가지게 해달라고 주장했다. 그러나 노벨가는 이에 대해 강력히 반대했고 디터딩도 양보하지 않음으로써 협상은 결렬됐다.

잠재적인 경쟁자도 도사리고 있었다. 노벨가는 뉴저지 스탠더드에 큰 관심을 표했다. 재정적 측면에서뿐 아니라 국가적 측면에서 미국 정부의 정치적 지원을 끌어들일 수 있다는 점에서, 노벨가의 관심을 끌기에 충분했다. 석유를 매개로 미국과 러시아가 손잡는 것은, 1890년대 노벨가가 석유사업을 추진해온 이래 계속 희망해온 바였다. 위험이 가득했던 1890년대와는 다른 상황에서 실현될 기회가 온 것이다.[7]

한편 뉴저지 스탠더드도 이 협상에 흥미를 느꼈다. 월터 티글과 동료들은 러시아산 석유가 국제 석유시장의 질서를 잡으려는 그들의 노력을 좌절시키고, 스탠더드오일 트러스트에 충격을 준 것을 잊지 않았다. 그들은 지중해 지역에 자국 원유를 수출하기보다는 러시아산 석유를 공급하는 방법을 생각하고 있었다. 1차 세계대전 중에는 러시아의 석유 수출이 중단되었으나, 생산이 재개되고 새로운 기술이 채택되면 다시 한 번 유럽에서 미국산 석유를 몰아낼 수 있을 것이라 판단한 것이다. 경쟁자의 손에 들어가는 문제보다는 스탠더드오일이 러시아 석유를 통제한다는 것이 중요했다. 티글은 이렇게 말했다. "이번에는 위험을 무릅쓰고라도 투자해야 할 것이다. 지금 하지 않으면 우리는 러시아의 생산 상황에 어떤 영향력도 행사할 수 없을 것이라 생각한다."

노벨가가 자기 소유가 아닌 재산을 팔려고 하는지도 모른다는 우려에도 불구하고, 뉴저지 스탠더드와 노벨가는 본격적인 교섭에 착수했다. 그런데 볼셰비키가 바쿠를 재탈환하고 신속하게 유전을 국유화하던 1920년 4월, 우려는 한층 가시화되었다. 바쿠에서 일하던 영국 기술자들이 투옥되고, 노벨가의 일부는 스파이 혐의로 처형되었다. 하지만 볼셰비키 혁명이 실패한다면 이 거래는 매우 매력적이며, 그럴 가능성이 매우 높다고 확신했기에 뉴저지 스탠더드와 노벨가는 협상을 멈추지 않았다. 국유화가 이루어진 지 3개월도 지나지 않은 1920년 7월, 협상이 타결되었다. 계약금 650만 달러에 추가로 750만 달러를 지불하는 조건으로 러시아 내 노벨가의 석유 이권 절반을 통제할 수 있는 권리를 매입한 것이다. 이에 따라 스탠더드오일은 러시아 석유 생산량의 최소 3분의 1, 정제 제품의 40%, 러시아 국내 시장의 60%에 대한 통제권을 획득했다. 그러나 서유럽 석유사업가들의 믿음에도 불구하고, 사실상 위험은 상당히 컸고 가시화된 것이기도 했다. 볼셰비키 정권이 살아남는다면 어떻게 될 것인가? 이미 유전의 국유화가 이루어졌기 때문에, 볼셰비키 정권은 자체적으로 운영하거나 국제입찰에 붙일 것이다.

그 후에 벌어진 자본주의자와 공산주의자 간의 교섭에, 볼셰비키는 노련하고 지략이 뛰어난 대외거래 인민위원인 '레오니드 크라신'을 파견했다. 조각 같은 얼굴에 뾰족한 턱수염을 가졌으며 키가 훤칠한 그는 서방인들이 예상한 것처럼 피에 굶주린 광신자가 아니었다. 겉으로는 세련되고 설득력도 있는 합리적인 사람으로 보였다. 그는 여성들의 시선을 끄는 매력도 갖고 있었다. "모든 면에서 곱게 자라고 잘 교육받은 사람으로 보인다. 그는 지성과 행동 모두 진정한 귀족의 표본으로 보이는 사람이다"라고 말한 한 영국 여성의 경우에서 알 수 있듯, 여자들은 모두 그에게 홀딱 넘어갈 지경이었다. 다른 동료들과 달리 그는 자본가들의 생리를 잘 파악하고 있었는데, 그 역시 한때 자본가였기 때문이다. 전쟁이 일어나기 전, 크라신은 바쿠 전력회사의 유명 경영인으로, 또 독일의 대회사 지멘스의 러시아 대표로 활약했다. 이와 동시에 그는 볼셰비키 혁명 당시 기술 관료의 우두머리로 비밀리에 활동했는데, 레닌의 말에 따르면 '재무장관'의 역할을 했다고 한다. 그는 자신이 '과거가 없는 사람'이라고 즐겨 말했다.

그는 제정 러시아의 공적인 신분으로 전시戰時 경제를 이끌어간 주요 인물 중 하나였기 때문에, 혁명 동지들과의 관계가 조금은 껄끄러웠다. 그가 볼셰비키 동료와 논쟁을 벌인 후 고뇌에 빠져 고기를 사양하고 말의 젖으로 끼니를 때웠다는 일화도 전해진다. 하지만 볼셰비키 진영은 그와 그의 경영 능력이 필요했다. 볼셰비키 진영에서 그는 유일무이한 뛰어난 사업가였다. 이것이 그가 혁명 기간 동안 대외교역과 운수 담당 인민위원이라는 직위를 얻게 된 연유다. 그는 이 직위를 이용해 매우 큰 영향력을 행사했다.

스탠더드오일이 노벨가와의 협상을 거의 마무리 지어가고 있을 무렵 크라신은 소련 정부를 대표해 무역 문제를 협의하기 위해 런던에 갔다. 1920년 3월 31일, 그는 영국 수상 데이비드 로이드 조지의 초청으로 다우닝가 10번지에 있는 수상 관저로 갔는데, 소련 대표가 서방에서 가장 영향력 있는 정부 수뇌의 영접을 받는 역사적인 순간이었다. 그의 등장은 영국인들 사이에 반감과 함께 강한 호기심을 불러일으켰다. 뒷짐을 진 채 화로를 뚫어지게 바라보던 외무장관 커즌 경은 크라신과의 악수를 거절했다. 하지만 신사답게 행동하라는 로이드 조지의 근엄한 질책에 못 이겨 그와 악수를 나누었다. 이후 수개월 동안 영국과 소련 간의 협상은 계속되었는데 그 과정이 결코 순탄치만은 않았다. 레닌은 런던에 있는 크라신에게 다음과 같은 비밀 메시지를 보냈다 "비열한 로이드 조지는 부끄러운 줄도 모르고 주저 없이 사람을 속이는 인간이다. 그의 말을 절대 믿지 말고, 그를 3배로 속여라."

크라신은 협상을 지연시키면서 소련과의 교역을 바라는 영국 사업가들의 기대를 교묘하게 자극했다. 하지만 그의 운신 폭은 매우 좁았다. 당시 소련 경제는 파탄으로 치닫고 있었다. 비참할 정도의 생산 감퇴, 인플레이션, 심각한 자본 부족, 기아를 유발하는 식량 부족 등으로 혼란은 가중되었다. 소련은 천연자원을 개발, 생산, 판매하기 위해 필요한 외국 자본의 유치에 필사적이었다. 1920년 12월, 소련 정부는 외국 투자가들에게 석유 이권을 양도하는 새로운 정책을 발표했다.

여기서 더 나아가 1921년 3월, 레닌은 내수시장 확대, 사기업 부활, 외국 무역 보장, 이권 매각 등을 인정하는 신경제 정책New Economic Policy, NEF을 발표했다. 그러나 레닌이 마음을 바꾸었다고는 볼 수 없었다. 단지 즉각적이고 긴급한 필요성에 대응한 것뿐이었다. 레닌은 "해외로부터의 장비와 기술 지원 없이 우리 힘만으로 산산조각 난 경제를 회복시킬 수 없다"고 선언했다. 그는 지원을 얻기 위해 '가장 강력한 제국주의자들의 신디케이트'에 광범위한 석유 이권을 넘겨줄 준비가 되어 있었다. 레닌이 최초로 양보한 석유 이권의 예를 들자면 '바쿠 유전의 4분의 1과 그로즈니 유전의 4분의 1'이다. 제정 러시아 시대처럼 석유는 다시 가장 수지맞는 수출 상품이 될 것으로 보였다. 볼셰비키의 기관지는 석유를 '황금의 액체'라고 불렀다.

레닌의 친서방적 태도는 의심이 많은 스탈린을 포함해 다른 동료들의 강력한 반발을 샀다. 스탈린은 소련으로 들어오는 사업가들 가운데에는 '부르주아 세계에서 가장 뛰어난 스파이들'이 포함되어 있다고 경고했다. 그들과 전면적 접촉을 하는 것은 러시아의 약점을 드러내 보일 위험이 있다는 것이다.

이런 반발에도 불구하고 레닌이 신경제 정책을 발표하고 1주일 후, 크라신은 런던에서 영소 무역협정에 조인했다. 그는 능란하게 여러 기업에 접근해 새로운 석유 이권을 제의하고, 동시에 경쟁을 붙이기 위해 소문을 퍼뜨리고, 은근히 암시하는 방법을 이용했다.

디터딩은 노벨가와의 거래가 무산된 것에 대해 결코 낙담하지 않았다. 그는 노벨가와 마찬가지로, 스탠더드오일의 러시아 진출이 구舊로스차일드가의 재산 소유권을 가지고 있는 로열더치 쉘을 포함한 모든 외국 기업들에 강력한 보증이 될 것을 확신했다. 디터딩은 굴벤키안에게 다음과 같이 훈계했다. "우리는 이미 몇 개의 훌륭한 좌석을 가지고 있고, 러시아라는 식탁에 차려진 음식 대부분은 우리의 차지입니다. 만찬에 관심을 가진 사람들과 식사하는 것은 매우 즐거운 일입니다." 하지만 디터딩은 자신의 것이라 생각하는 자산을 팔아넘기고 그를 식탁에서 내쫓으려는 볼셰비키의 시도를 받아들일 생각은 전혀 없었다. 그 문제에 대해서는 월터 티글도 마찬가지 입장이었다.[8]

통일전선의 구축

1922년 뉴저지 스탠더드와 로열더치 쉘, 노벨가는 통일전선을 구축했다. 러시아 내 석유 재산과 그들의 교역에 대한 소련의 위협에 공동으로 대처하기 위함이었다. 최종적으로는 12개 회사가 참여했는데, 모든 회원사는 함께 소련과 싸우기로 결의했고 개별 행동을 허용되지 않았다. 그들은 국유화된 재산에 대한 보상을 요구하면서 소련과의 개별적인 거래를 금지하는 데 합의했다. 하지만 '석유 동업자'들은 다른 곳에서와 마찬가지로 소련에서도 확실히 서로를 신뢰하지 못했다. 결의와 약속에도 불구하고 통일전선은 시작부터 비틀거렸다. 자본가들의 생리와 속성을 간파하고 있던 교활한 크라신은 뛰어난 능력을 발휘해, 통일전선에 참여한 기업들을 이간질했다.

한편 세계 시장의 많은 석유회사들이 값싼 러시아산 석유에 위기의식을 느꼈다. 1920년에서 1923년까지 사실상 동면 상태에 있던 소련의 석유산업은 이후 서방 기술의 도입에 힘입어 급속히 부흥했고, 세계 시장에 수출국으로 재등장하게 되었다. 뉴저지 스탠더드의 중역들은 딜레마에 봉착했다. 그들의 재산권이야 어떠하든지 간에, 값싼 러시아산 석유를 구입해야 할 것인가? 아니면 도덕적 측면이나 상거래의 차원에서 계속해서 거래를 중단해야할 것인가? 티글은 노벨가에 대한 투자를 후회하기 시작했다. 그는 이렇게 말했다고 한다. "병든 자식을 몇 년간 간호하는 것 같은 이런 사업 대신, 같은 돈을 들여서 즉시 생산성이 발휘되는 다른 석유사업에 투자해야 한다고 생각한다."

스탠더드오일의 독일 지역 총수인 하인리히 라이드만은 조금 다른 시각에서 문제를 바라보았다. 그는 민간 기업이 외국 정부의 몰수나 국유화로부터 자신의 권리를 지키는 일이 쉽지 않다는 결론을 내렸다. 그는 "러시아에서와 같이 정부가 산업이나 사업에 참여하는 것은 기업의 역사에 없던 일이다. 우리는 어느 누구도 소련식 사고방식에 동조하는 것을 좋아하지 않는다. 그러나 만약 다른 기업이 자진해서 동조한다면, 우리만 초연히 있는 것이 무슨 소용이 있겠는가?"라고 말했다. 사실 서방 그룹들 중 일부는 조용하게, 다른 일부는 당당하게 코카서스의 바쿠에서 사할린 섬, 시베리아 연안에 이르기까지의 석유 이권을 요구했다. 뉴저지 스탠더드와 쉘 및 기타 석유회사들도 이미 코카서스에 대한 소유권을 주장했다. 문제를 더욱 악화시키는 것은 소련이 여기서 얻는 석유를 자신의 것인 양 판매하고 있다는 것이었다.

소련을 이길 수 있는 한 가지 방법은 뉴저지 스탠더드와 쉘이 공동으로 러시아산 석유를 구매하는 조직을 만드는 것이다. 티글은 결코 찬성하지 않았다. 그는 "내가 구식이라는 것을 잘 알고 있다. 하지만 당신의 지갑이나 재산을 훔친 사람과 우호적 관계를 유지하려는 것이 정당한 태도라고 보이지는 않는다"라고 말했다. 그러나 다른 미국 기업들이 러시아산 석유를 다량 구입해 뉴저지 스탠더드와 직접 경쟁하기 시작함에 따라, 러시아와의 사업에 대한 회사 내의 반대는 사라졌다. 1924년 11월, 뉴저지 스탠더드와 쉘의 공동구매 조직이 마침내 구축되었고, 두 기업은 소련과 사업할 방식을 찾기 시작했다. 개인적으로 티글은 전체적인 사업의 양상에 대해 매우 비통해 했다. 이것은 오래 생각할 필요도 없는 아주 고전적인 사업 문제였다. 티글은 라이드만에게 보낸 편지에서 자신의 생각을 이렇게 밝혔다. "지난 6~8개월 동안 우리의 행동을 되돌아볼 때, 러시아산 석유 구매와 같은 중요한 상황을, 그 중요성이 정당화될 만큼 충분히 고려하지 않고 진행하고 있다는 인상을 떨칠 수가 없습니다. 우리는 확실히 너무 많은 일을 하고 일상 업무에 쫓기고 있습니다. 논리적 결론을 얻기 위해 문제를 생각할 충분한 시간을 가졌다면 피할 수 있는 실수를 저지르고 있다는 사실이 매우 안타깝습니다."

로열더치 쉘과의 협력과는 별개로, 티글에게 소련과의 협력은 매우 비위에 거슬리는 일이었다. 티글은 라이드만에게 보낸 편지에서 "소련에 석유시장을 제공하는 것은 사실 장물아비가 되려는 것이며, 도둑에게 쉽게 돈을 벌수 있게 해줌으로써 계속 악한 행동을 하도록 도와주는 것입니다"라고 말했다. 라이드만은 흥분한 티글을 진정시키려고 노력했다. 1925년 크리스마스이브에 라이드만은 이렇게 말하며 티글을 다독였다. "사람은 이상한 존재입니다. 많은 실망에도 불구하고 매년 새로운 희망을 가지고 새해를 새롭게 맞이합니다. 우리도 새롭게 시작합시다."

소련과의 공동구매 협정에 대한 뉴저지 스탠더드와 쉘의 합의가 거의 이루어졌다. 과거 소유주에 대한 보상 차원에서 구매 가격이 5%나 할인되었다. 티글과 디터딩은 매우 회의적인 입장이었다. 1927년 초에 합의가 실패로 끝나자 디터딩은 매우 기뻐했다고 한다. 그는 티글에게 보낸 편지에서 "소련과의 거래가 성사되지 않았다니 매우 기쁩니다. 모든 문명을 파괴하고 폭력을 정당화하는 것이 목표인 도둑들과 함께 어떤 일을 했다는 것에 대해 언젠가 후회할 날이 있을 것입니다"라고 말했다.

이런 종류의 감정은 디터딩의 사업적 계산에도 포함되었다. 백러시아(현재 벨라루스 공화국─옮긴이 주) 망명 여성인 리디아 파블로바와 결혼한 후 그는 더욱 철저하고 솔직한 반공주의자가 되었다. 스탠더드 방계 회사들이 러시아산 석유를 구입하지 말 것을 애원하는 전보를 록펠러 2세에게 보내기까지 했다. 그는 인류를 생각해, 돈을 벌기 위해 소련을 돕는 일을 자제해야 한다고 간곡히 요청했다. 디터딩은 소련 정권이 '반기독교적'이라는 말도 했다. "당신은 당신의 회사가 '피 묻은 이익'을 얻기를 원치 않았습니다. …… 만약 당신의 회사가 소련과의 관계를 끊는다면 소련의 잔인한 제도는 곧 종말을 고할 것입니다"라고 그는 덧붙였다.[9]

가격 전쟁에 돌입하다

디터딩의 간곡한 부탁에도 불구하고, 스탠더드오일의 후계 회사 중 뉴욕 스탠더드오일과 배큠사는 자신들의 생각대로 소련과의 거래를 추진했다. 뉴욕 스탠더드는 러시아인을 위해 바툼에 등유 공장을 건설해주고 이를 다시 임차했다. 특히 두 회사는 공동으로, 인도를 비롯한 아시아 석유시장에 러시아 등유를 팔기 위해 대량 구매계약을 체결했다. 뉴욕 스탠더드는 인도 시장에 공급할 러시아산 석유가 필요했다. 쉘은 인도 시장에 판매할 대체 공급원이 있었지만, 뉴욕 스탠더드는 그렇지 않았던 것이다.

디터딩은 이와 같은 행동에 크게 분개해, 뉴욕 스탠더드의 사장 C.F. 메이어에게 '명예도 지성도 없는 인간'이라고 비난을 퍼부었다. 그는 뉴욕 스탠더드의 배신에 대한 보복으로 1927년 인도에서 치열한 가격 전쟁을 일으켰고, 다른 시장에서도 이와 비슷한 싸움을 벌였다. 뉴욕 스탠더드도 가격 인하로 반격에 나섰다. 디터딩은 언론을 통해, 뉴욕 스탠더드가 '공산주의자들'로부터 석유를 구입하고 있다고 공격했다. 그러나 일반 대중은 물론 그들을 믿지 않았던 디터딩의 관점에서도, 스탠더드오일 트러스트의 후계 회사들 간의 구분이 명확하지 않았다. 그래서 뉴저지 스탠더드오일도 이 논쟁에 휘말리게 된 것이다.

월터 티글로서는 심기가 몹시 불편했지만, 뉴저지 스탠더드 역시 '공산주의자'에게 석유를 구입하고 있다고 비난받았다. 그리고 이것은 디터딩이 의도한 바였다. 디터딩은 뉴저지 스탠더드의 중역에게 "우리 회사는 지금 중대한 사태에 직면하고 있으므로 귀사는 독자적으로 문제를 해결하기 바랍니다"라고 협박조의 편지를 보냈다. 디터딩은 분명 뉴저지 스탠더드가 뉴욕 스탠더드를 꼼짝 못하게 만들기를 기대하고 있었다. 디터딩은 "뉴저지 스탠더드는 미국 최대의 석유회사이며 가장 장래성 있는 회사다. 뉴욕 스탠더드는 뉴저지

스탠더드의 머슴에 지나지 않는다는 것을 이해해야 한다"라고 말했다. 디터
딩의 의도대로, 뉴저지 스탠더드는 다른 두 회사의 러시아산 석유 구입에 대
해 공개적으로 비난하기에 이르렀다. 약간의 위안을 얻은 티글은 "유럽의 지
각 있는 사람들은 스탠더드 후계 회사들 간에도 실질적이고도 진정한 차이가
있음을 인식해야 한다"라고 말했다.

뉴저지 스탠더드의 중역들은 영국 정부의 압력 때문에 디터딩이 소련과의
공동구매 협정을 철회했다고 의심했다. 그러나 치열한 가격 전쟁이 이루어지
고 있을 때, 영국 정부의 한 고위 관리는 미국인들에게 그것은 사실이 아니라
고 다음과 같이 단언했다. "헨리 디터딩 경은 무분별함 때문에 항상 자신을 궁
지에 몰아넣는다. 소련 측이 쉘과 뉴저지 스탠더드가 제안한 공동구매 사업
상의 보상 협정에 이의를 제기했을 때, 헨리 경은 완전히 이성을 잃고 누구도
러시아산 석유를 구입하지 못하게 할 것이라고 말했다. …… 이는 아주 어리
석은 짓이며 동시에 그 사람만이 할 수 있는 일이었다. …… 하지만 다른 회사
들을 소련 석유에서 멀어지게 하는 것은 불가능했다. 부분적으로 뉴욕 스탠더
드에 일격을 가하고 할인판매를 하기로 결정한 것은 자신에게도 도움이 안 되
는 분풀이었음이 명백하다."

이런 해명에 대해 디터딩은 헤이그에 있는 쉘의 네덜란드인 중역의 집에
서 열린 만찬회에서 자신의 견해를 밝혔다. "몇 년 동안 비교적 평온한 상태가
유지되다가 우리는 버마에서 갑작스러운 공격을 받았다. 뉴욕 스탠더드가 소
련에서 등유를 수입하기 시작한 것이다. 나는 이런 경우 공격이 최선의 방어
라고 생각하고 즉시 도전을 받아들였다. 그 후 우리는 타사의 약점을 발견하
기 위한 노력을 게을리하지 않았다. 최소한 소련산 석유에 대한 로열더치 쉘
의 입장이 다시 한 번 명백히 이해되었으리라 믿는다."

이제 배큠과 뉴욕 스탠더드는 협력관계를 유지할 수 없게 됐다. 배큠사의

사장은, 로열더치 쉘과 직접 경쟁하는 배큠사를 배제함으로써 '소련산 석유를 독점적으로 수출 공급하는 시스템'을 구축하려는 것이 디터딩의 목표라고 확신했다. 뉴저지 스탠더드가 미국의 원칙을 위배했다는 이유로 배큠과 뉴욕 스탠더드를 비난했을 때, 배큠 사장은 미국의 기업가들과 농부들이 소련에 다른 상품들을 팔았다는 것을 알게 되었다. 그는 "소련에서 물건을 사는 것이 소련에 물건을 파는 것보다 더 부당한 것인가?"라고 반문했다. 이에 대한 논란은 오랫동안 계속되었다.

1920년대 말 무렵 대형 석유회사들은 소련산 석유를 둘러싼 문제에 넌더리를 냈다. 그들이 소련 내 자산을 되찾겠다는, 그리고 투자를 벌충하겠다는 노력은 명분을 잃었다. 더욱이 이라크의 바바 거거에서 석유가 대규모로 분출하자 그들의 관심은 중동으로 향했다. 뉴저지 스탠더드의 이사회는 소련과의 계약을 추진하지 않았을 뿐 아니라 보이콧에도 참여하지 않겠다는 중립적 입장을 취했다. 1927년 가을, 라이드만은 "개인적으로 말하자면, 나는 러시아를 머릿속에서 지워버렸다"라고 이 문제를 정리했다.

이런 상황은 공급 과잉의 국제 석유시장에 소련산 석유가 대량으로 흘러들어옴으로써 소련이 회생하게 된다는 것을 의미했다. 디터딩이 인도와 다른 지역에서 일으킨 악랄하고 탐욕스러운 가격 전쟁의 목표는 사실 러시아산 석유였다. 하지만 전쟁의 결과는 국제적인 석유 게임에 참여하고 있는 사람들 모두에게 큰 영향을 미쳤다.[10]

13

석유
대분출

콜럼버스 조이너는 훗날 '대드Dad 조이너'란 이름으로 더 널리 알려졌다. 그는 당시 발생한 사건들의 아버지라 할 만하다. 1930년 당시 70세의 노인이었던 그는 류머티즘 후유증으로 허리가 구부정해 항상 바닥에서 무엇인가를 찾고 있는 사람처럼 보였다. 그는 늘 수심에 차 있는 것처럼 보였지만 언변을 겸비한, 매우 긍정적이고 설득력 있는 시굴정試鋼井의 프로모터였다. 그는 나이에 비해 아주 젊어 보이는 온화한 외모를 지녔다. 그는 자신의 동안 비결이 즐겨 먹는 당근에 있다고 생각했다. 그가 받은 학교 교육은 7주가 전부였지만, 앨라배마 농장에 있는 집에서 개인지도를 받았다. 성경을 교과서로 삼아 읽기를 배우고, 창세기를 베껴 씀으로써 쓰기를 배웠다. 그는 흠정영역성서欽定英譯聖書, King James Version에 심취했고, 풍부한 학식을 글로 옮기는 데 탁월했다. 필요에 따라, 신문 부고란에 실린 부유한 미망인들에게 보내는 달콤한 사랑의 편지도 곧잘 썼다. 그의 관심은 미망인들이 겪고 있는 외로움이 아니라, 그들의 두툼한 주머니였다.

조이너는 1920년대 석유사업에 참여한 수많은 사람 중 한 명에 불과했다. 투기심리가 팽배했던 당시의 분위기 속에서 석유 관련 주식과 석유 거래는 많은 사람들을 유혹했고, 실제로 투기성이 있는 사람들에겐 구미가 당기는 사업이었다. 실제로 어떤 프로모터는 1923년 예일 대학 졸업생들에게 "석유회사에 100달러 투자하는 것은 후에 5만 달러의 가치를 가질 것입니다. 우리와 함께한다면 성공이 바로 눈앞에 있습니다"라고 선전했다. 몇몇 프로모터는 한 사람 한 사람 직접 끌어들이기도 했고, 자칭 투자가라고 하는 사람들을 유전에 초대해 점심을 제공하고 허풍을 늘어놓기도 했다. 어떤 이들은 좀 더 편리한 우편을 이용해, 온갖 미사여구로 가득 찬 편지를 발송했다. 그들은 답신으로 현금, 우편환, 수표 등으로 가득 찬 우편낭을 받았는데 아무도 여기에 의문을 제기하지 않았다. 피어리 제독에 앞서 북극 땅을 밟았다고 주장하던 프레드릭 루크 박사라는 프로모터는 한 달에 약 30만 통의 편지를 발송해, 연방정부에 체포되기 전까지 1년 동안 약 200만 달러를 끌어들이는 데 성공했다. 하지만 이 분야에 관한 한 '제너럴 리 개발회사General Lee Development Company'를 따를 사람은 없었다. 두 명의 프로모터는 로버트 E. 리 장군의 후손인 로버트 A. 리라는 사람을 찾아냈고, 그가 전국의 투자자들에게 이런 말을 하도록 설득했다. "나는 당신과 많은 사람들이 프레드릭스버그나 챈슬러스빌의 전쟁에서 승리하게 하는 것보다 경제적으로 독립할 수 있게 해주고 싶습니다."

이와 비교하면 대드 조이너는 매우 보잘것없는 존재였다. 하지만 그는 사람을 속여 돈을 뜯어내는 것보다 실제로 석유 시추를 하고 싶어 했다. 처음에 그는 댈러스가 아닌 다른 지역에서 일하고 있었다. 그는 세인트루이스의 부시 맥주회사 집안이 세운 바로크풍의 아돌프스 호텔 로비에서 다른 몇몇 프로모터들과 시간을 보내곤 했다. 마침내 조이너는 제1차 세계대전 후 농업 불황의 늪에서 헤어나지 못하고 있던, 자갈, 소나무, 모래로 뒤덮이고 건조하고 먼지로 가득 찬 동부 텍사스로 눈길을 돌렸다. 그 지역의 주요 도시인 오버튼과 헨더슨에도 포장된 도로가 없었다. 힘든 생활에 지친 지역 주민들에게 조이너는 크고 희망찬 비전을 제시했다. 쓸모없어 보이는 그들 땅 밑에 '세계의 모든 왕들이 탐내고 있는 귀중한 보물'인 석유가 바다처럼 넓게 매장되어 있다고 한 것이다.

지질학자들 대부분은 조이너의 동부 텍사스 계획에 대해 코웃음을 쳤다. 동부 텍사스에는 석유가 없다고 생각한 것이다. 하지만 독학으로 공부한 지질학자 '닥터 로이드'는 텍사스에 석유가 있다고 확신했다. 300파운드의 거구인 로이드는 중절모와 긴 장화를 즐겨 착용했다. 어떤 사람들은 그를 수의사나 약제사라 하기도 했다. 아무튼 그는 석유에서 추출한 특허 약품을 판매하는 '알론조 더햄 박사의 대의약품 쇼'라는 전국적인 약국 체인을 운영하고 있었다. 사실 로이드는 실명이 아니었다. 후에 신문 지상에 그의 사진이 게재되자, 그가 다른 이름을 쓴 이유가 밝혀졌다. 그의 사진이 실린 신문이 나오자, 전국 각지에서 많은 여자들이 행방불명된 남편을 찾아 동부 텍사스로 모여들었다. 그들 중 몇몇은 아이까지 데리고 왔다.

로이드는 대드 조이너에게 동부 텍사스 지역의 지질학적 특성을 알려주었다. 이 지역의 특성을 오해하고 있다는 평가는 너무 완곡한 표현이며, 완전히 잘못되었을 뿐 아니라 날조되었다고 하는 편이 정확하다는 것이었다. 로이드는 소위 추세학자趣勢學者였다. 미국 내 주요 유전지대 지도를 펼쳐놓고, 주요 유전지대들의 분포 추세가 동부 텍사스에서 교차하고 있다고 지적했다. 로이드는 후세에 길이 기억될 일을 했다. 조이너에게 시추할 곳을 찍어준 것이다. 당시 사람들 눈에는 이들이 우스꽝스럽게 보였다.

조이너는 비록 확인되지는 않았지만 로이드가 주장하는, 동부 텍사스의 지질 구조를 담은 안내문을 자신이 알고 있는 후원자들에게 발송했다. 또 한

편으로는 러스크 카운티에 있는 데이지 브래드포드 농장에서 시추를 위한 자금을 모았다. 그는 사업을 추진하기 위해 설득할 수 있는 사람들과 계속 접촉했다. 특히 여성들은 그에게 더욱 쉬운 대상이었다. 그는 "여성의 목 주위에는 특별한 부위가 있다. 내가 그 부위를 부드럽게 쓰다듬으면 여성들은 나에게 충분한 자금을 대주곤 한다. 아마 내가 지구 상에서 그 부위를 가장 정확히 알고 있는 사람일 것이다. 물론 그들이 나에게 준 수표에는 부도수표도 끼어 있었다"라고 말하며 씩 웃곤 했다. 그는 떠벌리는 스타일이었는데, 이런 방법으로 모은 돈은 푼돈에 불과했다.

그러나 석유산업이란 큰 틀에서 보면, 대드 조이너는 아직 대단한 존재가 아니었다. 그저 아이디어가 있고, 부(富)에 대한 청사진을 갖고 있으며, 말솜씨 좋은 수많은 프로모터 중 하나에 지나지 않았다. 1927년부터 약 3년간, 석유 업계 중심인물들이 공급 부족이나 공급 과잉, 또는 규제에 대해 격론을 벌이던 그때, 별 볼 일 없던 조이너와 그의 팀은 녹슬고 낡은 장비를 가지고 동부 텍사스의 소나무가 우거진 한가운데를 시추하고 있었다. 그들은 끊임없는 실패와 사고, 그리고 자금 부족으로 어려움을 겪고 있었다. 그는 임금 대신 토지에 대한 '석유 이권'을 주기도 했다. 운영자금이 바닥나자 인부들은 다시 고향으로 돌아가기도 하고 전직도 했지만 결국 그곳으로 다시 돌아왔다. 대드 조이너는 석유 개발 성공을 담보로 수많은 '증서'를 남발했기에 한때 이 '증서'가 지역 화폐처럼 통용되기까지 했다. 텍사코의 한 지질학자는 "당신들이 여기서 석유를 생산하면 나는 앞으로 하루에 1배럴씩 석유를 마시겠소"라며 비웃기도 했다. 이런 주위의 회의와 조롱에도 굴하지 않고 조이너와 몇 안 되는 참여자들은 믿음을 잃지 않았다.

그들의 굳은 믿음은 현실이 되었다. 1930년 9월 초순, 데이지 브래드포드 3호 유정에서 유정을 발견한 것이다. 조이너는 "유정이라고 보기에는 너무 이

418

르다"라고 말했으나 철저히 부정하지는 않았다. 소식이 입에서 입으로 퍼져 나가면서, 유정으로 가는 길목에 있는 판자촌은 큰 꿈을 안고 모여든 사람들로 성시를 이루었다. 그를 기리는 의미로 그 마을은 '조이너빌'이라고 불렸다. 그곳을 찾은 사람들 모두 축일 전야에 한몫 거들고 싶어 했다. 종교적 사건처럼, 예정된 기적에 대한 기대가 온 천지에 충만했다. 대단한 일이 벌어질 것을 확신한 사람들은 그곳에서 몸소 체험하길 원했다. 불황의 늪에 빠져 있던 당시, 햄버거 가격은 보통 16~17센트였으나 조이너빌에서는 25센트가 되었다. 앞으로 벌어질 사건의 어렴풋한 전조였다.

한 달 후인 1930년 10월 3일 오후 8시, 유정에서 콸콸 쏟아지는 소리가 들렸다. 시추작업 책임자가 모여 있는 군중에게 달려와 "소등! 담뱃불도 끄시오. 빨리빨리!"라고 외쳤다. 지축이 진동하는 듯했다. 석유와 물이 섞여 유정탑으로 솟구쳐 오르고 있었다. 주위는 온통 흥분의 도가니였다. 사람들은 쏟아지는 석유를 뒤집어쓰며 소리치고 즐거워했다. 분명 기적이 일어난 것이다. 그런 면에서 대드 조이너는 예언자였다. 흥분한 작업장 인부 하나가 석유가 솟구치고 있는 하늘을 향해 총을 쏘아대자마자, 세 명이 달려들어 총을 빼앗았다. 가연성 가스에 불이 붙으면 유정이 폭발할 위험이 있었기 때문이다.[1]

블랙 자이언트 유전

"조이너의 시추정, 마침내 대분출 시작!" 다음날 조간신문의 헤드라인이다. 그러나 조이너의 성공에 대한 석유업계 유력 인사들의 시각은 회의적이거나 의심하는 분위기였다. 하지만 3개월이 지나자 그것은 경탄과 열광으로 바뀌었다. 또 다른 굴착정 2개에서 석유가 발견된 것이다. 궁극적으로 동부 텍사스 유전의 크기는 길이 45마일에 폭이 5~10마일, 총 14만 에이커나 되는 엄청난 규모였다. 동부 텍사스 유전은 '블랙 자이언트'라고 불렸는데, 그때까지 발견된 유전 중 최대 규모였다. 동부 텍사스 붐에 비하면 다른 석유 생산 지역, 즉 펜실베이니아, 텍사스 스핀들탑, 커싱, 그레이트 세미놀, 오클라호마, 캘리포니아의 시그널 힐 등은 리허설에 불과했다. 1931년 초, 미국 전역이 대공황에 몸살을 앓고 있던 시기였지만 동부 텍사스만은 흥청거리고 있었다. 전국 각지에서 사람들이 몰려와 천막촌과 판자촌이 형성되었고, 각종 범죄와 싸구려 술집이 즐비하게 늘어섰다. 대드 조이너의 데이지 브래드포드 3호 유정에서 석유가 발견되고 3개월이 지난 1931년 4월 말경, 그 지역의 석유 생산량은 하루 34만 배럴에 달했고 매 시간 새로운 유정이 속속 생산에 들어가고 있었다.

예기치 않았던 동부 텍사스의 대량공급으로 석유 가격 하락은 필연적이었다. 1926년 텍사스에서는 석유가 배럴당 1.85달러에 거래되었는데 1930년에는 약 1달러가 되었다. 1931년 5월 말에는 더욱 하락해 배럴당 15센트, 심한 경우에는 배럴당 6센트에도 거래되었다. 석유 가격은 하락을 거듭해 배럴당 2센트까지 내려가기도 했다. 그럼에도 불구하고 석유 시추는 멈출 줄 몰랐다. 1931년 6월 첫 번째 주에 유정은 1,000개를 돌파했고, 동부 텍사스 지역의 생산 규모는 하루 50만 배럴에 달했다.

눈앞의 이익에 눈이 어두운 사람들은 앞다투어 '이스텍스Eastex 휘발유'를 생산하는 소규모 정유공장을 세웠는데, 이는 '찻주전자'라고 불렸다. 우후죽순으로 생겨난 소규모 주유소에서는 '이스텍스'를 할인 가격으로 파는 데 여념이 없었다. 공급 과잉 상태에서는 시장 쟁탈전이 벌어지게 마련이다. '이스텍스'를 취급하는 주유소는 휘발유를 가득 주입하는 고객에게 토마토 한 바구니 혹은 닭고기 식사를 덤으로 제공하기도 했다.

그러나 대드 조이너는 기뻐할 수만은 없었다. 데이지 브래드포드 3호 유

420

정과 뒤이은 블랙 자이언트 유전의 발견은 더할 나위 없이 빛나는 업적이었다. 그러나 간이 커진 그는 팔아넘길 수 있는 석유 이권보다 더 많은 것을 팔았다. 어떤 임차계약은 몇 번에 걸쳐 전매되었고, 심한 경우는 11번이나 매매되기도 했다. 법적으로 비난받을 소지가 많았고, 그 역시 이러한 사실을 잘 알고 있었다.

지방 신문은 동부 텍사스를 부흥시킨 대드 조이너를 옹호하기 시작했다. 한 편집자는 조이너를 동부 텍사스의 예언자라고 치켜세우며 다음과 같은 글을 썼다. "그는 젖과 꿀이 흐르는 약속의 땅으로 우리를 이끌어준 제2의 모세다. 호화로운 사무실에 앉아 고객을 기다리게 하는 구변 좋은 변호사들과는 다르다. 그는 질척거리는 진흙탕 속에서 낡아빠진 장비만으로 피땀 흘려 일한 사람이다." 조이너는 어쩌면 모든 것을 잃게 될 것처럼 보였다. 5,000에이커에 달하는 임차계약 중 확실하게 그의 소유라고 주장할 수 있는 것은 단 2개에 지나지 않았다.

다행히도 구세주가 나타났다. 맥고모자와 폭이 좁은 넥타이 차림에 건장한 몸을 가진 해럴드슨 라파예트 헌트라는 인물이다. 조이너는 그를 늘 '소년'이라 불렀지만 그는 H. L.로 더 많이 알려졌다. '소년'은 목화농장 사업에 실패한 경험이 있는데, 대단한 천부적 소질 두 가지를 갖고 있었다. 하나는 도박이고, 다른 하나는 록펠러와 디터딩같이 꼼꼼한 사업적 수완이었다. 10년 전, 그는 석유 붐을 맞고 있던 아칸소 주 엘도라도에 도박장을 개설했다. 그런데 KKK단이 도박장을 태워버리겠다고 위협하자, 심사숙고 끝에 석유사업으로 전업해 아칸소와 루이지애나에서 사업을 시작했다. 그는 이미 두 명의 부인을 두고 두 집 살림을 하고 있었다. 당시 그는 매우 현실적인 목표를 갖고 있었다. 조이너가 석유 개발에 성공하기 전부터 그는 조이너에 대해 알고 있었다. '소년'은 조이너의 사업 현장을 들러본 후, 그와 함께하기로 했다.

헌트가 접근한 시점은 조이너가 첫 번째 성공 이후 어려움에 빠져 있을 때인데, 그때는 조이너가 발견한 유전의 규모가 밝혀지기 전이다. 엘도라도에 있는 어느 남성 의류업자의 지원을 받고 있던 헌트는 베이커 호텔 1553호실에 틀어박혀, 조이너를 상대로 집요하고도 지루한 협상을 벌였다. 헌트는 조이너가 발견한 유정에서 4분의 3마일 떨어진 곳에 있는 디프 록 유정의 진척 상황에 대한 비밀보고서를 입수했다. 협상이 진행되는 동안 헌트는 두 번째 대규모 유전 발견이 임박했다는 정보를 입수했고, 조이너의 발견이 결코 우연이 아니라 그 지역에 엄청난 석유가 매장되어 있음을 확신했다. 하지만 헌트는 그 사실을 조이너에게 알리지 않고, 오히려 석유 매장 가능성이 없다고 말했다. 1553호실에서 진행된 36시간에 걸친 마라톤협상 끝에 대드 조이너는 굴복하고 말았다. 추수감사절인 1930년 11월 27일, 자정에서 새벽 2시 사이에 조이너는 자신의 모든 권리를 헌트에게 넘기겠다는 계약서에 서명했다. 헌트는 협상 성공을 축하하기 위해 치즈와 크래커를 주문했다.

헌트는 조이너에 대한 수많은 배상 요구를 해결하기 시작했고, 얼마 안 가서 동부 텍사스에서 가장 큰 독립계 석유업자가 되었다. 그는 스스로도 인정했듯이 조이너와의 거래로 도약할 수 있었다. 헌트는 계속해서 엄청난 부를 축적해 나갔다. 그는 후에 우익세력의 후원자로, 건강식품의 프로모터로, 백분白粉과 백설탕의 반대자로 악명을 떨쳤다.

헌트는 조이너에게 총 133만 달러를 지불했다. 그중 3만 달러는 선금으로 지불하고, 나머지는 사업을 진행하면서 지불했다. 후에 조이너는 헌트가 디프 록 유정의 굴착 반장을 2만 달러에 매수해 정보를 빼돌렸다는 사실에 분개했고 헌트를 사기죄로 고소했다. 조이너는 다시 한 번 심사숙고한 끝에 결국 고소를 취하했다. 그 대신 조이너는 헌트에게서 받은 돈을 다른 동부 텍사스 지역에서 또 다른 '블랙 자이언트'를 찾는 데 탕진했다. 대드 조이너는 87세를 일기로 세상을 떠났다. 그는 세상을 떠나기 전까지 시추에 전력을 다했으나 성공하지 못했다. 그의 유산은 자동차 한 대와 집 한 채뿐이었다.[2]

무법천지가 된 유전

동부 텍사스산 석유의 범람으로 석유 가격은 곤두박질쳤다. 이처럼 석유 가격이 계속 하락한다면 대형 석유업자들도 큰일이 아닐 수 없었다. 대형 유정이 속속 발견되면서 유전의 지하 압력이 떨어져 생산량이 감소할 것이고, 따라서 가격은 정상 수준을 회복하게 될 것이란 예상도 있기는 했다. 그러나 동부 텍사스는 매장량에 관한 한 다른 지역과 달랐다. 그 누구도 언제쯤 생산량이 감소할지 알지 못했다. 설령 그날이 온다 하더라도 그때까지 살아남는 것이 문제였다. 동부 텍사스와 다른 지역과의 치열한 생산 경쟁은 석유업계 전체로 볼 때는 '자살 경쟁'과 같았다.

생산량과 가격을 조절할 수 있는 제도적 장치를 강구해야 한다는 목소리가 커졌다. 하지만 동부 텍사스의 값싼 원유를 원하는 지방 생산업자, 개발권자, 소규모 정제업자들은 거세게 반발했다. 동부 텍사스 지역에 산재되어 있는 소규모 유전 소유권과 독립 석유업자들의 높은 생산 점유율 등으로 상황은 더욱 복잡하게 얽혀 있었다. 대형 석유회사들은 뒤늦게 참여했기 때문에, 동부 텍사스 석유 생산과 소유권을 상당 부분 소규모 업자들이 지배하고 있었는데, 그들은 몹시 위험할 정도로 서둘러 생산하기를 원했다. 독립계 석유업자들에게 생산 규모에 대한 결정권 포기는 메이저들에 대한 굴복을 의미했고 자신들의 비교우위를 포기하는 것과 같았다.

대형 석유회사와 독립계 석유업자들 간의 불화를 중재하기 위해, 이름에는 걸맞지 않으나 텍사스 철도위원회가 나섰다. 텍사스 철도위원회는 1891년 주지사 짐 호그가 철도사업을 조정하기 위해 설립했다. 1930년대 초, 위원회는 정치적으로 비호받고 있었으나 기술적 능력은 썩 훌륭하지 못했다. 위원회의 권위에 대한 비판이 빗발쳤으나 위원회는 석유에 관한 상당한 권한이 부여된 기관이었다. 오클라호마에도 이와 비슷한 기능을 하는 상무위원회가 있었다. 상무위원회는 1915년 이후 석유 공급량을 수요량에 맞춰 조절할 수 있는 권한을 부여받았으나, 사실상 그 권한은 월권이었다.

텍사스 철도위원회는 석유 생산의 '물질적 낭비'를 방지하기 위해 조정권을 갖고 있었다. 그러나 독립계 석유업자들도 가만히 있지 않았다. 그들의 영향력으로, '경제적 낭비'를 방지하기 위해 생산을 규제하는 것은 법으로 금지되어 있었다. 이는 생산할당제를 금지한 것으로, 수요량에 맞추어 각각의 생산량을 줄일 수 있는 위원회의 권한을 박탈한 것이다.

그럼에도 불구하고 철도위원회는 자신의 역할을 밀고나갔다. 그러나 임무 수행을 위해서는 '물질적 낭비'를 막기 위한 것이라는 명분이 필요했다. 그들은 급격한 석유 증산은 한정적 석유 매장량을 영원히 낭비하는 것이라고 주장했다. 석유 가격이 너무 낮게 형성되면 하루에 몇 배럴밖에 생산하지 못하는 초소형 유정들은 더 이상 경제적 생산이 불가능해 문을 닫을 수밖에 없으며, 이는 바로 '물질적 낭비'라고 구체적으로 설명했다. 그러나 연방법원은 철도위원회의 논리를 반박하고 생산량 감축 할당에 제재를 가했다. 연방법원의 제재 조치를 무시하고 위원회가 소집된 적이 있었지만, 위원회의 생산 감축 노력은 동부 텍사스의 계속되는 증산으로 좌절을 거듭할 수밖에 없었다.

1931년 늦은 봄, 쉘의 이사인 프레드릭 갓버가 런던을 떠나 미국에 도착했다. 당시 미국의 석유는 생산 원가에도 못 미칠 정도로 가격이 떨어져, 어떤 구제책도 강구할 수 없었으며 석유업계는 공포와 무력감에 빠져 있었다. 갓버는 유럽 본사의 지시로 미국 쉘사의 생산성 향상과 생산 감축 상황을 알아보기 위해 미국에 온 것이다. 사무실은 공들여 꾸며져 있었으며 회사 차량도 많고 고급스러웠다. 이에 만족한 갓버는 디터딩과 다른 이사들에게 이곳에서 대단한 확장이 진행되고 있다고 보고했다.

미국 대기업 간부들을 만난 갓버는 그들의 얼굴에 아직도 어두운 그림자가 드리워져 있음을 느꼈다. 그는 "인디애나 스탠더드의 사장은 의기소침하고 겁에 질려 있었으며 매우 신경질적이었다"라고 보고했다. 또한 그는 뉴저지 스탠더드의 월터 티글을 만난 후 다음과 같이 보고했다. "뉴저지 스탠더드는 확실한 방침 없이 표류하고 있으며 티글은 비관적이었다. 그는 더 이상 할 수 있는 것이 없으며, 가격 폭락 사태를 받아들일 수밖에 없다고 자포자기하고 있었다. 그는 기업 간 협력은 불가능하며 기업 모두가 막다른 길에 이르지 않고서는 협력할 방법이 없다고 생각한다." 갓버는 미국의 상황을 다음과 같이 요약해 보고했다.

"모두들 현재 석유업계가 겪고 있는 어려움의 이유를 알고는 있으나 어찌할 방도를 모르고 있다. 지금의 문제는 낭비적이고 과도한 생산을 금지할 수 있는 법적 근거를 마련하지 않고는 해결되기 어렵다. 이러한 법적 필요성에 대한 공감대는 아마 형성되어 있을 것이다. 그러나 도처에 극복하기 힘든 편견들이 존재하는데, 텍사스에서는 더욱 그러하다."

이런 와중에도 텍사스의 생산은 계속 늘어나 이웃 오클라호마에까지 피해를 주었다. 1931년 8월 초, 연방법원 판사는 오클라호마의 할당법Prorationing Law 위헌 여부를 심사하고 있었다. 당시 '콧수염 벌'이라고 불렸던 오클라호마 주지사 머레이는 위기를 극복하기 위해 계엄령을 선포했고, 군이 모든 유전의 통제권을 갖도록 했다. 그는 석유 가격이 배럴당 1달러 선으로 회복될 때까지 유전을 폐쇄하겠다고 천명했다.

그 후 석유를 생산하는 모든 주에서는 '배럴당 1달러'가 슬로건이 되었다.

1931년 8월까지 동부 텍사스 석유시장 전체는 완전히 무정부 상태에 놓여 있었다. 동부 텍사스의 하루 생산량은 100만 배럴을 상회했고, 이는 미국 전체 소비량의 절반에 해당하는 엄청난 양이었다. 원유 가격은 배럴당 13센트로 형편없는 수준에 머물러 있었다. 유럽에서도 텍사스산 석유는 러시아산 석유에 비해 형편없이 낮은 가격으로 거래되고 있었다. 미국이고 텍사스고 할 것 없이, 시장가격은 평균 생산 단가인 배럴당 19센트에도 미치지 못했다. 텍사스를 포함한 미국 전역의 석유산업 붕괴가 임박한 듯했다. 동부 텍사스 석유업자들이 가격 회복을 위해 생산 중단을 스스로 요청한 다음날, 실제 생산량은 오히려 증가했다. 폭력 사태가 눈앞에 다가온 듯했고, 유정과 송유관이 폭파될 것이란 소문이 난무하는 등 텍사스 경제와 법질서는 일촉즉발의 상황에 몰리고 있었다.[3]

당시 텍사스 주지사이며 험블 오일의 설립자이자 사장이었던 로스 스털링은 더 이상 망설일 수가 없었다. 당장 구체적인 행동을 취해야 했다. 그는 동부 텍사스에 대해 선전포고를 했다. 1931년 8월 17일, 동부 텍사스에 폭동과 반란이 발생하자, 스털링은 수천 명의 주 방위군과 텍사스 기마경찰을 현장에 급파했다고 발표했다. 진압대는 최근 내린 폭우 때문에 자동차가 아닌 말을 타고 현장으로 갔다. 그들은 후에 '할당 언덕'이라 이름 붙여진 곳에 진지를 구축했고, 며칠 후 생산을 중단시켰다. 석유 생산이 중단되자 동부 텍사스엔 무시무시한 정적이 흘렀다. 우스운 이야기지만 그 지역의 닭들에게도 시련이 닥쳤다. 계속되는 가스 화염 덕분에 풍부한 곤충을 먹이로 삼을 수 있었지만, 석유 생산이 중단되자 혜택도 끝났다. 자회사들의 조업도 중단되었다. 주 방위군 사령관은 당시 바쁜 매춘부들이 선호했던 복장인 '비치 파자마'의 착용을 금지했다. 매춘부들도 불황에 시달렸다.

석유 생산 중단 조치는 효과가 있어서 석유 가격은 배럴당 13센트에서 회복되기 시작했다. 텍사스 철도위원회는 계엄사령부가 강제로 실시한 할당제가 계속되어야 한다고 주장했다. 1932년 4월, 석유 가격은 목표치인 배럴당 1달러 수준을 거의 회복해 98센트에 거래되었다. 1932년 한 해 동안 철도위원회는 19번이나 동부 텍사스의 할당제 실시 문제를 제기했지만, 번번이 법원에 의해 좌절되곤 했다. 강제적인 할당제가 실시되어도 시장은 크게 동요하지 않았고 어느 정도 가격 경쟁력도 있었다. 결국 독립계 석유업자들과 정치가들도 할당제의 가치를 인정했다. 11월 주지사 스털링은 마침내 결단을 내려 철도위원회에 '경제적 낭비'를 제재할 수 있는 권한을 부여했다. 그는 임시 주의회를 소집하고 시장 할당제를 승인하는 법안을 통과시켰다. 새로운 법안은 동부 텍사스의 석유 매장 지역에 대한 역학力學을 잘 이해하는 분위기 속에서 쉽게 통과되었다. 종전까지 석유 생산은 가스 압력을 이용했으나 이제는 수압을 이용하고 있었다. 무리한 생산은 수압에 결정적 영향을 미쳐 조기에 생산 장애가 초래될 수 있었다.

새로운 법안이 통과되면서 할당제는 텍사스 주에서 자리를 잡아가고 있었다. 그러나 철도위원회에 부여된 새로운 권한에도 불구하고, 1933년 봄의 상황은 1931년 여름보다 더 안 좋아 보였다. 위원회는 동부 텍사스의 할당량을 과도하게 책정했다. 기술적으로 유정의 갱저坑底 압력을 유지하면서 생산할 수 있는 최대량의 약 두 배에 해당했다. 또한 수십만 배럴이 할당량 이상으로 불법 생산되고 있었다. 동부 텍사스 지역에서는 이렇게 초과 생산된 석유를 '핫 오일hot oil'이라고 불렀는데 그 이름의 유래는 다음과 같다. 어느 추운 날 밤, 민병대원이 할당량 이상 생산했다는 혐의를 받는 생산업자와 이야기를 나누고 있었다. 민병대원이 추워서 떨고 있자, 친절한 생산업자는 그에게 의심받고 있는 석유 탱크에 기대라고 권하면서 이렇게 말했다. "탱크는 당신의 몸을 녹여줄 정도로 뜨겁습니다."

'핫 오일'은 전 석유업계를 소용돌이 속으로 몰아넣기에 충분할 정도로 뜨거웠다. '핫 오일'은 텍사스 주 밖으로 불법 거래되었다. 할당제를 채택하고 있던 인근 오클라호마 주에서도 텍사스 주에서와 유사한 일이 벌어지고 있었다. 과도한 할당량과 '핫 오일'로 말미암아 텍사스의 석유 생산은 다시 한 번 통제 불능 상태에 빠지게 된 것이다. 텍사스는 석유 공시가격을 배럴당 75센트에서 10센트로 인하할 수밖에 없었다. 엄청난 석유가 범람해 시장이 공급 과잉 상태에 빠지자, '핫 오일' 생산업자들은 배럴당 2센트에도 판로를 찾기가 힘들었다. 석유의 범람을 막기 위한 것으로 보이는 송유관 폭파 사고가 몇 건 발생했으나 누구의 짓인지 알 수 없었다.

의기소침해진 험블 사장 윌리엄 패리시는 저유가로 인한 폐해로 독립계 석유업자들도 생산 조정이 필요함을 인식했을 것이란 내용의 서신을 월터 티글에게 보냈다. 그는 이제 질서를 되찾기 위해 남은 방법은 약육강식의 법칙밖에 없다고 덧붙였다. 석유 가격은 이미 배럴당 10센트, 현물가격은 심지어 그 이하로까지 떨어졌다. 석유업계는 외부의 도움을 절실히 필요로 했다. 주 정부로는 역부족이었고, 워싱턴의 긴급지원이 필요했다. 몇몇 텍사스 석유업자들은 위기에 처한 텍사스의 석유산업을 감독해달라고 연방정부에 탄원했다. 그것이 아니라면 독립계 석유업자들의 도산, 나아가 석유산업 전체의 붕괴가 초래될 것이란 주장이다.

바로 그 무렵, 워싱턴의 프랭클린 루스벨트 대통령은 뉴딜정책의 시행에 들어갔다. 뉴딜정책은 대공황을 적극적으로 타개하기 위해 임금을 억제하고, 경제 회복을 위해 모든 부문에 정부가 개입할 수 있도록 했다. 연방정부는 텍사스에서 벌어지고 있는 일련의 사태를 예의 주시하면서, 유가를 적정 수준으로 되돌리기 위해 어떤 조치든 취할 준비를 하고 있었다.[4]

젊은 개혁가, 익스

루스벨트는 1933년 3월 4일, 대통령에 취임했다. 그는 앨버트 폴의 독직 사건과 '티포트 돔' 스캔들로 얼룩지고, 또 정치적으로 민감한 자리인 내무장관에 해럴드 익스를 임명했다. 첫 각료회의에서 익스는 '뚱뚱하고 금발에 안경을 낀 신사'라고 묘사되었다. 익스는 수년 동안 진보파 공화당원을 이끌던 시카고의 법률가였다. 1912년과 1932년 루스벨트의 시카고 선거운동을 주도했고, 루스벨트를 위해 미국진보동맹의 서부지역위원회 의장을 역임했다. 그는 루스벨트를 당선시킨 데 대한 공로를 앞세우고, 진보세력의 지도자들을 동원해 결국 내무장관에 임명되었다. 루스벨트는 후에 익스의 풍채에 매료되었다고 회고했다. 루스벨트는 서부의 지지를 받는 진보적 공화당 인사가 필요했으므로, 익스에게서 많은 것을 얻을 수 있었다. 익스는 다면적인 사람이었다. 즉 자유주의적 신념과 강한 열정을 지녔고, 논쟁에서는 신랄했고, 모든 것에 대해 의문을 품었다. 또한 사소한 일에도 과민하게 반응했고, 대단히 독선적이었고, 강한 책임감과 철저한 도덕관을 지닌 인물이었다.

익스는 매우 가난한 집안 출신이며 엄격한 칼뱅 교도인 어머니 슬하에서 성장했다. 어릴 때는 일요일에 휘파람을 부는 것도 금지당했다. 일요일 날 휘파람 부는 것을 목사님이 용인했다는 증거를 어머니에게 제시한 후에야 금지가 해제되었다. 그는 고등학교 시절 아주 훌륭한 학생이었다. 라틴어 선생님이 병으로 결근했을 때는 선생님을 대신해 수업을 진행하기도 했을 정도였다. 고등학교 시절 경험한 반장 역할을 통해 그는 훗날 현실에서 활용되는 중요한 교훈을 얻었다. 숭고한 원칙을 이유로 성급한 사임을 할 경우, 반려된다는 사실이었다. 그의 고등학교 급우들은 그의 돌연한 사임을 허락하지 않았다. 훗날 루스벨트에게 사직서를 제출했을 때, 루스벨트는 사직서를 반려하면서 이렇게 잘라 말했다. "당신은 필요한 존재입니다. …… 사직서는 수리할 수 없습니다!"

개혁 의지로 충만한 젊은 법률가 익스는 부패, 독점, 사회적 부정과 맞서 시카고에서 사회운동을 주도했다. 그는 시민권, 여성 노동조합, 10시간 근무를 지지했으며, 한때 대중교통 수단의 확충을 위한 사회운동 단체인 '스트래팽거Straphanger(통근자를 의미) 동맹'의 간사를 맡기도 했다. 그는 서서히 훌륭한 정치가로 성장하고 있었다. 익스는 농담 삼아 자신이 '패자를 택하는 놀라운 능력'을 갖고 있다고 말하곤 했으나, 1932년엔 마침내 승자를 얻었다. 바로 프랭클린 루스벨트였다. 그는 루스벨트 정부의 내무장관으로서 원칙과 의무에 충실했다고 주장했다. 하지만 자신의 힘을 키워나갔고, 자신 있게 '아니요'라고 할 수 있는 큰 인물이 되고자 했다. 그는 내무장관 외에도 석유 행정의 중요 직책을 기꺼이 수행했고, 뉴딜정책의 일환으로 설립된 '공공 토목사업 국장'이라는 중요한 자리도 맡고 있었다.

익스는 이 세 가지의 복잡한 직책을 열심히 수행했다. 그는 후에 "나는 내무부의 일과성 업무가 늘 마음 한구석을 차지하고 있는 상태에서 끝없이 쏟아지는 산더미 같은 서류, 계약서, 편지 등으로 허우적거리고 있었다. 그러나 결코 검토하지 않고는 서명하지 않았다"라고 말했다. 익스의 표현을 그대로 빌리자면, 석유로 뒤범벅이 된 앨버트 폴은 1931년 마침내 투옥되었다. 폴은 익스와는 맞지 않는 인물이었다. 익스는 1933년 폴의 회계 담당 중 한 명인 해리 싱클레어를 만난 후 수첩에 이렇게 적었다. "나는 이 사무실 한쪽 어두운 구석에 작고 검은 가방을 든 폴의 망령이 나타나지 않을까 두려웠다." '티포트 돔' 사건 이후 익스는 부정을 두려워했을 뿐 아니라 석유산업계를 믿지 않게 되었다. 그는 도덕성을 회복하고 내무부의 명성을 되찾으려 노력했다. 다시 금전적인 스캔들에 말려들지 않기 위해 내부적으로 감사 기능을 담당하는 부서도 신설했다.

그러나 익스는 장관 취임 후 얼마 되지 않아 다른 종류의 스캔들에 휘말렸다. 익스는 오랫동안 불행한 결혼 생활을 유지하고 있었는데, 장관이 되고 얼마 안 되어 젊은 여성과 사랑에 빠지게 되었다. 불행히도 젊은 여성은 약혼자가 있었다. 그는 의도적으로 내무부 안에 그녀와 그녀의 약혼자를 위해 자리를 마련했다. 그녀의 근무지는 워싱턴, 그녀의 약혼자는 중동이었다. 얼마 후 그의 애정 행각을 폭로하겠다는 협박편지가 날아들었고 그중 몇몇은 신문에 공개되었다. 마침내 백악관도 이 문제에 관심을 갖기 시작했다. 익스의 정보 조직은 예상했던 대로 협박편지의 작성자가 그녀의 약혼자임을 밝혀냈다. 스캔들은 1934년에야 서서히 가라앉았고, 이듬해 익스의 아내는 자동차 사고로 세상을 떠났다. 3년 후, 익스는 40세 연하의 젊은 여성과 재혼했다. 그런데 그녀는 얼마 전에 자살한 자신의 이복동생의 아내와 자매간이었다. 익스는 재혼하기 전에 루스벨트의 허락을 구했고 대통령은 나이 차이에 개의치 않았다. 사실 그의 부모도 나이 차이가 많았다.[5]

익스는 내무장관이 되어 석유산업에 관한 다양한 정보를 접하면서 석유산업계가 얼마나 심각한 사태에 직면했는지 쉽게 파악할 수 있었다. 1933년 5월 1일, 익스는 대통령에게 석유산업계의 뿌리 깊고도 시급한 도덕 부재 현상을 보고했다. "메이저와 독립계 석유업자들 간의 격렬한 논의를 완전히 이해하지는 못하지만, 확실한 것은 석유가 동부 텍사스에서 배럴당 10센트에 거래되고 있다는 사실입니다. 우리는 이 같은 상황이 계속된다면 우리 경제와 석유산업에 악영향을 미칠 것이란 사실에 주목하고 있습니다."

석유산업계뿐만 아니라 석유 생산 주의 대표자들도 워싱턴의 적절한 조치를 원하고 있었다. 많은 독립계 석유업자들조차도 '전미 독립계 석유업자협회 Independent Petroleum Association of America' 회장 명의로, 내무장관에게 전례 없는 권한을 부여하는 입법에 동조했다. 그러나 모종의 조치가 필요하다는 것에는 대부분 동의했지만 구체적으로 어떤 조치냐에 대해서는 이견이 많았다.

1933년 5월 5일, 익스가 국무회의에 막 참석하려 할 때 전보가 날아들었다. 동부 텍사스의 석유 가격이 배럴당 4센트로 하락했다는 소식이었다. 같은 날 텍사스 주지사로부터도 전보가 왔다. '사태는 주정부가 해결할 수 있는 범위를 넘어섰다'라는 내용이었다. 익스는 3일 후, 석유업자들이 파산 직전의 상태에 있는데 아무것도 할 수 없고, 이대로 놔두면 석유산업 전체가 붕괴되어 막대한 국가적 손실이 예상된다고 경고했다. 익스와 뉴딜정책팀은 모종의 조치를 취할 태세를 갖추었다.

국가산업부흥법NIRA, National Industrial Recovery Act과 이 법을 기초로 탄생한 국가부흥국에서 석유 위기를 관리하기 시작했다. 국가부흥국은 민관협의체로, 경제 회복을 지원하고 경쟁을 제한하며 노동자들의 지위를 강화하는 역할을 담당하고 있었다. 석유산업은 다른 산업과 다르게 분류되어, 국가부흥국이 아닌 익스의 내무부에서 담당했다.

아이다 타벨과 시어도어 루스벨트의 반트러스트 정신에 입각해, 익스는 이익집단들과의 싸움에 정열을 쏟았다. 그가 기업을 보는 시선은 그리 곱지 않았다. 그는 냉혹할 정도로 자만심 가득했던 기업가들이 정부의 도움을 받기 위해 비굴한 모습을 보이는 것을 즐겼다. 당시엔 재계의 거물들이 도와달라고 애걸하기 위해 워싱턴에 네 발로 기어오는 듯한 모습을 쉽게 목격할 수 있었다. 정치적으로 보나, 그의 기질과 경험으로 보나 익스는 석유사업자들을 동정할 수 없었다. 그는 석유산업을 구해주고 석유산업의 미래를 거머쥐려 했다. 그는 사태가 매우 심각하다고 판단했다. 그는 "우리가 석유에 철저히 의존하고 있다는 사실은 의심의 여지가 없다. 인류는 석기시대를 시작으로 청동기시대, 철기시대, 산업시대를 거쳐 지금 '석유의 시대'에 살고 있다. 석유 없이는 미국의 문명은 존재할 수 없다"라고 말했다.[6]

연방법

익스가 처음 손을 댄 것은 가격이었다. 다른 상품과 마찬가지로 석유 가격은 턱없이 낮았다. 경제 전체의 구매력을 회복시키기 위해서는 천연자원 가격의 인상이 필요했다. 모든 생산업자들이 그렇듯이 석유사업자들도 생산비 이하의 가격으로는 생산을 지속할 수 없었다. 배럴당 10센트의 석유 가격은 대공황이 지속되는 원인 중 하나였다. 가격 회복을 위해서는 생산을 통제해야 했다. 익스는 '핫 오일 생산업자'를 '교활한 동물들'이라고 맹비난하며 전력을 다해 척결해나갔다. 수천 개 루트를 통해 흘러나오는 '핫 오일'은 시장을 교란하기에 충분했다. 1933년 핫 오일은 하루 50만 배럴에 달했다. 핫 오일은 송유관이나 위장된 유조차를 이용해 주로 한밤중에 이송되고 밀매되었다. 모든 은밀한 거래는 통제받지 않는 현금 거래였고, 밀매는 이익이 매우 많이 남는 사업이었다. 석유 가격이 고정됨으로써 유리해진 밀매업자는 더욱 많은 핫 오일을 생산해 시장가격은 다시 하락할 수밖에 없었다.

핫 오일은 유가 안정을 위해 실시해온 할당제의 최대 걸림돌이었다. 할당제를 계속 유지하기 위해서는 불법 거래를 막을 수 있는 제도적 장치가 필요했다. 텍사스, 오클라호마와 몇몇 주의 힘만으로 해결될 성격의 문제가 아니었다. 연방정부의 개입이 필요했다. 결국 개입할 근거가 문제였는데, 주간州間 거래에 개입할 수 있다는 연방정부의 권리에서 근거를 찾을 수 있었다. 1933년 관련 법규가 전격적으로 통과되고 대통령은 핫 오일 거래를 금지할 수 있는 권한을 부여받았다. 루스벨트 자신도 석유산업의 '야비한 행태'에 기분이 상해 있었다. 익스는 루스벨트가 '원유와 석유제품의 주간州間 거래와 해외 거래를 금지하고, 해당 주법州法에 위배되는 석유 생산을 금지하는 행정명령을 내렸다'라고 업무수첩에 적었다. 이 같은 행정명령으로 익스는 규제를 주도할 권한을 부여받았다.

익스는 즉시 동부 텍사스에 연방조사단을 파견해 정유공장의 기록, 석유 계량기, 저장 탱크 등을 조사했고, 기록의 진위를 정확히 파악하기 위해 매설된 송유관을 파헤치기도 했다. 이어서 동부 텍사스의 석유를 타 지역으로 운반하려면 연방정부가 발행하는 증명서를 발급받게 했다. 복수심으로 불타는 익스는 '핫 오일 보이'라 불리는 업자들을 고소하고 체포하는 데 박차를 가했다. 어느 참을성 없는 국회의원의 문제 제기에 익스는 "나는 문제 해결을 위해 전력을 다하고 있다"라고 대답했다. 연방정부는 핫 오일을 뿌리 뽑기 위해 모든 노력을 경주했다. 텍사스 주는 텍사스 기마경찰을 추가 배치할 수 없었기 때문이다.

국가산업부흥법에 따라 제정된 석유법에 의해, 익스는 각 주가 매달 생산할 양을 결정할 권한을 갖게 되었다. 몇 년 전이었다면 석유업자들의 반발을 불러일으켰을 것이 분명하지만, 이번에는 고통을 겪던 석유업계로부터 환영받았다. 모든 일이 익스의 책임 아래 진행되었고 그는 이를 자랑스럽게 여겼다. 1933년 9월 2일, 국내 석유 생산량을 하루 30만 배럴로 줄이기 위해 익스는 석유 생산 주들의 주지사에게 할당량을 통보했다. 석유산업계 운영이 일대 전환되는 혁신적인 일이었다. 석유 생산 범람의 시대는 끝났다. 할당제와 함께 '포획 법규'에 따른 증산 경쟁은 종식되었다. 중세 영국에서는 의미 있는 법안이던 '포획 법규'는 완전히 새롭게 거듭난 미국 석유산업계에서는 의미를 상실했다.

정부의 가격 고시제 같은 다른 방법도 유가 회복과 안정에 기여할 수 있었다. 유가 붕괴로 타격을 입은 석유업계 사람들은 연방정부의 가격고시제를 옹호했다. 1933년 캘리포니아 스탠더드의 대표는 "가격 규제를 실시하지 않는다면 곧 최후의 심판을 맞을 것이고 아무것도 이룰 수 없게 된다"라고 경고했다. 그러나 반대 의견도 만만치 않았다. 일부에서는 만약 정부가 가격을 통제하기 시작하면 앞으로 석유산업을 공공산업으로 간주해 이윤까지도 통제하려 들 것이라고 우려했다. 익스는 더 큰 불안을 야기하기에 충분한, 석유 가격 통제에 열을 올렸다. 그러나 사실 고정가격 제도에는 과잉생산의 유혹이 도사리고 있었다. 가격 고정은 생산량 통제에 비해 훨씬 시행하기 어렵고 복잡할 뿐만 아니라 사회적 비난도 거셌다. 생산량 통제가 훨씬 나은 방법이었다. 이는 연방정부 차원의 목표임에도 불구하고, 정책은 주정부에서 시행했다. 생산량 통제는 논란 가능성도 적었을 뿐 아니라 석유 생산업계가 보다 생생하게 체감할 수 있는 정책이었다.

연방정부와 주정부 간의 새로운 동반자적 관계는 1934년 말까지 더욱 공고하게 발전했다. 1934년 12월 루스벨트 대통령의 보좌관은 "우리는 동부 텍사스의 핫 오일 문제에서 큰 성과를 거두고 있습니다"라고 대통령에게 보고했다. 그러나 이듬해 1월, 연방 최고재판소는 이와 같은 새로운 관계에 제동을 걸기 시작했다. 핫 오일 거래를 금지하는 국가산업부흥법 상의 석유 조항을 인정치 않은 것이다. 새로운 위기가 예고되었다. 핫 오일의 통제 없이는 새롭게 형성된 질서를 유지하기 어려웠다. 밀매를 금지하기 위해서는 새로운 법규를 급히 통과시켜야 했다. 이 새로운 법규는 텍사스 주 상원의원인 톰 코넬리를 기리는 의미로 '코넬리 핫 오일법'이라고 불렸다. 1935년 6월, 연방 최고재판소는 또다시 국가산업부흥법이 위헌이라고 선언했다. 이 결정으로 익스의 할당량 결정권은 쓸모없는 것이 되어버렸다.

1~2년 전이었으면 모를까, 이번엔 대법원의 결정이 큰 위기를 불러오지는 않았다. 이미 석유산업 규제제도가 정착되어, 국가산업부흥법이 있든 없든 많은 사람들의 공감을 사고 있었기 때문이다. 연방정부와 주정부 간의 협력 관계는 계속 유지되고 있었다. '코넬리 핫 오일법'은 석유 생산을 줄이는 데 일익을 담당하고 있었다. 연방정부, 특히 광무국은 차기次期의 수요를 예측해 각

주에 할당량을 권고했다. 물론 비공식적이고 구속력이 없는 것이었다. 국가산업부흥법의 위헌 결정으로 각 주는 연방정부의 할당 권고량을 준수할 의무가 없었다. 전문성과 기술적 우위를 갖고 있던 텍사스 철도위원회는 가끔 할당량보다 약간 많은 양을 생산하기로 결정하기도 했다. 그러나 각 주정부는 연방정부의 할당량 수준을 자율적으로 준수했다.

물론 할당량 이상을 생산할 수도 있었다. 하지만 연방정부와 다른 주정부의 보복을 각오해야 했고, 다른 주의 과잉생산을 야기해 또다시 공급 과잉의 위기가 초래될 것임을 잘 알고 있었다. 배럴당 10센트라는 저유가는 석유업계뿐 아니라 석유가 생산되는 주의 주정부에도 쓰라린 경험이었다. 그러나 대규모 유전은 언제고 발견될 수 있었다. 1930년대 한 법률 전문가는 "우리는 동부 텍사스의 고통스러운 경험이 결코 재현되지 않을 것을 믿는 예언자가 되어야 한다"라고 썼다.[7]

1935년 주간州間 석유협정으로 주정부는 더욱 체계적 역할을 수행했다. 그러나 이번 협정으로 오클라호마와 텍사스 간 분쟁이 야기되었다. 오클라호마는 카르텔과 유사한 제도를 만들어, 연방정부의 수요 예측치에 근거해 각 주에 할당된 쿼터를 준수하자고 주장했다. 텍사스는 자신들이 누리는 우위를 포기할 수 없었기에 이에 단호히 반대했다. 마침내 주간 석유협정은 텍사스 주의 주장대로, 카르텔과는 다른 형태로 발전했다. 그러나 이 협정은 정보 교환, 계획 수립, 입법, 할당 생산, 생산 억제 등 다방면에서 협력의 기준이 되었다.

한편 해외의 석유 유입을 억제하기 위한 수단으로 '관세 장벽'이 있었다. 만약 관세 장벽이 없다면 값싼 해외 석유가 미국으로 유입되어 국내의 생산 억제 정책을 무용지물로 만들면서 제2의 핫 오일이 되었을 것이다. 1930년 '스무트 홀리법'으로 말미암아 석유에 대한 추가적 관세 부과는 수포로 돌아갔지만, 관세에 관한 논의는 계속되었다. 1931년 주요 석유 수입회사들은 독립계 석유업자들에게 빌미를 주지 않기 위해 자발적으로 석유 수입량을 축소하는 데 동의했다. 독립계 석유업자들은 유가 하락의 원인이 석유 수입업자들에게 있다고 주장하고 있었다. 그러나 예상했던 대로 자발적 수입 억제는 실패로 끝났다.

1932년 석유업계와 석유 생산 주가 겪고 있던 시련을 해결하기 위해 국회에서 관세법이 통과되었다. 해외 원유와 중유에는 배럴당 21센트, 휘발유에는 배럴당 1.05달러가 부과되었다. 관세 부과는 또 다른 이유로 환영받았다. 관세는 대공황 시대의 중요한 세입원이었기 때문이다. 관세는 시기적절하게 부과되어 해외 석유 유입을 억제하는 장벽 역할을 했다. 1933년 익스와 주요 석유 수입업자 간에 체결된 자발적 수입량 합의는 그런대로 실효를 거두었다. 1920년대 말에서 1930년대 초 사이, 미국의 석유 수입은 국내 수요의 9~12% 수준이었다(물론 관세 옹호론자들은 미국이 순석유 수출국이라는 사실을 외면했다. 당시 미국의 석유 수출량은 수입량의 약 2배였다). 관세법이 통과되자 석유 수입량은 국내 수요의 약 5%로 감소했다.

가장 큰 타격을 입은 나라는 미국 석유 수입량의 절반을 차지하던 베네수엘라였다. 베네수엘라에서 생산되는 석유의 55%가 미국에 수출되었다. 1920년대에 큰 호황을 누렸던 베네수엘라 경제는 심각하게 위축되기 시작했다. 일자리를 잃은 석유업계 근로자들과 가족을 가득 태운 배가 고향으로 향했다. 이러한 와중에 베네수엘라에서 사업을 하던 석유회사들은 유럽으로 눈길을 돌렸다. 베네수엘라는 곧 유럽의 최대 석유 공급 국가로 떠올랐다. 1930년대 중반 베네수엘라는 다시 과거의 생산 수준을 회복했다. 한편 미국은 여전히 국내 석유산업에 대한 보호장벽을 세워놓고 각종 규제제도를 시행하고 있었다.[8]

범람 사태가 진정되다

어떤 규제가 논리적으로 꼭 필요하다 하더라도 그 타당성을 주장하기는 매우 어렵다. 규제를 둘러싼, 매우 집요하고 비난하는 요소가 가득한 토론을 피할 수 없다. 규제는 이런 어려운 과정을 거치며 강화되는 법이다. 동부 텍사스의 석유와 배럴당 10센트의 가격으로 인해, 석유업계와 석유 생산 주는 규제의 필요성을 인정하게 되었다. 1920년대 시작된 새로운 기술과 석유 생산의 역학을 이해함으로써, 이러한 규제조치는 더욱 촉진되었다. 물론 대공황과 그에 따른 뉴딜정책이 촉진제가 되었음을 부정할 수는 없다. 재미있는 것은 석유시장의 규제가 텍사스와 오클라호마 석유업자들, 오스틴과 오클라호마의 애국적 정치가들, 워싱턴의 익스와 뉴딜정책을 주도한 자유주의자들과 같이 예측 밖의 사람들에 의해 행해졌다는 사실이다. 각기 다른 배경을 가졌지만 이들은 함께 노력해 석유산업의 안정을 이끌어냈고 더 나아가 붐으로 연결시켰다. 1933년의 테러 활동은 과거에 지나지 않았다. 1937년, 어깨가 으쓱해진 철도위원회 위원장은 루스벨트에게 약간은 과장된 서한을 보냈다. "요즘 연방정부와 석유 생산 주는 완벽한 조화와 협력 체제를 갖추고 천연자원 보호라는 공통의 목표 아래 매진하고 있습니다."

비록 우연한 기회에 규제제도가 수립되었음에도 불구하고 이는 매우 강력한 논리를 갖추며 발전해갔다. 생산에 관한 책이 재집필되고 매장된 석유의 소유권에 대한 규정도 어느 정도 정립되었다. 석유 생산에 대한 접근도 기술적으로, 법적으로, 혹은 경제적으로 새롭게 정립되었다. 훗날 대규모 석유업자들도 이런 규제에 의존하게 되었다.

규제제도는 두 가지 가정에 기초하고 있다. 첫 번째 가정은 석유 수요가 가격 변동에 비탄력적이라는 점이다. 배럴당 10센트일 때의 수요가, 배럴당 1달러 때의 수요에 비해 엄청나게 크지는 않다는 것이다. 석유 수요는 거의 고정된 것으로 간주되었는데 적어도 불황 시에는 확실히 그랬다. 두 번째 가정은 각각의 석유 생산 주들은 자연적인 시장점유율을 확보한다는 것이다. 만약 각 주의 점유율이 급격하게 변화한다면 규제제도 전반이 흔들릴 것이다. 1930년대에 비슷한 사건이 있었다. 일리노이 주는 석유가 발견되면서 미국에서 네 번째로 큰 석유 생산 주가 되었지만, 주간 석유협정에는 가입하지 않았다. 일리노이 주는 새로운 생산자로서 시장점유율 제고를 위해 독자노선을 택했다. 텍사스와 오클라호마는 각각 석유 생산량을 상당량 감축해 일리노이의 시장 참여를 허용했다. 물론 좋아서 한 일은 아니었다. 불만이 빗발쳤고 규제제도 폐지를 주장하는 목소리도 높아졌다. 급기야 텍사스는 석유 할당제를 포기하고 독자노선을 택할 것을 고려한다고 선언하기까지 했다. 그러나 일리노이 주의 새로운 시장 참여에도 불구하고 규제제도는 그대로 유지되었다.

규제제도 아래서도 가격은 고정되지 않았다. 오스틴과 워싱턴은 가격규제를 옹호하고 있었지만, 석유 수요에 맞춘 공급관리를 통해 안정적인 가격으로 원유 생산을 하도록 했다. 1934년부터 1940년 사이 미국의 석유 가격은 배럴당 1달러에서 1.18달러로 안정되었다. 그토록 원했던 '배럴당 1달러'가 실현된 것이다. 규제제도는 성공을 거두고, 범람 사태도 진정되었다. 이 모든 과정은 잉여 석유 관리 및 석유회사와 정부 간의 관계가 변화되는 계기가 되었다.[9]

14

친구와 적

글래스고에서 북쪽으로 75마일 떨어진 곳, 스코틀랜드 서해안 지방의 포트 윌리엄 시에 '말콤&힐커트'라는 부동산 중개소가 있었다. 이 중개소는 사냥터와 낚시터의 임대를 주로 취급했는데, 1928년 여름 시즌을 대비해 특별한 매물을 준비해두었다. 인버네스 주의 수도에서 12마일 떨어진 곳에 위치한 아크나캐리라 불리는 성이었다. 전 세계의 부동산 중개업자들과 마찬가지로, 말콤&힐커트는 미사여구를 쓰는 데 인색하지 않았다. "아름다운 아르카이그 강변에 자리 잡고 있고, 스코틀랜드 고원지대에서 가장 흥미로운 역사를 지닌 곳 중의 하나이며, 주변 경관은 스코틀랜드에서 비길 데가 없다"라고 설명했다. 또 5만 에이커가 넘는 사냥터와 낚시터가 매우 훌륭해, 수사슴 90마리, 뇌조 160쌍, 물고기 2,000마리가 기다리고 있다는 것이다. 성의 건물 자체는 19세기 초 '스코틀랜드의 대장원 양식'으로 지어져 있지만 전기, 온수, 중앙난방 등의 현대식 설비를 갖추고 있으며, 침실 9개와 침대가 있는 여분의 방들이 있었고, 그 외 차고에도 침실 4개가 딸려 있었다. 1928년 8월 한 달 동안 누구든 3,000파운드에 그 성을 빌릴 수 있었다. 물론 가정부와 시중들 사람들을 데리고 와야 했다. 오랜 친구들과 얼마 동안 함께 지내기에 여기보다 더 좋은 곳이 있을까?

8월 한 달간 그 성을 임대한 사람은 헨리 디터딩, 함께 지낼 옛 친구는 뉴저지 스탠더드오일의 사장인 월터 티글이었다. 놀랄 만한 일은 아니었다. 그들은 몇 년 전부터 시간이 나면 함께 사냥하러 가기로 했었기 때문이다. 그러나 이번에는 옛 친구들도 대거 합류했다. 독일 스탠더드오일의 사장 하인리히 라이드만, 앵글로-페르시안의 존 캐드먼 경, 걸프의 윌리엄 멜론, 인디애나 스탠더드오일의 콜로넬 로버트 스튜어트 대령이었다. 그들 휴가에 따라온 일행에는 비서, 타이피스트, 고문도 끼어 있었는데 그들은 7마일 떨어진, 매우 안전한 별장에 거처했다.

이 비공식 회합이 비밀리에 이루어지도록 애를 많이 썼지만 결국 비밀이 새어 나갔다. 급히 북쪽으로 달려간 런던의 기자는 석유업자들이 뇌조 사냥과 낚시를 하러 모였다고만 보도했다. 그러나 사냥과 낚시를 위해 모인 거라면 왜 그토록 비밀을 유지하려고 애썼을까? '뇌조들은 어떤 경고도 받지 못했다.' 「데일리 익스프레스Daily Express」지는 이런 가설을 설정했지만 더 이상 기사를 써나갈 수 없었다. 심지어 그 성의 집사에게서도, 석유업자들이 사냥터를 거닐면서 또는 저녁에 술을 마시면서 무슨 얘기를 주고받는지 알아낼 수 없었다. 사냥이나 낚시에 전혀 관심이 없고 대화도 지루해하던 디터딩의 10대 조카딸 둘, 티글의 말투로 '헬라이온즈Hellions'라 불린 소녀들이 리히드만의 침대에 당밀을 부어 그의 잠옷을 엉망으로 만들었다. 잠옷이 뻣뻣해진 독일인은 몹시 화를 냈다고 한다. 사냥에 관해서라면 후에 티글이 "사냥감이 아주 많군"이라 말했다고 전해진다. 그러나 사냥감이 많고 적고는 상관이 없었다. 그들이 뒤쫓던 것은 뇌조가 아니었기 때문이다. 그들은 석유업계가 처해 있던 과잉생산과 과잉생산 능력의 딜레마에서 빠져나올 해결책을 모색하고 있었다. 석유 전쟁에 또 하나의 휴전협정을 맺는 것 이상으로, 그들은 유럽과 아시아 시장에 대해 공식적인 조약을 체결하고자 했다. 이 조약은 질서를 유지하고, 시장을 분할하며, 산업을 안정시키고, 이익을 확보하는 것을 내용으로 하고 있었다. 그러므로 아크나캐리는 일종의 평화 회담이었던 셈이다.[1]

이때는 1929년 주식시장이 붕괴되고 대공황이 시작되기 1년 전이었고, 대드 조이너가 동부 텍사스에서 석유를 발견하기 2년 전이었다. 그러나 이미 세계 석유시장은 미국, 베네수엘라, 루마니아, 러시아에서 유입되는 석유로 넘치고 있어서 가격은 떨어지고 '파멸을 초래하는 경쟁'이 벌어질 징후가 보였다. 특히 러시아 석유가 범람하자 석유업자들은 즉시 아크나캐리로 몰려왔다. 러시아산 석유를 구입하는 데 대한 보복으로, 디터딩이 스탠더드오일 뉴욕 지사에 대항해 벌였던 가격 전쟁이 세계 도처로 확대되었다. 전쟁은 감당할 수 없을 정도로 커져서 심각한 세계 전쟁의 양상을 띠게 되었다. 석유 가격은 나날이 떨어지고, 어떤 석유회사도 안심할 수 없었다.

아크나캐리는 시대의 특징을 반영하고 있었다. 산업 합리화, 효율성, 중복의 배제 등은 유럽과 미국에서 그 시대의 가치로 여겨지고 목표가 되었다. 따라서 경제학자와 정치 평론가뿐 아니라 기업가와 정부관리 모두가 이를 위해 노력했다. 그리고 합병, 합작, 기업연합, 상거래 협정, 제휴 등의 정책으로 이런 목표를 실현하려고 했다. 이 정책들은 1920년대 국제 비즈니스의 기준이 되었고, 불경기를 몰고 온 1930년대에는 더욱 활성화되었다. 합작으로 인해 생기는 '효율성'이 이윤을 계속 보장하고 가격도 안정시킨다는 것이다.

존 록펠러와 헨리 플래글러 시대에는 '자유로운 경쟁'이 싸워서 제거해야 할 장애물이었다. 하지만 전 세계를 완전히 지배하고 독점함으로써 상업 경쟁에서 이긴다는 것은 사실상 불가능해졌다. 이젠 다른 회사를 항복으로 몰고 갈 수 있을 만큼 강력한 회사도 없고, 정치 현실도 그렇게 내버려두지 않았다.

따라서 아크나캐리에 모인 석유업자들의 목적은 정복보다는 협약이었다.[2]

영국 정부의 손길

아크나캐리 회합은 석유회사들만의 모임이 아니었다. 공식적으로는 모습을 드러내지 않은 무대 뒤의 존재가 있었다. 즉 영국 정부는 자국의 경제적·정치적 목표를 위해 석유업자들이 합작하는 쪽으로 타협하도록 몰아대었다.

앵글로-페르시안의 회장이자 찰스 그린웨이의 후임인 존 캐드먼 경은 이렇게 서로 다른 이해관계를 조정해야 할 입장에 있었다. 1928년 캐드먼의 세력은 절정에 달해 디터딩이나 티글과 맞먹을 정도로 영향력을 행사하고 있었고, 게다가 영국 정부로부터 이제까지의 누구보다 신뢰받고 있었다. 광산업자의 집안에서 성장한 캐드먼은 탄광 감독자로 출발했다(그는 갱 붕괴 때 탄광 노동자들을 구해내 상을 받기도 했다). 그가 버밍엄 대학의 광산학 교수가 되었을 때, '석유공학'이라는 새로운 교과 과정을 채택해 학교 당국을 깜짝 놀라게 했다. 새로운 과목의 채택에 대해 학교 내의 반대자들은 '눈꼴사납게 자기선전을 한다'는 둥, '별난 이름'을 가진 '전망 없는 과목'이라는 둥 비난을 퍼부었다. 제1차 세계대전 발발 당시 캐드먼은 석유공학 기술 분야의 최고 전문가 중 하나였다. 캐드먼은 전쟁 동안, 페트롤리움 이그제큐티브Petroleum Executive의 사장으로서 정치와 사람들을 다루는 데 탁월한 능력을 발휘했다. 1921년 앵글로-페르시안의 기술 고문으로 발탁되었고, 6년 후 영국 정부의 추천으로 앵글로-페르시안의 회장이 되었다.

당시 세계 곳곳에서는 석유 생산량이 날로 증가하고 있었다. 이라크뿐 아니라 페르시아에서도 캐드먼 소유 회사의 석유 총산출량은 4배로 증가했다. 그는 "새로운 시장을 개척하는 것이 절대적으로 필요하다"라고 단언했다. 앵글로-페르시안은 두 가지 대안을 갖고 있었다. 하나는 새로운 시장으로 진출하기 위해 싸우는 것이었는데, 여기엔 필연적으로 대규모 투자와 불가피한 경쟁이 뒤따랐다. 다른 하나는 기존 회사들과 합작해 석유시장을 나눠 갖는 것이었다.

캐드먼은 후자를 택했다. 그는 곧 버마뿐 아니라 쉘과도 인도에 세울 시장과 설비에 공동투자하는 문제를 논의했다. 버마와 쉘이 합작투자를 한다면 앵글로-페르시안에서 영국 정부 다음으로 영향력 있는 주주가 되는 것이다. 앵글로-페르시안과 더치 쉘은 다음 표적인 아프리카에서 시장을 50 대 50으로 나눠 갖는다는 조건하에 '동맹'을 맺자고 제안했다. 이 협상을 계속 진행시키기 위해, 1928년 초 앵글로-페르시안은 대주주인 영국 정부의 승인을 얻어내려고 노력했다. 그러나 영국 정부는 전혀 확신하지 못했고, 영국 해군부는 앵글로-페르시안이 쉘에 합병되어 버리지나 않을까 하는 의례적인 걱정을 드러냈다. 앵글로-페르시안이 합병되면 정부의 근본적인 정책 노선에 장애가 될 수 있기 때문이다. 외무부와 재무부는 미국과의 불화를 초래할지도 모른다는 우려를 표명했다. 그들은 미국의 여론이 민감한 현 상황에서 두 회사가 연합함으로써, 스탠더드오일로 대표되는 미국에 전쟁을 선포한다는 비난을 사게 될 수도 있음을 시사했다. 앵글로-페르시안의 소유권 대부분을 가지고 있는 당사자가 영국 정부이므로, 미국은 영국 정부를 비난할 것이 분명하다. 그렇게 되면 정치적으로 불행한 결과가 초래되고, 영국 정부는 앵글로-페르시안의 주식을 팔아야 할 입장에 처하게 될 것이다. 영국 해군에는 치명적 파국이, 주식 배당에 집착하는 재무부에는 이롭지 못한 상황이 벌어질 것이 예상되었다.

당시 재무장관을 맡고 있던 윈스턴 처칠이 다시 한 번 중요한 역할을 했다. 처음에 그는 앵글로-페르시안이 제시한 아프리카 연합에 많은 의혹을 품고 있었다. "헨리 디터딩 경이 스탠더드와 '전쟁'을 벌이고 있는 이 시기에, 영국 정부가 전쟁에 말려드는 것은 시점이 아주 좋지 않은 듯하다"라고 처칠은 말했다. 하지만 그 문제에 대해 깊이 숙고한 처칠은 연합이 최선이라는 결론을 내렸다. 자본도 가장 적게 드는 길이었다. 처칠은 대영제국 방위위원회 the Committee on Imperial Defense에서 "연합 대신 취할 수 있는 방법은 앵글로-페르시안이 아프리카에서 시장을 차지하기 위해 투쟁하는 것이다"라고 말했다. 투쟁하게 되면 훨씬 더 많은 자본이 필요하고, 일을 성사시키기 위해서 대주주인 영국 정부를 대표해 그가 의회와 교섭을 벌여야 한다는 의미였다. 처칠은 예전에도 이런 일을 겪은 적이 있었다. 1914년 그는 정부를 설득해 앵글로-페르시안의 주식을 사도록 했는데, 다시는 그런 일을 하지 않게 되기를 바랐다. 특히 논쟁의 여지가 있는 일은 더더구나 맡고 싶지 않았다. 영국 정부는 석유 문제에 대한 직접적 관심을 교묘하게 숨기고 있었다.

그래서 정부는 쉘과 동맹을 맺고자 고군분투하는 캐드먼을 지지하기로 했다. 1928년 2월, 정부의 전반적 입장은 재무부와 해군부의 공동성명으로 발표되었다. "연합과 같은 정책이 격렬한 경쟁보다 소비자에게 더 많은 이익을 가져다줄 것이다." 공동성명은 이 협정을 통해 '타 지역에서의 유사한 동맹', 특히 뉴저지 스탠더드오일과의 동맹이 촉진되는 부가적 혜택도 있다고 밝혔다.

미국 측의 찬성 여부와는 별도로, 그 성명의 마지막 조항은 정부의 발표 사항 중에서 가장 중요했다. 영국 정부는 스탠더드오일과 협상을 벌이면서 미국의 빈틈없는 경계를 완화하고, 투쟁할 의사가 없음을 보여주기를 원했다. 그래서 쉘과 맺었던 것과 같은 거래 협정을 미국의 다른 석유업체들과도 체결할 수 있는 권한을 앵글로-페르시안에 부여했다. 영국 정부는 기업 합동을 반대하는 미국의 관습 따위에 구애받지 않고 연합을 선호했다. 한 영국 정부 관리의 편지엔 이런 구절이 있었다. "석유업체의 연합이 소비자들에게 피해를 주는 결과를 낳지 않는다는 것을 우리는 익히 경험했다.”

이제 캐드먼은 앵글로—페르시안뿐 아니라 정부 정책까지 대표해 미국 회사들과의 협정을 추진했다. 쉘과 연합해 추진했던 아프리카 거래가 성사되자마자 캐드먼은 뉴저지의 티글에게 서신을 보내 로열더치 쉘도 여기에 참여할 것을 촉구했다. 각자의 회사를 대표해, 가장 중요한 정책의 문제점들을 다루기 위한 조그만 해결의 장場을 열자는 것이었다. 이 제안이 결정적 계기가 되어 1928년 8월, 디터딩은 스코틀랜드 고원지대에 있는 아크나캐리 성으로 티글, 캐드먼, 그 외 다른 사람들을 초청했다.[3]

석유산업의 고질적 문제

아르카이그의 강독에서 벌어진 토론은 2주간 계속되었으며, 그 결과 참가자들 모두 찬성은 했으되 서명은 하지 않은 17페이지에 달하는 문서가 작성되었다. 이 모임은 ‘기업연합협회Pool Association’라 명명되었고, 문서는 아크나캐리 또는 ‘현상유지As-Is’ 협약으로 더 많이 알려졌다. 이 문서는 ‘건설적 경쟁보다는 파멸을 초래했던 과잉생산이 더 비싼 운영비용을 부담했으며, 이러한 현실을 인식해 절약을 실천하고 낭비를 없애고 값비싼 시설의 중복을 줄여나가야 한다’라는 석유산업의 문제점을 요약하고 있다.

그러나 이 문서의 핵심은 ‘현상유지’ 협약이다. 이 협약에 가담한 석유업체들은 각 회사의 1928년도 시장점유율에 입각해, 총수요를 백분율로 나눈 값으로 시장별로 자신의 몫을 할당받았다. 총수요가 증가하면 업체들도 실제 생산량을 바로 증가시킬 수 있었지만, 백분율로 나눈 몫은 항상 똑같이 유지해야 했다. 이 외에도 각 업체는 비용 절감을 위한 설비 시설 공유에 동의하고, 새로 정유소와 그 외 시설들을 설립할 때에는 신중히 검토하기로 했다. 또한 효율을 높이기 위해 지리적으로 가장 가까운 곳에 있는 업체가 시장에 공급하기로 결정했다. 판매 가격은 미국 걸프 연안의 가격에 수송비를 합산하는 전통적인 방식에 기초해 결정되었기 때문에, 이런 공급 방식은 추가 이윤을 의미했다. 이것들이 핵심 조항이라 할 수 있다. 판매가격이 일률적으로 결정되면, '현상유지' 협약에 가담한 업체들은 다른 업체들과 벌어질 가격 경쟁을 걱정할 필요가 없었다.

몇 달 후, 이 협약의 주체들은 석유 생산량에 대해서도 같은 식으로 규정하는 데 동의했다. 아크나캐리 체제에 가담한 업체들이 배당된 시장 지분 이상으로 생산량을 늘릴 수 있는 경우는, 가외 생산량을 타 연합 업체에 팔 수 있을 때뿐이었다. 협회는 각 회사에서 선출된 대표자들로 구성되었고 이들은 합의된 사항을 이행해나갔다. 합의사항의 실천을 위해, 그들은 필수적인 수요와 운송의 통계학적 분석을 실시해 각 업체에 실제 지분을 할당해주었다.

한편 이 협약에 유럽 석유업계의 주요 관계국인 소련을 불참시켰다는 사실이 눈길을 끈다. '현상유지' 협약이 성공을 거두려면 소련을 이 협약에 끌어들여야 하는 것이 너무나 당연했다. 1928년경 소련 회사인 러시아 석유회사 Russian Oil Products는 영국에 해외 석유를 공급하는 수입 회사 중 네 번째로 큰 회사였기 때문이다. 소련은 이미 전쟁 전의 생산 수준을 회복한 데다, 석유가 소련의 가장 큰 소득원으로 자리 잡았다. 디터딩과 티글이 소련과의 거래를 매우 싫어했음에도, 1929년 2월 소련과 협정을 맺고 영국에 할당된 시장 지분을 소련에 제공했다는 것은 매우 주목할 만한 일이다. 최소한 표면적으로는 소련을 이 협약에 어느 정도 끌어들인 셈이다. 세계 석유시장의 원만한 분배에는 단 한 가지 예외가 있었다. 하지만 그 예외 사항은 무시할 수 없이 큰 것이었다. 즉 미국 내의 시장은 '현상유지' 협약의 대상이 아니었는데, 미국의 반트러스트법을 침해하지 않기 위해서였다.[4]

스코틀랜드 고원지대의 아름답고 외딴 성에서 맺어진 아크나캐리 협약은 록펠러와 아치볼드, 디터딩과 새뮤얼, 노벨과 로스차일드가 세계시장 내 사업자들의 협력을 열렬히 추구했으나 결국에는 실패했던 19세기 말로 되돌아갔다는 것을 의미했다. 처음 시작할 때 아크나캐리의 만남이 비밀에 부쳐졌던 것만큼, 이 협약에 참가한 석유회사들은 협약의 실행에 있어서도 상당한 성공을 거두었다. '현상유지' 협약에 참가한 회사들은 대부분 대형 석유회사들이었다. 하지만 협약에 가담하지 않은 채 메이저들의 몫을 잠식하는 데 주저하지 않는 비주류 석유회사들이 많았다. 사실 '현상유지' 협약은 비회원들의 구미에 맞았다. 그들은 메이저들보다 약간 낮은 가격을 책정함으로써 시장을 잠식할 수 있었다. 만약 메이저 회사들이 시장에서 작은 회사들을 몰아내기 위해 가격 경쟁을 촉발한다면 다른 시장으로 옮겨가버리면 그만이었다.

특히 미국 외의 지역에서 소비되는 석유의 3분의 1을 수출하는 미국계 석유회사들의 수출을 통제하는 것이 급선무였다. 티글은 아크나캐리에서 돌아오는 즉시 17개에 달하는 미국계 석유회사들을 한데 묶어 '석유수출협회Export Petroleum Association'를 조직했고, 각 회사에 수출 물량을 배당해 공동으로 석유 수출 물량을 관리했다. 이들의 활동은 반트러스트법에 의해 자국에서는 금지된 연합 활동을 해외에서는 행할 수 있게 한 웨버-포머린 법(1918)이라는 국내법의 적용을 받았다. 그러나 석유수출협회와 '유럽 그룹'의 협상은 미국계 회사와 유럽계 회사 간의 산출량 할당 문제로 계속 지체되고 있었다. 게다가 내부적으로 회사가 너무 많아 만족스러운 할당량과 가격을 결정할 수 없었고, 협회가 기껏해야 미국 전체 수출량의 45% 정도만 통제할 수 있다는 문제가 있었다. 미국 석유 수출을 카르텔화하려는 시도가 실패하면서 아크나캐리 협약의 실천은 더욱 어려워졌다.

전 세계적으로 '현상유지 협정' 체제 밖에 있는 생산자와 생산량이 너무 많았다. 로열더치 쉘의 이사인 J. B. 케슬러는 자신의 의견을 담은 편지를 티글에게 보냈다. "우리 앞에 놓여 있는 수치를 보면 전 세계 잠재 석유 생산량 가운데 많은 부분을 우리와 당신네, 혹은 다른 대형 석유회사가 통제할 수 없는 회사들이 장악하고 있음을 알 수 있다. 이런 상황을 감안할 때, 현재와 같은 세계 석유 생산의 균형 상태는 우리들의 힘만으로 유지할 수 없다는 결론을 내릴 수 있다." 오래지 않아 케슬러의 예언이 적중했다. 미국 내의 석유 발견 및 생산은 동부 텍사스까지 확대되었다. 여기에 루마니아와 같은 다른 산유국들도 세계 석유시장의 공급량을 늘리는 데 가세했다. 통제 불능으로 늘어나는 석유 생산에 따라 아크나캐리 협정은 힘을 잃고 있었다. 석유회사들은 또다시 서로의 시장을 넘보기 시작했다.[5]

민간 장벽 안에서의 불화

1930년 대형 3사(뉴저지, 쉘, 앵글로-페르시안)는 동맹을 재구성하려 시도했는데, 이번에는 다소 축소된 형태를 취했다. 그들은 유럽 시장을 겨냥한 새로운 합의각서 형태로 '현상유지' 협약을 개정했다. 범세계 시장에 대한 단일 협정 대신, 유럽 여러 시장에서 활동하는 각 업체들이 국외자들과 시장을 분할 점유하는 '지역별 협정'을 맺고자 한 것이다. 그러나 이 체계 역시 미국산, 러시아산, 루마니아산 석유 물량에 부딪쳐 효과를 발휘하지 못했다. 특히 소련은 돈을 더 벌 수 있다 싶으면 주저 없이 가격을 낮췄다. 소련에겐 정상적인 비즈니스 상의 필요조건이 먹히지 않았다. 산업화에 필요한 기계를 수입하는 데 필요한 자금을 한 푼이라도 더 얻기 위해, 크렘린이 뒤에서 관할하고 있었기 때문이다. 끊임없는 노력에도 불구하고, 업계는 소련과 '질서 있고 지속 가능한' 판매 협정을 맺는다는 것이 불가능하다는 사실을 깨달았다.

1931년이 되자 뉴저지는 실효 없는 세계 동맹의 미몽에서 깰 만큼 성숙해졌다. 뉴저지의 생산 책임자인 제이 셸더는 동료에게 "수출협회의 붕괴라는 관점에서 볼 때 우리와 로열더치의 '현상유지' 협정은 폐기되어야 한다. 현재 뉴저지는 비경제적인 움직임과 여건 아래에서 타 업체를 보호하는 데 큰 희생을 치르고 있다"라고 말했다. 그는 뉴저지가 협동하려는 모든 노력을 포기하고 그 대신 셸 그룹과 전쟁도 불사해야 한다고 주장하면서 "로열더치는 극동에서 가장 취약하므로 지금이 그들과 싸울 최적기다. 이 지역에서 우리는 아무 이익도 보지 못했고 또 가격 전쟁으로 우리가 치러야 하는 대가는 아무것도 없다"라고 덧붙였다. 1932년 3월 회의석상에서 로열더치 셸의 디터딩과 중역진은 로열더치 셸 내 로스차일드의 이윤을 감독하던 엠 웨일에게, 세계 시장 상황이 심각함을 솔직하게 고백했다. 판매량이 급전직하하자 웨일은 로스차일드 남작에게 "향후 몇몇 지역을 제외하고 모든 지역에서 가격이 하락하면 수익을 낼 수 없을 것입니다"라고 보고했다.

1932년 11월, 존 캐드먼 경은 미국석유협회에서 '각국 정부의 법이 허용하는 범위 내에서' '협력'이 갖는 장점들을 극찬하는 연설을 행했다. 그는 전 세계에 '현상유지' 협정이 비밀 모의라고 알려진 것은 잘못이라고 말했다. 미국석유협회의 전 회원 앞에 선 앵글로—페르시안의 회장 존 캐드먼은 "현상유지 원칙은 미국 밖에서 이루어지는 국제 석유 거래에서 협력의 초석이 되었다"라고 선언했다.

캐드먼은 대표단에게 "바깥에는 아직 비가 오고 있다. 세계 대공황의 깊은 늪에는 큰 재해가 도사리고 있음을 생각해, 업계는 폭풍우를 피할 피난처를 찾고 산업을 안정화하려는 노력을 포기해서는 안 된다"라고 경고했다. 업계는 '현상유지' 협약에 대한 새로운 해석을 도출했다. 1932년 12월의 공급(분배) 협정의 출발점으로서, 지역 카르텔이나 지역 협정에 적용될 법률의 초안을 잡을 때 하나의 지침이 되어야 한다는 것이다. 기초 협정의 초기 가맹자는 로열더치 쉘, 뉴저지, 앵글로−페르시안, 소코니, 걸프, 애틀랜틱, 텍사스, 싱클레어 등이었다. 이 신규 협정은 '현상유지' 위원회 두 곳이 관리했는데, 뉴욕 위원회는 공급에 관한 것을 주도하고, 런던 위원회는 분배에 관한 것을 관리했다. '현상유지' 중앙사무국은 협정에 따른 통계·조정 업무 처리를 위해 런던에 설립되었다. 그러나 이 협정은 몇 가지 취약점을 안고 있었는데 만성적인 속임수를 비롯해 '처녀시장'을 관리하는 문제를 몰랐던 것이다. 다시 말해 관계자들은 아무 경험도 없이 곧바로 시장에 진입할 방법을 찾고 있었다.[6]

대공황이 악화 일로였고, 석유산업도 곤경에 처함에 따라 석유회사들은 '현상유지' 협정을 개정하려는 움직임을 보였다. 이번에는 느슨한 협력 체계를 만들어낸 1934년 '원칙의 수정 각서'를 개정하는 것이 목적이었다. 공황이 심각한 상태였기 때문에 새로운 각서는 '경쟁적인 지출의 자제'를 요구했다. 광고 예산을 줄임으로써 비용을 절감하고, 회사 간의 경쟁을 자제하게 했다. 따라서 도로 광고판과 게시판의 수가 줄었다. 신문광고는 합리적인 범위 내에서 제한되었고, 경주를 즐기는 차량에 대한 특혜는 감소되거나 삭제되었다. 라이터, 달력, 펜 등 운전자들에게 주던 선물은 대부분 줄이거나 아예 없어졌다. 비용을 줄이는 방안으로 검토되지 않은 것이 없을 정도였다. 불필요한 경비를 줄이기 위해 주유소에 있는 표시판의 수와 형식까지 표준화되었다.

이 협정은 규모나 실제 효과에 상관없이, 한편으로 격렬하고 광범위한 비판, 또 한편으로는 그 자체의 정당성을 옹호하는 논쟁을 유발했다. 많은 사람들이 그들을 예의주시하며 소비자에게 불리한 공모를 하는지 지켜보았다. 모든 산업계는 국제적인 카르텔에 대해 우려를 표명했고, 특히 대형 석유회사의 연합에는 각별한 관심을 기울였다. 그러나 미국 외의 지역에서는 이런 협정이 각국의 법령에 저촉되지 않았다. 이와는 대조적으로 사업 환경에 덧붙여 시대의 특성과 정부의 압력 등이 일종의 협동과 카르텔을 부추겼다.

협정에 참여한 각 회사의 중역들은 타 회사의 경영진을 '친구'라고 불렀다. 즉, "런던에 있는 친구가 말하기를……" 혹은 "친구들이 아직 마음을 굳히지 못했다" 등의 표현을 자주 썼다. 그러나 실제로 우정이나 동지애를 나눈 것은 아니었다. 그보다는 세계 경제 침체와 석유 수요 감소에 직면해 회사를 살리려는 필사적인 노력이 그들로 하여금 회사들을 한데 묶는 데 결정적인 역할을 하게 했다. 그들은 치열한 경쟁을 벌이던 사이였고, 그것을 결코 잊지 않았다. 상호 협력하려는 회사들의 노력에는 널리 퍼져 있는 불신, 우려, 뿌리 깊은 경쟁의식이 뒤따랐다. 심지어 협력을 논의하고 있을 때조차 뒤로는 음모를 꾸미고 있었다. 아크나캐리에서 협정을 맺고 채 몇 달도 되지 않아 쉘은 미국 동부 연안에 진출해 사업을 급속히 확장했고 이에 뉴저지는 발끈했다. 뉴저지의 한 중역은 쉘의 조치가 "단지 야심에 의해서만 정당화될 수 있다"고 비난했다. 1936년 헨리 디터딩은 뉴저지가 미국과 유럽에서 사업하고 있던 독립계 석유사업가 윌리엄 데이비스에게 멕시코 운영권 전체를 넘기는 문제를 논의하고 있다는 사실을 알게 되었다. 데이비스는 '현상유지' 협정의 강화를 어렵게 하는 '비주류' 사업자 중 하나였다. 이에 화가 난 디터딩은 뉴저지에 편지를 보내 "우리는 데이비스의 사업 활동에 대항해 함께 일하고 있다. 그런데 함께 전쟁을 치르기 위해 필요한 막대한 양의 탄환을 적에게 팔아넘기는 것은 올바른 전략으로 보이지 않는다"라고 말했다. 사실 1930년대 전 기간을 통해 뉴저지는 쉘과 협력을 논의하면서도, 소코니와 그들의 해외사업을 결합하는 문제를 진지하게 검토함으로써 쉘에 공세를 취했다.

더욱이 합의된 사항의 실행을 방해하거나, 합의된 것을 다시 합의하는 것조차 어렵게 하는 갈등이 끊이지 않았다. 1934년 원칙의 수정 각서에는 외부 감사관이 참여 회사의 거래 건수를 검토하는 조항이 담겨 있었다. 아시아 시장에서 사업을 수행하던 뉴저지와 소코니의 합작 투자사인 스탠더드 배큠의 중역은 이에 분노했다. 1934년 12월, 그와 동료들은 "우리는 변함없이 반대한다. 우리 장부를 외부 감사관이 조사하게 한다는 발상은 명백한 이유로 반대할 뿐 아니라, 서로 거래량 정보를 주고받아야 할 정도로 관계 회사들이 서로를 믿지 않는다면 현상유지 협정은 매우 취약한 기반 위에 서 있는 것처럼 보인다"라고 말했다. 또한 "우리는 모든 수단을 동원해, 관련 회사들이 현상유지 협정을 제대로 지키게 해야 한다"라고 덧붙였다. 그러나 관련 회사 내부에서조차 일은 순탄치 않았다. 1934년 12월, 쉘의 총책임자인 프레드릭 갓버는 극동에 있었다. 그곳에서 그는 "수치상으로 볼 때 텍사코가 지나치게 호전적인 영업을 하고 있음을 알 수 있고, 연말에는 그들이 할당받은 몫 이상의 시장점유율을 가지게 될 것이다"라고 보고했다. 그는 다른 회사들은 약속을 어긴 텍사코에 '준엄한 제재'를 가해야 한다고 덧붙였다. 협정 체결에도 불구하고 경쟁에 대한 충동을 완전히 억제할 수는 없었다.

그런데 할당 과정 자체는 얼마나 성공적이었을까? 영국을 예로 들자면 상당히 불공평했다. 쉘과 앵글로–페르시안은 영국에서 합동 영업 체계인 쉘 멕스–영국석유BP를 결성하고 있었다. 이 그룹과 뉴저지 자회사 간의 판매 비율은 약간의 예외를 제외하곤 비교적 안정적이었다. 그런데 전체 시장에서 두 그룹이 차지하고 있는 몫의 합은 다양한 공급원으로부터 영국으로 석유가 유입됨에 따라 상당히 요동쳤다.

그들이 불안정한 만큼 '현상유지' 협정은 1934년 이후부터 수정 합의각서와 함께 한층 효과를 거두게 되었다. 상대적으로 그것이 성공을 거둔 데는 3가지 요소가 작용했다. 미국에서는 해럴드 익스가 이끄는 연방 및 주 당국이 마침내 석유 생산에 통제를 가했고, 소련에서는 급속한 산업화의 진전으로 석유 수요가 증가해 수출 여력이 줄어들었으며, 대형 석유회사들이 루마니아의 석유 생산을 통제하는 데 성공했던 것이다. 그러나 그 기간이 그리 길지는 않았다. 1938년 초, 뉴저지는 '현상유지' 협정의 종료를 구두 통보했다. 그리고 잔존하고 있던 '현상유지' 위원회의 활동도 1939년 가을 제2차 세계대전의 발발로 끝이 났다.[7]

석유와 민족주의

'현상유지' 협정은 무無에서 생겨난 것이 아니었다. 석유 공급 과잉에 이어진 공황에 맞서기 위해서뿐 아니라 유럽과 그 밖의 지역에서 출현하는 강력한 정치세력에 맞서자는 의도가 다분히 있었다. 한 역사가는 "유럽 대륙 전역에서, 정부 정책은 외국 민간 석유회사의 공세에 대항했고 그 양상도 전례가 없는 것이었다. 방어적인 입장에서 이 비정상적인 무역 관행을 극복하려는 수단을 검토한다고 해서 이상할 것이 없었다"라고 적고 있다.

1930년대 석유업계에 미치는 정치적 압력의 형태는 다양했다. 정부는 수입 할당을 매기고, 가격을 정하고, 또 외환 거래에 제한을 가했다. 또 업계가 잉여 농산물에서 뽑은 알코올을 자동차 연료에 혼합하도록, 또 기타 석유 대체품을 사용하도록 강요했다. 정부는 막대한 신규 조세를 부과했고, 상호 무역 협정과 보다 큰 정치적 목적을 연계하기 위해 석유 수출입 거래를 통제하는 데 개입했다. 정부는 경제적 타당성이 부족한 국내 시설에 투자하도록 강압하면서 이윤 송금을 봉쇄했고, 업계에 대해 일정한 재고분을 유지하라고 주장했다. 대공황으로 인해 주요 석유업계를 속박하려는 압력이 계속되는 가운데, 1930년대를 지배하는 질서는 자급자족 경제와 상호주의였다. 런던의 무역위원회 의장은 '자국 영토에 비非국적 자회사 대신 국적 회사 설립을 강요 내지 장려했는데' 당시 모든 나라들의 일반적 경향이었다.

유럽 정부가 자국 카르텔에 가담하려는 외국 업체를 몰아내고, 외국과 자국 업체 간 시장을 분리하는 것은 표준 관례가 됐다. 모든 정부들은 자국의 정제 능력을 증대하는 데 일조하라고 외국 업체에 촉구했다. 프랑스 정부는 1928년 법안에 따라 각 회사에 일정한 시장을 할당했다. 뉴저지의 간부는 "프랑스의 경우 국가적인 상업화 노력에 부합하지 못하면(설령 자본의 희생이 따르더라도) 민간 업체가 원래의 정부 제안보다 더 많은 비용을 지불하게 하는 보복 법안을 어김없이 출현시켰다"라고 말한 적이 있다. 전쟁 준비에 광분한 나치 독일은 모든 종류의 규제와 조작을 벌이고 있었다. 전 세계적으로 1930년 후반기는 공황시대의 끝인 최악의 시기였기에, 주요 석유업체의 가장 중요한 목표는 정부 개입에 맞서 자신을 보호하는 것이었다. 1935년 뉴저지의 부사장 오빌 하덴은 "우리는 거의 모든 외국의 국가주의적 정책뿐 아니라, 많은 나라에서 드러나는 사회주의적 경향에 시달리고 있다"라고 말했다. 그는 "정부와 산업계 사이에서 발생하는 문제들은 점점 심각해졌고, 경영진은 이를 해결하기 위해 많은 시간을 투입했다"라고 덧붙였다.

같은 해 유럽의 정치경제적 국가주의를 예의주시하던 한 석유업계 옵서버는 이를 매우 간략하고 산술적으로 표현했다. "유럽에서의 석유산업 경영은 '정치 90퍼센트에 석유 10퍼센트'다." 나머지 국가들도 이와 비슷한 양상을 보였다.[8]

팔레비 왕의 선언

경기 침체의 수렁 속에서 '석유는 더 이상 황금이 아니다'란 사실을 깨달은 페르시아의 레자 팔레비는 격노했다. 이미 페르시아는 석유 왕국이 되었고, 앵글로-페르시안의 석유 로열티는 수출 소득의 3분의 2를 차지했으며 정부

수입收入의 근간을 이루고 있었다. 그러나 경기 침체로 인해 앵글로-페르시안이 내는 로열티가 1917년 이래 최저로 떨어졌다. 팔레비 왕은 이에 깜짝 놀라 회사를 질책하고, 자신이 직접 감독하기로 결정했다. 1932년 11월 6일의 각료회의에서 그는 돌연 앵글로-페르시안의 석유 이권을 일방적으로 취소한다고 발표했다. 믿기 어려운 청천벽력과도 같은 조치였다. 그의 행동은 앵글로-페르시안의 존립 자체를 위협했다.

국왕의 발표는 예기치 못한 것이지만, 페르시아와 앵글로-페르시안 사이의 4년간에 걸친 긴장과 타협에 종지부를 찍는 것이었다. 1928년 존 캐드먼은 "석유 이권을 얻은 회사들은 국익과 그들 자신의 접근법을 접목할 수 있는 정도에 비례해, 경제 민족주의의 파도에서 미래의 안전을 지킬 수 있다"라고 말했다. 그러나 캐드먼은 그러한 동질성을 창출하기가 극도로 어렵다는 것을 알았다. 실제로 페르시아인들은 윌리엄 녹스 다아시의 1901년 석유 이권이 주권을 침해했다고 비난하고, 석유 이권에서 더 많은 수입을 챙기고자 했다. 1929년 캐드먼은 페르시아 법무장관 압둘 후사인 티무르타쉬와의 협상이 성사되었다고 생각했다. 페르시아 정부가 훨씬 높은 금액을 보장받았을 뿐 아니라, 페르시아가 이사회 대표직을 포함해 회사 지분의 25%를 획득하고 외국 소득도 일부 가지기로 했기 때문이다. 그런데 협상은 끝나지 않았고, 양쪽에서 비난이 빗발쳤다. 협상이 계속되었지만 마무리될 무렵이 되면 페르시아인들은 수정이나 개정안을 제출함으로써 더 많은 것을 요구했다.

최종 합의에 도달하지 못한 것은 대부분 페르시아의 1인 독재 정치와 국왕 때문이었다. 레자 칸은 카자흐 여단의 지휘권을 이용해 페르시아 불변의 지도자로 부상했다. 그는 영국 수상이 말한 것처럼 "페르시아인의 정서를 존중하는 자상한 언사나 헛된 찬사에 시간을 낭비하지 않는" 강경하고 거만하며 잔인하고 무딘 사람이었다. 레자 칸은 1921년 국방장관을 거쳐 1923년에는 수상이 되었다. 그는 대통령을 시켜달라고 농담했지만 사실 계획은 다른 곳에 있었다. 1925년 스스로 팔레비 왕위에 등극함으로써 신新팔레비 왕조의 시조가 된 것이다. 그는 즉시 변칙적이고 무질서한 방식으로 국가 근대화에 착수했다. 티무르타쉬에 따르면, 레자 국왕은 누구도 믿지 않았기에 그를 충실하게 따랐던 사람들의 원성을 샀다.

국왕은 신하들을 경멸했고 국민들은 국왕이 "고집 세고 무식하다"라고 했다. 그는 또한 국가의 통제권을 장악하기 위해 경쟁 세력을 무력화하는 데 혈안이 되어 있었다. 먼저 현대의 세속국가를 세우려는 그의 노력을 정면으로 반대하는 전통주의자와 원리주의자를 이끄는 성직자와 종교 지도자들을 척결했다. 그들의 눈에는 국왕이 많은 죄를 저지르고 있는 것으로 보였다. 그는 여성들에게 강제되었던 베일 착용을 폐지했고, 공공의료 사업에 돈을 쓰고 교육 기회를 확대했다. 그러나 여기에서 멈추지 않았다. 한번은 그의 가족 중 여자들의 옷차림이 교회에 들어가기에는 적당하지 않다고 말한 시아파 지도자를 구타한 적도 있었다. 종교 지도자들은 단체로 무시무시한 탄압을 당했지만 여전히 반항적인 순종의 자세를 취했다. 한 방문객의 말에 따르면 "레자 국왕의 위대한 업적은 종교 지도자들에 대한 승리"였다고 한다.

국왕의 입장에서 보면 앵글로-페르시안은 독자적 세력을 가진 종교 지도자들과 같았으므로, 세력과 영향력을 동시에 줄이려고 노력했다. 하지만 그의 야망을 실현하려면 이 회사가 지불하는 로열티가 필요했다. 페르시아의 석유 수입이 격감함에 따라 국왕의 사주를 받은 현지 언론과 정치인들은 앵글로-페르시안에 대한 공세를 강화했다. 또한 아바단의 정유소에서 비종교적인 것으로 간주되는 식품 냉동을 트집 잡아 다아시의 최초 석유 이권의 유효성을 문제 삼았다. 그는 앵글로-페르시안의 대주주인 영국 정부와는 또 다른 문제로 심기가 불편했다. 국왕은 바레인에 대한 페르시아의 주권을 주장한 반면,

영국은 자국의 보호령으로 남겨놓을 것을 고집했다. 그는 이라크에 대한 영국의 외교적 승인이 영국 제국주의의 일환이라 생각해 격노했다. 앵글로-페르시안의 경영진은 자신들이 정부와는 상관없는 독립적인 기업 활동만을 해왔다고 주장할 수 있었지만, 이 말을 믿을 페르시아인은 하나도 없었다. 이 말은 '공모가 개입된 사기극'을 연상시키기에 충분했다.

1932년 11월, 국왕이 일방적으로 앵글로-페르시안의 석유 이권을 취소했다. 이런 행동은 1914년 처칠 수상 이후, 국가 안보와 페르시아산 석유가 밀접히 연결되어 있는 영국 정부에 직접 도전하는 것이었다. 영국은 페르시아 왕의 행동을 수동적으로 받아들일 수 없었다. 그러나 어떻게 할 것인가? 이 문제는 국제연맹에 회부되었다. 국제연맹은 모든 관계자의 동의를 얻어 분쟁 당사국들이 조정할 수 있는 시간을 주기로 했다. 5개월 후인 1933년 4월, 캐드먼은 직접 테헤란으로 가서 상황을 타개하려고 노력했다. 페르시아 국왕과의 회의를 마친 후, 그는 "국왕이 돈을 원하고 있음이 틀림없다"고 말했다. 4월 셋째 주가 되자 협상은 다시 결렬되었고, 좌절과 분노를 느낀 캐드먼은 국왕과 다시 협상하기 위해 페르시아 왕궁으로 갔다. 캐드먼은 협상 결렬이 임박했고, 그의 인내심이 한계에 달해 떠날 준비가 되었다는 점을 강조하기 위해, 회담 중에 왕궁의 창을 통해 볼 수 있도록 시범 비행을 하라고 조종사에게 지시했다.

이를 알아차린 레자 국왕은 한발 물러섰고 페르시아 측의 요구는 수그러들었다. 1933년 4월 말, 마침내 협약이 이루어졌다. 석유 이권은 4분의 3으로 감소되었고, 페르시아는 유가 변동과 관계없이 톤당 4실링의 고정 로열티를 보장받았다. 동시에 페르시아는 이 회사의 주주들에게 실질적으로 지급되어 왔던 타 지역 이윤의 20%를 받게 되었고, 다른 사태와 무관하게 연간 최소한 75만 파운드의 보상을 약속받았다. 1931년과 1932년의 로열티는 새로운 원칙에 근거해서 재산정되었으며, 노동력은 페르시아인으로 대체되었다. 한 편 석유 이권 인가 기간은 1961년에서 1993년으로 연장되었다. 캐드먼은 훗 날 이렇게 회고했다. "우리는 정말 죽도록 시달렸다." 그러나 앵글로-페르시 안의 본질적인 입지는 유지되었다.[9]

멕시코 전쟁

석유회사에 대한 민족주의적 도전 중에서 최대의 도전이 서반구에서 나타 났다. 세계에서 가장 중요한 석유 생산국 중 한 나라에서, 석유회사들은 열성 민족주의의 강력한 힘에 밀려 비참한 전쟁에 말려들었고 사업 활동의 적법성 이 도전받게 되었다. 그 무대는 바로 멕시코다. 논쟁의 초점은 1917년 제정된 멕시코 헌법 제27조 4항으로, 이 조항은 지하자원(소위 하층토)은 지상 소유권 자가 아닌, 멕시코 정부에 귀속된다고 규정하고 있다.

석유회사로서는 당연히 위험스러운 독단으로 보였다. 1917년 헌법이 채 택된 후 석유회사들은 즉각 미국 및 영국 정부가 지원해줄 것을 호소하면서, 27조 시행에 맞서 몇 년간 있는 힘을 다해 싸웠다. 그들은 혁명 전에 많은 투 자를 했기 때문에 산유국 정부가 소급해서 회수할 수 없는 재산권을 보유하고 있었다. 멕시코 정부는 하층토는 원래부터 정부의 소유이며, 석유회사가 소유 한 것은 자산이 아니라 단지 정부에서 인가받은 석유 이권에 불과하다고 주장 했다. 그리고 사실상 합의는 부결되었다.

멕시코 정부로서도 1920년대 말 석유 개발과 영업을 위해 석유회사가 필 요했다. 상식적으로 생각해서 자국의 재건을 도모하는 정부에는 외국 투자가 필요하고, 석유회사를 몰아내는 것이 좋은 선전거리는 아니기 때문이다. 그래 서 멕시코 정부는 석유회사들이 계속 사업을 하게 하면서 하층토 소유권을 유지할 수 있는 느슨한 체면 유지 방식을 고안했다. 하지만 이러한 타협은 결코 쉽지 않았다. 날카로운 독설과 신랄한 수사학이 난무하는 시기가 도래하자 이런 관계에 종지부를 찍게 된 것이다. 멕시코 혁명 당시 우드로 윌슨 대통령이 파병했던 전례가 있는 만큼, 또다시 미군 투입 가능성과 함께 멕시코-미국 정부 간 불화가 돌출될 정도로 1927년엔 긴장이 극에 달했다. 플루타르코 엘리아스 카예스 대통령은 이 사태를 심각하게 받아들였다. 그는 유전 지역 사령관인 라자로 카르데나스 장군에게, 미군이 침략할 경우 유전 지역에 불을 지를 준비를 하라고 명령했다.

그러나 1927년 이후 석유회사들과 멕시코 정부, 그리고 미국과 멕시코 정부 사이의 관계는 상당히 진정되었다. 그런데 1930년대 중반에 들어 새로운 데탕트가 무너지기 시작했다. 한 가지 이유는 산업계의 상황 변화였다. 멕시코는 세계 원유 시장, 특히 베네수엘라에 대한 경쟁력을 상실하고 있었는데 생산비 증가, 세금 증가, 기존 유전의 원유 매장량 고갈 때문이었다. 멕시코의 탐피코 정유소에는 베네수엘라 원유가 유입되었는데, 멕시코산 원유보다 훨씬 저렴했다. 멕시코의 최대 외국인 석유회사는 현재 로열더치 쉘이 부분적인 소유권과 경영권을 쥐고 있는 카우드레이의 옛 멕시칸 이글이었다. 이 그룹은 멕시코 전체 생산량의 약 60%를 점유했다. 나머지 30%를 생산하는 미국인 회사들은 뉴저지 스탠더드오일, 싱클레어, 시티 서비스, 걸프였다. 대부분의 회사는 멕시코의 불안정한 정치 상황 아래서 새로이 투자하기보다는 가지고 있는 것을 유지하려고 했고, 그 결과 생산량은 급감했다. 1920년대 초 멕시코는 세계에서 두 번째로 큰 생산국이었지만, 10년 후 하루 생산량은 49만 9,000배럴에서 10만 4,000배럴로 80%나 감소했다. 석유산업에 의존하던 멕시코 정부에겐 심각한 상황이었다. 멕시코 정부는 국내 여건과 세계 시장 침체라는 원인은 생각하지 않고, 오로지 외국인 회사 탓으로만 돌렸다.[10]

멕시코의 정치적 환경 또한 변하고 있었다. 혁명의 열기와 민족주의가 다시 고개를 들기 시작했고, 노동조합주의자들이 득세해 노동조합은 회원 수와 세력이 급격히 증대하고 있었다. 이러한 변화는 1934년 말 대통령이 된 전임 전시장관戰時長官 라자로 카르데나스 장군의 등장으로 더욱 구체화되었다. 영국 장관은 '가면 같은 큰 얼굴과 수수께끼 같은 인디언의 검은 눈을 가졌다'라고 그의 외모를 묘사했다. 식물학자의 아들로 태어난 카르데나스는 17세 때 겨우 학교에 다닐 수 있었다. 그는 인생의 후반부를 시詩에서 지리학까지 모든 것을 닥치는 대로 읽는 독서가로 살았는데 특히 역사, 그중에서도 프랑스 혁명과 멕시코 역사에 탐닉했다. 세금 징수원, 인쇄소 견습공, 간수 등의 직업을 거쳐 그는 18세 때 멕시코 혁명에 가담했다. 용기와 과묵한 겸손, 리더십을 인정받아 25세의 나이에 장군이 되었고, 혁명당의 최고 사령관인 플루타르코 카예스의 경호원이 되었다.

1920년대 일단의 새로운 군 지도자들이 우익으로 전환할 때 카르데나스는 좌익을 고수했다. 고향인 미호아칸 주에서 지사로 일하던 시절, 그는 교육에 힘썼으며 인디언에게 제공할 목적으로 대규모 토지를 개간하는 데 많은 노력을 기울였다. 그는 자신의 인생에 엄격했고, 도박을 반대했고, 주류 판매 금지를 지지했다.

대통령으로 선출되자 그는 오랜 멘토였던 카예스 장군을 추방했다. 자신은 자신일 뿐, 꼭두각시가 아님을 입증한 것이다. 그는 두 개의 세력 간 갈등을 이용해 자신의 통치권을 유지했는데, 이것이 1980년대 말까지 멕시코를 지배하는 정치 체제로 남아 있었다. 석유와 민족주의는 그 체제의 중심이었다. 사실 카르데나스는 어떤 멕시코 대통령보다 급진적이었다. 1938년 영국 장관은 "좌익을 선호하는 성향이 그를 자본주의의 도깨비로 만들고 있다. 그러나 모든 것을 고려했을 때 멕시코 사람 중에 그보다 더 능력 있는 사람이 없다는 것이 아쉽다"라고 언급했다. 카르데나스는 토지 개혁과 교육, 그리고 막대한 비용이 소요되는 공공사업을 강력히 추진했으며 노동조합은 그가 재임하는 동안 더 강력해졌다. 그는 공공연히 대중과 자신을 동일시했으며 끊임없이 전국을 방문했는데 농민의 불만을 들으려고 비밀리에 방문하기도 했다.

정치적 급진주의자로서뿐 아니라 열렬한 민족주의자로서 카르데나스는 멕시코의 외국 석유회사들에 고통스럽고 쓰라린 존재였다. 1920년대 말 유전지역 군사령관이었을 때 그는 외국 회사들을 상당히 싫어하게 되었다. 그는 멕시코를 정복된 땅으로 취급하는 외국 회사들의 거만한 태도에 분개했는데 이는 1938년 그의 일기에 기록되어 있다. 그가 대통령이 되자 급진주의로 전환한 것은 불가피해 보였다. 카르데나스가 취임하고 몇 개월이 지난 1935년 초, 멕시칸 이글 카우드레이의 한 간부는 "이 나라는 정치적으로 완전히 공산주의 국가다"라고 불평했다. 석유회사들은 카르데나스 이전의 멕시코에서 어떻게 사업을 해야 하는지 잘 알고 있었다. 즉 당시는 공갈, 뇌물 등이 만연하던 시대였다. 그들은 새로운 현실에 적응할 태세를 갖추지 못했다.

멕시칸 이글은 멕시코의 새 정신인 급진주의에 적응하려는 현지 경영진과, 최소 주식만 보유하면서도 전체를 관리 통제하려는 로열더치 셸 사이에서 애로를 느끼고 있었다. 현지 관리자는 '멕시코는 이제 헨리 디터딩이 명령을 내릴 수 있는 식민정부가 아니라 하나의 국가란 사실을 일깨우려 했지만 실패했다. 디터딩은 오히려 그를 사이비 공산주의자라고 비난했고, 관리자는 분통을 터뜨릴 수밖에 없었다. "거대한 다국적 기업이 석유를 원한다면 아무리 불합리하더라도 요구된 가격을 지불해야 살 수 있다는, 오늘날 세계의 실상을 더 빨리 알면 알수록 그들과 주주들에게 더 이로울 것이다"라는 것이 그 관리자의 말이다.

뉴저지 스탠더드오일도 이 새로운 정치적 현실을 수용할 수 있는 분위기가 아니었다. 제1차 세계대전 직전, 멕시코 석유산업의 성장과 '황금지대'로 향하는 기반이 된 거대한 원유 매장지를 발견했던 미국의 저명한 지리학자 에버렛 드골리에는 멕시코와의 인연을 유지하고 있었다. 그는 미국 기업들의 양보할 줄 모르는 태도를 우려했다. 그는 은밀하게 뉴저지의 생산 담당 책임자인 유진 흘만에게 이렇게 말했다. "멕시코의 국민적 열망을 만족시키고 뉴저지가 궁극적으로 자본을 회수할 수 있는, 또 그것에서 상당한 수입을 올릴 수 있는 동업자 관계를 멕시코 정부와 지속해야 한다." 하지만 흘만은 이 제의를 완강히 거부했다. 그는 드골리에에게 "그 문제는 다른 지역에 선례가 될 만큼 아주 중요하다. 회사가 부분적인 몰수로 간주될 수 있는 동업자 관계를 받아들이기보다는 멕시코에 가지고 있는 모든 것을 잃어버리는 편이 오히려 낫다"라고 말했다.

외국 기업에 대한 압력은 점점 가중되었다. 사실 멕시코에서 벌어지고 있는 사태는 많은 남미 국가들에서 가시화되고 있는, 외국 석유회사들과 떠오르는 민족주의의 대결을 극단적으로 보여주는 사례에 지나지 않았다. 1937년 대중적 지지를 얻으려는 볼리비아의 신 군부정권이 세금 부정으로 위기에 처하자, 스탠더드오일 국내 지사를 비난하면서 자산을 몰수했다. 이 조치는 볼리비아에서 많은 찬사를 받았고 남미 전역에서 이목을 끌었다. 한편 멕시코에서는 세금, 로열티와 같은 오래된 논쟁과 석유 이권에 대한 법적 지위보다는, 1937년까지 임금 문제가 관심의 대상이었다. 1937년 5월 석유 노동자조합이 파업에 들어갔고, 다른 조합도 여기에 가세해 총파업을 준비하고 있었다. 카르데나스는 멕시코시티와 멀리 떨어진 곳에서 대부분의 시간을 보냈다. 유카탄에서는 인디언에게 토지 분배하는 것을 감독하고, 아카풀코의 작은 지역에서는 호텔 건축을 감독하며 해수욕을 즐겼다.[11]

그러나 대규모 소요에 대한 위협이 야기되자, 그는 산업의 마비를 막고 총파업을 저지하기 위해 사태에 개입했다. 우선 회사의 장부와 활동 상황을 조사하기 위한 위원회를 구성했는데 대화는 거의 이루어지지 않았다. 조사위원회의 대표자인 지저스 실바 헤르조그 교수는 회사 관리들을 향해 '진실을 말하는 데 익숙하지 않은, 존경할 수 없는 사람'이라 평했다. 서로의 불신은 컸다. 영국 대사에게 실바 헤르조그는 악명 높은, 그러나 진정한 공산주의자였다. 실바 헤르조그의 위원회는 석유회사들이 멕시코 경제를 강탈하는 동안 엄청난 이익을 벌어들였고 멕시코의 광범위한 경제 개발에 전혀 공헌한 게 없다고 주장했다. 위원회는 연간 총비용 2,600만 페소에 달하는 높은 임금을 권고했을 뿐 아니라 더 많은 혜택, 즉 주 40시간 노동 및 6주간의 휴가, 50세가 되면 임금의 85퍼센트에 해당하는 퇴직연금을 지급할 것을 요구했다. 또한 위원회는 모든 외국 기술자를 2년 내에 멕시코인으로 대체해야 한다고 주장했다.

석유회사들은 위원회가 그들의 장부를 매우 잘못 해석해 수익성을 과대평가했다고 반박했다. 정부는 추가 임금 2,600페소를 요구했는데, 1935~1937년 모든 회사가 얻은 평균 이윤을 다 합해도 총 2,300만 페소를 넘지 않는다는 것이다. 또한 위원회가 권고를 강요한다면 폐업해야 할 것이라 주장했다. 물론 그들은 멕시코 정부가 그런 결정을 하지 않으리란 쪽에 도박을 걸었다. 인력과 기술, 수송 시설, 시장이 부족할 뿐만 아니라 멕시코 정부의 인수 자금도 부족하리란 판단에서였다.

회사들이 위원회의 권고에 항의했지만, 정부는 그 권고에다 소급 벌칙까지 추가했다. 앞으로 발생할 일을 우려한 멕시칸 이글은 종업원의 아내와 자녀들을 철수하도록 했다. 공격과 반격이 교차하면서 위험수위는 최고조에 달했고, 회사들은 자신들이 전 세계 사업에 위협이 될 수 있는 선례가 되는 것을 두려워했다. 처음부터 카르데나스는 전체 석유산업에 대한 정부 통제를 확대하려는 의도를 가지고 있었다. 그의 개인적 위신과 힘이 크게 개입된 상황에서, 후퇴하는 모습을 보일 수 없었고 그가 신뢰하는 군사 집단에 의해 자신이 축출되어서도 안 되었다. 그는 폭발적 상황에서 통제권을 유지해야 했다. 하지만 일정 부분 상황과 분위기에 끌려가기도 했다. 그는 친구에게 이렇게 불평했다고 한다. "결코 진실도 말하지 않고 명령의 영향력도 거의 미치지 않는 관리와 조언자들의 수중에 내가 있었다. 나 자신을 사건에 몰입시켰을 때에만 사실을 확인할 수 있었다."

영국계 회사인 멕시칸 이글이 최대 생산자였지만, 석유회사에 대한 반감은 멕시코를 하나로 단합시키는 것처럼 보이는 강력한 반미 감정에 기초했다. 멕시코 국민들은 그들의 정치적 안정과 경제 개발을 방해하는 것이 미국의 방침이라는 데 의견이 일치한다고, 영국 외교관이 전했다. 아이러니컬하게도 미국 회사들이 예전에 의존했던 외교적 지원 정책은 과거의 유물이 되었다. 루스벨트 행정부는 남미에 대해 '우호정책'을 채택했고, 뉴딜정책은 멕시코 정부의 태도를 동정적 관점에서 받아들였다. 외교정책의 관점에서 미국은 북반구 방위에 대한 우려와 전쟁 임박의 징조가 나타나기 시작한 시점에서, 멕시코와 관계가 소원해지는 것을 피하려 했다. 따라서 멕시코는 노조의 급진적 요구에 대응하려는 미국의 압박을 받지 않았다.

멕시코 대법원이 회사들의 입장에 반하는 판결을 내렸을 때 문제가 심각해졌다. 결국 회사들은 노동자들의 임금을 두 배로 올렸다. 그러나 멕시코 정부나 노조 지도자에게 아직은 충분하지 않았다. 1938년 3월 8일, 카르데나스는 은밀히 석유회사 대표들을 만났다. 그 결과 임금 문제는 한층 심각한 교착 상태에 빠졌다. 그날 밤 이후 카르데나스는 필요하다면 회사의 자산을 몰수할 수도 있다는 입장을 굳혔다. 3월 16일 석유회사들이 '모반 사태'라고 공식적으로 선언했지만, 카르데나스는 양측 입장을 좁히기 위해 협상을 계속해 나갔다. 결국 회사들은 2,600만 페소의 임금 강탈을 수락했다. 하지만 경영에 있어서 의사결정권과 통제권을 노동조합에 이전하는 데는 반대한다는 입장에는 전혀 흔들림이 없었다.

1938년 3월 18일 밤, 카르데나스는 내각을 소집해 석유회사를 인수할 의사를 밝히면서, 국가 개발에 석유 분야가 장애가 되는 것보다 차라리 파괴하는 것이 낫다고 말했다. 저녁 9시 45분, 그는 수용 명령에 서명한 후, 대통령궁에서 이 놀라운 소식을 발표했다. 멕시코 국민들은 멕시코시티를 6시간이나 행진하며 그의 발표를 환영했고, 이에 따른 갈등은 격렬하게 지속되었다. 멕시코의 사태는 외국 통제에 저항하는 강력한 행동의 상징이 되었고, 나라를 하나로 묶는 민족주의 정신의 구심점이 되었다. 석유회사의 입장에서 보면, 자본과 정열을 쏟아 이루어낸 대가를 부정하는 몰수는 명백한 협정 및 공식 협약 위반이며 완전한 불법행위였다.[12]

몰수된 회사들은 단일전선을 형성해서, 보상은 차치하고라도 재산을 돌려받기 위해 협상을 시도했으나 무위로 끝났다. 이 사태는 곧 큰 우려를 낳았다. 쉘의 이사는 "멕시코에서의 몰수가 성공적으로 보인다면 그 선례는 세계, 특히 남미에서 일반화될 것이며, 외국 투자의 안전성과 국제무역의 전체 구조를 위협하게 될 것이다"라고 말했다. 따라서 회사들은 가능한 한 강력하게 대처해야 했다. 그들은 멕시코 석유에 대해 전 세계의 금수조치 방안을 강구하면서, 그 수출품은 장물이라고 비난했다. 가장 피해를 본 회사는 로열더치 쉘 그룹의 통제를 받는 멕시칸 이글이었는데 주주는 대부분 영국인이었다. 영국 정부는 멕시코 정부에 대해 아주 강경한 입장을 취하면서, 소유권을 돌려달라고 주장했다. 그러나 멕시코는 회답 대신 외교관계를 단절했다.

미국은 단지 몰수의 즉각적 여파를 피하고자 했다. 2년 동안 미국 정부가 한 일은 경제적으로 멕시코에 압력을 넣는 것이었다. 하지만 그런 노력에는 열의는 없었다. 미국 회사들은 적절한 지원을 얻을 수 없음을 알고 있었다. 루스벨트의 우호정책, 그리고 1930년대 말 경제적 복고주의자 및 석유산업계의 뉴딜정책 비판주의에 비추어 볼 때, 루스벨트가 정당한 보상이 제공되었다고 보는 한, 몰수의 자주적 권리에 반대하거나 멕시코에 강력한 조치를 취하는 일은 일어나지 않을 것이다. 게다가 주요 관심사인 국제 상황이 급속히 악화됨에 따라, 루스벨트는 멕시코나 다른 남미 국가들과의 관계가 악화되는 것을 원치 않았다. 관계 악화는 연합국에 대항하는 추축국들에만 이익을 준다고 판단한 것이다. 카르데나스는 세계 정치상황을 정확하게 판단하고 있었다.

미국 정부는 이미 영국이 주도하는 금수조치와 기존 시장을 멕시코에서 격리하는 노력들이 성과를 내지 못하고 있음을 알고 있었다. 나치 독일은 멕시코의 석유를 제일 많이 소비하는 국가가 되었고(가격 할인 또는 바터 방식으로), 파시스트국인 이탈리아가 다음, 일본 또한 대소비국이 되었다. 일본 회사들은 멕시코에서 유전 탐사를 했으며, 유전지대에서 멕시코를 가로질러 태평양 연안까지 이르는 파이프라인 건설을 협의하고 있었다. 루스벨트 행정부는 미국의 가혹한 압력이 더해지면 추축국이 멕시코에서 발판을 강화할 뿐이라고 예측했다.

멕시코에 대해 강력한 입장을 표명한 영국도 상업적 고려보다는 전략적인 측면이 강했다. 그것은 또 다른 상황으로 확인되었다. 1938년 5월, 제국수호위원회와 석유이사회에 의해 윤곽이 드러났듯이 단 8개 나라가 세계 원유 생산의 94%를 점하고 있다는 것이 영국의 문제였다. 의회가 제정한 중립 입법과 미국의 고립주의로, 위기 시 영국에 대한 미국 석유의 공급이 중단될 가능성도 있었다. 러시아의 수출은 낮은 수준으로 떨어졌고 전쟁으로 공급이 완전히 중단될 우려도 대두되었다. 네덜란드, 동인도, 루마니아, 이라크는 지정학적 상황 때문에 만일의 사태로 공급이 중단될 수 있는 미심쩍은 공급원으로 간주해야 한다고 석유이사회는 말했다. 그렇다면 이란, 베네수엘라, 멕시코가 남았다. 그러나 불과 몇 년 전 레자 샤와의 충돌로 앵글로-페르시안은 소중한 이란 석유 이권을 거의 잃었다.

생산 규모뿐 아니라 해상 수송 면에서, 전시 상태가 된다면 남미 국가들의 석유가 영국에 필수적이라는 결론이 나온다. 따라서 모든 노력을 기울여 다른 남미 국가들이 멕시코의 정책을 따르지 못하게 해야 했다. 특히 영국은 베네수엘라에 대해 염려했는데 그들은 영국 전체 석유 필요량의 40% 이상을 공급하고 있었다. 석유이사회는 전시의 유류 획득과 국가 방위를 위한 필수품 확보 등 전략적 과제들은 전체 국가 정책의 방향을 결정하는 중요한 고려사항이라고 외무부에서 재천명했다. 미국은 이웃으로서 멕시코에 관심을 가졌지만, 유류 문제에 있어서 멕시코는 미국보다 영국에 훨씬 더 중요한 존재였다.[13]

줄리어스 시저를 닮은 죽음

1939년 9월, 유럽의 전쟁 발발 이후 몰수당한 미국의 석유회사 측과 미 정부 간의 이해는 심하게 엇갈렸다. 루스벨트 행정부의 입장에서는 뉴저지 스탠더드오일이나 기타 미국 회사들에 대한 자산 보상보다는 국가 안보가 중요했다. 나치 잠수함들이 멕시코 항에서 주유하거나, 독일 지리학자나 석유 기술자들이 미국 국경 부근 북멕시코에서, 또는 파나마 운하를 거슬러 남쪽 등지에서 어슬렁거리는 것을 미국은 원치 않았다. 당시 미국은 멕시코를 반구형 방어 체계에 묶어두려고 혈안이 되어 있었다. 따라서 방해가 되지 않도록 가능한 한 신속하게 석유 논쟁을 중단시키는 것이 필요했다. 게다가 전쟁에 개입하면서부터 미국 정부는, 제1차 세계대전 때와 같이 멕시코산 석유 공급에만 관심을 가졌지, 실질적으로 누가 이곳의 공급권을 쥐고 있는지는 거의 신경을 쓰지 않았다. 1941년 미국 대사 조셉 대니얼스는 석유 자산 몰수가 멕시코와의 협력에 주요 장애라고 루스벨트에게 진언했다. 당시 '줄리어스 시저의 죽음' 상태를 방어하거나 복원시키려는 노력은 의미가 없었다.

전략적인 의도 아래, 워싱턴은 1941년 가을경 진주만 공습 바로 직전에 해결책을 추진하고자 했다. 당시 문제의 핵심은 상환이 아니라 어느 정도 보상받느냐 하는 것이었다. 멕시코에 있는 석유업계의 자산 가치는 평가의 차이가 매우 컸다. 멕시코 측 계산에 따르면 700만 달러에 불과했지만, 업계 측은 4억 800만 달러라고 주장했다. 가장 심각한 국면은 하층토 매장량에 대한 가치 평가였다. 양측 정부가 선임한 미국-멕시코 합동 위원회가 상환 계획을 수립하는 책임을 맡았는데, 위원회는 훌륭하고 창조적인 해결책을 찾아냈다. 업계가 소유하고 있는 하층토 매장량의 90퍼센트가 자산 몰수 시기에 이미 생산됐다고 판단한 것이다. 이 현명한 공식에서, 실제로 누가 이 하층토를 소유하고 있으며 매장량의 가치에 대한 보장은 별 의미가 없었다. 왜냐하면 이미 많은 석유가 생산되어 버렸기 때문이다. 이 공식에 기초해 위원회는 몇 년에 걸쳐 약 3,000만 달러를 상환하는 해결책을 제시했다.

업계는 크게 반발했다. 1920년대에 미래 석유의 공급을 우려하던 정부의 명령으로 외국 석유의 공급처를 물색했는데, 지금 똑같은 정부에 의해 버림받고 배반당하고 있다는 주장이다. 그러나 정부 대변인 코델 헐은 업계가 이 보상을 절대적으로 수용해야 할 의무는 없으며, 워싱턴으로부터 더 이상의 도움과 지원을 기대하지 말 것을 분명히 했다. 미국 정부는 이 문제를 단호하게 처리하기 위해 수용하거나 말거나 마음대로 하라는 식이었다. 결국 감정가가 제시되고 1년 반이 지난 1943년 10월, 미국 업계는 이를 수용했다.

거의 모든 멕시코 석유산업을 소유하는 국영회사인 멕시코 석유회사가 설립되었다. 그러나 석유사업은 더 이상 수출을 지향하지 않았다. 대신 공급 시장이 국내로 바뀌었고 멕시코 경제 개발에 필요한 값싼 연료를 공급하는 데 초점이 맞추어졌다. 멕시코의 수출량은 세계 시장에서 아주 작은 부분이 되었다. 게다가 자금 부족과 기술 및 기능 인력의 부족으로 사업의 효율성이 저하되었다. '마의 수치' 2,600만 페소라는 엄청난 임금 상승에 대한 요구는 유전 몰수의 구실이 되었다. 그러나 민족주의는 불가피하게 국가 경제에 뭔가를 양보하지 않을 수 없었다. 몰수의 여파로 예정된 임금 상승이 무기한 연기됐을 뿐 아니라 사실상 임금이 감축된 것이다.

영국은 보상 문제와 멕시코와의 외교 관계 회복에 대해 결코 서두르지 않았다. 외무부 차관은 "멕시코와의 타협은 이란이나 베네수엘라인의 '머리'에 '사상을 주입하려는 것'과 같다"고 우려 섞인 발언을 했다. 그는 '물론 전쟁이 끝나면 이런 의문은 완전히 다른 국면을 띨 것'이라 판단했다. 그의 견해가 사실로 판명되면서, 전쟁이 끝나고 2년 후인 1947년까지도 멕시칸 이글과 쉘은 멕시코와의 문제를 해결하지 못했다. 엄밀히 말하면 영국이 감수한 인내는 (멕시칸 이글이 멕시코에서 가장 큰 외국 회사였다는 사실을 감안할 때) 비례로 보아 미국 측의 그것(1억 3,000만 달러)보다 훨씬 큰 것이었다.

멕시칸 이글은 최소한 배후에 영국 정부가 확고하게 자리 잡고 있음을 알았다. 이와 반대로 미국 회사들은 멕시코뿐 아니라 자국 정부에도 부당한 취급을 받아왔다고 믿었다. 그러나 영국과 미국 회사 모두 동의한 사실이 하나 있다. 멕시코의 석유 자산 몰수는 볼셰비키 혁명이나 1911년 스탠더드 트러스트 해체 이후 업계가 겪었던 고통 중 가장 심각한 것이었다는 점이다. 멕시코에서 외국 회사와 멕시코 정부의 타협 과정은 협상의 정당성을 확인시켜주었다. 1938년 국유화는 혁명이 얻어낸 커다란 승리였다. 멕시코는 석유산업을 완전히 자신의 통제 아래 두게 되었고, 멕시코 석유회사는 세계에 산재한 국영 석유회사 중 첫 번째이며 가장 중요한 회사로 부각되었다. 멕시코가 미래의 모델을 제시한 것이다.[14]

15

프랭크 홈스가
만든 세계

　제1차 세계대전으로 수백만 명이 가족들과 떨어져 방랑생활을 했는데, 프랭크 홈스 소령도 그중 하나였다. 하지만 그는 전쟁이 발발하기 오래전부터 방랑생활에 익숙해져 있었다. 1874년 뉴질랜드의 농장에서 태어난 그는 남아프리카 금광에서 일하기 위해 외지로 떠돈 이래 20년 동안 금과 주석 광산의 기사로 호주 및 말레이시아부터 멕시코, 우루과이, 러시아, 나이지리아에 이르기까지 전 세계를 돌아다니며 생활했다. 홈스는 강인한 외모에 독단적 성격으로 절대 남에게 굽히지 않았다. 그의 라이벌 중 한 사람은 그를 '퉁명스럽고 쾌활하고 떠들썩하며, 해적과 같은 독특한 매력이 있는 사람'이라고 평했다. 제1차 세계대전 중 그는 영국 육군의 병참장교가 되었다. 그가 페르시아 만의 아라비아 쪽 해안에서 석유가 나온다는 소식을 아랍 상인에게서 처음 들은 것은, 1918년 에티오피아의 아디스아바바에 쇠고기 구매 원정을 갔을 때였다. 그 소식은 광산 기사였던 그의 흥미를 끌기에 충분했다. 그 후 나중에 이라크의 영토가 된 바스라에 주둔하는 동안, 그는 페르시아 쪽 국경에서의 앵글로-페르시안의 활동과 아라비아 해안에서의 석유 징후에 큰 관심을 갖게 되었다.

전쟁이 끝난 후 홈스는 이스턴&제너럴 신디케이트Eastern and General Syndicate 설립을 도왔다. 그 회사는 중동에서의 사업을 추진하기 위해 세워졌는데, 1920년 그는 회사의 첫 번째 사업으로 아덴에 약국을 개설했다. 그러나 홈스의 마음은 약국이 아니라, 언제부턴가 열정과 집념의 표적이 된 석유에가 있었다. 그는 아라비아 해안이 엄청난 석유 공급지가 될 것이라 확신했고, 그 일에 전념해 꿈을 추진해나갔다. 사람들에게 믿음을 주는 데 천부적 재능을 지녔던 홈스는 아라비아 해안의 몰락한 군주들을 차례로 만나 자신의 생각을 설명했다. 가난만 알았던 그들에게 부富를 약속하면서, 항상 자신의 몫으로 다른 이권을 챙겼다. [1]

아랍 족장들과 다른 나라 간의 관계를 감시하고 아랍에서 영국의 이익을 보호하는 임무를 가진 현지의 영국 관리들은 경계와 의혹에 찬 눈길로 홈스의 활동을 지켜보았다. 그들의 눈엔 홈스가 눈앞의 이익만을 좇으면서 영국의 영향력에 손상을 입히는 몰염치한 말썽꾸러기로 보였다. 그는 '석유업계의 떠돌이'라고 불리기도 했다. 그중 가장 굴욕적인 욕설은 '쓰레기 같은 인간'이었다. 그러나 해안에 거주하는 아랍인들의 생각은 달랐다. 그들에게 홈스 소령은 '아부 나프트Abu Naft', 즉 '석유의 아버지'였다.

홈스는 아덴의 약국을 남겨둔 채, 아라비아 해안의 작은 섬인 바레인에 석유사업 본부를 설치했다. 그는 석유 분출이 있었다는 보고에 따라 바레인에 흥미를 가져왔다. 족장들은 석유보다는 부족하던 물에 강한 관심을 보였다. 홈스는 물을 찾기 위해 시추했고, 그것으로 많은 돈을 벌었다. 중요한 사실은 족장들이 감사의 뜻으로 1925년 약속했던 석유 이권을 제공했다는 것이다. [2]

홈스는 이미 다른 석유 이권도 확보하고 있었다. 1923년 사우디아라비아 동부에 있는 알 하사 지역의 석유 이권을 얻었고, 다음해에는 사우디아라비아와 쿠웨이트가 공동으로 관리 중이던 양국 사이 중립지대의 이권을 획득했다. 그는 쿠웨이트에서도 이권을 획득하려 했지만 실패했다. 이 모든 것들도 그를 지치게 하기에는 부족하다는 듯이, 그는 바레인에서 바그다드까지 종횡무진했다. 이라크에서는 터키 석유회사에 맞서 경쟁 입찰에 참여함으로써 여러 정부와 회사의 반감을 부채질하기도 했다.

홈스의 활동에 특히 경계심을 가진 것은 자신의 '영향권' 내에서 다른 회사가 활동하는 것을 원치 않던 앵글로−페르시안이었다. 홈스의 활동은 페르시아에서의 사업에 방해가 되는 문젯거리였다. 앵글로−페르시안은 아라비아에는 석유가 없다고 확신하고 있었다. 존 캐드먼 경은 지질 보고서를 통해 "낙관적인 징후가 없다"고 말했고, 1926년 회사의 중역은 "사우디아라비아에서는 석유가 나올 가능성이 전혀 없다"라고 단언했다(그는 알바니아가 유망하다고 덧붙였다).[3]

이런 비관적 견해에 직면하자 홈스와 이스턴&제너럴 신디케이트는 자신들의 확신을 입증하기 위해, 저명한 스위스 지질학자를 고용해 아라비아 동부를 조사하게 했다. 그러나 그 노력은 역효과를 가져왔다. 그 교수는 산악 지형에 대한 전문가였을 뿐, 사막에 대한 사전지식이 부족했다. 그는 '이 지역에는 석유 시추를 해볼 만한 결정적 단서가 없으므로, 탐사는 단지 도박에 불과하다'라는 내용의 보고서를 작성했다. 비관적 내용의 보고서가 런던 금융계에 유포되자 석유 이권 확보와 시추 진행에 필요한 돈을 모으기는 더욱 어려워졌다.

1926년 회사는 극도의 재정난에 빠졌고, 그 와중에 홈스는 여행 경비, 선물 및 사례비, 오락비 등으로 돈을 계속 지출해야 했다. 회사의 재정이 궁핍해지자 그는 모든 석유 이권을 앵글로−페르시안에 팔려고 했으나 거절당했다. 결국 아라비아에서는 석유가 생산되지 못했다. 홈스는 런던에서 자본을 모으려고 시도하는 과정에서 매우 심한 냉대를 받았다. 인내심과 세일즈맨 정신에도 불구하고 그는 어디서도 돈을 구할 수 없었다. 어느 영국 사업가는 "홈스는 런던에서 가장 성가신 존재였다. 사람들은 그가 다가오면 피했다"라고 회상했다.[4]

바레인과 뉴욕의 수장들

영국에서는 가능성이 없다고 판단한 홈스는, 미국에서의 행운을 기대하고 '뉴욕의 대수장大首長'이라 불리는 사람들을 만나러 뉴욕으로 갔다. 그러나 그들에게서도 거절당했다. 뉴저지 스탠더드오일의 중역은 바레인은 관심을 끌기에는 너무 멀리 떨어져 있고, 지도 상에서 연필심보다 작을 정도로 소규모라고 말했다. 다른 회사들은 터키 석유회사의 일부로 참여하는 데 온통 관심이 쏠려 있었기에 흥미가 없다고 했다.

그런데 마침내 한 회사가 바레인에 약간의 관심을 표명했다. 바로 걸프였다. 걸프는 전체적인 석유 부족, 특정 지역에서의 생산 감소에 따른 위험을 회피하는 수단으로 전 세계에 걸쳐 다양한 석유 생산 기지를 확보하려 하고 있었다. 20세기 초 스핀들탑의 석유 생산이 중단되었을 무렵 거의 도산 지경의 경험을 했기 때문이다. 홈스는 바레인의 우물에서 발견된 기름 흔적에 대한 보고서와 함께 암석 표본과 '기름 섞인 물질'을 걸프사에 제출했다. 이것들은 충분히 흥미를 끄는 것이었다. 1927년 11월, 걸프사는 이스턴&제너럴이 갖고 있던 아라비아 지역의 모든 석유 이권을 인수받았고, 쿠웨이트 내의 이권을 확보하는 데 홈스 일행을 참여시키기로 합의했다. 그러나 이권과 관련해 즉각 문제가 발생했다.

1928년 걸프사는 터키 석유회사의 미국 측 가맹사의 일원이 되었고, 적선

협정에 서명했다. 그 협정은 지도 상에 표시된 선 안의 어느 지역에서도 독립적인 사업을 벌이지 못하게 하는 것이었다. 그 지역에는 바레인뿐 아니라 사우디아라비아도 포함되어 있었다. 협정에 서명한 회사들은 '공동보조를 취하거나, 아니면 전혀 아무것도 하지 않거나' 하는 선택권만 있었다. 걸프사의 탄원에도 불구하고 터키 석유회사의 이사회는 홈스의 아라비아 사업 계획을 채택하려 하지 않았다. 결국 걸프사는 바레인에 대한 관심을 포기해야 했고, 적선 밖에 있던 쿠웨이트에서의 사업만 추진할 수 있었다.

걸프사의 경영진은 캘리포니아 스탠더드가 바레인의 석유 이권에 대해 관심을 갖도록 유도했다. 그 회사는 걸프사와 마찬가지로 외국에서의 석유 개발에 힘을 쏟아왔는데, 많은 비용을 투입했음에도 불구하고 한 방울의 석유도 얻지 못했다. 소칼Socal로 알려진 캘리포니아 스탠더드는 걸프사의 바레인 이권을 받아들였다. 걸프사와는 달리 소칼은 터키 석유의 가맹사가 아니었으므로 적선협정의 통제를 받지 않았다. 소칼은 캐나다에 바레인 석유회사라는 자회사를 설립하고 이권을 관리하게 했다.[5]

그런데 소칼은 바레인에서, 걸프사는 쿠웨이트에서 난관에 봉착했다. 영국 정부가 그 지역에 미국계 회사가 참여하는 것을 단호하게 반대했던 것이다. 제1차 세계대전 이전, 독일의 페르시아 만 침투를 막기 위해 영국은 석유 개발은 영국 회사에 위임하고 페르시아 만 국가와의 대외관계는 영국 정부가 담당하는 내용의 협정을, 바레인과 쿠웨이트를 포함한 그 지역 수장들과 체결했다. 따라서 영국은 바레인에서든 쿠웨이트에서든, 모든 이권 협정에서 '영국 국적 조항'을 주장했다. 그 조항에 따르면, 석유 개발은 영국계 회사가 실시해야 하고 미국은 배제될 수밖에 없었다. 따라서 걸프사도 소칼도 석유 개발을 할 수 없게 되어 있었다.

미국 정부의 지원을 받는 소칼과 걸프사, 그리고 영국 정부 간에 다소 번잡한 협상이 진행되었다. 미국계 회사의 입장에서 '국적 조항'은 페르시아 만에 그들이 참여하는 것을 교묘하게 저지하는 장벽에 불과했다. 하지만 영국 정부는 자국의 권리를 침해당한다고 느꼈고, 영국이 매우 중요하게 인식해온 그 지역에서의 지위를 유지하기 위해서 미국이라는 강력한 세력을 막아야 했다.[6]

1929년이 되자 영국 정부는 입장을 재검토했다. 미국 자본이 참여함에 따라 영국이 통제하는 지역의 개발이 더욱 빠르고 광범위하게 촉진될 것이라 판단한 것이다. 이는 영국에 더 많은 지원금을 요청할 가능성 때문만은 아니었다. 항상 돈이 필요한 그 지역 지배자들에게도 유리하고, 또한 신뢰할 만한 석유 공급원이 필요한 영국 해군에게도 유리할 것이라는 이유에서였다. 게다가 미국의 외교적 압력도 심화되고 있었다. 영국 정부는 적어도 바레인에 관해서는 기꺼이 양보할 수 있었으므로 소칼과의 거래가 추진되었다. 미국 회사들은 영국의 지위와 정치적 우월성을 보장한다는 조건하에서만 바레인에서의 이권을 행사할 수 있었다. 예를 들면 미국 회사가 지역 수장에게 보내는 모든 전달사항은 영국 정부의 지역 대표로 있는 정무 담당관을 거쳐야 한다는 조건이었다.

바레인 석유회사는 1년이 조금 지난 1931년 10월 굴착을 시작했다. 그리고 1932년 5월 31일 마침내 페르시아 만의 아라비아 쪽 해안에서 석유가 발견되었다. 생산량은 적었지만 바레인의 석유 발견은 심대한 의미를 갖는 중요한 사건이었다. 기존 회사들은 이 소식에 충격을 받았다. 홈스 소령의 석유에 대한 집념은 10년 동안이나 멸시받았고 조롱의 대상이 되었다. 이제 그의 직관과 식견이 어느 정도 인정받게 된 것이다. 과연 훨씬 큰 규모의 유전이 발견된 가능성이 있다는 그의 주장도 입증될까? 작은 섬 바레인은 외견상 지질구조가 똑같은 아라비아 반도에서 불과 20마일 떨어져 있었다.[7]

이븐 사우드 국왕

1930년대 초, 영국의 쿠웨이트 정무 담당관은 이웃 사우디아라비아의 통치권자를 '장기적인 안목의 빈틈없는 인물'이라고 평했다. 그러나 당시 이븐 사우드는 장기적인 관점에서 사물을 볼 만한 여유가 없었다. 그에게는 긴박한 문제가 있었으니 바로 돈이었다. 이븐 사우드는 당연히 석유를 생각하게 되었다. 사실 그는 사우디아라비아에서 석유가 발견되리라는 전망에 매우 회의적이었던 것이 분명했다. 만약 석유가 발견된다면, 석유산업의 발달이 자신의 왕국에 끼칠 악영향에 대해 우려하기도 했다. 외국의 자본과 기술이 사우디의 전통적 가치관과 인간관계를 혼란시키거나 파괴할 것이라 생각한 것이다. 그러나 경제적 이익이 돌아온다면 석유탐사 이권을 주는 것은 별개의 문제였다.

'압드 알−아지즈 이븐 압드 알−라만 알 파이잘 알 사우드'는 이제 막 50세를 넘긴 나이였다. 그는 6피트 3인치(191센티미터)의 큰 키에 넓은 가슴을 지닌 당당한 체구를 가졌고 아랍인 중에서도 특출한 인물이었다. 10여 년 전 바스라에 들렀을 때 그가 남긴 인상은 여전했다. 당시 바스라에 주재하던 영국의 고위 관리는 "그는 유목생활을 하는 전형적인 수장들보다 위풍당당했고 교육을 잘 받은 아랍인이라는 인상을 풍겼다. 얼굴은 독수리 형상이었고 큰 코, 두툼한 입술, 길고 좁은 턱, 눈에 띄는 턱수염을 지니고 있었다"라고 그를 묘사했다. 또한 그는 전사戰士로서의 자질을 정치적 수완과 접목함으로써 부족민에게서 전례 없이 높은 평가를 받고 있었다. 압드 알−아지즈라고도 알려진 이븐 사우드는 전쟁과 정치에 재능을 충분히 활용해 사우디아라비아의 근대화라는 놀랄 만한 업적을 이루었다. 젊은 시절 왕국의 전 재산을 낙타 안장에 싣고 다니던 지배자로서는 놀라울 정도의 막대한 부를 축적한 것이다.[8]

사우디 왕조는 1700년대 초 중앙아라비아의 고원지대인 네지드의 다리야 마을 족장 무하마드 빈 사우드에 의해 시작되었다. 그는 이슬람의 엄격한 교리를 신봉하던 정신적 지도자 무하마드 빈 압둘 와하브의 가르침을 받았다. 이슬람교는 사우디 왕가와 왕국의 종교적 토대가 되었다. 사우디 왕가는 와하비파와 동맹을 맺고 각 지역을 차례로 정복해 반세기 후에는 아라비아 반도 전역을 지배하게 되었다. 그러나 사우디 왕국의 팽창은 오스만터키제국의 경계 대상이 되었고, 사우디는 1818년 오스만제국과의 전쟁에서 패배했다. 무하마드의 증손인 압둘라는 콘스탄티노플에 끌려가서 참수형에 처해졌다. 그러는 동안 압둘라의 아들인 투르키는 리야드를 중심으로 사우디 왕국을 재건했다. 그러나 이 첫 번째 왕국 재건은 투르키의 두 아들이 권력 다툼을 벌임으로써 실패로 끝났다. 셋째 아들인 압둘 라만은 라이벌 관계에 있던 알 라시드 왕가의 지배 아래서 리야드의 형식적인 군주 노릇을 했다. 그러나 1891년 압둘 라만은 가족과 함께 외국으로 탈출해야 했다. 그는 아들 압드 알−아지즈를 낙타 안장주머니에 넣은 채 여행하기도 했는데, 그 아들이 바로 이븐 사우드다. 압둘 라만과 가족은 2년 동안 방랑생활을 했고, 사막 한가운데서 몇 개월씩 유목민들과 지내기도 했다. 결국 그들은 쿠웨이트를 통치하던 사바가의 초청을 받아 페르시아 만의 조그만 도시국가에 정착하게 되었다.

압둘 라만은 두 가지 목표를 세웠다. 하나는 아라비아의 맹주로서 사우디 왕조를 재건하는 것이었고, 다른 하나는 이슬람교 수니파 중 와하비파의 세력을 확장하는 것이었다. 그는 아들 이븐 사우드를 통해 그 목표를 달성하고자 했다. 쿠웨이트의 군주였던 무바라크는 어린 사우디 왕자를 자기 휘하에 두고 정치와 외교정책의 전문가가 되도록 가르쳤다. 무바라크는 이븐 사우드가 나중에 밝혔듯이 '장점과 단점을 이용하는 방법'에 대해 가르쳐주었다. 또한 이븐 사우드는 스파르타식으로 확고한 종교 교육을 받았고, 어린 나이에 사막에서의 전투기술과 생존기술을 터득했다. 이런 기술을 사용할 기회는 곧 찾아왔다. 오스만제국이 사우디 왕가의 오랜 적인 라시드 왕가를 선동해, 영국 보호령인 쿠웨이트를 공격하려 한 것이다. 쿠웨이트 수장은 견제 전술로서 당시 20세였던 이븐 사우드를 파견해 라시드 왕가로부터 리야드를 탈환토록 했다. 그는 소규모 군대를 이끌고 사막을 건너 공격을 시도했으나 실패했다. 그는 두 번째 공격에서, 밤중에 병력을 은밀히 리야드로 침투시켜 새벽녘에 라시드 왕가의 족장을 살해하는 데 성공했다. 1902년 1월, 그의 아버지는 21세의 그를 네지드의 통치자이자 와하비파의 '이맘Imam(회교의 교주 또는 칼리프의 칭호)'으로 선포했다. 그는 두 번째 사우디 왕국 재건에 착수했다.

그 후 수년간에 걸친 군사행동을 통해 이븐 사우드는 아라비아 중부의 확고한 지배자로 인정받게 되었다. 그 무렵, 그는 종교적 색채가 짙은 새로운 군사운동인 이크완Ikhwan이라는 결사단체의 지도자가 되었다. 이 운동이 아라비아 전역에 급속히 전파되면서 이븐 사우드에게 충성하는 전사 집단이 늘어났다. 1913년에서 1914년 사이에는 아라비아 동부에 있던 대규모 촌락인 알−하사 오아시스를 지배하게 되었다. 사우디 왕가는 수니파 회교도, 그중에서도 와하비파에 속하는데, 알−하사의 주민들은 주로 시아파 회교도였으므로 그는 그곳의 행정과 교육에 각별한 관심을 기울였다. 시아파 교도들의 지위를 보장하고 박해하지 않도록 한 것이다. 빈틈없는 정치가였던 이븐 사우드는 와하비파의 교리에도 불구하고 시아파 교도들의 감정을 건드리지 않는 것이 정치적 이익이 될 것임을 누구보다 잘 알고 있었다. 그는 "하사에는 3만 명의 시아파 회교도들이 평화와 안정 속에 살고 있다. 누구도 그들을 괴롭힐 수 없다. 다만 그들이 축제일에 너무 공개적인 종교행사를 갖지 말 것을 바랄 뿐이다"라고 말한 적이 있다.

사우디 왕국에 중요한 의미를 갖는 아라비아 북서부의 나머지 영토는 제1차 세계대전이 끝난 후 수년간에 걸쳐 사우디에 편입되었다. 1922년 이븐 사우드와 쿠웨이트 수장이 관련된 지역분쟁에 격노한 영국의 고등 판무관은 붉은색 연필로 사우디와 쿠웨이트 간의 경계를 확정했다. 또한 쿠웨이트 및 이라크와 인접한 사우디 국경 두 곳에 중립지대를 설정해 베두인 유목민들이 양을 방목하게 하고 인접한 양국이 공동으로 관리하도록 했다. 1925년 12월, 이븐 사우드의 군대인 이크완은 반도의 서부 지역으로 홍해와 접해 있던 이슬람 성지인 헤자즈를 정복했다. '지다'라는 항구도시와 '메카, 메디나'라는 두 개의 성도聖都가 있는 지역이었다. 1926년 1월 메카의 회교 신전에서 예식을 마친 후, 이븐 사우드는 헤자즈의 국왕으로 즉위함과 동시에 사우디 왕조가 세계적인 회교 성지의 수호자임을 선포했다. 이렇게 해서 이븐 사우드는 45세에 아라비아의 맹주가 되었다. 그는 25년 동안 능란한 전투와 빈틈없는 정치로 아라비아 반도의 90%를 제압해 사우디의 정치적 우위를 재확립했다. 사우디 왕국의 재건이 사실상 완료된 것이다.[9]

그러나 그의 세력 확대에 공헌한 이크완이, 이븐 사우드가 와하비파 교리에서 이탈하고 있다고 비판하기 시작했다. 그들은 사우디 왕국에 보급되기 시작한 현대문명의 이기利器인 전화, 전보, 라디오, 자동차들이 사악한 도구라고 규정하고, 이븐 사우드가 이교도인 영국 및 다른 외국인들과 거래하는 것을 격렬하게 비판했다. 1927년 결국 그들은 이븐 사우드에 대항해 반란을 일으켰다. 그러나 반란은 곧 진압되고 1930년 이크완 운동은 소멸되었다. 이븐 사우드의 아라비아 지배가 더욱 안정적으로 자리 잡은 것이다. 그 후 그의 정책은 대외적인 팽창주의에서 30년 이상 건설해 온 국가의 치안 유지와 기반 강화로 중심이 옮겨졌다. 1932년에는 국가 안정화를 기념해 '헤자즈, 네지드 및 그 부속령의 왕국Kingdom of the Hezaz and Nejd and Its Dependent'에서 오늘날의 명칭인 사우디아라비아로 국호를 바꾸었다.[10]

그러나 이븐 사우드의 노력이 결실을 거두려 하던 즈음, 다른 위협 요인이 나타났다. 재정난에 봉착한 것이다. 대공황으로 인해 이슬람교도들이 평생 한

번은 가고 싶어 하는 메카 순례자가 급격히 줄어들자, 왕국의 주 수입원도 감소한 것이다. 채무 불이행, 공무원 봉급 6~8개월 체불 등 왕국의 재정은 최악의 상태에 빠졌다. 이질적인 왕국을 통합하는 데 가장 중요한 역할을 했던 것 중의 하나인, 각 부족에 대한 보조금 지급도 불안정해졌다. 설상가상으로 이븐 사우드는 국내 라디오 방송망의 수립과 각 지역과의 연결, 지다로의 급수설비 건설 등 돈이 많이 드는 다양한 개발 계획에 착수했다. 별도의 재원을 어디서 마련할 것인가? 이븐 사우드는 세금 징수를 1년 앞당기는 한편, 아들 파이잘을 유럽으로 보내 원조와 투자를 요청했다. 그러나 파이잘은 성공하지 못했다. 재정 문제는 갈수록 심화되었지만 어디서 도움을 얻어야 할지 알 수 없었다.[11]

마법사의 견습

'사우디 왕국의 지하에는 귀중한 천연자원이 매장되어 있을 것이다.' 1930년 가을, 이븐 사우드 왕과 동행하던 한 친구가 알려준 내용이다. 그 친구는 영국인으로 인도 정청의 관리였고, 지금은 지다에서 상인으로 활동하기 시작했다. 그는 불과 수개월 전 이븐 사우드를 후견인으로 해서 이슬람교로 개종했는데, 사우드 왕은 그에게 압둘라라는 이슬람식 이름을 붙여주었다. 그 친구의 실제 이름은 해리 세인트 존 브리저 필비였고, 영국 친구들에게는 잭으로 통했다. 지금은 20세기에 가장 악명 높았던 이중 첩자인 해럴드 킴 필비의 괴짜 아버지로 기억되고 있을지도 모르겠다. 해럴드 킴 필비는 소련을 위한 첩자로 활동하면서 영국 정보국의 반소련 방첩활동의 총수로 있었다. 그는 아버지로부터 이중 첩자 노릇을 하는 방법에 대해 당연히 전수받았을 것이다. 이븐 사우드의 전직 통역가는, 수년 후 이중 첩자로 활동한 킴 필비에 관한 해설 기사를 읽고 킴이 '아버지의 복제판'이라고 놀라워했다.

아버지 잭 필비는 무엇에든 끈질기게 반대하는 고집불통이었고, 권력과 관습에 대해 철저히 부정하는 반항아였다. 그는 애완용 개코원숭이를 공공연히 데리고 다니면서 유럽의 지역사회에서는 친구가 없어도 살아갈 수 있음을 보여주려고 했다. 필비는 실론에서 성장했고 케임브리지의 트리니티 칼리지를 졸업한 후 인도 정청에서 사회생활을 시작했다. 그는 제1차 세계대전 중 바그다드와 바스라에 주재한 영국 정무政務사절단의 일원이었고, 이를 통해 아랍 세계에 첫발을 들여놓게 되었다. 어학에 재능이 있던 그는 아랍어를 공부하면서 아랍 종족과 지배자 가계의 혈통에 대해 깊은 관심을 갖게 되었다. 당시 가장 강력한 권력자였던 이븐 사우드에 대해서도 당연히 관심이 많았다. 그는 1917년 리야드에서 파견 근무하던 시절, 이븐 사우드를 처음 만났는데, 그때 34시간에 걸친 개인 면담은 이후 필비의 삶을 바꿔놓았다.

1925년 영국의 중동 정책에 분개한 필비는 파견지인 트랜스요르단에서 인도 정청 관리직을 사임했다. 그는 사우디아라비아로 돌아가 지다에 무역회사를 설립했다. 또한 이븐 사우드 국왕과 우호적 관계를 다시 맺어, 얼마 후엔 왕의 비공식 자문역이 되어 여행과 사냥을 함께하게 되었고 국왕 직속 자문기관인 추밀원樞密院의 심야회의에 참석할 정도였다. 이븐 사우드는 필비에게 각별한 관심을 갖고 있었다. 1930년 이슬람교로 개종하기 전날 밤, 사우드 국왕은 그에게 "회교도가 되면 네 명의 부인과 살 수 있으니 얼마나 기쁜 일인가!"라고 말하며 친밀함을 표했다. 그러나 그는 우선 고통스러운 성인 할례割禮를 치러야만 했다. 필비는 독실한 종교적 신념을 가지고 있지 않았고, 그가 개종한 것은 사업과 그 나라에서의 자유로운 활동을 위해서라고 말하는 사람도 있었다. 이슬람교로 개종하면서 그는 자신의 집념 중 하나를 성취할 수 있었고 덕분에 아라비아의 탐험가, 지도 제작자, 연대기 편집자로 유명해졌다. 그는 수년 동안 '공백 지대'로 남아 있던 아라비아 동남부의 루브 알-칼리 단독 탐험부터 아라비아 북부의 고대 유태인 부락을 찾는 일로 아라비아 반도 전역에 걸쳐 고된 여행을 했다. 그 노력을 인정받아 그는 영국 왕립 지리학협회로부터 창립자 기장記章을 수여받았다.

필비는 영국으로 돌아가면 특유의 중산모를 쓰고, 대영제국의 식민지에서는(심지어는 아라비아에서도) 저녁식사 때 흰색 상의를 입었다. 오후 5시에는 차를 들면서 로즈(영국의 크리켓 경기장인 Lords Cricket Ground의 약칭)에서 벌어지는 크리켓 경기에 열을 올리기도 했다. 그러나 그는 영국과 영국의 중동정책에는 여전히 반감을 갖고 있었다. 영국의 중동정책이 '동방세계에 대한 서구의 전통적 지배'라고 생각한 것이다. 그는 스스로를 '동방세계를 외국 지배에서 해방시킨 최초의 지도자 중 한 사람'이라고 자신 있게 말했다. 영국 정부에는 필비가 매우 귀찮은 존재였다. 영국의 한 정부 관리는 "그는 5년 전에 정부 관리직을 사퇴한 이래, 영국 정부와 영국의 중동정책을 공격하거나 왜곡하는 일을 멈추지 않고 있다. 그의 방법은 난폭하다고 할 정도로 몰염치하며, 그는 공공연한 골칫거리였다. 그는 이븐 사우드에게 영향력을 발휘해 지난 몇 년간 영국에 큰 피해를 입혔다"라고 말했다. 다른 관리는 그가 '지독한 협잡꾼'이라고 비난했다.[12]

필비는 이븐 사우드가 심각한 재정난에 봉착해 있으며, 그로 인해 왕국의 존립이 크게 위협받고 있음을 잘 알고 있었다. 1930년 가을 자동차 여행 중, 필비는 이븐 사우드가 매우 낙담해 있음을 알아차리고, 국왕과 정부는 지하에 매장된 보물 위에서 잠자고 있는 것과 마찬가지라고 아주 유쾌한 어조로 말을 꺼냈다. 필비는 사막의 지하에 막대한 광물자원이 묻혀 있다고 확신했다. 그러나 그것을 개발하려면 외국의 기술자와 자본이 필요하다고 설명했다.

국왕은 "필비! 나에게 100만 파운드를 제공하는 사람이 있다면 그가 원하는 모든 이권을 주겠소"라고 답했다. 필비는 예비 탐사 없이 100만 파운드나 되는 자금을 제공할 사람은 아무도 없을 것이라고 국왕에게 충고했다. 국왕은 석유보다 지하수 탐사에 훨씬 관심이 많았다. 필비는 지하수 탐사와 관련해서 추천할 만한 사람을 알고 있었다. 그의 이름은 찰스 크레인으로, 연관鉛管공사 의 제1인자이며 자선사업가이기도 한 미국인이었다. 그는 아랍에 각별한 관심을 갖고 있었으므로, 필비는 국왕에게 "크레인은 국왕 폐하와 악수하게 되는 영광에 관심을 갖고 있을 것입니다"라고 말했다. 더구나 크레인은 인접국인 예멘에서 개발 사업에 출자하면서 당시 카이로에 머물고 있었으므로 필비는 그를 사우디로 초청하라고 진언했다.

1931년 2월 15일 이븐 사우드의 초청으로 지다에 도착한 크레인은 성대한 환영을 받았다. 국왕의 경호원 수백 명이 추는 검무에 매료된 크레인에게 국왕은 순종 아라비아산 말 두 마리와 함께 양탄자, 단검 및 검을 선물했다. 두 사람은 말라붙은 돌덩어리의 사막과 네지드 지하에 수맥이 있을 가능성에 대해 의견을 나누었다. 크레인은 이집트에서 계약을 체결한 경위에 대해 상세히 얘기하고, 캘리포니아 사막의 인디오라는 마을에서 자분정自噴井을 개발하는 데 성공한 사례를 설명했다. 크레인은 이븐 사우드와의 우정의 표시로, 그가 예멘에서 벌이고 있는 사업들 중 하나에서 일하고 있던 칼 트위첼이라는 미국인 광산 기술자가 수자원 개발에 참여할 수 있도록 배려해주었고, 그에 따른 비용도 자신이 부담했다. 트위첼은 아라비아 사막의 지하에서 자분정을 개발할 가능성을 분석하기 위해 1,500마일이나 되는 고된 탐사여행을 했다. 그러나 1931년 4월 지다에 나타난 그는 자분정이 개발될 전망이 없다는 비관적 견해를 밝혔다.[13]

1년 뒤인 1932년 3월, 왕국의 세입 세출 격차가 점점 더 벌어지자, 사우디의 재정 문제를 잘 알고 있던 쿠웨이트의 수장 아마드가 리야드에 머물고 있던 이븐 사우드 국왕을 방문했다. 아마드 수장은 300마일이나 되는 사막의 모래와 자갈 위를 자동차로 달려오면서 한 가지 교훈을 얻었다. '지금 지나온 길을 여행하려는 차는 적어도 다섯 사람은 태우고 있어야 한다. 모래에서 자동차를 끌어내리려면 다섯 사람이 필요하기 때문이다'라는 것이었다.

두 사람은 영원한 우호관계를 약속했다. 아마드 수장이 이븐 사우드를 '형님'이라고 부르자 사우드 국왕은 눈물을 흘리며 "지난 300년 동안 승리할 때나 패배할 때나 사우디 왕가와 사바 왕가의 깃발이 언제나 함께했던 것처럼, 앞으로도 그러한 관계가 지속되기를 빌며 그렇게 될 것으로 믿는다"라고 말했다.

아마드 수장은 병색이 완연하고 피로에 지쳐 있는 사우드 국왕을 보고 놀라움을 금치 못했다. 쿠웨이트로 돌아오는 길에, 그는 영국 정무 담당관에게 "국왕이 왕국에서 가장 강력한 힘을 발휘하면서 모든 전쟁을 이끌어가던 시대는 끝났소"라고 말했다. 아마드 수장은 사우드 국왕에게 경비 지출을 늦추지 않으면 완전히 몰락하게 될 것이라 간원하면서, 특히 국왕이 항상 곁에 두고 있는 쓸데없는 물건인 자동차를 지적했다. 물론 국왕에게는 고급 승용차가 필요했다. 그러나 수장은 사우드에게 자동차를 4분의 3 정도로 줄이고, 차종도 포드와 쉐보레로 통일할 것을 촉구했다. 이런 충고를 뒤로하고, 수장은 이븐 사우드가 선물한 국왕 소유의 8기통 캐딜락 리무진을 타고 돌아갔다.

두 사람은 석유탐사에 대해서도 이야기를 나눴다. 국왕은 몇 건의 예비조사를 실시할 수 있도록 허용하겠다고 했다. 그리고 적어도 외국인에게 이권을 주는 것은 원하지 않는다고 했다. 그러나 재정적 어려움에 봉착해 있는 그가 어떤 선택권을 가질 수 있겠는가? 미국 광산 기사인 트위첼은 사우디 왕국 동부의 알-하사에 석유가 묻혀 있을 가능성이 유망하다고 보고했다. 거의 같은 시기인 1931년 5월 31일, 캘리포니아 스탠더드오일이 바레인에서 석유를 발견했다. 이것이 계기가 되어 알-하사가 갑자기 주목받게 되었다. 그리고 이른 사우드는 고심 끝에 왕국 내의 외국인 투자 제한을 완화했다. 트위첼은 사우드 국왕에게 자신은 기술자에 불과하며 프로모터가 아니라고 주장했지만, 결국 국왕의 요청에 따라 미국 기업 유치와 자본 도입에 힘을 모으기로 합의했다.[14]

석유 이권 교섭

캘리포니아 스탠더드오일은 바레인에서 석유를 발견하기 수개월 전에 이미 알-하사의 석유 이권에 대해 조사하기 시작했다. 트위첼의 연락을 받은 소칼은 매우 기뻐했고 즉각 제안을 받아들였다. 그뿐 아니라 그를 교섭단의 일원으로 선임했다. 1933년 2월, 트위첼은 사우디아라비아의 재무장관인 압둘라 술레이만과 교섭하기 위해 소칼의 고문 변호사인 로이드 해밀턴과 함께 사우디아라비아로 돌아왔다. 그들의 교섭 상대방은 영리하고 그 방면의 대가였다. 술레이만은 국왕 개인비서의 동생이었다. 행정 관료들 대부분이 시리아, 이집트 및 리비아 출신인 데 반해 그는 나드지 출신이었다. 젊었을 때는 봄베이에서 아랍 상인의 조수로 일하면서 무역과 사업에 대해 많은 것을 배웠다. 국왕은 그에게 '조력자'라는 애칭을 붙여주었다. 사실상 그는 허약하고 왜소한 체구에 나이도 불명확했지만, 사우드 국왕의 측근 중 가장 많은 일을 하는 인물이었다. 재정의 책임뿐 아니라 국방과 순례 업무까지 담당하고 있었던 것이다. 사우드 국왕의 통역사는 "술레이만은 항상 남에게 드러나지 않게 행동했지만, 그의 역량과 영향력은 절대적인 것이어서 가끔 그가 무관의 아라비아 왕이라고 생각될 때도 있습니다"라고 평했다.

술레이만은 왕가 출신으로서는 왕국 내에서 가장 중요한 인물이었다. 그는 스스로 고안한 공공 재정의 회계법을 사용해 엄청난 분량의 일을 처리했다. 이 회계법은 그만 이해할 수 있었다. 그는 항상 비밀리에 일을 추진했고, 누구도 그의 아성을 침범하지 못하게 했다. 그는 일반적인 사항에 대해서는 권한대로 처리했지만, 석유에 관해서만은 국왕에게 장문의 보고서를 올리는 세심한 면을 보였다. 알-하사에서의 석유 이권에 대한 소칼과의 협상에서, 술레이만은 자신이 해야 할 일을 정확하게 파악하고 있었다. 그것은 막대한 자금을 가능한 한 빠르게 조달하는 것이었다. 석유가 있느냐 없느냐 하는 것은 나중 문제였다. 그러나 알-하사의 석유 이권을 노리는 경쟁자는 트위첼과 해밀턴만이 아니었다. 이라크 석유회사(구 터키 석유)는 이라크에서 영국 관리로 일한 적이 있는 스터번 롱그리그를 대표로 파견했는데, 사실상 그는 앵글로-페르시안의 이권도 대표하고 있었다. 앵글로-페르시안은 이라크 석유회사에 참여하고 있으며 '적선협정'에도 가입했으므로 단독으로는 그 지역에서 사업을 수행할 수 없었기 때문이다. 1933년 3월, 영국의 앤드류 라이언 공사는 "무대가 마련되었다. 등장인물은 알-하사의 석유가 가치 있는 상품이라고 생각하는 열성파 압둘라 술레이만, 캘리포니아 스탠더드오일을 대표하는 트위첼과 해밀턴, 이라크 석유회사를 대표하는 롱그리그다"라고 런던에 보고했다. 그러나 그는 가장 중요한 인물을 빠뜨렸는데, 바로 국왕이다. 또한 그는 '해리 세인트 존 브리저 필비가 단역에 그칠 것'이라는 잘못된 판단을 내렸다.[15]

1932년 5월 바레인에서 석유 시추가 시작되자, 소칼은 이븐 사우드 국왕과 접촉하기 위해 필비를 찾아 나섰다. 필비는 소칼에 대해 생각이 많았지만, 여러 석유회사들 간의 경쟁이 친구인 국왕에게 유리하다는 것을 알고 있었다. 그는 앵글로-페르시안을 통해 이라크 석유회사와도 접촉해, 소칼이 알-하사에 관심을 갖고 있다고 귀뜸했다. 그는 앵글로-페르시안의 수석 지질학자에게 보낸 편지에서 다음과 같이 말했다. "나는 특정 당사자의 이익을 위해 일하고 싶지는 않다. 그러나 사우디 정부에 유익한 길이 된다면 그 일에 실질적인 관심이 있는 누구에게나 도움을 주고 싶다." 필비는 소칼의 고문역을 맡기로 계약했으나 그 사실을 비밀에 붙였다. 동시에 그는 이라크 석유회사와 접촉을 계속했고, 그 회사의 대표 격인 롱그리그는 그를 믿을 만한 사람이라 생각했다. 사실상 필비에게는 국왕에 대한 충성이 첫 번째였던 것이다.

필비는 소칼과 새로운 관계를 맺게 되어 기분이 매우 좋았다. 아라비아에서 미국 기업을 돕는 것은 간접적으로 영국의 지역 연고권을 무너뜨리는 것이 되기 때문이었다. 그 계약을 통해 필비는 개인적인 안정도 찾았다. 그는 무역회사 일로 많은 사업을 벌이고 있었지만 수입이 없었고, 사우디 왕국과 같이 재정적 문제에 봉착해 있었다. 그는 긴급히 돈이 필요했는데, 무엇보다 아들 킴의 케임브리지 대학 학비를 지불해야 했다. 소칼은 활동에 대한 대가로 필비에게 6개월 동안 월 1,000달러를 지급하고, 석유 이권 계약이 체결되고 석유가 발견되면 보너스를 지급하기로 했다. 킴 필비는 케임브리지에서 학업을 계속할 수 있었고, 결과적으로 그곳에서 소련 첩자가 되는 길에 들어섰다.

협상이 지지부진하자 사우디는 그들의 일차적 목적이 거액의 선불금에 있음을 명백히 했다. 필비는 소칼에 보낸 편지에서 "정당한 대가 없이 귀사가 석유 이권을 확보할 수 있을 것이라 기대하는 것은 잘못된 생각이다. 중요한 사실은 사우디아라비아 정부가 거액의 부채를 지고 있으며 채무 불이행 상태에 빠져 있다는 것이다. 채무를 변제할 수 있는 유일한 희망은 가능성이 높은 부존자원을 담보로 제공하는 것이다"라고 주장했다.[16]

서방측 두 그룹의 입장은 정반대였다. 소칼은 석유 이권의 획득에만 관심이 있었던 반면, 앵글로-페르시안을 내세운 이라크 석유회사는 전혀 다른 속셈을 가지고 있었다. 롱그리그는 필비에게 "그들에게는 더 이상의 석유가 필요하지 않다. 그들은 이미 지금까지 알려진 것 이상으로 유망한 석유를 확보하고 있다. 그들의 관심은 경쟁회사들의 참여를 막는 데 있다"라고 솔직히 털어놓았다. 이라크 석유회사의 노력은 미래의 가능성보다는 타사의 접근을 사전에 막아보자는 예방 치원에서 비롯되었던 것이다. 실제로 이라크 석유회사는 알−하사의 석유 매장 가능성에 대해 회의적이었기 때문에 사우디아라비아에서 대규모 사업을 시작할 분위기가 아니었다. 롱그리그의 말은 대략 "석유의 채굴 가능성을 알 수 없는 현재로서는, 문제성이 있는 석유 시추권에 막대한 자금을 투자하지 않겠다"라는 의미였다. 그는 영국 공사에게도 같은 말을 한 바 있다.

협상의 진행 과정에서 다른 사람들은 점점 어려움에 빠져들었지만, 신비로운 인물로 보이는 것을 좋아했던 필비는 달랐다. 그는 소칼의 고문으로 일하면서 사우디의 조언자로, 이라크 석유회사의 자문역으로, 롱그리그의 진솔한 친구 역할을 맡았다. 가끔 석유 관계자들과 대화할 때는 최근 국왕이 메카로 가는 차 안에서 말한 내용을 흘리기도 했다. 필비의 관심은 석유에만 있지 않았다. 그는 사우디 정부와 순례자 수송 회사에 공급하는 자동차의 독점 수입권을 따내기 위해, 또 사우디아라비아에 무선 통신망을 건설하기 위해 분주히 움직였다.[17]

소칼은 교섭에 열의를 보였지만 국왕이 요구한 금액의 20% 수준만을 제시했다. 1933년 4월 초, 소칼의 중역은 필비에게 '불행한 상황으로 몰리고 있는 협상'에 대해 다음과 같은 내용의 편지를 보냈다. '사우디는 석유 발견 가능성이 알려지지 않은 국가이다. 사전 지질조사 없이 거액의 자금을 지불하는 것은 석유회사로서는 어리석은 짓이 될 것이다.' 소칼은 이라크 석유회사와 앵글로−페르시안에 대해 크게 걱정할 필요가 없었다. 그들은 소칼이 제시한 금액의 일부에 해당되는 수준이 아니고서는 협상에 응하려고 하지 않았다. 필비는 롱그리그에게 "귀하는 차라리 짐을 꾸리는 편이 나을 것이다. 미국계 회사는 귀하가 제시한 것보다 훨씬 높은 수준이다"라고 충고해주었다. 롱그리그는 협상 테이블을 소칼에 넘겨준 채 돌연히 사우디아라비아를 떠나버렸다. 한편 필비는 긴장이 누그러지는 방향으로 협상을 이끌면서 소칼과 술레이만을 달랬고, 이에 따라 소칼은 보다 높은 금액을 제시했다.

1933년 5월, 소칼과 사우디아라비아 간의 최종 합의안은 국왕이 만족하는 수준으로 정리되었다. 추밀원에서 형식적인 심의를 몇 차례 거친 후, 이븐 사우드는 술레이만에게 "신의 가호를 믿고 서명하시오"라고 말했다.

그 협정에 따르면 선불로 3만 5,000파운드(17만 5,000달러)를, 그것도 금으로 지불하도록 되어 있었다. 3만 파운드는 차관이었고 5,000파운드는 첫해의 이권료였다. 두 번째 차관인 2만 파운드는 18개월 후 지불하도록 되어 있었다. 또한 모든 차관은 사우디 정부가 받는 이권료로 상환하고, 석유 발견 시 10만 파운드(50만 달러)의 차관을 더 제공해야 했다. 석유 이권은 60년간 유효하며, 36만 제곱마일의 지역을 대상으로 했다. 1933년 5월 29일, 마침내 협정이 체결되었고 사우드 국왕은 고대했던 상당한 자금을 얻게 되었다. 사우드 국왕과 재무장관은 소칼이 사업을 가능한 한 신속히 진행하도록 하는 조항도 계약에 포함할 것을 주장했다.[18]

남은 문제는 어떻게 그 많은 금을 인수하느냐 하는 것이었다. 미국이 금본위제를 폐지한 직후였기 때문에 미국에서 직접 금을 보내려는 소칼의 노력은 재무부 차관보인 딘 애치슨에 의해 제지당했다. 그러나 소칼의 업무를 지원하던 개런티 트러스트 은행 영국 지점이 영국 조폐국에서 금화 3만 5,000개를 인수했고, 이를 상자 여섯 개에 담아 P&O 해운 소속의 선박 편으로 사우디아라비아에 수송했다. 빅토리아 여왕을 제외하고 영국의 역대 남성 군주의 초상만 새겨져 있는 금화를 준비했는데, 남성 우위의 사회인 사우디아라비아에서 금화의 가치가 떨어지지 않게 하려는 세심한 배려였다.

미국계 회사의 석유 이권 확보로 페르시아의 정치적 판도는 바뀔 수밖에 없었다. 필비가 영국 공사인 앤드류 라이언 경에게 소칼이 석유 이권을 획득했음을 알려주자 그는 충격을 받았고 노여움과 실망으로 얼굴빛이 흐려졌다. 그리고 그것은 필비에게 말 못할 만족감을 주었다. 한편 필비와 소칼의 일은 원만히 진행되었다. 그러나 그의 아들 킴 필비가 케임브리지에서 교육받을 수 있었던 것이 그가 바라던 결과를 보장해주지는 못했다. 킴은 최종 시험에서 낙제했다. 필비는 아들이 관리가 되기를 바랐지만 킴의 지도교수 2명은 킴에게 공산주의 경향이 있다는 이유로 지원서를 써주지 않았다. 필비는 격노해 1934년 한 교수에게 '킴 필비는 공산주의에 관심을 가질 권리가 있고, 양심에서 우러나는 견해로 인해 피해를 입어서는 안 됩니다. 문제는 공무를 수행하면서 정부를 배신하는 일을 하겠느냐 하는 것입니다'라는 내용의 편지를 보냈다. 물론 그는 그러지 않을 것이라 믿었다. 필비의 아내도 '피를 흘려야 하는 공산주의를 피할 수 있는 직업을 갖기 바란다'라는 내용의 편지를 아들에게 보냈다.

아무튼 영국의 손실은 곧 미국의 이득이 되었다. 하지만 워싱턴에서는 이런 사실을 미처 깨닫지 못했다. 소칼의 거듭되는 촉구에도 불구하고 루스벨트 행정부는 외교 대표부 설치를 거절했으며 필요성이 없다고 되풀이할 따름이었다. 1939년에야 비로소 이집트 주재 미국 공사가 사우디아라비아 공사를 겸임하도록 했고, 1942년에는 사우디아라비아 상주 공사관을 설치하고 상주 관원을 1명 파견했다.

앵글로−페르시안과 이라크 석유회사는 너무 소심하고 궁상맞게 구는 바람에 큰 실수를 저질렀음을 깨달았다. 이라크 석유회사의 참여사들은 서로를 비난하기도 했으나, 다시는 같은 실수를 저지르지 않기로 다짐했다. 1936년

이라크 석유회사는 사우디아라비아 서부 헤자즈의 석유 이권을 획득했다. 위로는 트랜스요르단에서 아래로는 예멘에 이르는 지역이었다. 계약 조건은 소칼이 3년 전에 맺은 것보다 훨씬 높은 수준이었다. 그러나 이라크 석유회사는 그 이권 지역 내에서 한 방울의 석유도 얻지 못했다.[19]

쿠웨이트 석유회사

사우디아라비아뿐 아니라 아라비아 반도 전체에서 석유에 대한 관심이 고조되었다. 인접한 쿠웨이트에서는 10년 이상 간헐적인 이권 협상이 지속되어왔다. 바레인에서의 석유탐사는 쿠웨이트의 아마드 수장을 당황하게 했다. 1931년 그는 홈스 소령에게 "마치 단검이 심장을 찌르는 것 같았소. 바레인의 석유 탐광 사업을 둘러보니 아무것도 없었소"라고 말했다. 쾌활한 성격에다 땅딸막한 체구의 아마드는 1921년 쿠웨이트의 수장이 되었고, 자신이 현대적 감각을 가졌다고 자부하고 있었다. 1930년대 중반, 그는 정식 복장 안에 헐거운 바지를 입고 가죽 신발을 신고 다녔으며 영국 해군을 열광적으로 좋아했다. 그의 거실 벽은 영국 해군장교와 포함砲艦의 사진으로 장식되어 있었다. 그러나 그는 쿠웨이트의 불안정한 위치 때문에 정치적 균형을 잡는 일에 몰두한 듯했다. 고위급 영국 외교관은 "수장은 영국 정부, 이라크 정부 및 이븐 사우드 국왕이 서로 싸우게 하는, 다소 위험한 정책을 펴왔다"라고 설명했다.

이런 세력균형은 소규모 국가인 쿠웨이트가 강대국들 틈에서 독립성과 자유를 확보하는 데 중요한 조건이었다. 쿠웨이트는 페르시아 만 맨 위에 위치했고, 바스라와 메카 사이의 무역 및 순례자 통로에 자리 잡은 덕분에 오랫동안 상업 지역으로서 역할을 해왔다. 쿠웨이트는 유목민들이 아라비아 반도 내륙에서 나와 그곳에 정착하던 18세기 중반에 독립된 공국으로 건국되었고, 알-사바가※에서 지배자인 수장이 선출되었다. 19세기까지 쿠웨이트는 페르시아 북부의 상업 중심지였다. 오스만제국에 조공을 올렸지만, 터키 정부의 직접적인 지배에는 저항했다. 19세기 말 영국은 베를린-바그다드 간 철도와 같은 독일 세력의 진출을 저지하고 싶어 했고, 쿠웨이트는 오스만제국에서 독립하기를 원했다. 그 결과 영국은 쿠웨이트의 외교 문제를 대변하는 임무를 맡았으며 나중에는 쿠웨이트 전 영토에 보호령을 선포했다.

앵글로-페르시안과 걸프사는 아마드 수장의 비위를 맞춰왔다. 홈스가 소유하고 있는 문제의 석유 이권을 확보하기 위해 걸프는 홈스와 이스턴&제너럴 신디케이트를 통해 활동을 벌이고 있었다(영국의 외무부는 이들을 걸프사의 '주구走狗'라고 불렀다). 앵글로-페르시안은 쿠웨이트에서의 석유 발견 가능성에 대해 아직도 회의적이었다. 게다가 탐사가 성공한다 하더라도 이미 공급 과잉에 시달리고 있는 세계 석유시장을 더욱 악화시킬 우려가 있었다. 또한 앵글로-페르시안의 중역들은 가장 중요한 석유 이권이 설정되어 있는 이란의 국왕이 페르시아 외의 지역에 집중하는 것에 대해 비난하는 것을 꺼렸다. 그렇다면 왜 앵글로-페르시안은 쿠웨이트에서 석유 이권을 확보하려 했는가? 타 회사들의 이권 획득을 막기 위해서라도 팔짱을 끼고 있을 수 없었기 때문이다. 앵글로-페르시안의 일차적 관심은 방어였다. 페르시아 내 앵글로-페르시안의 세력과 영향력을 침해할 위험이 있는 인접 지역에 다른 회사들이 진출하는 것을 막자는 것이었는데, 그에 따른 위험이 너무나 컸다. 존 캐드먼 경이 계속 주장했듯이, 쿠웨이트는 앵글로-페르시안의 영향권 내에 있었다.[20]

재정상의 필요 때문에 아마드 수장은 석유 이권에 대해 높은 관심을 갖고 있었다. 페르시아 만 남부의 다른 토후국과 같이 쿠웨이트도 심각한 경제적 궁핍 상태에 시달리고 있었다. 지역 특산물인 진주 무역은 쿠웨이트 최대의 산업이었고 외화 수입원이었다. 아마드 수장은 미키모토 고키치라는 일본인 상인 때문에 매우 골치가 아팠다. 미키모토는 진주조개에 미쳐서 수년간을 인공 진주 양식 기술의 개발에만 매달렸다고 한다. 1930년 그의 노력이 결실을 맺어, 일본에서 양식된 인공 진주가 대량으로 세계 보석 시장에 진출하게 되었고, 이로 인해 쿠웨이트와 페르시아 만에서 잠수부들이 건져 올린 천연 진주에 대한 수요가 줄어들었다. 쿠웨이트 경제는 파탄할 지경에 이르렀다. 수출은 급감했고, 상인들은 도산했으며, 배들은 해변에 방치되었고, 잠수부들은 사막으로 돌아갔다. 아마드와 그의 국가는 새로운 수입원이 필요했다. 바로 그때 나타난 것이 석유였다.

대공황으로 쿠웨이트와 다른 토후국들의 경제는 더욱 악화되었다. 경제가 나빠지자 아라비아 만의 노예 소유주들은 아프리카 노예들을 헐값에 팔아 유지비 부담을 덜려고 했다. 아마드 수장은 인접한 사우디아라비아와 이라크와의 분쟁에서 영국이 마땅히 해야 할 적절한 지원을 하지 않은 것에 화가 나 있었다. 아마드 수장은 미국계 석유회사가 쿠웨이트에 진출하면 미국의 정치적 관심을 끌 수 있을 것이라 믿었고, 그것을 이용해 경쟁국뿐 아니라 영국에 맞서서 그의 입장을 굳힐 수 있다고 생각했다. 그러나 아마드 수장은 영국도 멀리할 수 없다는 것을 알고 있었다. 쿠웨이트는 아직도 인접국들, 특히 사우디아라비아로부터의 정치적·군사적 안정을 영국에 대부분 의존하고 있었기 때문이다. 이라크는 아마드가 가진 권력을 빼앗으려 했고, 페르시아는 쿠웨이트의 존재와 정당성을 인정하지 않았다. 그래서 소국인 쿠웨이트의 지도자는 페르시아 만을 지배하는 영국 해군의 실질적 가치를 인정하지 않을 수 없었다.[21]

영국은 그 지역에서의 영향력과 지위를 유지하기 위해 수단과 방법을 가리지 않았고, 모든 이권을 영국계 회사가 갖게 하려는 조치를 취하고자 했다. 그러나 '어떻게'가 문제였다. 영국은 '국적 조항'에서 바레인을 제외했지만 쿠웨이트는 계속 포함시켰다. 그 지역의 개발 사업을 영국계 회사에 제한함으로써, 이스턴&제너럴 신디케이트를 통한 걸프사의 참여를 효과적으로 막을 수 있었다. 걸프는 이러한 배타적인 정책에 대해 미국 국무부에 항의했고, 1931년 말 미국 정부는 영국 정부에 이 문제를 거론했다.

영국 해군부는 쿠웨이트가 전략적·군사적으로 익숙한 석유 공급지라는 이유뿐 아니라, 쿠웨이트라는 오지에 체류하는 미국 시민을 보호해야 한다는 이유로, 국적 조항의 유지를 강력하게 주장했다. 물론 영국이 제공하지 못할 수도 있는 보호 임무를 위해, 미국의 전함이 페르시아 만의 사태에 개입하는 결과를 초래할 가능성도 있었다. 영국의 한 관리가 설명했듯이 가장 우려스러운 점은 '대영제국의 이해관계와 중요하게 결부된 지역에서 영국의 영향력과 지위를 다른 부국富國들에 잃는 것'이었다. 심사숙고 끝에 영국 정부의 주요 부처인 외무부, 식민지부 및 석유국은 국적 조항을 철회할 준비를 갖추었다.

한 외무부 관리는 "이제 남은 일은 미국과 석유 전쟁을 치르는 것뿐이다"라고 말했다. 이제 미국 자본은 영국의 이해관계가 걸려 있는 그 지역의 정치적 안정과 경제적 개발에 사실상 참여할 수 있게 되었다. 1932년 4월, 영국 정부는 국적 조항을 철회했다. 당시에는 철회하지 못할 실질적 이유나 큰 희생을 감수할 근거는 있어 보이지 않았다. 앵글로-페르시안은 쿠웨이트에서의 석유탐사에 적극성이 없었다고 생각된다. 앵글로-페르시안의 회장인 존 캐드먼 경은 외무부를 상대로 "쿠웨이트에서 발견되는 석유는 앵글로-페르시안의 관심거리가 되지 못할 것이다. 미국이 그곳에서 무엇을 발굴하든 상관하지 않겠다"라고 말했다.[22]

걸프사와 미국 정부는 국적 조항을 폐지한 영국 내각의 결정에 만족했다. 누구보다도 홈스 소령이 가장 그러했다. 그는 이 '위대한 승리'의 대부분이, 그가 영국에서 가장 인기 있다고 생각하는 미국 대사 앤드류 멜론 덕분이라고

했다. 멜론은 전직 재무장관이며 걸프사를 소유하고 있는 가문의 자손이다. 1932년, 77세의 나이에 새로운 부임지에 도착한 멜론은 런던 생활을 좋아했다. 특히 법에 저촉되지 않고 술을 마실 수 있다는 것에 매우 흡족해했다(미국에서는 그때까지도 금주법이 시행되고 있었다). 그는 영국에서 결혼했고 영국식 양복을 입는 것이 습관화되었다. 멜론은 영국에서 어떻게 사업을 해야 할지 알고 있었다. 정확하게 30년 전, 그는 쉘의 마커스 새뮤얼을 설득하기 위해 영국에 간 적이 있었다. 당시 스핀들탑 유전의 지하 유층 압력이 저하되어 석유 생산이 감소되고 있으므로 신생 걸프사를 쉘의 공급계약에서 빼달라고 요청하기 위해서였다. 멜론은 차분하고 은근한 인간적 매력 덕분에 그 일을 성공적으로 수행할 수 있었다.

그러던 중 1932년, 그가 재무장관으로 재직한 동안 있었던 몇 가지 소송에서 거대한 멜론 왕국에 속하는 기업들에게 특혜를 주었다는 소문이 나돌면서 의심을 받게 되었다. 이런 내용의 보고서가 의회에 제출되자 재무장관인 멜론을 탄핵하기 위한 움직임이 일기 시작했다. 이에 놀란 후버는 급히 그를 영국 대사로 발령해버렸다. 멜론이 이 발령을 기다렸다는 듯이 받아들이자, 사람들은 의도적으로 도피하려는 목적에서 발령 조치가 취해졌다고 생각했다.

멜론은 걸프사의 회장인 윌리엄 멜론의 숙부였으며, 멜론 일가의 가장은 아니었다. 그는 걸프사에 자금을 대고 종합석유회사로 키우는 데 많은 지원을 했다. 걸프사를 멜론 가족의 기업으로 생각해 개인적으로도 높은 관심을 갖고 있었던 것이다. 또한 그는 걸프사가 쿠웨이트에 진출하기 위해 국무부의 도움을 받아내는 일에도 개입하고 있었다. 그가 영국 대사로 부임하자 국무차관은 공정한 기준을 마련하려고 신중한 노력을 기울였다. 국무차관은 다음과 같은 내용의 전보를 런던에 있는 미국 대사관에 보냈다. "비난을 피하기 위해서는 전보다 훨씬 더 많은 노력을 기울여야 할 것이다. 우리는 걸프사에, 비슷한 여건에 있는 다른 미국 회사에 적용되는 것과 똑같은 지원을 해주어야 한다." 그러나 이런 원칙을 지키는 것은 어려운 일이었다. 국무부조차 걸프사를 '멜론의 이권'으로 생각했고, 영국 정부는 걸프사와 멜론의 석유 그룹을 동일시했다. 멜론 자신도 마찬가지였다. 그는 걸프사를 '나의 회사'라고 말했고(멜론이 걸프사 주식의 대부분을 소유하고 있었으므로 전혀 근거 없는 말은 아니다), 그런 생각의 범주에서 행동했다.[23]

쿠웨이트에 대한 국적 조항이 폐지되었음에도 불구하고, 런던은 모든 입찰 행위를 감독하고 수장에게 선택권을 권고하겠다고 발표했다. 캐드먼 경이 간략하게 표현했듯이, 앵글로-페르시안은 관심이 없었기 때문에 복잡한 문제를 야기하지 않았다. 그러나 1932년 5월, 소칼이 바레인에서 석유를 발견하자 아라비아 전체 해안의 상황과 전망이 돌변했다. 앵글로-페르시안은 급히 방침을 바꾸었고, 캐드먼은 무관심이라고 표현한 자신의 최근 발표를 부인하는 글을 외무부로 보냈다. 앵글로-페르시안은 쿠웨이트 내의 석유 이권에 대한 입찰에 참여하기로 급히 결정했다. 앵글로-페르시안의 심경 변화에 대해 수장만큼 흐뭇해한 사람은 없었다. 그는 사업의 좌우명을 짧으면서도 효과적으로 표현했다. "이제 입찰 경쟁자가 둘이 되었다. 파는 사람 입장에서는 이것이 바로 이익을 낳는 것이다."

다음 행동들은 영국 정부에 달려 있었다. 걸프사의 제안뿐 아니라 앵글로-페르시안의 새로운 응찰 제안을 검토하고 수장에게 의견을 제시하는 것은 영국 석유국의 일이었다. 그러나 두 응찰 건에 대한 런던의 검토는 지지부진했다. 홈스와 걸프사, 그리고 미국 정부는 의심을 품었고 이렇게 늑장을 부리는 것이 앵글로-페르시안에 유리한 권고를 내리기 위한 계략이라고 믿었다. 미 국무부는 '멜론의 개인적인 이익을 위해 활동을 벌인다'는 인식을 피하고 싶었지만 미국 대사관은 예의 주시하기만 했다. 1932년 가을까지 어떤 권고안도 나올 것 같지 않았다. 멜론은 인내심을 잃고 체면도 포기한 채 외무부에 직접 그 문제를 추궁했다. 결국 모든 것이 사업 때문이었다. 인기가 없는 허버트 후버는 곧 백악관에서 물러날 것이고, 그러면 대사로서의 멜론의 직무가 종료될 것이 확실하므로 멜론의 절박함은 더욱 커졌다. 영국 외무부의 고위 관리는 "미국 대사가 자신의 사업을 위한 이권 확보에 첨예한 관심을 갖고 있다는 것과 그의 임기가 끝나간다는 점은 강경한 발언이 되풀이되는 데에 대한 근거로 설명될 수 있다"라고 평했다. 사실 멜론의 집착은 너무 강해서, 국무부의 고위 관리가 '멜론에게 이 문제에 너무 신경 쓰지 말라고 요청해야 한다'는 의견을 국무장관에게 건의했을 정도였다.

석유국은 마침내 두 입찰에 대한 분석을 끝냈다. 1933년 1월 쿠웨이트의 영국 정청은 수장에게 그 내용을 전달했다. 그러나 그것으로는 아무 문제도 해결되지 않았다. 앵글로-페르시안과 걸프사 간에 고소와 위협이 난무하는 등 더욱 격렬한 갈등만 낳게 되었다. 그러나 앵글로-페르시안은 힘을 잃고 있었다. 1932년 11월, 앵글로-페르시안의 이권에 대한 수장의 일방적 거부로 페르시아에서의 위치가 흔들리게 된 것이다.[24]

입찰 경쟁을 피할 수 있는 대안도 있었는데, 바로 협력이었다. 양 회사는 상대방의 강한 결의와 배후 세력에 대해 깊은 인상을 받았다. 앵글로-페르시안에는 미국의 부와 정치적 영향력이, 걸프사에는 그 지역에서 쌓아온 영국의 세력이 눈에 띄었다. 캐드먼은 멜론 대사에게 합병의 가능성을 시사했다. 그러나 명확한 대답은 없었다. 멜론이 대사에서 물러나 미국으로 돌아갔을 때, 미국의 석유업계에서는 '멜론이 쿠웨이트와의 관계를 지속할 것을 확정짓고 귀국했다'라는 말들이 나돌았는데 이 상황에 대해 캐드먼은 고민에 빠졌다.

1933년 3월 말, 캐드먼은 해약된 석유 이권에 대해 수장과 협의하기 위해 런던을 떠났다. 그는 석유 이권의 세부적인 내용을 상의할 만반의 준비를 갖추고 쿠웨이트에 도착했다. 캐드먼의 갑작스러운 방문에 놀란 홈스 소령은, 캐드먼의 약속 시간보다 몇 시간 전에 수장을 만나, 캐드먼이 어떤 조건을 제시하더라도 그것보다 유리한 제안을 하겠다고 약속했다. 캐드먼은 다스만 궁에서 열린 회의에서 "수장이 원하는 것을 얻기 위해서는 영국 기업이 훨씬 낫습니다"라고 발언해서 공감을 얻으려고 애썼다. 수장은 "협정에 명시된 지불만 이행된다면 국적은 문제가 안 된다"라고 답변했다. 그러자 캐드먼은 탁자 위에 준비된 입찰서를 올려놓고 금으로 만든 펜을 꺼내 서명하라고 수장에게 건네주었다. 그는 "수장께서 지금 협정안에 서명한다면 제안을 두 배로 올리겠습니다. 그러나 더 이상의 제안은 없습니다"라고 말했다. 수장은 정중하게 유감의 뜻을 전달할 수밖에 없었다. 그는 이미 캐드먼이 제시하는 안보다 더 유리한 제안을 할 수 있는 기회를 걸프사에 주기로 홈스에게 약속해놓았으며 그 말을 철회할 수 없는 입장이었다. [25]

캐드먼은 놀라고 당황하면서, 협정이 걸프사와 체결될 수밖에 없다고 생각했다. 두 명의 구매자란 협상에서 매우 불리했다. 수장은 서로를 견제하게 함으로써 가격을 계속 올릴 것이었다. 게다가 입찰 경쟁에서 앵글로-페르시안이 패배하지 않는 것을 보장해줄 유일한 방법은 걸프사와 합작 투자회사를 설립하는 것이었다. 두 회사 간에 불꽃 튀는 토론이 오고 갔다. 1933년 12월, 그들은 50 대 50으로 합작 투자회사를 설립하는 최종안에 도달했다. 회사 이름은 쿠웨이트 석유회사Kuwait Oil Company였다. 그러나 여전히 미국 기업 내의 팽창주의 세력을 두려워한 영국 외무부는 쿠웨이트 석유회사의 실제적인 운영권은 영국이 가져야 한다고 주장했다. 그 결과 1934년 3월, 걸프사의 50% 지분에도 불구하고 영국이 쿠웨이트 내의 개발에 대한 주도권을 확보하는 새로운 협정이 영국 정부와 쿠웨이트 석유회사 간에 체결되었다.

신설 쿠웨이트 석유회사가 아마드 수장에게서 석유 이권을 인수받기 위한 실제적인 협상은 두 사람에게 위임되었다. 걸프사 측에서는 노장인 프랭크 홈스가, 앵글로-페르시안 측에서는 젊은 아치볼드 치솜이 맡았다. 두 사람이 세관을 거쳐 이라크에서 쿠웨이트로 넘어갈 때 정무 담당관은 '두 분을 신의 이름으로 환영합니다'라는 내용의 호의적인 편지를 보냈다. 두 회사 간의 경쟁은 이제 제 길로 가는 것처럼 보였다. 쿠웨이트에 도착하고 얼마 되지 않은 일요일 아침, 홈스와 치솜은 미국 선교단이 운영하는 작은 교회에 나란히 자리하게 되었다. 그날의 설교는 지복至福에 관한 것이었다. 설교 중 '순수한 양심에 축복을!'이라는 내용이 나오자 홈스 소령이 치솜의 옆구리를 찌르며 "드디어 당신과 나는 서로에 대해 순수한 마음을 갖게 되었소"라고 속삭였다.

그러나 그들의 일이 끝난 것은 아니었다. 서로를 견제하게 함으로써 이득을 노렸던 아마드 수장은 만만찮은 교섭가였고 이라크와 페르시아, 사우디아라비아의 정세 전개와 이권의 조건에 대해 너무나 잘 알고 있었다. 게다가 수장은 영국이 주도권을 갖는 정치적 협정을 달가워하지 않았다. 그러나 1934년 12월 23일, 원하는 모든 것을 얻은 아마드 수장은 쿠웨이트 석유회사에 75년간의 이권을 주는 협정에 서명했다. 수장은 3만 5,700파운드(17만 9,000달러 상당)를 선불로 받았으며, 거래가 가능할 정도의 석유가 발견될 때까지는 연간 최저 7,150파운드(3만 6,000달러)를 받게 되었다. 석유가 발견되는 경우는 매년 최저 1만 8,800파운드(9만 4,000달러)를 받고, 그 이상은 생산 물량에 따라 보장받을 수 있었다. 수장은 오랜 친구인 홈스를 런던 쿠웨이트 석유회사의 대표로 지명했으며, 홈스는 1947년 타계할 때까지 그 직책을 맡았다.[26]

항공 관측으로 석유를 찾다

쿠웨이트의 석유 이권 계약은 사우디보다 1년 반 늦게 이루어진 것이다. 당시 캘리포니아 스탠더드오일은 이미 사우디아라비아에서 바쁘게 일을 진행하고 있었다. 그들은 석유 이권을 관리하기 위해 캘리포니아-아라비안 스탠더드오일, 즉 카속casoc을 설립하고 지다에 본사를 두었다. 카속의 본사가 설치된 빌딩은 자체 발전 시설과 발코니를 갖춘 대형 빌딩이었는데, 그 빌딩의 주인이 바로 필비였다.

1933년 9월, 처음으로 미국인 지질탐사가 두 명이 바레인으로부터 모터보트 편으로 주바일에 도착했다. 그들은 그곳 주민들에게 이상하게 보이지 않기 위해 턱수염을 기르고 아랍식 두건과 복장을 착용했으며, 아침 일찍 부두에 배를 정박시키고 저녁 무렵까지 첫 번째 사막 출정을 준비했다. 며칠 후 그들은 어느 언덕에 도착했는데, 바레인에 있을 때 비밀리에 관찰하면서 지질구조를 확인해둔 담맘 돔 지역이었다. 모래와 바위투성이인 황량한 지역이었지만, 소칼이 석유를 발견한 바레인의 지질구조와 똑같은 지형에서 겨우 25마일 떨어져 있었다. 그들은 '틀림없이 명중'이라고 확신했다.

굴착은 1934년 여름에 시작되었다. 지질탐사가, 기술자 및 건축 노동자들이 필요로 하는 장비와 음식은 로스앤젤레스 부근의 산페드로 항에서 수송해 왔다. 처음의 낙관적 전망과는 반대로, 담맘 돔은 명중된 지점이 아니었다. 처음 6개의 유정은 모두 실패로 끝났다. 석유가 전혀 나오지 않거나 기껏해야 약간의 유징만 보였을 뿐, 상업성과는 거리가 멀었다.

그 후 수년간 더 많은 미국 지질탐사가들이 도착하여 사막을 부채꼴 형태로 조사했다. 그들은 이동할 때 주로 낙타를 이용했고, 10명의 경비원과 안내자를 대동했다. 기후 조건은 최악이었다. 한낮의 기온은 46℃까지 올라갔고 밤에는 혹독하게 추웠다. 그들이 주바일에서 출발한 것이 9월이었는데, 다음해 6월에야 돌아올 수 있었다. 안내인들은 여행 거리를 킬로미터나 마일로 측정하지 않고 '낙타의 이동 일수'로 계산했다. 주바일에서 출발한 후 3주 정도지나, 사막의 오지에 떨어진 그들은 더 이상 낙타로 물자를 공급받지 못했다. 영양과 새를 잡아먹어야 했고, 지나가는 베두인 유목민에게서 5리얄(1.35달러 상당)을 주고 양 한 마리를 사기도 했다.

그러나 그들은 신기술인 지진 관측을 제대로 활용했고, 페어차일드 71형단발 비행기를 이용해 항공 관측도 병행했다. 비행기 바닥에 작은 구멍을 내서, 사막의 열기에도 견딜 수 있도록 코닥사가 특별 제작한 필름으로 사진을찍었다. 비행기는 6마일 간격으로 평행하게 비행했고, 그동안 지질탐사가들은 창문에 앉아 전후좌우 3마일 이내의 가시 물체를 모두 그림으로 옮겼다. 석유 발견의 실마리가 거기에 있었다.

샌프란시스코에 있는 소칼사 경영진의 걱정은 점점 더 커졌다. 이 프로젝트에 대한 분위기는 "그 사업을 포기하고 지출된 경비 1,000만 달러를 전부손실 처리해야 할지에 대해 공개적인 논란이 있었다"라는 한 중역의 회상에서짐작할 수 있었다. 그러나 또 다른 경계 대상도 있었다. 소칼사가 판매망을 확보하지 못한 상황에서 석유가 발견된다면, 세계 석유시장은 다시 공급 과잉으로 타격을 받게 될 것이다. 한마디로 '소칼사가 아라비아 사막에서 석유를 발견할 경우 어떻게 해야 할 것인가?'에 대한 문제였다.[27]

이번에는 청선협정靑線協定

사실상 소칼은 바레인에서의 석유 발견으로 인해 이미 성가신 문제에 직면해 있었다. 그곳의 생산 능력은 일일 1만 3,000배럴, 잠재 능력은 일일 3만배럴로 평가되었다. 1935년 상반기, 소칼은 시장 확보가 어려워 바레인에서의 원유 생산을 일일 2,500배럴로 낮췄다. 유럽의 정제업자들은 유황이 많은 바레인산 원유를 처리할 장비를 갖추지 못했기에, 판매하는 데 더 큰 어려움이 있었다. 뉴저지 스탠더드오일, 쉘, 앵글로-페르시안과의 석유 거래가 모두 끊어졌다. 소칼은 다른 것, 즉 안정적인 어떤 것이 필요했다. 그 답은 합작투자에 있었다. 1936년 초, 의기소침한 소칼사의 사장 K. R. 킹즈베리가 뉴욕에 도착했다. 투자은행인 딜론 리드의 사장 제임스 포레스탈은 킹즈베리('킹'이라는 이름으로 알려져 있음)를 텍사코사의 최고 경영자와 대면하게 했다. 포레스탈은 텍사코에 소칼이 직면한 것 이상의 심각한 문제가 있다고 생각했다. 텍사코는 아프리카와 아시아에 광범위한 판매망을 갖고 있었지만, 동반구에서는 그 체계를 이용해 판매할 자체 원유가 없어서 미국에서 가져다 팔고 있었다. 텍사코는 만약 중동의 공급이 없으면 앞으로 수년 내에 시장을 잃고 적자를 보게 될 것이라 판단했다. 포레스탈은 소칼이 보유한 저렴한 중동 원유와 텍사코사의 동반구 시장을 결합한다면 양사에 큰 의미가 있을 것이라 확신했다.

딜론 리드 은행의 부사장인 폴 니츠의 도움으로, 포레스탈은 새로운 거대기업을 탄생시키는 계획을 성사시켰다. 소칼과 텍사코는 '수에즈 동부'에 있는 그들의 자산을 출자하고, 각 회사는 새로운 사업에 동등한 권리를 갖게 되었다. 소칼은 동인도의 석유 이권뿐 아니라 바레인과 사우디의 석유 이권을 내놓았다. 합작투자사는 텍사코가 보유한 아프리카 및 아시아의 광범위한 시장망을 인수했다. 다른 기업들이 '적선협정'을 공유한 것에 반해, 소칼과 텍사코는 '청색 선Blue Line'으로 자신들의 확고한 지역을 구분했다. 이로써 칼텍스라는 이름으로 알려진 캘리포니아-텍사스는 바레인산 석유와 사우디아라비아에서 개발될 석유에 대한 중요한 판로를 보유하게 되었다.

바레인산 석유가 세계 석유시장을 교란할 것을 걱정하던 기존 석유 기업

들은 소칼과 텍사코의 제휴로 한시름 놓게 되었다. 바레인 내에서의 소칼의
활동에 진저리를 치면서 매점행위를 불평하던 이라크 석유회사는 합작회사
가 설립됨에 따라 "시장의 혼란이 최소한도로 감소될 것이며, 영국의 석유 이
해관계에도 유리하다"는 의견을 외무부에 보냈다. 뉴저지 스탠더드오일의 한
중역은 "합병으로 상당한 안정성이 확보될 것이다"라고 달리 표현했다. 칼텍
스의 설립으로 사우디아라비아에서 새로 발견되는 석유가 모두 처리되겠지
만, 그것이 반드시 가격을 하락시키지는 않을 것이다. 인접국 쿠웨이트는 이
미 앵글로-페르시안 및 걸프사와 신뢰관계를 구축해놓고 있었다.[28]

드디어 발견!

쿠웨이트에서의 석유탐사는 1935년에 시작되었고, 1936년 들어서야 비
로소 지질 관측이 실시되었다. 쿠웨이트 동남부 버간은 가장 유망한 지역으로
관측되었고, 1938년 2월 23일 기대 이상으로 놀랄 만한 양의 석유가 발견되
었다. 유전의 규모를 측정하기 위해, 인근 모래 저수조에 무한정 원유가 흘러
들게 한 다음 불을 붙였다. 석유 연소열이 너무 강해 저수조의 모래 둑이 유리
판으로 변형될 정도였다. 앵글로-페르시안과 걸프사의 중역들은 안도의 한
숨을 내쉬었다. 홈스 소령의 기쁨은 말할 필요도 없었고, 다스만 궁의 아마드
수장은 양식 진주로 인한 경제적 위기를 걱정할 필요가 없게 되었다.[29]
반면 이웃 사우디아라비아에서의 탐사는 실망의 연속이었다. 소칼의 이사
회는 점점 안달을 했다. 1937년 11월 소칼의 해외 생산 책임자는 상세한 계
획안을 제출하지 않는 한, 신규 사업에는 착수하지 말라고 엄중히 지시하는
전문電文을 아라비아로 보냈다. 쿠웨이트에서 석유가 발견되고 수주일 지난
1938년 3월, 놀랄 만한 뉴스가 터졌다. 담맘 지역 7호 시추정의 지하 4,727피

트 지점에서 대규모의 석유가 발견된 것이다. 담맘에서 시추를 시작한 이래 거의 3년 만의 일이었다. 사우드 국왕과 사우디아라비아는 돈더미에 올라앉게 되었고, 이제 왕국의 존속은 순례자 수의 변동과는 무관해졌다.

사우디아라비아에서 석유가 발견됨으로써 이라크 석유회사뿐 아니라 독일, 일본 및 이탈리아까지 이권을 얻기 위해 경쟁했다. 시추권을 획득하기 위한 이들의 경쟁은 마치 추축 세력들의 통합된 움직임처럼 보였다. 일본은 사우디아라비아에 외교대표부를 설치하고, 석유 이권과 중립지대에서의 국왕의 이권에 대해 기존 조건보다 높은 금액을 제시했다. 사우디아라비아 관리의 말을 인용하면 '천문학적인 액수'였다. 그들은 또한 옛날 무사의 갑옷을 국왕에게 선물하기도 했다. 하지만 그것은 덩치가 큰 국왕이 입기에는 너무 작았다. 독일은 거점을 확보하기 위해 바그다드 주재 공사를 사우디로 파견했고, 상주 대표부를 개설했다. 그들은 사우디와 무기 거래를 원했다. 한편 이탈리아는 사우디에 지속적인 압력을 가해 석유 이권을 확보하려 했다. 그러나 1933년 협정의 부속 비밀문서에 따라, 카속사가 사우디 영토에 대해 우선권을 갖고 있었다. 카속사는 1939년 5월 31일 우선권을 행사하여 44만 제곱마일에 달하는 절대적 이권 지역을 확보했다. 무려 미국 면적의 6분의 1에 해당하는 규모였다. 물론 그만한 혜택에 대한 대가가 지불되었다. 사우디의 재정 수요가 늘어남에 따라 소칼은 거듭해서 차관을 공여했는데, 총규모가 수백만 달러에 달했다.

그러나 반대급부를 고려한다면 그 정도 투자는 마땅한 것이었다. 1938년 3월, 7호 시추정에서의 석유 발견으로 새로운 시대가 열렸다. 다란에서는 필요한 산업, 행정, 주택 개발 작업들이 재빠르게 진행되었다(이 지역은 나중에 미국인 중류층의 주거구역으로 바뀌었다). 석유 발견 직후, 해안 선적 기지로 선정된 항구인 라스타누라와 유전지대를 연결하는 파이프라인이 건설되었다.

1939년 4월, 국왕과 대규모 수행원이 탄 400여 대의 차량 행렬이 사막을 가로질러 다란에 도착했으며, 그들은 350여 동의 텐트를 설치하고 야영에 들어갔다. 그들이 이곳에 온 것은 석유를 처음으로 선적하기 위해 라스타누라 항에 소칼의 유조선인 D. G. 스코필드 호가 입항하기 때문이었다. 이븐 사우드 국왕은 친히 석유 밸브를 열었고, 이로써 사우디아라비아산 석유의 최초 방출이 시작되었다.[30]

소칼은 광대한 사막 탐사를 서둘렀다. 시굴정이 1만 피트 정도 파고 들어갔을 때 대량의 석유가 매장되어 있을 징후가 나타났다. 1940년의 생산량은 일일 2만 배럴 정도였는데, 갈수록 늘어날 것으로 전망되었다. 그런데 바로 그때 제2차 세계대전이 발발했다. 1940년 10월, 이탈리아는 다란을 폭격했다 (사실은 바레인을 목표로 한 것이었다). 수개월이 지난 1941년 1월, 소규모 정유공장이 가동을 시작했지만 6월에 중단되었다. 인접 쿠웨이트에서는 전쟁 때문에 조업이 중단됐고, 연합국의 요청으로 쿠웨이트 내의 모든 유정은 시멘트로 매몰해 사용할 수 없게 했다. 유정들이 독일의 수중에 들어갈 것을 우려해서였다.

사우디아라비아에서도 석유 조업이 대부분 중단되고 미국인 고용자들은 고국으로 돌아갔다. 다만 기간요원들만 남아 하루 1만 2,000~1만 5,000배럴을 생산해 바레인 정유공장에 공급했다. 새로운 개발 활동도 중지되었고 모든 기업들은 일시 휴면 상태에 들어갔다. 하지만 사우디아라비아의 석유 부존에 대한 잠재력과 영향력은 새롭게 인식되어, 정치 세력의 투쟁 목표로 표면화되어갔다. 그 투쟁은 캘리포니아 스탠더드오일의 직원, 이븐 사우드 국왕, 그리고 심지어는 지하에 묻혀 있는 보물의 존재를 국왕에게 알려준 필비가 상상했던 것 이상으로 복잡하고 격렬했다.

잭 필비는 1930년대에 사우디아라비아에서 영화를 누렸다. 그는 사우디에서 지리적 탐사를 계속해나갔다. 제2차 세계대전이 발발한 후, 그는 팔레스타인의 할양 건에 대해 이븐 사우드와 시온주의 지도자였던 카임 와이즈맨 간의 중재자 역할을 수행했으나 성과는 없었다. 그의 몸에 밴 반영 감정은 누그러들지 않았다. 그는 연합국을 격렬히 비난했고, 인도 여행 중 체포되어 영국으로 압송되었다. 반년을 교도소에서 보낸 그는 전쟁이 끝날 때까지 평론, 시, 그리고 출판이 불가능한 책들의 저술로 시간을 보냈으며, 정치에 약간의 관심을 기울이기도 했다. 전쟁이 끝난 후 사우디아라비아로 돌아온 그는 더 많은 책을 저술했으며, 전후의 석유 붐 속에서 무역업을 통해 많은 돈을 벌었다. 국왕은 그에게 젊은 여인을 하사했고, 그는 65세의 나이에 자식을 보기도 했다.

이븐 사우드가 세상을 떠나고 그의 아들이 새로운 국왕이 되자, 필비는 그의 낭비벽을 비판했다. 그로 인해 사우디아라비아에서 쫓겨났으며, 수년 후에야 돌아오는 것이 허용되었다. 1960년 아들 킴을 만나기 위해 베이루트로 가던 필비는 병에 걸려 병원으로 급송되었다. 파란만장하고 대담무쌍하며 극적인 삶을 누렸던 그가 이제 무의식 상태로 누워 있었다. 잠시 의식을 회복한 필비는 아들에게 "너무 지겨워!"라는 말을 중얼거리고는 이내 숨을 거두었다. 레바논의 이슬람 묘지에 있는 그의 무덤에는 아들 킴이 마련한 '아라비아의 위대한 탐험가'라는 비문이 새겨진 비석이 세워졌다.

'석유의 대부'인 프랭크 홈스 소령은 어떻게 되었을까? 그는 모든 아라비아의 석유사업을 착안하고, 계획하고, 발전시킨 사람이다. 1940년대 중반, 아라비아가 석유로 돈방석에 올라앉게 되는 것이 확실해지자, 쿠웨이트 석유회사의 런던 대표로 있던 홈스에게 한 가지 질문이 던져졌다. 세계 최고의 지질 전문가들이 한결같이 아라비아에서는 석유가 나올 수 없다고 판단했음에도 불구하고 석유 생산의 가능성을 확신했던 이유는 무엇일까? 젊은 시절 광산

기술자로 일한 경험을 통해, 이론적인 조언은 아무리 전문적이고 권위가 있다 하더라도 예외가 있을 수밖에 없다는 것을 배웠기 때문이다.

그러나 그는 손가락으로 자신의 코를 톡톡 두드리면서 "이것이 내게 조언 해주는 지질탐사가라오"라고 대답했다.[31]

Chapter 03

전쟁과
석유

THE
PRIZE

일본의 도발

1931년 9월 18일 밤, 일단의 일본 군인들이 남만주 철도를 폭파했다. 그들은 중국의 반자치령^{半自治領} '만주'에 주둔한 일본 육군부대 소속이었다. 폭파 규모는 비교적 작았다. 철로가 겨우 31인치 파손된 정도로, 몇 분 후에 급행 열차가 폭파 지점을 어려움 없이 통과할 수 있었다. 하지만 그것은 폭파에 관여한 군인들이 의도한 바였다. 남만주 철도는 일본의 관할 아래 있었는데, 그들이 의도했던 바는 피해를 최소화하면서 폭파의 책임을 중국 측에 전가하는 것이었다. 그럴듯한 구실을 찾은 일본군은 즉각 중국군에 대해 공격을 개시했다. 이것이 바로 만주사변의 시작이며, 전후^{戰後} '암흑의 골짜기'라 불리게 된 일본 역사의 한 시대가 시작된 계기였다.

일본은 1895년의 청일전쟁과 1905년의 러일전쟁에서 승리한 후 중국과의 조약을 통해, 만주 내에서의 군대 주둔을 포함해 많은 경제적·정치적 특권을 획득했다. 1920년대 말 일본에서는 만주의 완전 통치를 요구하는 목소리가 높았다. 당시 일본 수상은 만주를 '일본의 생명줄'이라 표현했다. 만주는 인구가 과밀한 일본이 필요로 하는 '생활의 공간'과 자원을 제공하며, 군사력 강화에도 매우 중요했다. 더욱이 지리적으로 보아도 만주 지배는 일본의 안전 보장에 절대적이라고 생각되었다. 일본 육군 내에서는 중국의 민족주의와 소련의 공산주의라는 두 가지 위협에 대해 우려의 목소리가 높아가고 있었다. 태평양 지역에 이해관계를 갖고 있던 다른 열강들은 일본이 불과 수십 년 만에 경제력과 아울러 가공할 만한 군사력을 갖게 되었다는 점을 크게 경계하고 있었다.[1]

우리는 일본을 신뢰해야 하는가?

제1차 세계대전 중 미국의 해군 차관보를 지냈던 프랭클린 루스벨트는 1923년 일본 문제에 대한 논의가 한창일 때 '우리는 일본을 신뢰해야 하는가?'라는 제목의 논설문을 썼다. 편집자는 논설의 첫머리에서 루스벨트의 재임 기간 중 주요 임무가 '일본과의 전쟁에 대비하는 것'이었다고 밝혔다. 루스벨트는 '제1차 세계대전이 발발하기 오래전에 예언자들이 가장 가능성이 높다고 지적한 것은 미일전쟁美日戰爭이었으며 가까운 장래에 반드시 미일전쟁이 일어날 것으로 생각한다'라고 기술했다. 또한 전쟁이 발발한다면 군사적으로는 교착상태에 빠지고 '경제적인 요인이 승리를 결정하게 될 것이다'라고도 썼다. 루스벨트는 '우리는 일본을 신뢰해야 하는가?'라는 질문에 대해서 당연히 그렇다고 대답했다. 일본은 과거와는 다르게 변했으며 국제적인 약속을 준수하고 있었다. 그들은 미국과 영국이 주도하는 제1차 세계대전 이후의 군축 체제에도 참여하고 있었다. 루스벨트는 '태평양 지역에서 일본과 미국은 무한한 미래까지 충분히 나누어 가질 수 있을 만큼 충분한 경제적 기반을 갖고 있다'라고 기록했다.[2]

1920년대를 겪으면서 루스벨트의 분석이 옳았음이 입증되었다. 일본에서는 의회정치가 제 기능을 다하고 있었다. 1921년에 개최된 워싱턴 해군회의에서는 태평양 지역에서 일본, 미국, 영국 등의 해군이 군비확장 경쟁을 억제하고, 일본은 영국과 미국과의 협력에 기초해 안전 보장을 강구하도록 했다. 그러나 이 협조 체제는 그 후 10년을 넘기지 못했다. 일본의 군부, 특히 육군이 정권을 잡게 되면서 동아시아 지역에서 식민지 확장에 착수한 것이다. 더욱이 일본은 '대동아공영권大東亞共榮圈'을 주창하며 이 지역에서 서방측 열강을 배제하고자 했다.

일본이 이렇게 결정적인 노선 전환을 하게 된 데는 여러 가지 이유가 있었다. 대공황으로 인한 세계 무역시장 붕괴로 일본은 경제적 곤란에 빠지게 되었다. 자원 부족과 각국의 무역 규제 강화는 일본으로 하여금 자국 경제력의 취약성을 통감하게 했다. 동시에 일본의 육군과 사회 지도층은 극단적인 국가주의, 왜곡된 도덕심과 교만, 일본 문화와 황실, 황도皇道가 우월성을 가지고 있다는 신비주의적 신념에 사로잡혀 있었다. 일본은 구미 열강이 자신들을 이류 국가로 전락시키고, 아시아 지역에서 일본의 지위를 부정하려 한다는 생각을 조장했다. 미국, 영국과 해군 군축조약을 추진한 하마구치 오사치 수상은 1930년 2월의 선거에서 대승했다. 그러나 수개월 후 미·영과의 협조 노선에 분개한 청년이 도쿄 역에서 하마구치를 저격함으로써 조약 반대파의 힘을 소생시켰다. 하마구치는 건강을 회복하지 못한 채 다음해에 사망했다. 하마구치와 함께 협조의 정신은 죽고, 그 대신 '암살에 의한 정부'의 후원으로 초국가주의에 대한 숭배가 대두했다. 일본은 괴뢰국가인 만주국을 세우고 청나라의 마지막 황제인 푸이를 명목상의 황제로 옹립했다. 이를 국제연맹이 비난하자 일본은 연맹을 탈퇴해 독자적인 노선을 취했다. 결국 파국으로 가는 길로 들어선 것이다.[3]

아시아의 새로운 질서

그 후 수년간 도쿄에서는 '동아시아에서의 특별한 책임'과 '사명'이 강조되었다. 일본 정계는 자유주의, 자본주의, 민주주의를 퇴폐와 국력의 약화가 가져오는 부작용으로 취급했다. 당시 일본은 교조주의 운동, 비밀 결사 단체의 움직임 등으로 시끌벅적했다. 천황을 위해 싸우다가 죽는 것이 가장 영예로운 것으로 간주되었다. 한편 1930년 후반까지 군의 일부에서는, 근대전의 수행이라고 하는 극히 현실적인 문제에 대한 논의가 계속되었다. 종합전이라는 개념을 선전하기 위해 그들은 '국방 국가'의 건설이 필요하다고 호소했다. 국가 전체의 산업 및 물자가 궁극적으로 비상사태를 위해 준비되고 활용된다는 것이 '국방 국가'의 개념이다. 제1차 세계대전에서 독일의 패배를 실제로 보고 연구한 군인들은 독일의 패배 원인이 경제의 취약성, 다시 말해 상대적인 원자재 부족과 연합국의 해상 봉쇄였다고 판단했다. 그들은 일본이 독일보다 자원이 풍부하지 않음을 충분히 인식하고 있었다. 일본은 다른 열강들이 갖고 있지 않았던 문제에 직면했다. 바로 석유자원의 부재였다. 일본의 전체 에너지 소비 가운데 석유가 차지하는 비중은 불과 7%에 지나지 않았지만 전략적으로는 매우 중요했다. 석유의 대부분이 군사적 용도와 선박 연료로 사용되었기 때문이다.

1930년 후반 일본의 석유 생산은 국내 소비량의 불과 7% 정도를 충당할 수 있었다. 나머지는 전부 수입에 의존했는데 80%는 미국에서, 10%는 네덜란드령 동인도제도에서 수입했다. 미국이 아시아에서 취하고 있는 정치적·경제적 '문호개방' 정책은 일본의 제국주의적인 야망과 전면적으로 대립하는 것이었다. 태평양 지역에서 일본과 미국 간에 전쟁이 일어난다면, 일본은 선박과 비행기의 연료를 어디에서 얻을 수 있을 것인가?

일본의 정책 방향에 결정적 역할을 했던 이 문제는 육군과 해군 사이에 심각한 분열을 야기했다. 육군은 만주와 중국 북부, 내몽고, 소련의 위협에 초점을 맞추었던 반면 해군은 북수남진北守南進, 즉 북쪽에서는 지키고 남쪽으로는 진출한다는 원칙에 의해 네덜란드령 동인도제도, 말레이시아, 인도차이나, 특히 태평양의 소군도小群島로 눈을 돌렸다. 해군은 이들 지역에 있는 많은 천연자원, 특히 무엇보다도 필요한 석유를 확보하고 싶어 했다. 그렇지만 육군과 해군 모두 최종목표는 일치했다. 즉 '황도에 기초한 공존공영의 정신'에 입각해 아시아를 재편하여 일본의 지배하에 둔다는 것이었다.[4]

만주사변이 발발한 직후인 1930년대 초, 일본 정부는 국책 수행에 협조하도록 석유산업을 통제하기로 했다. 일본 국내 시장의 60%는 구미의 2개 회사가 장악하고 있었는데, 로열더치 쉘의 계열사인 '라이징 선Rising Sun'과, '스탠백'이라 알려진 스탠더드 배큠이었다. 스탠백은 뉴저지 스탠더드와 뉴욕 스탠더드가 공동으로 설립한 극동 지역 담당 합병회사였다. 30개에 달하는 일본의 석유회사는 나머지 40%의 시장을 분할하여 지배하고 있었고, 미국의 석유생산업자들로부터 석유를 수입하고 있었다. 1934년 일본 군부는 시장에서의 열세를 만회하고자 했던 국내 업자들의 지지를 얻어 '석유산업법'을 통과시켰다. 정부가 수입 규제와 특정 기업에 대한 시장점유율 할당, 가격 통제, 강제구매 권한을 갖도록 한 것이다. 외국 기업은 의무적으로 정상 영업에 필요한 재고 수준을 넘어서는 6개월분을 비축해야 했다. 목적은 분명했다. 국내 자본으로 석유 정제 사업을 육성하고, 외국 기업에 대한 의존을 줄이며, 전쟁에 대비하기 위한 것이었다. 동시에 새로운 식민지인 만주에서 석유사업을 독점할 회사를 설립하려고 했는데, 여기에서도 그 목적은 구미 기업의 배제였다.

외국 기업들도 일본의 저의를 파악하고 있었다. 영국과 미국, 양국 정부는 일본의 새로운 석유 정책에 통제의 색채가 농후하다고 비난했다. 워싱턴과 뉴욕, 런던에서는 이에 대한 보복으로 전면적인 혹은 부분적인 대일 금수조치를 취하고 일본에 원유 공급을 억제해야 한다는 의견이 대두되었다. 1934년 8월, 헨리 디터딩과 월터 티글은 워싱턴을 방문해 국무부 담당관과 석유국장 해럴드 익스를 만났다. 그들은 석유업계의 대표로서 금수조치를 시행해 일본의 태도를 변화시키자고 제안했다. 그들은 금수조치라는 위협이 도쿄에 전해지면 정책을 바꾸지 않을 수 없을 것이라 기대했다. 같은 해 11월, 영국 내각은 일본의 석유 정책에 대해 가능한 한 엄격한 대응 조치를 취해야 한다는 외무부의 방침을 승인했다. 민간 기업이 독자적인 대일 금수조치를 결행하는 경우에도 정부가 이를 지지한다는 내용도 포함되어 있었다. 그러나 미국 국무장관 코델 헐은 미국 정부는 이런 행동을 지지하지 않는다는 점을 명백히 하고, 대일 금수조치를 둘러싼 논의에 종지부를 찍었다. 1937년 여름까지 석유회사와 일본 정부 간의 대립과 긴장은 한층 고조되었다. 일본의 주변 상황이 갑자기 변한 것이다.[5]

격리 정책

1937년 7월 7일 밤부터 다음날 아침에 걸쳐, 베이징 외곽의 노구교蘆溝橋, Marco Polo Bridge에서 일본군과 중국군 간에 두 건의 충돌이 있었다. 전투는 그 후 몇 주간 지속되었다. 중국의 국민당 정부는 일본에 더 이상 양보하는 것을 단호히 거부했다. 국민당의 지도자인 장제스는 "우리 영토를 이 이상 한 치라도 양보하는 것은 민족에 대한 죄를 범하는 것이다"라고 선언했다. 한편 일본은 이번 기회에 중국을 응징해야 한다는 판단 아래, 육군의 '철저한 공격'이 이어지고 있었다. 최초의 충돌이 있고 한 달여가 지난 8월 13일, 중국군은 상하이에 있는 일본 해군기지를 폭파했고, 이를 계기로 일본과 중국은 전면전에 돌입했다.

일본 경제는 전시 체제로 바뀌었고, 정부는 외국 석유회사와의 관계 회복에 착수했다. 일본은 석유 공급이 혼란에 빠지는 것을 원하지 않았다. 국가 총동원령을 제정하기 위해 소집된 임시국회에서는 '합성석유 제조 사업법'이 가결되었다. 이 법률에 의해 합성석유의 증산을 지향하는 7개년 계획이 마련되었다. 합성석유는 주로 석탄에서 생산되는 액체 연료였다. 이 계획에 의하면 1943년까지 국내 석유 소비량의 절반을 합성석유로 공급하게 되어 있었다. 야심에 찬 계획이었지만 극히 비현실적이었다.

중일전쟁의 초기 단계부터 미국의 정책과 여론은 중국을 침략의 희생자로 생각하여 중국을 지지했다. 그렇지만 미국은 여전히 고립주의를 취했다. 프랭클린 루스벨트가 전직 해군 차관보로서 '우리는 일본을 신뢰해야 하는가?'라는 제목의 논설을 쓴 지 14년이 지났다. 이제 대통령이 된 루스벨트는 국내의 정치적 한계와 해외에서 벌어지는 사태의 불길한 진행에 좌절감을 느꼈다. 1937년 10월에 행한 연설에서 그는 '무법 상태라고 하는 전염병'이 확산되는 것을 막기 위해서는 '격리정책'을 써야 한다는 생각을 시사했다. 양쯔 강에 있던 미국 선박 4척이 일본군의 공습을 받았을 때, 루스벨트는 각의閣議에서 "격리정책이라는 것은 선전포고를 하는 것이 아니라 경제 제재를 실시하는 것이다"라고 비공식적으로 발언했다. 그러나 여전히 고립주의와 중립법中立法에 부딪쳐 그 생각을 실행에 옮기는 것은 불가능했다.[6]

일본군이 중국 민간인을 공격했다는 소식이 잇따라 전해지면서 일본에 대한 미국의 여론은 한층 험악해졌다. 1938년 일본군의 광둥 폭격이 신문과 방송에 보도된 직후 실시된 여론조사에 의하면, 미국 국민 대다수는 군수물자의 대일 수출에 반대하고 있었다. 그러나 루스벨트 정권은 강경 대처가 일본 내의 온건파를 약화시킬 수 있다는 점을 우려했다. 또 대일 강경책으로, 한층 심각하고 절박한 위협인 나치 독일에 대항하는 미국의 힘이 분산되는 것을 우려했다. 그래서 항공기와 항공기용 엔진의 '인도적 금수'를 결정했을 뿐이었다. 하지만 이런 조치는 법적 구속력이 결여된 것으로, 국무부가 미국 제조업체들에게 '일본에 제품을 판매하지 말라'고 요청하는 편지를 전달하는 데 그쳤다. 미국 정부는 일본과 독일의 관계 강화 움직임에 대해서도 불안감을 느꼈다. 1936년 일본과 독일은 소련을 대상으로 한 반공협정反共協定을 체결했다. 하지만 일본은 그 이상의 긴밀한 관계를 맺자는 독일의 요청을 거절했다. 일본의 설명에 따르면 중요한 자원, 그중에서도 석유를 미국과 영국에 의존하고 있었기 때문에 이들 민주주의 국가와 대립하는 것은 바람직하지 않다는 것이었다.

일본은 모순된 입장에 처해 있었다. 자원 조달이란 측면에서는 미국에 대한 의존이 불가피했다. 특히 군함과 군용기의 연료가 되는 석유 대부분을 미국에 의존하고 있었기 때문에, 대미 전쟁이 벌어지면 큰 타격을 입을 것이 확실했다. 그러나 안전 보장과 자립을 지향한 '공영권'을 확립하려면 반드시 미국과 전쟁을 벌여야 했다. 1930년대 후반, 중국과의 전쟁을 위해 물자가 더 많이 필요해지자 미국에 대한 무역 의존도는 한층 높아졌다. 게다가 외화 사정이 악화되어 수입 대금의 지불도 어려웠다. 일본 국내에서는 석유를 비롯한 연료의 할당제 등 물자의 엄격한 공급 제한이 실시되었다. 동시에 전시 경제 체제의 정비도 지연되었다. 일본의 주 식량원인 생선을 잡기 위한 고기잡이배에도 석유 사용이 금지되었고, 대신 풍력을 이용하게 했다.7

1939년 들어 미국은 일본의 행동에 대해 분명한 반대 입장을 표명했다. 루스벨트와 헐은 여전히 대일對日 강경책과 유화책의 중간 입장을 취했다. 너무 강경한 조치를 취하면 태평양에 심각한 위기를 몰고 올 수 있고, 유화책은 일본의 침략을 조장할 우려가 있었기 때문이다. 일본군에 의한 중국 민간인 밀집지역 공격, 특히 충칭 폭격은 「타임」지에 표제 기사로 실렸다. 「타임」지 특파원인 화이트가 '역사에 기록될 만한 가공할 위협'이라는 제목으로 쓴 기사는 미국인들에게 커다란 충격을 주어 여론을 들끓게 했다. 일본에 대한 비협력을 호소하는 위원회 등 미국의 여러 그룹이 대일 수출을 금지시키기 위해 활발한 운동을 벌였다. 당시엔 "미국이 비행기와 휘발유, 기름, 폭탄을 대주어 일본 조종사들이 중국의 도시를 폭격하고 있다"라고 기록한 선전물도 있었다. 6월에 행해진 갤럽 여론조사에 의하면, 미국 국민의 72%가 군수물자의 대일 수출을 반대하는 것으로 나타났다.

루스벨트 정권도 이제까지 검토되었던 경제 제재를 포함해 대응책에 대해 진지하게 논의했다. 그러나 주일 대사 조셉 그루는 일본 측의 예상 반응에 대해 경고했다. 즉 일본이 구미 열강들로부터 수모를 당해 체면을 잃게 된다면 무슨 짓을 할지 모른다는 것이었다. 1939년 가을, 그루는 워싱턴으로 돌아와 루스벨트와 두 차례 회의를 가졌다. 그는 일기에 다음과 같이 기록했다. '나는 대통령에게 내 의견을 분명히 전했다. 일본에 대해 일단 제재를 가하기로 결정했다면 최후까지 지속되지 않으면 안 된다. 최후라는 것은 결국 전쟁을 의미한다. 만약 우리가 일본에 석유 공급을 중단하고 다른 나라들에서도 석유가 유입되지 않아 안전의 확보가 불가능하다고 판단한다면, 일본이 네덜란드령 동인도제도에 함대를 파견하는 것은 당연지사일 것이라고 대통령에게 전했다.'

루스벨트는 "일본 함대의 행동은 간단히 막을 수 있다"라고 자신 있게 대답했다.

그루는 자신의 생각을 전했지만 취해야 할 정책에 대해서는 말하지 않았다. 루스벨트는 석유 수출을 금지할 계획은 갖고 있지 않았고, 그루에게는 강력한 발언을 했지만 일본과 충돌하는 위험을 감행할 수는 없다고 생각했다. 그러나 석유는 미·일 간의 피할 수 없는 중대 문제로 발전하고 있었다.[8]

1년 전인 1938년 9월, 헤이그에서 활동하는 미국 사업가 두 명이 라디오 뉴스에 귀를 기울이고 있었다. 한 사람은 뉴저지 스탠더드와 뉴욕 스탠더드의 극동 지역 합병회사인 스탠백의 사장인 조지 월덴이었고, 또 한 사람은 네덜란드령 동인도제도에 있는 스탠백의 석유 생산회사 사장인 땅딸보 로이드 엘리엇이었다. 당시는 뮌헨 협정Munich Pact(1938년 독일·이탈리아·영국·프랑스 간에 맺어진 조약으로 체코슬로바키아 해체 문제를 둘러싸고 영국·프랑스가 독일·이탈리아에 굴욕적인 양보를 했음)으로 유럽은 전쟁의 벼랑 끝에 서 있었다. 영국과 프랑스는 체코슬로바키아 문제에 대한 히틀러의 요구에 굴복했다. 영국 수상 체임벌린은 '우리 시대의 평화를 유지하기 위해서'라고 말했다. 그날 라디오에서 흘러나오는 히틀러의 연설을 열심히 듣던 월덴과 엘리엇은 유럽만이 아니라 아시아에서도 전쟁이 불가피하다는 것을 감지했다. 아시아에서 전쟁이 일어나면 일본은 반드시 동인도제도를 공격할 것이라 확신한 것이다. 엘리엇의 말에 따르면 '문제는 언제 어떻게 공격을 할 것인가'였다.

그날 밤 월덴과 엘리엇은 일본군의 침공에 어떻게 대응할 것인지에 대해 검토했다. 두 사람은 지체 없이 새로운 계획을 실행에 옮겼다. 첫 번째 조치로서 그들은 동인도제도에 있는 종업원 가운데 회사에 대한 충성심이 미심쩍은 독일인, 네덜란드인, 일본인들을 해고했다. 스탠백의 정유공장과 유전이 파괴될 경우에 대비한 것이었지만, 여기엔 일본에 대한 견제의 의미도 담겨 있었다. 1940년 초에는 철수 계획도 수립했다. 스탠백은 미국 법인이 아니었지만 미국이 대일 금수조치에 돌입할 경우 '전면적으로 협력하여 스탠백에서 일본으로의 수출을 금지하도록' 월덴은 직원들에게 지시해놓았다. 더욱이 그는 "일본 해군이 네덜란드령 동인도제도의 석유 시설을 점령할 우려가 커지고, '스탠더드를 위한 전쟁'에 반대하는 국내 여론으로 인해 미국이 동인도제도를 지키는 것이 불가능하게 되더라도, 우리는 대일 금수를 준수하여 석유 선적을 중지한다"라는 점을 명백히 했다.[9]

미국과 일본, 제1 라운드

미국으로부터 석유 공급이 중단될 것을 우려한 일본 정부는 대미 의존을 지양하고 자급자족 체계를 갖추는 쪽으로 방향을 바꿨다. 일본 정부는 대국민 선동을 개시했다. 'ABCD 포위망', 즉 미국, 영국, 중국, 네덜란드 4개국이 자원 공급을 거부해 일본을 압박하고 있다고 초등학교 학생들에게까지 선전한 것이다. 그러나 1939년 9월, 유럽에서 세계대전이 발발하자 일본의 입장이 유리해졌다. 1940년 5월부터 6월에 걸쳐 독일이 벨기에, 네덜란드, 프랑스를 격파함으로써 그들의 입장이 한층 공고해졌다. 중국 대륙으로 진격을 계속하던 일본은 식민 세력들이 일소되었으며, 극동에서는 영국을 제외하면 침략에 저항하는 힘이 존재하지 않는다고 생각했다. 일본은 자신의 힘을 과시하려는 듯이 런던에 망명하고 있던 네덜란드 정부에, 동인도제도에서의 석유 공급을 대폭 증대하도록 요구했다. 그러는 가운데 미국 정부는 주변의 동맹 세력을 잃은 영국이 극동에서 군대를 철수하는 것은 아닌지 우려했고, 중대한 결정을 내렸다. 미국 함대의 본거지를 남캘리포니아에서 하와이에 있는 오하우 섬의 진주만으로 이전한 것이다. 함대는 이미 하와이 근해에서 훈련 중이었고 이동은 신속하게 이루어졌다. 영국에 대한 지원과 일본에 대한 견제를 동시에 강화하기 위함이었다.

1940년 여름은 중대한 전환점이 되었다. 그해 6월, 일본은 남방으로의 진출을 개시했다. 새로 등장한 프랑스의 '협력 정권'에게 프랑스령 인도차이나에 일본군이 진주하는 것을 승인하도록 요구했고, 동인도제도에 대해서는 전쟁물자 공급을 보장하도록 요구했다. 영국에 대해서도 상하이에서의 철수, 버마로부터의 중국 지원 루트 폐쇄라는 두 가지 조치를 시행하지 않으면 전쟁도 불사하겠다고 경고했다. 같은 해 6월, 루스벨트는 헨리 스팀슨을 육군장관에 임명했다. 스팀슨은 대일 수출을 강력하게 비판하면서 미국의 대일 정책에는 신념이 부족하다고 지적했다. 1940년 7월 2일, 루스벨트는 나치의 서유럽 침공 후에 열린 긴급회의에서 가결된 '국가방위법'에 서명했다. 국가방위법 6조는 대통령에게 수출을 관리할 권한을 부여하고 있었는데, 이는 일본에 대한 석유 수출을 규제할 수 있는 근거가 되었다.

도쿄에서는 구미 열강과의 충돌을 피하자고 주장하는 지도자들이 급속히 힘을 잃고 있었다. 영·미와의 화해를 추구하자는 의견을 가진 인물을 살해하려는 기도도 있었다. 일본 수상도 그중 하나였다. 그해 7월에 있었던 음모는 실패로 끝났지만 그것이 의도하는 바는 백일하에 드러났다. 같은 달, 고노에 수상의 새로운 내각이 구성되었고, '면도날'로 알려진 도조 히데키 대장이 육군대신에 취임했다. 그는 일찍이 만주에서 관동군 참모장을 역임했다. 1931년 남만주 철도를 폭파하고 이를 중국 측의 도발 행위로 뒤집어씌웠던 그 관동군 말이다.[10]

1940년 7월 후반 도쿄와 워싱턴의 움직임은 미·일의 충돌을 유발하는 방향으로 치닫고 있었는데, 바로 석유 때문이었다. 일본은 동남아시아로의 진출이 중국과의 전쟁을 승리로 이끌 것이라 생각해 이를 가속화했다. 그들은 안정적 석유 공급원을 확보하겠다는 목표로 네덜란드령 동인도제도의 석유를 손아귀에 넣으려고 온갖 수단을 동원했다. 또한 일본은 통상적 수준을 훨씬 넘는 막대한 양의 항공 휘발유를 미국에서 수입하려고 시도했는데, 이런 움직임은 워싱턴에 경종을 울렸다.

1940년 7월 19일, 루스벨트는 보좌관들과의 회의에서 벽에 붙은 지도를 가리키며 이렇게 말했다. "나는 며칠 동안 이 지도를 바라보며, 세계가 처해 있는 난관을 타개할 수 있는 방법은 하나밖에 없다는 결론을 얻었다." 침략국에 대한 자원 공급, 특히 전쟁을 수행하는 데 필요한 연료의 보급을 중단하는 것이 그 결론이었다. 유럽의 침략국에 대해서라면 이런 조치를 취하는 것에 아무도 이론을 제기하지 않았을 것이다. 그러나 대상은 일본이었다. 일본에 대한 석유 금수조치가 사태를 악화시킬 것인지 개선시킬 것인지에 대한 격렬한 논의가 벌어졌고, 의견의 일치를 보지 못했다.

다음날 루스벨트는 태평양에서는 일본의 위협에 대해, 대서양에서는 독일의 위협에 대해 각각 대응하는 두 개의 '대양해군大洋海軍'을 창설하는 법안에 서명했다. 하지만 해군의 연료가 되는 석유를 일본에 수출할 것인가에 대한 결정은 계속 유보되었다. 재무장관 헨리 모겐소와 육군장관 스팀슨은 완전한 석유의 대일 금수를 주장하는 성명을 발표했다. 그러나 일본의 도발을 우려하는 국무부는 스팀슨의 성명에 수정을 가했다. 그 결과 금수 대상은 옥탄가 87 이상의 항공 휘발유와 일부 철광석 및 고철에 한정되었다. 미국의 비행기는 옥탄가 100인 휘발유를 사용하고 있었으므로 금수조치는 미군용 휘발유 공급을 확보하는 것이기도 했으나, 일본을 괴롭히는 것은 아니었다. 일본 비행기는 옥탄가 87 이하의 휘발유로도 비행할 수 있었기 때문이다. 더구나 약간의 사연화四鉛化 에틸렌을 혼입混入해 옥탄가를 높이는 방법도 있었다. 사실 일본은 1940년 7월의 성명 발표 이후 5개월 동안, 옥탄가 86의 휘발유를 그 이전에 비해 5.5배나 많이 수입했다. 따라서 금수조치는 기대만큼 실효를 거두지 못했고 수출 허가제만 효력을 발휘했을 뿐이다. 그러나 도쿄는 향후 있을지 모르는 사태에 대비해 경계의 끈을 늦추지 않았다.[11]

사태의 추이는 명백했다. 일본군의 인도차이나 진격, 독일과 이탈리아의 동맹 체결 움직임에 대해 미국은 1940년 9월 26일, 금수조치의 대상을 전체 철강과 고철로 확대했다. 그러나 석유는 여전히 제외되었다. 다음날 일본은 히틀러, 무솔리니와의 동맹에 정식으로 서명하고 추축국樞軸國 측에 가담했다. 루스벨트는 "유럽, 아프리카, 아시아에서 벌어지고 있는 전쟁은 세계적인 충돌의 일부다"라고 말했다. 유럽에서 영국은 정말이지 운명을 위협받고 있었다. 루스벨트는 유럽의 전쟁에 우선적으로 대처해야 한다고 생각하고 '유럽 최우선 전략'을 취했다. 모든 자원을 유럽으로 집중한다는 의미였다.

　루스벨트가 신중한 태도를 취한 데는 또 하나의 이유가 있었다. 대통령 선거가 1개월 후로 임박했고, 미국 역사상 처음으로 3선에 도전하던 루스벨트는 투표일 전까지 도발을 받을 위험을 감수할 생각이 없었기 때문이다. 미국 육군과 해군도 준비 태세를 갖출 때까지 일본과의 충돌을 피하기 위해 대일 석유 수출 금지에 반대하고 있었다. 한편 일본은 굴착 장치와 조립식 저장 탱크를 포함해 얻을 수 있는 모든 석유 공급원을 매입하는 데 혈안이 되어 있었다. 이 무렵 영국은 석유 금수조치를 원하게 되었다. 일본이 이대로 석유를 대량 비축하게 되면, 이후 어떠한 경제 제재 조치도 효과를 볼 수 없을 것이라 판단한 것이다. 그러나 루스벨트와 헐은 여전히 석유 금수에 반대하는 입장을 취했다.[12]

조용한 대화

　전쟁을 치르지 않고 일본의 아시아 지배를 저지할 수 있는 방법은 없을까? 무언가 간과하고 있는 것은 아닐까? 국무장관 헐은 몇 번이고 자문했다.

　답을 얻기 위해, 그는 주미 대사로 새로 부임한, 전직 일본 외상인 노무라 키치사부로 제독과 대화를 시작했다. 그들은 보통 보좌관 두세 명과 함께 워드맨 파크 호텔에 있는 헐의 아파트에서 밤중에 만났다.

　두 사람은 각자가 속한 계층을 대표하는 인물이었다. 장신에 은발인 코델 헐은 시골뜨기에서 국무장관까지 오른 입지전적인 정치가였다. 테네시 주의 통나무 오두막집에서 태어난 그는 순회판사가 되어 미서 전쟁美西戰爭(1898년 쿠바의 주권과 관련해 미국과 스페인 간에 일어난 전쟁으로, 그 결과 쿠바는 독립하고 푸에르토리코, 괌, 필리핀은 미국령이 되었음)에 의용군으로 참가한 후 하원의원에 당선되었다. 그는 주의 깊고 신중하며 '판단력이 좋아 매우 세밀한 부분까지 명확히 하는', 그리고 자신의 방식에 대해 단호한 인물이었다.

헐은 1933년 국무장관에 취임한 이래 하나의 목표를 추구했다. 즉 각종 무역장벽을 제거해 자유로운 국제 경제 체제를 구축하는 것이었는데, 그것이 세계 평화를 가져올 것이라 주장했다. 1941년 당시, 비록 노력의 결과는 나오지 않았지만 그는 결코 체념하지 않았다. 초인적인 인내력으로 미국과 일본의 관계가 파경을 피할 수 있는 방법을 모색했다. 그에겐 시간이 필요했다.

노무라 제독은 충돌을 피해야 한다는 점에서는 헐과 의견을 같이했다. 그는 정치적인 측면에서 온건파이며, 일본 정계와 군부 쌍방에서 존경받는 인물이었다. 6피트(183센티미터)에 달하는 장신에 근엄한 외모의 노무라 제독은 일본인들 사이에서도 쉽게 눈에 띄었다. 그는 1932년 상하이에서 한국의 민족주의자가 가한 테러(윤봉길 의사의 홍커우 공원 폭탄 투척 의거)로 한쪽 눈을 잃었고 다리를 다쳐 걸을 수 없었다. 100개가 넘는 금속 파편이 몸속에 있었다고 한다. 제1차 세계대전 중 노무라는 워싱턴 주재 해군 무관으로 근무하면서 당시 해군 차관보였던 프랭클린 루스벨트를 알게 되었다. 1941년 2월, 그가 주미 대사로 부임하자 루스벨트는 그를 친구로서 환영했고 '대사'가 아니라 '제독'이라 불렀다. 노무라는 미국과 일본 간의 전쟁을 바라지 않았다. 미국 해군 작전부장과 대화할 때, 대사로서의 그의 발언과 개인으로서의 심정은 서로 달랐다. 노무라는 의사 전달자였을 뿐, 정책 결정자는 아니었다. 긴박한 나날을 보내던 당시의 심경을 그는 훗날 다음과 같이 회고했다. "큰 집이 붕괴되고 있을 때, 하나의 기둥으로 집을 지탱하는 것은 불가능하다."

헐과 노무라는 1941년 3월부터 회의를 거듭했는데, 무려 40~50회에 달했다. 불모의 땅을 경작하기 위해 노력하는 심정으로 그들은 각자의 제안을 재검토하고 미국과 일본의 충돌을 피하기 위한 방안을 찾았다. 헐은 모든 논의에서 유리한 입장에 있었다. 당시 미국과 영국은 '마술작전魔術作戰'이라 불리는 암호 해독 작업에 성공해, 일본의 최고 기밀인 외교 암호 '퍼플purple'을 해독하고 있었다. 회의 이전 노무라에게 보내진 도쿄의 지시와, 회의 이후 노무라가 도쿄에 보고한 내용을 헐은 알고 있었다. 그는 능란한 연기로 그런 사실을 전혀 티내지 않았다. 1941년 5월 초, 미국이 암호를 해독하고 있다는 정보를 일본에 알려준 것은 독일이었다. 그러나 일본은 그 정보에 신경 쓰지 않았다. 미국이 자신들의 암호를 해독할 수 있으리라 상상도 하지 못했던 것이다.

'마술작전'이 성공하고는 있었지만 미국이 모르는 것들이 많았다. 일본 해군이 하와이에 주둔하고 있던 미국 해군 함대를 우려한다는 것이 그중 하나였다. 하와이의 함대를 그대로 둔다면, 일본이 동인도제도와 싱가포르를 공략할 때 측면 공격을 받을 수도 있었다. 그래서 일본 해군이 감행한 것은 큰 위험을 수반한 놀라운 작전이었다. 바로 진주만 기습공격이다.[13]

야마모토의 도박

일본의 연합함대 사령관인 야마모토 제독이 무모하고도 터무니없는 도박을 구상하기 시작한 것은 1940년 봄이었다. 야마모토는 일본 장군들 가운데서 가장 대담하고 독창력이 풍부했지만, 그에 대한 평가는 다양했다. 그의 용기와 통솔력은 많은 사람들에게 존경받았지만, 일부는 그의 무뚝뚝함을 불쾌해했다. 그는 키가 작고 단단한 체격에, 표정과 행동에서 강한 의지와 결단력이 엿보이는 인물이었다. 제2차 세계대전 발발 직전, 연합함대의 전 장병 가운데 40년 전 러일전쟁의 실전 경험을 가지고 있었던 사람은 그뿐이었다. 야마모토는 왼쪽 손가락 두 개가 없었다. 1905년 일본이 대승한 대마도 해전에서 잃은 것이다.

진주만 공격은 야마모토의 전쟁관戰爭觀, 혹은 도박에 대한 취미를 극명하게 보여주는 것이다. 하지만 어떻게 보면 그와 같은 사람에게서 그런 구상이 나왔다는 것은 놀라운 일이다. 야마모토는 1920년대의 4년 정도를 미국에서 보냈는데, 하버드 대학에서 학업을 마친 후 워싱턴에서 해군 무관으로 근무했다. 그는 에이브러햄 링컨의 전기를 네다섯 번 읽었고 「라이프」지를 정기 구독했다. 그는 미국 각지를 여행했는데, 그런 기회를 통해 미국의 국민성을 이해한다고 자부했다. 미국은 일본과는 비교할 수 없을 정도로 풍부한 자원을 가진 나라이며, 일본을 훨씬 뛰어넘는 생산력을 가지고 있음도 잘 알았다.

진주만 공격 계획을 추진하면서도 야마모토는 미국과의 전쟁에 대해서는 비판적이었다. 미국과의 전쟁은 매우 큰 위험을 수반하며 반드시 패배할 것이라 생각했다. 그는 영·미와의 협력을 바라는 해군 장교 그룹에 속해 있었고, 일본 정계와 군부에 대해서도 비판적 입장을 견지했다. 미국과의 긴장을 유발한 책임의 일부는 정계와 군부에 있다고 생각한 것이다. 1940년 12월, 그는 "미국의 경제적 압력에 대한 불만들은 순간적인 변덕이나 일시적 필요에 따라 일관성 없이 움직이는 어린아이의 맹목적인 행동으로 보인다"라고 말했다. 야마모토는 극단적인 국수주의자와 주전론자 모두를 경멸했다. 책상머리에 앉아 전쟁을 논하고 신비주의적 환상을 가지고 있는 사람들은 실제 전쟁과 관련된 비용과 희생에 대해서 도무지 이해하지 못한다고도 비판했다.

더욱이 석유 문제도 야마모토의 마음속에서 중요한 부분을 차지하고 있었다. 그는 해군과 일본 전체가 석유 때문에 겪는 곤경을 잘 이해하고 있었다. 야마모토는 일본 내의 소규모 석유 생산지인 니가타에서 태어나 자랐는데, 고향인 나가오카에는 램프에 사용되는 석유를 생산하는 소규모 공장이 수백 개 있었다.

미국 생활을 통해 그는 산업사회의 에너지원은 석탄에서 석유로 대체될 것이고, 해군에서도 공군력이 강력한 전력이 될 것이라는 것을 알았다. 석유의 중요성을 인식한 야마모토는 당시 세계 3위의 규모를 가진 일본 해군의 훈련을 일본 근해에서만 실시하자고 주장했다. 석유를 절약하기 위해서였다. 그는 일본의 석유 문제를 크게 우려한 나머지, 물을 기름으로 바꿀 수 있다는 어느 과학자의 실험에 자금을 대줌으로써 해군 동료들의 분통을 터뜨리기도 했다.[14]

많은 회의를 품고 있었지만 야마모토는 철두철미한 국수주의자였고, 자신을 천황과 나라에 바치기로 했다. 그는 일본인이 선택된 민족이고 아시아에서 특별한 사명을 가지고 있다고 믿었다. "미국과 싸우는 것은 세계 전체를 상대로 싸우는 것과 같다. 하지만 이미 결정은 내려졌다. 전력을 다할 뿐이다. 나는 틀림없이 죽을 것이다." 그의 말이다.

야마모토는 미국과의 전쟁이 피할 수 없는 것이라면 미국에 '결정적인 타격'을 주어야 한다고 생각했다. 또한 미국의 힘을 약화시키고 동남아시아에서 일본의 위치를 확보해야 한다고 믿었다. 그 결론이 진주만 기습공격이었다. 1941년 초, 야마모토는 다음과 같이 말했다. "러일전쟁을 통해 얻을 수 있었던 가장 중요한 교훈은 개전開戰 벽두에 뤼순 항을 야간 기습한 것이었다. 전쟁 중 다른 무엇보다도 중요한 것은 뛰어난 전략이다. 다만 공격이 철두철미하지 못했다는 것이 아쉬울 따름이다." 개전 벽두에 적의 함대에 치명적 타격을 가하려고 의도했던 진주만 공격은 1940년 말부터 1941년 초에 걸쳐 결정되었다. 야마모토는 미국 태평양 함대를 수장시켜 초반에 전쟁의 향방을 결정짓고, 미국인의 사기를 저하시킬 의도를 갖고 있었다.

'하와이 작전'의 성공을 위해서는 여러 가지가 필요했다. 기밀 준수, 1급 첩보, 면밀한 조정, 고도의 숙련, 신형 항공기 개발과 해상 연료 보급 등의 기술혁신, 목적에 대한 헌신과 함께 악천후가 없어야 했다. 계획이 극비로 추진되었음에도 불구하고 1941년 초, 주일 미국 대사 그루는 페루 공사로부터 진주만 공격 소식을 듣고 워싱턴에 보고했다. 그러나 워싱턴에서는 신빙성이 없는 보고라 판단했다. 그 후 수개월 동안에도 미국 해군부, 국무부의 관리들은 그런 대담한 공격이 가능할 것이라고 생각하지 못했다. 오히려 해군과 국무부의 관리들은 그루같이 출중한 인물이 명백히 우스꽝스러운 이야기를 진지하게 받아들이는 것을 보고 놀라움을 금치 못했다. [15]

석유 금수조치

1941년 4월부터 6월까지 미국 정부 내에서는 석유 금수조치와 미국 내에 있는 일본 자산동결에 대한 논의가 계속되었다. 미국 내 일본의 자산은 대부분 석유 구매와 관련된 것이었다. 당시 미국은 추축국과의 직접 대결을 향해 나아가고 있었다.

1941년 5월 27일, 루스벨트 대통령은 '국가 비상사태'를 선포했다. 측근의 말을 빌리면, 루스벨트의 의도는 '세계 정복을 목표로 하는 추축국의 위험을 백일하에 밝혀 국민에게 경종을 울리는 데' 있었다. 석유조정관에 임명된 지 얼마 되지 않은 해럴드 익스는 자신의 판단 아래 곧바로 동부 해안에서의 석유 수출을 금지했다. 당시 미국 동부에서는 수송용 연료의 사용이 급증해 석유 부족 현상이 발생했다. 따라서 동부 해안에서의 석유 수출, 특히 대일對日 수출에 대한 비난 여론이 높아졌다. 그러나 이 조치에는 멕시코 해안과 서부 해안에서의 수출은 포함되지 않았다. 익스는 석유의 대일 수출을 전면 금지하려고 했다.

그러나 이에 격노한 루스벨트는 이 조치를 철회했고 익스와 격렬한 논쟁을 벌였다. 익스는 이렇게 주장했다. "현재와 같이 대일 금수를 실시하기에 좋은 기회는 다시없을 것입니다. 일본은 현재 러시아에서 일어나고 있는 사태와 시베리아에서 벌어질 수도 있는 사태에 정신이 팔려, 네덜란드령 동인도제도에 대해 적대적인 행동을 취할 여유가 없습니다. 석유의 대일 금수조치는 전 국민의 지지를 받을 것입니다."

루스벨트는 그의 주장을 빈정거리며 다음과 같이 반론을 폈다. "석유의 대일 수출을 즉각 중지하자는 6월 23일 자 권고는 접한 바 있소. 일본이 대일 금수조치에 자극받아 러시아나 네덜란드령 동인도제도를 공격한다 해도 당신의 판단을 고집할 것인지 말해보시오." 또한 루스벨트는 헌법을 인용하면서 "대일 금수조치는 석유 문제가 아니고 외교 문제이며, 대통령과 그 지시를 받는 국무장관의 전권 사항이라오"라고 덧붙였다.

익스는 "최근 대통령이 보낸 편지는 호의적이지 않다"라고 불만을 토로하면서 내무장관직과 겸임하고 있던 석유조정관직을 그만두기 위해 사표를 제출했다. 그러나 과거에도 종종 그랬던 것처럼 이번에도 루스벨트는 승낙하지 않았다. 7월 1일 자로 익스에게 보낸 편지에서 그는 이렇게 말했다. "다시 그 직을 맡아서 잘 해보시오. 나는 결코 불친절하지 않소. 그리고 추측건대 내가 보낸 편지가 호의적이지 않다고 여기게 된 것은 더운 날씨 때문일 것이오. 일본은 그들의 진로에 대해 자국 내에서 격렬한 논쟁을 벌이고 있소. 태평양 지역의 평화를 유지하는 데는 대서양의 지배가 무엇보다도 중요하오. 우리에겐 세계 도처에 해군을 파견할 여력이 없소. 태평양에서 벌어지는 일에 시시콜콜 관여하게 된다면 대서양에 보낼 선박이 부족할 것이오."[16]

1941년 6월, 독일군이 갑자기 소련을 침공함으로써 유럽에서 전면전이 시작되었다. 독일의 침공에 따라 루스벨트가 말한 일본 국내의 '격렬한 논쟁'은 한층 수위가 높아졌다. 일본은 중요한 전략적 선택을 강요받았다. 계속해서 남방으로 진출해야 하는가, 아니면 히틀러의 성공에 편승해 동쪽에서 소련을 공격하여 시베리아의 일부를 점령할 것인가? 6월 25일부터 7월 2일까지, 도쿄의 정부 고위 관리들은 열띤 논쟁을 계속했다. 마침내 그들은 운명적인 최종 결정을 내렸다. 소련은 건드리지 않고 남방 전략의 추진에 전념한다는 것이었다. 특히 동인도제도 진출의 발판을 삼기 위해서 인도차이나 전역을 장악할 필요가 있다고 판단했다. 해군 참모본부의 말에 따르면, 일본은 자신들이 남인도차이나를 점령하면 미국이 '일본제국의 사활이 걸린' 대일 석유 금수 조치를 결행할 수 있음을 충분히 인식하고 있었다. 그러나 일본은 목표를 위해 미국, 영국과의 전쟁도 불사하겠다고 결정했다.

일본의 암호를 해독하는 '마술작전'으로, 미국 정부는 일본의 정책 논의와 그 결과를 어느 정도 알고 있었다. 해독된 암호는 다음과 같았다. '프랑스령 인도차이나를 점령한 후, 다음 목표는 네덜란드령 동인도제도다.' 7월 18일, 루스벨트 정권의 각의에 '며칠 내로 일본의 남인도차이나 침공이 확실시된다'는 보고가 올라왔다.

재무장관 모겐소는 대통령에게 이렇게 물었다. "대답하기 곤란할지 모르지만 한 가지 질문을 하고 싶습니다. 일본이 움직인다면, 경제적 측면에서는 어떻게 대처할 생각이십니까?" 루스벨트는 대답했다. "우리가 석유 금수를 실시하면, 일본은 곧바로 동인도제도로 향해 태평양에서 전쟁이 시작될 것이오." 그러나 루스벨트는 일본이 행동을 취하면 특별한 형태의 경제 제재를 취할 생각을 갖고 있음을 드러냈다. 바로 미국 내 일본 자산의 동결이었다. 자산동결 조치는 석유 구입에 엄청난 제약을 가하는 것이었다. 온천에서 요양 중이던 헐도 각의에 호출되었다. 비록 일본과의 전쟁에는 소극적이었지만 헐도 강력한 수출 제한 조치를 지지했다.

유럽에서 막다른 골목에 몰리고 있던 영국도 금수조치가 일본의 남방 진출을 촉진하게 될지도 모른다는 우려를 표명했다. 일본과의 전쟁을 포함해, 금수조치가 유발할 결과에 대해 미국이 대응책을 강구하고 있는지는 의심스러웠다. 워싱턴에서 유일하게 대일 제재에 소극적이었던 것은, 대서양과 유럽에 정신이 팔려 새로운 전쟁에 대비하기 위해 가능한 한 시간을 벌어야 했던 육군과 해군뿐이었다.

1941년 7월 24일 라디오를 통해, 남인도차이나 점령을 위해 캄란 만 앞바다로 일본 군함이 진출하고, 일본 점령하의 하이난 섬海南島에서 병력을 실은 수송선 12척이 남하하기 시작한 것 같다는 소식이 전해졌다. 같은 날 오후, 루스벨트는 노무라 주미 일본 대사를 불러 인도차이나 중립화 구상을 표명했다. 일본에 동인도제도 공격의 빌미를 주지 않기 위해 '혹독한 비판'을 가하면서도 석유 수출은 계속될 것이라 말한 것이다. 동인도제도의 공격은 미국과의 직접 대결로 연결될 것임을 시사하는 내용이었다. 루스벨트는 '인도차이나에서의 일본의 새로운 움직임' 때문에 석유의 대일 금수를 요구하는 국내의 정치적 압력을 피하는 것이 불가능하게 될 수 있음을 통고했다.

미국의 정책 전환은 눈앞에 다가왔다. 루스벨트는 전면적인 금수가 아니라 수출 규제의 강화를 희망하고 있었다. 사태를 예의주시하며 규제를 발동하겠다는 의미였다. 루스벨트는 일본을 가능한 한 고립시키고자 하는 의도를 갖고 있었지만 그들을 벼랑 끝으로 몰고 가는 짓은 하지 않았다. 석유를 전쟁 유발의 대상이 아니라 외교 수단의 하나로 사용했다. 영국 대사에게 말했던 바와 같이, 그는 동시에 두 개의 전쟁에 돌입하는 것을 피했다. 대통령의 의향에 따라 국무차관 섬너 웰즈가 계획안을 제출했다. 이 계획에 따르면, 1935~1936년 수준으로 석유 수출량을 동결하고 항공유의 원료가 되는 양질의 석유와 석유제품은 전면적 금수조치를 취하도록 했다. 또한 정부의 수출 허가를 받을 것을 의무화했다. 7월 25일 밤, 미국 정부는 미국 내 일본 자산의 동결을 명령했다. 석유 구매를 위한 예금을 포함해 동결된 자산을 사용하려면 정부의 허가가 필요하게 되었다. 7월 28일, 일본은 남인도차이나 침공을 개시함으로써 전쟁의 길로 들어섰다.

미국의 새로운 정책은 석유의 전면 금수가 아니었지만, 사실상 전면 금수와 동일한 효과를 냈다. 이 일을 해낸 인물은 경제 담당 국무차관보인 딘 애치슨과 또 한 명의 국무부 고위 관리였다. 애치슨은 재무부와 협의하는 과정에서 동결된 자산을 석유 매입에 사용하는 것을 금지하고, 7월 25일의 동결 명령을 사실상 석유의 전면 금수조치로 전환시켰다. 애치슨은 후에 "정책에 관계없이 사태가 진전되고 있었다. 새로운 지시가 없는 한 현재의 상태가 계속될 것으로 보인다"라고 밝혔다. 8월 초, 일본에 대한 석유 수출은 완전히 중지되었다. 로스앤젤레스 근교에 있는 산 페드로 항에는 일본 유조선 2척이 정박하고 있었다. 구매 계약이 이미 끝난 석유의 선적을 기다리고 있었던 것이다.[17]

영국 외상 앤서니 이든은 "우리도 미국과 같이 대담한 행동을 취해야 한다"라고 말했다. 그러나 영국 정부도, 네덜란드 망명정부도 미국이 취하고 있는 정책의 상세한 내용을 알지 못해 곤혹스러워했다. 그럼에도 불구하고 영국은 독자적인 자산동결과 금수조치를 실시하면서 미국을 뒤따랐다. 보르네오와 네덜란드령 동인도제도에서는 대일 석유 수출이 금지되었다.

1941년 7월 말경, 일본이 남인도차이나를 완전히 점령했다. 7월 31일, 미국과의 협상을 마친 후 노무라 대사는 "그들의 굳은 표정에서 미국의 강력한 의지를 읽을 수 있었다. 곧 대미 유화 정책을 취해야 한다는 점을 지적하지 않을 수 없다"라고 도쿄에 보고했다. 외무부는 노무라의 건의를 받아들이지 않았다. 일본의 남인도차이나 침공은 미국의 일본 자산동결 조치, 즉 사실상의 대일 석유 금수를 가져왔다. 전쟁이 초읽기에 들어간 것이다. 노무라는 후에 헐에게 이렇게 말했다. "일본의 남인도차이나 진주는 미국의 자산동결 조치와 석유의 전면 금수를 촉발했는데, 이것이 다시 일본 내의 긴장을 고조시켰다."

그러나 금수조치 자체가 즉각적으로 충돌을 유발하지는 않았다. 금수조치는 미국과 영국, 네덜란드의 군사행동을 피하면서 일본의 침략에 대항해 쓸 수 있는, 유일하게 남은 수단이었다. 미국은 일본의 동남아 침공과 독일의 소련 침공을 크게 우려했다. 유럽과 아시아가 추축국의 지배하에 들어가고, 전쟁판이 된 태평양과 대서양에 둘러싸여 있는 미국이 고립될 것을 걱정한 것이다. 루스벨트는 이런 사태를 피하기 위한 수단으로 석유를 사용했다. 일본은 석유 금수조치를 적대국가에 의한 '포위망'의 완성으로 받아들였다. 일본은 예견했던 사태가 일어났음을 인정했다. 금수조치는 4년에 걸친 일본의 아시아 침략이 초래한 결과였다. 일본은 자신을 막다른 골목으로 몰고 간 것이다. 일본이 확보한 석유는 국내에 비축된 것이 전부였다. 미국과 동인도제도에서 석유 공급이 중단된다면 이를 대신할 공급원을 찾기란 불가능했다. 일본이 스스로 충분한 군사력과 전쟁 수행 능력을 가지고 있다고 생각한다면, 전쟁은 피할 수 없었다.[18]

더 이상 참을 수 없다

그때까지 일본의 해군 지도자들은 미·일 충돌의 위험성에 대해 육군보다 훨씬 더 심각하게 생각했다. 그러나 석유의 전면 금수가 실시된다면 태도를 바꾸지 않을 수 없었다. 어느 해군 제독은 "석유가 없으면 전함을 포함한 군함은 단지 장식물에 지나지 않는다"라고 말했다. 해군 참모총장인 나가노 오사미 제독은 히로히토 천황에게 '이런 상태라면 일본의 석유 비축은 2년 내에 바닥을 드러낼 것'이라고 보고했다.

일본의 신임 외상 도요다 데이지로는 베를린과 워싱턴에 주재하고 있는 일본 대사에게 1941년 7월 31일 자로 기밀 전보를 보냈는데, 일본의 정책적 경직성을 짐작할 수 있는 내용이다. "일본과 영국, 미국의 3개국 간 상업적·경제적 관계는 지극히 악화되었고 더 이상 참을 수 없는 지경에 이르렀다. 따라서 일본으로서는 자위自衛를 위해 남방 자원을 확보하는 조치를 취하지 않을 수 없다. 일본은 즉시 영·미 주도하에 형성되어 있는 포위망을 타파하지 않을 수 없다. 우리는 잠자는 듯 보이는 교활한 용과 같이 행동하지 않으면 안 된다."

코델 헐에게는 사태가 전혀 다른 양상으로 보였다. 병의 치료를 위해 유황 온천인 화이트에 체류하고 있던 헐은 웨일스 국무차관에게 전화를 걸어 이렇게 말했다. "일본은 군사력으로 세계의 절반을 점령하려 하고 있소. …… 무력 이외의 방법으로 일본을 저지할 수는 없는 듯하오. 문제는 유럽에서 전쟁이 마무리될 때까지 우리가 요령 있게 일을 처리할 필요가 있다는 점이오." 전쟁은 불가피해 보였지만 그때까지도 헐은 개전을 지연시키려고 노력했다.

도쿄의 그루 대사는 냉정한 눈으로 사태를 파악했다. "상호 대응 조치를 취하는 것은 사태를 악화시킬 뿐이다. 어떤 놀라운 일이 일어나지 않는 한 이러한 흐름은 변치 않을 것이며, 마지막에 가서는 전쟁이 벌어질 것이다." 이 무렵 도쿄에서는 이미 천황궁 주변에 방공호를 파고 있었다.[19]

충돌을 피하기 위한 최후의 외교적 노력이 미·일 쌍방 간에 계속되었다. 고노에 수상은 해군의 후원을 등에 업고 루스벨트와 수뇌회담을 벌이고자 했다. 고노에는 직접 미국 대통령과 교섭하기 위해 추축국 동맹에서 탈퇴하는 것도 고려했다. 사태를 우려하고 있던 황실도 고노에의 계획을 지지했다. 내무대신 기도 고이치는 개인적으로 고노에에게 다음과 같이 말했다. "일본이 직면하고 있는 문제는 매우 간단한 것이다. 그것은 바로 석유다. 일본은 아마 미국과의 전쟁에서 승리할 수 없을 것이다."

천황도 고노에의 생각을 높이 평가하여 이렇게 말했다. "미국의 금수조치에 대해서는 해군으로부터 보고받았소. 지금 하고 있는 것 이상으로, 미국 대통령과 직접 회담을 진행시켜야 할 것이오." 고노에는 호놀룰루에서 회담을 개최하자고 미국 측에 제안했다. 루스벨트도 당초에는 회담에 마음이 있었기 때문에 호놀룰루 대신 알래스카의 주노에서 회담을 갖자는 답신을 보냈다.

그러나 헐과 국무부는 통상의 외교 루트에서 벗어난 수뇌회담을 강력하게 반대했다. 미국 측은 고노에가 전쟁 회피를 위해 최후의 도박을 벌이고 있다고 이해했으며, 일본을 신뢰할 수 없고 회담에서 고노에가 어떤 새로운 제안을 할 것으로도 기대하지 않았다. 더욱이 루스벨트도 국내외에 나약한 인상을 주는 것을 원치 않았다. 또한 '주노'라는 도시가 '뮌헨'처럼 추축국에 대해 유화조치를 구하는 장소로 기억되는 것도 원하지 않았다. 사전에 어떤 합의가 없다면 수뇌회담을 개최하더라도 성과는 거의 없을 것으로 예상되었다. 루스벨트는 암호 해독을 통해, 일본이 이후에도 군사적 침략을 계속할 의지를 갖고 있음을 알고 있었다. 특유의 모호한 성격을 지녔던 루스벨트는 당면한 회담에 대해 합의도 거부도 하지 않았다.[20]

석유라는 최고의 약점

9월 5일과 6일 이틀간 도쿄에서는, 천황과 정부의 최고 지도자들이 참석하는 어전회의御前會議가 열렸다. 외교상의 노력은 계속하면서 전쟁을 추진하는 것에 대해 천황의 허락을 구하기 위함이었다. 회의에서도 중심 의제는 역시 석유였다. 회의 자료에는 '일본의 국력과 군사력의 약점은 석유다. 시간이

지날수록 제국의 전쟁 수행 능력은 저하되고 군사적으로 무력화될 것이다'라고 기록되어 있었다. 군부의 지도자들은 천황에게 결정해야 할 최종 시한이 임박했음을 호소했다. 해군 참모총장은 "석유를 포함한 중요한 군사물자가 하루가 다르게 줄어들고 있습니다"라고 보고했다.

"미국과 일본 간에 전쟁이 벌어지면 전쟁은 얼마나 지속될 것으로 보는가?"라고 천황이 육군 참모총장에게 물었다. 그는 "남태평양에서의 작전은 3개월 정도가 소요될 것이라 생각합니다"라고 대답했다. 이에 대해 천황은 다음과 같이 준엄하게 반박했다. "장군은 중일사변 당시 육군대신으로 있으면서, 사변이 1개월 이내에 끝날 것이라 장담했으나 4년이 지난 지금까지도 하고 있지 않소?" 육군 참모총장은 "중국에는 오지奧地가 많아서 작전을 수행하는 데 어려움이 많습니다"라고 해명했다. 천황은 소리 높여 말했다. "중국의 오지가 넓다고 하지만 태평양은 훨씬 더 넓지 않소. 어찌하여 3개월이라는 기간을 확신할 수 있소?" 참모총장은 고개를 떨어뜨린 채 아무 대답도 하지 못했다.

해군 참모총장 나가노 제독이 난처한 입장에 빠진 육군 참모총장을 돕기 위해 한마디 거들었다. "일본은 중병에 걸려 누워 있는 병자와 같습니다. 수술을 해야 할지 말지를 빨리 결정해야 하는 상황에 놓여 있습니다." 천황은 해군 참모총장에게 '군부가 외교적 노력과 전쟁 중 어느 것을 우선적으로 고려하는지'를 물었으나 명확한 답변을 듣지 못했다. 다음날도 똑같은 질문을 했지만 해군 참모총장도, 육군 참모총장도 묵묵부답이었다. 천황은 유감스럽다고 말한 후 조부인 메이지 천황이 쓴 시 한 수를 읽었다.

이 세상의 모든 이들이 형제인데,
어찌하여 풍파가 끊이지 않는 것일까.

회의장 전체가 침묵에 휩싸였고, 모두가 숙연한 분위기에서 아무 말도 하지 못했다. 잠시 후 나가노가 일어서서, 군사력은 최후의 수단이며 다른 방책이 성공하지 못할 때 행사해야 한다고 말했다. 회의는 전에 없던 긴장감이 감도는 가운데 산회되었다.

동절기의 도래가 작전상의 기한을 설정하는 것처럼 되어버렸다. 1942년 봄 이전에 군사행동을 개시하려면 12월 초순이 기한이었다. 고노에는 여전히 전쟁 외의 해결책을 모색하고 있었다. 9월 6일의 어전회의가 끝난 후, 정부는 합성석유의 생산을 대폭으로, 그리고 신속히 확대하는 방안을 검토하기 시작했다. 고노에는 전쟁보다도 합성석유의 생산 확대 계획에 자금을 투입해야 한다고 역설했다. 그러나 기획원 총재는 4년의 기간과 수억 엔의 비용, 막대한 철강, 강관, 기계류가 필요한 생산량 증대는 쉬운 일이 아니라고 밝혔다. 더욱이 엄청난 수의 기술자와 40만이 넘는 탄광 노동자가 필요하다는 점을 지적했다. 고노에의 제안은 철회되었다. 9월 말, 단검과 단도로 무장한 청년 네 명이 고노에가 타고 가던 승용차를 덮쳐 암살을 기도한 사건이 발생했다. 고노에는 이 사건으로 크게 동요했다.

10월 2일, 미국은 고노에와 루스벨트의 수뇌회담을 정식으로 거부했다. 전쟁 외에 믿을 만한 해결책을 찾을 수 없었던 고노에는 수상의 자리에서 물러났고, 10월 18일 호전적인 육군대신 도조 히데키가 수상에 취임했다. 도조는 외교적인 해결은 유용하지 않다는 입장을 일관되게 견지해왔고, 미국과의 어떠한 타협에도 반대한 인물이었다. 워싱턴의 노무라 대사는 스스로를 '죽은 말 뼈다귀'라고 부르며 자신의 무력함을 한탄했다. 외교적 경로를 통한 협상이 교착상태에 빠짐에 따라 루스벨트도 미국과 일본의 관계는 운명에 맡길 수밖에 없다고 느꼈다. 도쿄에서도 워싱턴에서도 운명론이 확산되었다. 하지만 이러한 상황에서도 루스벨트는 미·일 관계에 '최후통첩'이란 있을 수 없다고 노무라를 설득했다.

로스앤젤레스 근교의 항구에서 여름 이후 줄곧 석유의 선적을 기다리고 있던 일본 유조선은 11월 초순 닻을 올리고 공해로 출항했다. 석유의 전면 금수는 의심할 수 없는 사실이 되었다. 겨울철이 가까워지자 도쿄에서는 전면 금수에 대한 보복 조치로 미국과 영국 대사관에 난방용 석유의 공급을 중지했다.

10월부터 11월에 걸쳐 군부와 정부의 지도자들은 궁중의 밀실에서 몇 차례의 회합을 열어, 개전을 결정하는 논의를 계속했다. 논의는 항상 석유 문제로 되돌아왔다. 1941년 들어 일본의 석유 수입은 급격히 감소했고 비축량도 줄어들었다. 당시 기록에 의하면, 석유와 시간이라는 문제는 회의에 악마처럼 따라다녔다.[21]

11월 5일, 천황과 최고 지도자들이 참석하는 어전회의가 다시 열렸다. 천황은 관례에 따라 회의에서 발언하지 않았다. 면도날이라 불리던 도조 수상은 참석자들의 대세를 이루는 의견을 다음과 같이 정리했다. "미국은 처음부터 경제적 압력을 가하면 일본이 양보할 것이라 생각했습니다."

도조는 이 생각이 잘못되었음을 지적하며 자신의 의견을 밝혔다. "장기전에 돌입하게 되면 우리로서는 고전을 면치 못할 것입니다. 장기전에는 다소 불안이 수반되지만 미국이 멋대로 하도록 놓아둘 수는 없습니다. 우리나라의 군사용 비축 석유는 약 2년이면 바닥을 드러내고 군함 운행이 중단될 것입니다. 남서 태평양에서 미국의 방위 체제 강화, 미국 함대의 증강, 중일사변의 미해결 등을 생각한다면 곤란한 점이 많다고 생각합니다. …… 그러나 만약 우리가 이대로 주저앉는다면 2~3년 후에는 3류 국가로 전락해버릴지도 모릅니다."

미국에 최후의 요구를 통보하여 거부할 경우 전쟁에 돌입해야 한다는 제안이 나왔다. 도조는 다른 의견이 없는지 참석자들에게 물었고, 반대 의견이 없자 제안은 통과되었다. 11월의 세 번째 주에 요구서를 지참한 일본의 외교관이 워싱턴에 도착했다. 국무장관 헐에게는 최후통첩과 같은 것이었다. 그 주에 똑같은 문서가 도쿄에서 워싱턴에 도착했다. 11월 22일 자 노무라 대사에게 보내진 암호 전보를 미국이 해독한 것이었다. 늦어도 11월 29일까지 일본의 제안에 대해 미국과 합의하도록 지시하는 내용이었다. 그 기한은 대사가 바꿀 수 있는 것이 아니었고, 기한이 넘으면 사태는 자동적으로 진행될 것이라 적혀 있었다.

11월 25일, 루스벨트는 측근 보좌관에게, 전쟁이 임박했으며 일주일 내에 일어날 수도 있다고 경고했다. 다음날 헐은 일본에 서신을 보내, 인도차이나와 중국에서 일본이 철수하는 조건으로 대일 무역을 재개하겠다고 제안했다. 일본은 이 제안을 최후통첩으로 받아들였다. 같은 날, 쿠릴 열도에 집결해 있던 일본 해군 기동부대는 무선 통신을 봉쇄하고 출동했다. 목적지는 하와이였다.[22]

미국은 이 기동부대에 대해 아무것도 몰랐다. 스팀슨 육군 장군은 일본군 대부대가 상하이에서 동남아시아로 향하고 있다는 정보를 루스벨트에게 보고했다. 스팀슨은 이렇게 술회했다. "대통령은 격노해 펄쩍 뛰었으며 상황이 완전히 바뀌었다고 말했다. 한쪽에서는 미국과 중국 등에서 철병한다는 교섭을 진행하면서, 또 다른 쪽에서는 새로운 부대를 보내는 일본의 악의가 이제 명백해졌기 때문이라는 것이다." 당시 루스벨트는 약 20년 전에 쓴 논설문에 대한 해답을 간신히 얻게 되었다. 즉 '일본은 신뢰할 수 없다'는 것이다.

다음날인 11월 27일, 헐은 스팀슨에게 "나는 손을 들었다"라고 말하며 일본과의 교섭을 완전히 포기했음을 밝혔다. 그는 육군과 해군에 모든 것을 위임한다고 덧붙였다. 그날 하와이의 태평양 함대 사령관인 허스번드 키멜 제독을 포함한 태평양의 미군 지휘관들은 워싱턴에서 '최후의 경고'를 받았다. 키멜이 받은 전문에는 '이것은 전쟁 경보로 받아들여야 한다'라고 쓰여 있었다.

개전으로 치닫는 막바지 단계였지만, 도쿄에는 장래의 위험을 신중하게 점치는 사람들이 있었다. 11월 29일 수상을 역임했던 원로들이 정부 각료와 천황에게 몰려가, 군사력으로 미국에 도전하는 것보다도 외교적인 수단으로 해결해야 한다고 호소했다. 도조는 경제 관계가 단절되어 있는 상황에서 외교 교섭을 계속한다는 것은 일본의 국력을 약화시킬 뿐이라고 대답했다.

일본의 지도자들은 전쟁이 장기전의 양상을 띤다면 자원과 생산력, 지구력이 우수한 미국이 우세할 것이라 판단했다. 그러나 스스로의 힘을 과신한 군국주의자들은 이런 우려의 목소리를 무시했다. 사태는 급속히 진행되어 전쟁을 향해 치닫고 있었다.[23]

진주만 기습

12월 1일, 일본 해군의 기동부대는 은밀하게 날짜변경선을 넘어 항진하고 있었다. 일본 항공모함의 지휘관은 12월 2일 일기에 "모든 것은 결정되었다. 이미 비극도 희극도 없다"라고 적었다. 모든 일본 대사관과 영사관에 암호문을 폐기하라는 명령이 내려졌으며, 워싱턴의 일본 대사관을 감시하고 있던 미국 군무관은 대사관 뒤뜰에서 서류를 소각하는 모습을 발견했다.

12월 6일 토요일, 루스벨트는 미·일 관계에 드리워진 '암운暗雲'을 제거하기 위해 천황에게 직접 전문을 보내기로 결정했다. 전보는 그날 저녁 9시가 넘어 타전되었다. 타전 직후 방문한 친구에게 루스벨트는 "사람의 아들이 신의 아들에게 최후의 전보를 보냈다"라고 말했다고 전해진다.

미국 동부 시간으로 12월 7일 오후 12시 30분, 루스벨트는 중국 대사와 만나, 아시아에서 커다란 변화가 시작되었고 일본은 지금부터 48시간 내에 '비겁한 행위'를 개시할지 모른다고 말했다. 오후 1시까지도 중국 대사와 대화를 이어갔다. 도쿄 시간으로 12월 8일 오전 3시, 루스벨트의 친서 전문이 천황에게 전해졌다. 태평양의 한가운데에서는 12월 7일 이른 아침이었다. 일본의 기동부대는 이미 하와이 가까이에 있었다. 기함旗艦의 돛대 꼭대기에는 1905년 대마도 해협에서 러시아 함대를 격파할 당시 달았던 깃발이 휘날리고 있었고, 항공모함에서는 비행기가 차례로 발진했다. 승무원들에게는 일본을 기만하는 미국을 지구 상에서 없애버려야 한다는 지시가 내려졌다.

하와이 시간 오전 7시 55분, 일본군은 진주만의 미국 태평양 함대에 폭격을 개시했다. 공격이 시작되고 1시간 후, 노무라 대사가 또 한 사람의 외교관을 대동하고 국무부에 도착했다. 헐이 대통령에게 온 긴급 전화를 받고 있는 사이, 그들은 대기실에서 기다리고 있었다. 루스벨트는 "일본군이 진주만을 공격하고 있다는 보고가 도착했소"라고 말했다. 그는 침착했지만 말은 빨랐다.

헐은 "그 보고는 확인된 것입니까?"라고 물었다. 루스벨트는 "아직 확인되지는 않았소"라고 대답했다. 두 사람은 보고가 잘못되었을 것이라고는 생각하지 않았으나, 만에 하나라도 오류가 없어야 한다고 판단했다. 노무라 일행은 헐의 집무실로 들어갔다. 라디오 뉴스를 통해 일본의 진주만 공격을 들었던 노무라는 머뭇거리며 장문의 문서를 헐에게 넘겨주었다. 일본의 행동에 대한 정당성을 주장하는 문서였다. 헐은 잠깐 읽는 척했으나 화를 참지 못하고 노무라에게 말했다. "내가 공직 생활을 한 지 50년이 되었지만 이렇게 악의와 왜곡으로 가득 찬 문서는 본 적이 없소. 게다가 이 악의와 왜곡의 정도는 지구 상의 어떤 정부도 생각할 수 없을 것이오." 노무라와 회담을 거듭한 수개월간의 노력은 어디로 간 것일까? 헐의 눈에는 두 일본인이 '양의 탈을 쓴 한 쌍의

도사견'으로 보였다. 노무라 일행은 아무 말도 할 수 없었다. 회담이 끝났지만 두 사람을 위해 문을 열어주는 사람은 없었다. 그들은 이미 미국의 적이 되었다.[24]

그날 하루 동안 진주만에서 워싱턴으로 들어온 보고들은 우울하고 단편적이었으며, 차마 듣고 있기 힘든 것이었다. 그 길고 긴 하루가 끝날 무렵, 스팀슨은 일기에 '하와이로부터의 뉴스는 매우 불쾌한 것이었다. 오래전에 경고된 바 있어 경계 체제까지 갖추었는데 이러한 기습공격을 받았다는 것은 믿을 수가 없다'라고 썼다. 왜 이런 일이 일어났을까?

미국 정부의 고위층은 가까운 시일 내에 일본이 공격을 개시할 것이라 예상했다. 그러나 공격 대상은 동남아 지역이라고 생각했다. 사실 워싱턴이나 하와이에 있는 어느 누구도, 본거지에 있는 미국 함대가 기습공격을 받을 것이라고는 생각하지 못했다. 1941년 5월 마셜 장군이 루스벨트에게 보고한 바에 따르면, 모든 사람이 진주만 기지가 위치한 오하우 섬을 세계 최강의 요새라고 믿었다. 미군 장교 대부분은 러일전쟁의 일본 승리는 뤼순 항의 기습공격에서 시작되었다는 것을 잊고 있었다. 사실 이러한 사실을 아예 모르는 이조차 있었다.

미국과 일본 양측은 근본적으로 상대를 과소평가하고 있었다. 일본이 최고의 기밀인 암호문을 미국이 해독하리라고 생각하지 않았듯이, 미국도 일본이 이처럼 기술적으로 복잡한 작전을 실행할 수 없을 것이라 믿었다. 실제로 진주만 공격이 있은 직후 루스벨트의 군사 보좌관 중에는 독일이 작전을 지휘한다고 믿는 사람도 있었다. 일본이 단독으로 벌인 일이라고 생각할 수 없던 것이다. 더욱이 미국과 일본 쌍방은 상대방의 심리를 잘못 읽고 있었다. 미국은 일본의 대담하다 못해 무모하다고 할 수 있는 행동을 상상조차 하지 못했다. 그리고 일본은 진주만 공격이 미국의 사기를 꺾을 것이라 생각했지만,

실제로는 국민들의 사기를 높여 국내의 단결을 강화하는 결과로 이어졌다. 엄청난 오산이었던 셈이다.

당연한 일이지만, 미국은 대량의 정보를 수집해 일본의 의도를 파악하고자 했다. '마술작전'에서 얻은 일본의 극비 전문은 유력한 정보원이었다. 그러나 진주만 공격에 앞서 수개월간 몰래 얻은 암호에는 잡음이 많이 섞여 내용을 분명하게 파악할 수 없었다. 혼란스럽고 복잡하고 애매한 정보뿐이었다. 일본이 가까운 소련을 공격한다는 내용도 많이 있었다. 더욱이 '마술작전'의 정보는 매우 서툴게 다루어졌다. 미국의 주요 인물들이 공통된 정보를 갖지 못했고 의사소통도 부족했다는 것이 진주만의 비극을 낳은 두 번째 원인이었다. 물론 첫 번째 원인은 일본군의 공격이 있을 수 없다는 명백한 오판이었다.[25]

한 가지 실패

미국과 일본은 전쟁에 돌입했다. 진주만 공격은 일본의 강력한 군사력을 보여주는 것이었지만, 하와이가 중요한 공격 목표는 아니었다. 미국 함대에 대한 공격이 이루어지던 시각, 일본군은 홍콩, 싱가포르, 필리핀을 폭격하고, 웨이크 섬과 괌 섬에도 함포 사격을 가했다. 그리고 태국에 상륙해 싱가포르를 목표로 진격했다. 일본군은 동인도제도를 목표로 하고 있었다. 진주만 공격은 저항을 받지 않고 동남아를 침공하기 위해 미국 태평양 함대의 전투 능력을 상실시킬 필요 때문이었다. 즉 측면 방어를 위한 전략이었다. 미국 함대의 위협이 없으면 동남아를 수중에 넣은 후에도 수마트라와 보르네오에서 일본 본토에 이르는 유조선 항로의 안전을 확보할 수 있었다.

하와이 작전은 일본의 더 큰 야심을 채우는 데 필수 불가결했다. 최종 단계에서 성패를 결정한 것은 일본의 항공모함 기동부대였는데, 예상했던 것 이상의 큰 성과를 거두었다. 미국 방어 체제의 빈틈을 노린 기습공격의 효과는 훌륭했다. 두 차례의 공습으로 전함 8척, 경순양함 3척, 구축함 3척, 보조함 4척을 격침했고, 비행기 수백 대를 파괴했다. 또한 미군 2,335명, 민간인 68명이 목숨을 잃었다. 미국인들은 일찍이 경험하지 못했던 충격을 받았다. 미국의 항공모함들은 공격을 비켜갔는데, 임무 수행을 위해 우연히 바다에 나가 있었기 때문이다. 놀라운 전과戰果에 비해, 일본군은 겨우 29대의 비행기를 잃었을 뿐이다. 야마모토의 도박은 보기 좋게 성공했다.

만약 야마모토가 군대의 지휘를 맡았다면 제3의 공격을 가했을 것이다. 그러나 그는 수천 마일 떨어진 일본 근해의 기함에 있었다. 기동부대의 지휘관 나구모 주이치는 야마모토보다 훨씬 신중한 인물이었다. 실제로 그는 이 작전 자체를 반대했었다. 기습이 성공하자 자신감에 찬 그의 부하들은 계속 공격하자고 강력히 주장했다. 나구모는 귀환한 비행대를 세 번째 공격에 내보내는 것에 찬성하지 않았다. 이로써 진주만에 있던 선박 수리 시설과 석유 저장 탱크가 무사할 수 있었다. 나구모는 이미 예상외의 천혜天惠를 입었다고 생각했고, 이상의 위험을 감수할 생각은 없었다. 미국으로서는 항공모함이 무사한 것이 유일한 행운이었다.

진주만 공격을 계획한 야마모토는 러일전쟁 당시, 즉 1904년 뤼순 항 기습에서 공격이 철저하지 못했다는 점이 큰 실수였다고 생각했다. 그러나 일본군은 진주만에서도 똑같은 실수를 저질렀다. 일본이 전쟁을 결의한 최대의 동기는 석유였다. 그런데 하와이 작전에는 석유가 빠져 있었다. 야마모토와 참모들도 석유에 관한 한 미국이 압도적 우위에 있음을 충분히 인정하면서도, 오하우 섬에 있는 석유 저장 기지의 중요성을 파악하지 못했다. 석유 기지에 대한 공격은 작전 계획에 들어 있지 않았던 것이다.

이는 심각한 반격을 유발할 수 있는 전략적 실패였다. 하와이에 있는 석유는 전부 미국 본토에서 운반된 것이었다. 일본군이 미국 함대의 석유 비축 기지와 저장 탱크를 파괴했다면 미국 태평양 함대의 모든 선박은 작동 불능 상태가 되었을 것이다. 하지만 피해는 진주만에서 격침된 군함에 그쳤다. 만약 석유 비축 기지가 파괴되었다면 수천 마일이나 떨어진 캘리포니아에서 석유를 공수해야 했다. 진주만 공격 이후 미국 태평양 함대 사령관이 된 체스터 니미츠 제독은 후에 이렇게 밝혔다. "일본군의 공격을 받을 당시, 함대의 연료는 모두 지상 저장 탱크에 보관되어 있었고, 그 양은 450만 배럴에 이르렀다. 게다가 탱크는 0.5구경 총알로도 구멍이 날 만큼 취약했다. 만약 일본군이 석유 기지를 폭파했다면 전쟁은 2년 이상 더 끌었을 것이다."[26]

17

독일의
전쟁 공식

1932년 6월 어느 날 오후, 무개차無蓋車 한 대가 뮌헨 호텔에 도착했다. 독일의 거대 화학기업인 이 게 파르벤I. G. Farben의 직원 두 명을 태우기 위해서였다. 그들은 화학자와 광고 담당자로, 프린츠레겐 광장에 있는 아돌프 히틀러의 개인 아파트로 안내되었다. 독일 총통에 오르기 전이었던 히틀러는 당시 국가사회당의 지도자였다. 국가사회당은 제국의회帝國議會 의석을 20% 가까이 차지하고 있었고, 다음달 예정된 선거에서는 의석수가 크게 늘어날 것으로 예상되었다.

이 게 파르벤의 직원들은 자신의 회사를 비난하는 나치의 언론 캠페인을 중지시키기 위해, 자칭 나치 지도자(히틀러를 말함)를 찾아 나섰던 것이다. 나치는 이 게 파르벤을 '국제 금융 귀족' 또는 '유태인 금권 세력金權勢力'들의 착취 기구라고 비난했고, 유태인들이 회사의 몇몇 요직을 차지하고 있다는 사실을 들어 공격을 퍼부었다. 그들은 심지어 '이사도르 게 파르벤Isadore G. Farben'이라며 조롱하기까지 했다. 또한 나치는 이 회사가 석탄에서 추출된 액체연료, 또는 합성연료를 제조하는 값비싼 프로젝트를 추진하고 있으며, 그 프로젝트를 위해 정부에서 관세 보호를 얻어냈다고 비난했다. 게다가 또 다른 문제도 있었다. 이 게 파르벤은 합성연료에 막대한 자금을 투자하고 있으면서도, 1932년까지 정부의 관세 보호와 여타의 지원 없이는 이윤을 내지 못하고 있었다는 것이다. 그러나 이 회사는 합성연료 산업이야말로 독일의 수입 석유에 대한 의존도를 낮춰 국가의 외화 부담을 경감시킬 것이라고 주장했다. 이 게 파르벤의 대표 두 사람은 히틀러를 설득해 생각을 돌려놓을 작정이었다.

히틀러는 선거 유세를 마치고 돌아오는 길이어서 약속 시간에 조금 늦게 도착했다. 그는 30분만 할애해줄 의도였으나, 토의에 심취해 두 시간 반이나 그들과 보내게 되었다. 히틀러는 자동차를 널리 보급하고 새 고속도로를 건설할 자신의 계획에 대해 열변을 토했다. 또한 합성연료에 대한 기술적인 질문과 함께, 이 연료야말로 새로운 독일을 세우려는 그의 총체적 계획과 합치한다는 점을 확인시키기까지 했다. 그는 그들에게 다음과 같이 말했다. "오늘날 석유 없는 경제란 정치적 독립 상태를 원하는 독일에는 상상도 할 수 없는 일이오. 따라서 어떠한 희생을 치르더라도 독일 자체의 자동차용 연료를 갖는 것이 실현되어야 하며, 석탄의 액화 계획을 계속 진행해야 할 것이오." 히틀러는 합성연료 개발에도 강력한 지지를 표명하며, 이 게 파르벤을 비난하는 언론 캠페인을 중지시키고 나치가 정권을 잡으면 대체 합성연료에 대한 관세 보호를 지속하겠다고 약속했다. 이 게 파르벤은 그 대가로 나치가 원하는 것, 즉 선거 유세에 필요한 기부금을 지원하기로 했다. 직원들이 돌아가서 회사의 회장에게 히틀러와의 면담 결과를 보고하자, 회장은 "그 사람, 생각보다는 꽤 합리적이군"이라고 평가했다고 한다.[1]

히틀러에겐 합리적으로 보일 충분한 이유가 있었다. 그가 목표로 하는 독일의 재도약과 번영을 위해서는 합성연료 개발이 매우 중요하며 필수적이라고 일찍이 판단했던 것이다. 목표 달성의 주요 장애물 중 하나가 수입 자원, 특히 석유의 해외 의존이었다. 국내 석유 생산은 극히 미미했으므로 수입 석유의 비중이 매우 높았다. 더욱이 그것의 대부분은 서반구에서 수입된 것이다.

지난 반세기에 걸친 독일의 비약적인 경제 성장은 대체로 풍부한 에너지원인 석탄에 힘입은 것이다. 1930년대 후반, 독일 에너지 사용량의 90%를 점유한 것은 석탄이었고 석유는 5%에 지나지 않았다. 당시 미국은 총에너지 사용량의 절반이 석탄이었다. 1932년 이미 히틀러는 미래를 설계하고 있었고, 석유는 그의 야망에 딱 들어맞았다. 그는 1933년 1월에 수상이 되고, 이후 1년 반에 걸쳐 완벽하게 권력을 장악했다. 그는 지체 없이 독일 교통 역사의 전환점이 될 자동차 보급 캠페인에 착수했다. 진입만 제한될 뿐 속도 제한이 없는 고속도로 '아우토반'을 전국에 걸쳐 건설할 예정이었고, 1934년에는 새로운 유형의 자동차를 만들 계획에 착수했다. 소위 '국민 차'라 불리는 폭스바겐이다.

그러나 그 모든 것은 유럽 전체를 나치 제국과 자신 아래 종속시키려는 그의 웅대한 계획 중 일부에 불과했다. 이러한 목적 아래 그는 경제를 조직했고, 국가 목적에 이용할 수 있도록 대기업들을 정비했으며, 석유를 필요로 하는 폭탄과 폭격기, 탱크와 트럭 등을 나치를 중심으로 한 전시 체제로 구축하는 일에 재빨리 착수했다. 이 게 파르벤이 몰두하고 있던 합성연료가 중요한 이유가 여기에 있었다.[2]

수소첨가법의 개발

석탄에서 합성연료를 추출하는 선구적인 작업은 독일에서 제1차 세계대전 이전에 시작되었다. 당시 독일의 화학 분야는 세계적으로 최고 수준에 달해 있었다. 1913년 독일의 화학자 프리드리히 베르기우스는 수소첨가법水素添加法으로 알려진 공정을 이용해, 세계 최초로 석탄에서 액체연료를 추출하는 데 성공했다. 고온과 고압 아래서 다량의 수소와 촉매제를 석탄에 첨가하여 양질의 액체연료를 얻었던 것이다. 한편 1920년대 중반에는 피셔−트롭쉬법이라고 불리는 또 다른 공정이 개발되었다. 열처리에 의해 석탄 분자들이 수소와 일산화탄소로 분해되고 상호작용을 거쳐 합성석유가 만들어지는 것이다. 둘 중에는 베르기우스의 수소첨가법이 좀 더 나은 것으로 평가되었는데, 무엇보다도 피셔−트롭쉬 공정에서는 해낼 수 없었던 항공연료 생산이 가능했기 때문이다. 더욱이 1926년에 베르기우스 공정으로 특허권을 얻은 이 게 파르벤은 피셔−트롭쉬의 후원자보다 우세한 정치적 영향력을 가지고 있었다.

이 게 파르벤이 합성연료에 관심을 가진 것은 1920년대부터였다. 당시는 지구 상의 석유가 곧 고갈될 것이라는 한결같은 전망 아래, 세계 곳곳에서 대규모 석유 탐사가 진행되고 있었다. 수입 석유에 대한 수요 증가로 귀중한 외화가 유출되고 있었기에 정부의 지원도 뒤따랐다. 이 게 파르벤의 로이나 공장에 시험 플랜트가 건설되고 1927년 생산에 들어갔다. 동시에 이 게 파르벤은 다른 국가들에서 유력한 동업자를 찾기에 분주했다. 영국의 한 선진 화학업체와의 협상이 결렬되자, 이 게 파르벤은 보다 유력한 회사인 미국의 뉴저지 스탠더드오일을 주목했다.[3]

당시 미국과 해외에서 원유를 충분히 공급받고 있던 뉴저지 스탠더드는 단순한 정유회사에서 종합 석유회사로 탈바꿈하기 위해 전략적 전환을 꾀하고 있었다. 또한 액체 연료원으로 쓸 수 있는 원유의 대체물을 탐색하는 중이었다. 뉴저지 스탠더드는 1921년 콜로라도에 있는 부지 2만 2,000에이커를 구입하고, 셰일층에서 석유를 추출하는 방법을 상업화할 계획을 갖고 있었으나 결과는 만족스럽지 못했다. 합성석유 1배럴을 추출하기 위해서는 세일층 1톤이 필요했고, 이는 경제성 측면에서 지극히 매력 없는 것이었다.

1926년 뉴저지 스탠더드의 연구 책임자였던 프랭크 하워드는 이 게 파르벤의 로이나 공장을 방문했다. 그곳에서 깊은 감명을 받은 그는 곧장 뉴저지 스탠더드의 회장인 월터 티글에게 전보를 보내고 파리를 방문했다. 하워드의 전보 내용은 이랬다. "오늘의 시찰과 논의에 비추어 볼 때, 이번 일은 스탠더드의 해체 이후 우리 회사가 지켜본 가장 중요한 일로 생각됩니다. 이는 유럽이 휘발유 공급에서 완전히 자립하게 됨을 의미합니다." 티글은 유럽 시장을 상실할지도 모른다는 말에 서둘러 로이나로 갔다. 그는 공장의 연구 및 생산 설비에 경악을 금치 못하며 이렇게 말했다. "내 눈으로 확인하기 전까지는 제대로 알지 못했다. 이에 비하면 우리의 연구는 어린아이의 장난에 지나지 않는다."

하워드와 티글, 뉴저지 스탠더드의 몇몇 중역이 이 게 파르벤 공장에서 10마일 떨어진 하이델베르크의 호텔 방에 급히 모였다. 하워드가 후에 회상한 대로, 그들은 이제까지 석유산업에 도입된 그 어떤 기술보다 수소첨가법이 훨씬 더 의미 있는 것이라 결론지었다. 이 게 파르벤의 실험실에는 뉴저지 스탠더드의 사업을 위협하는 분명한 요인이 있었다. 하워드는 "석탄의 수소첨가법이 경제적인 면에서는 원유와 경쟁이 안 되겠지만, 국가가 정책적으로 보호해준다면 충분히 하나의 산업으로 성립될 수 있다. 그러면 외국으로부터의 원유와 석유제품 수입을 봉쇄할 수 있을 것이다"라고 말했다. 즉 뉴저지 스탠더드가 외국시장에 참여하는 일은 거의 불가능해질지도 모를 일이다.

아무튼 이 게 파르벤과의 1단계 합의가 성립되었다. 뉴저지 스탠더드는 루이지애나에 수소 첨가 설비를 짓도록 허락하고, 이 게 파르벤은 3,500만 달러에 달하는 뉴저지 스탠더드 주식의 2%, 즉 54만 6,000주를 대가로 받는 것이다. 양사는 그 외 상대방의 중요한 활동영역에서는 서로 손을 떼기로 합의했다. 뉴저지 스탠더드의 한 간부는 "이 게 파르벤은 석유사업에서 물러날 것이며, 우리는 화학사업에서 손을 뗄 것이다"라고 말했다. 1930년에는 그다음 단계로 석유화학 분야의 발전을 공유하기 위한 합작회사가 설립되어, 많은 기술 정보가 뉴저지 스탠더드로 이전되었다.[4]

1931년에 독일의 과학 기술, 특히 수소첨가법은 최대의 찬사를 받았다. 수소첨가법의 발명자인 베르기우스와 이 게 파르벤의 회장인 칼 보쉬는 노벨 화학상을 공동 수상했다. 로이드 공장의 생산량은 하루 2,000배럴에 이르렀으나 회사는 심각한 재정난에 빠졌다. 사업은 예상보다 힘겹고 비용이 많이 드는 것이었다. 그와 동시에 동부 텍사스에서 새로운 유전이 발견되면서 석유 시장은 전 세계적으로 엄청난 공급 과잉 상태로 돌아섰다. 그에 이어진 세계 석유 가격 폭락으로 로이나의 합성석유는 경제성을 상실하게 되었고, 이 게 파르벤은 이 프로젝트가 전혀 이윤을 내지 못할지도 모른다는 우려를 하게 되었다. '로이나 벤젠'이라고 불린 합성석유 1리터를 생산하는 비용은 멕시코 만에서 선적되어 독일로 운반되는 휘발유 1갤런의 가격보다 10배나 비쌌다. 이 게 파르벤의 몇몇 중역은 프로젝트 전체를 포기해야 한다고 말했다. 그냥 운영하자고 하는 측의 유일한 이유는 폐쇄 비용이 유지하는 비용보다 크다는 것뿐이었다.

대공황 중에 합성석유 프로젝트를 살려보겠다는 소망은 국가의 지원과 석유 금수조치 등에 힘입은 것이었다. 히틀러 이전, 브뤼닝 정부가 행한 관세 보호는 충분하지 못했다. 신정부인 나치 정권은 이 게 파르벤이 합성연료의 생산을 획기적으로 증가시킬 것을 약속한다면, 합성연료의 가격과 판매량을 적극적으로 보장해줄 의사를 갖고 있었다. 그런데 이런 조치도 도움이 안 되었던 것은 수소첨가법이 여전히 유치산업이었기 때문이다. 사업의 도약을 위해서는 제3제국(히틀러 치하의 나치 정권, 1933~1945)의 추가적인 정치적 보호가 필요했다. 이 게 파르벤은 고품질의 항공 휘발유를 개발할 능력을 입증함으로 써 공군의 지원을 얻어냈다. 또한 독일 육군은 국내 합성석유 산업을 지원하도록 로비를 벌였다. 독일이 계획하고 있는 새로운 유형의 전쟁을 위해서는 독일의 현재 공급량이 턱없이 모자라다는 주장에 근거한 행동이었다.[5]

무솔리니의 꿈

히틀러와 동료들은 두 가지 사태로 인해, 수입 석유에 의존하는 위험과 독일 자체의 공급 방안을 개발해야 한다는 필요성을 절감했다. 첫 번째는 이탈리아의 에티오피아 침공이었다. 1935년 10월 이탈리아는 당시 아비시니아로 더 잘 알려진, 동아프리카에 있는 에티오피아를 침공했다. 에티오피아는 인접한 이탈리아의 식민국가와 모호한 경계 구역을 공유하고 있었다. 로마제국의 환상에 빠져 위대한 제국을 창조하려는 꿈을 갖고 있던 이탈리아의 독재자 베니토 무솔리니는 에티오피아 침공으로 포문을 열었다. 국제연맹은 즉시 침공을 비난하면서 경제 제재 조치를 취했고, 이탈리아로의 석유 수출 금지도 고려하고 있었다. 미국은 국제연맹에 가입하지는 않았으나, 루스벨트 행정부는 그러한 금수조치에 협력할 방안을 모색하고 있음을 시사했다. 무솔리니는 석유 공급이 중단되면 이탈리아 군대가 치명상을 입을 것을 잘 알고 있었다. 그의 군대가 무고한 에티오피아인들에게 독가스를 퍼부으며 진격하는 동안, 그는 국제연맹을 위협하기 위한 갖가지 허풍과 호통을 서슴지 않았다. 무솔리니는 제재 조치 역시 전쟁 행위의 하나로 간주되어야 한다고 주장했다. 국제연맹 편을 들어 석유 제재 조치에 앞장서 찬성한 사람은 영국 수상 앤서니 이든 경인데, 그는 무솔리니의 위협을 일축해버렸다. 그는 무솔리니가 '미친 개 같

은 짓'을 하지는 않을 것이고, 스스로 제 목숨을 끊을 사람으로 보이지는 않는
다고 말했다. 그러나 무솔리니는 교활한 프랑스의 수상 피에르 라발이 기꺼이
협조할 의사가 있음을 알아챘다. 피에르 라발은 제재 조치가 막 실현되려는
순간 그 움직임을 뒤엎은 장본인이다.

1936년 봄, 무솔리니의 군대는 에티오피아를 정복했고 이탈리아 국왕은
그의 칭호에 '에티오피아 황제'라는 호칭을 덧붙였다. 이탈리아에 대한 제재
조치는 모두 무산되었다. 석유 금수조치는 시도조차 되지 못했다. 무솔리니는
후에 히틀러에게 다음과 같이 속마음을 털어놓았다. "만약 아비시니아 분쟁
에 대해 국제연맹이 이든 수상의 권고를 따랐더라면, 그리고 석유에 관한 경
제적 제재 조치를 확대했더라면 나는 아비시니아에서 1주일 내에 철수할 수
밖에 없었을 것이다. 그것이 막대한 재앙을 불러일으킬 것이기 때문이다." 이
사건을 통해 히틀러는 대외 의존이 얼마나 위험한지 진지하게 받아들이게 되
었다.

두 번째 사건은 독일과 가까운 곳에서 발생한 것이다. 나치는 뉴저지 스탠
더드와 쉘, 그리고 그 밖의 다른 외국 회사들로부터 독일 국내시장을 되찾는
일에 전념했다. 그러나 당시 독일의 미움을 받고 있던 볼셰비키는 대규모의
주유소 체인점을 소유하고 소련으로부터 수입되는 석유제품을 판매하고 있었
다. 나치 정부는 1935년 독일 휘발유 판매상들에게 압력을 넣어 소련의 체인
점들을 사들이게 했다. 목적은 소련의 판매 거점을 일소하는 데 있었다. 소련
사람들은 기존 판매망을 통해 석유를 계속 공급하고 있었지만 1936년 2월,
돌연 판매를 중지했다. 그들이 이유로 내세운 것은 '대외 지불 능력 곤란'이었
다. 그 후에도 판매는 재개되지 않았다. 이 사건 또한 히틀러에게 대외 의존이
주는 위험에 대한 경고였다.

바로 그 무렵, 즉 국제연맹이 석유 제재 조치에 대한 논란을 벌이고 있던

1936년 2월 중순경, 히틀러는 베를린에서 해마다 열리던 독일 자동차 전시회를 개최했다. 「뉴욕 타임스」지는 히틀러에 대해 '그 어떤 통치자나 지도자보다 자동차 주행거리를 증가시킬 가능성이 높은 사람'이라고 평했다. 히틀러는 이 기회를 통해, 독일이 합성 휘발유를 생산하는 문제를 효과적으로 해결했음을 공표했다. 그의 말대로 이 업적은 정치적으로 중요한 의미를 갖고 있었다. 해외로부터의 수입과 제재 조치라는 문제는 히틀러의 마음속에 부담으로 자리잡고 있었다. 그 당시는 히틀러가 결정적인 행동을 시도하기 직전이었다. 바로 다음달인 1936년 3월, 그는 대담하게도 조약을 위반하면서 프랑스와의 경계인 라인 지방을 재무장시켰다. 그가 국제무대에서 최초로 힘을 과시한 사건이다. 이후 그가 최대의 위기라고 칭한 48시간은 '평생 가장 초조했던' 순간이었다. 그는 반격을 기다리고 있었지만, 서구 열강들은 그의 행동을 전혀 저지하지 않았다. 그는 도박에서 승리했고, 이런 유형의 행동을 계속 반복했다.[6]

1936년 후반 히틀러는 1940년의 디데이에 대비하기 위해 독일을 정비할 결정적인 조치를 취했다. 자신의 4개년 계획을 시작하면서, 무엇보다도 신기술과 화학 기술을 통해 수입 석유의 의존도를 줄이려 한 것이다. 그는 자신의 계획을 수립할 때 "독일의 연료 생산을 최대 속도로 발전시켜야 한다. 이 문제야말로 전쟁을 수행하는 것과 같은 각오로 실행해야 할 것이다. 미래의 전쟁 수행 능력은 바로 이 문제를 해결하는 데 달려 있기 때문이다. 원료를 생산하는 비용 따위는 전혀 중요하지 않다"라고 밝혔다.

합성연료 산업은 전체 계획의 중심을 차지하는 것이었고, 생산량은 거의 여섯 배로 증가되어야 했다. 이 프로그램은 재정 지원에 있어 가장 큰 몫을 차지했다. 어마어마한 양의 철강과 노동력이 업종 전환에 필요한 설비 확장에 투입됐다. 각 공장은 수 에이커에 걸쳐 지어진 거대한 공업회사였다. 공장은 유수한 제조업체들에 의해 운영되고, 나치 정부와 철저한 동맹관계를 맺고 있었다. 여기서 나치의 이상에 맞춰 선도적 역할을 한 것이 이 게 파르벤이었다.

1937년에서 1938년, 이 게 파르벤은 하나의 독립된 기업이라기보다는 독일 산업의 한쪽 팔이었다. 게다가 철저히 나치화 되어 있었다. 회사의 3인자를 포함해 모든 유태계 임직원들이 제거되었고, 이사회의 회장으로 뉴저지 스탠더드와 협상을 벌였던 반反나치의 칼 보쉬도 물러났다. 반면 나치당에 속해 있지 않던 여타 이사들은 서둘러 입당원서에 서명했다. 4개년 계획의 야심적인 공약들은 매우 웅대했지만, 실제로는 그다지 내실 있는 합성연료 산업을 완성하지 못했다. 독일의 폴란드 침공으로 유럽에서 제2차 세계대전이 시작된 9월 1일까지, 수소첨가법 설비 14개가 완전 가동 중이었고 6개가 추가로 건설되고 있었다. 1940년의 합성연료 생산량은 하루 7만 2,000배럴에 달하여 총석유 공급량의 46%를 차지했다. 합성연료는 군사적 필요라는 관점에서 볼 때 더욱 의미심장했다. 베르기우스법이라고 불리는 수소첨가법으로 생산된 합성연료는 독일의 전체 항공 휘발유 수요의 95%를 점했다. 만약 합성연료가 없었다면 독일 공군은 비행기를 띄울 수 없었을 것이다.

강력한 군사 장비들과 재량껏 사용할 수 있는 합성연료의 공급이 증가했음에도 불구하고, 석유는 히틀러의 머리에서 깨끗이 지워질 수 있는 문제가 아니었다. 석유는 그가 전쟁을 전술적으로 접근하는 틀을 마련해주었는데, 그 전술이 바로 '전격작전電擊作戰'이었다. 기계화된 힘이 집중된 격렬한 단기전이야말로 석유 공급에 문제가 생기기 전에 결정적 승리를 이끌어낼 수 있었다. 이 전술은 시작부터 놀라울 만큼 잘 먹혀들었다.

1939년 폴란드에 이어 노르웨이와 베네룩스 3국, 프랑스를 아주 손쉽게 점령해나갔던 1940년 봄에도 히틀러의 전략은 큰 성공을 거두었다. 서방 국가들과의 전쟁에서 승리를 거둠으로써 독일의 석유 사정은 실제로 호전되었다. 침공 시 사용한 연료의 양을 넘어서는 석유 재고분을 확보했기 때문이다.

비록 대규모 공습으로 영국을 굴복시키려 했던 히틀러의 시도는 1940년 가을 실패로 돌아갔지만, 독일은 전 유럽의 지배를 목전에 둔 듯했다. 그는 손쉽게 승리를 거둘 수 있다고 생각했다. 히틀러는 또 하나의 손쉬운 승리를 꿈꾸면서 다음 목적지인 동쪽으로 눈길을 돌렸다. 바로 소련이다.[7]

러시아로 진격하라!

독일이 소련과의 전쟁을 결정한 데는 많은 요인이 작용했다. 볼셰비즘에 대한 히틀러의 뿌리 깊은 증오심(그는 볼셰비즘 제거야말로 일생의 소명이라고 말하기까지 했다), 스탈린에 대한 개인적인 적개심, '작은 벌레들'로 취급했던 슬라브족에 대한 경멸, 유라시아 땅덩어리를 완전히 지배하고자 하는 욕망, 영광을 성취하려는 동기가 그것이었다. 게다가 그가 동쪽으로 시선을 돌렸을 때, 그곳은 천년제국千年帝國을 건설할 공간으로 보였다. 더욱이 1939년의 '나치–소련 협정'을 준수하고 히틀러를 자극하지 않으려 애썼던 스탈린의 애처로운 노력에도 불구하고, 독일의 독재자는 영국과 소련 간에 은밀한 협상이 있지나 않았을까 의심했다. 거부할 이유가 전혀 없는 것처럼 보였던 1940년에 영국이 항복을 거부한 것을 달리 어떻게 설명할 수 있을까? 다른 무엇보다도 거기에는 석유 문제가 개입되어 있었다.

처음부터 바쿠와 다른 코카서스 유전을 획득하려는 것이 러시아 출정을 계획한 히틀러의 생각이었다. 어느 역사학자가 말했듯이 '경제적 측면'에서 히틀러가 집착한 것은 석유였다. 그는 석유에 관한 서적들을 읽고, 그에 관한 이야기를 많이 했고, 세계 도처에 있는 유전의 내력에 대해서도 박식했다. '검은 땅'이라 불리는 우크라이나의 경작지와 함께 코카서스의 석유가 독일의 손에 들어간다면, 히틀러는 자신의 제국을 철통같이 지킬 수 있는 온갖 자원을 영토 내에 소유하는 셈이 된다. 일본이 동인도제도와 동남아시아의 자원들을 자신의 수중에 묶어두려는 욕구와 매우 유사했다. 일본의 야망 역시 그런 자원들로 난공불락의 제국을 만들 수 있다는 신념에 힘입은 것이었다. 1945년 5월에 열린 심문에서 독일의 군수장관이던 알베르트 슈페어는 석유를 얻으려는 욕구가 러시아를 침공하게 된 주된 동기였다고 말했다.[8]

히틀러는 루마니아의 플로에스티 유전에 대해 소련이 지속적인 위협을 가할 수 있다는 사실에 주목했다. 플로에스티는 소련 외부에 위치한 것으로는 가장 큰 유럽의 원유 생산지로, 제1차 세계대전 당시 독일의 주요 목표물이었다. 이제 루마니아는 독일의 동맹국이 되었고, 독일이 플로에스티 유전에 의존하는 정도는 더 심해졌다. 1940년 독일의 전체 석유 수입량 중 58%를 차지할 정도였다. 1939년 '나치-소련 협정'이 조인됨으로써, 1940년에는 소련으로부터의 석유 선적이 재개되었다. 이로써 소련은 독일 석유 공급원 중 3위를 차지하게 되었고, 나치의 원로는 이를 두고 '독일 전시 경제를 위한 버팀목'이라고 기술했다. 1940년 소련은 나치-소련 협정의 조항에 의거하여 루마니아 북동부의 주요 지역 점령을 정당화했다. 히틀러가 바라는 바대로, 루마니아는 군대를 플로에스티 유전에 근접 배치했다. 히틀러는 무솔리니에게 "추축국의 성패는 그 유전에 달려 있다"라고 말했으며, 러시아에 대한 공격이 플로에스티 유전의 안전을 보장해줄 것이라 믿었다.

물론 러시아를 정복하게 된다면 훨씬 큰 포상褒賞을 받을 수 있었다. 즉 마이콥, 그로즈니, 바쿠와 같은 코카서스의 유전들이 그것이다. 자신의 계획을 뒷받침하기 위해 히틀러는 이상야릇한 계산을 제시했다. 러시아와의 전쟁에서 발생하게 될 독일의 사상자 수가 합성연료 산업에 투입된 노동자의 수보다는 적을 것이며, 따라서 출정 못할 이유가 없다는 것이다.

1940년 12월 히틀러는 '바바로사 작전'이라고 명명한 지령 21호를 내렸다. 소련 침공을 준비하라는 지시였다. 독일은 우방국인 러시아가 눈치채지 못하도록 조심했다. 더 나아가 기만과 위장의 제스처로 스탈린을 달램으로써 독일이 그런 끔찍한 사태를 준비하고 있다는 사실을 믿지 못하게 만들었다. 미국, 영국, 여타 정부들, 히틀러의 스파이들에 의해 침공이 임박했다는 경고가 퍼져나갔지만, 스탈린만은 단호하게 믿지 않았다. 침공이 시작되기 바로 몇 시간 전, 독일의 한 충직한 공산주의자는 독일군에서 가까스로 탈출하여, 침공 정보를 가지고 소련으로 잠입했다. 하지만 그것이 계략이라고 의심한 스탈린은 그를 사살하라는 명령을 내렸다.[9]

1941년 6월 22일 이른 새벽, 석유와 기타 원자재들을 실은 러시아 화물열차가 소련 영내의 철로를 따라 독일을 향해 천천히 움직이고 있었다. 새벽 3시가 막 지나자 자동차 및 전차 60만 대, 말 62만 5,000필을 갖춘 300만 독일군이 전 전선에 걸쳐 기습공격을 감행했다. 소련은 완전히 무방비 상태였고, 스탈린은 며칠 동안 신경쇠약 상태에 빠졌다. 독일은 이번 공격이 '전격작전'을 또 한 번 반복한 것이라 생각했다. 폴란드, 베네룩스 3국, 프랑스, 유고슬라비아, 최근에는 그리스마저 이러한 공격으로 완전히 초토화되었다. 모두 6주 내지 8주, 길어야 10주 이내에 끝장이 났다.

"우리가 문을 박차고 들어가면 집이 무너지게 되어 있다"라고 말한 히틀러의 허세는 실제 러시아 출정 일주일 만에 입증되는 듯했다. 처음에 독일은 오합지졸의 소련군을 진압하며 예상보다 빨리 이동했다. 그러나 곧 독일군의 전열이 흐트러지고 있다는 전조가 나타났다. 물자 공급을 잘못 계산했던 것이다. 연료에 대해서도 마찬가지였다. 러시아의 열악한 도로 사정과 험난한 지형으로 인해 운송수단들은 예상보다 많은 연료를 소모했는데, 어떤 경우는 두 배나 소모되었다. 포장이 안 된 도로에 묻혀 대형차들이 움직일 수 없게 되자, 말이 끄는 소형 러시아 마차로 대체할 수밖에 없었다. 그러나 연료 부족을 알

리는 여러 경고들은 초반의 환상적인 압승에 가려져 무시되었다.[10]

8월이 되자 독일군 장성들은 히틀러에게 모스크바를 주목표로 설정할 것을 요청했다. 히틀러는 이를 거절하고 "겨울이 오기 전에 달성해야 할 가장 중요한 목표는 모스크바 점령이 아니고, 크리미아와 도네츠의 산업지대와 석탄 생산지를 장악하여 코카서스 지역으로부터의 석유 공급을 차단하는 것이다"라고 8월 21일 자 지령에서 밝혔다. 독일군은 바쿠로 진격해야 했다. 히틀러는 크리미아를 '루마니아 유전지대를 공습하는 소련제 폭격기'라고 불렀다. 히틀러는 장성들의 요청에 대해, 자신이 가장 좋아하는 경구警句가 된 말로 답했다. "우리 장군들은 전쟁의 경제적 측면에 대해 전혀 모른다." 전쟁에 심취한 히틀러는 광대한 아우토반 건설의 꿈을 꾸고 있었다. 노르웨이의 트론헤임에서, 장차 독일의 리비에라가 될 크리미아를 연결하는 것이었다. 그는 "볼가 강은 우리의 미시시피 강이 될 것이다"라고 말했다.

이후 히틀러는 마음을 바꿔, 모스크바를 다시 목표의 최우선 순위에 올려놓았으나 이미 결정적인 시기를 놓쳤다. 그 결과, 1941년의 늦가을 무렵에야 크렘린에서 20마일 떨어진 모스크바의 외곽지역에 가까스로 도달하게 되었다. 독일군은 그곳에서 진흙 수렁과 무섭게 닥쳐오는 겨울의 눈 속에 빠졌다. 결국 그들 앞에 석유와 기타 주요 물자 부족이 닥쳤다. 11월 27일 독일의 한 4성 장군은 "우리는 인적, 물적 자원의 한계점에 도달했다"라고 말했다. 그 후 12월 5일과 6일에 걸쳐, 소련군의 유리츠코프 장군은 소련군 최초의 성공적 반격을 개시함으로써 독일의 진격을 막고 그들을 엄동설한에 꼼짝 못하도록 묶어놓았다.

독일은 코카서스에도 진격할 수 없었다. 당초 6주 내지 10주 계획을 잡았는데 이미 수개월이 지났고, 엄동설한을 맞아 진퇴양난에 빠진 것이다. 그들은 물자 보급 문제와 소련의 인력을 과소평가했다. 고난과 궁핍을 견디며 저항하는 소련군 병사들과 시민들의 숫자는 실로 어마어마했다. 첫해에 600만 내지 800만 명의 소련군 병사가 죽거나 생포되었음에도 여전히 새로운 병사들이 전장에 투입되고 있었다. 게다가 일본이 소련을 공격하는 대신 공격 목표를 동남아시아로 옮기기로 결정한 것이야말로, 스탈린이 정예화 된 시베리아 부대를 독일 전선으로 이동시킬 수 있게 해주었다.[11]

유전지대를 노린 블라우 작전

1942년 초, 베를린에서는 또 하나의 대규모 러시아 공격이 계획되고 있었다. 이른바 '블라우 작전'이었다. 작전의 주요 목표는 코카서스의 석유였으며 코카서스부터 이란, 이라크, 인도에 이르는 유전지대를 겨냥하고 있었다. 히틀러는 러시아의 석유를 손에 넣지 못하면 전쟁을 수행할 수 없다고 말한 경제 고문의 말에 전적으로 동의했다. 동시에 그는 러시아 경제의 심장부를 강타하고자 했다. 군대와 농사에 필요한 연료를 빼앗긴다면 러시아는 더 이상 전쟁을 치를 수 없을 것이다. 히틀러는 소련이 마지막 남은 인력을 모두 유전지대 방어에 투입할 것이라 확신했고, 그렇게 되면 승리는 그의 것이라 믿었다. 이런 확신 아래 독일은 1만 5,000명에 달하는 석유 기술단을 조직했는데, 그 임무는 러시아 석유산업을 재건하고 운영하는 것이었다. 독일이 러시아의 석유를 이용하기 위해 해결해야 할 유일한 과제는 유전의 획득이었다.

1942년 7월 말 무렵, 독일군은 로스토프 시를 정복했고 코카서스에서 뻗어 나오는 파이프라인을 차단했다. 8월 9일에는 코카서스 지방에서 가장 서쪽에 있는 마이콥에 도달했다. 정상 조건에서 바쿠 유전의 10분의 1밖에 생산할 수 없는 아주 작은 유전인데, 철수하기 전 러시아가 유전과 생산 설비, 작업장의 작은 공구까지 완전히 파괴해버렸다. 1943년 1월, 독일은 그곳에서 하루

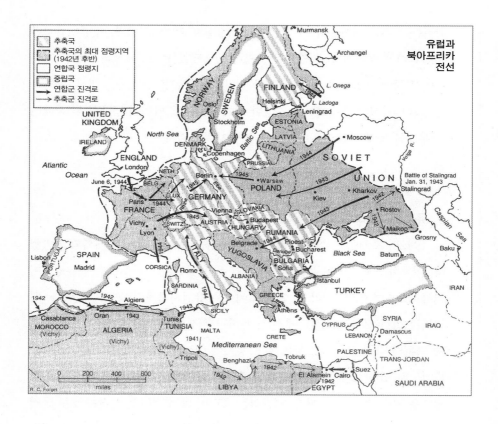

70배럴도 안 되는 석유를 근근이 얻을 수 있었다.

독일은 계속 진격했고 이제는 본국과 물자 공급지로부터 수천 마일을 떨어져 있었다. 8월 중순, 독일의 산악 부대는 코카서스 및 유럽의 최고봉인 엘브루스 산 정상에 나치의 깃발을 꽂았다. 그러나 목적지에 도착하기 전 독일군은 험난한 산악지대에 가로막혀 진군을 멈출 수밖에 없었다. 그곳은 시간만 충분하다면 방어할 수 있는 지역이었는데, 마침 독일군이 연료 부족으로 곤란에 처해 있던 터라 그러한 시간이 주어진 것이다. 러시아와 싸우는 독일군은 대량의 석유가 필요했으나 그들은 그 공급원으로부터 너무 멀리 진격해 있었고, 기습에 의한 속전속결의 장점을 살릴 수 없었다. 블라우 계획의 아이러 니는 석유를 구하기 위해 시작했으나, 결과적으로 그 석유가 모자랐다는 것이 다.[12]

독일은 프랑스에서 그랬던 것처럼 러시아에서도 석유를 강탈했지만 이번 경우에는 쓸모가 없었다. 독일 전차는 휘발유를 쓰기 때문에, 러시아 탱크가 사용하는 디젤은 아무 소용이 없었다. 기갑부대는 새로운 물자 공급을 기다리 느라 며칠씩 멈춰 있기도 했다. 석유를 실은 트럭 역시 연료 부족으로 진군하 는 부대를 따라잡을 수 없었다. 고심 끝에 독일은 낙타의 등에 석유를 싣고 운 송하는 방법을 택했다. 1942년 10월, 산악지대를 돌파해 그로즈니와 바쿠로 진격하려던 독일의 마지막 시도는 결정적으로 격퇴당하고 말았다.

코카서스 북서쪽의 스탈린그라드는 출정의 주요 목표에 비하면 아주 하찮 은 목표에 지나지 않았다. 그러나 전쟁 초반부터 그곳에서의 성패가 양 진영 에 상징적 의미를 갖게 되었다. 스탈린그라드는 1942년부터 1943년 겨울에 벌어진 격렬하고 결정적인 전투의 장이 되었다. 또다시 독일은 물자 부족으로 쩔쩔맸고, 그 와중에 연료 부족 사태가 눈앞에 닥쳐왔다. 전설적인 인물인 기 갑 사령관 하인츠 구데리안 장군은 아내에게 보낸 편지에서 그해 겨울을 이렇 게 묘사했다. "얼음장같이 혹독한 추위, 숙소와 의복 부족, 병사와 장비의 손 상, 형편없는 연료 공급, 이 모든 것이 지휘관의 임무를 아주 초라하게 만들었 소."

혹독한 시련과 엄청난 인적·물적 희생을 치르고 18개월이 경과했다. 어 느덧 전쟁의 흐름이 뒤바뀌어 독일은 러시아에 대해 방어 태세에 돌입했다. 육군 원수 에리히 폰 만슈타인은 한밤중에 히틀러에게 전화해, 코카서스에 있 는 독일군 병력을 이동시켜 스탈린그라드에 포진한 제6군단을 지원해달라고 요청했다.

히틀러는 이 요청을 거절했다. "만슈타인 원수! 바쿠를 획득하느냐 못하느냐는 너무나 중요한 문제요. 바쿠의 석유를 얻지 못한다면 전쟁에 지게 될 것이오." 히틀러는 전쟁에서 석유가 가지는 결정적 중요성에 대해 되풀이해서 말했고 장광설은 그칠 줄 몰랐다. 비행기 한 대, 탱크 한 대에 얼마나 많은 연료가 필요한지를 계속 설명했다.

"내가 연료를 대주지 못하면 당신은 아무것도 할 수 없지 않소?" 만슈타인은 당장 시급한 전략적 문제인 제6군단의 생존과 공격의 중지에 대해 논의하고자 했으나, 히틀러는 그의 말을 듣지 않았다. 대신 그는 독일군이 중동 지역에서 어떤 방식으로 합쳐질 수 있는지 설명했다. "그러면 우리는 재편성된 병력을 인도로 진격시키고, 그곳에서 영국에 대한 우리의 최종적 승리를 완성하게 되는 것이오. 그럼 편히 주무시오, 만슈타인 원수!"

만슈타인이 할 수 있는 말은 이것뿐이었다. "위대한 총통 각하, 만세!" 히틀러의 광기에도 불구하고 1943년 1월 코카서스의 독일 병력에 대한 퇴각 명령이 내려졌다. 하지만 그 조치는 스탈린그라드의 제6군단을 돕기에는 너무 늦은 것이었다. 그들은 소련군에 포위된 채 탈출의 모험조차 시도할 수 없었다. 탱크에는 겨우 20마일쯤 움직일 수 있는 연료가 있었지만, 탈출하기 위해서는 30마일분을 더 채워 넣어야 했다. 그것은 불가능했다. 1943년 1월 말에서 2월 초, 스탈린그라드에 포위되어 있던 독일군은 항복하고 말았다. 모든 힘을 상실한 채, 추위에 떨고 굶주리고 이동에 필요한 모든 핵심 요소들을 빼앗겼다. 그들은 패배했다.

스탈린그라드는 독일이 유럽에서 최초로 패배한 곳이었다. 히틀러는 걷잡을 수 없는 분노에 휩싸였다. 독일 병사들은 항복하느니 죽음을 택하도록 되어 있었지만, 독일은 더 이상 공격자의 입장에 서지 못했다. '전격작전'의 단계는 이미 지나가버렸다. 번개 같은 공격 대신, 앞으로 남은 결정 요인은 군사력과 석유를 포함한 경제적 자원이었다. 동부 전선에서 몇 번 엎치락뒤치락하기는 했지만 소련은 거침없이 진격했고, 러시아 영토에서 독일군은 모두 축출되었다. 소련은 마지막 목적지를 향해 거침없이 진군했다. 바로 베를린이었다.[13]

롬멜과 병참단의 역습

1942년 말부터 1943년 초에 걸쳐 전쟁의 흐름이 뒤바뀐 곳은 스탈린그라드만이 아니었다. 리비아와 이집트 경계선 부근의 북아프리카 모래밭과 갈색 자갈, 그리고 거친 바윗돌 위에서 또 다른 역전극이 펼쳐지고 있었다.

어윈 롬멜 장군의 말을 빌리면, 북아프리카는 '완전한 기동성機動性'이라는 새로운 원칙에 따라 전투가 벌어진 제2차 세계대전의 무대였다. 그 '기동성'은 독일군의 북아프리카 기갑 부대와 아프리카 특전단에 의해 이루어진 것이다. 둘은 모두 롬멜의 작품이었다. 그는 총명하고 창조적이었으며 탱크전과 기동전의 거장이었다. 전술과 전략 면에서는 완벽한 모험주의자였다. 작은 체구에 말이 없고 냉정한 롬멜은 제1차 세계대전에서 이미 야전 전투 지휘관으로서의 명성을 쌓았다. 히틀러는 그가 보병술에 관해 쓴 책을 읽고 감명받았고, 롬멜이 비록 나치 당원은 아니었지만 1938년에는 자신의 신변 경호를 책임지는 부대를 지휘하도록 임명했다.

롬멜은 1940년 기갑 부대를 지휘하여 깜짝 놀랄 만한 속력으로 프랑스를 침공했다. 그 기습공격은 그에게 전쟁이라기보다는 가벼운 장난처럼 보였다. 롬멜은 아내에게 보낸 편지에서 "서유럽에서의 전쟁이 이렇게 싱거우리라곤 상상도 못했소. 프랑스 출정은 가벼운 마음으로 잠깐 다녀온 관광여행처럼 되어버렸소"라고 썼다.

1941년 2월, 롬멜은 영국군에 의해 패배 직전에 몰려 있는 이탈리아군을 지원하기 위해 북아프리카로 급파되었다. 이번 무대 역시 그에게는 여행과도 같았다. 전투 지역의 폭은 70마일에 지나지 않았지만, 길이는 리비아의 트리폴리에서 이집트의 엘 알라메인까지 1,000마일에 이르렀다. 부대 이동은 신속하게 이루어졌지만, 이번 전투에서는 그다지 번개 같은 속도전은 없었다.

　　롬멜은 기동성과 대담성이 뛰어났다. 병참부대를 재촉하던 그는 승리의 진군에 제동을 건 지휘관을 비난했다. "병참 참모들은 어려운 일이 있을 때마다 불평만 늘어놓는 것이 버릇처럼 되었다. 임무를 맡아 진척시키고 임기응변의 능력을 마음껏 발휘하는 대신, 매번 일을 허사로 돌리고 만다. 적을 파괴한 위대한 승리 이후에도 병참 장교들의 제안으로 작전을 더 이상 추진하지 못하고 포기하게 된다. 역사는 언제나 잘못된 결정을 발견해내고, 놓쳐버린 기회를 지적하는 법이다." 하지만 롬멜은 이런 일에 얽매여 있으려 하지 않았다.

　　롬멜은 처음에 북아프리카에서 영국군을 상대해 경이적인 승리를 거두었다. 때로는 약간의 지원과 포획물도 얻어냈다. 어떤 경우에 그 포획물은 수송 능력의 85%를 잃어버린 영국과 미국의 차량에서 제공되었다. 그는 전술적 차원에서뿐 아니라 임기응변에도 상당한 재능이 있었다. 출정 초기에 롬멜은 트리폴리에 있는 작업장에 명령해 가짜 탱크를 여러 개 만들도록 한 다음, 그것들을 폭스바겐 위에 얹었다. 실제보다 무장 규모가 훨씬 크게 보이게 함으로써 영국군을 놀라게 한 것이다. 그러나 그가 위장할 수 없는 것이 한 가지 있었다. 기동전은 연료의 공급에 전적으로 의존했다. 물자는 번개 같은 진격과 보조를 맞추어야 하고, 매우 긴 보급선을 따라 운반되어야 했다.

　　석유야말로 롬멜을 가장 지속적으로 괴롭힌 문제였고, 어떤 경우에는 그것이 제일 큰 문제였다. 1941년 6월 초에 그는 다음과 같이 기술했다. "불행하게도 휘발유 재고량은 심각한 수준이었고, 우리는 곧 있을 영국군의 공격에 깊은 우려를 갖고 있다. 우리의 움직임은 전술적 모험보다는 석유에 의해 결정되었기 때문이다."[14]

그러나 1941년 후반부터 1942년 전반에 걸쳐 성공적으로 연료를 재공급 받은 부대를 이끌고 롬멜은 공격 진영을 재정비했다. 1942년 5월 말에는 영국에 대한 대규모 공격을 개시할 수 있었다. 공격은 성공적이었다. 영국군은 후퇴했고 일주일 만에 롬멜의 군대는 300마일을 진격했다. 처음의 계획대로 공급 라인을 따라서 진격했다. 결코 병참 장교가 권고하는 대로 리비아와 이집트 사이의 전선에서 멈추지 않았다. 그들은 마지막 제지를 받을 때까지 진격하여 6월 말에는 엘 알라메인이라 불리는 작은 철도역 근처에 도착했다. 지금의 알렉산드리아에서 채 60마일도 떨어지지 않은 곳이며, 카이로와 수에즈 운하도 멀지 않은 지역이었다.

추축국들은 승리의 순간을 맞이하고 있다고 생각했다. 무솔리니는 백색 군마軍馬를 싣고 북아프리카로 날아갔다. 그는 카이로에서 개선행진을 할 계획을 갖고 있었다. 그러나 롬멜의 목표는 그 이상이었다. 카이로는 팔레스타인, 이라크, 이란으로 진격하는 중간 역에 불과했고, 최종 목적지는 바쿠와 유전지대였다. 그들의 승리는 당시 코카서스에서 전투 중이던 독일군과 조화를 이루며, 롬멜이 예상했던 대로 러시아라는 거인을 무너뜨릴 전략적 조건을 만들어냈다. 히틀러 또한 승리의 환상에 도취되어 있었다. 그는 무솔리니에게 보낸 편지에서 "운명은 우리에게 전쟁이라는 하나의 무대에서 결코 두 번 다시 올 수 없는 기회를 제공해주었소"라고 썼다.

롬멜도 히틀러도 너무 성급히 판단했다. 소련군이 코카서스에 묶여 있는 동안, 연합군은 독일군의 맹렬한 공격에도 불구하고 리비아 해안에서 떨어져 있는 지중해의 몰타 섬을 지켜내는 데 성공했다. 몰타 섬은 북아프리카의 롬멜 부대에 보급 물자를 공급하는 추축국의 선박을 공격하는 기지로 사용될 수 있었다. 이제 독일 공군은 수송기마저 연료 부족을 겪기 시작했다. 이탈리아 수송선은 더 이상 북아프리카로 접근할 수 없었다. 아프리카 특전단이 통과했던 믿기 어려운 진군 거리는 롬멜의 전과였으나, 그것은 오히려 아주 위험한 취약점을 노출시켰다. 보급 라인이 너무 길어져서, 트리폴리에서 출발하는 연료 수송 트럭은 운반할 수 있는 양보다도 더 많은 휘발유를 소모했다. 너무 멀리, 그리고 너무 급하게 몰아붙임으로써 롬멜은 병참 부문의 악몽을 유발했을 뿐 아니라, 기갑 부대를 상당히 위험한 지경에 몰아넣었다. 그런데도 그는 여전히 승리가 자신의 것이라 생각했다. 1942년 6월 28일 아내에게 보낸 편지에서, 이탈리아에서 7월 휴가를 함께 보낼 계획을 말하며 '여권을 준비해놓으시오'라고 썼을 정도였다.

한편 카이로에서는 또 다른 공포가 시작되고 있었다. 영국군들은 문서를 소각했고, 연합국 요원들은 가축을 실은 열차를 비집고 타면서 퇴각을 서둘렀다. 카이로의 상인들은 상점 창문에 붙여놓았던 처칠과 루스벨트의 사진을 떼어내고 히틀러와 무솔리니의 사진을 붙였다. 그러나 영국군은 1942년의 6월 하순과 7월에도 퇴각하지 않았고, 롬멜이 재기하기에는 휘발유가 너무 부족했다. 지칠 대로 지친 양측 군대는 '제1차 엘 알라메인 전투'라 불리게 된 장소에서 교착상태에 빠졌다. 양측 군대는 그렇게 사막지대에서 대치하고 있었다.[15]

8월 중순, 롬멜은 새로운 강자를 만났다. 바로 준엄하고 금욕적이며 독선적이고 때로는 고집스럽지만, 항상 인내심으로 가득 찬 버나드 몽고메리 장군이었다. 존 필비의 사촌인 몽고메리는 필비가 인도에서 결혼식을 올릴 때 신랑의 들러리를 섰다. 그는 일찍이 자신에게 주어진 능력만 믿도록 배웠다. 몽고메리는 아내가 독충에 물려 세상을 떠난 후, 실제로 아무 감정이 없고 어떠한 일에도 애착을 갖고 있지 않은 것처럼 보였다. 그는 이집트에서 영국 제8

군단을 지휘하도록 갑자기 소환된 사실에 대해 훗날 이렇게 기술했다. "내가 가진 모든 것은 1941년 1월 적이 포츠머스에 폭격을 퍼부었을 때 파괴되었다. 이제 나에게는 독일에 등을 돌릴 수 있는 절호의 기회가 주어졌다." 어떤 사람들은 그가 좀 이상하고 과대망상에 사로잡혀 있다고까지 했다. 그는 엘 알라메인 근처의 르와이사트 능선에서 제8군단의 장교들에게 이렇게 연설했다. "내가 아주 정상이라는 사실을 확인시키고 싶다. 종종 내가 미쳤다고 생각하는 사람들이 있다는 것을 나도 알고 있다. 나는 그것을 차라리 칭찬으로 받아들이고 싶다."

약간 이상하긴 했지만, 몽고메리는 조직적이고 학구적이며 신중한 분석력을 가진 군사 전략가였다. 그는 종종 온종일 혼자 시간을 보내곤 했다. 그는 '마음의 오아시스'라 부른 사색을 즐겼고, 문제를 곰곰이 생각하고 주요 원리들을 찾아내어 계획을 수립했다. 그는 사막용 트레일러 안에 롬멜의 초상화를 걸어놓았는데, 이는 롬멜이 어떤 생각을 하고 있는지 상상하기 위해서였다.

몽고메리는 롬멜이 하나의 현대판 신화를 떠맡아 제8군단에 두려움과 경외심을 안겨줄 것이라는 사실을 알아차렸다. 그는 분명한 목표를 갖고 있었는데, 다른 사람들은 그것이 불가능하다고 생각했다. 기동전의 거장인 롬멜에게 역습을 가하여 패퇴시키는 것이었다. 종종 휘발유를 구하기 위해 쩔쩔매기는 했지만 롬멜은 결코 패배한 적이 없었다. 실제로 몽고메리는 전투를 수행하는 데 너무 신중하다는 얘기를 들었다. 하지만 훗날 독일군의 장군은 "몽고메리야말로 모든 전투를 승리로 이끈 유일한 육군 원수였다"라고 회고했다.

몽고메리는 다가오는 롬멜과의 전투를 심사숙고하면서 하나의 전략을 구상했다. 그것은 신형 셔먼 탱크로 무장한 제8군단의 조직력을 이용해 통합된 힘을 발휘하는 것이었고, 자신의 보급 라인은 짧은 데 반해 롬멜의 보급 라인은 너무 길다는 취약점을 이용하는 것이었다. 1942년 8월 말, 롬멜의 물자 보급 상태는 다시 한 번 개선되었다. 그러면 독일군이 공격에 나설 것인가? 롬멜은 다음 단계에 대해 두 가지 생각을 갖고 있었다. 그는 심각한 연료 부족으로 야기될 여러 제약 요소에 대해 생각했다. 게다가 그는 심한 장염과 피로 때문에 휴가를 신청해놓고 있었다. 그러나 롬멜은 결코 카이로로 진격하는 꿈을 버리지 않았다. 그는 시간이 얼마 없다고 느꼈다. 물자 공급이 제대로 되든 안되든, 아프리카 특전단의 사기는 하늘을 찌를 듯하다는 것을 확신하고 있었다. 그는 공격을 명했다. 이번 전투 역시 엘 알라메인의 전투에 속하는 것으로 후에 '알람할파 전투'로 알려졌다.

꼬박 일주일이나 걸린 전투를 치르면서 롬멜은 또다시 아프리카 특전단이 얼마나 연료 부족에 시달리고 있는지를 깨달았다. 그는 '8월 31일, 과도한 진군으로 아프리카 특전단의 석유 재고량이 거의 바닥나버렸음. 오후 4시를 기해 132고지에 대한 공격을 취소했음. 9월 1일, 보내주기로 한 석유는 아직도 도착하지 않았음'이라는 기록을 남겼다. 기다려도 석유는 도착하지 않았다. 연료를 운송하던 선박 대부분은 격침되었거나 아직도 이탈리아에서 선적을 기다리고 있었다. 석유를 운반할 수 있는 작은 철로마저 홍수로 사용할 수 없었다. 롬멜의 병력은 전술적으로 교묘하게 배치된 영국군의 포병 진지를 돌파할 수 없었다. 1942년 9월 7일, 알람할파 전투는 끝났다. 롬멜의 최후 공격은 실패로 끝났고 무적의 신화는 무너졌다.[16]

그로부터 몇 주일 후 롬멜은 히틀러의 수뇌부에게, 비용에 상관없이 차량 한 대당 2,000마일을 갈 수 있는 연료를 포함하는 물자 공급을 간청했다. 9월 23일 롬멜은 북아프리카로 떠나면서, 로마에서 무솔리니를 만나고, 러시아 전선에 있는 지휘부에서 히틀러를 만났다. 그는 다시 추가적인 물자 공급을 요청했으나, 히틀러가 개인적으로 수여하는 육군 원수의 지휘봉만 받을 수 있었다. 히틀러는 관대하게 여러 가지를 약속했으나, 모두 지켜지기 힘든 것들이었다. 한편 몇 주일에 걸쳐 면밀하게 준비하고 재보급을 받은 몽고메리는 10월 23일 맹렬한 반격을 개시했다. 위력적인 포병 공격으로 유명한 '제2차 엘 알라메인 전투'였다. 롬멜의 후임으로 부임한 게오르그 슈툼메 장군은 전투 첫날 영국군의 공습으로 인해 차에서 떨어져 심장마비로 사망했다. 히틀러는 오스트리아의 알프스로 휴가차 떠나 있는 롬멜에게 전화를 걸어 북아프리카로 곧장 돌아가라고 명령했다. 10월 25일 저녁, 롬멜은 이집트로 돌아가 기나긴 후퇴의 시작을 지휘했다.

독일의 새로운 물자 공급에 대한 희망은 오직 수송기와 선박에 달려 있었으나, 이들은 영국 해군과 영국 공군에 의해 조직적으로 파괴되었다. 독일군에 공급할 원유를 싣고 가던 선박 4척이 안전하다고 생각했던 투브루크 항구에서 영국 공군에 의해 침몰하기도 했다. 이 소식을 들은 롬멜은 뜬눈으로 밤을 새웠다. 그는 그 침몰의 의미를 알고 있었다. 롬멜은 "영국군은 우리의 석유 수송 라인을 공격함으로써 우리의 핵심적인 부분을 강타한 것과 같은 효과를 냈고, 그 수송 라인에 의해 기능하는 모든 것을 무너뜨릴 수 있었다"라고 기술했다.

롬멜은 계속 후퇴할 수밖에 없었다. 그는 병력을 되돌려 추격하는 영국군에 치명타를 입힐 수도 있다고 믿었으나, 그렇게 하기엔 연료가 부족했다. 그는 히틀러에게 반복해서 연료 사정이 말이 아니라고 호소했다. 연합군이 모로코와 알제리로 진격했을 때, 사태는 더욱 악화되었다. 이제 아프리카 특전단의 시대는 끝났다. 1942년 롬멜은 사령부에서 열린 크리스마스이브의 파티에 참석했다. 그날 그는 영양羚羊을 잡아 저녁 식탁에 내놓았다. 대신 그가 받은 선물은 영국군에게서 탈취한 고작 2파운드의 커피였다. 롬멜은 작은 석유통에 담겨 있는 커피를 보고 "그 전리품마저 우리가 안고 있는 심각한 문제를 상기시켰다"라고 말했다. 롬멜의 군대는 동서에서 진격하는 적에 포위되었다.

신화는 깨졌다. 1943년 3월, 히틀러는 롬멜을 패배자라 여기고 그를 아프리카 특전단의 지휘관 자리에서 해임했다. 5월이 되자 마지막 남은 독일과 이탈리아 군대는 북아프리카에서 항복했다.[17]

그러나 롬멜은 다시 히틀러를 돕도록 부름을 받았다. 처음에는 이탈리아에서, 다음에는 프랑스에서였다. 노르망디 상륙 작전 직후, 롬멜은 자동차를 타고 이동하던 중 연합군의 폭격을 받아 심한 부상을 입었다. 3일 후 일단의 장교들이 히틀러를 암살하려다 실패한 일이 발생했다. 롬멜은 그 음모에 가담했다는 의심을 받았고, 더욱이 연합군에게 독단적으로 항복하려 했다는 혐의도 받았다. 히틀러는 그에게 사형을 선고했다. 그러나 공개적으로 할 수는 없었다. 롬멜은 인기 있는 장군이었으므로 독일인들의 사기에 미치는 역효과를 우려해서였다. 1944년 10월, 나치 친위대의 장군 두 명이 최후통첩을 하러 그의 집을 찾았다. 자연사로 보일 수 있도록 자살하지 않으면 가족들에게 위해를 가하겠다는 것이었다. 롬멜은 히틀러가 2년 전 넘겨준 육군 원수의 지휘봉을 들어 그들을 쫓아버렸다. 그의 집에서 수백 야드 떨어진 숲속 탁 트인 곳에 차 한 대가 세워져 있었지만, 그곳은 이미 게슈타포가 차단하고 있었다. 롬멜에게 독약이 주어졌다. 그는 독약을 삼켰고 육군 원수의 지휘봉을 떨어뜨리며 쓰러졌다. 롬멜의 사인은 뇌출혈이라고 발표되었다. 그의 장례는 국장으로 치러졌고, 히틀러는 장례식에서 "롬멜의 심장은 나, 히틀러의 것이다"라는 조사弔辭를 했다.

사후 수집된 문서에서 롬멜은 기동전에서의 물자 공급, 특히 석유의 역할에 관해 어렵게 터득한 교훈들을 남겼다. 그는 엘 알라메인 전투를 회고하면서 이렇게 말했다. "전투란 포격이 시작되기 전, 병참전에서 승패가 결정되는 것이다." 사실 롬멜은 몇 년 전까지만 해도 그런 생각을 단호히 거부했다. 그러나 북아프리카의 모래 위에서 쓰디쓴 교훈을 얻었다. "아무리 용감한 자라도 총이 없으면 아무것도 할 수 없고, 그 총도 탄약이 없으면 무용지물이다. 또한 기동전에서는 총도 탄약도 그것을 운반해줄 차량과 석유가 충분치 않으면 아무 쓸모가 없다." 엘 알라메인 전투가 끝나고 2주 후, 몽고메리 군대의 공격을 받아 퇴각하던 중에 롬멜은 아내에게 보낸 편지에서 이렇게 썼다.

"연료 부족! 이것만으로도 사람을 울리기에 충분하다."18

천년제국, 파국을 맞다

1943년 중반, 추축국은 러시아와 북아프리카에서 모두 패배했다. 바쿠와 중동의 유전지대에서 합류하려던 독일의 꿈은 신기루로 끝났다. 독일은 자신들밖에 믿을 데가 없었다. 다른 선택의 여지가 없었다. 합성연료는 전쟁 장비들을 위해 기울였던 열성적 노력의 중요한 부분이었다. 이런 노력을 하는 데 있어, 독일은 철저하게 비인도적이었지만 한편으로는 과학 기술의 우수성을 과시했다.

나치 정권은 뒤늦게 독일 경제를 재편하여 합성연료 생산을 늘리고, 긴 전쟁에 대비해 기타 중요 물자들의 생산을 증가시키기 시작했다. 이 사업의 최고 책임자는 알베르트 슈페어라는 인물로 히틀러의 전속 건축가였다. 야심만만한 슈페어는 일찌감치 자기 자리를 차지하여 히틀러가 아끼는 측근이 되었다. 그는 10년 전인 1933년 뉘른베르크에서 열린 나치당 전당대회에서 웅장한 깃발과 높이가 100피트나 되는 독수리상像, 스포트라이트 조명 등 여러 가지 획기적인 연출을 함으로써 히틀러의 관심을 끌었다. 히틀러 자신은 좌절한 예술가로서, 슈페어의 능력과 성격에 반해 그에게 제3제국의 모든 기념물을 책임지게 했다. 히틀러는 총통 관저의 신축과 베를린의 재개발까지 그에게 맡겼다. 1942년 히틀러는 슈페어를 군수장관에 임명했다. 1943년 초 독일이 러시아와 북아프리카 전투에서 크게 패배하자, 슈페어의 군수장관으로서의 역할은 보다 확대되어 그에게 독일 경제 전체를 좌우할 수 있는 권한이 주어졌다. 실제로 그는 경제활동의 모든 단계를 통제했고 강력한 영향력을 행사했다.

천년제국의 영원한 영광을 기리는 석조 기념비 제작을 책임졌던 건축가는 이제 제3제국이 당면한 가장 시급한 문제인 산업 활성화 문제를 다루는 데 놀라운 능력을 발휘했다. 슈페어는 독일 경제의 엉성한 부분을 도려냈다. 그는 임명된 지 2년 반 만에 비행기 및 무기 탄약 생산을 3배로 늘렸고, 탱크는 거의 6배나 증산했다. 더구나 이런 생산 실적은 연합군이 독일의 항공산업과 철도, 볼베어링 공장 등과 같은 여러 전략 목표에 광범위한 폭격을 가하는 가운데 이루어진 것이다. 독일의 산업 생산량은 계속 증가하여 1944년 6월에는 최고 수준을 기록했다. 연합군의 입장에서는 전략적 폭격을 하지 못했다. 영국의 전사학자戰史學者 버질 리델 하트는 "석유야말로 독일의 최대 약점인데도 그 점을 간과했다"라고 기술했다. 독일군 수뇌부와 슈페어는 연합군이 합성연료 산업의 파괴를 주요 목표로 삼을까 봐 매우 우려했다. 합성연료 산업 시설이 연합군의 공격을 받아 파괴된다면 독일의 전시 경제가 위험에 빠지게 될 것이기 때문이었다.

합성연료 산업 역시 여타 전시 경제와 마찬가지로 상승세를 타고 있었다. 1930년대 상당한 발전을 이룬 합성연료 산업은 1942년 각 분야에서 커다란 성과를 거두었다. 즉 새로운 생산 기술, 개선된 촉매제, 양질의 제품, 더 다양한 종류의 석탄을 사용하는 능력 등이었다. 생산량은 매우 빠른 속도로 늘어났다. 1940년에서 1943년 사이에 합성연료 생산은 하루 7만 2,000배럴에서 12만 4,000배럴로 두 배 가까이 증가했다. 전체 연료 체계에서 합성연료 공장은 결정적인 연결 기능을 했다. 1944년 1사분기에는 전년도 수준을 훨씬 상회해 전체 석유 공급량의 57%를 차지했고, 항공 휘발유의 92%를 점했다. 드디어 독일은 숨통이 활짝 트이게 된 것이다. 제2차 세계대전 기간 중 합성 연료 생산량은 독일의 총 석유 생산량의 절반을 차지했다.[19]

이러한 성과는 노예 노동력을 포함하여 나치 전시 경제 체제가 쏟아부은 엄청난 노력, 모든 수단과 기술의 동원 없이는 불가능했을 것이다. 히틀러는 어린 시절 빈의 길거리에서 자라면서 품었던 반反유태 감정을 흉악하고 잔인무도한 이데올로기로 변모시켰다. 그 이데올로기의 중심에는 유태인 살상과 파괴가 자리 잡고 있었다. 강제수용소야말로 유태인 문제의 '최종적 해결'을 달성하기 위한 시설이었다. 이는 1942년 1월 반제에서 열린 회의에서 2시간 만에 결정된 것이다. 그러나 '최종적 해결'이 완료될 때까지, 슬라브족 및 기타 죄수들과 함께 수감된 유태인들은 그들에게 이미 사형선고를 내린 제3제국의 목표를 수행하기 위해 작업장에 배치되었다. 강제수용소의 수감자들은 합성 고무 공장이나 파르벤의 수소첨가 공장에 징발되었다. 실제로 파르벤은 폴란드의 아우슈비츠 수용소 근처에 합성연료 및 고무 공장을 건설했다. 아우슈비츠는 나치의 대량 학살 공장 중 가장 규모가 큰 곳이다. 대부분이 유태인인 200만 명에 달하는 사람들이 파르벤의 자회사에서 제조된 독가스로 살해되었다. 파르벤의 간부들은 석탄과 노동력을 풍부하게 갖춘 아우슈비츠를 '아주 유익한 곳에 위치한' 지역이라 평가했다. 아우슈비츠의 합성연료 공장 책임자는 1932년 6월 뮌헨에서 히틀러와 면담했던 바로 그 화학자였다.

파르벤은 소위 '자유노동자'와 '노예 노동자'를 동시에 사용했다. 노예 노동자에 대해서는 성인에게는 기술에 따라 3~4마르크, 어린이에게는 그 절반을 지급했다. 물론 그 돈은 노동자들에게 돌아가지 않고, 히틀러의 엘리트 부대인 친위대의 금고 속으로 들어갔다. 노예 노동자들은 하루 1,000칼로리로 겨우 연명하면서 나무판자 위에서 잤다. 그들은 몇 달간 노동을 한 후, 끔찍한 생활환경이나 구타로 죽어갔고 살인 캠프에서 처형되기도 했다. 노예 노동자들은 가축우리 같은 화차에 짐짝처럼 실려 온 새로운 죄수들로 계속 대체되었다.

파르벤은 친위대와의 협력 체제 유지에 필요한 여러 조건에 잘 적응했다. 한때 파르벤은 폴란드 자유노동자와 독일인들 앞에서, 경비원들이 죄수들을 심하게 매질하지 말아달라고 요청했다. 파르벤은 "지나치게 불쾌한 광경은 노동자들의 사기를 저하시키는 결과를 가져옵니다. …… 따라서 우리 건설 현장에서는 채찍질을 삼가고, 그런 일은 수용소 내부로 옮겨서 해주십시오"라고 말했다. 그러나 몇 개월 후 파르벤의 경영진은 친위대의 방식에 동조하여 "우리 경험으로 보아 이들에게는 야만적 힘만이 효과를 내는 것으로 나타났다"라고 말했다.

결국 파르벤은 아우슈비츠 수용소 내에서의 노동력의 질에 대한 미련을 버렸다. 매일 실시하는 4마일의 구보로 수감자들은 점점 기력을 상실했고 쉽게 병에 걸렸다. 이를 막기 위해 회사는 수용소 근처에 '모노비츠'라는 자사 소유의 수용소를 건설했다. 남아 있는 기록에 의하면 수감자 30만 명이 아우슈비츠에 있는 파르벤의 문을 거쳐 갔다. 그 공장은 규모가 매우 커서 베를린 시 전체보다 더 많은 전력을 소비했다.

아우슈비츠 수용소에서 가까스로 살아남은 사람 중에 프리모 레비라는 젊은 이탈리아인이 있었다. 수인번호 174517인 그는 토리노 대학에서 배운 유기화학 지식 덕분에 실험실에서 일할 수 있었다. 그는 파르벤의 산업단지에 대해 "철강과 콘크리트, 진흙과 연기가 이처럼 거대하게 엉키면 환경을 해치게 된다. 구역 내에는 풀 한 포기도 자라지 않고, 토양에는 석탄과 석유의 독액이 스며들고 있다. 살아남는 유일한 것은 기계와 노예뿐인데, 그것도 노예보다는 기계 쪽이 살아남을 가능성이 더 크다"라고 말했다. 모노비츠는 죽음의 공장이었으며, 또한 장사판이기도 했다. 수용소 직원들은 모노비츠에서 죽거나 발가벗겨져서 인근 수용소의 화장터로 보내진 사람들의 옷과 신발 등을 시장에 내다 팔았다. 아우슈비츠와 비르케나우에 있는 화장터에서 나는 악취가 모노비츠에도 흘러들었다. 레비에게 그곳은 '죽음과 유령의 세계, 문명의 마지막 흔적조차 사라져버린 곳'이었다.

한 추정치에 따르면, 1944년 독일 합성연료 산업의 전체 노동력 중 3분의 1은 노예 노동력이었다. 파르벤은 아우슈비츠에서의 친위대와의 합작사업에 점점 깊이, 그리고 열성적으로 개입하게 되었다. 양측은 여러 가지로 교류했다. 크리스마스 전날, 아우슈비츠에 상주하는 파르벤의 관계자는 지역 친위대 사람들과 휴일 사냥에 나가게 되었다. 그들은 토끼 203마리와 여우 1마리, 살쾡이 1마리를 잡았다. 파르벤의 산업단지 건설 책임자가 여우 1마리와 토끼 10마리를 잡아 사냥 챔피언이 되었다. 당시의 사냥 기록에는 이렇게 적혀 있다. "우리 모두 즐거운 시간을 가졌다. 이 구역에서 올해 달성한 성과 중 가장 좋았다. 이 기록은 조만간 강제수용소에서 있을 사냥 기록만이 깰 수 있을 것이다."[20]

공격 목표를 바꾸다

유럽에 주둔 중인 미 전략공군사령관 칼 스파츠 장군은 독일에 대한 임시 방편적이고 비효과적인 연합국의 폭격 작전이 바뀌어야 한다고 결론 내렸다. 1944년 3월 5일, 그는 노르망디 상륙작전을 책임지고 있는 아이젠하워 장군에게 독일의 합성연료 산업을 새로운 공격 목표로 설정할 것을 제안했다. 이 공격을 감행하면 6개월 이내에 생산량의 절반이 감소된다고 예측한 것이다. 그는 이런 공격이 독일 공군을 자극해, 상륙작전의 목표인 프랑스에 있는 많은 비행기와 조종사들을 견제할 수 있을 것이라 강조했다.

영국은 스파츠의 계획에 반대하면서 그 대신 철도 시설을 공격 목표로 설정해야 한다고 주장했다. 그러나 결국 스파츠는 아이젠하워로부터 합성연료 산업 공격에 대한 암묵적인 승인을 받아냈다. 1944년 5월 12일, 호위 전투기를 수반한 폭격기 935대로 구성된 비행편대가 로이나에 위치한 거대한 파르벤의 공장을 포함하여 수많은 합성연료 공장을 폭격했다. 군수장관 알베르트 슈페어는 곧바로 피해 정도를 확인하기 위해 비행기를 타고 로이나로 달려갔다. 그는 후에 "나는 결코 그날, 5월 12일을 잊지 못할 것이다. 바로 그날 과학 기술에 의한 전쟁이 결판났다"라고 기술했다. 그는 "파괴되고 뒤틀린 파이프 시설은 2년 이상 우리에게 악몽으로 존재했던 것을 현실로 만들었다"라고 덧붙였다. 공격이 있은 지 일주일 후 슈페어는 개인적으로 히틀러에게 다음과 같이 보고했다. "적이 우리의 가장 취약한 지점들 중 하나를 공격했습니다. 그들이 공격을 계속한다면 우리는 곧 어떤 변변한 연료 생산 시설도 갖지 못하게 될 것입니다. 우리의 유일한 희망은 적도 우리처럼 침착하지 못한 공군 참모를 갖게 되는 것뿐입니다."[21]

그러나 이 최초의 공격은 처음의 예상과는 달리 그리 심각하지 않았다. 연합국이 전쟁에서 이탈리아를 항복시키기 직전, 독일군은 이탈리아의 연료 저장고를 확보함으로써 실질적으로는 비축량을 늘렸다. 이에 따라 독일의 연료 사정은 어느 정도 회복되었다. 파괴된 공장에 대한 열정적인 복구 활동으로 합성연료 생산은 몇 주 내에 종전 수준으로 회복되었다. 그러나 5월 28일과 29일에 걸쳐 연합국은 독일의 연료 시설에 대해 재공격을 감행했고, 연합국의 다른 폭격기들은 루마니아의 플로에스티에 있는 연료 시설을 공격했다. D-데이인 6월 6일, 연합국은 오랫동안 기다려온 서유럽에 대한 공격에 착수했다. 다소 불안하기는 하지만, 노르망디 해변에 하나의 교두보를 확보한 것이다. 이제 독일의 연료 공급선을 파괴하는 것이 이전보다 더 중요해졌다. 6월 8일 스파츠 장군은 "미국 공군의 주요 전략 목표는 적군에게서 석유를 차단하는 것이다"라는 공식 명령을 하달했다. 그 후 합성연료 산업에 대해 조직적인 폭격이 이루어졌다.

슈페어는 합성연료 생산 시설과 다른 석유 생산 시설을 조속히 복구하라고 명령했다. 그리고 가능한 한 작고 은폐되는 장소, 즉 파괴된 공장, 채석장, 지하 시설 등에 분산하도록 했다. 심지어는 양조장이 연료 생산 시설로 탈바꿈되기도 했다. 합성연료 생산 시설 확장 계획이 1944년에 수립되었으나, 기계와 부품들은 시설 확장보다 기존 시설의 수리에 사용되어야 했다. 대부분이 노예 노동자인 35만 명이 이 어처구니없는 작업에 투입되었다. 처음에는 시설들이 신속히 복구되었으나 시간이 지나 공습이 더 심해짐으로써, 시설들은 점점 취약해졌고 복구는 점점 어려워졌다. 1944년 5월 공습 이전에 수소첨가법에 의한 합성연료 생산량은 하루 평균 9만 2,000배럴에 이르렀으나, 9월에는 5,000배럴로 감소했다. 9월의 항공 연료 생산량 역시 하루 3,000배럴에 지나지 않았는데 이는 1944년 초 4개월간 평균 생산량의 6% 수준이었다. 한편 소련군은 독일의 주요 원유 공급지인 루마니아의 플로에스티 유전을 점령했다.

독일의 비행기들은 여전히 훌륭한 전과를 올리고 있었다. 그러나 연료가 고갈된 상태에서 비행기는 쓸모없는 존재였고 모두 지상에 묶여 있었다. 그리고 독일 공군에 중대한 전과를 가져다줄 신개발 병기인 제트전투기가 1944년 가을에 비행중대로 편성되어 전투에 투입될 예정이었다. 그러나 그 비행기의 조종사들이 훈련할 연료가 없었고, 심지어 전투기를 이륙시킬 연료조차도 부족했다. 당시 독일 공군은 필요한 최소 연료량의 10분의 1 수준을 유지하고 있었다. 독일 공군은 치명적인 상황에 빠졌다. 더구나 전투기 없이는 그들의 연료 생산 시설을 보호할 수 없었다. 연합국의 폭격은 더욱 강화되었고, 이에 따라 독일 공군에 필요한 항공 연료의 공급은 줄어들었다. 새로운 조종사들의 훈련 시간도 일주일에 한 시간으로 줄어들었다. 독일 전투비행단장인 아돌프 갈란트 장군은 전쟁이 끝난 후 이렇게 말했다. "이것은 독일 공군에게 치명타였다. 12월 이후 우리는 연료 부족으로 더 이상 지탱할 수 없었다. 공군의 활동은 거의 마비되었다."

1944년 가을, 악천후로 인해 연합국의 공격이 일시적으로 수그러들었다. 독일군은 11월 들어 합성연료의 생산을 증가시키려고 시도했으나, 12월에는 생산량이 다시 감소했다. 슈페어는 한 군사회의에서 "우리는 우리의 산업 시설을 파괴하는 적敵의 공군 지휘자가 독일 경제를 잘 알고 있다는 사실을 깨달아야 한다. 다행히도 적은 이 전략을 1년 중 후반기나 3사분기 동안에만 실행했다. …… 그의 입장에서 보면 그 이전의 공격은 무의미했다"라고 말했다. 결국 전략 폭격으로 인해 독일의 합성연료 시설은 파괴되었고 독일 군수 시설의 대부분은 마비되었다. 그러나 아직 전쟁이 끝난 것은 아니었다.[22]

구릉 전투와 유럽 최대의 주유소

1944년 가을, 독일군을 프랑스에서 몰아내기 위한 노르망디 상륙작전이 전개되고 있었다. 동시에 소련군은 독일의 동부 전선에 압력을 가하기 시작했다. 그러나 히틀러의 입장에서는 전쟁이 끝나면 안 되었다. 나치 정부가 무너질 수는 없었기 때문이다. 12월 16일, 그는 벨기에와 룩셈부르크 동쪽의 울창한 구릉지대인 아데네스에 대대적인 반격을 개시했다. 훗날 '구릉 전투'로 불리게 된 이 반격 작전은 독일이 마지막으로 펼친 전격작전이었다. 히틀러는 이 작전을 직접 계획했고, 연료를 포함해 독일에서 끌어모을 수 있는 모든 것을 퍼부었다. 그들의 목표는 연합군의 진격을 지체시켜 군대를 고립시킴으로써 전쟁의 주도권을 다시 장악하는 것이었다. 또한 연합국에 대항할 수 있는 더 새롭고 강력한 무기를 개발할 시간을 버는 것이기도 했다. 독일의 대공세를 예상치 못했던 연합국은 당황했고, 연합군의 전선은 혼란과 균열을 맞았다.

그러나 독일은 크게 부족한 연료 사정을 무시한 채 무리한 공격을 감행했던 것이다. 실제로 이 전투에서 결정적 역할을 할 수 있는 병력은 전선에 도달하지도 못했다. 후에 독일의 한 장성은 "부족한 연료 때문에 막상 필요한 순간에 전선을 100여 마일 남겨둔 채 움직일 수 없었다"라고 회상했다. 연료 사정이 좋았던 1940년에는 같은 지역의 전격작전에서 공격에 소비한 것 이상의 연료를 획득할 수 있었다. 그러나 4년이 지난 후에는 그런 운이 다시 따르지 않았다. 위험하기는 했지만 기회가 없었던 것은 아니었다. 벨기에 동쪽에 위치한 스타벨롯은 연합군의 최대 연료 기지이고, 사실은 유럽에서 가장 큰 연료 보급 지역이었다. 연합군은 유럽 도로 지도 200만 장과 연료 250만 갤런을 보유하고 있었다. 5갤런 용량의 젤리 통 수십만 개가 전 지역 도로망에 배치되어 있어서, 연합군이 도착하면 필요한 만큼 연료를 채우고 다시 전진할 수 있었다.

독일이 공습한 다음날인 12월 17일 아침, 악명 높은 조켐 파이퍼 대령이 이끄는 기갑 부대는 인근의 소규모 연료 저장소를 습격했다. 파이퍼는 미군 포로 50명에게 차량과 전차에 연료를 채우게 하고 그들을 사살하라고 명령했다. 많은 미군 포로가 총살당한 이 사건은 '말메디의 학살'이라고 알려졌다. 저녁 무렵 파이퍼의 부대는 그날 아침 점령한 연료 저장소보다 50배나 큰 스타벨롯 보급 기지의 전진 거점에 1,000여 피트 거리까지 접근했다. 방어 체계가 허술했던 연합군은 혼란에 빠졌다. 파이퍼의 부대는 안슬레브 강의 다리를 건너 북진하여 스타벨롯으로 진입했다. 이에 대항하는 소규모의 연합군 병력은 위기를 모면하고자, 젤리 통 속의 석유를 주변의 도랑에 쏟은 후 불을 붙여 방화벽을 만들며 필사적으로 저항했다. 파이퍼는 지도를 주의 깊게 확인했다. 그러나 그의 지도는 최신판이 아니었기 때문에 연료 기지의 정확한 위치 및 규모가 나타나 있지 않았다. 그는 눈앞에 있는 기지의 규모를 알 수 없었다. 그는 부대원에게 방화벽을 피해 다시 다리를 건너 서쪽으로 향하라고 명령했다. 유감스럽게도 파이퍼의 병력은 곧 연료가 바닥났다. 그의 탱크들은 1갤런으로 반마일밖에 가지 못했고, 나치 공군에 의한 연료의 재공급이 이루어지지 못해 포로가 되었다.

파이퍼의 회군回軍은 중대한 결과를 만든 소규모 전투 상황 중 하나였다. 스타벨롯 보급 기지의 연료는 독일군의 아데네스 공격에 필요한 양의 10일분에 해당되는 것이었다. 만약 이곳을 점령했다면, 연합군이 비조직적이고 혼란스러웠던 시기에 독일은 앤트워프 및 영국 해협까지 전진할 연료를 확보할 수 있었을 것이다. 아무튼 독일군이 공격을 시작하고 10일 후인 1944년의 성탄절 날, 그들은 마침내 공격을 중단하고 퇴각하기 시작했다.[23]

신들의 황혼

연료가 충분했다면 독일군은 더 많은 시간을 벌었을 것이다. 아데네스 공격의 실패로 전략적 관점에서 볼 때 독일군은 더 이상 전쟁을 수행할 수 없게 되었다. 1945년 2월 독일의 항공 휘발유 생산량은 겨우 1,000톤 정도로, 이는 1944년 초 4개월 생산량의 0.5%에 불과했다. 게다가 그것도 생산이 중단되었다. 그러나 승리의 환상은 사라지지 않았다. 슈페어는 당시 상황을 다음과 같이 회상했다. "히틀러가 더 이상 존재하지도 않는 사단에게 명령을 내리고, 연료 부족으로 날 수 없는 비행기로 부대에 보급하라고 명령할 때, 그의 측근들은 절망에 빠진 채 묵묵히 듣고만 있었다."

　히틀러와 측근들이 국토의 초토화 정책을 추진하고, 장성 중 한 명이 표현한 대로 '마지막 광적인 명령'을 내리는 등 영원한 환상에 빠져 있는 동안, 서부와 동부 전선에서는 수개월 동안 치열한 전투가 계속되었다. 심지어 종전이 임박했을 무렵에도 히틀러는 자신 때문에 3,500만 명의 생명이 희생된 환상과 파괴적인 야망에 사로잡혀 있었다. 그는 기적적인 구원을 기다리며 바그너의 '신들의 황혼(여러 신과 악귀들과의 마지막 싸움에서 신과 만물이 멸망하고 세계가 파멸한다는 북유럽 신화)'을 들으며, 운명의 전환을 말하는 점성술 서적을 편집광적으로 읽었다. 슈페어가 히틀러를 위해 설계한, 무너져버린 수상 관저의 입구 지하 벙커 위로 소련 군인들이 밀어닥쳤을 때 히틀러는 자살했다. 그는 자신의 시체가 증오하는 슬라브인의 수중에 들어가지 않도록, 시신에 휘발유를 부어 태우라는 명령을 유언으로 남겼다. 다행히 그의 마지막 명령을 수행할 정도의 휘발유는 남아 있었다.

　몇 개월 안에 많은 히틀러의 측근에게도 나치의 환상과 잔학성이 초래한 재앙이 명백하게 드러났다. 이탈리아에 주둔하는 독일군 제10여단의 패잔병들이 야간에 이동하는 것을 목격한 알베르트 슈페어는 천년제국의 운명이 얼마 남지 않았음을 깨달았다. 그는 독일군 군용 트럭 150대를 만났는데, 각각 황소 4마리가 끌고 가고 있었다. 이것이 그들이 차량을 이동시킬 수 있는 유일한 방법이었다.[24]

18

일본의
아킬레스건

1941년 12월 첫째 주, 미국 해군의 소함대가 영국령 동인도제도 보르네오 섬의 발릭파판에 있는 경치 좋은 항구를 친선 방문했다. 금세기 초, 마커스 새뮤얼은 지도에도 나타나지 않는 이 지역의 밀림을 뚫고 정유 공업단지를 건설하라고 조카에게 지시한 바 있다. 그로부터 40년이 지나, 어리석고 무모한 것으로 보였던 새뮤얼의 꿈은 보르네오 섬의 원유를 정제하는 대규모 정유센터로 현실화 되었다. 이 센터는 로열더치 쉘의 중요한 자산이 되었고, 세계 석유산업의 중심 시설이 되었다.

정유회사 측이 마련한 함대 승무원을 위한 환영 파티가 끝나자, 이번에는 함대의 답례 파티가 클럽에서 준비되고 있었다. 술이 들어오고 하급 장교들이 클럽으로 모여들었다. 그때 갑자기 고위 장교가 승무원들은 즉각 함대로 돌아가라고 명령했다. 연료를 보급받은 미 함대는 즉각 출항했다. 이것이 발릭파판의 영국과 네덜란드 석유 종사자들이 진주만 공격을 알게 된 경위다. 예측하면서 준비했던 전쟁이 마침내 시작되었다.

1940년 초, 쉘의 지사장인 얀센이 발릭파판에 도착했을 때 이미 방공호가 설치되어 있었고, 철수 계획이 마련되고 있었다. 그 후 몇 개월 동안 항구로 들어오는 입구에 기뢰가 설치되었고, 종사자 120명은 파괴 훈련을 받았다. 일본이 전쟁에 돌입할 경우, 발릭파판과 그 주위의 유전지대가 중요한 목표물이 되리란 것은 확실했다. 석유자원이 일본군에게 넘어가는 것을 막는 것이 그들의 임무였다.

진주만 공격 직후 석유 종사자들의 가족은 발릭파판에서 철수했다. 그날 밤 가족과 떨어진 얀센과 동료들은 얀센의 정원에 있는 등나무 의자에 앉아 어둠에 싸인 정유공장과 해안을 내려다보았다. 달은 늦도록 뜨지 않았다. 그들은 라디오를 통해 들은 일본의 동남아시아 진격 소식에 대해 대화를 나누었다. 미국이 해야 할 일은 무엇인가? 일본은 언제 발릭파판에 들어올 것인가? 쉘의 미래는 어떻게 될 것인가? 게다가 그들은 각자의 운명이 어떻게 될지도 알 수 없었다. 더욱 시급한 문제로 그들은 발릭파판의 방어를 강화하는 방법에 대해 이야기했다. 그러나 며칠 동안은 그 어떤 것도 할 여유가 없었다. 그들은 가능한 한 많은 석유제품을 생산해 연합군에게 제공하기 위해 온 힘을 기울였다.

1942년 1월 중순, 일본군이 접근해 오자 쉘의 직원들은 동인도제도의 다른 지역에서 했던 것처럼 발릭파판의 외곽 유전을 파괴하기 시작했다. 파이프를 빼내 자른 다음 펌프, 볼트, 너트 및 시추정과 함께 유정에 묻어버렸다. 또 각 유정에는 TNT 화약을 묻었다. 직원들은 생산량이 적은 유정부터 폭파하기 시작해 마침내 모두를 파괴했다.

한편 발릭파판 정유 공업단지를 파괴하는 작업도 시작되었다. 증류 및 증기 보일러는 열에 달아 있어서 파괴될 때까지 계속 가동됐다. 보일러가 파괴되는 데 얼마나 걸릴지는 아무도 몰랐다. 결국 30시간이 지나자 첫 번째 증류 보일러가 뭉그러지기 시작했고, 잇따라 다른 보일러도 파괴되었다. 1월 20

일, 정유공업단지의 직원들은 마침내 두려워하던 소식을 접했다. 일본군 함대가 불과 24시간이면 도달하는 거리까지 진격해 왔다는 것이다. 일본군은 네덜란드 포로 두 명을 보내 "즉각 항복하라! 아니면 무력 공격을 하겠다"라는 최후통첩을 전했다. 정유 공업단지에 배치되어 있던 장교는 시설 파괴를 지시했다.

얀센과 직원들은 제일 먼저 기뢰 저장소를 폭파했다. 부근의 유리창이 모두 산산조각 났다. 다음에는 휘발유, 그 다음엔 등유와 윤활유의 혼합유로 흠뻑 배어 있던 선창이 파괴되었다. 정오에는 온 부두가 화염에 싸였다. 그들은 휘발유가 배어 있는 선창이 불타면서 내뿜는 연기, 등유와 윤활유의 혼합유가 배어 있는 선창이 타면서 나오는 연기가 혼합되면서 폭발 섬광이 더욱 심해지는 진기한 광경을 목격했다.

잇따른 폭발로 정유 공업단지는 계속 진동했다. 염수 창고, 제련 공장, 정유 시설, 발전소, 많은 건물들로 화염이 번지면서 불꽃은 150피트 높이까지 치솟았다. 직원들은 땀과 그을음에 뒤덮인 채, 여러 번 연습했던 대로 화염 속을 이리저리 뛰어다녔다. 그들은 석유가 저장되어 있는 저장 탱크 기지로 이동했다. 각 탱크에는 TNT가 15개씩 설치되어 있었지만, 그들 중 일부는 습한 기후로 손상되어 발화되지 않았고 게다가 직원들은 지치기 시작했다. 일부 직원이 총을 사용해 발화를 시도했으나 소용없었다. 대안은 석유 밸브를 여는 것이었다. 그러나 밸브 열쇠는 이미 파괴된 지역 내의 사무실에 있었다.

마침내 고지대에 있던 탱크의 밸브가 열리고 석유가 저지대의 탱크로 쏟아져 내려왔다. 4~5개 탱크의 폭발에는 전기적인 발화 방법이 사용되었고, 불붙은 석유가 흘러내리면서 나머지 지역을 화염에 몰아넣었다. 탱크에 불이 붙는 동안 얀센은 다른 직원들과 빈 탱크 뒤에 몸을 숨기고 있었다. 곧 대규모 화염이 하늘로 치솟으면서 큰 폭발이 일어났고, 이후 엄청난 폭풍이 덮쳤다.

불붙은 석유가 파도치듯 언덕 아래 탱크로 쏟아지면서 저장 탱크 기지는 화염 지옥으로 변해버렸다.

모든 일이 끝났다. 얀센과 직원들은 언덕 아래의 무선통신 기지로 뛰어 내려갔다. 그곳에 있던 현지 경비원이 그들을 반갑게 맞았다. 갈증과 극도의 피로에 싸인 직원들은 '프로어(말레이 군도의 쾌속 범선)'라고 부르는 원주민 배에 올라탔다. 주위 바다는 엄청난 불꽃에 반사되어 붉게 물들었고 아직도 폭발이 계속되고 있었다. 계획상으로 다음 각본은 연습해본 적이 없던 것이었다. 바로 탈출이다.

그들은 발릭파판 만을 떠나 리코 강 입구로 들어가서, 강 상류에 있는 철수 기지로 향했다. 이윽고 불바다가 된 정유 공업단지의 모습은 밀림의 빽빽한 나뭇잎과 어두운 밤 너머로 사라지고, 폭발음은 매미 소리에 묻혀 점점 희미해졌다. 몇 시간 동안 그들은 항해를 계속했다. 이따금 하늘 저 멀리에서 발릭파판의 붉은빛이 어른거렸다. 그들은 임무를 훌륭히 완수했다. 40년 동안 건설된 산업 시설들이 단 하루 만에 파괴된 것이다. 리코 강의 작은 지류를 타고 밀림 깊숙이 위치한 철수 기지에 도착한 그들은 구조 비행기 소리에 귀를 기울이면서 지루한 시간을 보냈다. 그러나 비행기는 오지 않았다.

다음날 밤, 얀센과 몇몇 사람들은 리코 강과 지류가 만나는 지점까지 배를 타고 내려가서 신경을 곤두세우고 비행기나 배의 소리가 들리기를 고대하며 배 안에서 밤을 지새웠다. 한편으로는 소리의 정체가 일본군일지 몰라 두려워했다. 딱딱한 갑판에서 졸던 한 사람이 배에서 떨어지자, 악어를 쫓기 위해 고함을 치면서 끌어올리기도 했다. 모기를 쫓는 유일한 방법은 파이프 담배나 시가를 피우는 것이었다. 얀센에겐 그 시간이 너무나 길게 느껴졌다. 새벽이 왔지만 그들은 계속 기다렸다.

오후 1시경, 회사 소유의 수상 비행기 한 대가 날아와 강에 착륙했다. 조종사는 다른 지역의 부상자를 실어 나르기 위해 비행 중이라 말하며, 다시 돌아오겠다고 약속했다. 그는 약속대로 다시 돌아와 4명을 태우고 갔다. 그러나 얀센은 그 비행기에 타지 않았다. 얼마 후 얀센 일행은 발릭파판 만으로 돌아가라는 통보를 받았고, 그들은 다시 강 하류로 내려갔다. 그날 밤, 비행기 두 대가 와서 사람들 대부분을 탈출시켰다. 얀센은 두 번째 비행기에 탔는데, 너무 좁아서 숨을 쉬기도 어려울 지경이었다. 그러나 비행기가 이륙해 기내로 미풍이 불어오자 몇몇 사람은 비행기 바닥에 쓰러져 잠에 빠져들었다.

그들은 자바 섬 북부 해안에 있는 수라바야에 도착해 그곳 공군기지 사령관의 영접을 받았다. 사령관은 "일본군이 발릭파판을 점령했기 때문에 그곳에 비행기를 보내는 것은 불가능합니다. 나는 비행기가 그곳으로 돌아가는 것을 금지했습니다"라고 말했다. 발릭파판 만에는 아직도 75명이 구조를 기다리며 오도 가도 못하고 있었다. 그러나 이미 늦었다. 일본군이 만의 남쪽 해변에 상륙했던 것이다. 1월 24일 자정이 지나고 몇 시간 후, 소등한 미국 구축함 4척이 아직도 불타고 있는 정유 공업단지의 붉은 화염에 숨어서 일본군 수송선단 12척에 몰래 접근했다. 발릭파판 전투라고 알려진 이 전투에서 미국은 수송선 4척과 초계정 1척을 침몰시켰다. 어뢰의 결함으로 더 이상은 격침할 수 없었다. 이것이 일본과의 첫 해전이자, 1898년 마닐라 전투에서 듀이 제독이 승리한 이래 미국 해군이 공식적으로 참여한 첫 번째 전투였다.

그러나 일본군의 발릭파판 상륙을 지연시킬 수는 없었다. 오도 가도 못하고 있던 정유공장 직원들은 밀림 속으로 피할 수밖에 없었다. 그들은 밀림을 뚫고 탈출하기 위해 몇 명씩 짝을 지어 흩어졌다. 그러나 너무나 지독한 고생길의 시작이었다. 걸어서, 혹은 프로어를 타고 탈출로를 찾아가는 동안 기아, 피로, 말라리아, 이질, 열병 등에 시달려 사망하는 사람이 속출했다. 그들은 우연히 마주친 원주민들에게서 일본군들이 보르네오 섬 전역을 점령했다는 사실을 알게 되었다. 그들은 새장에 갇힌 쥐 신세와 다름없었다. 결국 극히 일부만 섬에서 탈출할 수 있었다. 섬에 남아 있던 75명 중 밀림을 뚫고 나가거나, 일본군의 소총 부대를 피하거나, 일본군의 포로수용소에서 살아남은 인원은 35명에 불과했다.[1]

승리감에 도취되다

발릭파판과 같은 석유 시설 파괴는 동인도제도의 다른 곳에서도 벌어졌다. 그러나 동남아시아와 태평양을 휩쓸고 있는 일본군의 세력에 별다른 장애가 되지는 못했다. 1942년 3월 중순, 일본은 동인도제도 장악을 완료했다. 개전 3개월 만에 동남아시아의 풍부한 자원과 전쟁의 발단이 된 석유를 확보하게 된 것이다. 일본군은 이에 멈추지 않고 계속 세력을 확장했다. 도조 수상은 홍콩이 18일 만에, 마닐라가 26일 만에, 싱가포르가 70일 만에 점령되었다고 떠벌렸다. '승리의 열기'가 일본 전체에 퍼져갔다. 놀라운 전승 소식으로 1942년 초반 일본의 주식시장은 폭발적 강세를 보였고, 일본 정부는 안정을 위해 증시에 개입해야 했다. 일본이 '승리감에 도취되었다'라고 말하는 사람도 있었다. 다만 소수만이 다음 일을 걱정했다.

일본인의 기세는 미국이 받은 충격이나 절망과 비교되어 더욱 고조되었다. 1941년 크리스마스 날, 미국 태평양함대 사령관으로 새로 임명된 체스터 니미츠 제독은 사태를 수습하기 위해 수상비행기를 타고 진주만에 도착했다. 그는 나룻배를 타고 항구 건너편 선창으로 가던 중 시체를 수색하고 있는 작은 보트와 마주쳤다. 공격받은 지 2주 하고도 반이 지났는데 시체들이 물 위를 떠다니고 있었다. 하와이의 비참한 광경은 미국이 앞으로 맞이할 더 큰 재앙의 일부에 지나지 않았다. 그 재앙은 동반구와 서반구 간의 전쟁, 즉 세계적인 무력충돌이었다. 진주만의 피습은 미국 역사상 최악의 굴욕이었다. 국가 전체가 공포에 빠졌다. 오랫동안 두려움 속에서 예기되어왔던 전쟁이 마침내 코앞에 다가온 것이다. 미국은 재빨리 독일 및 일본과의 장기전에 대비하기 위해 군대를 모집했다.

누가 미국의 태평양 전쟁 임무를 통괄할 것인가? 육군인가, 해군인가? 양쪽 모두 다른 군의 지휘 아래 배속되는 것을 꺼렸다. 결국 두 개의 사령부와 두 개의 전선이 형성되었다. 육군과 해군의 최고 사령관은 아주 대조적이었다. 맥아더 장군은 빈틈없는 전략가였지만 한편으로는 이기적이고 허풍을 잘 떨고 오만한 인물이었다. 전쟁 중 맥아더를 만나 3시간 동안 대화를 나눈 루스벨트 대통령은 자신의 참모에게 "아스피린을 좀 주시오. 그리고 내일 아침에 먹을 아스피린도 준비하시오. 나에게 그처럼 말하는 사람은 처음 보았소"라고 말했다. 반면 체스터 니미츠 제독은 말투가 부드럽고 나서지 않는 성격이었다. 그는 전황 보고를 기다리는 동안에도 사무실 밖에서 사격 연습을 하거나 말편자 던지기 놀이를 즐기곤 했다. 한 기자는 "니미츠 제독은 청중을 압도하는 연설이나 화려한 인터뷰와는 거리가 멀었다"라고 평했다.

두 개로 분리된 지휘 체계는 두 사령관의 대조적 성격 이상으로 달랐다. 이에 따라 한정된 자원에도 불구하고 소모적 전투를 치르는 양상이 되었고, 광범위한 지역에서 수행되는 군사작전의 협조 체계가 부실했다. 미국의 작전 지역은 최종 목표인 일본 본토까지를 포함하는 실로 광대한 범위로, 인류 역사상 이처럼 넓은 지역에서 전쟁이 치러진 적은 없었다. 미국은 자원 조달 면에서는 우위에 있었지만 '어떻게 전방에 있는 미군에게 물자를 공급할 것인가?'와 '어떻게 하면 미국의 세력 안에 있는 막대한 자원을 일본에 넘겨주지 않을까?'가 문제였다. 태평양 지역에서 전쟁을 원활히 치르려면 이 두 가지 문제를 해결해야 했다. 니미츠는 전쟁 초기부터 나름의 확고부동한 전략을 갖고 있었다. 니미츠와 해군 작전참모인 어니스트 킹 제독은 '연합군의 일차 목표는 아군 보급선의 안전한 확보이고, 다음은 서쪽으로 진격하여 교두보를 확보한 뒤 일본의 절대적인 석유 보급선을 봉쇄하는 것이다'에 의견을 같이했다.[2]

미드웨이 해전, 어른들의 시간

미국이 뒤늦게 전쟁 준비를 하고 있던 1942년 초, 일본은 놀라운 승전을 기뻐하는 한편 다음 단계를 계획하고 있었다. 자신만만했던 일본군 지휘관들은 인도양으로 계속 진격하여 중동 지역과 러시아에 있는 독일군과 연합전선을 구축한 다음, 바쿠와 이란에서 공급되는 연합군의 석유 보급을 차단하는 방안을 고려했다. 모든 일본인이 '승리의 열기'에 도취되어 있지는 않았다. 1942년 4월, 진주만 공격을 주장했던 야마모토 제독은 총애하던 게이샤에게 "작전의 첫 단계는 아이들의 시간에 불과하다. 오래지 않아 첫 단계는 끝나고 '어른들의 시간'이 시작될 것이다. 우리는 나태해져서는 안 되며 더욱 심기일전해야 한다"라고 말했다.

야마모토와 일본 해군 지휘관들은 적군에게 회생 불능의 패배를 안기기 위해서는 '결전'이 필요하다는 인식을 갖고 그와 관련된 작전을 구상하고 있었다. 미국이 갖고 있는 석유와 기타 자원, 산업 수준을 고려할 때 속전속결은 불가피했다. 야마모토의 이런 판단은 미국에 있을 때의 경험에 근거한 것이었다. 결국 일본은 하와이에서 겨우 1,100마일 떨어져 있는 미드웨이 제도를 중점 타격하기로 결정했다. 미드웨이 공격은 최소한 일본의 방어선을 확장하는 의미를 갖고 있었다. 만일 이 전투에서 미국이 격멸된다면 일본은 더 이상 바랄 나위가 없고, 태평양에서 미국 해군을 무력화하여 전쟁을 끝낼 가능성도 있었다.

1942년 6월 초, 미드웨이 해전은 결정적인 전투가 되었다. 그러나 일본이 기대한 결과는 아니었다. 야마모토가 말한 '어른들의 시간'이 시작되었지만, 진주만의 패배에서 극적으로 회복한 미국 해군은 적군의 암호를 해독할 수 있는 이점을 이용해 자신만만한 일본군에게 엄청난 패배를 안겨주었다. 일본은 작전 지역이 너무 분산되어 있어서 신속하게 암호를 바꿀 수 없었다. 전투에서 미국은 항공모함 1척이 침몰하는 손실을 입은 반면, 일본은 항공모함 4척이 격침되는 큰 손실을 입었다.

미드웨이 해전은 태평양 전쟁의 전환점이 되었다. 이것으로 일본의 공세적 위치도 끝이 난 것이다. 이후 전세는 바뀌어 미국은 인력, 자원, 기술, 조직력 및 신속한 판단력 등 엄청난 힘을 발휘해 일본군을 태평양에서 밀어내기 시작했다. 미드웨이 해전 두 달 후, 미군은 뉴기니 근처의 과달카날 섬에 상륙함으로써 반격을 개시했다. 6개월간 격렬한 전투가 벌어졌고 마침내 미국은 그 섬을 점령했다. 미국의 첫 번째 공세로 기록된 이 전투로 무적 일본 군대의 신화는 깨졌다. 그러나 다른 관점에서 보면, 이제는 절대 화해할 수 없는 관계와 자원 소모의 장기전으로 들어가는, 작지만 큰 대가를 치른 전투였다.[3]

동인도제도의 석유자원을 일본에 넘겨주지 않으려고 한 초기의 시도는 별 효과가 없었다. 일본은 파괴 공작을 예상하고 있었다. 발릭파판과 수마트라에서의 쉘과 스탠백의 노력에도 불구하고, 파괴는 그들이 예상했던 만큼 심각하지 않았다. 일본은 즉각 동인도제도의 석유산업 복구에 착수했다. 시추팀, 정제 기술자와 장비들이 몰려들었고 약 4,000명의 석유 관련 종사자들이 남방제도로 보내졌다. 그중 70%는 일본 본토에서 온 사람들이었다.

성과는 놀라웠다. 전쟁 발발 전, 일본은 2년 이내에 남방지대라고 불리는 동인도제도에서 충분한 석유를 확보하여 자국 내 부족분을 메울 계획이었다.

그런데 그 목표가 초과 달성되었다. 1940년 남방지대의 석유 생산량은 6,510만 배럴이었다. 1942년 일본은 그 지역에서 2,590만 배럴을 생산했고, 1943년에는 1940년 수준의 75%에 달하는 4,960만 배럴까지 생산량을 늘렸다. 1943년 1사분기 중 일본의 석유 수입량은 1941년 7월 미국, 영국, 네덜란드가 대일對日 금수조치를 내리기 직전(1941년 1사분기) 수입량의 80% 선까지 회복되었다. 일본은 계획대로 점령지인 동인도제도의 석유로 자국의 부족분을 메웠다. 게다가 남방지대에서는 석유가 부족할 일이 없었으므로 일본 해군은 언제든지 본토 외의 지역에서도 석유 보급을 받을 수 있었다.

일본은 캘리포니아 스탠더드와 텍사코의 동반구 지역 합작회사인 칼텍스가 추진 중이던 시추사업도 손에 넣었다. 전쟁 전 칼텍스는 수마트라 중부 지역에서 미나스 유전을 발견하고 시추정을 포함한 장비들을 옮겨놓았었다. 일본은 그 작업을 인계받아 칼텍스의 시추정을 사용해 유정을 개발했다. 일본이 제2차 세계대전 중 개발한 유일한 유전이면서, 캘리포니아와 중동 사이에 위치한 가장 큰 유전이었다. 남방지대에서의 대성공에 따라, 1943년 도조 수상은 전쟁 발발의 원인이 되었던 석유 문제가 해결되었다고 발표했다. 그러나 이 발표는 성급한 것이었다.[4]

소모전이 된 '선박의 전쟁'

일본은 남방지대에 풍부한 석유, 기타 천연자원, 식료품들로 본토의 자원 부족을 해결하고 경제발전에 활용함으로써 '태평양의 벽'을 구축할 수 있을 것이라 생각했다. 그렇게 되면 미국과 영국의 단호한 의지를 꺾고, 전쟁에 지친 그들과 평화를 유지함으로써 아시아와 태평양 지역을 대일본 제국의 수중에 넣을 수 있다고 생각한 것이다. 이런 전략은 일종의 도박이었다. 전략의 성공

여부는 연합군의 의지뿐 아니라 일본의 선박 수송 체계에도 달려 있었다. 일본은 불과 2년을 지탱할 정도의 석유를 갖고 전쟁에 돌입했다. 그 후에는 동인도제도에서 석유를 보급받을 계획이었던 것이다. 미국 전략폭격조사단의 보고서는 이런 계획이 '치명적 약점'이 되었다고 기록하고 있다. 일본의 전사가戰史家 역시 "액체연료의 부족은 일본의 아킬레스건이다"라고 말했다.

치명적 약점이란 일본 선박이 잠수함 공격에 약하다는 의미였다. 놀랍게도 일본의 전략 수립가들은 잠수함의 위협에 대해 전혀 고려하지 않았다. 그들은 미국의 잠수함과 승무원들의 능력을 과소평가했다. 미국인들은 의지력이 약하고 편안한 생활에 길들여져, 해저 생활과 전쟁의 고통을 견디지 못할 것이라 생각한 것이다. 그러나 전쟁 기간 중 가장 큰 힘을 발휘한 것은 미국의 잠수함이었다. 개량된 어뢰로 무장한 잠수함은 남방 지역과 일본 본토를 연결하는 수송망을 약화하고 차단하는 치명적 무기로 등장했다. 그 오랜 소모전은 상선商船을 지칭하는 일본어를 따서 '선박Marus의 전쟁'이라 불리게 되었다. 1943년 늦게야 일본은 선박을 잠수함으로부터 보호하는 데 관심을 기울이기 시작하여 호위선단을 편성했다. 그러나 이런 노력은 불완전했을 뿐 아니라 부적절했다. 한 호위선단의 지휘관은 "우리가 항공 호위를 요청하면 미국 비행기만 나타날 뿐이었다"라고 침울하게 말했다. 일본의 선박 손실은 계속 늘어갔다.[5]

그뿐 아니라 호위선단은 의도치 않게 연합군을 돕는 역할을 했다. 호위선단을 조직하고 지휘하기 위해서는 무선 교신이 필요했는데, 이들 교신으로 인해 일본 선박의 정오 위치noon position(항해중인 선박은 정오 시의 위치와 배의 상태를 정기적으로 보고하도록 되어 있다―옮긴이 주)가 노출되었다. 일본군의 암호를 해독한 미국은 수집한 정보를 잠수함에 제공해 일본에 치명타를 입혔다. 결과는 비참했다. 전쟁 기간 중 일본이 보유하고 있던 철강 상선의 86%가 침몰했고 9%는 전쟁이 끝날 때까지 사용할 수 없을 정도로 파손되었다. 미국 해군 병력의 2%도 안 되는 잠수함 요원들이 일본 선박 손실의 55%에 해당하는 전과를 올렸다. 다른 연합국의 잠수함들도 일본 선박 손실의 5%에 해당하는 전과를 올렸다. 훗날 일본의 경제학자들은 이러한 봉쇄작전과 소모전이 일본의 전시 경제에 치명타를 입혔다고 평했다.

석유 수송선들은 잠수함이 노린 제일의 표적이었다. 석유 수송선의 침몰 건수는 1943년부터 급격히 늘어났다. 1944년에는 침몰되는 수송선의 수가 새로 건조되는 것보다 많을 정도였다. 일본으로의 석유 반입은 1943년 1사분기에 최고에 달했다가, 1년 뒤인 1944년 1사분기에는 1943년 반입 물량의 절반도 안 되게 줄었고, 1945년 1사분기에는 완전히 끊겼다. 한 일본인 선장은 "사태는 종국으로 치달았다. 항구를 출발한 직후 수송선은 예외 없이 침몰했다. 수송선이 일본에 도착할 수 없을 것이라는 데에는 의심의 여지가 없었다"라고 말했다.

석유 상황이 악화되면서 일본은 여러 가지 임시방편들을 내놓았다. 각종 드럼통이나 심지어는 섬유로 만든 컨테이너에 석유를 담아 화물선의 갑판에 선적하기도 했다. 300~500배럴이 들어가는 고무 자루를 만들어 예인선이 끌고 가는 방법도 썼다. 이 방법은 교묘했지만 몇 가지 이유로 실패했다. 휘발유가 고무를 손상시켜 석유를 채우거나 비우기 어려웠고, 고무 자루로 인해 기동력이 떨어진 예인선은 쉽게 항공 공격의 표적이 되었다. 절망에 빠진 일본은 잠수함으로 석유를 수송했고, 일본에서 수리해준다는 조건으로 독일의 잠수함에도 석유 운반을 요청했다.

석유 반입이 끊기자 일본 본토는 허리띠를 졸라맬 수밖에 없었다. 1944년 민간의 휘발유 소비는 25만 7,000배럴로 떨어졌는데 1940년의 4%에 불과한 수준이었다. 꼭 필요한 휘발유 차량은 목탄 혹은 신탄 연료를 사용하도록 개조되었다. 산업용 유류는 콩, 땅콩, 코코넛, 피마자 씨로 제조되었다. 감자, 설탕, 심지어 소매점 진열장에 있는 술조차 연료용 알코올을 추출하기 위해 징발되었다.

1937년 일본은 야심차게 합성연료 개발에 착수했다. 진주만 공격 수개월 전에는 합성연료가 있으니 전쟁이 필요치 않다고 주장하는 사람도 있었다. 그러나 합성연료는 전시에 실제적으로 사용하지 못했다. 철강과 장비의 부족은 물론 기술, 공학, 기계 및 인력이 끝없이 투입되어야 했기 때문이다. 1943년 일본의 합성연료 생산량은 당해 연도 목표치인 1,400만 배럴의 8% 수준에 불과한 100만 배럴에 그쳤고, 이는 석유 총수요의 5%에도 못 미치는 것이었다. 게다가 생산 시설의 절반은 만주에 있었기 때문에 1944년 후반부터 1945년에 걸쳐 봉쇄전이 벌어지자 무용지물이 되었다. 합성연료 사업은 실패로 끝나고 자원, 인력, 운영 면에서 많은 낭비만 하게 되었다. 한 분석가는 "전쟁 중 일본에서의 합성연료 산업은 얻는 것보다 잃는 것이 많았다"라고 말했다.[6]

일본의 자살 특공대

석유 부족이 심각해지자 일본의 작전 능력은 제약받게 되고 전황의 흐름에도 직접적인 영향을 미쳤다. 이런 어려운 상황은 1942년 6월 초 미드웨이 해전에서 나타나기 시작했다. 한 일본 제독은 "우리는 그때 필요 이상으로 너무 많은 연료를 사용했고, 그 영향이 곧 나타나기 시작했다"라고 말했다. 미드웨이 해전의 승리로 연합군은 공세로 전환했고, 섬들을 하나씩 점령하면서 서쪽으로 진격해나갔다. 미국 해군과 육군 간의 불협화음은 일본에 가까워질수록 점점 사라졌다. 미국은 육해군 합동작전으로 길버트 제도의 타라와 및 마킨 섬, 마셜 제도의 크와잘렌 및 에니웨톡 섬, 마리아나 제도의 사이판 및 괌을 차례로 점령했다. 해변 1야드를 점령하는 데 사상자 수백 명이 발생하기도 했다. 하지만 미국은 해군 장비, 제공력을 갖춘 항공모함 및 산업의 지원 등 엄청난 힘을 쏟아부었기 때문에 일본은 도저히 당해낼 수가 없었다.

1943년 4월, 미국은 뉴기니 근처의 부겐빌 섬에 진주만 공격을 계획했던 야마모토 제독이 방문한다는 전문을 해독했다. 전투기를 구름 뒤에 매복시켰다가 그가 탄 비행기를 공격하여 사망케 함으로써 진주만 피습에 대한 복수를 했다.

잠수함 작전이 주효해 일본 해군이 연료 부족의 심각성을 느낀 것은 1944년 초반이었다. 석유 재고의 감소는 전략 결정에 영향을 주었고, 그로 인해 전투에서 패배하는 경우가 늘어갔다. 1944년 6월의 마리아나 제도 전투에서 일본의 전함은 연료 부족으로 작전에 참여하지도 못했다. 게다가 항공모함 선단도 석유를 절약하기 위해 우회 항로가 아닌 직선 항로로 미국 함대에 접근했다. 훗날 한 사령관은 "많은 연료를 쓰는 긴 항로를 택할 수 없었다"라고 말했다. 직선 항로를 선택함으로써 큰 피해가 발생했다. 바로 미국이 '마리아나에서의 칠면조 사냥'이라 부르는 전투였다. 이 전투에서 미국은 항공기 27대가 격침된데 반해, 일본은 273대를 잃었다. 마리아나 해전의 대승으로 미국은 마침내일본의 환상방어선環狀防禦線을 돌파했다.

그 전투 후에 일본이 해군 함대 두 개를 본토 영해(오키나와 영해 내 다른섬)에 배치하고 방어전략을 수립했더라면 훨씬 더 좋았을 것이다. 그러나 본국으로의 석유 공급선 단절과 연료의 급격한 감소로 그럴 수가 없었다. 따라서 항공모함단과 함대 일부만 일본에 머물면서 새로운 항공기와 조종사의 보충을 기다렸다. 그러는 동안에도 마지막 남은 연료가 소진되었다. 대규모 전함은 동인도제도에서 연료를 공급받기 위해 가까운 싱가포르 근처에 주둔했다. 그러나 한 번 작전을 수행하고 나면 연료 보충을 할 수 없어 한 달 이상 작전에 참여할 수 없었다. 당시 일본에 필요했던 것은 연합군의 진격을 막을 수 있는 통합된 함대였으나, 석유 부족의 결과로 일본의 해군력은 분산되었다.

일본의 항공 작전 또한 심각할 정도로 위축되었다. 1944년에는 조종사 훈련이 30시간으로 줄어들었는데, 이 시간은 필요 수준의 절반밖에 안 되는 것이었다. 1945년 상황이 더 악화되자 항공 훈련은 완전히 폐지되었다. 조종사들은 편대장이 비행할 때 적의 과녁 역할로만 비행할 수 있었다. 그들은 거의 귀환하지 못했다. 항공유는 유일하게 남아 있는 자원인 송진으로부터 만들어졌고, 알코올의 혼합 비율이 점점 높아졌다. 저급 연료의 혼합, 조종사의 훈련 부족 및 비행기 성능 저하 등이 조종사들을 죽음으로 몰고 갔다. 일본은 항공기 이동 작전에서만 40% 정도를 잃었다.

석유 공급을 늘리기 위해 많은 일본 선박들은 정제되지 않은 보르네오산 원유를 사용했는데 수년 전 마커스 새뮤얼이 주장했던 대로 이것은 좋은 연료가 되었다. 그러나 가연성이 너무 좋았기 때문에 선박의 안전 문제가 제기되었다. 어쩔 수 없이 일본은 추세에 역행하는 석탄 연료 선박을 건조했다. 석탄은 일본 내에서 입수가 가능했기 때문이다. 석유 선박으로 건조되고 있던 배들은 진수되기 전에 석탄용 선박으로 개조되었다. 그것으로 연료 공급의 안정성은 확보되었지만 속도와 기동성을 포기해야 했다.[7]

일본 해군이 1944년 10월 필리핀 근처에서 벌어진 레이트 만灣 전투에 총력을 기울인 것도 연료 때문이었다. 당시 전세는 점점 악화되고 있었다. 1944년 8월, 연합군이 괌 섬을 탈환하자 본토의 도시들이 B-29의 폭격권 안에 들어갔다. 9월 15일 맥아더 장군은 필리핀에서 300마일밖에 안 되는 몰루카 제도의 모로타이 섬에 상륙했다. 그는 필리핀이 있는 방향을 바라보며 "일본군들이 저기서 내가 오기를 기다리고 있다"라고 말했다. 일본은 미국의 필리핀 탈환을 저지하기 위해 총력을 기울여야 했다. 필리핀은 일본 본토까지 항공

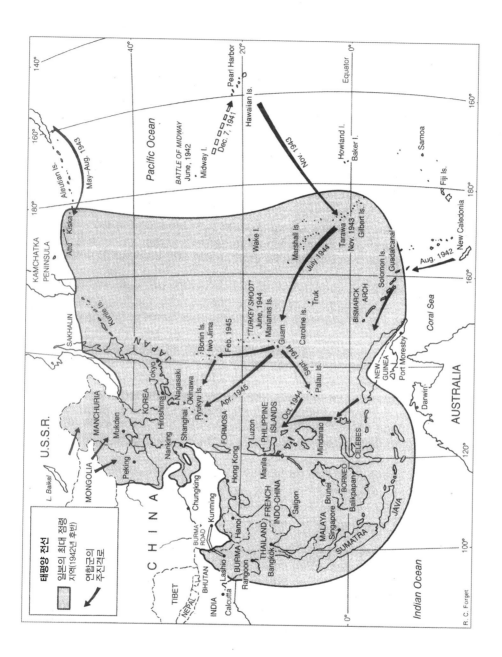

공격이 가능한 거리였고, 일본과 동남아시아의 점령 지역을 연결해주는 항로의 중간 지점이었다. 해군 참모총장인 도요타 소에무 제독은 해군 전사에 기록될 작전 명령을 하달했다. "만일 우리가 필리핀 작전에서 패한다면, 함대가 남아 있다 하더라도 남방으로의 항로가 완전히 차단된다. 혹시 일본 영해로 돌아간다 해도 연료 공급을 받을 수 없고, 남방에 계속 머물러 있다 해도 탄약과 무기 공급을 받지 못할 것이다. 따라서 필리핀을 잃고 함대를 구하는 것은 의미 없는 일이다. 이것이 이번 작전을 수행하는 이유다."

그러나 필리핀 전투에서도 연료 부족은 일본을 불리하게 만들었다. 일본 해군은 분산 배치되어 있었기 때문에 결정적인 작전지역으로 함대를 모으려했다. 일본 전함 두 척은 석유 부족으로 전투 현장에 접근조차 할 수 없었다. 대신 그들은 싱가포르로 가서 연료를 재보급받은 뒤 일본으로 돌아갔다. 다른 전함들도 연료를 아끼기 위해 저속 항진을 했으므로 결정적인 시간을 넘겨서야 도착했다. 1944년 10월 25일, 제2함대 사령관 구리타 다케오 제독은 레이트 만의 입구에 있었다. 그 위치에서는 방어력이 약한 맥아더의 부대를 공격해 전황의 흐름을 바꿀 수도 있었다. 그러나 그는 공격선인 해변을 불과 40마일 남겨놓고 후퇴했다. 전쟁이 끝난 후, 한 일본군 제독이 그에게 이유를 묻자 이렇게 대답했다. "우리에겐 연료가 없었소."

레이트 만에서의 3일간의 전투는 일본의 비참한 패배로 끝났다. 전함 3척, 항공모함 4척, 순양함 10척, 구축함 13척이 침몰했다. 절망적 위기에 처한 일본은 가미카제라는 새로운 방식의 자살 비행 공격을 감행했다. 가미카제는 13세기에 일본을 정벌하려던 쿠빌라이 칸의 대★함대를 상륙 직전에 박살내버린 태풍에서 유래한 이름으로 '신의 바람'을 의미했다. 자살 특공대들은 특별히 고안된 로켓 폭탄을 실은 비행기를 미군 전함 갑판에 충돌시키라는 명령을 받았다. 이들은 일본혼으로 상징되었으며, 모든 일본 국민에게 살신殺身

의 신념을 고무했다. 석유, 비행기, 숙련된 조종사가 극히 부족한 상황을 극복하기 위한 궁여지책이었다. 항공모함 한 척을 격침하는 데 폭격기 8대와 전투기 6대가 필요한 데 반해, 자살 비행기는 1~3대만으로 같은 효과를 낼 수 있다는 것이 일본의 계산이었다. 자살 공격은 미국 전함에 많은 물리적 손상을 입혔을 뿐 아니라, 그러한 행위를 이해할 수 없던 미군의 사기를 저하시키는 데 일조했다. 자살 특공대는 작전 후 귀대하지 않았으므로 비행 연료는 절반만 필요했다.[8]

일본 해군의 종말

태평양의 미군들은 연료와 물자를 풍부하게 보급받았다. 아무리 먼 거리에서 수송하더라도 일본으로서는 보급로를 차단할 방도가 없었다. 미군은 연료 수송선, 공작선, 예인선, 부유浮遊 부두, 구조선, 소형 선박 및 저장선 등으로 구성된 거대한 수상 부유 기지를 곳곳에 설치하여 넓은 태평양을 가로지르는 '징검다리'로 활용했다. 연료 보급 시에는 연료 수송선 2~3척과 호위 구축함으로 구성된 이동 보급 선단이 폭 25마일, 길이 75마일의 장방형 해역을 설정하고, 이곳으로 미 전함을 불러들여 연료를 공급했다. 1944년 후반, 괌 섬이 일본 폭격 기지로 활용되자 매일 12만 배럴의 항공 휘발유가 그곳으로 공급되었다. 당시 일본이 모든 전선에서 사용하던 항공유는 하루 2만 1,000배럴로 미군이 괌 섬에서 사용하던 연료의 6분의 1에 불과했다.

일본은 모든 전선에서 밀려나고 있었다. 1945년 초, 미국은 유황도碌黄島에 이어 필리핀 마닐라를 탈환했다. 폭 2.5마일, 길이 4.5마일의 유황도 전투에서 미군 6,800명과 일본인 2만 1,000명이 전사했고 미군 2만 명이 부상당했다. 동아시아에서는 영국이 버마에서 최후의 공세를 취하고 있었다. 일본은 발릭파판과 다른 동인도제도의 주요 항구들을 포기했다. 일본 내의 모든 정유 공장이 석유 부족 사태에 빠졌다. 1945년 3월, 최후의 일본 석유 수송선이 싱가포르를 출발했지만 그 배는 일본에 닿기도 전에 침몰했다.

석유 징발이 점점 심해짐에 따라 일본 내의 경제활동에서 석유를 찾아볼 수 없었다. 가스, 전기, 석탄, 목탄 등 모든 연료가 터무니없이 부족했다. 가정에서 목욕을 할 수 없었으므로 대중목욕탕은 사람들로 북적였다. 당시의 대중목욕탕 상황을 '통 속에서 감자 씻기'라고 불렀다고 한다. 거리에서 주워 모은 폐목재가 대중목욕탕의 연료였다. 잇따른 공습으로 파손된 책들을 연료로 사용하는 사람도 많았다. 1944년에서 45년의 동절기 동안 전무했던 도쿄의 연료 공급은 1945년 5월까지도 이루어지지 않았다. 사람들은 폭격당한 도시의 불에 탄 잔해를 취사 연료로 사용했다. 식품 배급은 최저 수준인 일일 2,160칼로리보다 훨씬 낮은 1,800칼로리 이하로 떨어졌다.[9]

군용 연료 사정은 더욱 심각했다. 해군은 세계 최대의 전함이며 일본 1함대의 자랑거리였던 야마토 호를 희생시키면서까지 가미카제 공격이라는 극단적인 방법을 동원했다. 이 특공부대의 임무는 오키나와 상륙을 지원하는 미국 함대로 돌진하여 가능한 한 많은 피해를 주는 것이었다. 오키나와 섬의 방어에는 야마토의 18인치 거포가 사용되었다. 도요타 제독은 "대량의 연료를 사용하는 대규모 작전은 고려의 대상이 될 수 없었다. 소함대를 집결하는 데 필요한 2,500톤의 연료유를 확보하는 것도 대단히 어려웠다. 그러나 성공 확률이 절반도 안 된다고 하더라도 함대를 항구에 묶어두는 것은 아무런 실익이 없었다. 또한 성공 확률이 없다고 함대의 출항을 막는 것은 일본 해군의 전통에 위배되는 것이라 생각되었다"라고 말했다.

가미카제 작전은 완벽한 자살 공격이었다. 야마토 호는 편도 항해에 필요한 연료만을 선적한 후 다른 전함들을 이끌고 4월 6일 아침 도쿠야마 항을 출항했다. 모든 항공기가 가미카제 작전에 투입되었기 때문에 항공기의 호위는 없었다. 4월 7일 정오, 미국 항공기 300대가 수평선을 따라 저공비행으로 침투해 공격을 시작했다. 저녁 무렵, 야마토와 대부분의 군함이 침몰했다. 야마토 호는 자살 공격 이전에도 많은 파손을 입었지만, 이번 침몰은 많은 사람들에게 '일본 해군의 종말'로 인식되었다. 서태평양 전역을 제패하면서 위세를 떨치던 일본 함대는 이제 본국의 연안에서조차 밀려나게 되었다.[10]

최후의 항전과 원자폭탄

일본의 상황은 더욱 악화되었다. 연료 부족으로 항공기들은 한 달에 2시간 이상 비행할 수가 없었다. 그러면 석유를 구할 다른 방도는 없는가? 연료 확보에 필사적이던 해군은 소나무 뿌리 수집이라는 기괴한 운동에 착수했다. '소나무 뿌리 200개로 1시간 비행이 가능하다'라는 기치 아래 일본 국민들은 소나무 뿌리를 캐는 작업에 동원되었다. 아이들까지 야산으로 보내졌다. 소나무 뿌리에 12시간 동안 열을 가하면 원유를 대체할 연료가 만들어졌다. 3만 4,000개의 화로와 증류장치가 설치되었고, 증류장치 1개에서 일일 3~4갤런의 연료가 생산되었다. 노동력이란 관점에서 보면 너무나도 무리한 작업이었다. 1갤런을 생산하기 위해 2.5명이 하루 종일 매달려야 했다. 하루 1만 2,000배럴이라는 정부 목표를 달성하기 위해서는 하루 125만 명이 필요했다.

소나무 뿌리 수집 운동이 남긴 흔적은 역력했다. 산야 곳곳의 나무들은 껍질이 벗겨졌고, 길가에는 나무뿌리들이 산더미처럼 쌓였으며, 베어낸 그루터기들이 줄지어 늘어서 있었다. 1945년 6월, 소나무 뿌리 기름은 월 7만 배럴 생산되었다. 그러나 정제가 문제였다. 전쟁이 끝날 때까지 소나무 뿌리에서 3,000배럴의 '항공유'가 생산되었지만, 실제로 사용되었는지에 대한 자료는 남아 있지 않다.

일본으로서는 다행스러운 종전의 순간이 다가오고 있었다. 미국의 엄청난 폭격으로, 대부분 목재로 건축된 일본의 도시들이 잿더미로 변했고, 경제는 마비 상태에 빠졌다. 반격을 가할 만한 군사력도 완전히 상실되었다. 1944년 7월, 면도칼이라 불리던 도조가 수상에서 물러나고, 1945년 봄에 새로운 내각이 들어섰다. 새 내각의 몇몇 각료들은 완전한 파멸을 피하기 위해서 전쟁을 끝낼 방법을 찾으려 했다. 한 각료는 "모든 것이 최악이다. 어느 방향을 보더라도 우리는 벼랑에 서 있다"라고 말했다. 새 내각은 퇴역한 해군 제독인 80세의 스즈키 간타로가 이끌었다. 그는 비교적 원만한 성품을 가진 인물로 신망을 받고 있었다. 전쟁을 계속하자는 강경파와 종전을 모색하는 온건파 사이에 주도권 쟁탈전이 치열했다. 그러나 온건파 인사들은 쿠데타나 암살의 위험이 두려워 직설적인 언급을 피했다.[11]

1945년 4월 5일, 소련은 일본과 맺은 중립조약을 파기했다. 그러나 조약의 효력은 1946년 4월까지 계속되는 것이었다. 이렇게 되자 일본의 고위 관리는 소나무 뿌리 수집 운동보다 더 기이한 발상을 했다. 즉 소련에게 일본·미국·영국 3국 간의 중재 역할을 요청하고 소련의 석유와 남방의 천연자원을 바꾸자는 제의였다. 전직 수상이었으며 모스크바 주재 대사인 히로타 고키가 일본 주재 소련 대사와 협상을 진행하는 임무를 맡았다. 그러나 일본이 모르는 것이 하나 있었다. 얄타 회담에서 스탈린은 루스벨트와 처칠에게, 유럽에서 전쟁이 끝난 후 90일 내에 대일전對日戰에 참가하겠다는 약속을 한 것이다. 게다가 스탈린은 천연자원보다 더 유리한 조건을 얻어냈다. 소련의 참전 대가로 막대한 영토를 확보하는 이권을 약속받은 것이다. 러시아의 만주 지배권 회복, 사할린 섬 남부 회복 및 쿠릴 열도의 획득이었다. 스탈린은 조지아인이었지만, 조지아 민족주의 이상으로 러시아 국가주의를 옹호했다. 그는 약속받은 이권을 통해 제정 러시아가 1905년 일본에 당한 설욕을 만회하려 했다. 이것이 6월 말 소련 대사가 히로타의 제안을 무시해버린 배경이다. 소련 대사는 소련 내에도 석유가 부족하므로 불가능한 제안이라고 일축했다.

스즈키 수상은 전쟁을 수행할 충분한 능력이 있는지 판단하기 위해 일본의 전투력을 조사하도록 했다. 1945년 6월 중순에 나온 조사 결과는 연료의 부족과 미국의 맹렬한 폭격으로 전시 경제가 거의 마비 상태라는 것이었다. 일본의 절망적 상황은 통계 숫자에서도 나타나고 있었다. 1937년 4월 2,960만 배럴이었던 연료유 재고는 1945년 7월 1일 80만 배럴로 낮아졌다. 100만 배럴 이하 수준에서는 해군의 작전이 불가능했다. 무슨 일을 하더라도 석유 부족이 문제가 되었다. 일본 정부 관리도 절체절명의 상황임을 인정했다. 그러나 모두가 그렇게 느낀 것은 아니었다. 일본 정부의 최고위층이 항복할 가능성은 거의 없었고 아예 언급조차 회피되었다. 정부에서는 아직도 "천만 명의 국민이 일치단결하여 국가를 위해 목숨을 바칠 준비가 되어 있다"라는 구호를 내걸고 있었다. 육군과 해군의 일부 장교들도 전쟁을 끝까지 수행할 것을 스즈키 내각에 종용했다.[12]

일본은 그들의 의지를 드러내듯이, 1945년 4월의 오키나와 전투에서 거의 광적으로 치열하게 저항했다. 그리고 그러한 저항은 1945년 6월 21일까지도 계속되었다. 오키나와 섬의 점령 과정에서 미군의 사상률은 35%에 달했다. 일본 본토를 점령할 때도 비슷한 손실을 당한다고 전제하면, 공격 초기에 최소 26만 8,000명의 미군이 죽거나 부상할 것이다. 그리고 작전이 완료될 때까지 총 100만 명의 손상이 예상되었다. 일본도 비슷한 숫자의 사상자가 발생할 것이며, 수백만에 달하는 민간인 희생자가 나올 것으로 예측되었다.

오키나와에서의 유혈전과 일본의 완강한 저항으로, 미국은 새로운 병기의 사용을 고려하고 있었다. 아직 성능 시험은 거치지 않았지만 곧 미군 병기 창고에 입고될 '원자폭탄'이었다. 미국의 지도자들은 일본의 전투 능력이 상실되었음을 알고 있었다. 그러나 그들의 사기가 꺾였다는 징후는 찾아볼 수 없었다. 실제로 일본 열도 전체가 자살 공격에 동원되고 있었으며, 어린 초등학생들에게까지 미군과 대항할 죽창을 만들라고 지시했다. 도쿄와 모스크바 간의 비밀 교신 내용을 포착한 바로도, 일본이 평화안을 요구할 준비는 되어 있지 않았다.

상황 악화에도 불구하고 일본 정부는 모호하고 애매한 태도로 일관했다. 내부적으로 의견 일치가 되지 않았고 강경파들이 우세하다는 점을 암시하면서 항복을 망설이는 태도를 보였다. 일본 정부는 천황의 지위를 보장받으면서 전쟁을 종식할 좋은 구실을 제공할 수 있었던 포츠담 선언을 거부했다. 일본 내 지도자들은 열광적인 민족주의와 무자비한 군국주의의 미명 아래 혹독한 고통을 받아온 일본 국민과 병사들을 구해줄 기회를 잡지 않았다. 연합군은 일본이 끝까지 전쟁을 치를 결단을 유보할 것이란 어떤 암시도 받지 못했다.[13]

1945년 8월 6일, 첫 번째 원자폭탄이 히로시마에 투하되었다.

1945년 8월 8일에는 소련이 대일본 선전포고를 하고 만주에 군대를 투입했다. 이러한 소련의 행동은 계획보다 한 주 빠른 것이었고, 소련의 개입 없이는 전쟁이 끝나지 않는다는 것을 보여주기 위한 것이었다. 8월 9일 두 번째 원자폭탄이 나가사키에 떨어졌다. 그러나 두 번째 원폭 투하 이후에도 일본의 육군 참모총장은 고위 장교들에게, 일본 군대는 어떤 상황에 처하더라도 항복해서는 안 된다고 주지시켰다. 8월 13일, 가미가제 특공대의 창시자인 오니시 다키지로 제독 역시 정부에 항복하지 말 것을 촉구했다. 그는 전 일본 국민이 최후까지 싸워야 하고 2,000만 명이 자살 공격에 나서야 한다고 주장했다.

그러나 일본의 상황은 너무나 처참했고, 원자폭탄의 위력은 엄청났다. 게다가 소련의 개입으로 사태는 더욱 악화되었다. 마침내 종전을 주장하던 온건파들이 군부의 거센 반대를 꺾을 수 있었다. 8월 14일 밤, 천황은 다음날 방송할 항복 메시지를 녹음했다. 그런데 그날 밤, 일단의 반란군이 근위부대장을 살해하고 황궁으로 침입했다. 그들은 방송을 못하도록 녹음된 음반을 탈취하고 스즈키 수상을 살해하려 했으나 격퇴당했다. 다음날 일본 국민은 불안정한 전력 사정으로 소리가 약해졌다 강해졌다 하는 라디오를 통해 흘러나오는 힘없는 음성을 들었다. 이제까지 한 번도 들어본 적이 없었던 목소리, 바로 국민에게 항복을 호소하는 천황의 메시지였다. 이렇게 해서 태평양 전쟁은 막을 내렸다.

그렇지만 모든 일본인이 천황의 호소를 받아들인 것은 아니었다. 같은 날 아침 일찍, 아나미 고레치카 육군상이 할복자살했고, 다음날에는 오니시 제독이 같은 방법으로 자살했다. 게다가 오니시가 제안한 최후의 가미카제 공격이 준비되고 있었다. 일본이 항복하고 미군정 체제가 수립된 후, 미군은 동굴과 수많은 비밀창고에서 일본 육군과 해군이 자살 공격용으로 비밀리에 비축한 석유 총 31만 6,000배럴을 발견했다. 일본이 마지막으로 희망을 걸었던 소나무 기름도 저장되어 있었다. 소나무 기름은 미군용 지프에 시험적으로 사용되었는데, 시동을 걸기도 전에 엔진을 달라붙게 하는 쓸모없는 연료로 판명되었다.[14]

일본의 항복

8월 30일, 연합군 총사령관인 맥아더 장군이 일본 아즈키 공군기지에 도착했다. 그 기지에 있던 모든 항공기의 프로펠러는 가미카제식 공격을 방지하기 위해 제거되었다. 도착한 즉시 맥아더 장군은 투너빌 트롤리를 닮은 소방차가 선도하는 차량 행렬 편으로, 전함 미주리 호가 정박해 있는 요코하마로 출발했다. 3일 후, 미주리 전함의 선상에서 항복문서가 서명되었다. 맥아더 장군의 차량이 행렬하는 길에는 일본군 병사들이 등을 돌리고 늘어서 있었다. 천황이 지나갈 때 하던 것과 같은 복종의 표시였다. 기지에서 항구까지는 불과 20마일이었지만 이동하는 데 2시간이나 걸렸다. 일본이 최고급이라고 제공한 차량들은 휘발유 차가 아닌 목탄 차여서 자꾸 고장이 났기 때문이다.

12일 후인 1945년 9월 11일, 도쿄 주둔 미국 장교들이 전원에 위치한 아담한 주택에 당도했다. 경작이 잘된 들판 끝에 있던 주택은 전쟁 당시 수상이었던 도조 장군의 것이었다. 도조는 열린 창문을 통해 모습을 드러냈고, 장교들은 그를 체포하러 왔으니 즉시 동행하라고 요구했다. 도조는 승낙을 표명하고 창문을 닫았다. 그리고 한 발의 총성이 울렸다. 미군들이 집으로 뛰어 들어가자, 도조는 커다란 의자에 앉은 채 스스로 입힌 총상으로 심장 아래에 피를 흘리고 있었다.

4년 전인 1941년, 육군대신이자 수상이던 도조는 석유 부족으로 일본의 운명이 위태롭다고 주장하면서, 미국과 전쟁을 하도록 영향력을 행사했다. 도조와 동조자들이 벌인 일의 대가는 엄청난 것이었다. 태평양 전쟁으로 인한 사망자는 일본인 250만 명을 포함해 2,000만 명에 달했다. 도조가 입은 총상은 치명상이 아니었지만 의사나 연료가 있는 구급차를 구할 수 없었기 때문에 그의 생명은 경각에 달려 있었다. 연료 부족이 만연했던 당시로서는 휘발유가 있는 구급차를 찾기보다 미국인 의사를 찾기가 더 쉬웠다. 마침내 연료를 실은 자동차가 도조의 자택에 도착한 것은 총상을 입고 2시간이 지난 후였다. 도조는 병원으로 옮겨져 건강을 회복했다. 그리고 다음해 법정에서 전범으로 유죄 판결을 받고 형이 집행되었다.[15]

연합국
전성시대

윈스턴 처칠에게 1930년대는 정치적으로 매우 불운한 시기였다. 나치의 의도와 능력에 대한 그의 경고는 무시되었다. 그런데 1939년 9월, 66세의 처칠은 갑작스럽게 해군장관에 임명되었다. 25년 전 제1차 세계대전 바로 직전에 그가 맡았던 직위다. 그런데 과거와는 달리 이번엔 해군장관으로 임명된 후 전쟁 준비를 할 여유가 없었다. 해군장관으로 임명되기 며칠 전인 9월 1일, 독일이 폴란드를 침공함으로써 전쟁이 발발했던 것이다.

그 후 6개월간 서유럽에서는 전투가 없었지만 외관상 전쟁이라고 할 수 있는 상태가 지속되었다. 그러다 다음해 봄, 히틀러는 마침내 서유럽 전선에서도 공세를 취하기 시작했다. 독일에 유화 정책을 추진하던 정치가는 퇴진하고, 처칠이 수상에 취임했다.

영국을 둘러싼 주변 정세는 어둡고 참담했다. 노르웨이와 덴마크는 이미 독일의 수중에 들어갔고, 프랑스도 한 달 후 항복함으로써 영국은 독일의 공세에 맞서 홀로 싸워야 했다. 이 '암울한 시기'에 나라를 이끌어갈 지도자로 처칠보다 적합한 인물은 없었다. 영국이 생존하는 데, 그리고 계속되는 전쟁에서 버티는 데 석유가 얼마나 중요한지 그보다 정확히 이해하는 사람은 없었다.

영국 정부는 전쟁이 발발하기 오래전에 독일과의 전쟁에 대비해 석유 정책을 재검토해왔다. 1937년 말에는 독일과 마찬가지로 석탄에서 합성연료를 추출하는 전략을 특별위원회에서 검토했다. 영국 국내에는 방대한 석탄이 매장되어 있지만, 석유는 전량 수입하는 실정이었기 때문이다. 그러나 검토 결과, 비용이 너무 많이 소요되는 것으로 밝혀져 그 전략은 취소되었다. 영국은 세계 도처에서 값싼 석유를 수입할 수 있었을 뿐 아니라, 국내에는 쉘과 앵글로-이란이라는 두 개의 대형 석유회사가 있었다. 또한 합성연료를 추출하는 전략은 에너지 안보 측면에서도 유리하지 못하다는 결론에 도달했다. 즉 쉽게 적의 공격 목표가 될 수 있는 대규모 수소첨가 공장에서 합성석유를 생산하느니, 각지에 산재해 있는 항구로 분산 수입할 수 있는 석유가 훨씬 더 안전했다.

영국 정부는 전쟁에 대비하면서, 미국은 감히 엄두도 낼 수 없을 정도로 석유회사와 지극히 긴밀한 협조 관계를 구축하고자 했다. 영국 국내에는 정제와 판매의 85%가 3개 회사에 의해 이루어졌다. 즉 쉘, 앵글로-이란, 뉴저지 스탠더드오일의 영국 자회사였다. 뮌헨 회담이 진행되던 1938년, 영국 정부는 전쟁이 발발할 경우 독점 금지에 관한 상세 규정을 철폐하고 정부의 보호 아래 전 산업을 하나로 통합해 운영하기로 했다. 또한 '전략 비축'도 추진했다.

또한 영국 정부는 다른 종류의 문제에도 신경을 썼는데, 바로 로열더치 쉘 그룹의 미래에 관한 것이었다. 그룹의 경영진도 정부 못지않게 관심과 우려를 갖고 있었다. 그룹이 나치의 치하에 들어갈 위험이 있다고 판단한 것이다. 이 문제는 그룹의 대표 격인 헨리 디터딩으로부터 촉발되었다. 그는 1920년대를 통해 그룹을 이끌어온 인물이다. 1927년 영국 정부의 한 고위 관리는 "디터딩의 말이 바로 법이다. 중역회의에서 중역들의 자문을 얻을 필요가 없었다. 결정권은 그에게 있었다"라고 말할 정도로 그의 영향력은 대단했다. 그러나 1930년대에 들어오면서 디터딩의 영향력은 현저히 줄어들었다. 경영진에게는 당혹감을, 영국 정부에는 불안감을 조성하는 인물이 된 것이다. 그의 행동은 점점 변덕스럽고 혼란스러우며 과대망상적인 경향을 보였다.

1930년대 중반, 70세의 디터딩은 두 사람에게 푹 빠졌다. 한 사람은 젊은 독일인 여비서였고, 다른 한 사람은 아돌프 히틀러였다. 제1차 세계대전 이전, 영국으로 이주해 피서 제독과 처칠의 요청에 따라 전쟁 기간 중 강력한 협조자가 되었던 그가 이제 노령의 나이에 나치에 마음을 빼앗긴 것이다.

"그가 가진 소련에 대한 반감과 히틀러에 대한 경탄, 그리고 소련에 대항하기 위해 영국과 독일이 우호적 관계를 가져야 한다는 강박관념은 모두가 알고 있는 사실이다"라고 한 외교관은 탄식조로 말했다. 1935년 디터딩은 독단적으로 독일 정부와 교섭하여, 1년분의 석유를 외상으로 수출하는 계획을 추진하려 했다. 군사용 비축유로 사용될 석유였다. 이런 소문은 런던의 쉘 경영진에게 반감을 불러일으켰다. 중역 중 한 사람인 앤드류 애그뉴는 베를린에 있는 영국 대사관을 통해 '좋은 시절 함께 일했던 동료들과 함께 적절한 조치를 취할 수 있도록' 사실관계를 조사해줄 것을 정부에 요청했다. 한 중역은 "나이가 들어가고는 있지만 디터딩은 주관이 뚜렷한 사람이다. 유감스럽게도 그가 정치적 인물들과 교분을 가지는 것을 막을 수는 없다"라고 말했다. 그는 또 "영국인 중역은 쉘이 정부의 방침에 반하는 행동을 해서는 안 된다는 생각을 가지고 있다"라고 덧붙였다.

1936년 디터딩은 쉘에서 물러난 후 새로운 대상에게 혼이 빠져 있었다. 그는 두 번째 아내와 이혼한 후, 독일인 여비서와 결혼해 독일로 이주했다. 또 볼셰비키에 대항하기 위해 나치와 협력할 것을 유럽 각국에 호소했으며 나치

지도자들과 친분을 맺었다. 1937년 쉘에서 디터딩의 동료로 일했던 네덜란드의 수상은 "그는 영국에서 부와 명예를 얻었다. 게다가 영국 정부로부터 막대한 원조를 얻어낸 인물이다. 그런 그가 갑자기 독일로 이주해 독일의 번영을 위해 헌신하고 있는 이유를 이해할 수 없다"라고 말했다. 그는 또 "디터딩은 아이와 같고 감정대로 움직인다"라고 비판했다. 당연한 일이지만 디터딩이 만년에 보인 행동은 국제적인 석유인으로서의 평판에 많은 손상을 입혔다.

디터딩은 1939년 초, 전쟁이 시작되기 6개월 전에 죽었다. 그의 사망 직후 런던에서는 불온한 소문이 퍼졌다. 나치가 디터딩의 장례식을 성대히 치러주었을 뿐 아니라 그의 죽음을 이용해 로열더치 쉘을 지배하려 한다는 것이었다. 이것이 사실이면 영국으로서는 아주 심각한 사태였다. 제1차 세계대전 중에 쉘은 영국에 석유를 공급하는 유일한 병참고나 마찬가지였는데, 쉘이 나치의 지배하에 들어가게 되면 영국의 석유 공급 체계는 파경을 맞게 되는 셈이다. 그러나 회사를 지배할 수 있는 권리인 '우선주優先株'는 중역들이 가지고 있었다. 디터딩 사후, 그가 소유하고 있던 우선주는 다른 중역들에게 배분되었다. 나치는 결코 도움이 되지 않는 보통주의 극히 일부만을 소유했을 뿐이다.[1]

전쟁이 발발하자 영국 정부는 쉘을 위시한 영국 석유기업들의 하류 부문(정제와 판매)을 석유위원회에 편입해서 사실상 국가 독점 기업 체제를 구축했다. 이러한 조치는 신속하고도 원만하게 이루어졌다. 급유 펌프는 짙은 녹색으로 칠해졌고, 모든 제품은 '풀pool'이라는 상표가 부착되어 판매되었다. 각 기업은 그대로 존속했지만 경영은 국가가 담당했다. 석유에 관한 모든 결정은 런던 스트랜드가의 사보이 호텔 가까이에 있는 쉘-멕스 하우스에서 이루어졌다(쉘의 본부는 런던 변두리에 있는 자사 스포츠센터로 이전했다). 결국 정부 기관인 석유국이 설치되어 그 지시 아래 각종 위원회가 기능별로 활동한 것

612

이다.

영국이 처한 문제는 전 세계적인 문제였다. 독일은 소련과 조약을 체결하여 러시아의 풍부한 석유를 손에 넣으려 하고 있었는데, 영국은 일본의 동남아시아 침략으로 극동 지역에서 석유를 공급받을 수 없게 될지도 모르는 상황에 처했다. 또한 독일은 루마니아의 석유도 이용할 수 있었다. 전쟁이 발발하고 수개월이 지난 후, 그리고 프랑스가 독일의 수중에 들어가기 전, 영국과 프랑스 양국 정부는 제1차 세계대전 때와 마찬가지로 유전을 파괴하는 대가로 루마니아에 6,000만 달러를 제공하고자 했다. 석유가 독일의 수중에 들어가는 것을 막겠다는 의도였다. 그러나 금액에 대해 합의가 도출되지 못한 채, 거래는 불발로 끝났다. 그리고 우려했던 대로 루마니아 석유는 독일의 수중에 들어갔다. 유전의 파괴는 그 후 연합군의 폭격이 있을 때까지 미루어졌다. 영국 국내에서도 시급히 석유 공급 대책을 강구해야 했으므로 배급제가 실시되었다. 일반 자동차 소유자에 대한 '기본 배급'은 연간 1,800마일을 운행할 수 있는 양으로 결정되었다. 그러나 군사용 수요가 급증하고 비축물량이 줄어듦에 따라 배급량이 점점 줄어들다가 마침내 배급제 자체가 폐지되었다. 당국은 일반 자동차는 차고에만 있기를 바랐다. 그 결과 대대적인 자전거 붐이 일었다.

영국이 공격받는다면 어떻게 석유 공급을 받을 것인지는, 1940년 암울했던 시기에 현실적인 문제로 대두되었다. 나치는 서유럽을 제압하고 영국 해협의 프랑스 쪽까지 진출했다. 독일군은 프랑스가 비축하고 있던 석유를 획득하여 영국을 침공할 태세를 갖추었다. 나치가 영국을 침공해 프랑스의 경우와 유사하게 영국의 석유 공급을 손아귀에 넣게 되면 영국은 파경을 맞게 될 것이 뻔하다. 공격받는 즉시 비축물량을 파기하려는 계획이 쉘—멕스 하우스에서 만들어졌다. 최종 소비 단계에 있는 휘발유 주유소도 독일군이 이용할 수 있을 것으로 예상되었다. 전쟁이 발발해 무방비 상태가 되면 독일군은 아주 쉽게 차량의 연료로 이용할 수 있을 것이다. 그래서 동부와 남동부의 주유소 1만 7,000개소가 폐쇄되었다. 방어 시설이 갖추어져 있고 필요시 폭파가 가능한 2,000개소에 한해 석유의 판매와 공급이 이루어졌다.[2]

민주주의의 병참고

영국의 입장에서 전쟁에 필요한 석유의 확보는 매우 중요한 문제였다. 전쟁의 발발은 필요한 석유의 양이 비약적으로 증가함을 의미했다. 이제 의지할 곳이라고는 세계 석유 생산의 3분의 2를 차지하는 미국뿐이었다. 영국 정부와 쉘-멕스 하우스에 있는 석유 관계자들에게는 두 개의 중요한 문제가 있었다. '석유를 공급받을 수 있는가', 그리고 '외환 사정이 악화되고 있는 영국에 지불 능력이 있는가' 하는 점이었다. 이 두 가지 문제에 대한 해답은 워싱턴에 있었다.

1940년 12월, 큰 표 차이로 3선에 성공한 프랭클린 루스벨트는 미국이 민주주의의 '병참고'가 되겠다고 선언했다. 다음해 3월에는 무기대여법이 제정되어 영국에 물자 공급을 하는 데 장애가 되었던 자금 문제가 해소되었다. 루스벨트가 언급한 바와 같이 '멍청하고 우둔하고 낡은 달러 사인'은 불필요하게 되었다. 구체적인 상환 시기를 명기하지 않은 채 대출한 물자 중에는 석유도 있었다. 선박을 이용해 석유를 영국으로 수송하는 데 장애가 되던 중립법도 완화되었다. 영국에서 석유 비축물량이 급속히 감소하기 시작하던 1941년 봄, 멕시코 만과 미국 동부 해안에서 석유 수송을 담당하던 유조선 50척이 영국으로 석유를 수송하는 데 배정되었다. 이윽고 영국과 미국의 공급 체계를 통합하고, 미국이 고립된 영국에 연료를 공급하는 입장에 서는 주요한 조치가 취해졌다. 사실 미국은 수요를 충족하고도 하루 100만 배럴을 추가 생산할 능력이 있었다. 이 수치는 당시 석유 생산 실적 '일산 370만 배럴'의 30%에 해당하는 양이다. 이런 생산 여력은 1930년대에 구축된 연방－주 비례 배분 시스템의 결과로서, 안전 보장을 확보할 수 있었을 뿐만 아니라 귀중한 전략 자원이었다. 이것이 없었다면 제2차 세계대전도 다른 양상으로 전개되었을 것이다.

미국은 아직 참전 전이었지만 1941년 5월 '국가 비상사태'를 선포한 다음 날, 루스벨트는 내무장관 해럴드 익스를 국방석유조정관에 임명했다. 노회한 구두쇠 익스는 다시 한 번 미국 석유산업에 군림하면서, 후일 석유의 황제라 불리게 되었다. 취임 후 그가 맡은 첫 번째 임무는 루스벨트 정권과 석유회사 간의 관계를 개선하는 것이었다. 1933년의 뉴딜정책은 동부 텍사스 유전으로 인해 공급 과잉에 빠져 있던 석유산업에 구원의 손길이었다. 그러나 30년대 말에 이르러 정부는 석유산업의 독점에 비판을 가하기 시작했다. 1940년 사법부는 미국석유협회를 필두로 22개 대기업과 354개의 중소기업을 독점금지법 위반 혐의로 기소했다. 그러나 미국 정부는 비상사태를 선언하고 전쟁에 따라 정책을 수정했다. 후에 루스벨트가 설명한 바대로, '닥터 뉴딜'은 '닥터 윈－더－워DR. Win-the-War'의 협력을 구했다. '닥터 뉴딜'이 불쾌하고 불건전하다고 진단한 대기업의 규모, 경영 집중, 신뢰성, 자본과 기술의 동원력 등은 '닥터 윈 더 워'가 전시 체제를 정비하는 데 필요하다고 처방한 바로 그 약이었다.[3]

익스는 석유산업의 관심을, 잉여 석유의 처리에서 생산 극대화와 공급 부족 방지로 바꿔야 했다. 그는 모든 국민들이 '정말 공급이 부족한 상황이 올까?' 하며 회의감을 가질 때 그 일을 추진했다. 동시에 불신감에 싸여 격렬한 경쟁을 벌이고 있던 미국 석유산업과 대기업, 독립계 생산업자, 정제업자, 판매업자 등을 사실상 하나의 거대 조직으로 통합하여, 비공식적이지만 정부의 감독 아래 두는 전시 체제로 만들어야 했다. 배급 제도에 대해서조차 불평이 거의 없었던 영국에서는 이러한 작업이 신속하고 효율적으로 이루어졌지만 미국은 사정이 달랐다.

　해럴드 익스는 과거의 부담을 짊어진 채 새로운 임무를 시작해야 했다. 그는 석유업계에서 혐오하는 인물이었다. 1933년 석유산업에 구원의 손길을 뻗쳤지만 그 후 비판적 자세로 석유회사를 국유화하는 안까지 만들었던 것이다. 석유회사들은 익스가 하는 일에 대해 사사건건 불만을 가지고 있었다. 대공황 당시 석유회사들은 익스의 지시로 잉여 휘발유를 구입해 공동기금을 만들었다. 1936년 최고 재판소가 익스가 하는 활동의 근거가 되었던 '전국산업부흥법'을 무효화 하는 판결을 내린 후, 사법부는 공동기금에 출자한 기업을 기소했다. 익스는 공동기금 지시를 내린 것에 대해 함구하면서 재판정에 나가지도 않았다. 석유회사들은 유죄 판결을 받았다. 이러한 경험으로 석유회사는 익스에게 협조를 구하는 것에 대해 신중을 기하게 되었다. 실제로 익스의 석유조정관 취임에 즈음해 「오일 위클리Oil Weekly」지는 특집 기사에서 '그 직무를 달성할 자격도 능력도 없는 인물이 기업들을 적대시하고 불필요하게 간섭하려고 한다'라고 경고했다. 익스는 그렇지 않다는 것을 증명해야 했다. 그는 석유기업과 긴밀하고도 실제적인 일을 할 것이라는 의지를 천명하기 위해 석유부 조정관으로 석유사업가 랠프 데이비스를 선택했다. 랠프는 캘리포니아 스탠더드오일의 판매 담당 중역으로 풍부한 경험을 가진 인물이었다. 그 후 익스는 기업들의 적개심을 옅어지게 했고 석유산업을 전시 체제로 이전하는 데 성공했다.[4]

해상의 시련, 대서양 전쟁

　미국과 영국을 연결하는 자원 공급 라인에는 커다란 약점이 있었다. 이들 두 나라 사이에는 유조선과 화물선에 의존하지 않으면 안 되는 넓디넓은 대서양이 가로놓여 있었던 것이다. 독일에서 볼 때, 대서양은 영국의 군사 능력을 파괴할 수 있는 최적의 무대였다. 더욱이 그들은 북아프리카와 유럽에서 악전고투하고 있던 미군과 소련군의 전투 수행 능력에 상처를 입힐 수도 있었다. 이 또한 미국에서 대서양을 건너야 하는 석유 수송에 의존하고 있었기 때문이었다. 독일의 해군사령관 에리히 레더 제독은 "경제 전쟁에 주력하면 조기에 성과를 얻고, 전쟁도 조기에 종식할 수 있다"라고 설명했다. 무기는 유-보트였는데, 그 위력은 즉시 나타났다. 1941년 초 '늑대 떼'라 불리는 포위 전술을 이용해 유-보트는 수송선단에 대한 공격력을 한층 높였다. 유조선은 최적의 목표물이었다.

　유-보트 작전에 놀란 것은 영국인뿐만이 아니었다. 선박과 보급 연료가 계속 상실되고 영국 내의 비축물량이 줄어드는데, 전쟁의 수행을 위한 필요 물자는 계속 증가하고 있음을 나타내는 도표를 본 소수의 미국인들도 전율시켰다. 이러한 수치로 나타난 전황은 처칠을 곤혹스럽게 만들었다. 그는 "도표와 통계로 표시된 무형의 전쟁보다 적의 대규모 침공이 훨씬 낫다"라고 말했다. 1941년 3월 처칠은 유-보트의 수송선 공격을 '우리가 직면하고 있는 가장 어두운 먹구름'이라 표현했다. 그는 대서양에서의 고독한 전쟁이 무엇보다 중요하다고 확신했으며, 전쟁을 승리로 이끌기 위해서는 미국의 지원이 절대적으로 필요하다는 것을 알고 있었다.

　익스의 부관 랠프 데이비스는 1941년 7월 영국이 처해 있는 위기 상황에 대해 "쇼크 이상의 것으로…… 아주 심각한 지경이다"라고 익스에게 보고했다. 당시 안전을 보장하려면 최소한 7개월분을 비축해야 한다고 생각하고 있었지만, 영국이 보유하고 있는 것이라고는 자동차용 휘발유 5주일분과 해군용 연료 2개월분뿐이었다. 익스는 영국을 지원하기 위해 가능한 한 모든 조치를 취해야 한다고 판단했다. 동부 해안 지역의 석유 소비를 억제함으로써 소비 절약분만큼의 석유와 유조선을 영국에 추가로 공급할 수 있었다. 그는 동부 해안으로의 석유 수송에 철도를 동원했고 석유회사와 함께 절약 운동에 나섰다. 자동차의 유리창에 부착하는 '나는 휘발유를 3분의 1 절약하고 있다'라는 문구가 담긴 스티커도 배포했다. 그는 미국 전역의 주유소에 밤 7시부터 다음날 아침 7시까지 영업을 정지하도록 요청했고, 제1차 세계대전 중에 실시했던 '휘발유를 사용하지 않는 일요일'을 다시 살려냈다. 또 내무부에서는 '자동차 같이 타기' 운동을 솔선수범했다(그는 휘발유 절약의 부수적인 효과로 '우리는 워싱턴의 주차 사정을 개선할 수 있을 것이다'라고 일기에 기록하고 있다). 그러나 절약 운동은 실패로 끝났다. 익스는 주유소에 공급하는 휘발유를 10~15% 줄이라고 석유회사에 요구하지 않을 수 없었다.[5]

익스가 유일하게 하지 않았고 또 할 수 없었던 것은, 왜 절약해야 하는지 국민에게 설명하는 것이었다. 유−보트 작전에 의한 막대한 피해와 영국의 곤경을 명백히 밝힐 경우, 나치에 중대한 정보를 제공하는 꼴이 되기 때문이다. 또한 그는 국내의 고립주의자들에게 불필요한 반발을 사는 것을 피해야 했다. 따라서 이러한 절약 프로그램은 독립계 선박업자들의 유조선을 이용할 수 없게 된 텍사스의 독립계 석유 생산업자부터, 철도로 석유를 수송함으로써 추가 비용을 부담하게 된 동부의 석유 판매업자에 이르기까지, 엄청난 반발을 불러일으켰다. 뉴저지 주의회는 낚시터와 여름 휴양지가 큰 타격을 입는다는 이유로 소비 절약을 비난하는 결의문을 채택했다. 주요 언론들은 '보이지 않는 연료 부족'이 인위적으로 만들어지고 있다고 비판했고, 자유분방한 운전 애호가들은 자발적인 자동차 운행 자제 운동에 강력하게 저항했다.

미국은 유−보트의 위협에 대항하기 위해 대서양의 감시 해역을 넓혔고 뉴펀들랜드, 그린란드, 아이슬란드, 버뮤다 등에 기지를 건설했다. 같은 시기 영국은 독일 해군의 암호를 해독해, 수송선단이 유−보트의 공격을 피할 항로를 택함으로써 일단 위기를 벗어날 수 있었다. 그러나 실상은 알려진 것 이상으로 심각했다. 영국 정보부의 공식 기록에는 '1941년 유−보트 작전이 조금 더 지속되었더라면 파국적인 타격을 입었을 것이다'라고 적혀 있다. 그해 가을 미국 동부 지역에 대한 석유 공급 사정은 약간 개선되었다. 더욱이 영국의 유조선들도 자국으로 순조롭게 돌아옴으로써 연료 부족이 실제로 발생하지 않았음을 입증하는 듯 보였다. 익스는 자신이 언론과 의회에서 웃음거리로 취급된다는 사실을 알았다. 의회의 특별조사위원회는 '연료 부족은 익스가 만들어낸 것이고, 단지 과잉으로 생산되는 석유가 부족할 뿐이다'라고 단정했다.

휘발유 주유소들은 연료가 부족하지 않다는 간판을 내걸고, 자동차를 마음껏 몰지 못해 안달이 난 사람들에게 기름을 가득 채우라고 부추겼다. 익스는 자신이 바보 취급을 당하는 데 흥분한 나머지, 사석에서 "이제 위기에 몰릴 때까지 다시는 소비 제한 조치를 취하지 않을 것이다. 국민이 동참한 가운데 위기 상황에 처하기 전에 주의하자는 프로그램을 추진하기는 거의 불가능하다"라고 불만을 토로했다. 그는 1온스든 1파운드든 예방책은 정치적으로 도움이 안 되는 정책이라 결론지었다. 그 후 익스는 석유 문제에 지나치게 관여하지 않기로 결심했다.

진주만 공습이 있고 4일 후인 1941년 12월 11일, 독일이 미국에 선전포고하자 석유 공급에 다시 불안의 그림자가 드리워졌다. 더욱이 유−보트가 미국 연안에서 활동을 개시함으로써 심각한 피해를 가져왔다. 유−보트의 표적은 유조선이었다. 유조선은 독특한 형태였기에 간단히 구분할 수 있었다. 다음해 1월 각료회의가 열린 후, 익스는 유조선 피해는 동해안 북부 지역으로 석유를 공급하는 데 중대한 영향을 미치고 있다고 대통령에게 보고했다. 절약 운동으로 비판받았던 경험 때문에 그는 예방 대책을 단호히 거절했다. 그는 "지난해 가을 이런 사태가 발생할 가능성에 대비해 예방 대책을 추진하다가 심한 비판을 받았던 점을 감안해, 실제로 연료 부족이 가시화되기 전에는 공개적으로 어떤 말도 할 생각이 없다. 만약 석유 부족이 발생하면 배급제가 신문의 1면을 장식할 것이다. 공급 부족은 신의 탓으로 돌릴 수 있고, 나는 예견력이 부족하다는 비난을 면할 수 있다"라고 말했다.[6]

1942년 1사분기 중에 침몰한 유조선은 그 기간 동안 건조된 선박 수의 3배에 달했다. 유-보트는 해안 전역에 걸쳐 종횡무진 위력을 과시하고 있었다. 어떤 유-보트의 함장은 유조선 8척을 침몰시키고 귀환하면서 일기장에 '지난밤에 유-보트가 한 척뿐이었던 것이 안타깝다. 만약 20척이 있었다면 그들 모두 엄청난 수의 유조선을 격침했을 것이 분명하다'라고 적었다.

격침되는 선박은 점점 늘어났다. 1942년 4월, 익스는 "사태는 파멸적입니다"라고 루스벨트에게 보고했다. 미국이 취한 초기의 유-보트 대책은 미온적이었다. 선박들은 해안 가까이로 항해하라는 지시를 받았을 뿐이다. 그래서 가능한 한 코드 곶을 돌아 델라웨어-체사피크 간의 운하를 이용했다. 미국 해군은 대잠수함전을 무시하고 준비하지 않았다. 더욱이 미국 연안의 도시들은 유-보트의 선박 공격을 더 쉽게 만들었다. 휘황찬란한 도시의 야간 조명 때문에 연안을 운행하는 유조선은 해상에서 완벽한 모습을 드러냈던 것이다. 마이애미가 최적의 공격 대상이었다. 6마일에 이르는 해안이 네온으로 밝혀져 있었다. 여행 시즌이었기 때문에 호텔 소유주와 지역 상공회의소는 조명을 끄는 것에 강력하게 반대했다. 애틀랜틱시티에서는 연안선을 따라 어두운 수평선에 돌연 광채가 번득이는 것을 볼 수 있었는데 또 한 척의 유조선이 격침되는 장면이었다.

사태가 이 지경에 이르자 대책이 강구되었다. 동해안에서는 옥외 조명이 모두 소등되었고, 옥내 등도 밖으로 새어 나가지 않게 하라는 지시가 내려졌다. 또 시민 감시원들이 순찰을 나섰다.[7]

그 밖의 다른 대책들도 실시되었다. 동해안 연안에서는 호위부대가 창설되어 유조선의 호위에 나섰다. 그러나 무엇보다 효과적인 것은 유조선으로 운반하는 석유의 양을 줄이는 것이었다. 유조선을 대신한 수송 수단인 파이프라인을 건설하는 계획이 추진되었다. 텍사스에서 동해안에 이르는, 일찍이 없었던 규모의 장거리 파이프라인 건설 계획이 마련되었다. 관을 통해 시속 50마일의 속도로 석유를 수송하는 방법은 유조선보다 훨씬 안전하고 철도보다 저렴했다. 빅 인치Big Inch(24인치 구경)라고 불린 이 건설 계획은 1941년 가을 막대한 양의 철강이 준비되지 않아 일단 포기했지만, 진주만 공격과 잇따른 유조선의 격침으로 다시 한 번 전면적인 검토 대상으로 부각되었다.

1942년 8월 개시된 건설 사업은 제2차 세계대전 중에 이루어진 가장 큰 위업 중 하나로, 일찍이 전례가 없는 사업이었다. 석유 수송 산업과 건설 산업이 총동원되었다. 파이프라인은 종래의 5배에 달하는 석유를 수송하며, 미국 국토의 절반에 석유를 공급하는 네트워크가 되었다. 또한 이 사업에는 많은 새로운 기계가 투입되었다. 1년 반 후 1,254마일에 걸친 빅 인치는 동해안으로 향하는 원유의 절반을 수송하게 되었다. 1943년 4월부터 다음해 3월까지 빅 인치보다 더 긴 파이프라인이 동해안과 남동부 사이에 건설되었다. 전장 1,475마일의 이 파이프라인은 리틀 인치Little Inch(20인치 구경)라고 불렸는데, 휘발유와 다른 석유제품을 수송하기 위한 것이었다. 1942년 초에는 동부로 공급되는 석유 가운데 파이프라인으로 운송되는 비율이 4%에 지나지 않았지만, 빅 인치와 리틀 인치가 완공된 1944년 말에는 파이프라인 수송이 전체의 42%를 차지했었다.[8]

1942년 봄, 마침내 빅 인치의 건설이 시작되었다. 그동안 유-보트에 대한 다른 대책들은 효과를 거두지 못했다. 더욱이 연합군이 대항해야 할 독일 잠수함 부대의 지휘관은 결단력 있고 냉혹한 칼 도니츠 제독이었다. 그에게 전쟁은 모든 것이 허용되는 게임이었다. 그는 "한 명의 적도 구조하거나 포로로 잡지 말라"고 부하들에게 명령했다. 그는 잠수함 부대의 목적이 "건조되는 선박보다 많은 수의 선박을 파괴하는 것이다"라고 말했다. 또 독일군은 암호의 해독에서도 유리한 입장에 있었다. 우선 독일군은 이제까지 사용하던 독일 해군의 암호 체계를 바꾸었다. 영국군은 더 이상 유-보트의 행동을 파악할 수 없게 되었다. 반면 독일군은 영국과 미국의 호위부대가 사용하는 암호를 해독하는 데 성공했다. 연합군이 받은 타격은 어마어마했다. 전쟁의 수행에 필수 불가결한 영국으로의 석유 수송이 단절될 위기에 처함으로써 연합군 측이 가장 우려한 사태가 현실로 나타나고 있었다.

대서양에서의 전쟁은 1942년 후반 들어 한층 위기 상황으로 바뀌어가고 있었다. 더 커지고 성능이 향상된 유-보트가 독일 함대에 추가 배속되었다. 항속거리가 길어지고 잠항 심도도 깊어졌을 뿐 아니라, 통신 능력도 향상되어 호위함대의 암호를 해독하는 것이 가능해졌다. 더욱이 도니츠 제독은 '젖소Milchkuhs'라 불리는 대형 잠수함 물자 보급선을 취항시켰다. 이를 이용해 디젤유와 신선한 식료품을 유-보트에 보급할 수 있었다. 연합군의 선박은 날이 갈수록 상실되었고 영국의 석유 비축량은 감소해갔다. 1942년에 영국이 상실한 유조선은 전 보유 톤수의 4분의 1에 달했다. 영국의 석유 비축량은 안전 기준치를 하회했고, 북아프리카 전선과 유럽 진격을 준비함에 따라 석유 수요는 점점 증가할 예정이었다. 게다가 스탈린도 집요하게 석유 공급 증대를 요구하고 있었다.[9]

12월 중반 처칠은 긴급용 비축 연료를 제외하면 선박용 연료는 2개월분뿐이라는 보고를 받고 "상황이 아주 나빠 보인다"라는 말로 침통한 심정을 표현했다. 영국 해군은 미국 선박을 보호하기 위해 여기저기에 분산되어 있었다. 다음해 1월 처칠은 카사블랑카에서 루스벨트와 회담을 가졌다. 검토의 대상은 유럽 진격이었다. 영국군 참모총장 앨런 블룩스 장군은 참석자들의 의견을 취합해 "수송 선박의 부족이 모든 공격 작전을 불가능하게 하고 있다. 유−보트를 철저하게 물리치지 않는 한 전쟁에서 승리하기란 거의 불가능하다"라는 결론을 내렸다.

유−보트의 궤멸은 1943년 연합군의 최우선 과제였다. 사태는 쉽게 호전되지 않았다. 그해 봄 영국의 비축물량은 전쟁이 발발한 이후 최저 수준으로 떨어졌다. 유−보트는 변함없이 날뛰며 3개월 동안 108척에 달하는 연합군 선박을 격침했다. 유−보트의 마수에서 벗어나는 것은 거의 불가능한 것처럼 보였다. 영국 해군은 '3월 초순에서 중순에 걸쳐 신대륙과 구대륙을 연결하는 보급선이 위태로운 지경이다'라고 기록하고 있다.

그러나 3월 마지막 날, 상황은 극적인 반전을 맞이했다. 우선 암호전에서 연합군이 우위를 점하게 되었다. 유−보트 암호 해독에 성공한 한편 호위부대용 암호를 변경해 독일군에게 정보가 새어 나가는 것을 차단했다. 또 영국과 미국 합동의 유−보트 전문 공격 부대를 만들어 선박 호위 체제를 강화했다. 성능이 뛰어난 신형 레이더를 개발했고, 항속거리가 길어진 신형 비행기를 배치하여 이제까지 항공기의 호위가 불가능했던 해역에도 진출할 수 있게 되었다. 마침내 전세가 뒤바뀌었다. 이러한 노력의 결과 5월에는 유−보트의 30%를 격침할 수 있었다. 충격을 받은 도니츠는 "잠수함 작전은 최대의 위기에 봉착했습니다. 적이 새로운 장비를 갖춤으로써 이제까지와 같은 전투는 불가능하게 되었고, 우리 군은 심각한 타격을 입고 있습니다"라고 히틀러에게 보고했다. 5월 24일 도니츠는 유−보트 부대에게 안전한 해역으로 퇴각할 것을 명했고 북대서양에서의 잠수함 작전은 중단되었다. 대서양이 유-보트의 위협에서 벗어나자 석유를 포함한 보급 물자와 병력을 수송하는 선박들이 그나마 안전하게 항해할 수 있었다.

새로운 기술과 정보, 조직력, 전술, 인내력이 미국에서 영국, 유럽, 소련으로의 석유 공급을 가능하게 한 것이다. 유럽을 제압하던 독일군에 대한 양면 공격의 태세가 갖추어지고, 46개월에 걸친 사투와 계속된 위기를 거쳐 대서양의 전쟁은 종결되었다.[10]

미국 내의 압박

대서양에서 치열한 전쟁이 진행되고 있을 때, 해럴드 익스는 미국 국내의 석유 증산을 강력히 추진하고 있었다. 그는 석유조정관에서 한층 많은 권한을 가진 전시 석유관리국Petroleum Administration Agency, PAW 국장으로 자리를 옮겼다. 내무장관직도 겸임하고 있었기에 익스의 힘은 막강했다. 그러나 그 힘이라는 것이 절대적인 것은 되지 못했다. 40개가 넘는 정부 기관이 석유산업에 대해 이것저것 간섭하고 있었기 때문에, 전시 석유관리국은 이들과 맞서 끊임없이 싸워야 했다. 그 가운데에서도 철강 등의 자원 할당을 담당하던 전쟁생산위원회, 가격을 통제하던 가격관리국, 유조선을 관리하던 전시 선박관리국과는 특히 갈등이 심했다. 익스는 다른 기관의 말을 막고 전시 석유관리국의 권한을 강화시켜 달라고 루스벨트에게 강력하게 건의했다.

또 익스는 군이 필요 물자의 상세 내역을 석유관리국에 밝히지 않는 것에 불만을 가지고 있었다. 이런 상황을 지켜본 영국인들은 당연히 보고해야 하는 자신들의 상황에 비추어 놀랍고 당황스러워 했다. 이유는 간단했다. 미군은 일반적으로 기밀을 유지하기 위해 민간인을 믿지 않는 경향이 있었다. 즉 물자

조달 계획을 명확히 하면 작전 내용이 공개된다는 것이다. 이러한 대립의 와중에 있던 익스는 영국의 체제를 부러워하면서 이렇게 말했다. "영국 정부는 석유에 관한 사항에 대해 모든 것을 책임진다. 의회, 정부, 석유회사, 언론 등도 이에 적극 협조한다. 그런데 우리는 모두가 모두를 성가시게 하고 일관성이 없다. 영국인들도 이 사실을 알고 있다. 어떻게 모를 수 있겠는가. 의회는 밤낮 조사만 하고 있다."

그러나 이러한 문제들을 극복하고 석유관리국은 서서히 정부와 업계의 협력 체제를 구축해나갔다. 석유회사들이 운영상 상호 보완하면서 공동 비축을 하는 것이 독점금지법에서 제외되어야 한다는 점을 사법부로부터 인정받을 필요가 있었다. 독점금지법을 둘러싸고 대기업과 법정에서 소송을 벌이고 있던 사법부는 적용 제외에 강력히 반대했지만, 워싱턴의 압력을 받고 겨우 수용했다. 석유관리국 직원 4분의 3이 석유회사에서 차출된 것도 익스를 비판하는 구실이 되었다. 그러나 익스는 석유산업의 실태를 잘 파악하는 사람이 절대적으로 필요하다고 반박했다. 석유관리국은 생산과 정제 등 기능별로 조직된 위원회를 중앙과 지방에 두었고, 석유회사 간부들을 위원으로 위촉했다. 석유산업에 대한 지시와 통제는 이들 조직을 통해 이루어졌다.[11]

전쟁 수행에 있어 석유의 중요성이 이해되기 시작하면서 석유관리국의 활동에 대한 지지도 확산되었다. 그러나 석유 부족이 예상되는 사태는 자주 발생했다. 1944년 2월 겨울에는 뉴욕의 석유 비축량이 2일분까지 감소하기도 했다. 석유관리국은 긴급 조정 정책을 써서 석유를 확보했고, 결국 미국 내에서 심각한 석유 부족 사태가 발생하지는 않았다. 미국의 석유 공급 체제는 그럭저럭 기능을 잘 수행했다.

당연한 일이지만, 이 체제가 기능을 제대로 발휘하기 위해서는 원유의 확보가 무엇보다 중요했다. 미국은 충분한 원유 증산 여력을 가지고 참전했지만, 전쟁에 어느 정도의 석유가 필요하며, 또 전쟁이 언제까지 지속될 것인지는 예측할 수 없었다. 미국의 공급 능력이 전쟁에 필요한 석유를 조달할 수 있을지에 대한 우려가 발생했다. 마음이 편안한 구석은 하나도 없었다. 석유관리국은 석유 증산과 정제 능력 확대에 안간힘을 썼다. 채굴 기기의 분배를 결정하는 권한을 이용해 석유회사들이 새로운 기술을 도입하게 했으며, 새로운 원유를 얻기 위한 탐사를 촉진하기 위해 채굴 비용을 세금 공제 대상으로 하는 세제 개정도 추진했다.

그러나 증산에 가장 장애가 된 것은 가격관리국이었다. 탐광과 증산을 자극하기 위해서는 석유 가격을 인상할 필요가 있었지만, 석유관리국은 약간의 성과만을 거두었다. 태평양 지역에 있는 미 해군의 연료 공급을 위해 필요한 캘리포니아 중질유의 가격 인상과, 하루 10배럴 미만의 소규모 생산 유정에 대한 가격 인상을 허락받았던 것이다. 익스가 가장 심혈을 기울여 추진한 것은 당시 1달러 19센트였던 공시가격을 1달러 44센트로 인상하는 계획이었으나, 물가관리국은 물가 상승을 우려해 인상안을 거부했다. 가격 인상을 둘러싼 갈등은 물가관리국에 대한 석유회사들의 불신만 높이는 결과를 가져왔다. 어떤 석유회사는 물가관리국을 '공산당의 앞잡이'라고 부를 정도였다.

그러나 여러 가지 문제가 있었지만 미국의 석유 생산은 증대되었다. 1940년 일산 370만 배럴이었던 석유 생산량 규모가 1945년에는 470만 배럴로 30%나 증가했다. 1940년 당시 일산 100만 배럴의 생산 여력을 가지고 있던 미국은 곧바로 최대한의 생산에 도달했지만, 증산으로 뜻밖의 난관에 봉착했다. 유전의 밸브를 최대한 열어두어도 가끔 산출량이 예상량을 하회했던 것이다. 더욱이 생산 중인 유전은 서서히 산출량이 감소하는 것이 일반적이다. 이 때문에 석유회사들은 생산의 확대와 유지에 막대한 노력을 기울였다. 생산을 일정하게 유지하기 위해서는 탐광을 계속해야 했다. 연합국의 석유 소비량은

1941년 12월부터 1945년 8월까지 모두 70억 배럴에 달했다. 이 가운데 60억 배럴을 미국이 공급했다. 전시 중의 미국 석유 생산량은, 드레이크 대령의 석유 채굴부터 1941년까지 생산한 전체 양의 4분의 1을 넘었다. 미국에 대한 연합국의 석유 의존이 한층 증가하는 가운데 공급은 심한 압박을 받고 있었다.[12]

휘발유 배급제

생산과 더불어 미국의 석유 공급 능력을 좌우한 것은 소비였다. 소비를 둘러싸고 가장 큰 정치적 논쟁이 벌어졌다. 산업체에서는 석유에서 석탄으로 연료 대체가 이루어졌고, 석유를 난방 연료로 사용하던 가정은 낮에는 18℃, 밤에는 13℃로 실내온도를 유지해달라는 요청을 받았다. 루스벨트 대통령은 당시 거의 사용되지 않던 천연가스에 깊은 관심을 표명했다. 1942년 루스벨트 대통령은 익스에게 "천연가스를 연료로 사용하는 방안을 검토해주시오. 서부와 남서부의 유전지대에서 석유가 발견되지는 않았지만, 소비 지역과의 거리가 너무 멀다는 이유로 개발되지 않은 채 매장되어 있는 막대한 양의 천연가스가 있다는 소리를 들었소"라는 내용의 편지를 보냈다. 그동안의 논의는 휘발유에 집중되어 있었다. 국가의 요구에 부응해 애써 휘발유를 절약하고자 하는 사람들도 있었다. 뉴저지 주의 파리세이드 유원지에서 활동하고 있던 곡예사 비 카일의 애국심은 결코 잊히지 않을 것이다. 1942년 그녀는 익스에게 편지를 보내 "우선 제 몸에 휘발유를 바릅니다. 탱크에 가득 찬 물 위에도 휘발유를 붓고 불을 붙인 후 탱크로 뛰어들 것입니다"라고 자신의 곡예 내용을 설명하면서, 그것이 국가의 안보에 손상을 입히지는 않을지, 그리고 전쟁이 끝날 때까지 곡예를 중단해야 할지를 익스에게 물었다.

익스의 측근은 "휘발유의 사용량을 약간 줄이거나 공연의 횟수를 줄인다면, 당신의 그 멋진 다이빙 쇼를 계속하더라도 우리가 필요로 하는 정도의 절약은 충분히 달성할 수 있을 것입니다. 당신의 애국심에 감사를 표합니다"라는 답신을 보냈다.

하지만 비 카일과 같은 사람은 많지 않았다. 30년간 휘발유를 소비하는 것은 국민들의 당연한 권리로 인식되고 있었다. 강제되지 않는 한 권리를 스스로 포기할 사람은 거의 없었다. 1942년 봄, 최초의 규제 조치가 취해졌다. 자동차 경주를 위한 휘발유 사용이 전면 금지되고, 그해 5월 동부 해안 지역에서 배급제가 실시되었다. 이 지역 주민들은 식권과 같은 카드를 배급받았고, 주유소에서는 휘발유를 배급한 후 카드에 구멍을 냈다. 그 후 카드는 쿠폰으로 대체되었다. 방식이야 어쨌든 도처에서 항의가 빗발쳤다. 플로리다 주지사는 익스에게 전화를 걸어, 관광객을 끊기게 하는 배급제의 실시를 연기해달라고 간청했다. 전쟁 때문에 막대한 석유가 필요하게 되었음을 이해하지 못한 동부 연안 사람들은, 미국은 어떤 지역이든 탱크에 충분한 석유가 가득 차 있다고 생각했다. 루스벨트 정권은 배급제를 전국적으로 확산하는 데 소극적이었다. 특히 광대한 서부에서는 자동차를 대체할 만한 교통수단이 없었다.[13]

정부는 휘발유 배급제를 전국으로 확대하는 방안을 '고무'에서 찾았다. 일본군이 동남아 제도와 말레이 반도를 점령하게 됨에 따라 미국의 천연고무 수입량은 90%나 감소했지만, 합성고무 제조 계획은 시작조차 하지 못하고 있었다. 그 결과 미국에서 '고무 부족' 사태가 발생했는데, 정부는 이를 구실로 휘발유 배급 확대를 추진하려 했다. 즉 휘발유 배급제를 실시함으로써 차량 운행을 억제하고 타이어의 수요를 줄여 이용 가능한 고무를 군대에 보낸다는 것이었다. 결국 고무 부족을 구실로 삼아 휘발유 배급제를 실시할 수 있었다. 그러나 이런 위장 전략도 의회의 승인이 필요했다. 루스벨트 대통령은 국민과 의회에 이 계획을 납득시키기 위해 아주 거창한 위원회를 만들었다. 위원 가운데 두 사람은 하버드 대학과 매사추세츠 공과대학의 총장이었다. 위원장에는 위엄으로 가득 찬 인물인 버나드 바루크가 지명되었다.

배급제 실시의 확대라는 임무를 수행하는 데 바루크만큼 적임자는 없었다. 워싱턴에서 그는 진지한 업무를 맡을 수 있는 인물로 평가받고 있었다. 월가의 백만장자였던 바루크는 제1차 세계대전 시절, 산업계의 지원을 주도함으로써 절대적인 신망을 얻은 바 있었다. 당시는 대통령의 고문이며 정계의 원로이기도 했다. 가격통제관으로 바루크와 대립하는 입장에 섰던 존 케네스 갤브레이스는 그에 대해 이렇게 평했다. "공적인 존경심을 받는 인물이었지만, 사적인 회의론도 거의 필수적으로 따라붙었다." 바루크에 대한 회의론은 대통령 집무실에까지 번졌다. 그를 위원장으로 지명한 루스벨트조차 '직함을 좋아하는 늙은이'라고 불렀다.

그럼에도 불구하고 바루크는 정치적인 수단을 강구할 수 있었다. 상아탑 출신의 두 위원에게 현실적인 문제, 즉 대의회 공작을 자신이 해낼 수 있을 것이라 장담한 것이다. 그는 "상원의원과 의회 안에 있는 친구들은 내게 맡기시오. 그들 대부분이 내 절친한 친구라오. 나는 종종 그들을 위해 만찬을 준비할 것이오"라고 말했다. 사실 의회의 핵심 의원들이 그의 친구였을 뿐만 아니라 당시 관행에 따라 그에게서 선거 자금을 조달받고 있었다. 그들이 바루크에게 설득당하는 것은 당연했고, 따라서 루스벨트의 전략은 성공했다. 1942년 9월 바루크의 위원회는 고무 절약을 위해 휘발유 배급제를 미국 전역으로 확대해야 한다고 강력히 권고했다. 의회의 중간선거가 있은 후 바로 배급제가 실시되었다. 의원 100명이 배급제에 반대했는데, 아마도 바루크의 저녁 식사에 초대받지 못한 사람들이었던 듯하다. [14]

배급제 외에 30마일의 속도 제한 등 다른 많은 조치들이 취해졌다. 1943년 1월 '불요불급한 차량 운행'을 금지한 데 대한 반발이 점점 심해졌다. 더욱이 '불요불급'이라는 용어는 정의가 애매했기 때문에 금지령은 수개월 후 폐지되었다. 휘발유의 배급은 차량 사용의 필요도에 따라 5등급으로 구분되었다. 자동차 앞창에 부착된 알파벳 스티커는 운전의 필요성이 아주 많은 운 좋은 사람들의 신분 표시였다. 의사, 목사, 일부의 수리업자, 정부 관리를 표시하는 X 자 스티커를 부착한 사람들은 무제한으로 휘발유를 구입할 수 있었다. 운전의 중요성이 낮다고 판단되는 사람들은 자신이 전쟁에 결코 기여할 수 없는 사람이라고 느껴져 상당한 수치감을 느꼈다. 국민 대부분은 A급으로 분류되어 일주일에 1.5~4갤런의 휘발유를 배급받았다. 공급과 지역 사정에 따라 배급량에는 차이가 있었다. 당연하게도 배급제는 동부 해안 대도시에 쿠폰 암시장을 만들었다. 그러나 배급제 실시로 일반 휘발유 소비는 크게 감소했다. 1943년에는 1941년에 비해 1인당 소비량이 30%나 줄었다. 익스가 옳았다. 자발적인 절약에 저항하던 미국 국민도 설탕이나 버터, 육류 소비의 규제와 함께 휘발유 배급제를 받아들였다. 결국 당시 유행하던 말처럼 "지금은 전쟁 중이니까" 가능한 일이었다.[15]

미국 내 석유 생산과 소비 조직은 미국과 영국이 공동으로 구축하던 국제적 공급 체계의 일부였다. 미국 남동부에서 생산된 원유를 정제하여 해안까지는 육로로 수송하고, 그 후에는 파이프라인을 통해 북동부로 옮긴 다음, 대서양을 횡단하여 필요한 장소에 수송했다. 미국의 석유는 영국의 공군기지 내의 비축 시설, 전선의 군인들에게 공급될 5갤런짜리 석유통, 바렌트 해에 있는 소련의 무르만스크 항이나 아르한겔스크 항의 유조 화차로 흘러 들어갔다. 태평양 방면으로도 동일한 형태로 석유를 보내는 체계가 만들어졌다.

미국과 영국은 공식, 비공식 협의를 통해 이 체계를 운영했다. 그들은 모든 전선에서 양국의 육군과 공군에게 서로가 완전한 책임을 진다는 원칙하에 움직였다. 따라서 영국 국내와 중동에는 영국이, 태평양과 북아프리카에는 미국이 연료 보급을 담당했다.

　물론 문제는 많았다. 유럽, 북아프리카, 태평양, 미국 국내 등 어디에 석유 공급의 우선순위를 두어야 할 것인가? 대서양, 태평양, 미국 동부 해안 등 어느 곳에 유조선을 배치해야 하는가? 더욱이 수송과 공급의 조화라는 문제도 있었다. 유조선이 항구에 도착했을 때 물량이 없거나, 물량은 있는데 수송선이 없는 등 추가적인 비용 부담이 발생했다. 그러나 전체적으로 국제적인 공급 시스템은 매우 잘 운영되어 연합군의 활동을 지탱해주었다.[16]

마술인가, 기술인가

　제2차 세계대전이 발발하기 이전, 미군은 석유 공급이 문제가 될 것이라고 생각하지 못했다. 육군은 석유 소비량에 관한 기록조차 보유하지 않았으며, 제1차 세계대전과 제2차 세계대전 간에 근본적인 차이가 있다는 사실을 이해하지 못했다. 전자가 참호전이었다면 후자는 기동전이었다(전쟁 중에 처칠을 초대해 만찬회를 갖는 자리에서 스탈린은 "이번 전쟁은 엔진과 옥탄가의 싸움이다. 미국의 석유산업과 자동차 산업을 위해 건배하자"라고 말했다). 제2차 세계대전은 막대한 양의 석유를 소비했다. 유럽에 파견된 미군은 제1차 세계대전의 100배나 되는 휘발유를 사용했다. 미 육군 1개 사단의 기계력은, 제1차 세계대전 중에는 4,000마력이었는데 제2차 세계대전 중에는 18만 7,000마력에 달했다.

　1942년 북아프리카 진격 작전에서 육군은 처음으로 석유의 중요성을 인식하고 석유 공급 조직을 정비했다. 제2차 세계대전 중 미국에서 운송된 물자의 절반이 석유였다. 미군 병참부대의 추산에 따르면, 미군 병사 1명이 해외에 파견되는 경우 67파운드의 장비와 보급물자가 필요했는데, 그중 절반이 석유제품이었다.

육군의 석유 공급 조직은 수송과 소비의 효율을 도모하기 위해 여러 가지 기술을 개발했다. 제품의 표준화에 역점을 두어 다양한 용도에 쓰일 수 있는 자동차 연료와 디젤 연료가 개발되었다. 또 쉘은 휴대 가능한 파이프라인을 개발해, 트럭으로 운반하지 않고 펌프를 이용해 후방에서 전방으로 석유를 보내는 것이 가능해졌다. 가장 유익한 제품은 5갤런짜리 석유 캔이었다. 육군이 그때까지 사용했던 10갤런 통은 한 사람이 다루기에 너무 무거웠다. 새로운 캔은 독일군이 사용하던 5갤런 용기를 본떠 미국과 영국이 공동 개발한 것이다. 미국은 5갤런짜리 캔에 '전격 캔Blitz can'이라는 별명을 붙였는데, 약간 빈정대는 투로 독일군을 존경한다는 의미를 담고 있다. 그러나 더 일반적으로는 '젤리 캔'이라 불렸다. 미국에서 만든 캔은 독일 것에 비해 기술적으로 상당히 개선된 것이었다. 독일 군대는 자동차 엔진에 기름을 주입하기 위해 깔때기를 사용했는데, 이로 인해 연료에 이물질이 혼입되었다. 이에 반해 미군이 만든 것은 자체에 주입기가 달려 있어 이물질이 들어갈 염려가 없었다.

한편 가장 실망을 안겨준 것은 해저를 가로질러 영국과 프랑스 사이를 연결하는 석유 공급망, 즉 해저 파이프라인 건설 계획PLUTO이었다. 이 시스템의 목적은 연합군이 대륙으로 진격한 다음, 프랑스와 독일로 들어가는 연합군이 필요로 하는 석유의 절반을 공급하는 데 있었다. 파이프라인은 건설되었지만 기술적인 문제가 발생했을 뿐만 아니라, 건설 도중에 사고도 겹쳐 유럽 진격 직후의 중요한 시기에 석유를 거의 공급하지 못했다. 노르망디 상륙작전이 전개된 1944년 6월부터 10월까지 해저 파이프라인을 통해 공급된 석유는 하루 150배럴에 지나지 않았다. 이는 연합군의 석유 소비량 중 0.17%에 지나지 않았다.[17]

연합군이 사용했던 연료 중에서 가장 획기적인 것은 옥탄가 100의 항공용 휘발유였다. 1930년대 초에서 중반에 걸쳐 네덜란드와 미국의 쉘 기술진이 개발한 이 휘발유 덕분에 항공기의 성능이 크게 향상되었다. 이제까지 사용되던 옥탄가 75 혹은 87의 휘발유에 비해 속도와 출력, 이륙 상승 능력, 항공거리, 운동성 등이 크게 향상된 것이다. 시험 비행을 통해 출력이 15~30% 증가했음이 입증되었고, 소비량이 적어 항공거리가 연장되었다. 그러나 비용이 높아 전쟁 전에는 이 연료가 판매될 수 있는 시장이 없었다. 그래서 쉘과 뒤이은 뉴저지 스탠더드오일은 위험을 무릅쓰고 대규모 투자를 해서 개발과 생산에 착수해야 했다. 쉘은 옥탄가가 거의 100인 휘발유를 개발했지만, 시장에서는 판매되지 않고 비축되었다.

전쟁은 갑작스럽게 거대한 시장을 탄생시켰다. 옥탄가 100인 휘발유의 효과는 1940년 영국 본토 상공에서 벌어진 영국과 독일의 공중전에서 입증되었다. 옥탄가 100 휘발유를 적재한 영국 항공기 스피트파이어는 옥탄가 87인 휘발유를 사용하는 독일 전투기 메세르슈미트를 압도했다. 영국군이 운명을 건 전투에서 승리한 것은 옥탄가 100인 휘발유 덕분이란 말도 있었다. 그러나 이 연료를 생산하기 위해서는 특별한 정제 설비가 필요했고 옥탄가 100인 휘발유의 비축량은 턱없이 부족했다. 생산 목표를 설정해 대폭적인 증산을 도모했지만 요구량은 계속 늘어났다. 전군에서 쇄도하는 보급 요청으로, 워싱턴과 런던에 항공연료위원회가 설치되고 한정된 연료만 배급해야 했다. 만성적 부족에도 불구하고 위원회는 낭비를 해야 할 경우를 발견하곤 했다. 유-보트가 대서양에서 맹위를 떨치고 있을 즈음, 최소한 1척분의 옥탄가 100인 휘발유를 수송하기 위해 수송선 3척을 목적지로 출발시켰던 것이다.

1944년까지 옥탄가 100인 휘발유의 90%가 미국에서 생산되었다. 그러나 생산은 수요를 충족하지 못했다. 1943년 4월, 전쟁차관 로버트 패터슨은 "현재의 전망으로는 상황이 악화 일로에 있다. 최대한의 노력을 기울이지 않으면 상황을 타개할 수 없을 듯하다"라고 익스에게 편지를 보냈다. 미국은 거대한 건설 계획과 기술 프로그램을 가지고 대응했다. 그것은 전쟁 수행을 위한 최대 규모의 산업 복합체 계획이었다. 다행스럽게도 1930년대 말부터 석유 정제에 관한 새로운 기술이 개발되고 있었다. 프랑스인 과학자 유진 하우드리와 선 오일이 접촉분해법을 개발했다. 이는 30년 전 윌리엄 버턴이 열분해법을 개발한 이래 가장 획기적인 기술 혁신이었다. 접촉분해법을 사용하면 옥탄가 100인 휘발유를 쉽게 생산할 수 있었다. 이 기술이 없었다면 미국은 항공유의 수요를 충족할 엄두도 내지 못했을 것이다. 그러나 미국이 전쟁에 참여할 당시 접촉분해에 의한 정제는 아주 초기 단계에 있었고, 규모도 작았다. 정제 설비는 15층 높이의 구조물과 이제까지의 시설에 비해 훨씬 많은 비용이 소요되었다. 그러나 설비의 설계, 시험 공장에서의 실험 생산, 본격적인 생산에 이르기까지 한시도 지체되지 않고 추진되어 접촉분해 시설 다수가 미국 전역에서 가동에 들어갔다.

옥탄가 100인 휘발유 증산 계획의 일환으로 다수의 전용 설비가 건설되었고, 기존 정유소도 접촉분해법으로의 전환이 이루어졌다. 석유관리국과 석유산업은 타 부처와 충돌하지 않으면서 필요한 철강과 기계류를 확보하여 건설 목표를 달성하고자 했다. 수요가 늘어남에 따라 목표를 크게 늘리지 않을 수 없었다. 모든 항공기용 연료유를 생산하는 공장을 일체화하여 하나의 거대한 복합체로 운영했다. 생산을 최대한 늘리기 위해 회사와 관계없이 여러 생산 부문이 미국 각지에 분산 배치되었다. 또한 제품의 질과 생산 공정의 개선이 끝없이 도모되었다. 그 결과 연합군 조종사는 증대된 출력으로 적기를 압도했고, 대량의 포탄을 적재한 폭격기가 활주로를 이륙했다.

옥탄가 100인 휘발유는 계속해서 바닥을 드러냈지만 기적적인 생산 증가로 간신히 수요를 충족할 수 있었다. 1945년 수요는 개전 초기에 예상했던 것의 7배에 달했다. 옥탄가 100인 휘발유는 1940년 하루 4만 배럴을 넘지 못했지만, 1945년에는 하루 51만 4,000배럴에 달했다. 어느 장군은 이러한 상황을 마술에 비유해서 정부와 산업계가 '모자 밑에서 그것을 짜냈다'라고 표현했다.[18]

결정적 순간

전후 육군 석유위원회는 "적당한 장소에 적당한 종류의 석유를 적당량 공급하는 데 한 번도 실수가 없었다. 연료의 부족으로 작전이 지연되거나 중지된 적도 없었다"라고 과장되게 발표했다. 대부분은 사실이었지만 예외는 있었다. 국제적인 석유 공급 체계가 기능을 상실해 불안해한 적이 있었던 것이다.

1944년 봄, 승리의 여신이 연합군 측으로 기울고 있었다. 미국과 영국군은 진격을 계속해 이탈리아로부터 항복을 받아냈다. 동시에 소련은 동부 전선을 돌파했다. 6월 6일 연합군은 노르망디에 상륙해 서유럽 진격을 개시했다. 그러나 주도면밀하게 준비된 연합군의 작전은 실패로 판명되었다. 예정했던 것보다 오랫동안 노르망디에 머물러야 했다. 불의의 기습을 받은 독일군은 연료 부족으로 증원군이 전선에 투입되지 못한 채, 연합군의 진격을 저지하는 데 총력을 기울였다. 독일군 지휘관 게르트 폰 룬트슈테트 장군은 "장비 운반에는 말과 인력을 이용하고, 전투 이외의 용도에 휘발유를 사용하는 것을 금지하라"라는 명령을 내렸다. 7월 25일 연합군은 마침내 독일군의 방어선을 돌파했고, 연료와 물자가 부족한 독일군은 퇴각했다. 그러나 이번에는 연합군 측이 당황하게 되었다. 독일로의 진격이 지나치게 빨랐고, 저항이 전혀 없었던 것이다.

조지 패튼 장군이 이끄는 제3군단은 독일의 방어선을 돌파하고 계속해서 선두로 나아갔다. 패튼은 정력적이고 충동적이며 활화산처럼 분노하는 기질을 가진 인물이었다(사람들은 그의 분노 기질이 폴로 시합 중에 뇌를 다쳤기 때문이라고 했다). 그는 6월 6일 이후 연합군이 지나치게 신중하고 소심한 데 대해 분노를 억제하지 못했다. 그는 자신의 심정을 시로 남겼다.

전쟁에서는 사랑할 때와 같이 항상 몰아붙여야 한다.
그러지 않으면 당신은 보상받지 못할 것이다.
그러니 진짜 싸움을 하자, 돌진하여 적을 찾아내어 물어뜯는!
볼은 우리의 것. 이 기회를 놓치지 말자.
쏟아지는 포탄 속에서 자신의 몸을 지키는 것만 생각하지 말고
전력을 다해 승리를 쟁취하자, 커다란 승리를!

연합군 최고사령관 아이젠하워 장군은 공식석상에서 패튼을 '기동전의 위대한 지휘자'라고 칭찬했다. 그러나 개인적으로는 야전 지휘관으로서 우수한 통솔력은 인정하지만, 총지휘관으로서 갖추어야 하는, 상황을 종합적으로 판단하는 능력이 부족하다고 생각했다. 팀의 일원으로서 행동할 수 있는 능력과 정서적 안정감에도 문제가 있는 것으로 판단했다. 아이젠하워는 패튼은 도박을 좋아하고 '잘못된 조언에 따라 행동하는' 경향이 있다고 말했다. 그는 직접 패튼에게 경고하기도 했다. "나는 당신이 말을 조심하지 않는 데 진력이 났다. 당신이 지휘관으로서 갖추어야 할 전체 상황 판단 능력을 갖고 있는지 의심된다."

그러나 이러한 우려에도 불구하고 아이젠하워는 패튼을 절대적으로 필요한 인물로 보았다. 마셜에게 보낸 편지에서 아이젠하워는 '패튼의 군인으로서

의 자질은 훌륭하오. 꼭 필요한 인물이라 생각하고 있소. 그는 자신이 파멸하지 않는 한 패배란 허용하지 않을 것이오'라고 쓰고 있다. 그리고 '쇼맨십과 과장된 태도에 집착하지 않고 자신의 훌륭한 자질을 충분히 이용할 수 있도록 해주는 건전하고 강건한 인물 아래에 둔다면, 그는 훌륭한 일을 해낼 수 있을 것이오'라고 덧붙였다. 결국 패튼은 '결정적인 순간에 특출한 힘을 발휘하는' 보증할 만한 인물이라는 것이다. 또 아이젠하워는 "전쟁에서는 정서가 불안정하고 공격적인 인물이 문제를 해결해야 할 상황이 발생하게 마련이다"라고도 했다. 전쟁을 빨리 종결할 가능성도 있다는 의미였다.[19]

강렬한 개성, 판단력, 목표를 포착하는 능력과 자신감, 그리고 자발성은 패튼을 전장의 탁월한 지휘관으로 만들었다. 이러한 성품 때문에 상부의 신임을 얻지 못하는 경우에도 부하들은 그에게 절대적인 충성을 맹세했다. 그는 자신의 전설을 만드는 것이 중요하다고 생각했다. 패튼은 항상 허리에 권총 두 자루를 차고 있었다. 하나는 손잡이 부분을 진주로 장식한 것이었다. 그는 1930년대에 웨스트포인트의 교장을 역임했다는 이유로 자신을 '늙은 열혈인'이라고 불렀다. 그는 거칠고 세속적인 외모와 강철의 의지를 지녔다. 전투를 하기 전에 위가 뒤틀리는 듯한 기분을 느끼곤 했던 그는 두 권의 시집을 발간하기도 했다.

패튼은 롬멜에 필적할 기동전의 명수라는 명예에 안달하고 있었다. 그는 "사명을 다하기 위해서는 극적인 성공을 거두어야 한다"라고 말하며, 아이젠하워의 분석을 증명이나 하듯 행동했다. 두 개의 권총을 허리춤에 차고 놀라운 속도로 노르망디의 독일군 방위선을 돌파했고, 브레스트에서 베르됭까지 500마일에 이르는 광대한 지역을 불과 한 달 만에 진격해 로와르 강 이북 프랑스의 대부분을 해방시켰다. 롬멜과 똑같이 그도 병참부대를 경멸했다. 제3군의 전선이 확대되어 연료 보급이 원활하게 이루어지지 않자 생각할 수 있는 모든 수단을 강구했다. 다른 부대로 위장해 제3군으로 보내지는 것이 아닌 보급을 가로채거나, 열차와 트럭 수송 부대를 탈취해 연료를 강탈했고, 보급 기지로 되돌아가는 트럭의 연료도 강탈했다. 또 후방에 정찰기를 띄워 강탈할 수 있는 연료를 찾게 했다.

1944년 8월 말, 연료가 연합군의 진격에 중대한 장애가 되기 시작했다. 프랑스 영내에 연료가 있었지만 그 장소가 문제였다. 전선에서 멀리 떨어져 있는 노르망디에 보급 기지가 있어 전선까지 연료를 수송하는 데 문제가 있었던 것이다. 연합군은 진격하는 데 260일 정도 소요될 것으로 예상했던 거리를 불과 22일 만에 도달했다. 연료를 수송하는 데는 철도가 효율적이었지만 적당한 노선이 없었다. 트럭 부대가 프랑스를 횡단하며 운반을 담당했지만, 외길은 끊임없는 트럭의 행렬을 충족시키지 못했다. 또 수송 거리가 멀어 운반 트럭 자체에 너무 많은 연료가 소비되었다. 신속한 진군에 휘발유의 공급이 따라주지 못했던 것은 2년 전 북아프리카를 질주하던 롬멜군이 겪었던 상황과 유사했다. 패튼은 8월 28일 아들에게 보낸 편지에서 '이제 나를 괴롭히는 것은 독일군이 아니라 휘발유다. 충분한 휘발유를 얻지 못하면 진격할 수 없기 때문이다'라고 썼다. 다음날 일기에는 '당연히 와야 할 휘발유 14만 갤런이 무슨 이유로 도착하지 않는 것인가? 나를 멈추게 하려는 것인지도 모른다. 심히 의심스럽다'라고 적었다.[20]

그러나 다른 부대도 상황은 마찬가지였다. 당시 아이젠하워는 연합군의 총사령관으로서 중요한 결정을 내려야 할 처지에 있었다. 보유하고 있는 연료를 패튼의 제3군에 보낼 것인가, 아니면 해안선에 가장 인접해 있는 몽고메리 휘하의 영국 제21사단을 지원하고 있는 제1군에 보낼 것인가? 모든 측면을 고려한 '전면 전략'을 버리고, 패튼의 제3군이 나치 서부 방어선 지그프리트 전선을 돌파하여 독일 영내에 진격하도록 해야 하는지 혼자 골똘히 생각했다.

아니면 몽고메리가 우선 앤트워프를 점령해 일급 항구를 확보하게 한 다음 군수물자의 안정적 공급을 도모하는 것이 좋을까? 이에 더해 제3의 선택도 있었다. 바로 몽고메리 장군이 주장하는 것으로, 자신의 휘하에 40개 사단을 집중시켜 루르 지방으로 진격해 독일군을 일거에 궤멸하자는 계획이었다.

아이젠하워가 고민하는 동안 패튼은 조급한 마음을 억누를 수 없었다. 일기에 '다시없을 승리의 기회가 전개되고 있다. 전진을 허락하기만 하면 10일 내에 독일까지 진격할 수 있다. 이런 확실한 사실을 눈먼 두더지들이 믿지 못할까 두렵다'라고 적고 있다. 그러나 아이젠하워는 연합군의 협조 체제라고 하는 정치적 문제가 무엇보다 중요하다고 판단했다. 특히 신경과민 상태인 몽고메리와 새로운 긴장 관계가 생기는 것을 우려했다. 아이젠하워는 몽고메리에게 40개 사단을 부여하는 대신, 타협안으로 영국군을 지원하는 제1군에 휘발유를 보내기로 결심했다.

연료가 반나절 분량밖에 남지 않자 패튼은 격노했다. 미군 총사령관 오마르 브레드리 장군의 사령부에 나타나 성난 황소처럼 씩씩대면서 "브레드, 내게 휘발유 40만 갤런만 주시오. 그러면 이틀 안에 당신을 독일 영내로 데려다주겠소"라고 을러댔다고 한다. [21]

패튼은 연료가 공급되지 않는다는 사실을 쉽게 납득하지 못했다. 독일군을 강력하게 몰아붙여 승리를 손안에 넣을 수 있는 기회였다고 생각했기 때문이다. 분노와 좌절을 억제할 수 없었던 그는 '지금이 결정적 순간이라는 사실을 나 외에는 아무도 모른다. 우리 군에는 휘발유가 지급되지 않고 있다. 몽고메리를 만족시켜주기 위해 제1군에 휘발유를 공급했기 때문이다'라고 일기에 적었다. 패튼은 연료가 떨어질 때까지 제3군을 진격시켰고 "연료가 떨어지면 걸어서 진격하라"라고 명령했다. 그는 아내에게 보낸 편지에서 '단 한 뼘의 땅이라도 더 얻기 위해 나는 싸워야 하오. 그러나 우리를 멈추게 하는 것은 적이 아니라 그들이라오. 지도를 보시오. 만약 내가 휘발유를 훔칠 수 있다면 승리를 쟁취할 수 있을 거요'라고 적고 있다.

8월 30일, 제3군에 공급되는 연료의 양이 보통 때의 10분의 1로 줄었으며, 9월 3일까지는 보급이 없을 것이라는 통보가 왔다. 그날 제3군은 뮤즈 강에 도착했지만 더 이상 전진할 수 없었다. 연료 탱크가 바닥을 드러냈기 때문이다. 패튼은 "군인들은 벨트를 먹으면서 싸울 수 있지만, 전차는 연료가 절대적으로 필요하다"라고 아이젠하워에게 전했다.

9월 4일 몽고메리가 앤트워프를 점령했다. 다음날 아이젠하워는 '패튼을 재차 진군시키는 것이 필요하게 되었다'라고 일기에 적었다. 패튼의 군에 연료 공급이 재개된 것이다. 그러나 지나간 시간을 보상받을 수는 없었다. 그사이에 독일군이 방어 체제를 구축한 것이다. 히틀러는 9월 초 퇴각을 인정하지 않는다는 명령을 철회했고, 이에 따라 독일군은 후퇴해 방어선을 구축한 것이었다. 제3군이 뮤즈 강을 넘어 진군했지만 모제르 강에서 멈출 수밖에 없었다. 휘발유가 아니라 독일군의 완강한 저항 때문이었다. 그 후 전쟁이 종결될 때까지 9개월에 걸쳐 격렬한 전투가 지속되었다. 독일군이 서부 전선에서 최후의 반격을 시작할 때, 미군이 아니라 소련군이 베를린을 점령했다. 전쟁의 마지막 수개월간 패튼은 독일 영내를 공격해 체코슬로바키아의 필젠까지 진격했다. 그러나 '결정적인 순간'은 이미 지나갔고 패튼은 영광을 손에 넣을 수 없었다. 전쟁이 종료되고 8개월이 지난 1945년 12월, 패튼이 탄 차가 수송 부대의 트럭과 충돌했다. 기동전의 명수는 그렇게 불명예스러운 죽음을 맞이했다.[22]

연합국은 전쟁을 조기에 마무리할 수 있는 절호의 기회를 놓친 것이 아닐까? 이 의문은 당시, 그리고 그 후에도 격렬한 논쟁을 불러일으켰다. 연합군은 약 100만 명의 사상자를 내면서 서유럽을 해방시켰지만, 사상자 중 4분의

3은 패튼의 진군이 일시 정지된 9월 이후에 발생했다. 그 후 8개월간 전쟁에서 희생된 민간인과 독일의 강제수용소에서 살육당한 사람을 합하면 수백만 명에 달했다. 만약 연합군이 좀 더 일찍 독일 영내로 진격했다면 전후 유럽의 지도가 달라졌을 것이다. 소련의 세력이 유럽의 중심부에 미치지는 못했을 것이기 때문이다.

아이젠하워의 결정은 매우 어려운 것이었다. 충분한 정보를 얻지 못한 채, 불확실하고 위험이 많은 상황 아래서 내린 결단이었다. 패튼에게 진격을 명했다면 연합군의 협조 체제는 붕괴되었을 것이다. 연합군도 보급이 부족한 상태가 지속되어 진격한 제3군 자체도 고립될 위험이 있었다. 패튼 부대의 측면에 독일군이 계속 늘어나고 있다는 정보도 있었다. 아이젠하워는 잘못 선택했다는 패튼의 비난에 대해 직접적인 표현은 회피했지만, 회고록을 통해 패튼이 전쟁의 전체적인 국면을 보지 못하고 있었다는 말로 답을 대신했다. 아이젠하워의 입장에서 볼 때 전쟁의 양상이 아직 위험을 감수할 만한 상황이 아니었고, 패튼의 공세가 실패로 끝날 가능성도 컸다. 아이젠하워 회고록에는 다음과 같이 기록되어 있다. '1944년 여름이 다 갈 무렵에도 독일군에는 여전히 전투에 투입될 예비 병력이 국내에 잔존하고 있었다. 일부 병력으로 라인 강을 넘어 독일의 중심부로 진격한다는 것은 허황된 꿈에 지나지 않았다.' 아이젠하워는 만약에 독일군을 돌파할 수 있다 하더라도, 진격하는 부대는 측면 방어를 위해 병력을 분산시켜야 하므로 공격력을 상실할 것이라 판단했다. 그는 "그러한 작전은 결국 연합군을 패배로 이끌었을 것이다"라고 말하며 자신의 결단이 정당했음을 강조했다.[23]

또 다른 의견도 있었다. 몽고메리 휘하에 병력을 집중함으로써, 끊임없이 루르와 베를린으로 밀고 나가지 않고 병력을 분산한 데 잘못이 있다는 것이다. 이들은 패튼의 부대가 대공격 부대의 핵으로 힘을 발휘할 수 있었고, 만약 진격이 성공했다면 유럽에서는 전쟁이 조기에 끝났을 가능성이 있다는 견해를 피력하고 있다.

영국의 저명한 군사 전략가이자 전쟁사가戰爭史家인 버질 리델 하트도 이 문제에 대해 숙고했다. 그는 제1차 세계대전 후 저술한 책에서 '격류의 확장'이라는 개념을 제시함으로써 '기동전의 아버지' 혹은 야유의 의미로 '전격전의 개척자'라 불리고 있었다. 1970년 사망하기 직전, 리델 하트는 아이젠하워의 결단에 관한 견해를 피력했다. 그는 1944년 말이 '결정적 순간'이었다는 패튼의 견해에 동의했다. 독일군은 동요하고 있었고, 방위 체제를 공고히 하지 못하고 있었을 뿐만 아니라, 라인 강에 있는 교각을 폭파할 준비는 전혀 되어 있지 않았다. 패튼의 강력한 일격, 그의 시 구절처럼 전력을 다했다면 독일군을 붕괴시키는 것이 가능했을 것이다.

리델 하트는 다음과 같은 결론을 내렸다. "8월 마지막 주에 패튼은 영국군보다 100마일 이상 앞서 라인 강 근처에 도달했다. 당시 패튼 전차군단은 휘발유가 부족해 전쟁을 조기에 종결할 수 있는 기회를 놓쳤다."[24]

주석

상부에서 하류 부문까지, 석유 정제산업의 체계

석유의 세계는 3개 부문으로 나누어진다.

그중 상류 부문은 탐사와 생산을 지칭한다. 중류 부문은 원유를 정유소로 운반하는 과정을 말하며 유조선이나 파이프라인을 포함한다. 마지막으로 하류 부문은 정제·판매·분배와 주유소 혹은 편의점까지를 포함한다. 한 회사가 상류에서 하류까지의 주요 부문을 모두 운영할 경우, 이를 '수직 통합' 기업이라고 한다.

일반적인 이론에 따르면 원유는 주로 바다에 부유하는 미세한 플랑크톤과 육지 식물이 바다, 호수, 해변 지대의 바닥에 쌓여 형성된 유기 노폐물의 잔류물이다. 탄소와 수소 원자가 풍부한 이런 유기 물질이 수백만 년에 걸쳐 침전물 층의 아래에 모이고, 압력과 지하의 열에 의해 탄화수소체인 석유와 천연가스로 바뀐다. 액체 상태의 석유는 암반의 작은 구멍이나 틈새를 통해 침수성 있는 암반층에 흡수되어 위로는 셰일층에 의해, 아래로는 무거운 염수에 의해 밀폐 상태로 있게 된다.

일반적으로 이런 저장 지층에서는 매우 가벼운 가스가 석유층을 마치 '모자' 씌우듯 덮고 저장층 암반의 미세한 구멍을 막게 된다. 시추 비트가 저장층으로 파고 들어가면, 비트 내의 낮은 압력으로 인해 석유가 시추정으로 흘러 들어와 지표로 분출된다.

지표로 올라오는 석유 압력을 조절하는 데 실패하면 '분출 유정'이 된다. 러시아에서는 이를 '석유샘'이라고 한다. 생산이 장기간 계속되면 지하 압력이 낮아지는데 이때는 지상 펌프나 가스를 재주입하는 방법을 사용해야 한다. 뜨거운 원유가 지표로 흘러나오는데, 때때로 천연가스와 같이 나오는 경우도 있다.

유정에서 막 흘러나온 원유는 직접 사용할 수 없다. 실제로 모든 원유는 정제 공정을 거쳐 휘발유, 제트유, 난방유와 산업용 중유와 같은 상품성을 가진 제품으로 가공된다. 석유산업 초창기의 정제 시설은 원유를 끓여 휘발시킴으로써, 온도 차를 이용해 서로 다른 제품을 응축·추출하는 증류기에 지나지 않았다. 양주를 밀조하는 기술과 다를 바 없었다. 19세기 위스키 제조업자들이 석유 정제사업에 참여한 것은 이런 이유다. 오늘날의 정유소는 규모가 커지고 복잡하고 고도화된 시설을 갖춘 고가의 제조 설비다.

원유는 석유 액체와 가스가 여러 가지 형태로 혼합되어 생성된 합성물이다. 각 성분은 정제 공정에서 분리되어 추출되면서 제각각 가치를 지니게 된다. 정제의 첫 번째 단계는 가열 방식인 '열 증류'에 의해 원유를 각각의 성분으로 분리하는 것이다. 각 성분은 휘발 온도에 따라 기화되어 다시 순수한 유분으로 응축된다. 일부 성분은 이 상태에서 판매될 수도 있지만 대부분은 더 많은 공정을 거쳐 부가가치가 높은 제품으로 변신한다.

단순한 장치에서 이 공정은 주로 불순물을 제거하기 위해 사용되며 원유의 화학적 성질은 변하지 않는다. 그러나 고도화된 장치에서는 '분해' 혹은 '전환'이라는 화학 공정을 통해 분자 구조가 바뀐다. 따라서 고품질 제품의 생산량이 증가하며, 중유나 아스팔트와 같은 저급 제품의 생산 비율이 감소된다.

원유와 정제 과정을 거친 제품은 유조선, 파이프라인, 바지선 및 트럭으로 운반된다. 원유를 측정하는 단위는 국가마다 다르다. 유럽에서는 공식적으로 메트릭톤을, 일본에서는 킬로리터를 사용하지만, 미국과 캐나다를 포함한 전 세계에서 일상적으로 사용되는 기본 단위는 '배럴'이다. 하지만 오늘날의 석유 업계 종사자들은 구식 배럴통을 박물관에서만 볼 수 있다.

1860년대 펜실베이니아 서부에서 유정이 처음 발견되었을 때, 석유 업자들은 결사적으로 농가, 창고, 상점, 쓰레기장을 뒤져 당밀, 맥주, 위스키, 사이다, 테레빈유, 소금, 물고기 등을 담아 운반하는 통이란 통은 모두 찾아냈다. 이후 용기 제조업자가 원유 용기를 만들면서, 42갤런이라는 표준 규격이 만들어졌고 이 기준이 현재까지 사용되고 있다. '42'라는 숫자는 영국에서 유래했다. 1482년 에드워드 4세 때, 청어 포장용 표준 규격의 배럴통을 42갤런으로 정한 것이다. 이는 생선을 포장할 때 부정행위나 잠수부의 속임수를 막기 위한 것이었다. 당시 청어 잡이는 북해 최대의 사업이었다고 한다.

드레이크 대령이 유전을 발견하고 7년이 지난 1866년, 펜실베이니아 생산업자들은 42갤런짜리 배럴을 표준 규격으로 정했다(포도주는 31.5, 맥주의 일종인 런던 에일은 42, 런던 맥주는 36갤런이 표준). 42갤런짜리 배럴통을 사용하지 않게 된 것은 오래되었지만, 청어 잡이 대신 북해 최대의 사업이 된 석유 업계에서 42갤런은 지금까지도 표준 계량 단위로 사용되고 있다.

프롤로그

1. Randolph S. Churchill, *Winston Churchill*, vol. 2, *Young Statesman*, 1901-1914(London: Heinemann, 1968), p.529("bully"); Winston S. Churchill. *The World Crisis*, vol. 1(New York: Scribners, 1928), pp. 130-36.
2. Interview with Robert O. Anderson.

1

1. "George Bissell: Compiled by his Grandson, Pelham St. George Bissell, "Dartmouth College Library; Paul H. Giddens, *The Birth of the Oil Industry*(New York: Macmillan, 1938), p. 52, chap 3; Harold F. Williamson and Arnold R. Daum, *The American Petroleum Industry*, vol. 1, *The Age of Illumination*, 1859-1899(Evanston: Northwestern University Press, 1959), pp. 23-24. Giddens and Williamson and Daum are basic sources. H. Giddens, *Pennsylvania Petroleum, 1750-1872: A Documentary History*(Titusville: Pennsylvania Historical and Museum Commission, 1947), p. 54("Seneca oil"); J. T. Henry, *The Early and Later History of Petroleum* (Philadelphia: Jas. B. Rodgers Co., 1873), pp. 82-83; Henry H. Townsend, *New Haven and the First Oil Well*(New Haven, 1934), pp. 1-3("curative powers" and poem).
2. Gerald T. White, *Scientists in Conflict: The Beginning of the Oil Industry in California*(San Marino: Huntington Library, 1968), pp. 38-45(on Silliman); *Petroleum Gazette*, April 8, 1897, p. 8; Paul H. Giddens, *The Beginnings of the Oil Industry: Sources and Bibliography* (Harrisburg: Pennsylvania Historical Commission, 1941), pp. 23("I can promise"), 62("unexpected success"); Giddens, *Beginnings of the Oil Industry: Sources*, pp. 33-35, 40("hardest times"), 38, 8("turning point"); B. Silliman, Jr., *Report on the Rock Oil, or Petroleum, from Venango Co., Pennsylvania*(New Haven: J. H. Benham's, 1855), pp. 9-10, 20.
3. Abraham Gesner, *A Practical Treatise on Coal, Petroleum, and Other Distilled Oils*, ed. George W. Gesner, 2d ed.(New York: Baillière Bros., 1865), chap 1; Henry, *Early and Later History of Petroleum*, p 53; Kendall Beaton, "Dr. Gesner's Kerosene: The Start of American Oil Refining," *Business History Review* 29(March 1955), pp. 35-41("new liquid hydrocarbon"); Gregory Patrick Nowell, "Realpolitik vs. Transnational Rent-Seeking: French Mercantilism and the Development of the World Oil Cartel, 1860-1939"(Ph.D., Massachusetts Institute of Technology 1988), pp. 104-08; Business History Review, ed., *Oil's First Century* (Boston: Harvard Business School, 1960), pp. 8("coal oils"), 19("impetuous energy").
4. R. J. Forbes, *Bitumen and Petroleum in Antiquity*(Leiden: E. J. Brill, 1936), pp. 11-21, 57("incredible miracles"), 92("eyelashes"), 95-99; R. J. Forbes, *Studies in Early Petroleum History*(Leiden: E. J. Brill, 1958), pp. 150-53; R. J. Forbes, *More Studies in Early Petroleum History*(Leiden: E. J. Brill, 1959), pp. 20("unwearied fire"), 71("pitch and tow").
5. S, J. M. Eaton, *Petroleum: A History of the Oil Region of Venango County, Pennsylvania*(Philadelphia: J. B. Skelly & Co., 1865), pp. 211-13; Beaton, "Dr Gesner's Kerosene," pp. 44-45.
6. "Brief Development of the Petroleum Industry in Penn. Prepared at the Request of and Under the Supervision of James M. Townsend," D-14, Drake Well Museum("Oh Townsend").
7. E. L. Drake manuscript, D-96, Drake Well Museum, p. 4("I had made up my mind"); Herbert Asbury, *The Golden Flood: An Informal History of America's First Oil Field*(New York: Knopf, 1942), pp. 52-53(Drake to Townsend); Giddens, *Birth of the Oil Industry*, pp. 30-31, 59-61("Yankee").
8. Forbes, *More Studies in Early Petroleum History*, p. 141("light of the age"); Giddens, *Beginnings of*

the Oil Industry: Sources, pp. 81-83(Bissell to wife), 59("I claim"); Leon Burr Richardson, "Brief Biographies of Buildings-Bissell Hall," *Dartmouth Alumni Magazine*, February 1943, pp. 18-19; Henry, *Early and Later History of Petroleum*, p. 349("name and fame"); Townsend, "Brief Development," D-14, Drake Well Museum("whole plan"); Glddens, *Pennsylvania Petroleum*, p. 189("milk of human kindness")

9. Giddens, *Birth of the Oil Industry*, pp. 71("hive of bees"), 169, 95("mine is ruined").

10. Paul H. Giddens, *The American Petroleum Industry: Its Beginnings in Pennsylvania!*(New York: Newcomen Society, 1959), p. 28; Giddens, *Birth of the Oil Industry*, pp. 87, 123-24("profits of petroleum" and "assailed Congress"), chap. 9.

11. Giddens, *Birth of the Oil Industry*, p. 137("smells"); William C. Darrah, *Pithole: The Vanished City* (Gettysburg, Pa., 1972), pp. 34-35("liquor and leases" and "vile liquor"), 230-31; Giddens, *American Petroleum Industry*, p.21 (song titles); Paul H. Giddens, *Early Days of Oil: A Pictorial History*(Princeton: Princeton University Press, 1948), p. 17("Oil on the brain").

12. Williamson and Daum, *Age of Illumination*, pp. 375-77, 759("hidden veins"), app. E; August W. Giebelhaus, *Business and Government in the Oil Industry: A Case Study of Sun Oil, 1876-1945*(Greenwich: JAI Press, 1980), p. 2.

13. Andrew Cone and Walter R. Johns, *Petrolia: A Brief History of the Pennsylvania Petroleum Region*(New York: D. Appleton, 1870), pp. 99-100("Oil Creek mud"); Henry, *Early and Later History of Petroleum*, p 286; Giddens, *Birth of the Oil Industry*, pp. 125-26("oil and land excitement"); Samuel W. Tait, Jr., *The Wildcatters: An Informal History of Oil-Hunting in America*(Princeton: Princeton University Press, 1946), pp. 26-31.

14. John J. McLaurin, *Sketches in Crude Oil*, 3rd ed.(Franklin, Penn., 1902), 3d ed., pp. 316-21; Giddens, *Birth of the Oil Industry*, pp. 182-83("favorite speculative commodity"); John H. Barbour, "Sketch of the Pittsburgh Oil Exchange," *Western Pennsylvania Historical Magazine* 11(July 1928), pp. 127-43.

2

1. John D. Rockefeller, *Random Reminiscences of Men and Events*(New York: Doubleday, Page & Co., 1909), p. 81("I'll go no higher"); Allan Nevins, *Study in Power: John D. Rockefeller, Industrialist and Philanthropist*(New York: Scribners, 1953), vol. 1, pp. 35-36("I ever point"). Nevins remains the standard biographical source.

2. David Freeman Hawke, *John D.: The Founding Father of the Rockefellers*(New York: Harper & Row, 1980), pp. 2-6, 27; Grace Goulder, *John D. Rockefeller: The Cleveland Years*(Cleveland: Western Reserve Historical Society, 1972), p. 10("trade with the boys"); John K. Winkler, *John D.: A Portrait in Oils*(New York: Vanguard Press, 1929), p. 14; Nevins, Study in Power, vol. 1, pp. 10-14("something big" and "methodical"); Rockefeller, *Random Reminiscences*, p. 46("intimate conversations").

3. Nevins, *Study in Power*, vol. 1, p 19("Great Game"); Rockefeller, *Random Reminiscences*, pp. 81("All sorts"), 21("bookkeeper"); John Ise, *The United States Oil Policy*(New Haven: Yale University Press, 1928), pp. 48-49.

4. Edward N. Akin, *Flagler: Rockefeller Partner and Florida Baron*(Kent, Ohio: Kent State University Press, 1988), pp. 3-18, 19("competition" and "Keep your head"), 27("A friendship"); Rockefeller, *Random Reminiscences*, pp. 11("vim and push"), 13("walks"), 19; John T. Flynn, *God's Gold: The Story of Rockefeller and His Times*(London: George Harrap & Co., 1933), p. 172("bold, unscrupulous"); John W. Martin, *Henry M. Flagler(1830-1913): Florida's East Coast Is*

His Monument!(New York: Newcomen Society, 1956), pp. 8-11("American Riviera").

5. John G. McLean and Robert W. Haigh, *The Growth of Integrated Oil Companies*(Boston: Harvard Business School, 1954), pp. 59-63; W. Trevor Halliday, *John D. Rockefeller(1839-1937): Industrial Pioneer and Man*(New York: Newcomen Society, 1948), p 14("standard quality"); Nevins, *Study in Power*, vol. 1, pp. 80-83("Who would ever"), 97("independently rich"), 99-100("idea was mine"); Hawke, *John D.* pp. 44-46, 54("independence of woman"); Dictation by Mr. Rockefeller, June 7, 1904, Rockefeller family, JDR, Jr., Business Interviews, Box 118, "S. O. Company-Misc." folder, Rockefeller archives("It was desirable")

6. Nevins, *Study in Power*, vol. 1, pp. 107("cruelest"), 117("Monster" and "Forty Thieves"), 128, 114-15("newspaper articles" and "private contracts"), 104("try our plan"), 172("mining camp"); Chester McArthur Destler, *Roger Sherman and the Independent Oil Men*(Ithaca: Cornell University Press, 1967), pp. 28, 34("but one buyer"), 37("dry up Titusville").

7. David Freeman Hawke, ed., *John D. Rockefeller Interview 1917-1920: Conducted by William O. Inglis*(Westport, Conn.: Meckler publishing, 1984), pp. 4("cut-throat"), 6("safe and profitable"); Hawke, *John D.* pp. 79("war or peace"), 106("good sweating"), 170("brass band"); Nevins, *Study in Power*, vol. 1, pp. 216("feel sick"), 224("barrel famine"), 223("Morose"); Akin, *Flagler*, p. 67("blankets"); McLean and Haigh, *Integrated Oil*, p. 63.

8. Archbold to Rockefeller, September 2, 1884, Box 51, Archbold folder(1.51.379), Business Interests, 1879-1894, RG 1.2, Rockefeller archives; Jerome Thomas Bentley, "The Effects of Standard Oil's Vertical Integration into Transportation on the Structure and Performance of the American Petroleum Industry, 1872-1884"(Ph. D., University of Pittsburgh, 1976), p. 27.

9. Archbold to Rockefeller, August 15, 1888, Box 51, Archbold folder(1.51.378), Business Interests, 1879-1894, RG 1.2, Rockefeller archives; Destler, *Roger Sherman*, pp. 85("overweening"), 95("Autocrat"), 132("gang of thieves"); Nevins, *Study in Power*, vol. 1, p 337("Rockefeller will get you").

10. Interview with Mr. Rogers, 1903, T-003, Tarbell papers("every foot" and inheritance); Nevins, *Study in Power*, vol. 1, pp. 132-34("pleasant" and "clamorer"); C. T. White folder (87.1.59), Box 134, Business Interests, John D. Rockefeller, Jr., papers, Rockefeller archives(stockholding); Ralph W. Hidy and Muriel E. Hidy, *History of Standard Oil Company*(New Jersey) vol. 1, *Pioneering in Big Business, 1882-1911*(New York: Harper & Brothers, 1955), p. 6("You gentlemen").

11. Flynn, *God's Gold*, p. 131("everything count"); Standard Oil-Rachel Crothers Group, T-014, Tarbell papers(espionage); Halliday, Rockfeller, p. 20; Hawke, *John D.*, p. 50("Hope if"); Rockefeller, Random Reminiscences, pp. 6("not ... easiest of tasks"), 10("just how fast"); Nevins, *Study in Power*, vol. 1, p. 324("smarter than I").

12. Goulder, *Rockfeller*, p. 233("wise old owl"); Nevins, *Study in Power*, vol. 1, pp. 331, 326("expose as little"), 157("wonder how old"), 337("anxiety"), 328("ten letters"); vol. 2, p. 427("unemotional man"); Ida M. Tarbell, *The History of the Standard Oil Company*(New York: McClure, Phillps & Company, 1904), vol. 1, pp. 105-06.

13. Vinnie Crandall Hicks to Ida Tarbell, June 29, 1905, T-020 and Marshall Bond to Ida Tarbell, July 3, 1905, T-021, Tarbell papers("Sunday school" and "Buzz"); Rockefeller, *Random Reminiscences*, pp. 25-26; Nevins, *Study in Power*, vol. 2, pp. 84("dentist's chair"), 91-95("poulets" and "life principle"), 193-94("best investment" and "spare change"); William Manchester, *A Rockefeller Family Portrait, from John D. to Nelson*(Boston: Little, Brown, 1959), pp. 25-26; Flynn, *God's Gold*, pp. 232-35, 280.

14. Rockefeller, *Random Reminiscences*, p. 58("volume"); Williamson and Daum, *Age of Illumination*, p. 320("length of life"); Catherine Beecher and Harriet Beecher Stowe, *The American Women's Home or Principles of Domestic Science*(New York: J. B. Ford, 1869), pp. 362-63("explosions").

15. Williamson and Daum, *Age of Illumination*, pp. 526("gas bill"), 678, 249("sewing circles"); Gerald Carson, *The Old Country Store*(New York : Oxford University Press, 1954), p. 188("lively county store").

16. Hidy and Hidy, *Standard Oil*, vol. 1, pp. 177-78("Our business" and "drink every gallon"), 8; Paul H. Giddens, *Standard Oil Company(lndiana): Oil pioneer of the Middle West*(New York: Appleton-Century-Crofts, 1955), p. 2("vanishing phenomena"); S. Cornifort to Archbold, June 27, 1885, Box 51, Archbold folder(1.5.379), Business Interests, 1879-1894, R. G. 1.2, Rockefeller archives("one hundred to one"); Nevins, *Study in Power*, vol. 2, p. 3; Edgar Wesley Owen, *Trek of the Oil Finders: A History of Exploration for Oil*(Tulsa: American Association of Petroleum Geologists, 1975), pp. 124-26.

17. Giddens, *Standard Oil Company(Indiana)*, pp. 2-7("skunk juice"); Rockefeller, *Random Reminiscences*, pp. 7-9; Hawke, *John D.*, pp. 182-83("conservative brethren"), 185; Nevins, *Study in Power*, vol. 2, pp. 3, 101("Buy").

18. Giddens, *Standard Oil Company(Indiana)*, p. 19("entirely ignorant"); Hidy and Hidy, *Standard Oil*, vol. 1, pp. 279(Seep), 87; Gilbert Montagu, *The Rise and Progress of the Standard Oil Company*(New York: Harer & Brothers, 1903), p. 132("best possible consensus").

19. Rockefeller, *Random Reminiscences*, pp. 60("large scale"), 29; Halliday, Rockefeller, pp. 10("instinctively realized"), 16("conceived the idea"); Hidy and Hidy, *Standard Oil*, vol. 1, pp. 120-21, 38-39(Mineral Resources); Destler, *Roger Sherman*, pp. 47("body and soul"), 192; Nevins, *Study in Power*, vol 2, pp. 54, 78, 129("success unparalleled"); J. W. Fawcett, T-082, Tarbell papers.

20. Lockhart interview, p. 3, T-003(with Rogers interview), Tarbell papers("Give the poor man"); Nevins, *Study in Power*, vol. 1, p. 402("day of combination"); vol. 2, pp. 379-87; Mark Twain with Charles Dudley Warner, *The Gilded Age: A Tale of Today*(New York: Trident Press, 1964), pp. 271("giant schemes"), 1; Flynn, *God's Gold*, pp. 4-5; Tarbell, *History of Standard Oil*, vol. 2, p. 31("cut to kill").

3

1. Giddens, *The Birth of the Oil Industry*, pp. 96-98("Yankee invention"); Williamson and Daum, *Age of Illumination*, pp. 488-89("drill"); J. D. Henry, *Thirty-five Years of Oil Transport: Evolution of the Tank Steamer*(London: Bradbury, Agnew & Co., 1907), pp. 5, 172-74; Hidy and Hidy, *Standard Oil*, vol. 1, pp. 122-23("forced its way").

2. Giddens, *Birth of the Oil Industry*, pp. 99("safe to calculate"); Robert W. Tolf, *The Russian Rockefellers: The Saga of the Nobel Family and the Russian Oil Industry*(Stanford: Hoover Institution press, 1976), chaps. 1 and 2, pp. 41-46("pillars" and "walnut money"); Boverton Redwood, *Petroleum: A Treatise*, 4th ed(London: Charles Griffen & Co., 1922), vol. 1, pp. 3-9(Marco polo), 36-46; Forbes, *Studies in Early Petroleum History*, pp. 154-62; John P. McKay, "Entrepreneurship and the Emergence of the Russian Petroleum Industry, 1813-1883," *Research in Economic History* 8(1982), pp. 63-64

3. Owen, *Trek of the Oil Finders*, pp. 4, 150; Tolf, *Russian Rockfellers*, pp. 108("Oil King"), 149("Nobelites"); J. D. Henry, *Baku: An Eventful History*(London: Archibald, Constable & Co., 1905), pp. 51-52; Williamson and Daum, *Age of Illumination*, pp. 637-41("difficulty"), 517; W.

J. Kelly and Tsureo Kano, "Crude Oil Production in the Russian Empire, 1818-1919," *Journal of European Economic History* 6(Fall 1977), pp. 309-10; McKay, "Entrepreneurship," pp. 48-55, 87("greatest triumphs").

4. Charles Marvin, *The Region of Eternal Fire: An Account of a Journey to the Petroleum Region of the Caspian in 1883*, new ed.(London: W. H. Allen, 1891), pp. 234-35("chimney-pot"); Sidney Pollard and Colin Holmes, *Industrial Power and National Rivalry, 1870-1914*, vol.'2 of *Documents of European Economic History*(London: Edward Arnold, 1972), pp. 108-10("American kerosene"); C. E. Stewart, "Petroleum Field of South Eastern Russia," 1886, Russia File, Oil, Box C-8, Pearson papers; Tolf, *Russian Rockefellers*, pp. 80-86("main point" and "speculation"); Williamson and Daum, *Age of Illumination*, p. 519("2000 miles"); Bertrand Gille, "Capitaux Français et Péoltres Russes(1884-94)," *Histoire des Enterprises* 12(November 1963), p. 19; Virginia Cowles, *The Rothschilds: A Family of Fortune*(London: Weidenfeld and Nicolson, 1973), chaps. 7-8; Henry, Baku, pp. 74, 79.

5. Archbold to Rockefeller, August 19, 1884, and July 6, 1886, Archbold folder(1.5.381), Box 51, Business Interests, 1878-1894, R.G. 1.2, Rockefeller archives, Tolf, *Russian Rockfellers*, pp. 47-48("fountains"); Nevins, *Study in Power*, vol. 2, p. 116; Hidy and Hidy, *Standard Oil*, vol. 1, pp. 138-39("Russian competition").

6. Archbold to Rockefeller, July 6, 1886, Archbold folder(1.5.381), Box 51, Business Interests, 1879-1894, R.G. 1.2, Rockefeller archives; Hidy and Hidy, *Standard Oil*, vol. 1, pp. 147-53(poem and "competitive commerce"); Henry, *Baku*, p. 116; Tolf, *Russian Rockefellers*, pp. 96-97, 107-09; Nicholas Halasz, *Nobel: A Biography of Alfred Nobel*(New York: Orion press 1959), pp. 3-5("dynamite king"), 211-13.

7. Robert Henriques, *Marcus Samuel: First Viscount Bearsted and Founder of the 'Shell' Transport and Trading Company, 1853-1927*(London: Barrie and Rockliff, 1960), pp. 74-75("go between"), 44("lovely day"). Henriques is not only a biography of Samuel but also the most complete work on the origins of Shell. Geoffrey Jones, *The State and the Emergence of the British Oil Industry*(London: Macmillan, 1981), pp. 19-20("Shady Lane").

8. Henriques, *Marcus Samuel* pp. 80("powerful company"), 96, 83, 112("Hebrew influence"), 108("to block"); Henry, *Thirty-five Years of Oil Transport*, pp. 41-47.

9. "Petroleum in Bulk and the Suez Canal," *Economist*, January 9, 1892, pp. 36-38; Henriques, *Marcus Samuel*, pp. 109-11("got cheaper"), 138-40("wire handles"); Henry, *Thirty-five Years of Oil Transport*, p. 50; R. J. Forbes and D. R. O'Beirne, *The Technical Development of the Royal Dutch/Shell, 1890-1940*(Leiden: E. J. Brill, 1957), pp. 529-30.

10. Henriques, *Marcus Samuel*, pp. 52-54("two brothers").

11. Archbold to Rockefeller, December 15, 1891, Frank Rockefeller folder, Box 64; Archbold to Rockefeller, July 13("quite confident"), July 22, 1892, Archbold folder(1.51.381), Box 51, Business Interests, 1878-1894, R.G. 1.2, Rockefeller archives. Gille, "Capitaux Français et Pétroles Russes," pp. 43-48("crisis"); Tolf, *Russian Rockfellers*, pp. 116-117("on behalf'); F. C. Gerretson, *History of the Royal Dutch,* vol. 2(Leiden: E. J. Brill, 1955), p. 35. Gerretson's 4-volume work extensively details the rise of Royal Dutch.

12. Gerretson, *Royal Dutch*, vol. 1, pp. 22("earth oil"), 89-90("won't bend"), 129-34("do not feel" and "mighty storm"), 163-65("Half-heartedness" and "stagnate"), 171("things go wrong"), 224("object of terror"), 174("pretend to be poor").

13. Hidy and Hidy, *Standard Oil*, vol. 1, pp. 261-67(Standard reps in East Indies, "Every day," "Dutch obstacles" and "sentimental barrier"); Gerretson, *Royal Dutch*, vol. 1, pp. 282-84("into

its power"); vol. 2, p. 48("pity"); Henriques, *Marcus Samuel*, pp. 181("Dutchman"), 184("still open")

——— **4**

1. Gerald T. White, *Formative Years in the Far West: A History of Standard Oil of California and Its Predecessors Through 1919*(New York: Appleton-Century-Crofts, 1962), pp. 199, 267, 269.
2. Harold G. Passer, *The Electrical Manufacturers, 1875-1900*(Cambridge: Harvard University Press, 1953), pp. 180-81("fuzz on a bee"); Arthur A, Bright, Jr., *The Electric Lamp Industry: Technological Change and Economic Development from 1800 to 1947*(New York: Macmillan, 1949), pp. 68-69; Thomas P. Hughes, *Networks of power: Electrification in Western Society 1880-1930*(Baltimore: Johns Hopkins University Press, 1983), pp. 55, 73, 176, 227("Londoners"); Leslie Hannah, *Electricity Before Nationalization*(London: Macmillan, 1979), chap. 1
3. James J. Flink, *America Adopts the Automobile 1895-1910*(Cambridge: MIT press, 1970), pp. 42-50("Get a horse," "skeptical" and "theme for jokers"), 64("automobile is the idol"); John B. Rae, *American Automobile Manufacturers: The First Forty Years*(philadelphia: Chilton Company, 1959), pp. 33("Horseless Carriage fever"), 31; George S. May, *A Most Unique Machine: The Michigan Origins of the American Automobile Industry*(Grand Rapids Mich.: Eerdmans publishing, 1975), pp. 56-57; Allan Nevins, *Ford: The Times, the Man, the Company*, vol. 1(New York: Scribners, 1954), pp. 133, 168, 237, 442-57.
4. Williamson and Daum, *Age of Illumination*, pp. 569-81; Arthur M. Johnson, *The Development of American Petroleum Pipelines: A Study in Private Enterprise and Public policy, 1862-1906*(Ithaca: Cornell University Press 1956), pp. 173-83("gloved hand"); Austin Leigh Moore, *John D. Archbold and the Early Development of Standard Oil*(New York: Macmillan, [1930]), 197-202("champions of independence").
5. White, *Standard Oil of California*, pp. 8-13("fabulous wealth" and "without limit").
6. Patillo Higgins Oral History, Ⅱ, pp. 7-9; Carl Coke Rister, *Oil! Titan of the Southwest*(Norman: University of Oklahoma Press, 1949), pp. 3-5, 34, 56-59; James A. Clark and Michael T. Halbouty, *Spindletop*(New York: Random House, 1952), pp. 4-5, 22, 27, 38-42("Tell that Captain"); John O. King, *Joseph Stephen Cullinan: A Study of Leadership in the Texas Petroleum Industry, 1897-1937*(Nashville: Vanderbilt University Press, 1970), pp. 12-21, 17("Dash and push"), F. Lucas to E. DeGolyer May 61920 1074("visions"); John Galey to E. DeGolyer August 22, 1941 , 535 DeGolyer papers. Mody C. Boatwright and William A. Owen, *Tales from the Derrick Floor*(Garden City, N.Y.: Doubleday, 1970), p. 14("Dr. Drill"); W. L. Mellon and Boyden Sparkes, *Judge Mellon's Sons*(Pittsburgh, 1948), pp. 148-50("bewitched"); Robert Henriques, *Marcus Samuel*, p. 346("example").
7. Allen Hamill Oral History, 1, pp. 20-21("Al!"), 34; James Kinnear Oral History, 1, pp. 15-19, Ⅱ, p. 16; T. A. Rickard, "Anthony F. Lucas and the Beaumont Gusher," *Mining and Scientific Press,* December 22, 1917, pp. 887-94; Rister, *Oil!*, pp. 60-67; Clark and Halbouty, *Spindletop*, pp. 88-89("X-ray eyes"); Burt Hull, "Founding of the Texas Company: Some of Its Early History," pp. 8-9, Collection 6850, Continental Oil, University of Wyoming.
8. Henriques, *Marcus Samuel*, pp. 353("pioneers"), 341-45("magnitude" and "opponent"), 349, 350("failure of supplies"); Harold F. Williamson, Ralph L. Andreano, Arnold R. Daum, and Gilbert C. Klose, *The American Petroleum Industry*, vol. 2, *The Age of Energy, 1899-1959*(Evanston: Northwestern University Press, 1963), pp. 16, 22; Clark and Halbouty,

Spindletop, pp. 100-01.

9. Mellon, *Judge Mellon's Sons*, pp. 153-162("epic card game" and "real way"), 269("We're out"), 276-78("just about as bad" and "good management"), 274-75("main problem"); Henriques, *Marcus Samuel*, pp. 462-66(Samuel's diary).

10. Mellon, *Judge Mellon's Sons*, pp. 272-73("Standard made the price," "at the mercy" and "by your leave"), 282("marketable"), 284("hitch onto"); John G. McLean and Robert Haigh, *The Growth of Integrated Oil Companies*, pp. 78-79; King, *Cullinan*, p. 179("throwed me out"). On the fate of the pioneers: Rickard, "Anthony F. Lucas," p. 892; *Oil Investors Journal*, March 1, 1904, p. 3("Owing" and "milked too hard"); Clark and Halbouty, *Spindletop*, pp. 123-27("whole honor"); Thomas Galey, "Guffey and Galey and the Genesis of the Gulf Oil Corporation," January 1951, P448(Gulf Oil), Petroleum Collection, University of Wyoming("dribble").

11. August W. Giebelhaus, *Sun Oil, 1876-1945*, pp. 42-43("five cents").

12. Curt Hamill Oral History, II, p. 29("Hogg's my name"); Robert C. Cotner, *James Stephen Hogg*(Austin: University of Texas Press, 1959), pp. 437-39("Northern men"); King, *Cullinan*, pp. 107("Tammany"), 180-82("time will come"), 186("butt into everything"), 190-94("Texas deals" and "boarding-house brawl").

13. With the development of Gulf Coast and California output, Standard's control of domestic crude production fell from 90 percent in 1880 to between 60 and 65 percent in 1911. *Business History Review*, ed., *Oil's First Century*(Boston: Harvard Business School, 1960), pp. 73-82; Hidy and Hidy, *Standard Oil*, vol. 1, pp. 416, 473, 462; Joseph A. Pratt, "The Petroleum Industry in Transition: Antitrust and the Decline of Monopoly Control in Oil," *Journal of Economic History* 40(December 1980), pp. 815-37; Ida Tarbell, *All in the Day's Work*(New York: Macmillan, 1939), p. 215("no end of the oil").

5

1. Hidy and Hidy, *Standard Oil*, vol. 1, pp. 213-214("craze" and "Our friends"); Bruce Bringhurst, *Antitrust and the Oil Monopoly: The Standard Oil Cases, 1890-1911*(Westport, Conn.: Greenwood Press, 1979), pp. 25("Clam"), 52-58("Democratic Leader"), 63, 90(Republic Oil ads); Pratt, "Petroleum Industry in Transition," p. 832("blind tigers").

2. Nevins, *Study in Power*, vol. 2, pp. 276-78; Hidy and Hidy, *Standard Oil*, vol. 1, pp. 231-32("gentlemen"); Peter Collier and David Horowitz, *The Rockefellers: An American Dynasty*(New York: Holt, Rinehart and Winston, 1976), pp. 45-46, 645.

3. E. V. Cary to J. D. Rockefeller, November 8, 1907, 1907-1912 folder, Box 114, John D. Rockefeller, Jr., Business Interests, Rockefeller archives; Moore, *Archbold*, pp. 48-49("go ahead" and "hard job"), 17("God is willing"), 53("oil enthusiasm"), 119("not ... entirely philanthropic"), 109("one flash"); Nevins, *Study in Power*, vol. 1, pp. 117-18("$4 a barrel"); vol. 2, pp. 285-86("really a bank"), 293-94(three simple rules), 457, n. 8("We told him"); Hidy and Hidy, *Standard Oil*, vol. 1, p. 67("unfortunate failing").

4. Edward C. Kirkland, *Industry of Age: Business, Labor, and Public Policy, 1860-1897*(New York: Holt, Rinehart and Winston, 1961), p. 312("great moral ... battle"); Lewis L. Gould, *Reform and Regulation: American Politics, 1900-1916*(New York: John Wiley, 1978), pp. 17, 23("trust question"); Richard Hofstadter, *The Age of Reform: From Bryan to FDR*(New York: Vintage, 1955), pp. 169, 185-86("critical achievement"); Alfred D. Chandler, *The Visible Hand: The Managerial Revolution in American Business*(Cambridge: Harvard University Press, 1977); Naomi R. Lamoreaux, *The Great Merger Movement in American Business, 1895-1904*(Cambridge:

Cambridge University Press, 1985), chap. 7; Kathleen Brady, *Ida Tarbell: Portrait of a Muckraker*(New York: Seaview/Putnam, 1984), pp. 120-23("great feature" and "new plan of attacking"). H. H. Rogers complained to Ida Tarbell that he could not understand how *Harper's* could have published William Demarest Lloyd's *Wealth Against Commonwealth*, as he "had known Harry Harper socially very well.". Tarbell's own theory was that "it was the very desire to keep the Standard Oil people out of society that had something to do with the Harpers publishing that book." Interview with H. H. Rogers, T-004, Tarbell papers.

5. Brady, *Ida Tarbell*, pp. 115("holding people off"), 110("playing cards"), 123("Well, I'm sorry"); Tarbell, *All in the Day's Work*, pp. 19, 204("Pithole"), 207("Don't do it").

6. Joseph Siddell to Ida Tarbell, T-084("most interesting figure"); Standard Oil-Rachel Crothers Group, T-014, p. 3("confession of failure"), Interviews with H. H. Rogers, T-004("ask us to contribute"), T-003("made right"), T-001, T-002, Tarbell papers. Albert Bigelow Paine, *Mark Twain: A Biography*(New York: Harper & Brothers, 1912), pp. 971-73("stop walking" and "affairs of a friend"), 1658-59("best friend"); Justin Kaplan, *Mr. Clemens and Mark Twain*(New York: Simon and Schuster, 1966), pp. 320-23("out for the dollars"); Tarbell, *All in the Day's Work*, pp. 217-20("born gambler" and "we were prospered"), 211-15("by all odds"), 10("as fine a pirate"), 227-28; Albert Bigelow Paine, ed., *Mark Twain's Letters*(New York: Harper & Brothers, 1917), pp. 612-13("only man I care for"); Hidy and Hidy, *Standard Oil*, vol. 1, p. 662; Brady, *Ida Tarbell*, pp. 125-29("straightforward narrative"); "Would Miss Tarbell See Mr. Rogers," *Harper's Magazine*, January 1939, p. 141.

7. Standard Oil-Rachel Crothers Group, T-014, p. 13, Tarbell papers("turned my stomach"); Brady, *Ida Tarbell*, pp. 137-57("very interesting to note," "most remarkable," McClure's comments, "guilty of baldness," "lady friend" and Rockefeller's response); Tarbell, *History of Standard Oil*, vol. 1, p. 158; vol. 2, pp. 207, 60, 230, 288("loaded dice"), 24; Hidy and Hidy, *Standard Oil*, vol. 1, pp. 652("more widely purchased"), 663; Tarbell, *All in the Day's Work*, p. 230("never had an animus"); Hawke, *Rockefeller Interview*, p. 5("Miss Tar Barrel").

8. Gould, *Reform and Regulation*, pp. 25-26("steamroller," "meteor" and "wring the personality"), 48($100,000 donation); Tarbell, *All in the Day's Work*, pp. 241-42("muckraker" and "vile and debasing"); George Mowry, *The Era of Theodore Roosevelt, 1900-1912*(New York: Harper & Brothers, 1958), pp. 131-32("levees"), 124; Henry F. Pringle, *Theodore Roosevelt*(New York: Harcourt, Brace, and Company, 1931), pp. 350-51("read every book" and "Darkest Abyssinia"); United States Congress, Senate, Subcommittee of the Committee on Privileges and Elections, *Campaign Contributions*, 62d Congress, 3d Session(Washington, D.C.: GPO, 1913), vol. 1, P. 133; vol. 2, pp. 1574 ,1580; Moore, *Archbold*, p. 260(1906 visit to TR).

9. Bringhurst, *Antitrust and the Oil Monopoly*, pp. 133, 140("Every measure"), 136("biggest criminals"). Starr J. Murphy to J. D. Rockefeller, September 7, 1907("Administration has started"); Telegram, W. P. Cowan to J. D. Rockefeller, August 3, 1907, 1907-1912 folder, Box 114; Starr Murphy to J. D. Rockefeller, July 9, 1907, Standard Oil Company-Misc. folder, Box 118, J.D.R., Jr., Business Interests, Rockefeller archives. White, *Standard Oil of California*, p. 373("inordinately voluminous"); Moore, *Archbold*, pp. 295("forty-four years"), 220("Federal authorities"); Goulder, *Rockefeller*, pp. 84("insolence" and "inadequacy"), 204-5(Rockefeller on golf course); John K. Winkler, *John D.: A Portrait in Oils*(New York: Vanguard, 1929), p. 147.

10. David Bryn-Jones, *Frank B. Kellogg: A Biography*(New York: Putnam, 1937), p. 66("signal triumphs"); Bringhurst, *Antitrust and the Oil Monopoly*, pp. 150, 156-57("I have also"); White, *Standard Oil of California*, p. 377("No disinterested mind"); *New York Times*, May 16, 1911;

Moore, *Archbold*, p. 278("one damn thing").

11. Giddens, *Standard of Indiana*, pp. 123-35("office boys"); Nevins, *Study in Power*, vol. 2, pp. 380-81("young fellows"); Hidy and Hidy, *Standard Oil*, vol. 1, pp. 416, 528, 713-14; White, *Standard Oil of California*, pp. 378-84.

12. Giddens, *Standard of Indiana*, pp. 141-63(Burton).

13. Moore, *Archbold*, p. 281; Nevins, *Study in Power*, vol. 2, pp. 383(Roosevelt), 404-5.

─────────── **6**

1. Robert Henriques, *Marcus Samuel*, pp. 158("Mr. Abrahams"), 272("mere production"), 163("great disadvantage"), 165("berserk").

2. Henriques, *Marcus Samuel*, pp. 186-212(correspondence), 267("tremendous role"), 272; Williamson and Daum, *Age of Illumination*, pp. 336-37.

3. Henriques, *Marcus Samuel*, pp. 300-23.

4. Henriques, *Marcus Samuel*, pp. 319-35, 176-79, 223, 234, 298-99; Gerretson, *Royal Dutch*, vol. 1, pp. 121, 126, 177, 238-39; vol. 2, pp. 324-27, 89, 92-146; Forbes and O'Beirne, *Royal Dutch Shell*, p. 65.

5. Interview with John Loudon; Henriques, *Marcus Samuel*, pp. 330-31("nervous condition"), 333; Henri Deterding, *An International Oilman*(as told to Stanley Naylor), (London and New York: Harper & Brothers, 1934), pp. 28-30("lynx-eye" and "go a long way"), 37("sniftering"), 9-10("Simplicity rules"); Gerretson, *Royal Dutch*, vol. 1, pp. 199-202("first-rate businessman"); vol 2, pp. 173-74("not aiming" and "heart and soul"); Robert Henriques, *Sir Robert Waley Cohen, 1877-1952*(London: Secker & Warburg, 1966), p. 98("charm"); Lane to Aron, January 11, 1912, Rothschild papers("terrible sort").

6. Gerretson, *Royal Dutch*, vol. 2, pp. 191-94("battledore" and "joint management"); Archbold to Rockefeller, October 15, 1901, GDR to JDR, October 15, 1901, 1877-1906 folder, Box 114, Business Interests J.D.R., Jr., Rockefeller archives("There is here").

7. Gerretson, *Royal Dutch*, vol. 2, pp. 195-201("no solution" and "cordially"), 234-38("Neither of us" and "Delay dangerous"); Henriques, *Marcus Samuel*, pp. 400-3("sincere congratulation")

8. Gerretson, *Royal Dutch*, vol. 2, pp. 187-88("not ... worth a white tie"), 244-45("rightly and fairly"); Henriques, *Marcus Samuel*, pp. 436-41(Lane's critique), 446-52("rage," "ten Lord Mayors" and "Twenty-one years"), 470.

9. Gerretson, *Royal Dutch*, vol. 2, pp. 298-301("selze one's opportunities"), 345-46(Deterding and Samuel); Henriques, *Marcus Samuel*, pp. 495("disappointed man"), 509("genius"); Mira Wilkins, *The Emergence of Multinational Enterprise: American Business Abroad from the Colonial Era to 1914*(Cambridge: Harvard University Press, 1970), p. 83; Henriques, *Waley Cohen*, pp. 129-48, chaps. 8-10; Deterding, *International Oilman*, p. 114("our chairman").

10. Gerretson, *Royal Dutch*, vol. 3, pp. 303("wipe us out"), 297-98("I am sorry"), 307("To America!"); Kendall Beaton, *Enterprise in Oil: A History of Shell in the United States*(New York: Appleton-Century-Crofts, 1957), pp. 123("Oil Capital"), 126("we *are* in America!").

11. Geoffrey Jones and Clive Trebilcock, "Russian Industry and British Business, 1916-1930: Oil and Armaments," *Journal of European Economic History* 11(Spring 1982), pp. 68-69("too hurried development"); Serge Witte, *The Memoirs of Count Witte*, trans. and ed. Abraham Yarmolinsky(Garden City: Doubleday, Page & Co,. 1921), pp. 27-29, 125, 198("imported mediums"), 183("'Byzantine' habits"), 247("tangle"), 279; Theodore Von Laue, *Sergei Witte and the Industrialization of Russia*(New York: Atheneum, 1974), pp. 255, 122-23, 250; A. A.

Fursenko, *Neftyanye Tresty i Mirovaia Politika*(Moscow: Nauka, 1965), pp. 42-43. On Baku unrest, see Richard Hare, *Portraits of Russian Personalities Between Reform and Revolution*(London: Oxford University Press, 1959), pp. 305; Tolf, *Russian Rockefellers*, pp. 151-55("revolutionary hotbed"); Adam B. Ulam, *Stalin: The Man and His Era*(New York: Viking, 1973), pp. 37, 59-60; Isaac Deutscher, *Stalin: A Political Biography*(New York: Oxford University Press, 1966), p. 47; Ronald G. Suny, "A Journeyman for the Revolution: Stalin and the Labour Movement in Baku," *Soviet Studies* 23(January 1972), p. 393.

12. Witte, *Memoirs*, pp. 189("monkeys"), 250("Russia's internal situation"); Deutscher, *Stalin*, p. 66("hour of revenge"); Solomon M. Schwarz, *The Russian Revolution of 1905: The Workers' Movement and the Formation of Bolshevikism and Menshevikism*, trans. Gertrude Vaka(Chicago: University of Chicago Press, 1966), pp. 301-14; Adam B. Ulam, *The Bolsheviks & the Intellectual*(New York: Collier Books, 1965), pp. 219, 277; J. D. Henry, *Baku*, pp. 157-59(Adamoff), 183-184("flames"); K. H. Kennedy, *Mining Tsar: The Life and Times of Leslie Urquhart*,(Boston: Allen & Unwin, 1986), chaps. 2 and 3; Gerretson, *Royal Dutch*, vol. 3, p. 138; Hidy and Hidy, *Standard Oil*, p. 511; Ulam, *Stalin*, pp. 89-98; Suny, "Stalin," pp. 394, 386("unlimited distrust").

13. A. Beeby Thompson, *The Oil Fields of Russia*(London: Crosby Lockwood and Son, 1908), pp. 195-97, 213; Maurice Pearton, *Oil and the Romanian State*(Oxford: Oxford University Press, 1971), pp. 1-45; Tolf, *Russian Rockefellers*, pp. 183-85; Lane to Aron, December 21, 1911("I can assure you"), December 13, 1911("his intention"), Rothschild papers; V. 1. Bovykin, "Rossiyskaya Neft'i Rotshil'dy'," *Voprosy Istorii* 4(1978), pp. 27-41; Suny, "Stalin," p. 373("journeyman for the revolution").

——————— 7

1. Henry Drummond Woolf, *Rambling Recollections*, vol. 2(London: Macmillan, 1908), p. 329("well versed"); Charles Issawi, ed., *The Economic History of Iran, 1800-1914*(Chicago: University of Chicago Press, 1971), p. 20(Persian finances); R. W. Ferrier, *The History of the British Petroleum Company*, vol. 1, *The Developing Years, 1901-1932*(Cambridge: Cambridge University Press, 1982), p. 28("Shah's prodigality"); T. A. B. Corley, *A History of the Burmah Oil Company, 1886-1927*(London: Heinemann, 1983); Geoffrey Jones, *The State and the Emergence of the British Oil Industry*(London: Macmillan, 1981). The books by Ferrier, Corley, and Jones-all making extensive use of corporate and government archives-are the best works on their respective subjects.

2. Ferrier, *British Petroleum*, pp. 29("capitalist"), 31("riches"), 35-36("morning coffee"). On D'Arcy, see ibid., pp. 30-32; Corley, *Burmah Oil*, pp. 96-97; Henry Longhurst, *Adventure in Oil: The Story of British Petroleum*(London: Sidgwick and Jackson, 1959), pp. 18-19, 25; David J. Jeremy and Christine Shaw, eds., *Dictionary of Business Biography*(London: Butterworths, 1984), vol. 2, pp. 12-14. On the de Reuter concessions, see Firuz Kazemzadeh, *Russia and Britain in Persia, 1864-1914*(New Haven: Yale University Press, 1968), pp. 100-34, 210-14.

3. Kazemzadeh, *Russia and Britain in Persia*, pp. 3("chessboard"), 8, 22("Insurance"), 325-28("ragamuffins"); Arthur H. Hardinge, *A Diplomatist in the East*(London: Jonathan Cape, 1928), pp. 280("elderly child"), 268("vassalage"), 328("detestable"); Ferrier, *British Petroleum*, pp. 39("ready money"), 43("no umbrage"); Hardinge to Lansdowne, January 29, 1902, FO 60/660, PRO("Cossacks"); Briton Cooper Busch, *Britain and the Persian Gulf*(Berkeley: University of California Press, 1967), chap. 4 and pp. 235-42.

4. Issawi, *Economic History of Iran*, p. 41("far-reaching effects" and "soil of Persia"); Jones, *State and British Oil*, pp. 131-32; Ferrier, *British Petroleum*, pp. 43("wild-catting"), 107.

5. Hardinge, *Diplomatist*, pp. 281, 273-74("Shiahs"), 306-11; Ferrier, *British Petroleum*, pp. 57("expedite"), 65("heat," "Mohamedan Kitchen" and "Mullahs").

6. Ferrier, *British Petroleum*, pp. 59-62("Every purse" and "keep the bank quiet"); Jones, *State and British Oil*, pp. 97-99("éminence grise"), 133; Corley, *Burmah Oil*, pp. 98-103("Glorious news").

7. Kazemzadeh, *Russia and Britain in Persia*, pp. 442-44("menace" and "Monroe Doctrine"). Lansdowne to Curzon, December 7, 1903, FO 60/731("danger"); Cargill to Redwood, October 6, 1904, ADM 116/3807, PRO. Corley, *Burmah Oil*, pp. 99-102("imperial," "patriots" and "coincided exactly"); Jones, *State and British Oil*, pp. 133-34("British hands").

8. A. R. C. Cooper, "A Visit to the Anglo-Persian Oil-Fields," *Journal of the Central Asian Society*, 13(1926), pp. 154-56("thousand pities"); Kazemzadeh, *Russia and Britain in Persia*, pp. 444-445; Ferrier, *British Petroleum*, pp. 67, 86("beer and skittles"), 79("dung" and "teeth"); Arnold Wilson, *S. W. Persia: A Political Officer's Diary, 1907-14*(London: Oxford University Press, 1941), p. 112.

9. Wilson, S. W. *Persia*, p. 27("dignified" and "solid British oak"); Ferrier, *British Petroleum*, pp. 79("reasonable" and "beasts"), 96("type machine"), 73; Corley, *Burmah Oil*, p. 110("amuse me").

10. Ervand Abrahamian, *Iran Between Two Revolutions*(Princeton: Princeton University Press, 1982), pp. 80-85("luxury of Monarchs"); Gene R. Garthwaite, "The Bakhtiar Khans, the Government of Iran, and the British, 1846-1915," *International Journal of Middle East Studies* 3(1972), pp. 21-44; Ferrier, *British Petroleum*, p. 83("nightingale" and "Baksheesh"), 85("importance attached"). Harold Nicolson, *Portrait of a Diplomatist*(Boston: Houghton Mifflin, 1930), p. 171("spontaneous infiltration"); Spring-Rice to Grey, April 11, 1907, FO 416/32, PRO("great impetus"); Kazemzadeh, *Russia and Britain in Persia*, pp. 475-500.

11. Ferrier, *British Petroleum*, pp. 86-88("last throw," "cannot find" and "Psalm 104"), 96("stupid action"); Corley, *Burmah Oil*, pp. 128-39("go smash," "abandon operations," "telling no one" and "may be modified"); Wilson, S. W. *Persia*, pp. 41-42("endure heat").

12. Ferrier, *British Petroleum*, pp. 105-6("making public," "corns" and "immense benefit"), 98("great mistake"), 103("signing away"), 113("just as keen"). While Ferrier places the value of D'Arcy's shares at £895,000 Corley puts them at £650,000-still a healthy return after all. Ferrier, *British Petroleum*, p. 112 and Corley, *Burmah Oil*, p. 142. On Anglo-Persian's operations after the stock issue, see Wilson, S. W. *Persia*, pp. 84, 103("spent a fortnight"), 211-12; Ferrier, *British Petroleum*, pp 152-53("one chapter"); Jones, *State and British Oil*, pp. 142, 144("serious menace"), 147; Corley, *Burmah Oil*, p. 189("hell of a mess").

8

1. Ferrier, *British Petroleum*, p. 59; John Arbuthnot Fisher, *Memories*(London: Hodder and Stoughton, 1919), pp. 156-57; Henriques, *Marcus Samuel*, pp. 399-402; John Arbuthnot Fisher, *Fear God and Dread Nought: The Correspondence of Admiral of the Fleet Lord Fisher of Kilverstone*, vol. l, ed. Arthur J. Marder(Cambridge: Harvard University Press, 1952), pp. 45("oil maniac"), 275("gold-mine" and "bought the south half").

2. Fisher, *Memories*, p. 116("God-father of Oil"); Arthur J. Marder, *From the Dreadnought to Scapa Flow: The Royal Navy in the Fisher Era, 1904-1919*, vol. 1, *The Road to War, 1904-1914*(London: Oxford University Press, 1961), pp. 14("mixture"), 205(tornado"), 19(Edward VII), 45; Fisher, *Fear God*, vol. 1, pp. 102("Full Speed"), 185("Wake up"); Ruddock F. Mackay, *Fisher of Kilverstone*(Oxford: Clarendon Press, 1973), p. 268("Golden rule"); R. H. Bacon, *The Life of*

Lord Fisher(Garden City: Doubleday, 1929), vol. 2., pp. 157-59.

3. Paul M. Kennedy, *The Rise of the Anglo-German Antagonism*(London: George Allen & Unwin, 1982), pp. 416("naval question"), 417("freedom"), 457("strident"), 221-29("world domination," "mailed fist" and "weary Titan"); Zara S. Steiner, *Britain and the Origins of the First World War*(New York: St. Martin's Press, 1977), pp. 40-57, 127; Samuel Williamson, *The Politics of Grand Strategy: Britain and France Prepare for War, 1904-1914*(Cambridge: Harvard University Press, 1969), pp. 16, 18.

4. William H. McNeil, *The Pursuit of Power: Technology, Armed Force and Society Since A.D. 1000*(Chicago: University of Chicago Press, 1982), p. 277("technological revolution"); Marder, *Dreadnought to Scapa Flow*, vol. 1, pp. 71, vii, 139("pensions"); Williamson, *Politics of Grand Strategy*, pp. 236, 238. For domestic German politics, see Volker Berghahn, "Naval Armaments and the Social Crisis: Germany Before 1914," in Geoffrey Best and Andrew Wheatcraft, eds., *War, Economy, and the Military Mind*(London: Croom Held, 1976), pp. 61-88. Randolph S. Churchill, Winston S. Churchill, vol. 1, *Youth, 1874-1900*(London: Heinemann, 1966), pp. 1888-89.

5. Randolph S. Churchill, *Winston S. Churchill*, vol. 2, *Young Statesman, 1901-1917*(Boston: Houghton Mifflin, 1967), pp. 494("nonsense"), 518-19("Indeed").

6. Churchill, *Young Statesman*, pp. 545-47("whole fortunes"); Churchill, *World Crisis*, vol. 1, pp. 71-78("intended to prepare," "important steps" and "veritable volcano"); Fisher, *Memories*, pp. 200-1("precipice"); Henriques, *Marcus Samuel*, p. 283; Randolph Churchill, *Winston S. Churchill*, vol. 2, *Companion Volume*, part, 3(Boston: Houghton Mifflin, 1969), p. 1926("How right").

7. Churchill, *Churchill*, vol. 2, *Companion Volume*, part 3, pp. 1926-27.

8. Fisher, *Fear God*, vol. 2, p. 404("Sea fighting"); Churchill, *World Crisis*, vol. 1, pp. 130-36(on his decision).

9. Ferrier, *British Petroleum*, p. 158; Jones, *State and British Oil*, p. 170; Corley, *Burmah Oil Company*, p. 186; Fisher, *Fear God*, vol. 2, pp. 451("betrayed"), 467("no one else"); Mackay, *Fisher*, pp. 437-38; Churchill, *Young Statesman*, pp. 567-68; Churchill, *Churchill*, vol. 2, *Companion Volume*, part 3, p. 1929("My dear Fisher").

10. Fisher, *Memories*, pp. 218-20("d...d fool"); Lord Fisher, *Records*(London: Hodder and Stoughton, 1919), p. 196; Mackay, *Fisher*, p. 439("overwhelming advantages"); Fisher, *Fear God*, vol. 2, p. 438("don't grow").

11. Ferrier, *British Petroleum*, p. 94("Champagne Charlie" and "decorous"); Jeremy and Shaw, *Dictionary of Business Biography*, vol. 2, pp. 639-41; Corley, *Burmah Oil*, pp. 184, 205; Jones, *State and British Oil*, pp. 96("Old Spats"), 151-52("Jewishness," "Dutchness," "under the control" and "moderate return").

12. Bacon, *Fisher*, vol. 2, p. 158("do our d-st"); Jones, *State and British Oil*, pp. 164("embracing as it did" and "pecuniary assistance"), 151("Shell menace"); Ferrier, *British Petroleum*, pp. 170-73("commercial predominance" and "Evidently").

13. Jones, *State and British Oil*, pp. 166-67("speculative risk"); Marian Kent, *Oil and Empire: British Policy and Mesopotamian Oil, 1900-1920*(London: Macmillan, 1976), pp. 47-48("keeping alive"); Churchill, *Churchill*, vol. 2, *Companion Volume*, part 3, pp. 1932-48; Corley, *Burmah Oil*, p. 191; Asquith to George V, July 12, 1913, CAB 41/34, PRO("controlling interest"); Ferrier, *British Petroleum*, pp. 181-82.

14. *Parliamentary Debates*, Commons, July 17, 1913, pp. 1474-77(Churchill statement); Corley,

Burmah Oil, pp. 187, 191-95("scrap heap"); Ferrier, *British Petroleum*, pp. 195-96("thoroughly sound," "perfectly safe" and "national disaster").

15. Ferrier, *British Petroleum*, p. 185; Corley, *Burmah Oil*, pp. 195-97; Churchill, *Churchill*, vol. 2, *Companion Volume*, part 3, p. 1964.

16. *Parliamentary Debates*, Commons, June 17, 1914, pp. 1131-53, 1219-32; Bradbury to Anglo-Persian Oil Company, May 20, 1914, POWE 33/242, PRO; Ferrier, *British Petroleum*, p. 199(Greenway's question).

17. Henriques, *Marcus Samuel*, p. 574; Churchill, *Churchill*, vol. 2, *Companion Volume*, part 3, pp. 1951("Napoleon and Cromwell"), 1965("*Good Old Deterding*"); Gerretson, *Royal Dutch*, vol. 4, p. 293.

18. Gerretson, *Royal Dutch*, vol. 4, p. 185; Jones, *State and British Oil*, pp. 144, 12("*premier cru*"); Ferrier, *British Petroleum*, p. 196; Churchill, *World Crisis*, p. 137; Churchill, *Churchill*, vol. 2, *Companion Volume*, part 3, p. 1999(war order).

9

1. William Langer, "The Well-Spring of Our Discontents," *Journal of Contemporary History* 3(1968), pp. 3-17; McNeill, *Pursuit of Power*, pp. 334-35; Martin Van Creveld, *Supplying War: Logistics from Wallenstein to Patton*(Cambridge: Cambridge University Press, 1977), pp. 110-111, 124-25(German general); W. G. Jensen, "The Importance of Energy in the First and Second World Wars," *Historical Journal* 11(1968), pp. 538-45. Llewellyn Woodward, *Great Britain and the War of 1914-1918*(London: Metheun, 1967), pp. 38-39.

2. Basil Liddell Hart, *A History of the World War, 1914-1918*(London: Faber and Faber, 1934), chap. 4, especially pp. 86-87, 115-22("No British officer," "coups de téléphone," "not commonplace" and "forerunner"); Henri Carré, *La Véritable Histoire des Taxis de La Marne*(Paris: Libraire Chapelot, 1921), pp. 11-39("How will we be paid?"); Robert B. Asprey, *The First Battle of the Marne*(Westport, Conn.: Greenwood Press, 1977), pp. 127("Today destiny"), 153("going badly").

3. Woodward, *Great Britain and the War of 1914-1918*, pp. 38-39("This isn't war"); Liddell Hart, *The World War*, pp. 332-43("antidote," "eyewitness," "black day" and "primacy"); Erich Ludendorff, *My War Memories, 1914-1918*(London: Hutchinson, [1945]), p. 679; J. F. C. Fuller, *Tanks in the Great War, 1914-1918*(London: John Murray, 1920), p. 19("present war"); Churchill, *World Crisis*, vol. 2(New York: Scribners, 1923) pp. 71-91("caterpillar" ... "tank"); A. J. P. Taylor, *English History, 1914-1945*(New York: Oxford University Press, 1965), p. 122; Francis Delaisi, *Oil: Its Influence on Politics*, trans. C. Leonard Leese(London: Labour Publishing and George Allen and Unwin, 1922), p. 29(truck over the locomotive).

4. Liddell Hart, *The World War*, pp. 457-460("good sport"), 554-59; Harald Penrose, *British Aviation: The Great War and Armistice, 1915-1919*(London: Putnam, 1969), pp. 9-12("Since war broke out"), 586("necessities of war"); Bernadotte E. Schmitt and Harold C. Vedeler, *The World in the Crucible, 1914-1919*(New York: Harper & Row, 1984), pp. 301-4("Battle of Britain"); Jensen, "Energy in the First and Second World Wars," pp. 544-45; Richard Hough, *The Great War at Sea, 1914-1918*(New York: Oxford University Press, 1983), pp. 296-97.

5. F. J. Moberly, *History of the Great War Based on Official Documents: The Campaign in Mesopotamia, 1914-1918*(London: HMSO, 1923), vol. 1, p. 82("little likelihood"); Ferrier, *British Petroleum*, p. 263("build up"); Kent, *Oil and Empire*, pp. 125-26; Corley, *Burmah Oil*, pp. 239, 253("All-British Company"); Jones, *State and British Oil*, pp. 182-83.

6. Corley, *Burmah Oil*, p. 258, chap. 16; Henriques, *Marcus Samuel*, pp. 593-619; Henriques,

Waley Cohen, pp. 200-40; P. G. A. Smith, *The Shell That Hit Germany Hardest*(London: Shell Marketing Co., [1921]), pp. 1-11; Jones, *State and British Oil*, pp. 187-202; Ferrier, *British Petroleum*, pp. 250, 218("to secure navy supplies"); Slade, "Strategic Importance of the Control of Petroleum," "Petroleum Supplies and Distribution" and "Observations on the Board of Trade Memorandum on Oil," August 24, 1916, CAB 37/154, PRO.

7. Henriques, *Waley Cohen*, pp. 213-20; *Times*(London), January 14, 1916, p. 5; May 26, 1916, p. 5; G. Gareth Jones, "The British Government and the Oil Companies, 1912-24: The Search for an Oil Policy," *Historical Journal* 20(1977), pp. 654-64; C. Ernest Fayle, *Seaborne Trade*, vol. 3, *The Period of Unrestricted Submarine Warfare*(London: John Murray, 1924), pp. 465, 175-76, 319, 371, 196-97; George Gibb and Evelyn H. Knowlton, *History of Standard Oil Company*(New Jersey), vol. 2, *The Resurgent Years, 1911-1927*(New York: Harper & Brothers, 1956), pp. 221-23; Beaton, p. 100.

8. Jones, "British Government and the Oil Companies," pp. 661, 665; Paul Foley, "Petroleum Problems of the War: Study in Practical Logistics," *United States Naval Institute Proceedings* 50(November 1927), pp. 1802-03("out of action"), 1817-21; Burton J. Hendrick, *The Life and Letters of Walter H. Page*(London: Heinemann, 1930), vol. 2, p. 288("Germans are succeeding"); Ferrier, *British Petroleum*, pp. 248-49(Walter Long); Henry Bérenger, *Le Pétrole et la France*(Paris: Flammarion, 1920), pp. 41-55; Edgar Faure, *La Politique Française du Pétrole*(Paris: Nouvelle Revue Critique, 1938), pp. 66-69; Pierre L'Espagnol de la Tramerye, *The World Struggle for Oil*, trans. c. Leonard Leese(London: George Allen & Unwin, 1924), chap. 8; Eric D. K. Melby, *Oil and the International System: The Case of France, 1918-1969*(New York: Arno Press, 1981), pp. 8-20("as vital as blood").

9. Mark L. Requa, "Report of the Oil Division 1917-19" in H. A. Garfield, *Final Report of the U. S. Fuel Administrator*(Washington, D.C.: GPO, 1921), p. 261; Gerald D. Nash, *United States Oil Policy, 1890-1964*(Pittsburgh: University of Pittsburgh Press, 1968), p. 27. On American oil policy making during World War I, see Dennis J. O'Brien, "The Oil Crisis and the Foreign Policy of the Wilson Administration, 1917-1921"(Ph.D.: University of Missouri, 1974), chaps. 1-2 and Robert D. Cuff, *The War Industries Board: Business-Government Relations During World War I*(Baltimore: Johns Hopkins University Press, 1973).

10. Joseph E. Pogue and Isador Lubin, *Prices of Petroleum and Its Products During the War*(Washington, D.C: GPO, 1919), pp. 13-33, 289; Rister, *Oil!*, pp. 120-34. On the coal shortage, see David Kennedy, Over Here: The First World War and American Society(Oxford: Oxford University Press, 1980), pp. 122-24("Bedlam") and Seward W. Livermore, *Politics Is Adjourned: Woodrow Wilson and the War Congress, 1916-18*(Middletown: Wesleyan University Press 1966), pp. 68-69, 86-88. Requa, "Report of the Oil Division," p. 270("no justification"); White, *Standard Oil of California*, p. 542. For auto growth, see Beaton, Shell, p. 171; White, *Standard of California*, p. 544. H. A. Garfield, *Final Report of the U.S. Fuel Administrator*, p. 8("walk to church").

11. Ludendorff, *War Memories*, pp. 287-88("As I now saw"), 358-59("did materially"); Liddell Hart, *The World War*, pp. 345-50; Schmitt and Vedeler, *World in the Crucible*, pp. 157-60; *Times*(London), December 5, 1916, p. 7; Pearton, *Oil and the Romanian State*, pp. 79-85("No efforts"); Gibb and Knowlton, *Standard Oil*, vol. 2, pp. 233-35. On Norton-Griffiths, see R. K. Middlemas, *The Master-Builders*(London: Hutchinson, 1963), pp. 270-83("dashing," nicknames and "blasted language"); Mrs. Will Gordon, *Roumania Yesterday and Today*(London: John Lane, 1919), chap. 9("sledgehammer"); *New York Times*, January 16, 1917, p. 1; February 20, 1917, p.

4. On the effects on Germany, see Fayle, *Seaborne Trade*, vol. 3, pp. 180-81("just the difference"). After the war John Norton-Griffiths was recognized as a "world famous engineer" and contractor. In 1930, he was directing his firm's project of raising the height of the Aswan Dam. A conflict developed with the local Egyptian authorities on the type of steel he had ordered and whether he would be liable for a very large penalty-also with possible great injury to his professional reputation. As was his wont, at 7:45 in the morning on September 27, 1930, he took out a surf boat from his hotel at San Stefano, near Alexandria, and paddled out to sea. A little later, an associate looked out from the hotel and saw Norton-Griffiths's boat floating empty. Observers saw a man swimming or floating at a little distance away. Another boat, dispatched to investigate, recovered the body. It was Empire Jack, "the man with a sledgehammer," with a bullet wound through his right temple-a suicide. *Times*(London), September 28, 1930, p. 12; September 29, 1930, p. 14; *New York Times*, September 28, 1930, II , p. 8, September 29, 1930, p. 11.

12. Erich Ludendorff, *The Nation at War*, trans. A. S. Rappoport(London: Hutchinson, 1936), p. 79; Z. A. B. Zeman, ed., *Germany and the Revolution in Russia, 1915-1918*(London: Oxford University Press, 1958), pp. 107, 134-35; Ronald Suny, *The Baku Commune 1917-1918*(Princeton: Princeton University Press, 1972), pp. 284-85("we agreed" and "plunderers", 328-43; Firuz Kazemzadeh, *The Struggle for Transcaucasia, 1917-1921*(New York: Philosophical Library, 1951), pp. 136-46("destroy"); Moberly, *Campaign in Mesopotamia*, vol. 4, pp. 182-212; Ludendorff, *War Memories*, pp. 659-60("serious blow"); Anastas Mikoyan, *Memoirs of Anastas Mikoyan*, vol. 1, *The Path of Struggle*, ed. Sergo Mikoyan, trans. Katherine T. O'Connor and Diane L. Burgin(Madison, Conn.: Sphinx Press, 1988), pp. 505-9.

13. Ludendorff, *War Memories*, p. 748; Schmitt and Vedeler, *World in the Crucible*, p. 272; Pearton, *Oil and the Romanian State*, p. 93; Fayle, *Seaborne Trade*, vol. 3, pp. 230, 402; Leo Grebler and Wilhelm Winkler, *The Cost of the World War to Germany and to Austria-Hungary*(New Haven: Yale University Press, 1940), p. 85; Henriques, *Marcus Samuel*, p. 624. On the speeches, see *Times*(London), November 22, 1918, p. 6; Delaisi, *Oil*, pp. 86-91(Curzon); Bérenger, *Le Pétrole et la France*, pp. 175-80.

──────────── **10**

1. *Documents on British Foreign Policy, 1919-1939*, First Series, vol. 4, pp. 452-54, 521; *FRUS: Paris Peace Conference, 1919*, vol. 5, pp. 3-4, 760, 763, 804; David Lloyd George, *The Truth About the Peace Treaties*, vol. 2(London: Victor Gollancz, 1938), pp. 1037-38.

2. Confidential Memorandum of Negotiations with Turkish Petroleum Company, July 15-August 5, 1922, pp. 1-3, 800.6363/T84/48, RG 59, NA; Marian Kent, *Oil and Empire*, pp. 12-80; Edward Mead Earle, "The Turkish Petroleum Company: A Study in Oleaginous Diplomacy," *Political Science Quarterly* 39(June 1924), 267("Talleyrand"); V. H. Rothwell, "Mesopotamia in British War Aims," *Historical Journal* 13(1970), p. 277.

3. Ralph Hewins, *Mr. Five Percent: The Story of Calouste Gulbenkian*(New York: Rinehart and Company, 1958), pp. 15-16("academic nonsense"), 24("fine and consistent"), 11("hand"), 188(Kenneth Clark); *Financial Times*, July 25, 1955("granite"); Gibb and Knowlton, *Standard Oil*, vol. 2, p. 300; Nubar Gulbenkian, *Portrait in Oil*(New York: Simon and Schuster, 1965), p. 85("very close"); "Memoirs of Calouste Sarkis Gulbenkian, with Particular Relation to the Origins and Foundation of the Iraq Petroleum Company, Limited," March 4, 1948, 890. G.6363/3-448, pp. 6-7("wild cat"), 11("not, in any way"), RG 59, NA.

4. Kent, *Oil and Empire*, pp. 86-93, 170-71(Foreign Office Agreement); Hewins, *Mr. Five Percent*,

p. 81.

5. Kent, *Oil and Empire*, pp. 109, 121-26; David Fromkin, *A Peace to End All Peace: Creating the Modern Middle East, 1914-1922*(New York: Henry Holt, 1989), pp. 188-95; Elie Kedourie, *England and the Middle East: The Destruction of the Ottoman Empire, 1914-1921*(London: Bowes and Bowes, 1956); Jones, *State and British Oil*, p. 198; Helmut Mejcher, *Imperial Quest for Oil: Iraq, 1910-1928*(London: Ithaca Press, 1976), p. 37; Rothwell, "Mesopotamia in British War Aims," pp. 289-90(Hankey and Balfour); William Stivers, *Supremacy and Oil: Iraq, Turkey and the Anglo-American World Order, 1918-1930*(Ithaca: Cornell University Press, 1982), pp. 71-72(Lansing); Lloyd George, *Peace Treaties*, pp. 1022-38.

6. Melby, *France*, pp. 17-23(Clemenceau's grocer); Jukka Nevakivi, *Britain, France and the Arab Middle East, 1914-1920*(London: Athlone Press, 1969), p. 154; Paul Mantoux, *Les Délibérations du Conseil des Quatre*(24 Mars-28 Juin 1919), vol. 2(Paris: Editions du Centre National de la Recherche Scientifique, 1955), pp. 137-43; Jones, *State and British Oil*, p. 214; C. E. Callwell, *Field-Marshal Sir Henry Wilson: His Life and Diaries*, vol. 2(London: Cassell, 1927), p. 194 ("dog-fight"); *Documents on British Foreign Policy, 1919-1939*, First Series, vol. 8, pp. 9-10.

7. Melby, *France*, pp. 67("entirely French"), 100-4("industrial arm"); Richard Kuisel, *Ernest Mercier: French Technocrat*(Berkeley: University of California Press, 1967), pp. 31-32("Instrument" and "international difficulties"), 25("Anglo-Saxon").

8. Kendall Beaton, *Shell in the United States*, pp. 229-32; B. S. McBeth, *British Oil Policy, 1919-1939*(London: Frank Cass, 1985), p. 41. Waley Cohen to Director, Petroleum Dept., May 15, 1923, FO 371/13540; Proposed Combination of Royal Dutch Shell, Burma Oil, and Anglo-Persian Oil Companies, Notes of Meeting, November 2, 1921, W11691, FO 371/7027; Cowdray to Lloyd-Greame, February 14, 1922, POWE 33/92; Watson to Clarke, October 31, 1921, POWE 33/92, PRO. *Parliamentary Debates*, Commons, March 18, 1920, vol. 126, no. 28, cols. 2375/6; Jones, *State and British Oil*, pp. 223-26("over-production," "every action" and "Hottentots"); Ferrier, *British Petroleum*, pp. 372-80("whole revenue" and "did not go"); Shaul Bakhash, *The Reign of the Ayatollahs: Iran and the Islamic Revolution*(New York: Basic Books, 1984), pp. 20-23.

9. Martin Gilbert, *Winston S. Churchill*, vol. 5, *The Prophet of Truth, 1922-1939*(Boston: Houghton Mifflin, 1977), pp. 8-17("shall not starve"); Corley, *Burmah Oil*, pp. 298-307; Martin Gilbert, *Winston S. Churchill*, vol. 5, *Companion Volume*, part 1,(Boston: Houghton Mifflin, 1981), pp. 54-55(Churchill on Baldwin), 68-69; Ferrier, *British Petroleum*, pp. 382-85("His Majesty's Government").

10. Mark Requa, Letter to the Subcommittee on Mineral Raw Materials, Economic Liaison Committee, May 12, 1919, Baker Library, Harvard Business School; John DeNovo, "The Movement for an Aggressive American Oil Policy Abroad, 1918-1920," *American Historical Review*(July 1956), pp. 854-76; O'Brien, "Oil Crises and the Foreign Policy of the Wilson Administration," p. 176(Wilson); *National Petroleum News*, October 29, 1919, p. 51("two to five years"); Guy Elliott Mitchell, "Billions of Barrels Locked Up in Rocks," *National Geographic*, February 1918, pp. 195("gasoline famine"), 201("no man who owns"); George Otis Smith, "Where the World Gets Oil and Where Will Our Children Get It When American Wells Cease to Flow?" *National Geographic*, February 1920, p. 202("moral support"); *Washington Post*, November 18, 1920(nine years and three months); George Otis Smith, ed., *The Strategy of Minerals: A Study of the Mineral Factor in the World Position of America in War and in Peace*(New York: D. Appleton, 1919), p. 304("within a year"). In 1919, David White, chief geologist of

the United States Geological Survey, alarmed at "the widening angle between the flattening curve of production and the rising curve of consumption" in the United States, fixed total recoverable reserves at 6.7 billion barrels. David White, "The Unmined Supply of Petroleum in the United States," paper presented at the annual meeting of the Society of Automotive Engineers, February 4-6, 1919. John Rowland and Basil Cadman, *Ambassador for Oil: The Life of John First Baron Cadman*(London: Herbert Jenkins, 1960), pp. 95, 97. Requa to Adee, May 13, 1920, 800.6363/112; Manning to Baker, March 8, 1920, 811.6363/35; Fall to Hughes, July 15, 1921, 800.6363/324; Memorandum for the Secretary, March 29, 1921, 890g.6363/69; Merle-Smith to the Secretary, February 11, 1921, 800.6363/325; Millspaugh Memorandum, April 14, 1921, 890g.6363/T84/9m RG 59, NA. *Scientific American*, May, 3, 1919, p. 474; Cadman to Fraser, December 2, 1920, 4247, Cadman papers("I don't expect"); Cadman, Notes, Meeting at Petroleum Executive, June 16, 1919, GHC/Iraq/D1, Shell archives; Memorandum on the Petroleum Situation, with Dispatch to HM Ambassador, April 21, 1921, POWE 33/228, PRO.

11. United Kingdom, Admiralty, *Geographical Section of Naval Intelligence Division, Geology of Mesopotamia and Its Borderlands*(London: HMSO, 1920), pp. 84-86, insisted on a "cautious estimate" for the oil potential of the region. *FRUS*, vol. 2, pp. 664-73; Jones, *State and British Oil*, pp. 223, 221; De Novo, "Aggressive American Oil Policy," pp. 871-72; Bennett H. Wall and George S. Gibb, *Teagle of Jersey Standard*(New Orleans: Tulane University Press, 1974), p. 130; Michael Hogan, *Informal Entente: The Private Structure of Cooperation in Anglo-American Economic Diplomacy, 1918-1928*(Columbia: University of Missouri Press, 1977), p. 165; Nash, *United States Oil Policy*, p. 53. Heizer to Ravndal, January 31, 1920, 800.6363/134; Millspaugh Memorandum, November 26, 1921, 890g.6363/134; Tyrrell to Gulbenkian, October 10, 1924, with Wiley to Secretary of State, March 13, 1948, 890g.6363/3-448("instrumental"), RG 59, NA.

12. WWC to Dearing, May 12, 1921, and Memorandum for the Secretary on Proposed Combination of American Oil Companies, 811.6363/73; Bedford to Hughes, May 21, 1921, 890.6363/78. NA 890g.6363/T84: Hoover to Hughes, April 17, 1922, 96; Hughes to Teagle, August 22, 1922, 41a; Allen Dulles Memorandum, December 15, 1922, 81, RG 59. Wall and Gibb, *Teagle*, p. 98("queer looking"); Joan Hoff Wilson, *American Business and Foreign Policy, 1920-1933*(Boston: Beaoon Press, 1971), p. 189.

13. Wall and Gibb, *Teagle*, pp. 168("Boss"), 31-32("Come home"), 48-49("cigar"), 63-66("frequently changes"), 71-72("shoes" and "not going to drill"), 176-78("present policy"). On the Jersey reorganization, see Alfred D. Chandler, Jr., *Strategy and Structure: Chapters in the American Industrial Enterprise*(Cambridge: MIT Press, 1962) chap. 4, p. 173.

14. NA 890g.6363: Confidential Memorandum of Negotiations with Turkish Petroleum Company, July 15-August 5, 1922, T84/48; Wellman to Hughes, July 24, 1922, 126; Piesse to Teagle, December 12, 1922, T84/62, RG 59.

15. Fromkin, *Peace*, pp. 226("ripper"), 306; Elizabeth Monroe, *Britain's Moment in the Middle East, 1914-1971*(London: Chatto and Windus, 1981), 2d ed., pp. 61-64(Lansing), 68("vacant lot"); Peter Sluglett, *Britain in Iraq, 1914-1932*(London: Ithaca Press, 1976), pp. 64, 45, 112; Stivers, *Supremacy and Oil*, p. 78("supported"); Briton Cooper Busch, *Britain, India, and the Arabs, 1914-1921*(Berkeley: University of California Press, 1971), pp. 467-69; *Review of the Civil Administration of Mesopotamia*, Cmd. 1061, 1920, p. 94, cited in Elie Kedourie, *The Chatham House Version and Other Middle Eastern Studies*(London: Weidenfeld and Nicolson, 1970), p. 437. Wheeler to Secretary of State, February 2, 1922, 890g.6363/72. NA 890g.6363/T84: Wadsworth Memo, September 18, 1924, 167; Dulles to Millspaugh, February 21, 1922, 31;

Randolph to Secretary of State, March 25, 1926, 214; Allen Dulles Memorandum, November 22, 1924, 208("cocked hat"), RG 59. Edith Penrose and E. F. Penrose, *Iraq: International Relations and National Development*(London: Ernest Benn, 1978), pp. 56-74; Gibb and Knowlton, *Standard Oil*, vol. 2, pp. 295-97; "Memoirs of Gulbenkian," p. 25("eyewash"); J. C. Hurewitz, *Diplomacy in the Near and Middle East*, vol. 2, *A Documentary Record, 1914-1956*(Princeton: Van Nostrand, 1956), pp. 131-42.

16. "Memoirs of Gulbenkian," pp. 15("oil friendships"), 16("we worked"), 28("hook or … crook"); Hewins, *Mr. Five Percent*, p. 161("pernickety" and "overbearing"); Gulbenkian, *Portrait in Oil*, pp. 130-39("children"), 38-39("medical advice"), 94; Henriques, *Waley Cohen*, pp. 285-86; *Financial Times*, July 25, 1955; Gibb and Knowlton, *Standard Oil*, vol. 2, pp. 298-301; Kuisel, *Mercier*, p. 34; Wall and Gibb, *Teagle*, p. 216("most difficult"). NA 890g.6363/T84: Allen Dulles Memorandum, January 19, 1926, 236; Houghton to Secretary of State, January 27, 1926, 238; Allen Dulles to Secretary of State, November 11, 1924, 176; Wadsworth Memo, September 18, 1924, pp. 8, 167; Swain to Dulles, December 8, 1925, 245("How would you like it"); Piesse to Teagle, January 19, 1926, 284; Oliphant to Atherton, January 12, 1926, 239, RG 59, NA. On the Teagle-Gulbenkian luncheon, Wall and Gibb, *Teagle*, p. 215 and Memorandum of Dulles conversation with Teagle, September 18, 1924, 167, pp. 4-5, RG 59, NA.

17. "Memorandum for Submission to the Foreign Office Setting Out Mr. C. S. Gulbenkian's Position," June 1947, pp. 3-4, POWE 33/1965, PRO; Daniel 3:4-6("fiery furnace"); *FRUS*, 1927, vol. 2, pp. 816-27. NA 890g.6363/T84: Allen Dulles Memo, December 2, 1925, 244; Wellman to Dulles, October 8, 1925, 224; Wellman to Secretary of State, April 1, April 11, April 28, 1927, 271, 272, 273; Wadsworth Memo, October 3, 1927, 279; Randolph to Secretary of State, October 19, 1927, 281.

18. William Stivers, "A Note on the Red Line Agreement," *Diplomatic History*, 7(Winter 1983), pp. 24-25; Hewins, *Mr. Five Percent*, p. 141("old Ottoman Empire"); Jones, *State and British Oil*, p. 238. NA 890g.6363/T84: Agrement D'Arcy Exploration Company Limited and Others and Turkish Petroleum Company, July 31, 1928, 360; Wellman to Shaw, December 7, 1927, 292, January 31, 1928, 297; Shaw to Wellman, December 27, 1927, 293. The Quai d'Orsay and Foreign Office Maps are with Wellman to Shaw, March 22, 1928, 307, RG 59, NA. Wall and Gibb, *Teagle*, p. 209("bad move!"); Gulbenkian, *Portrait in Oil*, pp. 98-100.

11

1. Dwight D. Eisenhower, *At Ease: Stories I Tell to Friends*(Garden City, N.Y.: Doubleday, 1967), pp 155-68, 386-87("genuine adventure"); *New York Times*, July 6, 1920, sec. 4, p. 11.

2. Kendall Beaton, *Shell*, p. 171("century of travel"); Williamson et al., *Age of Energy*, pp. 443-446; Frederick Lewis Allen, *Only Yesterday: An Informal History of the Nineteen-Twenties*(New York: Blue Ribbon Books, 1931), p. 164("Villages"); Jean-Pierre Bardou, Jean-Jacques Chanaron, Patrick Fridenson, James M. Laux, *The Automobile Revolution: The Impact of an Industry*(Chapel Hill: University of North Carolina Press, 1982).

3. Warren C. Platt, "Competition: Invited by the Nature of the Oil Industry," *National Petroleum News*, February 5, 1936, p. 208("new way"); McLean and Robert Wm. Haigh, *The Integrated Oil Companies*, pp. 107-8; Giddens, *Standard Oil Company(Indiana)*, pp. 318-20, 283; Thomas F. Hogarty, "The Origin and Evolution of Gasoline Marketing," Research Paper No. 022, American Petroleum Institute, October 1, 1981; Walter C. Ristow, "A Half Century of Oil-Company Road Maps," *Surveying and Mapping* 34(December 1964), pp. 617("uniquely American"); Beaton,

Shell, pp. 267-79("careful in their attendance" and Barton on gasoline); Bruce Barton, *The Man Nobody Knows*(Indianapolis: Grosset & Dunlap, 1925), pp. iv, v, 140.

4. Beaton, *Shell*, pp. 286-87; United States Senate, Subcommittee of the Committee on Manufacturers, *High Cost of Gasoline and Other Petroleum Products*, 67th Congress, 2d and 4th sessions(Washington, D.C.: GPO, 1923), p. 28("manipulate oil prices"); John H. Maurer, "Fuel and the Battle Fleet: Coal, Oil, and American Naval Strategy, 1898-1925," *Naval War College Review* 34(November-December 1981), p. 70("failure of supply"). So concerned about supply(and price) was Navy Secretary Josephus Daniels that he argued that the United States government should follow Winston Churchill's lead with Anglo-Persian and go directly into the oil business. John De Novo, "Petroleum and the United States Navy Before World War I," *Mississippi Valley Historical Review* 61(March 1955), pp. 651-52. Burl Noggle, *Teapot Dome: Oil and Politics in the 1920s*(Baton Rouge: Louisiana State University Press, 1962), pp. 16-17("supply laid up"), 3-4("looked like a President" and "harmony"). On Albert Fall, Bruce Bliven, "Oil Driven Politics," *The New Republic*, February 13, 1924, pp. 302-3("Zane Grey hero"); David H. Stratton, "Behind Teapot Dome: Some Personal Insights," *Business History Review* 23(Winter 1957), p. 386("unrestrained disposition"); Noggle, *Teapot Dome*, p. 13("not altogether easy"); John Gunther, *Taken at the Flood: The Story of Albert D. Lasker*(New York: Harper & Brothers, 1960), pp. 136-37("it smells"); J. Leonard Bates, *The Origins of Teapot Dome: Progressives, Parties, and Petroleum, 1909-1921*(Urbana: University of Illinois Press, 1963).

5. On Harry Sinclair, Sinclair Oil, *A Great Name in Oil: Sinclair Through 50 Years*(New York: F. W. Dodge/McGraw-Hill, 1966), pp. 13-20, 45. Noggle, *Teapot Dome*, pp. 30("oleaginous nature"), 35, 51-57("my...friends" and "illness"), 71-72("teapot"), 79, 85("little black bag"), 201("can't convict"); M. R. Werner and John Star, *The Teapot Dome Scandal*(London: Cassell, 1961), p. 146; Edith Bolling Wilson, *My Memoir*(Indianapolis: Bobbs-Merrill, 1939); pp. 298-99("Which way"); Bliven, "Oil Driven Politics," pp. 302-3("shoulder deep"); Norman Nordhauser, *The Quest for Stability: Domestic Oil Regulation, 1917-1935*(New York: Garland, 1979), p. 20(oil lamp); William Allen White, *A Puritan in Babylon: The Story of Calvin Coolidge*(New York: Macmillan, 1938), pp. 272-77; J. Leonard Bates, "The Teapot Dome Scandal and the Election of 1924," *American Historical Review* 55(January 1955), pp. 305-21.

6. Giddens, *Standard of Indiana*, pp. 366-434(the battle); M. A. & R,, "Continental Trading Co. Ltd.," March 10, 1928, J.D.R., Jr., Business Interests, Rockefeller Archives; Brady, *Ida Tarbell*, pp. 210, 232(Tarbell and Rockefeller, Jr.). On John D. Rockefeller, Jr., see Collier and Horowitz, *Rockefellers*, pp. 79-83, 104-6.

7. Gibb and Knowlton, *Standard Oil*, vol. 2, pp. 485(Teagle), 429-30; Owen, *Trek of the Oil Finders*, pp. 449-57, 502-20, 460; Institution of Petroleum Technologists, *Petroleum: Twenty Five Years Retrospect, 1910-1935*(London: Institution of Petroleum Technologists, 1935), pp. 33-73; Henrietta M. Larson and Kenneth Wiggins Porter, *History of Humble Oil and Refining Company: A Study in Industrial Growth*(New York: Harper & Brothers, 1959), pp. 139-42, 276; Frank J. Taylor and Earl M. Welty, *Black Bonanza: How an Oil Hunt Grew into the Union Oil Company of California*(New York: Whittlesley House, McGraw-Hill, 1950), p. 201; E. L. DeGolyer, "How Men Find Oil," *Fortune*, August 1949, p. 97; Walker A. Tompkins, *Little Giant of Signal Hill: An Adventure in American Enterprise*(Englewood Cliffs, N.J.: Prentice-Hall, 1964), p. 2; United States Federal Trade Commission, *Foreign Ownership in the Petroleum Industry*(Washington, D.C.: GPO, 1923), p. x("rapidly depleted").

8. *Literary Digest*, June 2, 1923, pp. 56-58("nearest approach"). Doherty to Smith, February 2,

1929("worse than Satan"); Doherty to Veasey, August 13, 1927("extremely crude"), Doherty papers. Doherty to Roosevelt, August 14, 1937, Oil, Official File 56, Roosevelt papers; Erich W. Zimmermann, *Conservation in the Production of Petroleum: A Study in Industrial Control*(New Haven: Yale University Press, 1957), pp. 97("do likewise"), 122-24; Nordhauser, *Quest for Stability*, pp. 9-18; Williamson et al., *Age of Energy*, pp. 317-19; Nash, *United States Oil Policy*, pp. 82-91; Leonard M. Fanning, *The Story of the American Petroleum Institute*(New York: World Petroleum Policies, [1960]), pp. 68, 104-9("crazy man"); Linda Lear, "Harold L. Ickes and the Oil Crisis of the First Hundred Days," *Mid-America* 63(January 1981), p. 12("barbarian"); Robert E. Hardwicke, *Antitrust Laws, et. al. v. Unit Operations of Oil or Gas Pools*(New York: American Institute of Mining and Metallurgical Engineers, 1948), pp. 179-186("If the public").

9. Williamson et al., *Age of Energy*, p. 311("supremacy"); Zimmermann, *Conservation*, pp. 126-128("commodity"); Larson and Porter, *Humble*, pp. 257-63("production methods"); Henrietta Larson, Evelyn H. Knowlton, and Charles H. Popple, *History of Standard Oil Company*(New Jersey), vol. 3, *New Horizons, 1927-50*(New York: Harper & Row, 1971), pp. 63-64, 88; Giebelhaus, *Sun*, p. 118("My father").

10. Rister, *Oil!*, pp. 244-46, 255, 293-97; Hartzell Spence, *Portrait in Oil: How the Ohio Oil Company Grew to Become Marathon*(New York: McGraw-Hill, 1962), pp. 118-29; Phillips Petroleum Company, *Phillips: The First 66 Years*(Bartlesville: Phillips Petroleum, 1983), p. 67; United States Federal Trade Commission, *Prices, Profits, and Competition in the Petroleum Industry*, United States Senate Document No. 61, 70th Congress, 1st Session(Washington, D.C.: GPO, 1928), pp. 108-16; McLean and Haigh, *Integrated Oil Companies*, pp. 90-91; Williamson et al., *Age of Energy*, pp. 394-97; Beaton, *Shell*, pp. 259-60.

11. SC7/G-32, Shell papers; Larson and Porter, *Humble*, pp. 307-9("industry is powerless"); Roger M. Olien and Diana D. Olien, *Wildcatters: Texas Independent Oilmen*(Austin: Texas Monthly Press, 1984), p. 52(Tom Slick); Nordhauser, *Quest for Stability*, pp. 55("rather foolish"), 58; Nash, *United States Oil Policy*, pp. 102-3.

12. Joseph Stanislaw and Daniel Yergin, Cambridge Energy Research Associates, "The Reintegration Impulse: The Oil Industry of the 1990s," Cambridge Energy Research Associates Report, 1987; Larson and Porter, *Humble*, pp. 72-75; Gibb and Knowlton, *Standard Oil*, vol. 2, pp. 42, 414; Wall and Gibb, *Teagle*, pp. 140-41, 249; Giddens, *Standard of Indiana*, chap. 9, p. 318; McLean and Haigh, *Integrated Oil Companies*, pp. 95-102; Phillips, *First 66 Years*, p. 37(Phillips); Beaton, *Shell*, pp. 298-330, 353.

13. McLean and Haigh, *Integrated Oil Companies*, p. 105("protection"); Ida M. Tarbell, *The New Republic*, November 14, 1923, p. 301("crumbling"); FTC, *Prices, Profits and Competition*, pp. 22-23, xvii-xix("no longer unity").

14. Beaton, *Shell*, pp. 206-7(Deterding); FTC, *Prices, Profits and Competition*, p. 29; FTC, *Foreign Ownership*, p. 86("parties foreign"); Ralph Arnold to Herbert Hoover, September 22, 1921, Millspaugh to Dearing, September 24, 1921, 811.6363/75("viciously inimical"), RG 59, NA; Taylor and Welty, *Union Oil*, pp. 176-78; Philips, *First 66 Years*, p. 31; Giddens, *Standard of Indiana*, pp. 238-40; Wall and Gibb, *Teagle*, pp. 261-65("sunkist").

15. Doherty to Veasey, August 6, 1927; Doherty to Smith, January 26, 1929; Doherty to Smith, February 2, 1929, Doherty papers.

12

1. Middlemas, *Master Builders*, pp. 169, 178("Dame Fortune" and *"autocrat"*), 211("move

주석   665

sharply"), 217("craven adventurer"); Jonathan C. Brown, "Domestic Politics and Foreign Investment: British Development of Mexican Petroleum 1889-1911," *Business History Review* 61(Autumn 1987), p. 389("Poor Mexico"); Pearson to Body, April 19, 1901, Box C-43, LCO-2313, Pearson papers("oil craze"); Pan American Petroleum, Mexican Petroleum, (New York: Pan American Petroleum, 1922) pp. 13-28, 185-214; J. A. Spender, *Weetman Pearson: First Viscount Cowdray*(London: Cassell, 1930), pp. 149-55("entered lightly" and "superficial").

2. Memorandum, October 7, 1918("peace of mind"), Cowdray to Cadman, May 8, 1919("carry indefinitely"), Royal Dutch/Shell file, Box C44, Pearson papers; Egan to Frost, memo attached, April 23, 1920, p. 4, 811.6363/352, RG 59, NA; Robert Waley Cohen, "Economics of the Oil Industry," in *Proceedings of the Empire Mining and Metallurgical Congress, 1924*, p. 13; Beeby-Thompson, *Oil Pioneer*, p. 373; Wall and Gibb, *Teagle*, p. 186. Some years later, the Pearson deputy who had originally noted the oil seepages in Mexico commented, "Had the Chief not missed the train connection at Laredo, he would have stepped from one railway carriage to another, gone into a drawing-room compartment-and, as usual, opened his bags containing his books, gone on working, with the exception perhaps of a few minutes in looking at the local paper in search of foreign news-and would thus have missed getting into the oil excitement at Laredo and San Antonio. Such was the coincidence which decided our going into Mexican oil." J. B. Body, "How We Went into Oil," Nov. 21, 1928, Box C43-LCO-2312, Pearson papers.

3. Lufkin to Dearing, April 20, 1921, 800.6363/253; Subcommittee on Mineral Raw Materials, Economic Liaison Committee, "The Petroleum Policy of the United States, p. 11, July 11, 1919, 811.6363/45; "The General Petroleum Situation," February 19, 1921, pp. 32-33, 800.6363/325, RG 59, NA. Gibb and Knowlton, *Standard Oil*, vol. 2, pp. 364-65; George Philip, *Oil and Politics in Latin America: Nationalist Movements and State Companies*(Cambridge: Cambridge University Press, 1982), pp. 16-18; N. Stephen Kane, "Corporate Power and Foreign Policy: Efforts of American Oil Companies to Influence United States Relations with Mexico, 1921-28," *Diplomatic History* 1(Spring 1977), pp. 170-98; Lorenzo Meyer, *Mexico and the United States in the Oil Controversy, 1917-1942*, trans. Muriel Vasconcellos(Austin: University of Texas Press, 1976), pp. 24-99; O'Brien, "Oil Crisis and the Foreign Policy of the Wilson Administration," chaps. 4-6.

4. FTC, *Foreign Ownership*, pp. 11-13("fight for new production"); "General Petroleum Situation," February 19, 1921, pp. 44, 800.6363/325, RG 59, NA; Stephen G. Rabe, *The Road to OPEC: United States Relations with Venezuela, 1919-1976*(Austin: University of Texas Press, 1982), pp. 4-5, 20("scoundrel"), 38("Monarch"); Thomas Rourke, *Gomez: Tyrant of the Andes*(Garden City, N.Y.: Halcyon House, 1936), chap. 11.

5. Philip, *Oil and Politics in Latin America*, pp. 13-15; Gidd and Knowlton, *Standard Oil*, vol. 2, pp. 384-90("malaria" and "spent millions"); B. S. McBeth, *Juan Vicente Gomez and the Oil Companies in Venezuela, 1908-1935*(Cambridge: Cambridge University Press, 1983), pp. 17-19, 67, 91-108; Gerretson, *Royal Dutch*, vol. 4, p. 280; Owen, *Trek of the Oil Pioneers*, pp. 1059-60("mirage"); Edwin Lieuwen, *Petroleum in Venezuela*(Berkeley: University of California Press, 1954), pp. 36-41; Ralph Arnold, George A. Macready and Thomas W. Barrington, *The First Big Oil Hunt: Venezuela, 1911-1916*(New York: Vantage Press, 1960), pp. 19, 343, 54, 164, 285.

6. McBeth, *Gomez and the Oil Companies*, pp. 114, 163-68; Mira Wilkins, *The Maturing of Multinational Enterprise: American Business Abroad from 1914 to 1970*(Cambridge: Harvard University Press, 1974), pp. 115-16("not live forever"), 507, n. 51; Giddens, *Standard Oil of Indiana*, pp. 489-93; Gibb and Knowlton, *Standard Oil*, vol. 2, p. 384("nonproducing");

Jonathan C. Brown, "Jersey Standard and the Politics of Latin American Oil Production, 1911-1930," in John D. Wirth, ed,, *Latin American Oil Companies and the Politics of Energy*(Lincoln: University of Nebraska, 1985), pp. 38-39.

7. Wall and Gibb, *Teagle*, p. 222("bargain basement"); Jones, *State and British Oil*, pp. 209-11("be cleared"); Minutes of Meeting Held at Britannic House, November 26, 1919, Russian file 2, Box C-8, Pearson papers("establishment"); Tolf, *The Russian Rockefellers*, pp. 211-17.

8. Gibb and Knowlton, *Standard Oil*, vol. 2, pp. 332-35("no other alternative"); Richard H. Ullman, *Anglo-Soviet Relations 1917-1920*, vol. 3, *The Anglo-Soviet Accord*(Princeton: Princeton University Press, 1972), pp. 93-99("every inch" and "Curzon!"), 117("swine"); E. H. Carr, *The Bolshevik Revolution, 1917-1923*, vol. 3(New York: Norton, 1985), pp. 352("cannot by our own strength" and "quarter"), 349("best spies"). NA 861.6363: Teagle to Hughes, August 19, 1920, 18; "Double Victory," 49("liquid gold"); Bedford to Hughes, May 11, 1922, 59; Bedford memo, 22; Bedford memo, December 1920, 31, RG 59. *Times*(London), December 22, 1920; Jones, *State and British Oil*, pp. 211-12("several good seats"). For the nationalization, William A. Otis, *The Petroleum Industry in Russia: Supplement to Commerce Reports*(Washington: Bureau of Foreign and Domestic Commerce, Mineral Division, 1924) and "Baku Consolidated Oilfields Position of British Property in Russia," *Times*(London), December 23, 1920.

9. *FRUS*, 1922, vol. 2, p. 773; *FRUS*, 1923, vol. 2, pp. 802-04; Tolf, *Russian Rockefellers*, pp. 221-24; Gibb and Knowlton, *Standard Oil*, vol. 2, pp. 340-47("sickchild," "participation" and "look back"); Wall and Gibb, *Teagle*, pp. 222-25("old fashioned"), 350-53("encourage the thief," "new hopes" and "so glad"). NA 861.6363: Teagle to Bedford, telegram, July 19, 1922, 84; Sussdorf to Hughes, July 27, 1922, 88, September 19, 1922, 104; unsigned memorandum with Poole memo, October 6, 1922, 112; DeVault memo, October 8, 1923, 169; Deterding telegram, February 1926, 262(Deterding to J.D.R., Jr.), RG 59.

10. Deterding to Riedemann, October 20, 1927("neither honor nor" and "enormous events"), 5-5-35 file, case 6, Oil Companies papers; *Financial Times*, January 16, 1928; Gibb and Knowlton, *Standard Oil*, vol. 2, pp. 352-56("thinking people" and "buried Russia"). NA 861.6363: Kelley memo, February 8, 1927, 222; Memo of conversation with Sir John Broderick, Feb. 4, 1928, 239("hot water" and "lost his head"); Tobin to Secretary of State, June 18, 1928-Standard Oil Company/4("suddenly attacked"); Whaley to Kellogg, March 14, 1928 240, RG 59. Peter G. Filene, *Americans and the Soviet Experiment, 1917-1933*(Cambridge: Harvard University Press, 1967), p. 118("more unrighteous"); Joan Hoff Wilson, *Ideology and Economics: U.S. Relations with the Soviet Union, 1918-1933*(Columbia: University of Missouri Press, 1974), app. D.

13

1. Olien and Olien, *Texas Independent*, pp. 15-16(oil promotion pitches), 56-57("trendologist"); James A. Clark and Michael T. Halbouty, *The Last Boom*(Texas: Shearer Publishing, 1984), pp 4-9("treasure trove" and "Medicine Show"), 43("Every woman"), 31-32("I'll drink"), 67("not an oil well"), 80,("fires!"); Owen, *Trek of the Oil Finders*, p. 857; Oral History interview with E. C. Laster, Texas History Center.

2. *Henderson Daily News*, October4, 1930; Olien and Olien, *Texas Independent*, pp. 57-58("tea-kettles"); Clark and Halbouty, *Last Boom*, pp. 67-72("second Moses"); Larson and Power, *Humble*, pp. 451-54; Nordhauser, *Quest for Stability*, p. 72; Harry Hurt III, *Texas Rich: The Hunt Dynasty from the Early Days Through the Silver Crash*(New York: Norton, 1981), chaps. 3, 5; C.M. Joiner, et al. v. *Hunt Production Company*, et al., No. 9650, "Plaintiff's Original

Petition," November 25, 1932; "Deposition of H. L. Hunt," January 16, 1933, pp. 44("flying start"), 83("had traded"); "Additional statement of C. M. Joiner," January 16, 1933, District Court of Rusk Country; Texas. Dad Joiner's discovery was, thereafter, an exceedingly sore point with professional geologists. "The discovery of the East Texas field," wrote Wallace Pratt, Jersey's chief geologist in 1941, "is popularly credited to chance. The fact that the well was drilled by an itinerant wildcatter, on a location recommended by a pseudo-geologist, would seem to justify the verdict of a chance discovery, without the benefit of geology. But reflect on the further fact that for fifteen years geologically directed exploration had been carried on in the immediate locality ... persistent geologic exploration had narrowed down the possible territory still to be drilled to a width of not more than about ten miles." Humble, Shell, Atlantic, and other companies had already drilled scores of wells, and Humble had more than 30,000 acres under lease in what turned out to be the East Texas field. "The work had progressed until only a very narrow gap remained untested. Dad Joiner's discovery well just had to be located in this gap to avoid the existing dry holes. Does geology deserve any credit for this accomplishment?" Pratt to DeGolyer, July 10, 1941, 1513, DeGolyer papers.

3. David F. Prindle, *Petroleum Politics and the Texas Railroad Commission*(Austin: University of Texas Press, 1981), p. 24("suicide"); Jacqueline Lang Weaver, *Unitization of Oil and Gas Fields in Texas: A Study of Legislative, Administrative, and Judicial Politics*(Washington: Resources for the Future, 1986), pp. 48-50("deadly threat"); Lear, "Harold Ickes," pp. 6-7; Nordhauser, *Quest for Stability*, pp. 66-67("physical waste"), 85; Frederick Godber, "Notes of Visit to America," May-June 1931, SC 7/G 30/12, Shell papers; Rister, *Oil!*, p. 264("one dollar"); Nash, *United States Oil Policy*, pp. 124, 116; Williamson et al., *The Age of Energy*, p. 561.

4. Clark and Halbouty, *Last Boom*, pp. 168-73("insurrection," "rebellion," "worms" and "hot enough"); Olien and Olien, *Texas Independent*, p. 55("economic waste"); Owen, *Trek of the Oil Finders*, p. 471("water drive"); Larson and Porter, *Humble*, pp. 475-76("tooth and claw").

5. Graham White and John Maze, *Harold Ickes of the New Deal: His Private Life and Public Career*(Cambridge: Harvard University Press, 1985), pp. 98("plump"), 174("Resignation"), 48("restless"), 31("pick losers"), 116("slaved away"), 104-7("oil-besmeared"); T. H. Watkins, *Righteous Pilgrim: The Life and Times of Harold L. Ickes, 1874-1952*(New York: Henry Holt, 1990), part 6; Harold L. Ickes, *The Secret Diary of Harold L. Ickes*, vol. 1, *The First Thousand Days, 1933-36*(New York: Simon and Schuster, 1953), p. 82("ghost of Albert B. Fall").

6. Ickes to Roosevelt, May 1, 1933("demoralization" and "ten cents"), Doherty to Roosevelt, May 12, 1933("collapse"); Moffett to Roosevelt, May 31, 1933, Oil, Official File 56, Roosevelt papers. Lear, "Harold Ickes," p. 10("unprecedented authority"); Ickes, *Secret Diary*, vol. 1, pp. 31-32("beyond the control" and "crawling"); Ickes to Hiram Johnson, May 31, 1933, Box 217, Ickes papers; Harold L. Ickes, "After the Oil Deluge, What Price Gasoline?" *Saturday Evening Post*, February 16, 1935, pp. 5-6("age of oil").

7. Ickes, "After the Oil Deluge," p. 39("cunning"). Roosevelt to Rayburn, May 22, 1934("wretched conditions"); Grilling to Pearson, telegram, with Ickes to McIntyre, June 9, 1934("hot oil boys"); Personal Assistant to McIntyre, October 19, 1934("heaven and earth"); Cummings to Roosevelt, December 30, 1934("good progress"), Oil, Official File 56, Roosevelt papers. Ickes, *Secret Diary*, vol. 1, pp. 65("broad powers"), 86("prepared the allocation"); Hardwicke, *Antitrust Laws*, pp. 51-53; Nordhauser, *Quest for Stability*, p. 124("now to doomsday"); James A. Veasey, "Legislative Control of the Business of Producing Oil and Gas," in *Report of the 15th Annual Meeting of the American Bar Association*(Baltimore: Lord Baltimore Press, 1927), pp. 577-630.

8. Thompson to Roosevelt, n.d., 1937("this treaty"); Ickes to Roosevelt, May 4, 1935, Oil, Official File 56, Roosevelt papers. Joe S. Bain, *The Economics of the Pacific Coast Petroleum Industry*, pt. I , *Market Structure*(Berkeley: University of California Press, 1944), pp. 60-66; Zimmermann, *Conservation*, p. 207; Wilkins, *Maturing of Multinational Enterprise*, pp. 210-11; Fanning, *American Petroleum Institute*, pp. 133-36; Lieuwen, *Petroleum in Venezuela*, pp. 56-60; United States Department of Commerce, *Minerals Yearbook, 1932-1933*(Washington, D.C.: GPO, 1933), p. 497(tariff).

9. Thompson to Roosevelt, n.d., 1937, Oil, Official File 56, Roosevelt papers("cooperation and coordination"); McLean and Haigh, *Integrated Oil Companies*, p. 113; Robert E. Hardwicke, "Market Demand as a Factor in the Conservation of Oil," in *First Annual Institute on Oil and Gas Law*(New York: Matthew Bender, 1949), pp. 176-79; Nordhauser, *Quest for Stability*, p. 127; Williamson et al., *Age of Energy*, pp. 559-60.

14

1. "Particulars Regarding Achnacarry Castle, Season 1928," SC7/A24, Shell archives(Malcolm and Hillcart); *Daily Express*, August 13, 1928("no warning"); Wall and Gibb, *Teagle*, pp. 259-61("hellions").

2. Loxley and Collier minutes, April 4, 1930, N2149/FO 371/14816, PRO; Deterding to Riedemann, Oct. 20, 1927, 5-5-35 file, case 6, Oil Companies papers; Jones, *State and British Oil*, p. 236; Larson, *Standard Oil*, vol. 3, p. 306; Leslie Hannah, *The Rise of the Corporate Economy*, 2d. ed.(London: Methuen, 1976), chaps. 2, 4, 7; Wilkins, *Multinational Enterprise*.

3. Rowland, *Cadman*, p. 55(Cadman's academic opponent). Cadman discussion with Fisher, Barstow et al., February 1928, T161/284/533045/2; Hopkins to Chancellor of Exchequer, February 10, 1928, T161/284/533048/1 ("alliance"); Committee on Imperial Defense, Proposed Agreement, February 16, 1928, T8/T10, T161/284/33045/2; Treasury and Admiralty, "Anglo-Persian Oil Company: Scheme of Distribution in the Middle East," T161/284/533048/1("irritability," "long run" and "similar alliances"); Churchill to Hopkins, February 12, 1928, T161/284/533048("singularly inopportune"); Oliphant minute, Feb. 15, 1928, A1270/6, FO 371/12835; Barstow and Packe to the Treasury, March 15, 1928, T161/284/33045/2; Wilson to Waterfield, February 13, 1928, T161/284/533048/1("amalgamation"), PRO. Ferrier, *British Petroleum*, pp. 514, 510.

4. Weill to the Baron, March 5, 1929, 132 AQ 1052, Rothschild papers; United States Congress, Senate, Foreign Relations Committee, Subcommittee on *Multinational Corporations, Multinational Corporations and United States Foreign Policy*, part 8(Washington, D.C.: GPO, 1975), pp. 30-33("As-Is"), 35-39("problem," "destructive" and "Association")-hereafter *Multinational Hearings*; Larson, *Standard Oil*, vol. 3, pp. 308-9; U.S. Congress, Senate. Committee on Small Business, Subcommittee on Monopoly, *The International Petroleum Cartel: Staff Report to the Federal Trade Commission* (Washington, D.C.: 1952)-hereafter FTC, *International Petroleum Cartel*, pp. 199-229; Ferrier, *British Petroleum*, p. 513; Jones, *State and British Oil*, p. 236; Tolf, *Russian Rockefellers*, p. 224.

5. Campbell to Cushendun, October 29, 1928, A7452/1270/45, FO 371/12835; Jackson to Broderick, September 26, November 17, 1930, A6632, FO 371/14296, PRO. FTC, *International Petroleum Cartel*, p. 270("fringe"); Kessler to Teagle, September 13, 1928. "misc." file, case 9, Oil Companies papers("figures").

6. Roy Leigh, "Interview with Deterding," February 18, 1930, SC7/G32, Shell archives;

Multinational Hearings, part 8, pp. 39-51("local arrangements" and "local cartels"). Sadler to Harden et al., March 2, 1931, 6-9-18 file, case 1("abrogated"); Sadler memo to Teagle, June 15, 1931, "misc." file, case 9("great sacrifice" and "price war"), Oil Companies papers. Weill to the Baron, March 14, 1930, 132 AQ 1052; March 23, 1932, 132A AQ 1052, p. 572("bad everywhere"), Rothschild papers. Larson, *Standard Oil*, vol. 3, p. 311; John Cadman, "Petroleum and Policy," in American Petroleum Institute, *13th Annual Meeting: Proceedings, 1932; FTC, International Petroleum Cartel*, pp. 235-50.

7. Shuckburgh minute, January 15, 1934, F.W.S., December 12, 1933, Petroleum Dept. Memorandum, January 12, 1934, p. 4, W 488, FO 371/18488, PRO; *Multinational Hearings*, part 8, pp. 51-70(on economies); FTC, *International Petroleum Cartel*, pp. 255, 264("standardized"), 266. Teagle to Kessler, August 14, 1931, "various nos." file, case 2; Harden memo, January 19, 1935, 12-1-3 file, case 6; Sadler memo, June 15, 1931, case 9("ambition"); Riedemann to Teagle, June 26, 1935, and extract from June 6, 1935, Executive Committee meeting, 4-2-9 file, case 4; to Harper, September 29, 1933, Brown Envelope, case 9; "Gulf, SONJ, others" file, case 1, Oil Companies papers. Deterding to Riedemann, November 4, 1936, SC7/A14/1("much needed munitions"); Emmert to Parker, December 2, 1 1934, SC7/A12("unanimously opposed" and "private walls"); Godber to Agnew, December 31, 1934, SC7/A12, Shell archives. Peter F Cowhey, *The Problems of Plenty: Energy Policy and International Politics*(Berkeley: University of California Press, 1985), pp. 90-93.

8. Wilkins, *Multinational Enterprise*, pp. 234-38("defensive manner," "failure to cooperate" and "90 percent political"); Shuckburgh minute, January 12, 1934, F.W.S., December 12, 1933, Petroleum Dept. Memorandum, January 12, 1934, p. 4("general tendency"), W 488, FO 371/18488 PRO; Harden memo, January 19, 1935, file 12-1-3, case 6("nationalistic policies"), Oil Companies papers.

9. Peter J. Beck, "The Anglo-Persian Oil Dispute of 1932-33," *Journal of Contemporary History* 9(October 1974), pp. 127-43; Rowland, *Cadman*, pp. 123-33; Ferrier, *British Petroleum*, p. 610("suspicion"); Stephen H. Longrigg, *Oil in the Middle East: Its Discovery and Development*(Oxford: Oxford University Press, 1968), 3d. ed., pp. 59-60("Persianization").

10. Jonathan C. Brown, "Why Foreign Oil Companies Shifted Their Production from Mexico to Venezuela During the 1920s," *American Historical Review* 90(April 1985), pp. 362-85; Roosevelt to Daniels, February 15, 1939, Official File 146, Roosevelt papers; Meyer, *Oil Controversy*, pp. 102, 127-54; Philip, *Oil and Politics*, p. 211.

11. O'Malley, "Leading Personalities in Mexico," March 15, 1938, A 1974/26, FO 371, PRO("obsidian eyes," "chief" and "bugbear"); William Weber Johnson, *Heroic Mexico: The Violent Emergence of a Modern Nation*(Garden City, N.Y.: Doubleday, 1968), pp. 403-22; Meyer, *Oil Controversy*, pp. 152-56("conquered territory"); Anita Brenner, *The Wind That Swept Mexico: The History of the Mexican Revolution, 1910-1942*(Austin: University of Texas Press, 1977), p. 91. Body to DeGolyer, March 21, 1935, 128("quite Red"); DeGolyer to McCollum, August 23, 1945, 1110(DeGolyer and Holman), DeGolyer papers. J. B. Body, "Aguila," August 2, 1935, pp. 4, 6, box C44, Pearson papers; Philip, *Oil and Politics*, pp. 206-9("incapable" and "half a Bolshevik"); Clayton R. Koppes, "The Good Neighbor Policy and the Nationalization of Mexican Oil: A Reinterpretation," *Journal of American History* 69(June 1982). Assheton letter, February 21, 1934, A 1947, FO 371; Murray to Foreign Office, September 17, 1935, A8586, FO 371/18708(manager's fulminations), PRO. Deterding to Riedemann, November 4, 1936, SC7/A14/1, Shell archives. On other Latin America confrontations, see Stephen J. Randall,

United States Foreign Oil Policy 1919-1948(Kingston: McGill-Queen's University Press, 1985), pp. 69-77, 91-96 and Herbert S. Klein, "American Oil Companies in Latin America: The Bolivian Experience," *Inter-American Economic Affairs* 18(Autumn 1964), pp. 47-72.

12. Philip, *Oil and Politics*, p. 218("Men without respect"). Gallop to Eden, June 17, 1937, 149/16/31/37, FO 371/20639("notorious but sincere"); Memo, "Regarding the Circumstances Attending Expropriation," A 2306/10/26, FO 371/21464; O'Malley to Foreign Office, December 27, 1937, A9313, FO 371/20637; Murray to Foreign Office, February 6, 1937, A1623, FO 371/20639("advisers and officials" and "completely unanimous"); O'Malley to Foreign Office, March 8, 1938, A1835, FO 371/21463, PRO. Godber to Starling, May 25, 1938, SC7/G3l1, Shell archives; Meyer, *Oil Controversy*, pp. 158-70; FRUS, 1938, pp. 724-27; on Cardenas's program, see *Antología de la Planeación en México(19l7-1985)*, vol. 1, *Primeros Intentos de Planeación en México(19l7-1946)*(Mexico City: Ministry of Budget and Planning, 1985), p. 207.

13. Shell archives, SC7/G3: Davidson to Godber, 3; Godber to Starling, October 27, 1938, 4; Legh-Jones to Coleman, August 25, 1938, 3("precedent"); Memorandum of conversation with Mr. Hackworth, August 24, 1938, 3; Telephone conversation with New York, June 27, 1938, 1; Wilkinson to Godber with memo, August 30, 1938, 3. Roosevelt to Daniels, February 15, 1939, OF 146, Roosevelt papers("fair compensation"). Hohler to Halifax, Aug. 28, 1938, A 7045/l0/26, FO 371/21476; Davidson to Godber, March 5, 1940, FO 371/24215; Petroleum Department, "The Expropriation by the Mexican Government of the Properties of the Oil Companies in Mexico," April 8, 1938, FO 371/21469("doubtful sources" and "Mexican policy"); Committee of Imperial Defense, "Expropriation of the Properties of the Oil Companies in Mexico," May 1938, 1428-B, A3663, FO 371/29468; "Mexican Oil Dispute," October 11, 1940, A4486/57/26, FO 371/24216; Note by the Oil Board, May 9, 1938, A 3663/10/26/21469; Memorandum, "The Mexican Oil Question," December 1, 1938, pp. 2, 18, A 8808/10/26, FO 371/21477("paramount consideration"), PRO.

14. Meyer, *Oil Controversy*, pp. 219-24("Julius Caesar"). Halifax to Cadogan, June 11, 1941, A4467, FO 371/26063; Cadogan to Halifax, June 12, 1941, FO 371/26063("put ideas"), PRO. Philip, *Oil and Politics*, p. 34; Arthur W. MacMahon and W. R. Dittman, "The Mexican Oil Industry Since Expropriation Ⅱ," *Political Science Quarterly* 57(June 1942), pp. 169-78.

15

1. Archibald H. T. Chisholm, *The First Kuwait Oil Concession Agreement: A Record of the Negotiations*(London: Frank Cass, 1975), pp. 5-6, 93-95, 161; Thomas E. Ward, *Negotiations for Oil Concessions in Bahrein, El Hasa(Saudi Arabia), the Neutral Zone, Qatar, and Kuwait*(New York: privately printed, 1965), pp. 11, 255; H. St. J. B. Philby, *Arabian Oil Ventures*(Washington: Middle East Institute, 1964), p. 98("bluff, breezy").

2. Fox to Secretary of State, June 24, 1933, 890F.6363/Standard Oil Co./17, RG 59, NA("mischief"). Meeting Relating to Oil in the Persian Gulf, April 26, 1933, paragraph 16, POWE 33/241/114869("rover"); Interview Regarding Kuwait Oil Concession, January 4, 1934, P.Z. 145/l934; p. 4, POWE 33/242/114864(not … "particularly satisfactory"), PRO. Longrigg, *Oil in the Middle East*, pp. 42, 98-99; Chisholm, *Kuwait Oil Concession*, p. 161("Father of oil"); Ward, *Negotiations*, pp. 23-26.

3. Randolph to Secretary of State, May 19, 1924, 741.90G/30; August 15, 1924, 890G.6363/ T84/164; November 26, 1924, 890G.6363/T84/189 RG 59, NA. Chisholm, *Kuwait Oil*

Concession, pp. 127("little room"), 162; Ferrier, *British Petroleum*, p. 555("devoid").

4. Ballantyne to Gibson, December 16, 1938, P.Z. 8299/38, POWE 33/195/114869, PRO; Chisholm, *Kuwait Oil Concession*, pp. 106-9, ("not ... any ... promise" and "pure gamble"), p. 13; Jerome Beatty, "Is John Bull's Face Red," *American Magazine*, January 1939("worst nuisance").

5. P. T. Cox and R. O. Rhoades, A Report on the Geology and Oil Prospects of Kuwait Territory, June 11, 1935, 638-107-393, Gulf archives; Standard Oil of California, "Report on Bahrein and Saudi Concessions," December 5, 1940, 3465, DeGolyer papers; Ward, *Negotiations*, pp. 80-81("New York Sheikhs"); Chisholm, *Kuwait Oil Concession*, pp. 13-14("greasy substance"); Frederick Lee Moore, Jr., "Origin of American Oil Concessions in Bahrein, Kuwait, and Saudi Arabia"(Senior Thesis, Princeton University, 1951), pp. 22-34; Irvine H. Anderson, *Aramco, the United States, and Saudi Arabia, 1933-1950*(Princeton: Princeton University Press, 1981), pp. 22-23.

6. Stone and Wellman to Piesse, October 5, 1928, Brown to Piesse, November 12, 1928, 5-5-35 file, Case 6, Oil Companies papers; Longrigg, *Oil in the Middle East*, pp. 26-27("clause" and "interests").

7. Bahrein Oil Concession and U.S. Interests, Rendel Memo, May 30, 1929, E 2521/281/91, FO 371/13730/115395, PRO; Standard Oil of California, "Report on Bahrein and Saudi Concessions," December 5, 1940, pp. 7-9, 21-22, 3465, DeGolyer papers.

8. Dickson to Political Resident, April 27, 1933, POWE 33/241/114869, PRO("astute Bin Saud"); H. St. J. B. Philby, *Arabian Jubilee*(London: Robert Hale, 1952), p. 49; Elizabeth Burgoyne, ed., *Gertrude Bell: From Her Personal Papers, 1914-1926*(London: Ernest Benn, 1961), p. 50("well-bred Arab").

9. Philby, *Arabian Jubilee*, pp. 5, 75; Karl S. Twitchell, *Saudi Arabia: With an Account of the Development of Its Natural Resources*, 3d ed.(Princeton: Princeton University Press, 1958), pp 144-54; Jacob Goldberg, *The Foreign Policy of Saudi Arabia: The Formative Years*(Cambridge: Harvard University Press, 1986), chap. 2(Mubarak), p. 136("our advantage"); H. St. J. B. Philby, *Sa'udi Arabia*(London: Ernest Benn, 1955), pp. 261-68("thirty thousand"), 280-92; Christine Moss Helms, *The Cohesion of Saudi Arabia: Evolution of Political Identity*(Baltimore: Johns Hopkins University Press, 1981), p. 211("neutral zones"); David Holden and Richard Johns, *The House of Saud*(London: Pan Books, 1982), pp. 51, 80.

10. Clive Leatherdale, *Britain and Saudi Arabia, 1925-1939: The Imperial Oasis*(London: Frank Cass, 1983), pp. 114-20.

11. Mohammed Almana, *Arabia Unified: A Portrait of Ibn Saud*(London: Hutchinson Benham, 1980), p. 90.

12. Kim Philby to Monroe, Oct. 27, 1960, file 3, box 23, Philby papers; Philby, *Arabian Jubilee*, p. 54; Kim Philby, *My Secret War*(MacGibbon & Kee, 1968), p. 99; Almana, *Arabia Unified*, pp. 153("true replica"), 151; Elizabeth Monroe, *Philby of Arabia*(London: Faber and Faber, 1973), pp. 158-62("how nice"); Philby, *Oil Ventures*, p. 126("traditional western dominance"); H. St. J. B. Philby, *Arabian Days: An Autobiography*(London: Robert Hale, 1948), pp. 282-283, 253("I was surely"); Memo to S. Wilson, Offices of the Cabinet, August 13, 1929, CO 732/41/3("Since he retired"), PRO; Leatherdale, *Britain and Saudi Arabia*, p. 194("humbug").

13. Diary of Crane visit to Jidda, February 25-March 3, 1931, chap. 9 of Edgar Snow manuscript, Crane papers; Philby, *Arabian Jubilee*, pp. 175-77("Oh, Philby"); "Oil Negotiations," file 3, box 29, Philby to Crane, Dec. 29, 1929, file 2, box 16, Philby papers("one of his eyes").

14. Notes on Sheikh Ahmad's Trip to Raith, Enclosure 2 in No. 44, April 6, 1932, E 2469/27/25, FO 406/69/115218, PRO; H. S. Villard, Memo of Conversation with Twitchell, November 1, 1932, 890 F.6363/10, RG 59, NA.

15. Lombardi to Philby, January 30, 1933, Philby to Hamilton, March 4, 1933, Aramco/Socal files, Philby papers; Loomis to Secretary of State, October 25, 1932, 890 F.6363/Standard Oil of California/1, RG 59, NA; Almana, *Arabia Unified*, pp. 191-99(Suleiman); Ryan to Warner, March 15, 1933, E 1750/487/25, POWE 33/320/114964, PRO("stage is set").

16. Hamilton to Philby, February 28, 1932("get in touch"); Philby to Lees, Dec. 17, 1932("disposed to help"); Philby to Loomis, April 1, 1933, Aramco/socal files, Philby papers. Twitchell to Murray, March 26, 1933, 890 F.6363/Standard Oil Co./9, RG 59, Na; Philby, *Oil ventures*, P.83("It is no good"); Wallace Stegner, *Discovery: The Search for Arabian Oil*(Beirut: Middle East Export Press, 1974), p. 19.

17. Philby, *Oil Ventures*, p. 106("did not need"); Philby to Hamilton, March 14, 15, 1933, Aramco/Socal files, Philby papers. Ryan to Warner, March 15, 1933, E 1750/487/25, POWE 33/20("pig in a poke"); Jedda Report for April 1933, May 9, 1933, E 2839/902/25, FO 4061/71, PRO. Longrigg, *Oil in the Middle East*, pp. 58-60, 73-75; Benjamin Shwadran, *The Middle East, Oil and the Great Powers*, 3d ed.(New York: John Wiley, 1973), pp. 43-47, 238.

18. Twitchell to Philby, March 26, 1933; Philby to Loomis, April 1, 1933; Hamilton to Suleiman, April 21, 1933, Aramco/Socal files, Philby papers. Telegram from Ryan, May 30, 1933, E 2844/487/25, POWE 33/320/114964, PRO; Contract between Saudi Arabian Government and Standard Oil Company of California, May 29, 1933, with Loomis to Hull, May 2, 1938, 890F.6363/Standard Oil Co./97, RG 59, NA; Philby, *Oil Ventures*, pp. 100("unfortunate impasse"), 119("pack up"), 99("detente"), 124("pleasure"); Wilkins, *Maturing of Multinational Enterprise*, p. 215.

19. Chancery to Department, August 24, 1933, E 5455/487/25, CO 732/60/10/115125, PRO; Philby, *Oil Ventures*, pp. 125("thunderstruck"), 46-48; Monroe, *Philby*, pp. 208-9(Kim Philby).

20. Chisholm, *Kuwait Oil Concession*, pp. 19("stab to my heart"), 176 ("flank" and "sphere"). Ryan telegram, June 1, 1933, E 3073/487/25, POWE 33/320/114964; Rendel, Tour in the Persian Gulf and Saudi Arabia, February-March 1937, CO 732/79/17/115218("dangerous policy"); Letter from the Political Resident in the Persian Gulf, December 13, 1927, P1341, CO 732/33/10; Warner memo, November 2, 1932, E 576/121/91, FO 371/16002/115578("jackal"); Rendel to Warner, February 3, 1933, POWE 33/241/114869("frittering away"), PRO.

21. Biscoe to Foreign Office, October 29, 1931, No. 18, FO 371/15277/115659; Bullard to Halifax, Chapter I-Arabia, January 10, 1939, E246/246/25, FO 406/77, PRO. R. I. Lawless, *The Gulf in the Early 20th Century: Foreign Institutions and Local Responses*(Durham: Centre for Middle Eastern and Islamic Studies, 1986), pp. 91-92; Chisholm, *Kuwait Oil Concession*, pp. 19, 37; Jacqueline S. Ismael, *Kuwait: Social Change in Historical Perspective*(Syracuse: Syracuse University Press, 1982), pp. 61-71; Fatimah H. Y. al-Abdul Razzak, *Marine Resources of Kuwait: Their Role in the Development of Non-Oil Resources*(London: KPI Limited, 1984), pp. 59-60; Committee for the Study of Culture Pearls, *Report on the Study of the Mikimoto Culture Pearl*(Tokyo: Imperial Association for the Encouragement of Inventions, 1926).

22. Admiralty, Oil Concession in Kuwait, March 15, 1932, FO 371/16001/115578; Rendel memo, Proposed Kuwait Oil Concession, January 30, 1932, FO 371/160001/115578("protection"); Political Resident to Secretary of State for India, February 7, 1932, FO 371/16001, 115578("losing influence"); Oliphant to Vansittart, January 20, 1932, FO 371/16001/115578;

Oliphant to Wakely, January 22, 1932, FO 371/16001/115578("oil war"); Oil in Koweit re: Cabinet Conclusions, April 6, 1932, E 1733/121/91, FO 371/16002/115578; Simon to Atherton, April 9, 1932, E 1733/121/91, FO 371/16002/115578; Oliphant to Secretary of State, April 11, 1932, FO 371/16002/115578("Americans are welcome"), PRO.

23. Dickson to Political Resident, May 1, 1932, POWE 33/241/114869("wonderful victory"); Memo, February 20, 1933, p. 2, POWE 33/241/114869, PRO. David E. Koskoff, *The Mellons: The Chronicle of America's Richest Family*(New York: Thomas Y. Crowell, 1978), pp. 271-98("precisely the same"); Chisholm, *Kuwait Oil Concession*, p. 160.

24. P. T. Cox, "A Report on the Oil Prospects of Kuwait Territory," May 12, 1932, pp. 26-27, 638-107-393, Gulf Archives; Chisholm, *Kuwait Oil Concession*, pp. 26("two bidders"), 160("personal benefit"), 141("go easy"), 67, 27-30("dead body"). Rendel memo, Dec. 23, 1932, with Oil Concession in Kuwait, E 6801/12/91, FO 371/16003/115659("so keen a personal interest"); Oliphant to Cadman, December 30, 1932. E 6830/121/191, POWE 331/241/114869, PRO.

25. Fowle to Colonial Office, re: Kuwait Oil, June 27, 1933, POWE 33/241/114869, PRO; Chisholm, *Kuwait Oil Concession*, pp. 27-28, 175-79("keep his hands" and Cadman and Sheikh Ahmad); Ward, *Negotiations*, p. 227.

26. Rendel to Laithwaite, December 14, 1933, E 7701/12/91, POWE 33/241/114869("blessing" and "British hands"); Koweit Oil: Political Agreement of March 4, 1934, E 2014/19/91, FO 905/17/115218; Oil Concessions in Kuwait, March 8, 1935, pp. 8-11, POWE 33/246/114964, PRO. 1934 Concession Agreement, December 23, 1934, 78-135-043, Gulf archives; Chisholm, *Kuwait Oil Concession*, p. 45("heavenly twins"); Ward, *Negotiations*, p. 229("pure in heart").

27. Nomland to Knabenshue, June 7, 1935, with Knabenshue to Murray, June 20, 1935, 890F.6363/Standard Oil Co./82("sure shot"), RG 59, NA. *Sun and Flare*(Aramco magazine), February 6, 1957; "Persian Gulf Pioneer," [1956]("camel days"); "Exploration Comes of Age in Saudi Arabia," *Standard Oil Bulletin*, December 1938, pp. 2-10; "A New Oil Field in Saudi Arabia," *Standard Oil Bulletin*, September 1936, pp. 3-16, Chevron files. Wilkins, *Multinational Enterprise*, pp. 215-17("total loss").

28. Seidel to Teagle, November 20. 1935, February 10, 1936, 5-5-36 file, Case 6; Walden memo, 7/26/34, various nos. file, case 2; Halman to Sadler, November 15, 1938, various nos. file, case 2, Oil Companies papers. Rendel Memo, Oil in Arabia, July 7, 1937, P.Z. 612/37, POWE 33/533/115294("irksome" and "buy them out"); Starling to Clauson, July 3, 1936, P.Z. 674/36, FO 371/19965/115659("all to the good"), PRO. William Lenahan to Abdulla Suleiman, February 10, 1934, with Loomis to Hull, May 2, 1938, 890 F.6363/Standard Oil Co./97, RG 59, NA; Anderson, *Aramco*, pp. 26-28; FTC, *International Petroleum Cartel*, pp. 73-74, 115; Wilkins, *Multinational Enterprise*, pp. 214-17.

29. P. T. Cox and R. O. Rhoades, "Report on the Geology and Oil Prospects of Kuwait Territory," June 1, 1935, 638-107-393; Memo to Bleecker, Summary Review of Burgan No. 1, 537-149-501; L. W. Gardner, Case History of the Burgan Field, 621-74-107, Gulf archives. Chisholm, *Kuwait Oil Concession*, pp. 81, 250.

30. Murray, "The Struggle for Concessions in Saudi Arabia," August 2, 1939, 890F.6363/Standard Oil Co./118("astronomical proportions"), RG 59, NA. Standard Oil of California, "Report on Bahrein and Saudi Concessions," pp. 75-77, December 5, 1940, pp. 75-77, 3465, DeGolyer papers; Hull to Roosevelt, June 30, 1939, OF 3500, Roosevelt papers; *New York Times*, August 8, 1939; Wilkins, *Multinational Enterprise*, p. 217; Uriel Dann, ed., *The Great Powers in the Middle East, 1919-1939*(New York: Holmes & Meier, 1988), chap. 19.

31. Standard Oil of California, "Report on Bahrein and Saudi Concessions," December 5, 1940, p. 80, 3465, DeGolyer papers; Holden and Johns, *House of Saud*, pp. 121-22; Monroe, *Philby*, pp 295-96("so bored" and "Greatest"); Chisholm, *Kuwait Oil Concession*, pp. 93-95("my geologist").

16

1. Takehiko Yoshihashi, *Conspiracy at Mukden: The Rise of the Japanese Military*(New Haven: Yale University Press 1963), p. 14("life line" and "living space"); Seki Hiroharu, "The Manchurian Incident, 1931," trans. Marius B. Jansen, in *Japan Erupts: The London Naval Conference and the Manchurian Incident, 1928-1932*, ed. James William Morley(New York: Columbia University Press, 1984), pp. 139, 225-30; Sadako N. Ogata, *Defiance in Manchuria: The Making of Japanese Foreign Policy, 1931-32*(Berkeley: University of California Press, 1964), pp. 59-61, 1-16; G. R. Storry, "The Mukden Incident of September 18-19, 1931," in *St. Antony's Papers: Far Eastern Affairs* 2(1957), pp. 1-12.

2. Franklin D. Roosevelt, "Shall We Trust Japan?" *Asia* 23(July 1923), pp. 475-78, 526-28.

3. James B. Crowley, *Japan's Quest for Autonomy: National Security and Foreign Policy, 1936-1938*(Princeton: Princeton University Press, 1966), pp. 244-45("government by assassination"); Mira Wilkins, "The Role of U.S. Business," in *Pearl Harbor as History: Japanese-American Relations, 1931-1941*, eds. Dorothy Borg and Shumpei Okamoto(New York: Columbia University Press, 1973), pp. 341-45; Stephen E. Pelz, *Race to Pearl Harbor: The Failure of the Second London Naval Conference and the Onset of World War II*(Cambridge: Harvard University Press, 1974), p. 15; Yoshihashi, *Conspiracy at Mukden*, chap. 6; *FRUS: Japan, 1931-1941*, vol. 1, p. 76.

4. *FRUS: Japan, 1931-1941*, vol. 1, pp. 224-25("mission" and "special responsibilities"); Crowley, *Japan's Quest*, pp. 86-90("national defense state"), 284-86(*hokushu*), 289-97("spirit"); Robert J. C. Butow, *Tojo and the Coming of the War*(Princeton: Princeton University Press, 1961), pp 23, 55-70; Akira Iriye, *Across the Pacific: An Inner History of American-East Asian Relations*(New York: Harcourt, Brace & World, 1967), pp. 207-08; Jerome B. Cohen, *Japan's Economy in War and Reconstruction*(Minneapolis: University of Minnesota Press, 1949), pp. 133-37; Irvine H. Anderson, *The Standard-Vacuum Oil Company and United States East Asian Policy, 1933-1941*(Princeton: Princeton University Press, 1975), pp. 221-31. Anderson is a key source on the oil side. Michael A. Barnhart, *Japan Prepares for Total War: The Search for Economic Security, 1919-1941*(Ithaca: Cornell University Press, 1987), pp. 28-29.

5. Laura E. Hein, *Fueling Growth: The Energy Revolution and Economic Policy in Postwar Japan*(Cambridge: Harvard University Press, 1990), pp. 46-52; Anderson, *Standard-Vacuum*, pp. 81-90("frightening" and "resistance"); Ickes, *Secret Diary*, vol. 1, p. 192.

6. Crowley, *Japan's Quest*, p. 335("unpardonable crime"); Herbert Feis, *The Road to Pearl Harbor: The Coming of War Between the United States and Japan*(New York: Atheneum, 1966), pp. 9-10("thoroughgoing blow"), 12. Feis remains the classic diplomatic history, to be supplemented by Jonathan G. Utley, *Going to War with Japan, 1937-1941*(Knoxville: University of Tennessee Press, 1985). James William Morley, ed., *The China Quagmire: Japan's Expansion on the Asian Continent, 1933-1941*(New York: Columbia University Press, 1983), pp. 233-86; Michael A. Barnhart, "Japan's Economic Security and the Origins of the Pacific War," *Journal of Strategic Studies* 4(June 1981), p. 113; Robert Dallek, *Franklin D. Roosevelt and American Foreign Policy, 1932-1945*(Oxford: Oxford University Press), pp. 147-55("quarantine" and "without declaring war").

7. Utley, *Going to War*, pp. 36-37("moral embargo"); Feis, *Pearl Harbor*, p. 19("not yet").

8. Joseph Grew Diary, 1939, pp. 4083-84, Joseph Grew Papers("intercept her fleet"); Theodore H. White, *In Search of History: A Personal Adventure*(New York: Haper & Row, 1978), pp 280-83("aerial terror"); Utley, *Going to War*, p. 54("Japan furnishes").

9. Anderson, *Standard-Vacuum*, pp. 118-21(Walden and Elliott).

10. *New York Times*, January 11, 1940; Ickes, *Secret Diary*, vol. 3, pp. 96, 132, 274; Edwin P. Hoyt, *Japan's War: The Great Pacific Conflict*(New York: McGraw-Hill, 1986), p. 215("ABCD"); Butow, *Tojo*, p. 7("Razor"); James William Morley, ed., *The Fateful Choice: Japan's Advance into Southeast Asia, 1939-1941*(New York: Columbia University Press, 1980), pp. 122, 241-86.

11. Henry Stimson Diary, July 18, 19("only way out"), 24, 26, 1940, Henry Stimson Papers; Morgenthau Diary, vol. 319, p. 39, October 4, 1940; John Morton Blum, *From the Morgenthau Diaries: Years of Urgency, 1938-1941*(Boston: Houghton Mifflin, 1965), pp. 349-59; Nobutaka Ike, ed,, *Japan's Decision for War: Records of the 1941 Policy Conferences*(Stanford: Stanford University Press, 1967), pp. 7, 11; Ickes, *Diaries*, vol. 3, pp. 273, 297-99("needling"); Morley, *Fateful Choice*, pp. 142-45, chap. 3; Cohen, *Japan's Economy*, p. 25. See H. P. Willmott, *Empires in the Balance: Japanese and Allied Pacific Strategies to April 1942*(Annapolis: Naval Institute Press, 1982), p. 68: "It was concern about the security of her oil supplies that primarily molded Japanese strategy at the beginning of the war."

12. Roosevelt to Grew, January 21, 1941, Grew Diary, p. 4793("single world conflict"); Sir Llewellyn Woodward, *British Foreign Policy in the Second World War*, vol. 2(London: Her Majesty's Stationery Office, 1971), p. 137; Ickes, *Secret Diary*, vol. 3, p. 339; Ike, *Japan's Decision for. War*, p. 39; Anderson, *Standard-Vacuum*, p. 143("Europe first").

13. United States Congress, 79th Congress, 1st Session, *Hearings Before the Joint Committee on the Investigation of the Pearl Harbor Attack*(Washington, D.C.: GPO, 1946), part 17, p. 2463; Feis, *United States Naval Institute Proceedings* 77(September 1951); *FRUS: Japan, 1931-1941*, vol. 2, p. 387("friend"); *FRUS, 1941*, vol. 4, p. 836(lips and heart); Gordon W. Prange, *At Dawn We Slept: The Untold Story of Pearl Harbor*, with Donald M. Goldstein and Katherine V. Dillon(New York: McGraw-Hill, 1981), pp. 6("one pillar"), 119; Cordell Hull, *The Memoirs of Cordell Hull*(New York: Macmillan, 1948), vol. 2, p. 987; David Kahn, *The Codebreakers: The Story of Secret Writing*(New York: Macmillan, 1967), pp. 22-27; Roberta Wohlstetter, *Pearl Harbor: Warning and Decision*(Stanford: Stanford University Press, 1962), p. 178.

14. Prange, *At Dawn We Slept*, pp. 10-11("schoolboy" and "armchair arguments"); Hiroyuki Agawa, *The Reluctant Admiral: Yamamoto and the Imperial Navy*, trans. John Bester(Tokyo: Kodansha International, 1982) pp. 2-13, 32, 70-91, 141, 148-58("scientist"), 173-89.

15. Prange, *At Dawn We Slept*, pp. 28-29("lesson" and "regrettable"), 15-16("fatal blow" and "first day"); Morley, *Fateful Choice*, p. 274("whole world"); Grew to Secretary of State, January 27, 1941, 711.94/1935, PSF 30, Roosevelt papers(Grew's warning).

16. Feis, *Pearl Harbor*, p. 204("emergency"); Roosevelt to Ickes, June 18, June 30, Ickes to Roosevelt, June 23, July 1, 1941, Ickes files, PSF 75, Roosevelt papers(Ickes-FDR exchange).

17. Morley, *Fateful Choice*, p. 255, chap. 4; Ike, *Japan's Decision*, pp. 56-90("life or death"); United States Congress, Joint Committee on the Investigation of the Pearl Harbor Attack, 79th Congress, 1st Session, *Pearl Harbor: Intercepted Messages Sent by the Japanese Government Between July 1 and December 8, 1941*(Washington, D.C.: GPO, 1945), pp. 1-2("next on our schedule"); Morgenthau Presidential Diaries, vol. 4, 09146-47, July 18, 1941("question" and "mean war"); "Exports of Petroleum Products, Scrap Iron and Scrap Steel," Office of Secretary of the Treasury, Weekly Reports, PSF 918, Treasury, Roosevelt papers; United States Congress, *Pearl*

Harbor Hearings, part 32, p. 560; Feis, *Pearl Harbor*, pp. 228-29("always short"); *FRUS: Japan, 1931-1941*, vol. 2, pp. 527-30("bitter criticism" and "new move"). For the criticism, see Eliot Janeway, "Japan's Partner," *Harper's Magazine*, June 1938, pp. 1-8; Henry Douglas, "America Finances Japan's New Order," *Amerasia*, July 1940, pp. 221-24; Douglas, "A Bit of History-Successful Embargo Against Japan in 1918," *Amerasia*, August 1940, pp. 258-60. Woodward, *British Foreign Policy*, vol. 2, p. 138; Blum, *Morgenthau: Years of Uncertainty*, p. 378("day to day"); Waldo Heinrichs, *Threshold of War: Franklin D. Roosevelt and America's Entry into World War* II (New York: Oxford University Press, 1988), pp. 134, 153, 178, 246-47; Dean Acheson, *Present at the Creation: My Years in the State Department*(New York: New American Library, 1970), pp. 50-52("state of affairs"); *FRUS, 1941*, vol. 4, pp. 886-87.

18. Peter Lowe, *Great Britain and the Origins of the Pacific War: A Study of British Policy in East Asia, 1937-1941*(Oxford: Clarendon Press, 1977), pp. 239-40("as drastically"); Woodward, *British Foreign Policy*, vol. 2, pp. 138-39; United States Congress, *Intercepted Messages*, pp. 8("hard looks"), 11; Iriye, *Across the Pacific*, p. 218; *FRUS: Japan, 1931-1941*, vol. 2, p. 751("Japanese move").

19. Grew Diary, July 1941, p. 5332("vicious circle"); Feis, *Pearl Harbor*, p, 249("cunning dragon"); Akira Iriye, *Power and Culture: The Japanese-American War, 1941-1945*(Cambridge: Harvard University Press, 1981), p. 273, n. 32; Arthur J. Marder, *Old Friends, New Enemies: The Royal Navy and the Imperial Japanese Navy*(Oxford: Oxford University Press, 1981), pp. 166-67("scarecrows"); United States Congress, *Intercepted Messages*, p. 9; Blum, *Morgenthau: Years of Urgency*, p. 380("except force"); *FRUS, 1941*, vol. 4, pp. 342, 359.

20. Butow, *Tojo*, pp. 236-37("whole problem"); Fumimaro Konoye, "Memoirs of Prince Konoye," in United States Congress, *Pearl Harbor Attack*, part 20, pp. 3999-4003("receipt of intelligence"); Hull, *Memoirs*, vol. 2, p. 1025; Gordon W. Prange, *Pearl Harbor: The Verdict of History*, with Donald M. Goldstein and Katherine V. Dillon(New York: McGraw-Hill, 1980), p. 186.

21. Ike, *Japan's Decision*, pp. 154("weak point"), 139("day by day"), 133-57, 188, 201-16; Konoye, "Memoirs," pp. 4003-12(Emperor); United States Congress *Intercepted Messages*, pp. 81-82("dead horse"), 141; Hull, *Memoirs*, vol. 2, pp. 1069-70("no last words"); *FRUS, 1941*, vol. 4, pp. 590-91; Grew Diary, October 1941, p. 5834; Cohen, *Japan's Economy*, p. 135.

22. Grew to Secretary of State, November 3, 1941, 711.94/2406, PSF 30, Roosevelt papers; Stimson Diary, November 25, 1941; United States Congress, *Intercepted Messages*, pp. 92, 101, 165("beyond your ability" and "automatically"); Ike, *Japan's Decision*, pp. 238-39(Tojo's summation); Hull, *Memoirs*, pp. 1063-83; *FRUS: Japan, 1931-1941*, pp. 755-56.

23. Stimson Diary, November 26("fairly blew up"), 27("washed my hands"), 1941; Prange, *At Dawn We Slept*, p. 406("war warning"); Konoye, "Memoir," pp. 4012-13; United States Congress, *Intercepted Messages*, p. 128.

24. Kahn, *Codebreakers*, p. 41; Agawa, *Yamamoto*, p. 245("here nor there"); United States Congress, *Intercepted Messages*, p. 215; Dallek, *Roosevelt*, p. 309("clouds" and "son of man"); *FRUS: Japan, 1931-1941*, vol. 2, pp. 784-87; Feis, *Pearl Harbor*, pp. 340-42("foul play" and "nasty"); Hull, *Memoirs*, pp. 1095-97("Japanese have attacked"); Woodward, *British Foreign Policy*, vol. 2, p. 177("infamous falsehoods" and "dogs").

25. Stimson Diary, November 28, 30, December 6, 7("caught by surprise"); Prange, *At Dawn We Slept*, p. 527, 558; Forrest C. Pogue, *George C. Marshall: Ordeal and Hope, 1939-1942*(New York: Viking, 1966), p. 173("fortress"); Wohlstetter, *Pearl Harbor*, pp. 3, 386-95; Prange, *Verdict of History*, p. 624.

26. Hoyt, *Japan's War*, pp. 236, 246; Anderson, *Standard-Vacuum*, p. 192; Prange, *At Dawn We Slept*, pp. 504, 539; Agawa, *Yamamoto*, pp. 261-65; Prange, *Verdict of History*, p. 566(Nimitz).

17

1. Joseph Borkin, *The Crime and Punishment of I. G. Farben*(New York: Free Press, 1978), p. 54("financial lords" and "money-mighty"); Nuremberg Military Tribunals, *Trials of War Criminals*, vol. 7(Washington, D.C.: GPO, 1953), pp. 536-41("economy without oil"), 544-54; Peter Hayes, *Industry and Ideology: I. G. Farben in the Nazi Era*(Cambridge: Cambridge University Press, 1987) pp. 64-68. Hayes is the main academic source on I. G. Farben. Henry Ashby Turner, Jr., *German Big Business and the Rise of Hitler*(New York: Oxford University Press, 1987), pp. 246-49("this man").

2. United States Strategic Bombing Survey, *The Effects of Strategic Bombing on the German War Economy*(Washington, D.C.: USSBS, 1945), p. 90; Raymond G. Stokes, "The Oil Industry in Nazi Germany, 1936-45," *Business History Review* 59(Summer 1985), p. 254; Terry Hunt Tooley, "The German Plan for Synthetic Fuel Self Sufficiency, 1933-1942"(Master's thesis, Texas A & M University, 1978), pp. 25-26("turning point"); United States Strategic Bombing Survey, *Oil Division Final Report*(Washington, D.C.: USSBS, 1947), p. 14.

3. Arnold Krammer, "Fueling the Third Reich," *Technology and Culture* 19(June 1978), pp. 397-399; Neal P. Cochran, "Oil and Gas from Coal," *Scientific American* May 1976, pp. 24-29; U.K. Ministry of Fuel and Power, *Report on the Petroleum and Synthetic Oil Industry of Germany*(London: HMSO, 1947), p. 82; Thomas Parke Hughes, "Technological Momentum in History: Hydrogenation in Germany, 1898-1933," *Past and Present* 44(August 1969), pp. 114-23.

4. Teagle to Bosch, February 27, 1930, various nos. file, Case 2, Oil Companies papers; Borkin, *I. G. Farben*, pp. 47-51(Howard's telegram, "We were babies" and "the I. G."); Frank A. Howard, *Buna: The Birth of an Industry*(New York: Van Nostrand, 1947), pp. 15-20(Howard on hydrogenation); *New York Times*, May 23, 1945, p. 21; W. J. Reader, *Imperial Chemical Industries: A History*, vol. 1, *The Forerunners, 1870-1926*(London: Oxford University Press, 1970), pp. 456-66.

5. Tooley, "Synthetic Fuel," pp. 14, 28("fixed in principle"), 72; Edward L. Homze, *Arming the Luftwaffe: The Reich Air Ministry and the German Aircraft Industry, 1919-1939*(Lincoln: University of Nebraska Press, 1976) p. 140; Nuremberg Tribunals, *Trials*, vol. 7, pp. 571-73; Stokes, "Oil Industry in Nazi Germany," p. 261; Berenice A. Carroll, *Design for Total War: Arms and Economics in the Third Reich*(The Hague: Mouton, 1968), pp. 123-30.

6. Anthony Eden, *The Eden Memoirs: Facing the Dictators*(London: Cassell, 1962), pp. 296-306("mad-dog" and Laval); Robert Goralski and Russell W. Freeburg, *Oil & War: How the Deadly Struggle for Fuel in WW II Meant Victory or Defeat*(New York: William Morrow, 1987), pp. 23-24("incalculable disaster"). Goralski and Freeburg are an important source for this and the following war chapters. John R. Gillingham, *Industry and Politics in the Third Reich: Ruhr Coal, Hitler, and Europe*(London: Methuen, 1985), pp. 69, 75("wasp's nest"); *New York Times*, February 16, 1936, p. 1("motor mileage" and "political significance"); Alan Bullock, *Hitler: A Study in Tyranny*(New York: Harper Torch Books, 1964), rev. ed., p. 345("nerve-wracking").

7. Nuremberg Tribunals, *Trials*, vol. 7, pp. 793-803(Hitler's Four Year Plan); Borkin, *I. G. Farben*, p. 72; Hayes, *I. G. Farben*, pp. 196-202, 183. USSBS, *Oil Division Final Report*, pp. 15-27, figures 22, 23; Krammer, "Fueling the Third Reich," pp. 398-403; USSBS, *German War Economy*, p. 75; Anne Skogstad, *Petroleum Industry of Germany During the War*(Santa Monica:

Rand Corporation, 1950), p. 34; Homze, *Luftwaffe*, p. 148; War Cabinet, Committee on Enemy Oil Position, December 1, 1941, Appendix 10, POG (L) (41) 11, CAB 77/18, PRO.

8. Norman Stone, *Hitler*(Boston: Little, Brown, 1980), pp. 107-8("life's mission"); Alan Clark, *Barbarossa: The Russian-German Conflict, 1941-1945*(London: Macmillan, 1985), p. 25("little worms"); Walter Warlimont, *Inside Hitler's Headquarters, 1939-1945*, trans. R. H. Barry(London: Weidenfeld and Nicolson, 1964), pp. 113-14; Pall Carell, *Hitler Moves East, 1941-1943*(Boston: Little, Brown, 1965), pp. 536-37("Hitler's obsession"); USSBS, *German War Economy*, p. 17; Robert Cecil, *Hitler's Decision to Invade Russia, 1941*(London: Davis-Poynter, 1975), p. 84; Barry A. Leach, German Strategy Against Russia, 1939-1941(London: Oxford University Press, 1973), pp. 146-48; USSBS, *Oil Division Final Report*, pp. 36-39("need for oil").

9. Pearton, *Oil and the Romanian State*, pp. 232-33, 249; USSBS, *German War Economy*, pp. 74-75; John Erickson, *The Road to Stalingrad*(London: Panther, 1985), pp. 80-87("substantial prop"), chap. 3; W. N. Medlicott, *The Economic Blockade*, vol. 1(London: HMSO, 1952), pp. 658, 667; B. H. Liddell Hart, *History of the Second World War*(New York: Putnam, 1970), pp. 143-50("those oilfields"); Barton Whaley, *Codeword Barbarossa*(Cambridge: MIT Press, 1973); Gerhard L. Weinberg, *Germany and the Soviet Union, 1939-1941*(London: E. J. Brill, 1954), p. 165.

10. Earl F. Ziemke, *Stalingrad to Berlin: The German Defeat in the East*(Washington, D.C.: Office of the Chief of Military History, U.S. Army, 1968), p. 7; USSBS, *German War Economy*, p. 18; Heinz Guderian, *Panzer Leader*(London: Michael Joseph, 1952), p. 151; Stone, *Hitler*, p. 109; Franz Halder, *The Halder Diaries*(Boulder, Colo.: Westview Press, 1976), p. 1000; B. H. Liddell Hart, *The Other Side of the Hill*(London: Cassell, 1973), p. 126.

11. Van Creveld, *Supplying War*, p. 169; H. R. Trevor-Roper, *Hitler's War Directives, 1939-1945*(London: Sidgwick and Jackson, 1964), p. 95("seize the Crimea"); Guderian, *Panzer Leader*, p. 200("aircraft carrier" and "My generals"); Ronald Lewin, *Hitler's Mistakes*(New York: William Morrow, 1984), pp. 122-23("our Mississippi"); Leach, *German Strategy*, p. 224("end of our resources"). On destroying the oil fields, Lord Hankey's Committee on Preventing Oil from Reaching Enemy Powers, August 19, September 19, October 30, December 4, 1941, POG (41) 16, CAB 77/12, PRO.

12. Warlimont, *Hitler's Headquarters*, pp. 226, 240; F. H. Hinsley, E. E. Thomas, C. F. G. Ranson, and L. C. Knight, *British Intelligence in the Second World War*, vol. 2(London: HMSO, 1981), pp. 80-100. An oil analyst, Walter J. Levy, working in the OSS, conducted a study of German railway tariffs. He discovered a new entry covering shipments from Baku. This gave the clue that the prime German effort would be toward the Caucasus. Walter J. Levy, *Oil Strategy and Politics, 1941-1981*, ed. Melvin Conant(Boulder, Colo.: Westview Press, 1982), p. 36. Trevor-Roper, *Hitler's War Directives*, p. 131; Liddell Hart, *Other Side of the Hill*, pp. 301-5; USSBS, *German War Economy*, p. 18; Albert Seaton, *The Russo-German War, 1941-1945*(London: Arthur Barker, 1971), pp. 258, 266; Halder, *Halder Diaries*, p. 1513. Albert Speer, *Inside the Third Reich*, trans. Richard and Clara Winston(New York: Macmillan, 1970), pp. 238-39.

13. USSBS, *Oil Division Final Report*, fig. 23; Ziemke, *Stalingrad*, pp. 19, 355; Guderian, *Panzer Leader*, p. 251("icy cold"); Erich von Manstein, *Lost Victories*, trans. Anthony G. Powell(London: Methuen, 1958), p. 339; Felix Gilbert, ed., *Hitler Directs His War*(New York: Octagon, 1982), pp. 17-18; USSBS, *German War Economy*, pp. 19, 24, Alexander Stahlberg, *Bounden Duty: The Memoirs of a German Officer 1932-1945*, trans. Patricia Crampton(London: Brassey's, 1990), pp. 226-27(Manstein phone call).

14. B. H. Liddell Hart, ed., *The Rommel Papers*, trans. Paul Findlay(1953; reprint, New York: Da

Capo Press, 1985), pp. 198("complete mobility"), 58("never imagined"), 85("lightning tour"), 96("quarter master staffs"), 141("petrol gauge"), 191; James Lucas, *War in the Desert: The Eighth Army at El Alamein*(New York: Beaufort Books, 1982), pp. 49-51.

15. Liddell Hart, *Rommel Papers*, pp. 514-15("conditions" and "colossus"), 235-37("Get passports"), 269; Goralski and Freeburg, *Oil & War*, pp. 203-7("Destiny"); Carell, *Hitler Moves East*, p. 519; Halder, *Halder Diaries*, p. 885; van Creveld, *Supplying War*, chap. 6.

16. Bernard Montgomery, *The Memoirs of Field Marshal Montgomery*(1958; reprint, New York: Da Capo Press, 1982), pp. 72("Everything I possessed"), 126("nip back"); Nigel Hamilton, *Monty*, vol. 1, *The Making of a General, 1887-1942*(London: Sceptre, 1984), p. 589("slightly mad"); Liddell Hart, *Other Side of The Hill*, p. 247("all his battles"); Liddell Hart, *Rommel Papers*, pp. 278-80("badly depleted").

17. Liddell Hart, *Rommel Papers*, pp. 359("petrol transport"), 380("proper homage"), 394("two years"); Hinsley, *British Intelligence*, vol. 2, pp. 454-55("catastrophic"); Denis Richards and Hilary St. George Saunders, *Royal Air Force, 1939-1945*, vol. 2(London: HMSO, 1954), pp 239-41; Hamilton, *Monty*, vol. 1, pp. 795-98. For Rommel's constant refrain about fuel, see *Rommel Papers*, pp. 342-89.

18. Alan Bullock, *Hitler*, p. 751("heart"); Liddell Hart, *Rommel Papers*, pp. 328("bravest men"), 453("weep").

19. Leach, *German Strategy*, p. 151. Speer's own memoir, *Inside the Third Reich*, should be supplemented with Matthias Schmidt, *Albert Speer: The End of a Myth*(New York: Collier Books, 1982); J. K. Galbraith, *Economics, Peace and Laughter*(Boston: Houghton Mifflin, 1971), pp, 288-302; and the report on Galbraith's original interrogation of Speer as part of the 1945 U.S. Strategic Bombing Survey, reprinted in the *Atlantic Monthly*, July 1979, pp. 50-57. USSBS, *German War Economy*, pp. 23-25, 7, 76; Liddell Hart, *Second World War*, p. 599("weakest point"); Williamson Murray, *Strategy for Defeat: The Luftwaffe, 1933-1945*(Maxwell: Air University Press, 1983), pp. 272-74; Tooley, "Synthetic Fuel," p. 110; USSBS, *Oil Division Final Report*, pp. 19-20.

20. Lucy S. Dawidowicz, *The War Against the Jews, 1933-1945*(New York: Bantam, 1978), pp. 199-200; Nuremberg Tribunals, *Trials*, vol. 8, pp. 335("favorably located"), 386, 375, 393("unpleasant scenes"), 405("brute force"), 436-37, 455, 491-92(shooting party); Borkin, *I. G. Farben*, pp. 117-27; Tooley, "Synthetic Fuel," p. 106; Goralski and Freeburg, *Oil & War*, pp. 282-83; Krammer, "Fueling the Third Reich," p. 416("not run away"); Primo Levi, *Survival in Auschwitz and the Reawakening: Two Memoirs*, trans. Stuart Woolf(New York: Summit Books, 1985), pp. 72, 85, 171. For the Wannsee Conference, see J. Noakes and G. Pridham, eds., *Nazism 1919-1945: A History in Documents and Eyewitness Accounts*, vol. 2(New York: Schocken Books, 1990), pp. 1127-36.

21. Speer, *Third Reich*, pp. 553, n. 3, 346-48("technological war" and "scatter-brained"); Wesley Frank Craven and James Lea Cate, *The Army Air Forces in World War II*, vol. 3(Chicago: University of Chicago Press, 1951), pp. 172-79, 287("nightmare"); David Eisenhower, *Eisenhower at War, 1943-1945*(New York: Random House, 1986), pp. 154-57, 184-86; USSBS, *German War Economy*, p. 80; Murray, *Luftwaffe*, pp. 272-76. In *The Collapse of The German War Economy, 1944-1945: Allied Air Power and the German National Railway*(Chapel Hill: University of North Carolina Press, 1988), Alfred C. Mierzejewski argues that, in terms of attacking the German war economy, the railway marshaling yards were the number-one target. But he acknowledges that the destruction of the synthetic fuel plant would have immobilized the

military, ibid., p. 185.

22. Craven and Cate, *Army Air Forces*, vol. 3, p. 179; USSBS, *German War Economy*, pp. 4-5("primary strategic aim"); Borkin, *I. G. Farben*, pp. 129-30; Goralski and Freeburg, *Oil & War*, pp. 247-48("fatal blow"); Speer, *Third Reich*, pp. 350-52("committing absurdities"); USSBS, *Oil Division Final Report*, pp. 19-29, 87; United Kingdom Ministry of Fuel and Power, *Synthetic Oil Industry*, p. 116; Milward, *War, Economy, and Society*, p. 316; Krammer, "Fueling the Third Reich," p. 418; Paul H. Nitze, *From Hiroshima to Glasnost: At the Center of Decision*(New York: Grove Weidenfeld, 1989), pp. 35-36.

23. Bullock, *Hitler*, pp. 759-61; Liddell Hart, *Other Side of the Hill*, pp. 450-51("stand still"), 463; Hugh M. Cole, *The Ardennes: The Battle of the Bulge*(Washington, D.C.: Department of the Army, 1965), pp. 259-69; John S. D. Eisenhower, *The Bitter Woods*(New York: Putnam, 1969), pp. 235-42.

24. USSBS, *German War Economy*, p. 80; Speer, *Third Reich*, pp. 472("nonexistent divisions"), 406; Liddell Hart, *Second World War*, p. 679; Bullock, *Hitler*, pp. 772-73, 781; Warlimont, *Hitler's Headquarters*, p. 497("last crazy orders"); Stone, *Hitler*, p. 179.

Synthetic fuels, in the German war economy, reached as high as 60 percent of total supply. The fall-off in output toward the end of the war reflects the Allied bombing campaign. Most of the synthetic fuels were produced by hydrogenation and Fischer-Tropsch, but also included alcohol, benzol, and the product of coal tar distillation.

German Oil Supply, 1938-1945
(barrels per day)

Year	Synthetic	Other	Total	Synthetic Share
1939	47,574	121,973	169,547	28.1%
1941	89,007	119,614	208,621	42.7%
1943	124,299	112,865	237,164	52.4%
1944				
Q1	131,666	100,782	232,448	56.6%
Q2	107,120	66,862	173,981	61.6%
Q3	48,473	40,245	88,719	54.6%
Q4	43,240	36,455	79,695	54.3%
1945				
Q1	5,437	17,726	23,163	23.5%

Source: USSBS, *German War Economy*, tables 37, 38 and 41, pp. 75-76, 79.

18

1. Johan Fabricus, *East Indies Episode*(London: Shell Petroleum Company, 1949), pp. 1, 41-67, 57("no longer possible").

2. S. Woodburn Kirby, *The War Against Japan*, vol. 1, *The Loss of Singapore*(London: HMSO, 1957), p. 449; Butow, *Tojo*, p. 416; Cohen, *Japan's Economy*, pp. 52-53("victory fever"). Cohen provides a most useful analysis of the Japanese economy. United States Strategic Bombing Survey(Pacific), *Interrogations of Japanese Officials*, vol. 2(Toyoda), OPNAU-P-03-100, p. 320("victory drunk"); Ronald H. Spector, *Eagle Against the Sun: The American War with Japan*(New York: Vintage,

1985), pp. 418(FDR), 146(Nimitz). Spector is an excellent source on the Pacific War. E. B. Potter, *Nimitz*(Annapolis: Naval Institute Press, 1976), p. 48("primary objectives").

3. Agawa, *Yamamoto*, p. 299("adults' hour").

4. Jiro Horikoshi, *Eagles of Mitsubishi: The Story of the Zero Fighter*(Seattle: University of Washington Press, 1981), p. 130; United States Strategic Bombing Survey, *The Effects of Strategic Bombing on Japan's War Economy*(Washington, D.C.: GPO, 1946), pp. 18, 135; *Pipeline to Progress: The Story of PT Caltex Pacific Indonesia*(Jakarta: 1983), pp. 27-34; Saburo Ienaga, *The Pacific War, 1931-1945*(New York: Pantheon, 1978), p. 176.

5. USSBS, *Japan's War Economy*, p. 46("fatal weakness"); Japan, Allied Occupation, *Reports of General MacArthur: Japanese Operations in the Southwest Pacific Area*, vol. 2, part 1(Washington, D.C.: U.S. Army, 1966), pp. 48("Achilles heel"), 45(originally printed but not published by General MacArthur's headquarters in 1950); Goralski and Freeburg, *Oil & War*, pp. 191-93; Kirby, *War Against Japan*, vol. 3, *The Decisive Battles*(London: HMSO, 1961), p. 98; United States Strategic Bombing Survey, Oil and Chemical Division, *Oil in Japan's War*(Washington, D.C.: USSBS, 1946), p. 55("only American planes").

6. Ronald Lewin, *The American Magic: Codes, Ciphers and the Defeat of Japan*(New York: Farrar Straus Giroux, 1982), pp. 223-24("noon positions"), 227-28; Cohen, *Japan's Economy*, pp.104, 58("death blow"), 137-46(Japanese captain and "synthetic fuel"); Clay Blair Jr., *Silent Victory: The U.S. Submarine War Against Japan*(Philadelphia: J. B. Lippincott, 1975), pp. 361-362, 435-39, 553-54.

7. USSBS, *Interrogations of Japanese Officials*(Toyoda), p. 316("much fuel"); Cohen, *Japan's Economy*, pp. 142-145("very keenly" and "too much fuel"); Spector, *Eagle Against the Sun*, p. 370("Turkey Shoot"); Kirby, *War Against Japan*, vol, 4, *The Reconquest of Burma*(London: HMSO, 1965), p. 87; *Reports of General MacArthur: Japanese Operations*, vol. 2, part 1, p. 305; United States Army, Far East Command, Military Intelligence Section, "Interrogation of Soemu Toyoda," September 1, 1949, DOC 61346, pp. 2-3; USSBS, *Japan's War Economy*, p. 46.

8. Spector, *Eagle Against the Sun*, pp. 294(MacArthur), 440("divine wind"); USSBS, *Interrogations of Japanese Officials*(Toyoda), p. 317; Cohen, *Japan's Economy*, pp. 144-45("shortage"); Rikihei Inoguchi, Tadashi Nakajima, and Roger Pineau, *The Divine Wind: Japan's Kamikaze Force in World War* II (Westport, Conn.: Greenwood Press, 1978), pp. 74-75; *Reports of General MacArthur: Japanese Operations*, vol. 2, part 2, p. 398. Toshikaze Kase, *Journey to the Missouri*, ed. David N. Rowe(New Haven: Yale University Press, 1950), pp. 247-48. Liddell Hart in his *History of the Second World War* offers other reasons for Kurita's swerve, pp. 626-27.

9. Samuel Eliot Morison, *History of United States Naval Operations in World War* II, vol. 7, pp. 107-9; vol. 8, pp. 343-45; James A. Huston, *The Sinews of War: Army Logistics, 1775-1953*(Washington, D.C.: U.S. Army, 1966), p. 546("long legs"); Goralski and Freeburg, *Oil & War*, pp. 316, 310("potatoes"); USSBS, *Japan's War Economy*, p. 32; Thomas R. H. Havens, *Valley of Darkness: The Japanese People and World War* II (New York: Norton, 1978), pp. 122, 130.

10. USSBS, *Interrogations of Japanese Officials*(Toyoda), p. 316("large-scale operation"); Spector, *Eagle Against the Sun*, p. 538("the end").

11. *Reports of General MacArthur: Japanese Operations*, vol. 2, part 2, pp. 617-19, 673-74; Cohen, *Japan's Economy*, pp. 146-47; USSBS, *Oil in Japan's War*, p. 88("end of the road").

12. Robert J. C. Butow, *Japan's Decision to Surrender*(Stanford: Stanford University Press, 1954), pp. 30, 64, 77, 90-92, 121-22; United States Strategic Bombing Survey, *Japan's Struggle to End*

the War(Washington: GPO, 1946), pp. 16-18; Kase, *Journey to the Missouri*, pp. 171-76("utter hopelessness" and "ready to die").

13. Lewin, *American Magic*, p. 288; Richard Rhodes, *The Making of the Atomic Bomb*(New York: Touchstone, 1988), pp. 617-99; and Daniel Yergin, *Shattered Peace: The Origins of the Cold War*(New York: Penguin, 1990), pp. 120-22.

14. United States Army, Far East Command, Military Intelligence Section, "Statements by Koichi Kido," May 17, 1949, DOC 61476, pp. 13-15, DOC 61541, pp. 7-8; Butow, *Japan's Decision*, pp. 16, 1 205-19; Kase, *Journey to the Missouri*, p. 247; Cohen, *Japan's Economy*, pp. 144, 147.

15. D. Clayton Jones, *The Years of MacArthur*, vol. 2(Boston: Houghton Mifflin, 1975), pp. 785-786; Courtney Whitney, *MacArthur: His Rendezvous with Destiny*(New York: Knopf, 1956), pp. 214-16; Robert L. Eichelberger, *Our Jungle Road to Tokyo*(New York: Viking, 1950), pp 262-263; John Costello, *The Pacific War, 1941-1945*(New York: Quill, 1982), p. 599; Butow, *Tojo*, pp. 449-54.

19

1. D. T. Payton-Smith, *Oil: A Study of War-Time Policy and Administration*(London: HMSO, 1971), pp. 21-23, 44("paraphernalia of competition"), 62("strategic oil reserve"). "Spanish Petroleum Monopoly," November 18, 1927, W 10770, FO 371/12719("Sir Henri's word"); J. V. Perowne, Minute, September 30, 1935, C6788, FO 371/18868("hatred of the Soviets"); Faulkner to Vansittart, September 30, 1935, C6788, FO 371/18868("suitable actions" and "getting an old man"); Thornton to Montgomery, January 1, 1937, H2/1937, FO 371/2075 with C137/105/2/37(Dutch prime minister); Draft, Personalities Series, 1938, FO 371/21795, PRO. On the effort to gain control of Shell, see Bland to Halifax, April 27, 1939, no. 228, 233, C6277, C6278, Watkins memo, April 12, 1939, C5474, FO 371/23087, PRO and Anthony Sampson, *The Seven Sisters: The Great Oil Companies and the World They Shaped*, rev. ed.(London: Coronet, 1988), pp. 96-97; In the autumn of 1939, the British and French allocated $60 million to pay the Rumanians to destroy their oil wells, in order to deny Rumanian oil to the Germans. The Rumanians, however, wanted more, and the Rumanian oil went to the Germans. War Cabinet, Meeting Notes, November 22, 1939, POG (S), CAB 77/16, PRO.

2. Payton-Smith, *Oil*, p. 85("basic ration"); George P. Kerr, *Time's Forelock: A Record of Shell's Contribution to Aviation in the Second World War*(London: Shell Petroleum Company, 1948), p. 40; Arthur Bryant, *The Turn of the Tide*(Garden City, N.Y.: Doubleday, 1957), p. 203.

3. Payton-Smith, *Oil*, pp. 195-99("arsenal"), 210-11; Huston, *Sinews of War*, p. 442("dollar sign"); Dallek, *Roosevelt and American Foreign Policy*, p. 443("Dr. Win-the-War"). Roosevelt to Ickes, May 28, 1941, OF 4435; FDR to Smith, May 6, 1941, OF 56, Roosevelt papers. Surplus capacity number derived from John W. Frey and H. Chandler Ide, *A History of the Petroleum Administration for War, 1941-1945*(Washington, D.C.: GPO, 1946), p. 444, which is an important source on Allied oil supplies. For the suit, called the "Mother Hubbard" case because the defendants seemed to include almost all of the American oil industry, see United States Tariff Commission, *Petroleum*, Report No. 17, in *War Changes in Industry Series*(Washington, D.C.: GPO, 1946), p. 94.

4. Everett DeGolyer, "Government and Industry in Oil," 813; PAW, "Transportation of Petroleum to Eastern United States," May 15, 1942, 4435, DeGolyer papers. Ickes to Roosevelt, July 18, 1939, OF 56, Roosevelt papers; Nash, *United States Oil Policy*, pp. 152-63; Ickes, *Secret Diary*, vol. 3, p. 530; *Oil Weekly*, June 2, 1941; Harold Ickes, *Fightin' Oil*(New York: Knopf, 1943), p. 71.

5. Goralski and Freeburg, *Oil & War*, p. 109(Raeder); Martin Gilbert, *Winston S. Churchill*, vol 6, *Finest Hour, 1939-1941*(Boston: Houghton Mifflin, 1983), pp. 1020-21("measureless peril"), 1036("blackest cloud"); Davies to Ickes, July 8, 1941, Ickes to Roosevelt, July 9, 1941, PSF 12, Roosevelt papers("shocking"); Ickes, *Secret Diary*, vol. 3, pp. 561, 543("parking conditions"); Williamson et al., *The Age of Energy*, p. 758(gasless Sundays); Frey and Ide, *Petroleum Administration*, pp. 118-19("one-third less").

6. Beaton, *Shell*, p. 604("phony shortage"); Hinsley, *British Intelligence*, vol. 2, pp. 169-74("narrowest of margins"); Frey and Ide, *Petroleum Administration*, p. 119("shortage of surplus"); Ickes, *Secret Diary*, vol. 3, p. 617("fill it up"), 630-33(Ickes's complaints). Wirtz to Ickes, May 15, 1941, Ickes to Roosevelt, May 19, 1941, OF 4435; Lloyd to Ickes, November 24, 1941, OF 4226; Ickes to Roosevelt, January 17, 1942, PSF 75(Ickes's new strategy), Roosevelt papers.

7. Goralski and Freeburg, *Oil & War*, pp. 108("ample targets"), 114-15. Davies to Ickes, March 21, 1942, Ickes to Roosevelt, March 23, 1942, PSF 75; Ickes to Roosevelt, April 21, 1942, PSF 12("desperate"), Roosevelt papers. Morison, *Naval Operations*, vol. 1, pp. 254, 200-1, 130; Bryant, *Turn of the Tide*, pp. 295-96.

8. Ickes to Nelson, June 17, 1942, box 209, Hopkins papers; Nash, *U.S. Oil Policy*, pp. 164-65.

9. NA 800.6363: Minutes of Federal Petroleum Council, March 20, 1942, 411; Thorburg to Collado et al., June 25, 1942, 786 RG 59. John Keegan, *The Price of Admiralty: The Evolution of Naval Warfare*(New York: Viking, 1989), p. 229("Rescue no one"); Morison, *Naval Operations*, vol. 1, pp. 157, 198("enemy tonnage"); Michael Howard, *Grand Strategy*, vol. 4, *August 1942-September 1943*(London: HMSO, 1972), p. 54; Bryant, *Turn of the Tide*, p. 387; Goralski and Freeburg, *Oil & War*, pp. 113("milk cows"), 116; Stanton Hope, *Tanker Fleet: The War Story of the Shell Tankers and the Men Who Manned Them*(London: Anglo-Saxon Petroleum, 1948), chap. 9.

10. Wilkinson to Ickes, December 5, 1942, Ickes to Roosevelt, December 10, 1942, PSF 75, Roosevelt papers; Martin Gilbert, *Winston S. Churchill*, vol. 7, *Road to Victory, 1941-1945*(Boston: Houghton Mifflin, 1986), pp. 265, 289; S. W. Roskill, *The War at Sea, 1939-1945*, vol. 2 London: HMSO, 1956), pp. 355, 217("not look at all good"); Howard, *Grand Strategy*, vol. 4, pp. 244-245("stranglehold"), 621; Liddell Hart, *Second World War*, pp. 387-90("never came so near" and "heavy losses"); Larson, *Standard Oil*, vol. 3, p. 529.

11. Ickes to Roosevelt, August 4, 1942, August 7, 1942, September 3, 1942, Smith to Roosevelt, October 1, 1942, OF 4435; Roosevelt to Land, November 6, 1941, OF 56; Nelson file memo, May 1, 1942, OF 12, Roosevelt papers. Ickes to Nelson, November 26, 1942, Box 209, Hopkins papers; Board of Petroleum Reserves Corporation, Record, April 25, 1944, pp. 88-91, RG 234, NA("any oil matter"); Petroleum Administration for War, *Petroleum in War and Peace*(Washington, D.C.: PAW, 1945), pp. 39-44.

12. Pratt to Farish, May 16, 1941, Pratt to DeGolyer, March 17, 1942, 1513; DeGolyer to Hebert, January 16, 1943, 3470, DeGolyer papers. Cole to Roosevelt, October 22, 1942, pp. 20, 22, OF 4435, Roosevelt papers; Ickes to Brown, April 7, June 10, 1943, Davies to Hopkins, July 26, 1943, box 209, Hopkins papers; Frey and Ide, *Petroleum Administration*, p. 5 and statistical tables; John G. Clark, *Energy and the Federal Government: Fossil Fuel Policies, 1900-1946*(Urbana: University of Illinois Press, 1987), p. 327("commie outfit"); E. DeGolyer, "Petroleum Exploration and Development in Wartime," *Mining and Metallurgy*, April 1943, pp. 188-90.

13. Roosevelt to Ickes, August 12, 1942, OF 4435, Roosevelt papers("natural gas"); Clark, *Energy and Federal Government*, p. 316(Bea Kyle to Ickes); Frey to Kyle, August 1941, Davies papers;

Minutes of Federal Petroleum Council, March 20, 1942, 811.6363/411, RG 59, NA("knew for sure").

14. Hertz to the Undersecretary of War, August 13, 1942, Hertz to Hopkins, August 13, 1942, box 209, Hopkins papers; John Kenneth Galbraith, *A Life in Our Times: Memoirs*(Boston: Houghton Mifflin, 1981), p. 130("private skepticism"); James Conant, *My Several Lives: Memoirs of a Social Inventor*(New York: Harper & Row, 1970), p. 314(Baruch's dinner).

On the "rubber famine," see United States Congress, Senate, Special Committee Investigating the National Defense Program, *Investigation of the National Defense Program*, part 11, *Rubber*, 77th Congress, 1st Session(Washington, D.C.: GPO, 1942) (hereafter, *Truman Hearings*); Howard, *Buna; Larson, Standard Oil*, vol. 3, pp. 405-18, chap. 15.

In a case brought by Thurman Arnold, the trust-busting assistant Attorney General, and in a series of Congressional hearings, Jersey was charged with collusion and cartel making in its relationship with I. G. Farben involving synthetic rubber. The arrangements between the two companies, the critics said, had deprived the United States of synthetic rubber know-how and production. Natural rubber had, before Pearl Harbor, constituted the single largest import of the United States. The abrupt cessation of supply resulting from Japan's capture of the primary sources in Southeast Asia created a "rubber famine" in the United States, threatening the entire Allied war effort.

Arnold insisted that the source of the rubber famine was what he called the "full marriage" between Jersey and I. G. Farben(*Truman Hearings*, p. 4811). As to the substance of the charges themselves, Arnold pursued his case in a singular way, though sometimes taking events out of context(*Truman Hearings*, pp. 4313, 4427, 4598). Jersey had made its arrangements with I. G. Farben before the Nazis came to power. As a result of the deal, considerable benefits in chemistry and research organization flowed to the American side, including synthetic rubber know-how. After all, Germany and I. G. Farben, not America and Jersey, held the leadership in world chemistry. The Jersey management did show considerable obtuseness and political naiveté from 1937 on in not recognizing the degree to which I. G. Farben had become a captive and tool of the Nazi state. See Hayes, *Industry and Ideology*. But the charge that Jersey prevented the diffusion of synthetic rubber technology before World War II disregarded the economic realities. In a Depression world of low commodity prices and large surpluses, there was no economic incentive or rationale to develop synthetic technologies, unless a country was preparing for war. If the United States had so prepared, then innovation and implementation would have required substantial government subsidies or tariff protection. Though the import price of natural rubber fluctuated substantially in the years before America's entry into World War II, the production costs for synthetic rubber were estimated at five times those of natural rubber. No company could have been expected to make a commitment to a large level of production in the face of those economics. Indeed, from 1939 on, Jersey, along with other companies, had tried to get Washington to support the development of synthetic rubber technology and production, but the effort fizzled in the face of administrative disarray and rivalry in Washington, lack of consensus on the need, and a strong aversion to the commitment of large amounts of government money. The general view was that the supply of natural rubber from Southeast Asia could not be interrupted, and there was also skepticism about the viability of the synthetic substitutes(see *Truman Hearings*, pp. 4285-89, 4407-79, 4805, 4937). The "rubber famine" resulted not from the patent exchanges between Jersey and I. G. Farben, which on the contrary increased American knowledge about synthetic rubber, but from a failure of the government's program of preparedness in the three years before Pearl Harbor. The "rubber famine" arose primarily from the same psychology that excluded the possibility that there could be a Pearl Harbor.

15. Clark, *Energy and the Federal Government*, pp. 337-44("nonessential driving").

16. Payton-Smith, *Oil*, pp. 249-53; Standard Oil(New Jersey), *Ships of the Esso Fleet in World War II* (New York: Standard Oil, 1946), pp. 151-54.

17. Ickes, *Fightin' Oil*, p. 6(Stalin's toast); Erna Risch, *Fuels for Global Conflict*(Washington, D.C.: Office of Quartermaster General, 1945), pp. 1-2, ix-x, 59-60(gas cans).

18. United States Congress, Senate, Committee on Foreign Relations, Subcommittee on Multinational Corporations, *A Documentary History of the Petroleum Reserves Corporation*(Washington, D.C.: GPO, 1974) (Patterson to Ickes); Agnew to Lloyd, June 15, 1942, POWE 33/768 121286, PRO; "100 Octane Aviation Gasoline: Report to the War Production Board," March 16, 1942, May 29, 1942, pp. 9-10("eke out"), October 15, 1942; Ickes to Roosevelt, October 19, 1942, Nelson to Roosevelt, October 28, 1942, Roosevelt to Ickes, November 7, 1942, PSF 12, Roosevelt papers. Beaton, *Shell*, pp. 560-76, 579-87("out of a hat"); Charles Sterling Popple, *Standard Oil Company(New Jersey) in World War II* (New York: Standard Oil, 1952), pp. 29-30; War Production Board, *Industrial Mobilization for War: History of The War Production Board and Its Predecessor Agencies, 1940-1945*, vol. 1(Washington, D.C.: GPO, 1947), pp. 39-41; James Doolittle Oral History(Shell and 100 octane); Giebelhaus, *Sun*, chaps. 7 and 9.

19. Petroleum Administration for War, *Petroleum in War and Peace*(Washington, D.C.: GPO, 1945), p. 204("Not a single operation"); van Creveld, *Supplying War*, p. 213; Roland G. Ruppenthal, *Logistical Support of the Armies*, vol. 1(Washington, D.C.: Department of the Army, 1953), pp. 499-516; Goralski and Freeburg, *Oil & War*, p. 254("men and horses"); Martin Blumenson, *The Patton Papers*, vol. 2, *1941-1945*(Boston: Houghton Mifflin, 1974), p. 492(poem); Dwight Eisenhower, *Crusade in Europe*(Garden City, N.Y.: Doubleday, 1948), p. 275; Alfred D. Chandler, Jr., and Stephen E. Ambrose, *The Papers of Dwight David Eisenhower*, vol. 4, *The War Years*(Baltimore: Johns Hopkins University Press, 1970), p. 2060, n. 4("great leader"); Martin Blumenson, *Patton: The Man Behind the Legend, 1885-1945*(New York: William Morrow, 1985), p. 216; Forrest C. Pogue, *George C. Marshall*, vol. 3, *Organizer of Victory, 1943-1945*(New York: Viking, 1973), pp. 385("thoroughly weary" and "into the breach"), 371-72("Patton's good qualities").

20. Van Creveld, *Supplying War*, p. 221; Nigel Hamilton, *Monty*, vol. 2, *Master of the Battlefield, 1942-1944*(London: Sceptre, 1987), p. 754("spectacularly successful"); Eisenhower, *Eisenhower at War*, p. 438("planning days"); Blumenson, *Patton Papers*, vol. 2, pp. 841, 571, 533, 529-30("chief difficulty").

21. Stephen E. Ambrose, *The Supreme Commander: The War Years of General Dwight D. Eisenhower*(Garden City, N.Y.: Doubleday, 1970), p. 515; Blumenson, *Patton Papers*, vol. 2, p. 523("blind moles"); Omar N. Bradley, *A Soldier's Story*(New York: Henry Holt, 1951), pp. 402-405("angry bull"); Ruppenthal, *Logistical Support*, vol. 1, table 10, p. 503; Hamilton, *Monty*, vol. 2, p. 777.

22. Blumenson, *Patton Papers*, vol. 2, p. 531("unforgiving minute"); Liddell Hart, *Second World War*, pp. 562-63("eat their belts"); Robert Ferrell, ed., *The Eisenhower Diaries*(New York: Norton, 1981), p. 127("get Patton moving").

23. Cole, *Battle of the Bulge*, pp. 13-14; Liddell Hart, *Second World War*, p. 563; Goralski and Freeburg, *Oil & War*, pp. 264-65; Blumenson, *Patton*, chap. 10, p. 216; Eisenhower, *Crusade*

in Europe, pp. 292-93("late summer … inescapable defeat"); Ruppenthal, *Logistical Support*, esp. pp. 515-16; General George Marshall, Army Chief of Staff, shared Eisenhower's point of view. A decade after the war ended, he said: "Of course he [Patton] wanted more gasoline; of course Montgomery wanted more gasoline and a larger freedom of action. That is just natural to commanders under these circumstances. What was going on was the First Army was making very rapid moves in a very positive manner and getting very little public credit for it in this country. The Third Army was getting far more credit because of Patton's dash and showmanship. … Patton wanted to get free-with the great temptation of running right up to the Rhine-and there was almost no gasoline. … I think Eisenhower's control of the operations at that time was correct. And that all the others were yelling as they naturally would yell. There is nothing remarkable about that except one was the supreme commander of the British forces, which at that time was very small, and the other was a very high-powered dashing commander who had the press at his beck and call-General Patton. … In trying to judge what was the correct disposition of the available gasoline, one has to remember a great many subsidiary facts and prospects. For example, take the German operation in the Bulge later on. If it was successful, it was a grand thing. But it wasn't successful. … You can sometimes win a great victory by a very dashing action. But often or most frequently the very dashing action exposes you to a very fatal result if it is not successful." Pogue, *Marshall*, vol. 3, pp. 429-30.

24. Hamilton, *Monty*, vol. 2, pp. 776-821; Nigel Hamilton, *Monty*, vol. 3, *The Field-Marshal*(London: Sceptre, 1987), pp. 3-8; Liddell Hart, *Second World War*, pp. 565-67("best chance").

This table of world oil supply shows how the United States continued to dominate world oil production throughout the first 85 years of the industry. The table also demonstrates the importance that Russian and Mexican production gained and then lost, the significance of Venezuela by World War Ⅱ, and the beginning of the impact of the Middle East on world supply.

World Crude Oil Production, 1860-1945
(thousands of barrels per day)

Year	United States	Mexico	Venez-uela	Russia/USSR	Rumania	East India	Persia/Iran	All Others	Total
1865	6.8			0.2	0.1			0.3	7
1875	32.8			1.9	0.3			1.1	36
1885	59.9			38.2	0.5			2.2	101
1895	144.9			126.4	1.6	3.3		7.9	284
1905	369.1	0.7		150.6	12.1	21.5		35.3	589
1915	770.1	90.2		187.8	33.0	33.7	9.9	58.9	1,184
1925	2,092.4	316.5	53.9	143.7	45.6	70.4	93.3	112.8	2,929
1935	2,730.4	110.2	406.2	499.7	169.2	144.4	156.9	317.0	4,534
1945	4,694.9	119.3	885.4	408.1	95.3	26.6	357.6	521.6	7,109

East Indies includes Indonesia, Sarawak, and Brunei. Source: American Petroleum Institute, *Petroleum Facts and Figures: Centennial Edition, 1959*(New York: API, 1959), pp. 432-37.

참고문헌

인터뷰

Many people generously made themselves available for interviews, which were essential to the writing of this book. I would like to express my great appreciation to all of them for their graciousness and consideration. None of them are responsible for the interpretation and judgments in this book. Most of the interviews were expressly conducted for this book. A few of them were originally for projects that preceded the hook.

In some cases, the identification of interviewees may not be the one most familiar to readers. However, in the interests of clarity, I have generally indicated the position that seems most apposite.

Frank Alcock, Vice-President, Petréleos de Venezuela, SA Robert O. Anderson, Chairman, ARCO

Alicia Castillo de Pérez Alfonzo

James Akins, U.S. Ambassador to Saudi Arabia

Naohiro Amaya, Vice-Minister, Ministry of International Trade and Industry, Japan Nikolai Baibakov, Minister of Oil, Chairman, Gosplan USSR

Lord Balogh, Minister of State, United Kingdom Department of Energy

Robert Belgrave, Oil and Middle East Desk, U.K. Foreign Office; Policy Adviser to the Board of British Petroleum

André Bénard Managing Director, Royal Dutch/Shell

Jean Blancard, General Delegate for Energy, French Ministry of Industry; President, Gaz de France

Steven Bosworth, U.S. Deputy Assistant Secretary of State for Energy, Resources, and Food Policy

Robert R. Bowie, Director, Policy Planning Staff, U.S. Department of State; Deputy Director, U.S. Central Intelligence Agency

Richard Bray, President, Standard Oil Production Company

Juan Pablo Pérez Castillo

Oscar Pérez Castillo

Fadhil al-Chalabi, Deputy Secretary General, OPEC

William Colby, Director, U.S. Central Intelligence Agency Marcello Colitti, Vice-Chairman, ENI

Patrick Connolly, Vice-President and Head of Energy Group, Bank of Boston

Richard Cooper, U.S. Undersecretary of State

Walter Cutler, U.S. Ambassador to Saudi Arabia

Alfred DeCrane, Jr., Chairman, Texaco

Charles DiBona, Deputy Director, White House Energy Policy Office; President, American Petroleum Institute

Yahaya Dikko, Minister of Petroleum Resources, Nigeria

Robert Dolph, President, Exxon International

Sir Eric Drake, Chairman, British Petroleum

Charles Duncan, U.S. Secretary of Energy

Robert Dunlop, Chairman, Sun Oil

Stuart Eizenstat, Director, Domestic Policy Staff, White House

Chief M. O. Feyide, Secretary General, OPEC

Clifton Garvin, Chairman, Exxon

Jeremy Gilbert, Manager, Capital Planning Oil Services Company of Iran

Herbert Goodman, President, Gulf Oil and Trading

Pierre Guillaumat, Chairman, Société Nationale Elf Aquitaine

Armand Hammer, Chairman, Occidental Petroleum

Victor Hammer

Sir Peter Holmes, Chairman, Shell Transport and Trading

J. Wallace Hopkins, Deputy Executive Director, International Energy Agency
Wanda Jablonski, Editor and Publisher, Petroleum Intelligence Weekly
Henry Jackson, U.S. Senator
Yoshio Karita, Director, Resources Division, Ministry of Foreign Affairs, Japan
George Keller, Chairman, Chevron Corporation
Frederick Khedouri, Deputy Chief of Staff to the U.S. Vice-President
William King, Vice-President, Gulf Oil
Ulf Lantzke, Executive Director, International Energy Agency
James Lee, Chairman, Gulf Oil
Walter Levy, oil consultant
John Loudon, Senior Managing Director, Royal Dutch/Shell
Robert Mabro, Director, Oxford Institute for Energy Studies
William Martin, U.S. Deputy Secretary of Energy
Charles Mateudi
Lord McFadzean of Kelvinsidc, Chairman, Shell Transport and Trading
George McGhee, U.S. Assistant Secretary of State for Near East, South Asia and Africa
Philippe Michelon, Director, Strategic Planning, Gulf Oil
Edward Morse, U.S. Deputy Assistant Secretary of State; Publisher, Petroleum Intelligence Weekly
Richard Murphy, U.S. Assistant Secretary of State for Near East and South Asia
George N. Nelson, President, BP Exploration Alaska
John Norton, Partner, Arthur Andersen & Company
Tadahiko Ohashi, Director, Corporate Planning Department, Tokyo Gas Co., Ltd.
Rene Ortiz, Secretary General, OPEC
Alirio Parra, President, Petróleos de Venezuela, S A
T. Boone Pickens, Chairman, Mesa Petroleum
James Placke, U.S. Deputy Assistant Secretary of State
William Quandt, Director, Middle East Office, U.S. National Security Council
Alberto Quiros, President, Maraven, Lagoven, Venezuela
Sir Peter Ramsbotham, British Ambassador to Iran
M. S. Robinson, President, Shell International Trading Company
Gilbert Rutman, Vice Chairman, Société Nationale Elf Aquitaine
Harold Saunders, U.S. Assistant Secretary of State for Near East and South Asia
James Schlesinger, U.S. Secretary of Defense; U.S. Secretary of Energy
Ian Seymour, Editor, Middle East Economic Survey
Jesüs Silva Herzog, Minister of Finance, Mexico
Sir David Steel, Chairman, British Petroleum
Jack Sunderland, Chairman, Aminoil
Jean Syrota, Director, Agency for Energy Conservation, France
Sir Peter Walters, Chairman, British Petroleum
Paul Walton, geologist, Pacific Western
Harold Wilson, Prime Minister, Great Britain
Taylor Yoakam, Mesa Petroleum
Eugene Zuckert

공문서

Amoco archives, Chicago
Chevron archives, San Francisco
Gulf archives, Houston
Shell International archives, London
Public Records Office, Kew Gardens, London (PRO)
  Foreign Office
  Cabinet Office
  War Cabinet
  Cabinet Committees

  Air Ministry
  Colonial Office
  MiMinistry of Power (including Petroleum
    Department)

Prime Minister's Office
Treasury
Admiralty
India Office, London
National Archives, Washington, D.C. (NA)
RG 59 State Department
RG 218 Joint Chiefs of Staff
Franklin D. Roosevelt Library, Hyde Park, New York
Official File
President's Secretary's File
Harry Hopkins papers
Dwight D. Eisenhower Library, Abilene, Kansas
Eisenhower Presidential Papers (Ann Whitman File)
John Foster Dulles papers
Harry S. Truman Library, Independence, Missouri
President's Secretary's File
John F. Kennedy Library, Boston, Massachusetts
White House Staff Files
Lyndon B. Johnson Library, Austin, Texas
White House Central Files
Subject Files
Confidential File
Name File
Joseph Califano papers
Robson-Ross papers
Richard M. Nixon papers, National Archives
White House Central Files
White House Special Files
Confidential Files
President's Office Files
Gerald Ford Library, Ann Arbor, Michigan
White House Central Files
Presidential Handwriting File
White House Staff Files
Energy Resources Council papers
International Energy Agency, Paris
United Kingdom Department of Energy
Senate Multinational Subcommittee Interviews
U.S. State Department papers (1970-80) (Freedom of Information)
National War College, Washington, D.C.

Board of Trade
War Office

RG 234 Reconstruction Finance
Corporation

Henry Morgenthau Diary
Henry Morgenthau Presidential Diary

Christian Herter papers

Ralph K. Davies papers

National Security Files
Drew Pearson papers

Cabinet Task Force on Oil Import Controls

Council of Economic Advisors papers
Arthur F. Burns papers
Frank G. Zarb papers

기타 문서 모음

Juan Pablo Perez Alfonzo papers, Caracas
Aramco papers, Middle East Center, Oxford
BBC Written Archives Centre, Reading
George Bissell collection, Dartmouth College
Sir John Cadman papers. University of Wyoming
Churchill Archives Centre, Cambridge, England
Continental Oil Collection, University of Wyoming
Charles R. Crane papers, Middle East Center, Oxford
Ralph K. Davies papers, University of Wyoming
Everette Lee DeGolyer papers, Southern Methodist University
Henry L. Doherty papers, University of Wyoming
Colonel Drake manuscript, Drake Well Museum, Titusville, Penn.

James Terry Duce papers, University of Wyoming
Herbert Goodman papers
Joseph Grew papers, Harvard University
Harold L. Ickes papers, Library of Congress
Wanda Jablonski papers
Joiner v. Hunt case records, Rusk County District Court, Henderson, Texas
R. S. McBeth papers, University of Texas at Austin
Philip C. McConnell papers, Hoover Institution
A. J. Meyer papers, Harvard University
Oil Companies papers (Justice Department antitrust case), Baker Library, Harvard Business School
Pearson Collection, Imperial College, London
H. St. J. B. Philby papers, Middle East Center, Oxford
Mark L. Requa papers, University of Wyoming
Rockefeller Archives, Tarry town, New York
Collection Banque Rothschild, Archives Nationales, Paris
Rusk County Historical Commission, Henderson, Texas
W. B. Sharp papers, University of Texas at Austin
Slade-Barker papers, Middle East Center, Oxford
George Otis Smith papers, University of Wyoming
Stimson Diary, Yale University
Ida Tarbell papers, Drake Well Museum, Titusville, Penn.
James M. Townsend papers, Drake Well Museum, Titusville, Penn.
Private archives

구술 기록

Winthrop Aldrich, Baker Library, Harvard Business School
James Doolittle, Columbia University
Alan W. Hamill, University of Texas at Austin
Curt G. Hamill, University of Texas at Austin
Fatillo Higgins, University of Texas at Austin
James William Kinnear, University of Texas at Austin
E. C. Laster, University of Texas at Austin
Torkild Rieber, University of Texas at Austin

기타

Middle East Economic Survey (MEES)
Petroleum Intelligence Weekly (PIW)
Grampian Television, Oil. 8-part television series, 1986.

정부 문서

Declassified Documents Reference System. Washington, D.C.: Carrollton, 1977-81, and Woodbridge, conn.: Research Publications, 1982-90.
Documents from the US. Espionage Den. Tehran: Center for the Publication of the U.S. Espionage Den's Document, [1986].
International Energy Agency. Energy Policies and Programmes of IEA Countries. Paris: IEA/OECD.
———. World Energy Outlook. Paris: IEA/OECD.
Japan. Allied Occupation. Reports of General MacArthur: Japanese Operations in the Southwest Pacific Area. 4 vols. Washington, D.C.: U.S. Army, 1966.
Mexico. Secrctaria de Progamacíon y Presupuesto. Antología de la Planeación en Mexico (1917-1985). Vol. 1, Primeros Intcntos de Planeación en México (1917-1946). Mexico City: Ministry of Budget and Planning. 1985.
Nuremberg Military Tribunals. Trials of War Criminals. Vols. 7-8. Washington, D.C.: GPO, 1952-53.
Pogue, Joseph E., and Isador Lubin. Prices of Petroleums and Products. Washington, D.C.: GPO, 1919.

Requa, Mark L. "Report of the Oil Division, 1917-1919." H. A. Garfield. Final Report of the U.S. Fuel Administrator. 1917-1919. Washington, D.C.: GPO, 1921.

United Kingdom. Ministry of Fuel and Power. Report on the Petroleum and Synthetic Oil Industry of Germany. London: HMSO, 1947.

United Kingdom. Admiralty. Geographical Section of the Naval Intelligence Division. Geology of Mesopotamia and Its Borderlands. London: HMSO, 1920.

U.S. Army. Far East Command. Military Intelligence Section. Intelligence Series and Documentary Appendices. Washington, D.C.: Library of Congress, 1981. Microfilm.

U.S. Cabinet Task Force on Oil Import Control. The Oil Import Question: A Report on the Relationship of OH Imports to the National Security. Washington, D.C.: GPO, 1970.

U.S. Central Intelligence Agency. CIA Research Reports: Middle East, 1946-1976. Ed. Paul Kesaris. Frederick, Md.: University Publications of America, 1983. Microfilm.

U.S. Congress. House of Representatives. Permanent Select Committee on Intelligence. Subcommittee on Evaluation. Iran: Evaluation of U.S. Intelligence Performance Prior to November 1978. Staff Report. Washington, D.C.: GPO, 1979.

U.S. Congress. Joint Committee on the Investigation of the Pearl Harbor Attack. Pearl Harbor: Intercepted Messages Sent by the Japanese Government Between July 1 and December 8, 1941. 79lh Cong. 1st sess. Washington, D.C.: GPO, 1945.

———. Pearl Harbor Attack. 79th Cong. 2d sess. Washington, D.C.: GPO, 1946.

U.S. Congress. Senate. Committee on Foreign Relations. Subcommittee on Multinational Corporations. A Documentary History of the Petroleum Reserves Corporation. 93d Cong. 2d sess. Washington, D.C.: GPO, 1974.

———. The International Petroleum Cartel, the Iranian Consortium and U.S. National Security. 93d Cong. 2d sess. Washington, D.C.: GPO, 1974.

———. Multinational Corporations and United States Foreign Policy. 93rd Cong. 1st sess. Washington, D.C.: GPO, 1975 (Multinational Hearings).

———. Multinational Oil Corporations and U.S. Foreign Policy. 93rd Cong. 2d sess. Washington, D.C.: GPO, 1975.

———. U.S. Oil Companies and the Arab Oil Embargo: The International Allocation of Constricted Supply. Committee Print. Washington, D.C.: GPO, 1975.

U.S. Congress. Senate. Committee on Government Operations. Permanent Subcommittee on Investigations. Current Energy Shortages Oversight Series. 93rd Cong. 1st Session. Washington, D.C.: GPO, 1974.

U.S. Congress. Senate. Committee on the Judiciary. Subcommittee on Antitrust and Monopoly. Petroleum, the Antitrust Laws and Government Policies. 85th Cong. 1st sess. Washington, D.C.: GPO, 1957.

U.S. Congress. Senate. Select Committee on Small Business. Subcommittee on Monopoly. The International Petroleum Cartel: Staff Report to the Federal Trade Commission. 82d Cong. 2d sess. Washington, D.C.: GPO, 1952 (FTC, International Petroleum Cartel).

U.S. Congress. Senate. Special Committee Investigating Petroleum Resources. Investigation of Petroleum Resources. 79th Cong. 1st and 2d sess. Washington, D.C.: GPO, 1946.

U.S. Congress. Senate. Special Committee Investigating the National Defense Program. Investigation of the National Defense Program. Part 11, Rubber. 77th Cong. 1st sess. Part 41, Petroleum Arrangements with Saudi Arabia. 80th Cong. 1st sess. Washington, D.C: GPO, 1948.

U.S. Congress. Senate. Subcommittees of the Committee on the Judiciary and Committee on Interior and Insular Affairs. Emergency Oil Lift Program and Related Oil Problems. 85th Cong. 1st sess. Washington, D.C.: GPO, 1957.

U.S. Congress, Senate. Subcommittee of the Committee on Manufactures. High Cost of Gasoline and Other Petroleum Products. 67th Cong. 2d and 4th sess. Washington, D.C.: GPO, 1923.

U.S. Department of the Interior. An Analysis of the Economic and Security Aspects of the Trans-Alaskan Pipeline. Washington, D.C.: GPO, 1971.

U.S. Department of Justice. Anti-Trust Division. Report of the Department of Justice to the President Concerning the Gasoline Shortage of 1979. Washington, D.C.: GPO, 1980.

U.S. Department of State. Foreign Relations of the United States. Washington, D.C.: GPO 1948-90 (FRUS).

U.S. Economic Cooperation Administration. European Recovery Program. Petroleum and Petroleum Equipment Commodity Study. Washington, D.C: GPO, 1949.

U.S. Federal Trade Commission. Foreign Ownership in the Petroleum Industry. Washington, D.C.: GPO, 1923.

————. Prices, Profits, and Competition in the Petroleum Industry. Washington, D.C.: GPO, 1928.

U.S. National Response Team. The Exxon Valdez Oil Spill: A Report to the President from Samuel K. Skinner and William K. Reilly. May 1989.

U.S. National Security Council. Documents of the NSC, 1947-77. Ed. Paul Kesaris. Washington, D.C. and Frederick, Md.: University Publications of America, 1980-87. Microfilm.

————. Minutes of Meetings of the NSC, with Special Advisory Reports. Ed. Paul Kesaris. Frederick, Md.: University Publications of America, 1982. Microfilm.

U.S. Office of Strategic Services and Department of State. O.S.S./State Department Intelligence and Research Reports. Ed. Paul Kesaris. Washington, D.C: University Publications of America, 1979. Microfilm.

U.S. Petroleum Administration for War. Petroleum in War and Peace. Washington, D.C: PAW, 1945.

U.S. President. Public Papers of the Presidents of the United States: Jimmy Carter, 1977. Washington, D.C: GPO, 1978.

U.S. Strategic Bombing Survey. Oil and Chemical Division. Oil in Japan's War. Washington, D.C: USSBS, 1946.

————. Oil Division. Final Report. 2d ed. Washington, D.C: USSBS, 1947.

————. Overall Economic Effects Division. The Effects of Strategic Bombing on Japan's War Economy. Washington, D.C: GPO, 1946.

————. Overall Economic Effects Division. The Effects of Strategic Bombing on the German War Economy. Washington, D.C: USSBS, 1945.

U.S. Strategic Bombing Survey (Pacific). Naval Analysis Division. Interrogations of Japanese Officials. 2 vols. Washington, D.C: USSBS, [1945].

U.S. Tariff Commission. War Changes in Industry. Report 17, Petroleum. Washington, D.C: GPO, 1946.

U.S. War Production Board. Industrial Mobilization for War: History of the War Production Board and Predecessor Agencies, 1940-1945. Vol. 1, Program and Administration. Washington, D.C: GPO, 1947.

Woodward, E. L., and Rohan Butler. Documents on British Foreign Policy, 1919-1939. 3 series. London: HMSO, 1946-86.

도서, 논문, 기사

Abir, Mordechai. Saudi Arabia in the Oil Era: Regime and Elites; Conflict and Collaboration. London: Croom Helm, 1988.

Abrahamian, Ervand. Iran Between Two Revolutions. Princeton: Princeton University Press, 1982.

Acheson, Dean. Present at the Creation: My Years in the State Department. New York: New American Library, 1970.

Adelman, M. A. "Is the Oil Shortage Real? Oil Companies as OPEC Tax Collectors." Foreign Policy (Winter 1972-73): 69-108.

————. The World Petroleum Market. Baltimore: Johns Hopkins University Press, 1972.

Agawa, Hiroyuki. The Reluctant Admiral: Yamamoto and the Imperial Navy. Trans. John Bester. Tokyo: Kodansha International, 1979.

Ajami, Fouad. The Arab Predicament: Arab Political Thought and Practice Since 1967. Cambridge: Cambridge University Press, 1981.

Akin, Edward N. Flagler: Rockefeller Partner and Florida Baron. Kent, Ohio: Kent State University Press, 1988.

Akins, James E. "The Oil Crisis: This Time the Wolf Is Here." Foreign Affairs 51 (April 1973): 462-490.

Alexander, Yonah, and Allan Nanes, eds. The United States and Iran: A Documentary History. Frederick, Md.: University Publications of America, 1980.

Alfonzo, Juan Pablo Pérez. Hundiéndos en el Excremento del Diablo. Caracas: Colleción Venezuela Contemporánea, 1976.

————. El Pcntágono Petrolero. Caracas: Ediciones Revista Politica, 1967.

Almana, Mohammed. Arabia Unified: A Portrait of Ibn Saud. London: Hutchinson Benham, 1980.

Ambrose, Stephen E. Eisenhower. 2 vols. New York: Simon and Schuster, 1983-84.

————. The Supreme Commander: The War Years of General Dwight D. Eisenhower. Garden City, N.Y.: Doubleday, 1970.

American Bar Association, Section of Mineral Law. Legal History of Conservation of Oil and Gas: A Symposium. Chicago: American Bar Association, 1939.

Anderson, Irvine H. Aramco, the United States, and Saudi Arabia: A Study of the Dynamics of Foreign Oil Policy, 1933-1950. Princeton: Princeton University Press, 1981.

———. The Standard-Vacuum Oil Company and United States East Asian Policy, 1933-1941. Princeton: Princeton University Press, 1975.

Anderson, Robert O. Fundamentals of the Petroleum Industry. Norman: University of Oklahoma Press, 1984.

Arnold, Ralph, George A. Macrady, and Thomas W. Barrington. The First Big Oil Hunt: Venezuela, 1911-1916. New York: Vantage Press, 1960.

Arthur Andersen & Co. and Cambridge Energy Research Associates. The Future of Oil Prices: The Perils of Prophecy. Houston: 1984.

Asbury, Herbert. The Golden Flood: An Informal History of America's First Oil Field. New York: Alfred A. Knopf, 1942.

Ashworth, William. The History of the British Coal Industry. Vol. 5, 1946-1982: The Nationalized Industry. Oxford: Clarendon Press, 1986.

Asprey, Robert B. The First Battle of the Marne. 1962. Reprint. Westport, Conn.: Greenwood Press, 1979.

Assiri, Abdul-Reda. Kuwait's Foreign Policy: City-State in World Politics. Boulder, Colo.: Westview Press, 1990.

Bacon, R. H. The Life of Lord Fisher of Kilverstone. 2 vols. Garden City, N.Y.: Doubleday, Doran, 1929.

Badger, Daniel, and Robert Belgrave. Oil Supply and Price: What Went Right in 1980? London: Policy Studies Institute, 1982.

Bain, Joe S. The Economics of the Pacific Coast Petroleum Industry. 3 parts. Berkeley: University of California Press, 1944-47.

Bakhash, Shaul. The Reign of the Ayatollahs: Iran and the Islamic Revolution. New York: Basic Books, 1984.

Bardou, Jean-Pierre, Jean-Jacques Chanaron, Patrick Fridenson, and James M. Laux. The Automobile Revolution: The Impact of an Industry. Trans. James M. Laux. Chapel Hill: University of North Carolina Press, 1982.

Barnhart, Michael A. Japan Prepares for Total War: The Search for Economic Security, 1919-1941. Ithaca, N.Y.: Cornell University Press, 1987.

———. "Japan's Economic Security and the Origins of the Pacific War." Journal of Strategic Studies 4 (June 1981): 105-24.

Bates, J. Leonard. The Origins of Teapot Dome: Progressives, Parties, and Petroleum, 1909-1921. Urbana: University of Illinois Press, 1963.

———. "The Teapot Dome Scandal and the Election of 1924." American Historical Review 55 (January 1955): 303-22.

Beaton, Kendall. "Dr. Gesner's Kerosene: The Start of American Oil Refining." Business History Review 29 (March 1955): 28-53.

———. Enterprise in Oil: A History of Shell in the United States. New York: Appleton-Century-Crofts, 1957.

Beck, Peter J. "The Anglo-Persian Oil Dispute of 1932—33." Journal of Contemporary History 9 (October 1974): 123-51.

Beeby-Thompson, A. Oil Field Development and Petroleum Mining. London: Crosby Lockwood, 1916

———. The Oil Fields of Russia and the Russian Petroleum Industry. 2d ed. London: Crosby Lockwood, 1908.

———. Oil Pioneer. London: Sidgwick and Jackson, 1961.

Belasco, Warren James. Americans on the Road: From Autocamp to Motel, 1910-1945. Cambridge: MIT Press, 1979.

Benn, Anthony. Against the Tide: Diaries, 1973-76. London: Hutchinson, 1989.

Bentley, Jerome Thomas. "The Effects of Standard Oil's Vertical Integration into Transportation on the Structure and Performance of the American Petroleum Industry, 1872-1884." Ph.D. dissertation, University of Pittsburgh, 1976.

Bérenger, Henry. Le Pétiole et la France. Paris: Flammarion, 1920.

Bergengren, Erik. Alfred Nobel: The Man and His Work. Trans. Alan Blair. London: Thomas Nelson, 1960.

Betancourt, Romulo. Venezuela: Oil and Politics. Trans. Everett Bauman. Boston: Houghton Mifflin, 1979.

———. Venezuela's Oil, Trans. Donald Peck. London: George Allen & Unwin, 1978.

Betts, Richard K. Nuclear Blackmail and Nuclear Balance. Washington, D.C.: Brookings Institution, 1987.

Bill, James A. The Eagle and the Lion: The Tragedy of American-Iranian Relations. New Haven: Yale University Press, 1988.

Bill, James A., and William Roger Louis, eds. Mossadiq, Iranian Nationalism, and Oil. London: I. B. Tauris, 1988.

Blair, Clay, Jr. Silent Victory: The US. Submarine War Against Japan. Philadelphia: J. B. Lippincott, 1975.

Blair, John M. The Control of Oil. New York: Pantheon, 1976.

Blum, John Morton. From the Morgenthau Diaries. 3 vols. Boston: Houghton Mifflin, 1959-67.

Blumenson, Martin. Patton: The Man Behind the Legend, 1885-1945. New York: William Morrow, 1985.

————. ed. The Patton Papers. 2 vols. Boston: Houghton Mifflin, 1972-74.

Boatwright, Mody C, and William A. Owen. Tales from the Derrick Floor. Garden City, N.Y.: Doubleday, 1970.

Bonine, Michael E., and Nikkie R. Keddie, eds. Continuity and Change in Modern Iran. Albany, N.Y.: State University of New York Press, 1981.

Borkin, Joseph. The Crime and Punishment of I. G. Farben. New York: Free Press, 1978.

Bowie, Robert R. Suez 1956. London: Oxford University Press, 1974.

Bradley, Omar N. A Soldiers Story. New York: Henry Holt, 1951.

Brady, Kathleen. Ida Tarbell: Portrait of a Muckraker. New York: Seaview/Putnam, 1984.

Brands, H. W. "The Cairo-Tehran Connection in Anglo-American Rivalry in the Middle East, 1951-1953." International History Review 11 (August 1989): 434-56.

————. Inside the Cold War: Loy Henderson and the Rise of the American Empire, 1918-1961. Oxford: Oxford University Press, 2001.

Brenner, Anita. The Wind That Swept Mexico: The History of the Mexican Revolution, 1910-1942. 1943. Reprint. Austin: University of Texas Press, 1971.

Brewster, Kingman, Jr. Antitrust and American Business Abroad. New York: McGraw-Hill, 1958.

Bright, Arthur A., Jr. The Electric Lamp Industry: Technological Change and Economic Development from 1800 to 1947. New York: Macmillan, 1949.

Bringhurst, Bruce. Antitrust and the Oil Monopoly: The Standard Oil Cases, 1890-1911. Westport, Conn.: Greenwood Press, 1979.

Brodie, Bernard. "American Security and Foreign Oil." Foreign Policy Reports 23 (1948): 297-312.

Brown, Benjamin, and Daniel Yergin. "Synfuels 1979." Draft case, Kennedy School of Government, Harvard University, 1981.

Brown, Jonathan C. "Domestic Politics and Foreign Investment: British Development of Mexican Petroleum, 1889-1911." Business History Review 61 (Autumn 1987): 387-416.

————. "Jersey Standard and the Politics of Latin American Oil Production, 1911-1930." Latin American Oil Companies and the Politics of Energy, ed. John D. Wirth. Lincoln: University of Nebraska Press, 1985.

————. "Why Foreign Oil Companies Shifted Their Production from Mexico to Venezuela during the 1920s." American Historical Review 90 (April 1985): 362-385.

Bryant, Arthur. The Turn of the Tide: A History of the War Years Based on the Diaries of Field-Marshall Lord Alanbrooke. Garden City, N.Y.: Doubleday, 1957.

Brzezinski, Zbigniew. Power and Principle: Memoirs of the National Security Adviser, 1977-1981. Rev. ed. New York: Farrar Straus Giroux, 1985.

Bullock, Alan. Ernest Bevin: Foreign Secretary, 1945-1951. London: Heinemann, 1984.

————. Hitler: A Study in Tyranny. Rev. ed. New York: Harper & Row, 1964.

Bupp, I. C, Joseph Stanislaw, and Daniel Yergin. "How Low Can It Go? The Dynamics of Oil Prices." Cambridge Energy Research Associates Report, May 1985.

Busch, Briton Cooper. Britain and the Persian Gulf. Berkeley: University of California Press, 1967.

————. Britain, India, and the Arabs, 1914-1921. Berkeley: University of California Press, 1971.

Bush, George, with Victor Gold. Looking Forward: An Autobiography. New York: Bantam, 1988.

Business History Review, ed. Oil's First Century. Boston: Harvard Business School, 1960.

Butow, Robert J. C. Japan's Decision to Surrender. Stanford: Stanford University Press, 1954.

————. Tojo and the Coming of the War. Stanford: Stanford University Press, 1961.

Caldwell, Martha Ann. "Petroleum Politics in Japan: State and Industry in a Changing Policy Context." Ph.D. dissertation, University of Wisconsin at Madison, 1981.

Cambridge Energy Research Associates. Energy and the Environment: The New Landscape of Public Opinion. Cambridge: Cambridge Energy Research Associates, 1990.

Carell, Paul. Hitler Moves East, 1941-1943. Trans. Ewald Osers. Boston: Little, Brown, 1965.

Carré, Henri. La Veritable Histoire des Taxis de La Mame. Paris: Librarie Chapelot, 1921.

Caro, Robert. The Years of Lyndon Johnson: The Path to Power. New York: Alfred A. Knopf, 1982.

Carter, Jimmy. Keeping Faith: Memoirs of a President. London: Collins, 1982.

de Chair, Somerset. Getty on Getty: A Man in a Billion. London: Cassell, 1989.

al-Chalabi, Fadhil J. OPEC and the International Oil Industry: A Changing Structure. Oxford: Oxford University Press, 1980.

————. OPEC at the Crossroads. Oxford: Pergamon, 1989.

Chandler, Alfred D., Jr., Strategy and Structure: Chapters in the History of the American Industrial Enterprise.

Cambridge: MIT Press, 1962.

———. The Visible Hand: The Managerial Revolution in American Business. Cambridge: Harvard University Press, 1977.

Chandler, Alfred D., JR., and Stephen E. Ambrose, eds. The Papers of Dwight David Eisenhower. Vol. 4, The War Years. Baltimore: Johns Hopkins University Press, 1970.

Chandler, Geoffrey. "The Innocence of Oil Companies." Foreign Policy (Summer 1977): 52-70.

de Chazeau, Melvin G., and Alfred E. Kahn. Integration and Competition in the Petroleum Industry. New Haven: Yale University Press, 1959.

Chester, Edward W. United States Oil Policy and Diplomacy: A Twentieth-Century Overview. Westport. Conn.: Greenwood Press, 1983.

Chisholm, Archibald H. I. The First Kuwait Oil Concession Agreement: A Record of the Negotiations, 1911-1934. London: Frank Cass, 1975.

Christopher, Warren, Harold H. Saunders, et al. American Hostages in Iran: The Conduct of a Crisis. New Haven: Yale University Press, 1985.

Churchill, Randolph S. Winston S. Churchill. Vols. 1-2. 1966-67.

Churchill, Winston S. The World Crisis. 4 vols. New York: Charles Scribner's Sons, 1923-29.

Cicchetti, Charles J. Alaskan Oil: Alternative Routes and Markets. Baltimore: Resources for the Future, 1972.

Clark, Alan. Barbarossa: The Russian-German Conflict, 1941-1945. 1965. Reprint. London: Macmillan, 1985.

Clark, James A., and Michael T. Halbouty. Spindletop. New York: Random House, 1952.

———. The Last Boom. Fredericksburg, Tex.: Shearer Publishing, 1984.

Clark, John G. Energy and the Federal Government: Fossil Fuel Policies, 1900-1946. Urbana: University of Illinois Press, 1987.

Cohen, Jerome B. Japan's Economy in War and Reconstruction. Minneapolis: University of Minnesota Press, 1949.

Cohen, Stuart A. "A Still Stranger Aspect of Suez: British Operational Plans to Attack Israel, 1955-56." International History Review 10 (May 1988): 261-81.

Cole, Hugh M. The Ardennes: Battle of the Bulge. Washington, D.C.: Department of the Army, 1965.

Colitti, Marcello. Energia e Sviluppo in Italia: La Vicenda de Enrico Mattel. Bari: De Donata, 1979.

Coll, Steve. The Taking of Getty Oil. New York: Atheneum, 1987.

Collier, Peter, and David Horowitz. The Rockefellers: An American Dynasty. New York: Holt, Rinehart and Winston, 1976.

Cone, Andrew, and Walter R. Johns. Petrolia: A Brief History of the Pennsylvania Petroleum Region. New York: D. Appleton, 1870.

Continental Oil Company. Conoco: The First One Hundred Years. New York: Dell, 1975.

Cooper, Chester L. The Lions Last Roar: Suez, 1956. New York: Harper & Row, 1978.

Cordesman, Anthony H. The Guff and the West: Strategic Relations and Military Realities. Boulder, Colo.: Westview Press, 1988.

Corley, T. A. B. A History of the Burmah Oil Company Vol. 1, 1886-1924. Vol. 2, 1924-1966. London: Heinemann, 1983-88.

Coronel, Gustavo. The Nationalization of the Venezuelan Oil Industry: From Technocratic Success to Political Failure. Lexington, Mass.: Lexington Books, 1983.

Costello, John. The Pacific War. New York: Quill, 1982.

Cotner, Robert C. James Stephen Hogg. Austin: University of Texas Press, 1959.

Cottam, Richard W. Iran and the United States: A Cold War Case Study. Pittsburgh: University of Pittsburgh Press, 1988.

———. Nationalism in Iran. 2d ed. Pittsburgh: University of Pittsburgh Press, 1979.

Cowhey, Peter F. The Problems of Plenty: Energy Policy and International Politics. Berkeley: University of California Press, 1985.

Craven, Wesley Frank, and James Lea Cate. The Army Air Forces in World War II. 7 vols. Chicago: University of Chicago Press, 1948-58.

Crowley, James B. Japan's Quest for Autonomy: National Security and Foreign Policy, 1930-1938. Princeton: Princeton University Press, 1966.

Cusamano, Michael A. The Japanese Automobile Industry: Technology and Management at Nissan and Toyota. Cambridge: Harvard University Press, 1985.

Dallek, Robert. Franklin D. Roosevelt and American Foreign Policy, 1932-1945. Oxford: Oxford University Press, 1981.

Dann, Uriel, ed. The Great Powers in the Middle East, 1919-1939. New York and London: Holmes & Meier, 1988.

Darrah, William C. Pithole: The Vanished City. Gettysburg, Pa., 1972.

Dawiclowicz, Lucy S. The War Against the Jews, 1933-1945. New York: Bantam, 1976.

Dedmon, Emmett. Challenge and Response: A Modem History of Standard Oil Company (Indiana). Chicago: Mobium Press, 1984.

Delaisi, Francis. Oil: Its Influence on Politics. Trans. C. Leonard Leese. London: Labour Publishing and George Allen & Unwin, 1922.

Denny, Ludwell. We Fight for Oil. 1928. Reprint. Westport, Conn.: Hyperion, 1976.

DeNovo, John. American Interests and Policies in the Middle East, 1900-1939. Minneapolis: University of Minnesota Press, 1963.

———. "The Movement for an Aggressive American Oil Policy Abroad, 1918-1920." American Historical Review 61 (July 1956): 854-76.

———. "Petroleum and the United States Navy Before World War I." Mississippi Valley Historical Review 41 (March 1955): 641-56.

Destler, Chester McArthur. Roger Sherman and the Independent Oil Men. Ithaca: Cornell University Press, 1967.

Deterding, Henri. An International Oilman (as told to Stanley Naylor). London and New York: Harper and Brothers, 1934.

Deutscher, Isaac. Stalin: A Political Biography. 2d ed. New York: Oxford University Press, 1966.

Dickson, H. R. P. Kuwait and Her Neighbors. London: George Allen & Unwin, 1956.

Dixon, D. F. "Gasoline Marketing in the United States—The First Fifty Years." Journal of Industrial Ecoeomics 13 (November 1964): 23-42.

———. "The Growth of Competition Among the Standard Oil Companies in the United States, 1911-1961." Business History 9 (January 1967): 1-29.

Dower, John W. War Without Mercy: Race and Power in the Pacific War. New York: Pantheon, 1986.

Earle, Edward Mead. "The Turkish Petroleum Company—A Study in Oleaginous Diplomacy." Political Science Quarterly 39 (June 1924): 265-79.

Eaton, S. J. M. Petroleum: A History of the Oil Region of Venango County, Pennsylvania. Philadelphia: J. P. Skelly & Co., 1866.

Eddy, William A. F.D.R. Meets Ibn Saud. New York: American Friends of the Middle East, 1954.

Eden, Anthony. Memoirs. 3 vols. London: Cassell, 1960-65.

Eden, Richard, Michael Posner, Richard Bending, Edmund Crouch, and Joseph Stanislaw. Energy Economics: Growth, Resources, and Policies. Cambridge: Cambridge University Press, 1981.

Eisenhower, David. Eisenhower at War, 1943-1945. New York: Random House, 1986.

Eisenhower, Dwight D. At Ease: Stories I Tell to Friends. Garden City, N.Y.: Doubleday, 1967.

———. The White House Years. 2 vols. Garden City, N.Y.: Doubleday, 1963-65.

———. Crusade in Europe. Garden City, N.Y.: Doubleday, 1948.

Eisenhower, John S. D. The Bitter Woods. New York: G. P. Putnam's Sons, 1969.

Eizenstat, Stuart E. "The 1977 Energy Plan: M.E.O.W." Case note for the Kennedy School of Government, Harvard University.

Elwell-Sutton, L. P. Persian Oil: A Study in Power Politics. London: Laurence and Wishart, 1955.

Engler, Robert. The Brotherhood of Oil: Energy Policy and the Public Interest. Chicago: University of Chicago Press, 1977.

———. The Politics of Oil: A Study of Private Power and Democratic Directions. New York: Macmillan, 1961.

Erickson, John. The Road to Stalingrad. London: Panther, 1985.

Esser, Robert. "The Capacity Race: The Future of World Oil Supply." Cambridge Energy Research Associates Report, 1990.

Eveland, Wilbur Crane. Ropes of Sand: Americas Failure in the Middle East. New York: W. W. Norton, 1980.

Ezell, John S. Innovations in Energy: The Story of Kerr-McGee. Norman: University of Oklahoma Press, 1979.

Fabricus, Johan. East Indies Episode. London: Shell Petroleum Company, 1949.

Fanning, Leonard M. American Oil Operations Abroad. New York: McGraw-Hill, 1947.

———. The Story of the American Petroleum Institute. New York: World Petroleum Policies, [1960].

Faure, Edgar. La Potitique Franaiçse du Pétrole. Paris: Nouvelle Revue Critique, 1938.

Fayle, C. Ernest. Seaborne Trade. 4 vols. London: John Murray, 1924.

Feis, Herbert. Petroleum and American Foreign Policy. Stanford: Food Research Institute, 1944.

———. The Road to Pearl Harbor: The Coming of War Beteen the United States and Japan. Princeton: Princeton

University Press, 1950.

————. Seen from E.A.: Three International Episodes. New York: Alfred A. Knopf, 1947.

Ferrier, R. W. The History of the British Petroleum Company. Vol. 1, The Developing Years, 1901-1932. Cambridge: Cambridge University Press, 1982.

Finer, Herman. Dulles over Suez: The Theory and Practice of His Diplomacy. Chicago: Quadrangle Books, 1964.

First, Ruth. Libya: The Elusive Revolution. London: Penguin Books, 1974.

Fischer, Louis. OH Imperialism: The International Struggle for Petroleum. New York: International Pub lishers, 1926.

Fisher, John Arbuthnot. Fear God and Dread Nought: The Correspondence of Admiral of the Fleet Lord Fisher of Kilverstone. 2 vols. Ed. Arthur J. Marder. Cambridge: Harvard University Press, 1952.

————. Memories. London: Hodder and Stoughton, 1919.

————. Records. London: Hodder and Stoughton, 1919.

Fishman, Robert. Bourgeois Utopias: The Rise and Fall of Suburbia. New York: Basic Books, 1987.

Flink, James J. America Adopts the Automobile 1895-1910. Cambridge: MIT Press, 1970.

————. The Automobile Age. Cambridge: MIT Press, 1988.

Flynn, John T. God's Gold: The Story of Rockefeller and His Times. New York: Harcourt, Brace, 1932.

Foley, Paul. "Petroleum Problems of the World War: Study in Practical Logistics." United States Nava! Institute Proceedings 50 (November 1924): 1802-32.

Forbes, R. J. Bitumen and Petroleum in Antiquity. Leiden: E. J. Brill, 1936.

————. More Studies in Early Petroleum History, 1860-1880. Leiden: E. J. Brill, 1959.

————. Studies in Early Petroleum History. Leiden: E. J. Brill, 1958.

Forbes, R. J. and D. R. O'Beirne. The Technical Development of the Royal Dutch/Shell, 1890-1940. Leiden: E. J. Brill, 1957.

Frankel, Paul. Common Carrier of Common Sense: A Selection of His Writings, 1946-1980. Ed. Ian Skeet. Oxford: Oxford University Press, 1989.

————. The Essentials of Petroleum: A Key to Oil Economics. New ed. London: Frank Cass, 1969.

————. Mattei: Oil and Power Politics. New York and Washington: Praeger, 1966.

————. "Oil Supplies During the Suez Crisis: On Meeting a Political Emergency." Journal of Industrial Economics 6 (February 1958): 85-100.

Frey, John W., and H. Chandler Ide. A History of the Petroleum Administration for War, 1941-1945. Washington, D.C.: GPO, 1946.

Friedman, Thomas L. From Beirut to Jerusalem. New York: Farrar Straus Giroux, 1989.

Fromkin, David. A Peace to End All Peace: Creating the Modern Middle East, 1914-1922. New York: Henry Holt & Co" 1989.

Fuller, J. F. C. Tanks in the Great War, 1914-1918. London: John Murray, 1920.

Fursenko, A. A. Neftianye Tresty i Mirovaia Politika: 1880-e gody-1918 god. Moscow: Nauka, 1965. Galbraith, John Kenneth. A Life in Our Times: Memoirs. Boston: Houghton Mifflin, 1981.

Garthoff, Raymond. Detente and Confrontation: American-Soviet Relations From Nixon to Reagan. Washington, D.C.: Brookings Institution, 1985.

Gasiorowski, Mark T. "The 1953 Coup d'Etat in Iran." International Journal of Middle Eastern Studies 19 (1987): 261-86.

Georges-Picot, Jacques. The Real Suez Crisis: The End of a Great Nineteenth Century Work. Trans. W. G. Rogers. New York: Harcourt Brace Jovanovich, 1978.

Gerretson, F. C. History of the Royal Dutch. 4 vols. Leiden: E. J. Brill, 1953-57.

Gesner, Abraham. A Practical Treatise on Coal, Petroleum, and Other Distilled Oils. 2d ed. Ed. George W. Gesner. New York: Bailliére Bros., 1865.

de Geus, Arie P. "Planning as Learning." Harvard Business Review 66 (March-April 1988): 70-74.

Gibb, George Sweet, and Evelyn H. Knowlton. History of Standard Oil Company (New Jersey). Vol. 2, The Resurgent Years 1911-1927. New York: Harper & Brothers, 1956.

Giddens, Paul H. The Beginnings of the Petroleum Industry: Sources and Bibliography. Harrisburg, Pa.: Pennsylvania Historical Commission, 1941.

————. The Birth of the Oil Industry. New York: Macmillan, 1938.

————. Early Days of Oil: A Pictorial History of the Beginnings of the Industry in Pennsylvania. Princeton: Princeton University Press, 1948.

———. Pennsylvania Petroleum, 1750-1872: A Documentary History. Titusville, Pa.: Pennsylvania Historical and Museum Commission, 1947.

———. Standard Oil Company (Indiana): Oil Pioneer in the Middle West. New York: Appleton-Century-Crofts, 1955.

Giebelhaus, August W. Business and Government in the Oil Industry: A Case Study of Sun Oil, 1876-1945. Greenwich, Conn.: JAI Press, 1980.

Gilbert, Martin. Winston S. Churchill. Vols. 5-8. Boston: Houghton Mifflin, 1977-88.

Gille, Betrand. "Capitaux français et pétioles russes (1884-1894)." Histoire des Entreprises 12 (November 1963): 9-94.

Gillespie, Angus Kress, and Michael Aaron Rockland. Looking for America on the New Jersey Turnpike. New Brunswick: Rutgers University Press, 1989.

Gillingham, John R. Industry and Politics in the Third Reich: Ruhr Coal, Hitler and Europe. London: Methuen, 1985.

Goldberg, Jacob. The Foreign Policy of Saudi Arabia: The Formative Years, 1902-1918. Cambridge: Harvard University Press, 1986.

Goodwin, Craufurd D., ed. Energy Policy in Perspective: Today's Problems, Yesterday's Solutions. Washington, D.C.: Brookings Institution, 1981.

Goralski, Robert, and Russell W. Freeburg. Oil & War: How the Deadly Struggle for Fuel in WWII Meant Victory or Defeat. New York: William Morrow, 1987.

Gould, Lewis L. Reform and Regulation: American Politics, 1900-1916. New York: John Wiley, 1978.

Goulder, Grace. John D. Rockefeller: The Cleveland Years. Cleveland: Western Reserve Historical Society, 1972.

Graham, Robert. Iran: The Illusion of Power. New York: St. Martin's Press, 1979.

Grayson, George W. The Politics of Mexican Oil. Pittsburgh: University of Pittsburgh Press, 1980.

Greene, William N. Strategies of the Major Oil Companies. Ann Arbor Mich.: UMI Research, 1982.

Greider, William. Secrets of the Temple: How the Federal Reserve Runs the Country. New York: Touchstone, 1989.

Gulbenkian, Nubar. Portrait in Oil. New York: Simon and Schuster, 1965.

Gulliford, Andrew. Boomtown Blues: Colorado Oil Shale, 1885-1985. Niwot, Colo.: University Press of Colorado, 1989.

Gustafson, Thane. Crisis amid Plenty: The Politics of Soviet Energy Under Brezhnev and Gorbachev. Princeton: Princeton University Press, 1989.

Halasz, Nicholas. Nobel: A Biography of Alfred Nobel. New York: Orion Press, 1959.

Halberstam, David. The Reckoning. New York: William Morrow, 1986.

Haider, Franz. The Halder Diaries. 2 vols. Boulder, Colo.: Westview Press, 1976.

Halliday, W. Trevor. John D. Rockefeller, 1839-1937: Industrial Pioneer and Man. New York: Newcomen Society, 1948.

Hamilton, Adrian. Oil: The Price of Power. London: Michael Joseph/Rainbird, 1986.

Hamilton, Nigel. Monty. 3 vols. London: Sceptre, 1984-1987.

Hammer, Armand, with Neil Lyndon. Hammer. New York: G. P. Putnam's Sons, 1987.

Hannah, Leslie. Electricity Before Nationalization. London: Macmillan, 1979.

———. The Rise of the Corporate Economy. 2d ed. London: Methuen, 1976.

Hardinge, Arthur H. A Diplomatist in the East. London: Jonathan Cape, 1928.

Hardwicke, Robert E. Antitrust Laws, et al. v. Unit Operation of Oil or Gas Pools. New York: American Institute of Mining and Metallurgical Engineers, 1948.

———. "Market Demand as a Factor in the Conservation of Oil." Southwestern Law Foundation. First Annual Institute on Oil and Gas Law. New York: Matthew Bender, 1949.

———. The Oil Man's Barrel. Norman: University of Oklahoma Press, 1958.

Hare, Richard. Portraits of Russian Personalities Between Reform and Revolution. London: Oxford University Press, 1959.

Harris, Kenneth. The Wildcatter: A Portrait of Robert O. Anderson. New York: Weidenfeld and Nicolson, 1987.

Hartshorn, J. E. Oil Companies and Governments: An Account of the International Oil Industry in Its Political Environment. London: Faber and Faber, 1962.

Havens, Thomas R. H. Valley of Darkness: The Japanese People and World War II. New York: W. W. Norton, 1978.

Hawke, David Freeman. John D.: The Founding Father of the Rockefellers. New York: Harper & Row, 1980.

———. comp. John D. Rockefeller Interview, 1917-1920: Conducted by William O. Inglis. Westport, Conn.:

Meckler Publishing, 1984.

Hayes, Peter. Industry and Ideology: I. G. Farben in the Nazi Era. Cambridge: Cambridge University Press, 1987.

Heikal, Mohamed. The Cairo Documents. Garden City, N.Y.: Doubleday, 1973.

————. Cutting the Lion's Tale: Suez Through Egyptian Eyes. London: Andre Deutsch, 1986.

————. Iran, the Untold Story: An Insider's Account of America's Iranian Adventure and Its Conse-quences for the Future. New York: Pantheon, 1982.

————. The Return of the Ayatollah: The Iranian Revolution from Mossadeq to Khomeini. London: Andre Deutsch, 1981.

————. The Road to Ramadan. London: Collins, 1975.

Heilbroner, Robert L. The Worldly Philosophers: The Lives, Times, and Ideas of the Great Economic Thinkers. 6th ed. New York: Simon and Schuster, 1986.

Hein, Laura E. Fueling Growth: The Energy Revolution and Economic Policy in Postwar Japan. Cam-bridge: Harvard University Press, 1990.

Heinrichs, Waldo. Threshold of War: Franklin D. Roosevelt and America's Entry into World War II. Oxford: Oxford University Press, 1988.

Helms, Christine Moss. The Cohesion of Saudi Arabia: Evolution of Political Identity. Baltimore: Johns Hopkins University Press, 1981.

————. Iraq: Eastern Flank of the Arab World. Washington, D.C.: Brookings Institution, 1984.

Henriques, Robert. Marcus Samuel: First Viscount Bearsted and Founder of the 'Shell' Transport and Trading Company, 1853-1927. London: Barrie and Rockliff, 1960.

————. Sir Robert Waley Cohen, 1877-1952. London: Secker & Warburg, 1966.

Henry, J. D. Baku: An Eventful History. London: Archibald Constable & Co., 1905.

————. Thirty-five Years of Oil Transport: The Evolution of the Tank Steamer. London: Bradbury, Agnew&Co., 1907.

Henry, J. T. The Early and Later History of Petroleum. Philadelphia: Jas. B. Rodgers Co., 1873.

Hewins, Ralph. Mr. Five Percent: The Story of Calouste Gulbenkian. New York: Rinehart and Company, 1958.

————. The Richest American: J. Paul Getty. New York: E. P. Dutton, 1960.

Hidy, Ralph W., and Muriel E. Hidy. History of Standard Oil Company (New Jersey). Vol. 1, Pioneering in Big Business, 1882-1911. New York: Harper and Brothers, 1955.

Hinsley, F. H., E. E. Thomas, C. F. G. Ranson, and L. C. Knight. British Intelligence in the Second World War. Vol. 2. London: HMSO, 1981.

Hiroharu, Seki. "The Manchurian Incident, 1931." Trans. Marius B. Jansen. Japan Erupts: The London Naval Conference and the Manchurian Incident, 1928-1932, ed. James William Morley. New York: Columbia University Press, 1984.

Hofstadter, Richard. The Age of Reform: From Bryan to FDR. New York: Vintage, 1955.

Hogan, Michael. Informal Entente: The Private Structure of Cooperation in Anglo-American Economic Diplomacy, 1918-1928. Columbia, Mo.: University of Missouri Press, 1977.

————. The Marshall Plan: America, Britain, and the Reconstruction of Europe. Cambridge: Cambridge University Press, 1987.

Hogarty, Thomas F. "The Origin and Evolution of Gasoline Marketing." Research Study No. 022. American Petroleum Institute. October 1, 1981.

Holden, David, and Richard Johns. The House of Saud. London: Pan Books, 1982.

Hope, Stanton. Tanker Fleet: The War Story of the Shell Tankers and the Men Who Manned Them. London: Anglo-Saxon Petroleum, 1948.

Horne, Alistair. Harold Macmillan. 2 vols. New York: Viking, 1988-1989.

————. A Savage War of Peace: Algeria, 1954-1962. London: Penguin Books, 1979.

Hough, Richard. The Great War at Sea, 1914-1918. Oxford: Oxford University Press, 1983.

Howard, Frank A. Buna Rubber: The Birth of an Industry. New York: D. Van Nostrand, 1947.

Howard, Michael. Grand Strategy. Vol. 4, August 1942-September 1943. London: HMSO, 1972.

Hughes, Thomas P. Networks of Power: Electrification in Western Society, 1880-1930. Baltimore: Johns Hopkins University Press, 1983.

————. "Technological Momentum in History: Hydrogenation in Germany, 1898-1933." Past and Present 44 (August 1969): 106-32.

Hull, Cordell. The Memoirs of Cordell Hull. 2 vols. New York: Macmillan, 1948.

700

Hurt, Harry, III. Texas Rich: The Hunt Dynasty from the Early Oil Days through the Silver Crash. New York: W. W. Norton, 1981.

Huston, James A. The Sinews of War: Army Logistics, 1775-1953. Washington, D.C.: U.S. Army, 1966.

Ickes, Harold L. Fightin' Oil. New York: Allred A. Knopf, 1943.

―――. The Secret Diary of Harold L. Ickes. 3 vols. New York: Simon and Schuster, 1953-54.

Ienaga, Saburo. The Pacific War, 1931-1945: A Critical Perspective on Japan's Role in World War II. New York: Pantheon, 1978.

Ike, Nobutaka, ed. and trans. Japan's Decision for War: Records of the 1941 Policy Conferences. Stanford: Stanford University Press, 1967.

Inoguchi, Rikihei, and Tadashi Nakajima, with Roger Pineau. The Divine Wind: Japan" Kamikaze Force in World War II. Westport, Conn.: Greenwood Press, 1978.

Iraq Petroleum Company. The Construction of the Iraq-Mediterranean Pipe-Line: A Tribute to the Men Who Built It. London: St. Clements Press, 1934.

Iriye, Akira. After Imperialism: The Search for a New Order in the Far East, 1921-1931. Cambridge: Harvard University Press, 1965.

―――. The Origins of the Second World War in Asia and the Pacific. London: Longman, 1987.

―――. Power and Culture: The Japanese-American War, 1941-1945. Cambridge: Harvard University Press, 1981.

Ise, John. The United States Oil Policy. New Haven: Yale University Press, 1926.

Ismael, Jacqueline S. Kuwait: Social Change in Historical Perspective. Syracuse: Syracuse University Press, 1982.

Issawi, Charles, ed. The Economic History of Iran, 1800-1914. Chicago: University of Chicago Press, 1971.

Issawi, Charles, and Mohammed Yeganeh. The Economics of Middle Eastern Oil. London: Faber and Faber, 1962.

Jackson, Kenneth T. Crabgrass Frontier: The Suburbanization of the United States. Oxford: Oxford University Press, 1987.

Jacoby, Neil H. Multinational Oil: A Study in Industrial Dynamics. New York: Macmillan, 1974.

James, D. Clayton. The Years of MacArthur. Vol. 2, 1941-1945. Boston: Houghton Mifflin, 1975.

James, Marquis. The Texaco Story: The First Fifty Years, 1902-1952. New York: Texas Company, 1953.

James, Robert Rhodes. Anthony Eden. New York: McGraw-Hill, 1987.

Jensen, Robert G., Theodore Shabad, and Arthur W. Wright, eds. Soviet Natural Resources in the World Economy. Chicago: University of Chicago Press, 1983.

Jensen, W. G. Energy in Europe, 1945-1980. London: G. T. Foulis, 1967.

―――. "The Importance of Energy in the First and Second World Wars." Historical Journal 11 (1968): 538-54.

Jentleson, Bruce. Pipeline Politics: The Complex Political Economy of East-West Energy Trade. Ithaca: Cornell University Press, 1986.

Johnson, Arthur M. The Challenge of Change: The Sun Oil Company, 1945-1977. Columbus: Ohio State University Press, 1983.

―――. The Development of American Petroleum Pipelines: A Study in Private Enterprise and Public Policy, 1862-1906. Ithaca: Cornell University Press, 1956.

―――. Petroleum Pipelines and Public Policy, 1906-1959. Cambridge: Harvard University Press, 1967.

Johnson, Chalmers. MITI and the Japanese Miracle: The Growth of Industrial Policy, 1925-1975. Stanford: Stanford University Press, 1982.

Johnson, William Weber. Heroic Mexico: The Violent Emergence of a Modern Nation. Garden City, N.Y.: Doubleday, 1968.

Jones, Charles S. From the Rio Grande to the Arctic: The Story of the Richfield Oil Corporation. Norman: University of Oklahoma Press, 1972.

Jones, Geoffrey. "The British Government and the Oil Companies, 1912-24: The Search for an Oil Policy." Historical Journal 20 (1977): 647-72.

―――. The State and the Emergence of the British Oil Industry. London: Macmillan, 1981.

Jones, Geoffrey, and Clive Trebilcock. "Russian Industry and British Business, 1910-1930: Oil and Ar maments." Journal of European Economic History 11 (Spring 1982): 61-104.

Jordan, Hamilton. Crisis: The Last Year of the Carter Presidency. New York: G. P. Putnam's Sons, 1982.

Kahn, David. The Codebreakers: The Story of Secret Writing. New York: Macmillan, 1967.

Kane, N. Stephen. "Corporate Power and Foreign Policy: Efforts of American Oil Companies to Influence United States Relations with Mexico, 1921-28." Diplomatic History 1 (Spring 1977): 170-98.

Kaplan, Justin. Mr. Clemens and Mark Twain. New York: Simon and Schuster, 1966.

Kapstein, Ethan B. The Insecure Alliance: Energy Crises and Western Politics Since 1944. Oxford: Oxford University Press, 1990.

Kase, Toshikaze. Journey to the Missouri. Ed. David N. Rowe. New Haven: Yale University Press, 1950.

Kaufman, Burton I. "Oil and Antitrust: The Oil Cartel Case and the Cold War." Business History Review 51 (Spring 1977): 35-56.

————. The Oil Cartel Case: A Documentary Study of Antitrust Activity in the Cold War Era. Westport, Conn.: Greenwood Press, 1978.

Kazemzadeh, Firuz. Russia and Britain in Persia, 1864-1914. New Haven: Yale University Press, 1968.

————. The Struggle for Transcaucasia, 1917-1921. New York: Philosophical Library, 1951.

Keddie, Nikki R., ed. Scholars, Saints, and Sufis: Muslim Religious Institutions Since 1500. Berkeley: University of California Press, 1972.

Kedourie, Elie. England and the Middle East: The Destruction of the Ottoman Empire, 1914-1921. London: Bowes and Bowes, 1956.

Keegan, John. The Price of Admiralty: The Evolution of Naval Warfare. New York: Viking Press, 1989.

Kelly, J. B. Arabia, the Gulf and the West. New York: Basic Books, 1980.

Kelly, W. J., and Tsureo Kano. "Crude Oil Production in the Russian Empire, 1818-1919." Journal of European Economic History 6 (Fall 1977): 307-38.

Kemp, Norman. Abadan: A First-Hand Account of the Persian Oil Crisis. London: Allan Wingate, 1953.

Kennedy, K. H. Mining Tsar: The Life and Times of Leslie Urquhart. Boston: George Allen&Unwin, 1986.

Kennedy, Paul M. The Rise of the Anglo-German Antagonism, 1860-1914. London: George Allen&Unwin, 1982.

————. Rise and Fall of the Great Powers: Economic Change and Military Conflict from 1500 to 2000. New York: Random House, 1987.

Kent, Marian. Oil and Empire: British Policy and Mesopotamian Oil, 1900-1920. London: Macmillan, 1976.

Kent, Marian, ed. The Great Powers and the End of the Ottoman Empire. London: George Allen & Unwin, 1984.

Keohane, Robert O. After Hegemony: Cooperation and Discord in the World Political Economy. Princeton: Princeton University Press, 1984.

Kerr, George P. Time's Forelock: A Record of Shell's Contribution to Aviation in the Second World War. London: Shell Petroleum Company, 1948.

King, John O. Joseph Stephen Cullinan: A Study of Leadership in the Texas Petroleum Industry, 1897-1937. Nashville: Vanderbilt University Press, 1970.

Kirby, S. Woodburn. The War Against Japan. 4 vols. London: HMSO, 1957-1965.

Kirk, Geoffrey, ed. Schumacher on Energy. London: Sphere Books, 1983.

Kissinger, Henry A. White House Years. Boston: Little, Brown, 1979.

————. Years of Upheaval. Boston: Little, Brown, 1982.

Klein, Herbert S. "American Oil Companies in Latin America: The Bolivian Experience." Inter-American Economic Affairs 18 (Autumn 1964): 47-72.

Knowles, Ruth Sheldon. The Greatest Gamblers: The Epic of America's Oil Exploration. 2d ed. Norman: University of Oklahoma Press, 1978.

Koppes, Clayton R. "The Good Neighbor Policy and the Nationalization of Mexican Oil: A Reinterpretation." Journal of American History 69 (June 1982): 62-81.

Koskoff, David E. The Mellons: The Chronicle of America's Richest Family. New York: Thomas Y. Crowell, 1978.

Krammer, Arnold. "Fueling the Third Reich." Technology and Culture 19 (July 1978): 394-422.

Kuisel, Richard. Ernest Mercier: French Technocrat. Berkeley: University of California Press, 1967.

Kuniholm, Bruce R. The Origins of the Cold War in the Near East: Great Power Conflict and Diplomacy in Iran, Turkey, and Greece. Princeton: Princeton University Press, 1980.

Kvendseth, Stig S. Giant Discovery: A History of Ekofisk Through the First 20 Years. Tanager: Phillips Petroleum Norway, 1988.

Lamb, David. The Arabs: Journeys Beyond the Mirage. New York: Vintage, 1988.

Landau, Christopher T. "The Rise and Fall of Petro-Liberalism: United States Relations with Socialist Venezuela, 1945-1948." Senior Thesis, Harvard University, 1985.

Landes, David. The Unbound Prometheus: Technological Change and Industrial Development in Western Europe from 1750 to the Present. Cambridge: Cambridge University Press, 1969.

Lapping, Brian. End of Empire. London: Granada, 1985.

Larson, Henrietta M., Evelyn H. Knowlton, and Charles S. Popple. History of Standard Oil Company (New Jersey). Vol. 3, New Horizons, 1927-1950. New York: Harper & Row, 1971.

Larson, Henrietta M., and Kenneth Wiggins Porter. History of Humble Oil and Refining Company: A Study in Industrial Growth. New York: Harper & Brothers, 1959.

Leach, Barry A. German Strategy Against Russia, 1939-1941. London: Clarendon Press, 1973.

Lear, Linda J. "Harold L. Ickes and the Oil Crisis of the First Hundred Days." Mid-America 63 (January 1981): 3-17.

Leatherdale, Clive. Britain and Saudi Arabia, 1925-1939: The Imperial Oasis. London: Frank Cass, 1983.

Lebkicher, Roy. Aramco and World Oil. New York: Russell F. Moore, [1953].

Lenzner, Robert. Getty: The Richest Man in the World. London: Grafton Books, 1985.

L'Espagnol de la Tramerye, Pierre. The World Struggle for Oil. Trans. C. Leonard Leese. London: George Allen & Unwin, 1924.

Levi, Primo. Survival in Auschwitz and the Reawakening: Two Memoirs. Trans. Stuart Woolf. New York: Summit Books, 1985.

Levy, Walter J. Oil Strategy and Politics, 1941-1981. Ed. Melvin A. Conant. Boulder, Colo.: Westview Press, 1982.

Lewin, Ronald. The American Magic: Codes, Ciphers and the Defeat of Japan. New York: Farrar Straus Giroux, 1982.

————. Hitler's Mistakes. New York: William Morrow, 1984.

Liddell Hart, B. H., ed. History of the Second World War. New York: G. P. Putnam's Sons, 1970.

————. A History of the World War, 1914-1918. London: Faber and Faber, 1934.

————. The Other Side of the Hill: Germany's Generals; Their Rise and Fall, with Their Own Account of Military Events, 1939-1945. 2d ed. London: Cassell, 1973.

————. The Rommel Papers. Trans. Paul Findlay. 1953. Reprint. New York: Da Capo Press, 1985.

Lieber, Robert J. Oil and the Middle East War: Europe in the Energy Crisis. Cambridge: Harvard Center for International Affairs, 1976.

————. The Oil Decade: Conflict and Cooperation in the West. New York: Praeger, 1983.

Lieuwen, Edwin. Petroleum in Venezuela: A History. Berkeley: University of California Press, 1954.

Littlefield, Douglas R., and Tanis C. Thorne. The Spirit of Enterprise: The History of Pacific Enterprises from 1886 to 1989. Los Angeles: Pacific Enterprises, 1990.

Lloyd, Selwyn. Suez 1956: A Personal Account. London: Jonathan Cape, 1978.

Longhurst, Henry. Adventure in Oil: The Story of British Petroleum. London: Sidgwick and Jackson, 1959.

Longrigg, Stephen H. Oil in the Middle East: Its Discovery and Development. 3d ed. London: Oxford University Press, 1968.

Louis, William Roger. The British Empire in the Middle East 1945-1951: Arab Nationalism, the United States, and Postwar Imperialism. Oxford: Clarendon Press, 1985.

Louis, William Roger. And Roger Owen, eds. Suez 1956: The Crisis and its Consequences. Oxford: Clarendon Press, 1989.

Love, Kenneth. Suez: The Twice-Fought War. New York: McGraw-Hill, 1969.

Lowe, Peter. Great Britain and the Origins of the Pacific War: A Study of British Policy in East Asia, 1937-1941. Oxford: Clarendon Press, 1977.

Loewenheim, Francis L., Harold D. Langley, and Manfred Jonas, eds. Roosevelt and Churchill: Their Secret Wartime Correspondence. New York: E. P. Dutton, 1975.

Lubell, Harold. Middle East Oil Crises and Western Europe's Energy Supplies. Baltimore: Johns Hopkins University Press, 1963.

————. "World Petroleum Production and Shipping: A Post-Mortem on Suez." P-1274. Rand Corporation, January 2, 1958.

Lucas, James. War in the Desert: The Eighth Army at El Alamein. New York: Beaufort Books, 1982.

Ludendorff, Erich. My War Memories, 1914-1918. London: Hutchinson, [1945].

————. The Nation at War. Trans. A. S. Rappaport. London: Hutchinson, 1936.

Mackay, Ruddock F. Fisher of Kilverstone. Oxford: Clarendon Press, 1973.

MacMahon, Arthur W., and W. R. Dittman. "The Mexican Oil Industry Since Expropriation." Political Science Quarterly 57 (March 1942): 28—50, (June 1942): 161-88.

Macmillan, Harold. Riding the Storm, 1956-59. London: Macmillan, 1971.

Manchester, William. A Rockefeller Family Portrait, From John D. to Nelson. Boston: Little, Brown, 1959.

von Manstein, Erich. Lost Victories. Trans. Anthony G. Powell. London: Methuen, 1958.

Mantoux, Paul. Paris Peace Conference, 1919: Proceedings of the Council of Four (March 24-April 18). Trans. John Boardman Whitton. Geneva: Droz, 1964.

Ma'oz, Moshe. Asad: The Sphinx of Damascus. New York: Grove Weidenfeld, 1988.

Marder, Arthur J. From the Dreadnought to Scapa Flow: The Royal Navy in the Fisher Era, 1904-1919. Vol. 1, The Road to War, 1904-1914. London: Oxford University Press, 1961.

Marr, Phebe. The Modern History of Iraq. Boulder, Colo.: Westview Press, 1985.

Marvin, Charles. The Region of Eternal Fire: An Account of a Journey to the Petroleum Region of the Caspian in 1883. New ed. London: W. H. Allen, 1891.

Maurer, John H. "Fuel and the Battle Fleet: Coal, Oil, and American Naval Strategy, 1898-1925." Naval War College Review 34 (November-December 1981): 60-77.

May, George S. A Most Unique Machine: The Michigan Origins of the American Automobile Industry. Grand Rapids, Mich.: Eerdmans Publishing, 1975.

McBeth, B. S. British Oil Policy, 1919-1939. London: Frank Cass, 1985.

————. Juan Vicente Gomez and the Oil Companies in Venezuela, 1908-1935. Cambridge: Cambridge University Press, 1983.

McCloy, John J., Nathan W. Pearson, and Beverly Matthews. The Great Oil Spill: The Inside Report-Gulf Oil's Bribery and Political Chicanery. New York: Chelsea House, 1976.

McFadzean, Frank. The Practice of Moral Sentiment. London: Shell, n.d.

McGhee, George. Envoy to the Middle World: Adventures in Diplomacy. New York: Harper&Row, 1983.

McKay, John P. "Entrepreneurship and the Emergence of the Russian Petroleum Industry, 1813-1883." Research in Economic History 8 (1982): 47-91.

McLaurin, John J. Sketches in Crude Oil. 3d ed. Franklin, Pa., 1902.

McLean, John G., and Robert Haigh. The Growth of Integrated Oil Companies. Boston: Harvard Business School, 1954.

McNaugher, Thomas L. Arms and Oil: U.S. Military Strategy and the Persian Gulf. Washington, D.C.: Brookings Institution, 1985.

————. "Walking Tightropes in the Gulf." The Iran-Iraq War: Impact and Implications, ed. Efraim Karsh. London: Macmillan, 1989.

McNeill, William H. The Pursuit of Power: Technology, Armed Force, and Society Since A.D. 1000 . Chi-cago: University of Chicago Press, 1982.

Meadows, Donella, Dennis Meadows, Jorgen Randers, and William Behrens, III. The Limits to Growth: A Report for the Club of Rome's Project on the Predicament of Mankind. 2d ed. New York: Signet Books, 1974.

Mejcher, Helmut. Imperial Quest for Oil: Iraq, 1910-1928. London: Ithaca Press, 1976.

Melby, Eric D. K. Oil and the International System: The Case of France, 1918-1969. New York: Arno Press, 1981.

Mellon, W. L., and Boyden Sparkes. Judge Mellon's Sons. Pittsburgh, 1948.

Meyer, Lorenzo. Mexico and the United States in the Oil Controversy, 1917-1942. 2d ed. Trans. Muriel Vasconcellos. Austin: University of Texas Press, 1977.

Middlemas, R. K. The Master-Builders. London: Hutchinson, 1963.

Mierzejewski, Alfred C. The Collapse of the German War Economy, 1944-1945: Allied Air Power and the German National Railway. Chapel Hill: University of North Carolina Press, 1988.

Mikdashi, Zuhayr M., Sherrill Cleland, and Ian Seymour. Continuity and Change in the World Oil Industry. Beirut: Middle East Research and Publishing Center, 1970.

Miller, Aaron David. Search for Security: Saudi Arabian Oil and American Foreign Policy, 1939-1949. Chapel Hill: University of North Carolina Press, 1980.

Miller, Russell. The House of Getty. London: Michael Joseph, 1985.

Moberly, F. J. The Campaign in Mesopotamia 1914-1918. 4 vols. London: HMSO, 1923-1927.

Moncrieff, Anthony, ed. Suez: Ten Years After. New York: Pantheon, 1966.

Monroe, Elizabeth. Britain's Moment in the Middle East, 1914-1971. 2d ed. London: Chatto and Windus, 1981.

————. Philby of Arabia. London: Faber and Faber, 1973.

Montagu, Gilbert. The Rise and Progress of the Standard Oil Company. New York: Harper & Row, 1903.

Montgomery, Bernard. The Memoirs of Field-Marshal the Viscount Montgomery of Alamein. 1958. Reprint. New York: Da Capo Press, 1982.

Moore, Austin Leigh. John D. Archbold and the Early Development of Standard Oil. New York: Macmillan, [1930].

Moore, Frederick Lee, Jr. "Origin of American Oil Concessions in Bahrein, Kuwait, and Saudi Arabia." Senior Thesis, Princeton University, 1948.

Moran, Theodore H. "Managing an Oligopoly of Would-Be Sovereigns: The Dynamics of Joint Control and Self-

Control in the International Oil Industry Past, Present, and Future." International Organization 41 (Autumn 1987): 576-607.

Morison, Samuel Eliot. History of United States Naval Operations in World War II. 8 vols. Boston: Little, Brown, 1947-1953.

Morley, James William, ed. Japan's Road to the Pacific War. 4 vols. New York: Columbia University Press, 1976-84.

Mosley, Leonard. Power Play: Oil in the Middle East. New York: Random House, 1973.

Mottahedeh, Roy. The Mantle of the Prophet: Religion and Politics in Iran. London: Penguin Books, 1987.

Nash, Gerald D. United States Oil Policy, 1890-1964. Pittsburgh: University of Pittsburgh Press, 1968.

Nasser, Gamal Abdel. The Philosophy of the Revolution. Buffalo, N.Y.: Smith, Keynes, and Marshall, 1959.

Neff, Donald. Warriors at Suez: Eisenhower Takes the United States into the Middle East. New York: Simon and Schuster, 1981.

Nevakivi, Jukka. Britain, France and the Arab Middle East, 1914-1920. London: Athlone Press, 1969.

Nevins, Allan. John D. Rockefeller: The Heroic Age of American Enterprise. 2 vols. New York: Charles Scribner's Sons, 1940.

————. Study in Power: John D. Rockefeller, Industrialist and Philanthropist. 2 vols. New York: Charles Scribner' Sons, 1953.

Nevins, Allan, with Frank Ernest Hill. Ford: The Times, the Man, the Company. 2 vols. New York: Charles Scribner's Sons, 1954.

New York Mercantile Exchange. A History of Commerce at the New York Mercantile Exchange: The Evolution of an International Marketplace, 1872-1988. New York: NYMEX, 1988.

Nicolson, Harold. Portrait of a Diplomatist. Boston: Houghton Mifflin, 1930.

Nitze, Paul, with Ann M. Smith and Steven L. Reardon. From Hiroshima to Glasnost: At the Center of Decision-A Memoir. New York: Grove Weidenfeld, 1989.

Nivola, Pietro S. The Politics of Energy Conservation. Washington, D.C.: Brookings Institution, 1986.

Nixon, Richard M. RN: The Memoirs of Richard Nixon. New York: Grosset & Dunlap, 1978.

Noakes, J., and G. Pridham, eds. Nazism: A History in Documents and Eyewitness Accounts, 1919-1945. 2 vols. New York: Schocken Books, 1989.

Noggle, Burl. Teapot Dome: Oil and Politics in the 1920s. Baton Rouge: Louisiana State University Press, 1962.

Nomura, Kichisaburo. "Stepping Stones to War." United States Naval Institute Proceedings 77 (September 1951): 927-31.

Nordhauser, Norman. The Quest for Stability: Domestic Oil Regulation, 1917-1935. New York: Garland, 1979.

Nowell, Gregory Patrick. "Realpolitik vs. Transnational Rent-seeking: French Mercantilism and the Development of the World Oil Cartel, 1860-1939." Ph.D. dissertation, Massachusetts Institute of Technology, 1988.

Nutting, Anthony. Nasser. New York: E. P. Dutton, 1972.

————. No End of a Lesson: The Story of Suez. London: Constable, 1967.

O'Brien, Dennis J. "The Oil Crisis and the Foreign Policy of the Wilson Administration, 1917-1921." Ph.D. dissertation, University of Missouri, 1974.

Odell, Peter R. Oil and World Power: Background of the Oil Crisis. 8th ed. New York: Viking Penguin, 1986.

Ogata, Sadako N. Defiance in Manchuria: The Making of Japanese Foreign Policy, 1931-32. Berkeley: University of California Press, 1964.

Ohashi, A. Tadahiko. Enerugi No Seiji Keizai Gaku (The Political Economy of Energy). Tokyo: Dia mond, 1988.

Olien, Roger M., and Diana Davids Olien. Wildcatters: Texas Independent Oilmen. Austin: Texas Monthly Press, 1984.

Owen, Edgar Wesley. Trek of the Oil Finders: A History of Exploration for Oil. Tulsa: American Association of Petroleum Geologists, 1975.

Pahlavi, Mohammed Reza. Mission for My Country. New York: McGraw-Hill, 1961.

————. The Shah's Story. Trans. Teresa Waugh. London: Michael Joseph, 1980.

Painter, David S. Oil and the American Century: The Political Economy of US. Foreign Oil Policy, 1941-1954. Baltimore: Johns Hopkins University Press, 1986.

————. "Oil and the Marshall Plan." Business History Review 58 (Autumn 1984): 359-83.

Parsons, Anthony. The Pride and the Fall: Iran, 1974-1979. London: Jonathan Cape, 1984.

Passer, Harold G. The Electrical Manufacturers. 1875-1900. Cambridge: Harvard University Press, 1953.

Payton-Smith, D. T. Oil: A Study of War-time Policy and Administration. London: HMSO, 1971.

Pearce, Joan, ed. The Third Oil Shock: The Effects of Lower Oil Prices. London: Royal Institute of International Affairs, 1983.

Pearton, Maurice. Oil and the Romanian State. Oxford: Clarendon Press, 1971.

Penrose, Edith T. The Large International Firm in Developing Countries: The International Petroleum Industry. London: George Allen & Unwin, 1968.

Penrose, Edith, and E. F. Penrose. Iraq: International Relations and National Development. London: Ernest Benn, 1978.

Philby, H. St. J. B. Arabian Days: An Autobiography. London: Robert Hale, 1948.

————. Arabian Jubilee. London: Robert Hale, 1952.

————. Arabian Oil Ventures. Washington, D.C.: Middle East Institute, 1964.

————. Saudi Arabia. London: Ernest Benn, 1955.

Philip, George. Oil and Politics in Latin America: Nationalist Movements and State Companies. Cambridge: Cambridge University Press, 1982.

Phillips Petroleum Company. Phillips: The First 66 Years. Bartlesville, Okla.: Phillips Petroleum, 1983.

Pickens, T. Boone, Jr. Boone. Boston: Houghton Mifflin, 1987.

Pogue, Forrest C. George C. Marshall. 4 vols. New York: Viking Press, 1963-87.

Polster, Deborah. "The Need for Oil Shapes the American Diplomatic Response to the Invasion of Suez." Ph.D. dissertation, Case Western Reserve University, 1985.

Popple, Charles Sterling. Standard Oil Company (New Jersey) in World War II. New York: Standard Oil, 1952.

Potter, E. B. Nimitz. Annapolis, Md.: Naval Institute Press, 1976.

Prange, Gordon W., with Donald M. Goldstein and Katherine V. Dillon. At Dawn We Slept: The Untold Story of Pearl Harbor. New York: McGraw-Hill, 1981.

————. Pearl Harbor: The Verdict of History. New York: McGraw-Hill, 1986.

Pratt, Joseph A. "The Petroleum Industry in Transition: Anti-Trust and the Decline of Monopoly Control in Oil." Journal of Economic History 40 (December 1980): 815-37.

Prindle, David F. Petroleum Politics and the Texas Railroad Commission. Austin: University of Texas Press, 1981.

Quandt, William B. Camp David: Peacemaking and Politics. Washington, D.C.: Brookings Institution, 1986.

————. Decade of Decisions: American Policy Towards the Arab-Israeli Conflict, 1967-1976. Berkeley: University of California Press, 1977.

————. "Soviet Policy in the October Middle East War." International Affairs 53 (July 1977): 377-389, (October 1977): 587-603.

Rabe, Stephen G. The Road to OPEC: United States Relations with Venezuela, 1919-1976. Austin: University of Texas Press, 1982.

Rae, John B. American Automobile Manufacturers: The First Forty Years. Philadelphia: Chilton Company, 1959.

————. The American Automobile: A Brief History. Chicago: University of Chicago Press, 1965.

————. The Road and Car in American Life. Cambridge: MIT Pres, 1971.

Ramazani, Rouhallah K. Iran's Foreign Policy, 1941-1973: A Study of Foreign Policy in Modernizing Nations. Charlottesville: University of Virginia Press, 1975.

————. Revolutionary Iran: Challenge and Response in the Middle East. Baltimore: Johns Hopkins University Press, 1986.

Rand, Christopher. Making Democracy Safe for Oil: Oil Men and the Islamic Middle East. Boston: Lit-tle, Brown, 1975.

Randall, Stephen J. United States Foreign Oil Policy, 1919-1948: For Profits and Security. Kingston: McGill-Queen's University Press, 1985.

Redwood, Boverton. Petroleum: A Treatise. 4th ed. 3 vols. London: Charles Griffin & Co., 1922.

Rhodes, Richard. The Making of the Atomic Bomb. New York: Touchstone, 1988.

Rintoul, William. Drilling Ahead: Tapping California's Richest Oil Fields. Santa Cruz, Calif.: Valley Publishers, 1981.

————. Spudding In: Recollections of Pioneer Days in the California Oil Fields. Fresno: California Historical Society, 1976.

Risch, Erna. Fuels for Global Conflict. Washington, D.C.: Office of Quartermaster General, 1945.

Rister, Carl Coke. Oil! Titan of the Southwest. Norman: University of Oklahoma Press, 1949.

Ristow, Walter. "A Half Century of Oil-Company Road Maps." Surveying and Mapping 34 (December 1964):617-37.

Roberts, Glyn. The Most Powerful Man in the World: The Life of Sir Henri Deterding. New York: Covici Friede, 1938.

Robinson, Jeffrey. Yamani: The Inside Story. London: Simon and Schuster, 1988.

Robinson, M. S. "The Crude Oil Price Spiral of 1978-80." Shell, 1982.
———. "The Great Bear Market in Oil 1980-1983." Shell, 1983.
Rockefeller, John D. Random Reminiscences of Men and Events. New York: Doubleday, Page & Co., 1909.
Rondot, Jean. La Compagnie Française des Pétroles. Paris: Plon, 1962.
Roosevelt, Kermit. Countercoup: The Struggle for the Control of Iran. New York: McGraw-Hill, 1979.
Rosenberg, David A. "The U.S. Navy and the Problem of Oil in a Future War: The Outline of a Strategic Dilemma, 1945-1950." Naval War College Review 29 (Summer 1976): 53-61.
Roskill, S. W. The War at Sea, 1939-1945. 3 vols. London: HMSO, 1954-61.
Rostow, Eugene V. A National Policy for the Oil Industry. New Haven: Yale University Press, 1948.
Rothwell, V. H. "Mesopotamia in British War Aims" Historical Journal 13 (1970): 273-94.
Rouliani, Fuad. A History of O.P.E.C. New York: Praeger, 1971.
Rourke, Thomas. Gomez: Tyrant of the Andes. Garden City, N.Y.: Halcyon House, 1936.
Roux, Georges. Ancient Iraq. 2nd ed. London: Penguin Books, 1985.
Rowland, John, and Basil Cadman. Ambassador for Oil: The Life of John, First Baron Cadman. London: Herbert Jenkins, 1960.
Rubin, Barry. The Great Powers in the Middle East, 1941-1947: The Road to the Cold War. London: Frank Cass, 1980.
———. Paved with Good Intentions: The American Experience and Iran. New York: Penguin Books, 1984.
Ruppenthal, Roland G. Logistical Support of the Armies. 2 vols. Washington, D.C.: Department of the Army, 1953-58.
Rustow, Dankwart A. Oil and Turmoil: America Faces OPEC and the Middle East. New York: W. W. Norton, 1982.
el-Sadat, Anwar. In Search of Identity: An Autobiography. New York: Harper & Row, 1978.
Safran, Nadav. Israel: The Embattled Ally. Cambridge: Harvard University Press, 1978.
———. From War to War: The Arab-Israeli Confrontation, 1948-1967. New York: Pegasus, 1969.
———. Saudi Arabia: The Ceaseless Quest for Security. Cambridge: Harvard University Press, 1985.
Sampson, Anthony. The Seven Sisters: The Great Oil Companies and the World They Created. Rev. ed. London: Coronet, 1988.
Samuels, Richard J. The Business of the Japanese State: Energy Markets in Comparative Historical Perspective. Ithaca: Cornell University Press, 1987.
Schlesinger, James R. The Political Economy of National Security: A Study of the Economic Aspects of the Contemporary Power Struggle. New York: Praeger, 1960.
Schmitt, Bernadotte E., and Harold C. Vedeler. The World in the Crucible, 1914-1919. New York: Harper & Row, 1984.
Schneider, Steven A. The Oil Price Revolution. Baltimore: Johns Hopkins University Press, 1983.
Schumacher, E. F. Small Is Beautiful: A Study of Economics As If People Mattered. London: Blond and Briggs, 1973.
Seaton, Albert. The Russo-German War, 1941-1945. London: Arthur Barker, 1971.
Seymour, Ian. OPEC: Instrument of Change. London: Macmillan, 1980.
Shawcross, William. The Shah's Last Ride: The Fate of an Ally. New York: Simon and Schuster, 1988.
Sherrill, Robert. The Oil Follies of 1970-1980: How the Petroleum Industry Stole the Show (and Much More Besides). Garden City, N.Y.: Anchor Press/Doubleday, 1983.
Sherwood, Elizabeth D. Allies in Crises: Meeting Global Challenges to Western Security. New Haven: Yale University Press, 1990.
Shlaim, Avi. "Failures in National Intelligence Estimates: The Case of the Yom Kippur War." World Politics 28 (April 1976): 348-80.
Shuckburgh, Evelyn. Descent to Suez: Diaries, 1951-1956. Ed. John Charmley. London: Weidenfeld and Nicolson, 1986.
Shwadian, Benjamin. The Middle East, Oil and the Great Powers. 3d rev. ed. New York: John Wiley, 1973.
Sick, Gary. All Fall Down: America's Tragic Encounter with Iran. New York: Viking Penguin, 1986.
Silliman, Jr., B. Report on the Rock Oil, or Petroleum, from Venango Co., Pennsylvania. New Haven: J. H. Benham's, 1855.
Simon, William E. A Time for Truth. New York: Berkley, 1978.
Sinclair Oil. A Great Name in Oil: Sinclair Through 50 Years. New York: F. W. Dodge/McGraw-Hill, 1966.
Singer, Mark. Funny Money. New York: Alfred A. Knopf, 1985.

Skeet, Ian. OPEC-Twenty-five Years of Prices and Politics. Cambridge: Cambridge University Press, 1988.

Sluglett, Peter. Britain in Iraq, 1914-1932. London: Ithaca Press, 1976.

Smith, Adam. Paper Money. New York: Summit Books, 1981.

———. The Roaring '80s. New York: Summit Books, 1988.

Smith, George Otis, ed. The Strategy of Minerals: A Study of the Mineral Factor in the World Position of America in War and in Peace. New York: D. Appleton, 1919.

Smith, P. G. A. The Shell That Hit Germany Hardest. London: Shell Marketing Co., [1921].

Smith, Robert Freeman. The United States and Revolutionary Nationalism in Mexico, 1916-1932. Chicago: The University of Chicago Press, 1972.

Solberg, Carl E. Oil and Nationalism in Argentina: A History. Stanford: Stanford University Press, 1979.

Spector, Ronald H. Eagle Against the Sun: The American War with Japan. New York: Vintage, 1985.

Speer, Albert. Inside the Third Reich. Trans. Richard and Clara Winston. New York: Macmillan, 1970.

Spence, Hartzell. Portrait in Oil: How the Ohio Oil Company Grew to Become Marathon. New York: McGraw-Hill, 1962.

Spender, J. A. Weetman Pearson: First Viscount Cowdray, 1856-1927. London: Cassell, 1930.

Standard Oil Company (New Jersey). Ships of the Esso Fleet in World War II. New York: Standard Oil, 1946.

Stegner, Wallace. Discovery: The Search for Arabian Oil. Beirut: Middle East Export Press, 1974.

Steiner, Zara S. Britain and the Origins of the First World War. New York: St. Martin's Press, 1977.

Stent, Angela. From Embargo to Ostpolitik: The Political Economy of Soviet-West German Relations 1955-1980. Cambridge: Cambridge University Press, 1981.

———. Soviet Energy and Western Europe. Washington paper 90. New York: Praeger, 1982.

Stivers, William. Supremacy and Oil: Iraq, Turkey, and the Anglo-American World Order, 1918-1930. Ithaca: Cornell University Press, 1982.

Stobaugh, Robert. "The Evolution of Iranian Oil Policy, 1925-1975." Iran Under the Pahlavis, ed. George Lenczowski. Stanford, Calif.: Hoover Institution Press, 1978.

Stobaugh, Robert, and Daniel Yergin, eds. Energy Future: Report of the Energy Project at the Harvard Business School. 3d ed. New York: Vintage, 1983.

Stocking, George. Middle East Oil: A Study in Political and Economic Controversy. Knoxville, Tenn.: Vanderbilt University Press, 1970.

Stoff, Michael B. Oil, War, and American Security: The Search for a National Policy on Foreign Oil, 1941-47. New Haven: Yale University Press, 1980.

Stokes, Raymond G. "The Oil Industry in Nazi Germany." Business History Review 59 (Summer 1985): 254-77.

Stone, Norman. Hitler. Boston: Little, Brown, 1980.

Storry, G. R. "The Mukden Incident of September 18-19, 1931." St. Antony's Papers: Far Eastern Affairs 2 (1957): 1-12.

Sullivan, William H. Mission to Iran. New York: W. W. Norton, 1981.

Suny, Ronald G. The Baku Commune, 1917-1918. Princeton: Princeton University Press, 1972.

———. "A Journeyman for the Revolution: Stalin and the Labour Movement in Baku, June 1907-May 1908." Soviet Studies 23 (January 1972): 373-94.

Tait, Samuel W., Jr. The Wildcatters: An Informal History of Oil-Hunting in America. Princeton: Princeton University Press, 1946.

Tarbell, Ida M. All in the Day's Work: An Autobiography. New York: Macmillan, 1939.

———. The History of the Standard Oil Company. 2 vols. New York: McClure, Phillips&Co., 1904.

Taylor, Frank J., and Earl M. Welty. Black Bonanza: How an Oil Hunt Grew into the Union Oil Company of California. New York: Whittlesley House, McGraw-Hill, 1950.

Terzian, Philip. OPEC: The Inside Story. Trans. Michael Pallis. London: Zed Books, 1985.

Thompson, Craig. Since Spindletop: A Human Story of Gulfs First Half-Century. Pittsburgh: Gulf Oil, 1951.

Thynne, John F. "British Policy on Oil Resources, 1936-1951, with Particular Reference to the Defense of British Controlled Oil in Mexico, Venezuela and Persia." Ph.D. dissertation, London School of Eco-nomics, 1987.

Tinkle, Lon. Mr. De: A Biography of Everette Lee DeGolyer. Boston: Little, Brown, 1970.

Tolf, Robert W. The Russian Rockefellers: The Saga of the Nobel Family and the Russian Oil Industry. Stanford, Calif.: Hoover Institution Press, 1976.

Tompkins, Walker A. Little Giant of Signal Hill: An Adventure in American Enterprise. Englewood Cliffs, N.J.: Prentice-Hall, 1964.

Tooley, Terry Hunt. "The German Plan for Synthetic Fuel Self-Sufficiency, 1933-1942." Master's thesis, Texas A &

M University, 1978.

Townsend, Henry H. New Haven and the First Oil Well. New Haven, 1934.

Trevor-Roper, H. R. Hitler's War Directives, 1939-1945. London: Sidgwick and Jackson, 1964.

Truman, Harry S. Memoirs. 2 vols. Garden City, N.Y.: Doubleday, 1955-56.

Tugendhat, Christopher. Oil: The Bigger Business. New York: G. P. Putnam's Sons, 1968.

Tugwell, Franklin. The Politics of Oil in Venezuela. Stanford: Stanford University Press, 1975.

Turner, Henry Ashby, Jr. German Big Business and the Rise of Hitler. New York: Oxford University Press, 1987.

Turner, Louis. Oil Companies in the International System. London: George Allen & Unwin, 1978.

Twitchell, Karl S. Saudi Arabia: With an Account of the Development of Its Natural Resources. 3d ed. Princeton: Princeton University Press, 1958.

Ulam, Adam B. Stalin: The Man and His Era. New York: Viking Press, 1973.

Ullman, Richard H. Anglo-Soviet Relations, 1917-1921. 3 vols. Princeton: Princeton University Press, 1961 -72.

Utley, Jonathan G. Going to War with Japan, 1937-1941. Knoxville: University of Tennessee Press, 1985.

Vance, Cyrus. Hard Choices: Critical Years in America's Foreign Policy. New York: Simon and Schuster, 1983.

van Creveld, Martin. Supplying War: Logistics from Wallenstein to Patton. Cambridge: Cambridge University Press, 1977.

Vernon, Raymond, ed. The Oil Crisis in Perspective. New York: W. W. Norton, 1976.

————. Two Hungry Giants: The United States and Japan in the Quest for Oil and Ores. Cambridge: Harvard University Press, 1983.

Vietor, Richard H. K. Energy Policy in America Since 1945: A Study of Business-Government Relations. Cambridge: Cambridge University Press, 1984.

Von Laue, Theodore. Sergei Witte and the Industrialization of Russia. New York: Columbia University Press, 1963.

Wack, Pierre. "Scenarios: Uncharted Waters Ahead." Harvard Business Review 63 (September-October 1985): 72-89.

Waley Cohen, Robert. "Economics of the Oil Industry." Proceedings of the Empire Mining and Metallurgical Congress, 1924.

Wall, Bennett H. Growth in a Changing Environment: A History of Standard Oil Company (New Jersey), 1950-1972, and Exxon Corporation, 1972-1975. New York: McGraw-Hill, 1988.

Wall, Bennett H. and George S. Gibb. Teagle of Jersey Standard. New Orleans: Tulane University, 1974. Walters, Vernon A. Silent Missions. Garden City, N.Y.: Doubleday, 1978.

Ward, Thomas E. Negotiations for Oil Concessions in Bahrein, El Hasa (Saudi Arabia), the Neutral Zone, Qatar and Kuwait. New York: 1965.

Warlimont, Walter. Inside Hitler's Headquarters, 1939-45. Trans. R. H. Barry. London: Weidenfeld and Nicolson, 1964.

Watkins, T. H. Righteous Pilgrim: The Life and Times of Harold L. Ickes, 1874-1952. New York: Henry Holt, 1990.

Weaver, Jacqueline Lang. Unitization of Oil and Gas Fields in Texas: A Study of Legislative, Administrative, and Judicial Politics. Washington, D.C.: Resources for the Future, 1986.

Weinberg, Steve. Armand Hammer: The Untold Story. Boston: Little, Brown, 1989.

Wells, Tim. 444 Days: The Hostages Remember. San Diego: Harcourt Brace Jovanovich, 1985.

Werner, M. R., and John Star. The Teapot Dome Scandal. New York: Viking Press, 1959.

Whaley, Barton. Codeword Barbarossa. Cambridge: MIT Press, 1973.   •

White, Gerald T. Formative Years in the Far West: A History of Standard Oil Company of California and Predecessors Through 1919. New York: Appleton-Century-Crofts, 1962.

————. Scientists in Conflict: The Beginnings of the Oil Industry in California. San Marino, Calif.: Huntington Library, 1968.

White, Graham, and John Maze. Harold Ickes of the New Deal: His Private Life and Public Career. Cambridge: Harvard University Press, 1985.

Wilber, Donald N. Adventures in the Middle East: Excursions and Incursions. Princeton, N.J.: Darwin, 1986.

Wildavsky, Aaron, and Ellen Tenenbaum. The Politics of Mistrust: Estimating American Oil and Gas Resources. Beverly Hills: Sage, 1981.

Wilkins, Mira. The Emergence of Multinational Enterprise: American Business Abroad from the Colonial Era to 1914. Cambridge: Harvard University Press, 1970.

————. The Maturing of Multinational Enterprise: American Business Abroad from 1914 to 1970. Cambridge:

Harvard University Press, 1974.

———. "The Role of U.S. Business." Pearl Harbor as History: Japanese-American Relations, 1931-1941, ed. Dorothy Borg and Shumpei Okamoto. New York: Columbia University Press, 1973.

Williams, Louis, ed. Military Aspects of the Arab-Israeli Conflict. Tel Aviv: Tel Aviv University Publishing Project, 1975.

Williamson, Harold F., Ralph L. Andreano, Arnold R. Daum, and Gilbert C. Klose. The American Petroleum Industry. Vol. 2, The Age of Energy, 1899-1959. Evanston: Northwestern University Press, 1963.

Williamson, Harold F., and Arnold R. Daum. The American Petroleum Industry. Vol. 1, The Age of Illumination, 1859-1899. Evanston: Northwestern University Press, 1959.

Williamson, J. W. In a Persian Oil Field: A Study in Scientific and Industrial Development. London: Ernest Benn, 1927.

Williamson, Samuel. The Politics of Grand Strategy: Britain and France Prepare for War, 1904-1914. Cambridge: Harvard University Press, 1969.

Willmott, H. P. Empires in the Balance: Japanese and Allied Pacific Strategies to April 1942. Annapolis, Md.: Naval Institute Press, 1982.

Wilson, Arnold. S. W. Persia: Letters and Diary of a Young Political Officer, 1907-1914. London: Oxford University Press, 1941.

Wilson, Joan Hoff. American Business and Foreign Policy, 1920-1933. Boston: Beacon Press, 1971.

Winkler, John K. John D.: A Portrait in Oils. New York: Vanguard, 1929.

Wirth, John D., ed. Latin American Oil Companies and the Politics of Energy. Lincoln: University of Nebraska Press, 1985.

Witte, Serge. The Memoirs of Count Witte. Trans. and ed. Abraham Yarmolinsky. Garden City, N.Y.: Doubleday, Page, 1921.

Wohlstetter, Roberta. Pearl Harbor: Warning and Decision. Stanford: Stanford University Press, 1962.

Wood, Barbara. E. F. Schumacher: His Life and Thought. New York: Harper&Row, 1984.

Woodhouse, C. M. Something Ventured. London: Granada, 1982.

Woodward, Sir Llewellyn. British Foreign Policy in the Second World War. 5 vols. London: HMSO, 1970-1975.

Woolf, Henry Drummond. Rambling Recollections. 2 vols. London: Macmillan, 1908.

Wright, John. Libya: A Modern History. Baltimore: Johns Hopkins University Press, 1982.

Yamani, Ahmed Zaki. "Oil Markets: Past, Present, and Future." Energy and Environmental Policy Center, Kennedy School of Government, Harvard University, September 1986.

Yergin, Daniel. Shattered Peace: The Origins of the Cold War. Rev. ed. New York: Penguin Books, 1990.

Yergin, Daniel, and Martin Hillenbrand, eds. Global Insecurity: A Strategy for Energy and Economic Renewal. New York: Penguin Books, 1983.

Yergin, Daniel, and Barbara Kates-Garnick, eds. The Reshaping of the Oil Industry: Just Another Commodity? Cambridge, Mass.: Cambridge Energy Research Associates, 1985.

Yergin, Daniel, Joseph Stanislaw, and Dennis Eklof. "The U.S. Strategic Petroleum Reserve: Margin of Security." Council on Foreign Relations Paper/Cambridge Energy Research Associates Report, 1990.

Yoshihashi, Takehiko. Conspiracy at Mukden: The Rise of the Japanese Military. New Haven: Yale University Press, 1963.

Yoshitsu, Michael M. Caught in the Middle East: Japan's Diplomacy in Transition. Lexington, Mass.: D.C. Heath, 1984.

Young, Desmond. Member for Mexico: A Biography of Weetman Pearson, First Viscount Cowdray. London: Cassell, 1966.

Zabih, Sepehr. The Mossadegh Era: Roots of the Iranian Revolution. Chicago: Lake View Press, 1982.

Ziemke, Earl F. Stalingrad to Berlin: The German Defeat in the East. Washington, D.C.: U.S. Army, Center of Military History, 1968.

Zimmermann, Erich W. Conservation in the Production of Petroleum: A Study in Industrial Control. New Haven: Yale University Press, 1957.

Zweig, Philip L. Belly Up: The Collapse of the Penn Square Bank. New York: Fawcett Columbine, 1985.

자료 출처

American Petroleum Institute. Basic Petroleum Data Book.

————. Petroleum Facts and Figures: Centennial Edition, 1959. New York; API 1959.

Arthur Andersen & Co. and Cambridge Energy Research Associates. World Oil Trends.

————. Natural Gas Trends.

————. Electric Power Trends.

British Petroleum. Statistical Review of the World Oil Industry. 1955-80.

————. Statistical Review of World Energy. 1981-89.

Chase Manhattan Bank. Annual Financial Analysis of a Group of Petroleum Companies. 1955-79.

Darmstadter, Joel, with Perry D. Teitelbaum and Jaroslav G. Paloch. Energy in the World Economy: A Statistical Review of Trends in Output, Trade, and Consumption since 1925. Baltimore: Resources for the Future, 1971.

DeGolyer & MacNaughton. Twentieth Century Petroleum Statistics.

Eurostat (Statistical Office of the European Communities). Monthly Energy Statistics.

International Energy Agency. Energy Balances of OECD Countries.

International Monetary Fund. International Financial Statistics Yearbook.

McGraw-Hill. Platt's Oil Price Handbook and Oilmanac.

Motor Vehicle Manufacturers Association of the U.S. MVMA Motor Vehicle Facts & Figures.

Organization of Petroleum Exporting Countries. Annual Statistical Bulletin.

————. Petroleum Product Prices and Their Components in Selected Countries: Statistical Time Series, 1960-1983. OPEC, [1984].

Organization for Economic Co-Operation and Development. OECD Economic Outlook.

United Nations. International Trade Statistics Yearbook.

U.S. Department of Commerce. Bureau of the Census. Historical Statistics of the United States, 1789-1945. Washington, D.C.: GPO, 1949.

U.S. Department of Commerce. Bureau of Mines. Mineral Resources of the United States. 1882-1931. U.S. Department of Energy. Energy Information Administration. Annual Energy Review.

————. Annual Report to Congress.

————. International Petroleum Annual.

————. Monthly Energy Review.

U.S. Department of Interior. Bureau of Mines. Minerals Yearbook. 1932/33-87.

U.S. Department of Treasury. Statistical Abstract of the United States.

World Bank. World Development Report.

◈ 당신은 언제나 옳습니다. 그대의 삶을 응원합니다. — 라의눈 출판그룹

황금의 샘 1

초판 1쇄   2017년 8월 1일
    6쇄   2023년 5월 11일

지은이 대니얼 예긴   옮긴이 김태유·허은녕
펴낸이 설응도   편집주간 안은주   영업책임 민경업

펴낸곳 라의눈

출판등록 2014년 1월 13일 (제 2019−000228호)
주소 서울시 강남구 테헤란로 78 길 14−12(대치동) 동영빌딩 4 층
전화 02−466−1283   팩스 02−466−1301

문의 (e-mail)
편집 editor@eyeofra.co.kr
마케팅 marketing@eyeofra.co.kr
경영지원 management@eyeofra.co.kr

ISBN : 979-11-86039-81-6 04320
       979-11-86039-80-9 04320(세트)